ספֿר יהושע און ספֿר שופֿטים
פֿיר אַלטייִדישע תּנך־עפּאָסן

אַנאָטירטע עדיציע און אַרייַנפֿיר פֿון אורן כּהן ראָמאַן

ספֿר יהושע
אונ
ספֿר שופֿטים

פֿיר אַלטייִדישע תּנך־עפּאָסן

אַנאָטירטע עדיציע און אַרייַנפֿיר
פֿון אורן כּהן ראָמאַן

d|u|p

אינהאַלט

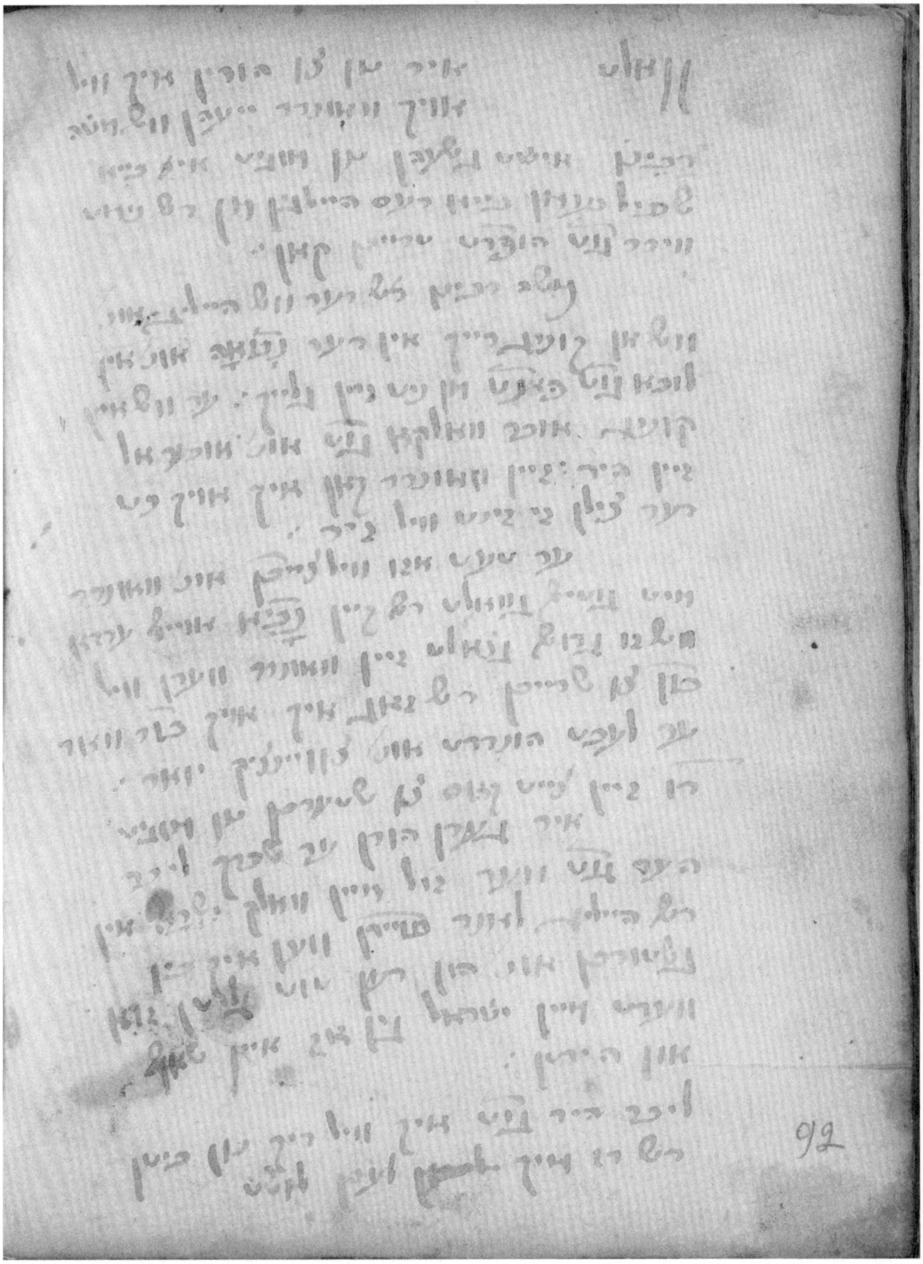

Untitled epic poem on the Book of Joshua, MS. 2513 f. 129b (1510–1511)
Biblioteca Palatina – Complesso Monumentale della Pilotta, Parma
Courtesy of the Italian Ministry of Culture

אַן עפּאָס ווענן ספֿר יהושע

כ״י פּאַרמאַ, 1510–1511

129b

1 | וואלט* איר נון צו הורין איך וויל אויך וואונדר ייעהן
וש מֹשה רַבֵינוּ אישט גשעהן[1]
נון מוגיט איר בייא שפיל נעמן בייא דעם היילגין מן
דש נימט ווידר גוט׳ הופֿרט טרייבן קאן:

2 משה רבינו* דער וש הייליג אונ׳ וש אן קוניג רייך[2]
אין דער נְבוּאָה אונ׳ אין לובא גוט׳ פֿאנט מן ניט זיין גלייך:[3]
ער וש איין קוניג אובר וואלקא גוט׳ אונ׳ אובער אל זיין היר:
זיין וואונדר קאן איך אויך ניט דער צילן זי זינט וויל זיר:

3 ער טעט אזו וויל צייכֿן אונ׳ וואונדר[4] מיט גוטיש גוואלט
דש קיין נָבִיא אוייף ערדא וש זו גרוש גצאלט[5]
זיין וואונדר וערן וויל בֿון צו שרייבן דש זאג איך אויך בֿור וואר
ער לעבט הונדרט אונ׳ צווייִנציק יואר:[6]

4 דו זיין צייט קאם צו שטערבן נון מוגיט איר גערן הורן[7]
ער שפרך ליבר הער גוט׳ ווער זול מיין וואלק יִשְרָאֵל אין דש הייליג לאנד[8] פֿויירן

[1] The first ten stanzas are not based on the Book of Joshua but describe how Moses sinned by striking the rock, his death, and the appointment of Joshua as his successor. These stanzas draw on Num. 20, especially verses 7 – 13, and Deut. 34, respectively, incorporating midrashic elements.

[2] "Moses was a holy man and a king," cf. YP9c. Referring to Moses as a king is common in midrashic literature, e.g., *Leviticus Rabbah* (Vilna ed.), *pārāšat ʾemōr*, 31:4 (Israelstam and Slotki 1939, 398).

[3] Cf. "But there arose not a Prophet since in Israel like unto Moses" (Deut. 34:10).

[4] Cf. "In all the miracles and wonders which the Lord sent him to do" (Deut. 34:11).

[5] Cf. "But there arose not a Prophet since in Israel like unto Moses" (Deut. 34:10).

[6] Cf. "Moses was now an hundred and twenty years old when he died" (Deut. 34:7).

[7] Cf. "When Moses was about to depart this world" (*Deuteronomy Rabbah* [Vilna ed.], *pārāšat wĕ-zōʾt ha-bĕrākhāh*, 11:8 [Rabbinowitz 1951, 179]).

[8] The Holy Land, meaning the Land of Israel. This name appears in Jewish sources from the Middle Ages onwards, e.g., Ibn Ezra's commentary on Zech. 5:5, or Radak's commentary on Ps. 42:2.

This epic was copied into a manuscript written in 1510 – 1511, which is today found in the Palatine Library, Parma (Cod. Parm. 2513, 130b – 156a). The epic is untitled. | 1a This word is separated from the rest of the line, as well as the line underneath, by a relatively large space. Additionally, the first two letters, וו, are much larger than the remainder of the text. | 2a crossed out: דש

ווען איך בין גשטורבן אונ׳ הון דען טוט גליטן[9]
זוא ווערט מיין ישראל גין אז איין שאף און הירטן:[10]

5 ליבר היר גוט׳ איך וויל דיך נון ביטן דש דו מיך* לעבן לושט[11]
| אום ווילן וואלק דש הייליג דש דו אוייף ערדא הושט: 130a
אונ׳ לוש מיך זיא וואָורין אין דש הייליג לאנט:[12]
אז דו דען אָבוֹתֿ הושט גשווארן דש טוא מיר אויך בקאנט:[13]

6 דו שפרך גוט׳ דער הערי דש מאג ניט גיזיין
דו הושט בֿור זונט אונ׳ אַהֲרֹן דער ברודר דיין:
איר זול מיך הון גהיילגט בייא דעם ווענלזן גרוש[14]
בייא דען גרושן צייכן דוש* וואשר אוייש דעם ווענלזן שוש:

7 איך היש אויך צו דעם ווענלזן רידן אונ׳ הופֿשליך זאגאן
דש ער דעם וואל* זולט וואשר געבן דו ווארט אין שלאגין
דרום מושט איר אלהיא שטערבן דש זאג איך דיר בֿור וואר
דש דען יַרְדֵן ווערט איר ניט אובר ווארן מיט דיזר הייליגין שארן:

8 העט איר מיך גהיילגט אן דעם ווענלזן מיין[15]
אונ׳ העט אין נוייארט גבעטן אום ווילן דער צייכֿן שיין
זוא העט איר מיך גהיילגט גר אופֿן בֿור
בֿור אן גזיכֿט דער זאמלונג דער הייליגאן שאר:

9 Idiom describing death: "He suffered death." Cf. Grimm 2021, Tod, 4d: "Den tod leiden." See also YC324b.

10 Cf. "And Moses spoke unto the Lord, saying: 'The congregation of the Lord be not as sheep which have no shepherd'" (Num. 27:15–17). See also YC7c.

11 Cf. "When the time came for Moses, our teacher, of blessed memory, to leave this world, the Holy One, blessed be He, told him: Your time of death is nearing. He answered: Master of the Universe, after all my hard work, You tell me that I must die? 'I shall not die but live' [Ps. 118:17]" (*Midraš pěṭīrat Mōšeh Rabbenū*, Jellinek 1938 (I), 116).

12 See footnote to YP4b.

13 Cf. "For unto this people shalt thou divide the land for an inheritance, which I swore unto their fathers to give them" (Josh. 1:6).

14 Cf. "Again, the Lord spake unto Moses, and to Aaron, Because ye believed me not, to sanctify me in the presence of the children of Israel, therefore ye shall not bring this Congregation into the land which I have given them" (Num. 20:12), see also Deut. 32:51.

15 Rashi: "To sanctify Me— For had you spoken to the rock and it had brought forth water, I would have been sanctified before the whole congregation" (Num. 20:12).

5a crossed out: לעבון (unclear word) | 6d perhaps s.b. דו דש | 7b perhaps s.b. וואלק

9 משה דו מושט שטערבן דיין צייט אישט קומן[16]
אום ווילן דיינן זונדן דו הושט מיך וואל בֿור נומן
130b דיין קוניג רייך וויל איך געבן דיינם | *דינער דש הון איך מיך בור מעשן
ער הוט דען ווייגאן וואל גהוייט דרום מוש ער דער בֿון עשן:[17]

10 דער זעלביג וואר אים גטרוייא׳ גוועזן
ער היש יְהוֹשֻׁעַ זון נוּן די בוכֿער הט ער וואל גלעזן[18]
דען וואלט גוט׳ בֿור איין קוניג הון[19]
נון וואל אוייף[20] יְהוֹשֻׁע׳ אונ׳ ווערד צו איינם מן:[21]

11 דו זולשט נון אובער וואָרן מיט דיזם וואלק צו הנט[22]
אובער דען יַרְדֵן מיט דעם וואלק אין דער היידן לאנט[23]
די וואלקר אל גמייני אין דיין הנט וויל איך זיא געבן
וואו איאר בוייש ווארט הין טרעטן קיינר זול בלייבן לעבן:

12 די וואושטנייא אונ׳ דער וואלט אונ׳ דש מיר דש גרוש
אונ׳ דער באך פּרָת אונ׳ אל זיינא גנוש
בֿור אויך זול עש ניט בלייבן ווערד נוייארט צו איינם מן[24]
אונ׳ זיך דו מיר צו שטרייטן אונ׳ זיך ווש איך קאן:

13 מיט משה בין איך גוועזן אזו וויל איך אויך זיין מיט דיר
דש לאנט זולשט דו ערבן אונ׳ זולשט דו קומן שיר

[16] Cf. "Then the Lord said unto Moses, Behold, thy days are come, that thou must die" (Deut. 31:14).

[17] Rashi: "God replied to [Moses] [...] Joshua deserves to receive the reward of his ministrations, because he has never departed from the tent— This is what Solomon said 'He that keepeth the fig tree, shall eat the fruit thereof' [Prov. 27:18]" (Num. 27:16).

[18] Description of a man's erudition: "He read well many books." Cf. "And Joshua the son of Nun was full of the spirit of wisdom" (Deut. 34:9); Ramban on Exod. 33:11: "He was the greatest of Moses' pupils, hence he was called *bin nūn* meaning 'clever' [נבון]."

[19] Joshua is called a king, cf. "Joshua's time has come, to reign as king over the folk of Israel" (*Midraš mišley* [Buber ed.] 14:34). See also YC6c.

[20] From here until stanza fourteen the epic provides an inexact retelling of Josh. 1:2–5 that does not follow the order of the biblical text. Beginning in stanza fourteen, this biblical passage is retold once again, in a more systematic and accurate manner.

[21] Idiom: "Become a man." See YP12c. Cf. "Be strong therefore, and show thyself a man" (1 Kings 2:2).

[22] "Moses my servant is dead: now therefore arise, go over this Jordan, thou, and all this people" (Josh. 1:2).

[23] "The heathens' land," see Grimm 2021, Heidenland.

[24] Idiom: "Become a man." See footnote to YP10d.

9c redundant (double): דיינם

דש הון איך בֿור שפרוכֿן אונ׳ וויל עש הלטן שון
נון שטיא אוייף יְהוֹשֻׁע אונ׳ פאר אן היין אונ׳ קום דער בֿון:[25]

14 עש ווש נאך שטערבן בֿון* מֹשֶׁה רַבֵּינוּ קנעכט גוט׳ Josh. 1
דו זאגיט גוט׳ צו זיינם דינער הור צו יְהוֹשֻׁעַ און | אלין שפוט 131a
מֹשֶׁה מיין קנעכֿט אישט טויט דש זאג איך דיר בֿור וואר
נון שטיא אוייף אונ׳ אובער וואר דען יַרְדֵּן [דו] אונ׳ אל דייני שאר:

15 אונ׳ ציך צו דעם לאנט אֶרֶץ יִשְׂרָאֵל דש איך דיר וויל געבן
אונ׳ אל דיא שטיט די איך הון בֿור הייש[ן] בייא מֹשֶׁה רַבֵּינוּ לעבן
בֿון דער וואושטנייא דען גרושן ביש אן דען באך פְּרָת
אל דש לאנט דער חִיתִּי ווערט איר אוייף היבן אייאר מַס:[26]

16 ניט עש וערט* קונאן בשטין בֿור דיר אל די טאג דיינש לעבן
יהושע׳ אז [איך] בין גוועזן מיט מֹשֶׁה אזו וויל איך אויך מיט דיר שטרעבן
אין דער נְבוּאָה שטערק איך דיך גר זער[27]
ווען דו ווערשט מאכין ערבן ישראל ייענהלב דש יַרְדֵּן ביש אן דש מֵיר

17 דרום זולשטו הוטן מיין גבוט אונ׳ מיין לערנוג הלטן אז מֹשֶׁה מיין קנעכֿט
ניט דו זולשט אב* קירן בון דער לינקן זייטן נאך בֿון דער רעכט
דרום זולשטו קלוגין אין אלש דש דו גישט
ווען דו די תורה ווערשט הלטן אובער אל דו וואל בשטישט:

18 | די תּוֹרָה זולש דו לערנן טאג אונ׳ נאכֿט אש עז גשריבן שטיט 131b
דען ווערשט דו בגלוקן אין אל דיינם וועג וואו דו גישט
יְהוֹשֻׁעַ בֿור וואר איך וויל דיר גביטן דו זולשט דיך שטערקן זיר:
דו ווערשט ניט גשוועכֿט בֿון דען היידן[28] ווען גוט׳ אישט שטעט בייא דיר::

19 אונ׳ ער גבוט יְהוֹשֻׁעַ זיינין ריכֿטר צו זאגין
גביט ישראל אויירם וואלק דש זיא שפייז[29] מיט אינן טראגין

[25] The poem stops here abruptly, and the retelling of the Book of Joshua, beginning from its first verse, starts.
[26] The source for this is obscure, cf. "But the Canaanite dwelt among the Ephraimites [...] and served under tribute" (Josh. 16:10); "They put the Canaanites under tribute" (Josh. 17:13).
[27] The retelling differs from the original: "I will make you stronger" instead of "Become stronger" (Josh. 1:6).
[28] The source for this is obscure.
[29] Radak: "Various foods which are not bread, as they were still receiving Manna from heaven" (Josh. 1:11).

14a This word is written in the right margin of the text, before משה רבינו | 16a perhaps s.b. ווערט | 17b original form: אבן

נאך אין דראיין טאגין וואלן מיר דען יַרְדֵן אובער ווארן
אונ׳ גוט וערט אונז גזונט אל וועגאן שֶפָּרן:[30]

20 יְהוֹשֻעַ דער זייט צו רְאוּבֵין[!] אונ׳ צו גַד אונ׳ הלבר מְנַשֶה איר זולט גדענקן
דיא זאך דיא אויך מֹשֶה רַבֵינוּ הוט גיבוטן אין אלן וועגקין
ער זייט צו אויך גוט הוט לושן רואין אויך אין דעם לאנט
אוייאר ווייבר אונ׳ אוייאר קינדר לוט אלהיא זיצן דיש הלב דש יַרְדֵן צו איינם פאנט:[31]

21 אונ׳ איר זולט אובר ווארן צו בור אייארן ברודרן גיוואופֿנט אז די שטארקן הילט
אונ׳ העלפֿט שטרייטן אוייאר ברודר צו שטאט אונ׳ צו וועלדא:
132a | ביש איר זיא מאכט ערבן דש הייליג לאנט דורפֿיר אונ׳ שטיט
אובער הלב דען יַרְדֵן וויא די זונא אויף גיט::[32]

22 דו ענטוורטן זי יְהוֹשֻעַ דש דו אונש גביטשט דש ווילן מיר טון
אונ׳ אין אל דש דוא* אונש זענדשט* דער צו זיין מיר ברייט נון:
אז וויר הון גהורט צו מֹשֶה רַבֵינוּ אזו וואלן מיר הורן צו דיר
נוייארט דש גוט׳ אַך מיט דיר אישט אז ער אישט גוועזן מיט מֹשֶה גר שיר.:

23 אל דער ווידר שפעניגיט דיין מונט אונ׳ וויל ניט הורן צו דיר
גטוייט ער זול ווערדן גטוייט גר* אוייש דער מושן שיר
דרום שטערק דיך גר אוייש דער מושן זיר
מיט גאנצר קראפט וואלן מיר דיר העלפן דורך גוטש איר:

24 דו זנט יְהוֹשֻעַ בֿוֹר שפעהר בון שִיטִים [צווייא]* מאנש נאמן Josh. 2
זיא מאכטין זיך טויבא אלדו זיא וואל בֿוֹר נאמן[33]
יְהוֹשֻעַ זאגט צו זיא גיט אונ׳ זעהט דש לאנט יְרֵיחוֹ אונ׳ דש הייליג לאנט
דיא גינגאן בייאד גין יְרֵיחוֹ* זיא בֿונדן איין שוני פרוא דיא וואר אין וואל בקאנט*::::

[30] Idiom, prayer formula: "May God always spare us [and grant us] health." Cf. Grimm 2021, Sparen, 1: "Bewahren, schützen, vor allem von gott [...] am längsten hielt sich dieser gebrauch des wortes in fester redewendung: gott spare dich gesund."

[31] Idiom: "Leave them as a guarantee" [lit. "Leave them as a deposit"]. See also SM/intro42.

[32] There is no retelling of "Then shall ye return unto the land of your possession" (Josh. 1:15).

[33] Rashi: "In secret— This is the translation of Targum Jonathan. He said to them: 'Pretend to be deaf-mutes so they will not conceal their activities from you'" (Josh. 2:1).

22b.1 דא written over זא. There is no ו in the word. | 22b.2 redundant (double): אונש | 23b redundant (perhaps catchword): אש | 24a original form: צו | 24b.1 redundant: עש ווארן | 24b.2 redundant (double): זי | 24d.1 Under the ח is a *kamaz* that has been crossed out. | 24d.2 Original form: בקא־ is stained and unclear. Underneath it is the word בקאנט.

132b | איר נאמן וואש ר ח ב עש וואר אין איין הערבריג גוט׳[34] 25
זיא לוגין בייא איר אובר נאכֿט דש פֿריילן וואש וואל גמויט
דו בֿרוגט[35] דער קוניג בֿון יְרֵיחוֹ ווא* זינט די צווייא מאנן הין גיקומן
זיא וואלן בור שפעהן דש לאנט אונ׳ יְרֵיחוֹ דש הון איך וואל בֿור נומן::

דו זאנט דער קוניג בון יְרֵיחוֹ אין ר חַבֿ הוייז* 26
ער שפרך זענד מיר דיא צווייא מאנין אודר איך ציךְ זי זעלבֿרט הער אוייש
דו נאם דיא וורוא דיא צווייא מאניש נאמן וויא ריש הט זיא זי בֿור בורגין[36]
זיא לוגין אזו דאר ביש אן ליכֿטן מורגין::[37]

דיא פֿרוא שפרך בהענדי דש אישט איין זאךְ 27
איך וויל אויך בֿור בערגין אין דען וולאכש אוייף דען טאך
ווערט אויך דער קוניג פֿינדן ער טוייט אויך אן דען טויט
די טויר זינט גשלושן איר מוכֿט קומן* אין גרוש נוט

עש ווש איין גרוש גשרייא אין דש קוניגש הוייש[38] 28
וויא וואל דיא טויר ווש גשלושן גלייך וואל זאנט ער בוטן אוייש
133a בֿור שטרייט אש ווייט דש | לאנט ווארן די בוט׳ן בזוכֿטן
זיא טורשטן ניט שלופֿן זיא מושטן ייאגין דיא גאנץ נאכֿט

נון לוש מיר דיא בוטן שטין 29
אונ׳ הורט וויא עש יְרֵיחוֹ ווערט אוייש גין
דש וורייאלן ווש קלויג אין דער זאך
זיא ברוכֿטן אין צו עשן אונ׳ צו טרינקן וואל אוייף דעם טאךְ::[39]

נו איא זי שלופין גינגא די וורוא בֿור בייא זיא אוייף דעם טאך 30
נון מוגיט איר נון וואל מערקן איר גרוש און גימך
נון מויגיט איר נון וואל צו הורן וויא זיא צו אין דו זייט
בֿורכֿט אויך ניט ליבי מנין עִיר זולט הבן קיין לייט::

[34] Rashi: "A lady innkeeper. According to Targum Jonathan, an innkeeper who sold various kinds of foodstuff" (Josh. 2:1). Here the entire scene is relocated to the inn.

[35] The retelling differs from the original (Josh. 2:2).

[36] According to Targum Jonathan on Josh. 2:4: "And she hid them."

[37] The source for this is obscure.

[38] The copyist may have erred here: Rahab's words (which are necessary to understand the king's reaction) are missing.

[39] The source for this is obscure. It may echo the opinion that Rahab was selling food (see footnote to YP25a).

25c Apparently originally ווש, then changed to ווא. There is no ו at the end. | 26a original form: הוייש. The ש is blotted with ink. Elsewhere in the manuscript both spellings, הוייש and הוייז, are used. | 27d In the text the word קומן is blurred, but it is written clearly in the right margin.

31 איך ווייש וואל ליבי הירן גוט׳ הוט אויך דש לאנט געבן.
דיא וואלקיר אל זאמן זיא הבן וואר ווענאן איר לעבן
דו אויך גוט׳ דער הער דש מיר הוט גשפֿלטן
אונ׳ הערן בֿון דיזם לאנט בֿור אויך זיך ניט הבן בהלטן:

32 סִיחוֹן אונ׳ עוֹג די שטארקן דיא הט איר אלאר בֿור וואושט
נון ווש מיר וואל יוא דש עש אישט אום וויישט.
דיא קראפֿט אישט אונש בֿור גאנגין וויר קונאן ניט בשטון.
אונ׳ מוש גאנץ צו גין וויר קומן ניט דער בֿון:

133b

33 | וועז גוט׳ אישט אייאר העלפֿר בון הוייט אונ׳ אומר מער.
נון שווערט מיר איין אייד בייא אייארם גוט דער היר:[40]
אונ׳ טוט מיר גנאד אונ׳ געבט מיר איין ווארצייכֿן
איין וארהפטיג גנאד דש איר מיך ניט וואלט לייכֿן:

34 מיין וואטר* אונ׳ אויך מיין מוטר זול איר מיר לושן לעבן:
מיין ברודר אונ׳ מיין שוועשטר בון טויט זולן זי שטערבֿין
יוא זייט זיא די מאנן וויר ווערדן דיר ניט פֿעלן
אז פֿער אז אונזר זאך בלייבט* בייא דיר העלן::

35 איין עייד הון וויר עש גשווארן דען וואלן וויר לידיג וועזין
אונזר לייפא אן אוייאר שטאט דש איר אל זולט גנעזן[41]
אונ׳ וועז וויר נון יוא קומן אונ׳ ציהן דו הראיין
דען רוטין שטריק זולשטו קנופן הין אן דש וועגשטר דיין:[42]

36 דיין וואטר אונ׳ אויך דיין מוטר אונ׳ אל דייני גשלעכֿט
אין דיין הוייז זולשטו עש זמלין אלזו רעכֿט.
לוש קיינאן ניט הנאוייש אונ׳ ווערט ער דען דער שלאגן
דיא שולט אן אונזרם הויבט[43] מאן זול עש* ניט בור טראגין::

[40] This oath differs slightly from the biblical original (Josh. 2:12–13).
[41] This oath differs slightly from the biblical original (Josh. 2:14).
[42] From here until YP37d the text jumps to Josh. 2:17–21. This appears to be an attempt to correct the slight lack of continuity in the biblical plot.
[43] Idiom, oath formula: "The guilt is on our head." The biblical text states: "Our life for you to die" (literally: "Our lives will die under yours," Josh. 2:14), cf. "His blood shall be upon his head" (Josh. 2:19).

34a original form: ווארט | 34d original form: בייאלבט. ל written over א. It appears that the copyist tried to correct this word, therefore the form בלייבט, common elsewhere in the work, was written in the edition. | 36d perhaps s.b. אים

134a | אונ׳ בלייבט ער דען הינאויישן דש מאן אין יוא דער שלעבֿט. 37
בֿון דעם איידן דיין וויר דען לידיג זינט דש זאג וויר דיר רעבֿט
יוא זיכשט דו דיא וורוא איר טרווייא זי עש דו גאב
מיט אירם רוטן זיידן שטריק ליש זיא זי צו דעם וועגשט* הינאב::

וואל אן דער שטאט* מוייארן דו ווש איר הוייש גיוואנט. 38
נון ציבֿט הין צו דעם בערגי דש מאן אויך ניט נאך ראנט.
אלדו זולט איר ליגאן בֿור בורגאן גאנצר דרייא טאג
דער שטריק וואדים רוטן וואל אן דש וועגשטר לאד[!]::

זיא קנופֿטן אן דש וועגשטר אלזו באלד צו הנט 39
דער ייעגר קאם נון ווידר דו ער נימנט פֿאנט.
דו שטונד אוייף דיא מנין בֿון דעם בערג הין דאן
אונ׳ קומן צו יְהוֹשֻׁעַ אונ׳ צו יִשְׂרָאֵל אן::

וויא עש אין ווש דער גאניגן דש דער צילט זיא אלדו 40
דש לאנט ווש זיר רשרוקן* דש וואר זיא זו פֿרוא
גוט׳ הוט אונש גגעבן דש לאנט אין אונזר הנט
Josh. 3 דו שטונט אוייף יְהוֹשֻׁעַ דען אנדרן מורגין צו הנט:

זיא צוהן בון שיטים ביש אן דען ירדן דאר 41
134b אוייף בֿורטן דש יַרְדֵן דו בלייבן זיא דען נאבֿט | די שאר
יְהוֹשֻׁעַ[!] ליש אוייש רופֿן איין גשרייא ליש ער טון:
אונ׳ וועןאיר ווערט זעהן דען שריין גוט׳ ציכט דער בֿון:

די כֹּהֲנִים אונ׳ די לְוִיִּם די ווערדן אין יוא טראגאן. 42
זוֹ זולט איר יוא ברייט זיין אונ׳ זולט אים נאך טראבין
נוייארט צווייא טויזינט אילן צו אים ניט איר זולט גנעהן
דש אישט בון הוייט נאך געשטרט ניט גשעהן:[44]

דש שריינש גוט׳ נאך נומר* וויר ניא בֿור גאנגין[45] 43
בֿור קינדר ישראל אין דער וואושטנייא לאנגין
נון זייט אויך צו ריבֿטן מיט אל אויירם גנוייש.
מורגן ווערט אויך גשעהן וואונדר גרוש:

[44] The retelling differs from the original (Josh. 3:4), and it seems to be based on Rashi's commentary on Josh. 3:3, see YP43a–b.

[45] Rashi: "And follow it. This journey was different than other journeys. [...] now the Ark would travel first" (Josh. 3:3).

37d perhaps s.b. ווענשטר | 38a erased word, apparently מוארן | 40b perhaps s.b. דער שרוקן as elsewhere in the manuscript. | 43a original form: נוומר with a ligature between נו

44 גוט שפרך צו יהושע הור איך וויל דיר זאגין
דיין אבֿפרקייט אין אויגין ישראל ווערשט דו טראגין
דרום דש זיא זולן ווישן דש איך בין נון מיט דיר
הווייט אם דיזן טאגין ווערדן זיא זעהן שיר:

45 דו זולשט גביטן דעם כֹּהֲנִים ווען זיא עש מיט דעם שריינ גין
ווען איר קומט אין דש וואשר אים יַרְדֵּן בלייבט שטיל שטין:
| יהושע ווערד זיא רופין ישראל קומט הער: 135a
הורט צו איך [וויל] אלן זאגין אבער נוייאי מֶער:

46 דו מיט ווערט איר ווישן דש גוט׳ דער ווערט בֿור טרייבן
זיבין וואולקר* דש קיינר ניט ווער בלייבן
נון *זול דער שריינא בֿור אויך ווארן גאר
אין וואשרש דש יַרְדֵּן צו בֿור אוייאר שאַר::

47 נון זולט איר ברייטן צוואלף מאנין בון דעם גשלעכט
איין מן איינם בון דעם גשלעבֿט* זי זולן זיין גרעבֿט
ווען זיא* ווערדן רואן בֿוייש טראגר דעש שריין
אין וואשר דש יַרְדֵּן דיא ווערדן טרוקן זיין::

48 די וואשר דיא דו נידרן פֿערין אובן הראב
דיא ווערדן בלייבן שטין ניט נידרן צו דעם גראב[46]
זיא ווערדן אז איין מוייארן בלייבן שטין
ביש דש כל ישראל ווערדן דורך דען יַרְדֵּן גין[47]

49 זיא הובן אן צו ציהן דש בולק בון אירם געעלט
דען יַרְדֵּן אובר ווארן דש קיינר ניט וועלט
| די וואשר בֿון דעם יַרְדֵּן וואר גמעשן וואל 135b
אוייף אלן זיינין בורטן דו וואר עש וואשר וואל:.[48]

50 אונ׳ דוא דיא כֹּהֲנִים איין דונקטן אירן בֿוייש אלדו
נוייארט איין דש וואשר דש וואשר בלייבא דו שטון:

[46] Rashi: “And will stand in one massive mound. As the water flows down to the place where it will be cut off, it will be unable to flow further downstream” (Josh. 3:2).
[47] Based on Josh. 3:17.
[48] Based on Josh. 3:15.

46b A colon ostensibly marking the end of a stanza is written here; redundant (double): אלדש | 46c crossed out: ג | 47b redundant (double): איינם בון דעם גשלעבֿט [!]איין מיין | 47c original form: זיאן

זיא שטונדן אז איין מוייאר אונ׳ זאמלטן זיך דאר
דש וואלק דש אובר בֿור גיגאן יְרֵיחוֹ גר:

די כָּהֲנִים בלייבן שטין מיט דעם שריין אלדו 51
גאנץ אין דער טרוקניש ביש קיינר מיר וואר דוא.
אונ׳ דן דש וואלק נון גאנץ* צו גאנגין וואש Josh. 4
גוט שפרך צו יְהוֹשֻׁעַ הור צו אונ׳ טוא נון דש:.[49]

הייש קומן דיא צוואלף מנין דיא דו ברייט זיין* 52
צוואלף שטיין זולין זיא* נעמן דו* אישט גשטנדן דער הייליג שריין
אונ׳ זול עש מיט אין טראגין צו הערבריג דיא נאכֿט
איין מאן אוייף זיינר אכשיל דש הון איך אויך גיטראכֿט::

אוייאר קינדר דיא ווערן וורעגין ווש זול דיא שטיין זיין 53
איין ענטוורט זולט איר געבן דש אישט גשטנדן דער שריין
גהיילגיט* צווישן דעם יַרְדֵּן דיא וואשר זיין וואל ברוכט
די שטיין הראוייש גנומן דש ער* זול ווערדן גדוכֿט:

| דש צוואלף גשלעכט יִשְׂרָאֵל דורך דען יַרְדֵּן קומן 54 136a
קיין וואשר דיא בקומרטן וען זיא וואלטן דער דורך שטרומן.[50]
יְהוֹשֻׁעַ ריכֿט וואל אוייף* צוואלף אנדר גשטיין[51]
אונטר פֿוייש דער כהנים גשטנדין מיט דעם שריינא:.

דש וואלק בהענדי אונ׳ איילט צו אובר ווארן גר 55
דיא כָּהֲנִים מיט דעם שריין זיא מאכֿטן זיך אלדאר
די גינגין בור דעם וואלק אלזו גוואופֿנט אלזו זיר
גַּד אונ׳ קינדר רְאוּבֵן אז אין גבוט איר היר:.[52]

וואל ווירציק טוזינט גוואופֿנט מאן קומן דאר 56
בֿור קינדר יִשְׂרָאֵל[53] אן שפיצאן דער שאר

[49] Cf. "And he took the book of the covenant, and read in the hearing of the people; and they said: 'All that the Lord hath spoken will we do, and obey'" (Exod. 24:7).

[50] The source for this is obscure. It may be a literary trope. Cf. Josh. 3:17.

[51] Rashi: "Twelve stones. These were different stones that Joshua set up in the midst of the Jordan" (Josh. 4:9).

[52] The order in which Gad and Reuben are mentioned diverges from the biblical text, the half-tribe of Manasseh is not mentioned, perhaps due to constraints of space.

[53] The retelling differs from the original (Josh. 4:13).

51c redundant (double): נון | 52a redundant: צו; crossed out: א | 52b.1 redundant: עש ברייט זיין אונ׳ זול | 52b.2 redundant (double): דו | 53c perhaps s.b. גהייליגט | 53d עש with two horizontal points (*zere*) over it, and above them ער. In the right margin is the word ער | 54c crossed out: א

די גינגאן גין יְרִיחוֹ דיא העלדן לובזם
גהארנישט נאך וועלשם זיטן אז אין דען וואל אן צאם:

57 וואל אם דעם זעלביגאן טאג יְהוֹשֻׁעַ גיאכֿפרט ווארט
אין אוגין אל יִשְׂרָאֵל אז וויר הון בֿור גיזייט
זיא בֿורכֿטן אין אל זמין אל טאג זיינש לעבן[54]
דרום דש גוט יִשְׂרָאֵל אלוועג בֿור אים וואלט שטרעבן:.

58 גוט׳ זייט צו יְהוֹשֻׁעַ דען שריין הייש אופֿפֿר טראגין[55]
די* כֹּהֲנִים אוייש דעם יַרְדֵּן דיא בגונדין הראייש צו טראבין:
אונ׳ אז באל* אז דיא כֹּהֲנִים בגונדן איר בוייש צו רוקן
איר בוייש זיא הטן גשטאלט קאם אן דיא טרוקן:::

59 | די וואשר גינגאן ווידר אז זיא בֿורווארין גגאנגין 136b
גאנץ אין אלאר מושן דיברייט אונ׳ דיא לענגא
אוייף אל* זייני בורטן ווש דער* יַרְדֵּן בֿול.
אז גישטערט אונ׳ אי גישטרט גוועזן אל מול:

60 דש בֿולק דש גינג אל מול הראוייף אין נִיסָן ציהן טאג
זיא רואטן אן דעם* גִלְגָל בֿור וואר איך אויך דש זאג
דיא שטיין ריכֿטיט ער אוייף אן דעם גִלְגָל אלצו הנט
אי זיא קומן אין יִשְׂרָאֵל לאנט::

61 יְהוֹשֻׁעַ דער זאגיט צו דעם בֿולקא איך וויל אויך זאגין דַש
ווען אוייאר קינדר ורואגין בֿון הויט אונ׳ בֿור באש:
ווש זייני׳ דיזי שטיין׳ דיא אזו לאנג דוא שטון:
איין ענטוורט זולט איר אין זאגין אז איך עש בבולהן הון:.

62 יִשְׂרָאֵל זייני אין דער טרוקן דען יַרְדֵּן אובֿער פֿארן
אונ׳ אויך דש מיר רוריכֿט גאנץ מיט אירן שארין
דיא וואלקר זולן ווישן שטערק אונ׳ קרעפֿט גוט׳
זיין נאמן אל וועגין צו לובן אונ׳ בֿורכֿטן וורוא אונ׳ שפוט׳:::

54 Moses is not mentioned, cf. YP44.

55 According to the biblical text (Josh. 4:16) s.b. אויפטראגין (raise).

58b This word is written above the word כהנים, to its right. | 58c perhaps s.b. באלד | 59c.1 crossed out: דיא | 59c.2 original form דשער with ע written on top of the ש. Apparently, the scribe wrote דש and corrected it to דער. | 60b crossed out: גללג

63 די קונגין אל זאמין די הורטן דש גטרעבֿט Josh. 5
דש ישראל אין דער טרוקניש ווארין | גאנגין שלעבֿט 137a
איר הערץ דש* ווארן אלי זאמן גאנץ צו גאנגין גר
דו זיא דש גרוש וואונדר אונ׳ צייכֿן ווארדן גוואר::

64 יוא אין דער זעלביגאן צייטן גוט׳ צו יְהוֹשֻׁעַ זייט
מך דיר איין יֶוצא מעשר[56] דש דו זיין לאנג אונ׳ ברייט
דו מיט זולשטו בשניידן דיא יודן קליינא אונ׳ גרוש.
זיא ווארן אל בשניטן וויא זיר עש זיא בֿור דרוש:

65 ניא ווארן זיא בשניטן גאנצר ווירציקא יואר
יִשְׂרָאֵל אין דער וואשטנייא דש זאג איך [אויך] בֿור וואר
אונ׳ דוא זיא ווארדן גשטורבין דיא אלטי אל זאמין גר
דיא יונגאן מושט מן יוצאן גאנץ מיט אנאדר צוואר::

66 גוט׳ זייט* צו יְהוֹשֻׁעַ הוייט וויל איך עש בֿור טרייבן
די שאנד בֿון מצרים ווש קונאן זיא נון שפייאן[57]
דש זיא הבן גזייט וויר זעהן בליוט אוייף אויך
דש הון איך מיט דַם דער מִילָה בֿור שפרייט אובר אויך:[58]

67 יִשְׂרָאֵל אם גִלְגַל דען פֶּסַח מכטין זיא דו
זיא אושין בֿון דעם קורין גוּוכשן אוייש דעם שטרוא
מַצוֹת אונ׳ זאנגין אושן זיא אזו זיר
זיא העטן יוא קיין מַן בֿון דעם הימיל מיר:

68 יְהוֹשֻׁעַ דער קוניג גיגאן יְרִיחוֹ לאג אלדו צו פעלד:[59]
איין מן שטונד גיגין אים אז איין שטרקר העלדא:

[56] See "Circumcision," pp. CI–CII.

[57] Description of the custom of spitting as a sign of disrespect. The rhyme suggests that in the original text the form שפייאבן was used (Grimm 2021, Speien, I3: "Speyben").

[58] Rashi: "I have removed [lit. I have rolled]– I have removed the ridicule of the Egyptians who had said [when they were leaving], 'See that "Raah" is before you [Exod. 10:10]. There is a star named Raah, which is a symbol of blood. We see it overpowering you in the wilderness.' [...] But they did not know that [the blood they saw] was the blood of circumcision" (Josh. 5:9).

[59] Rashi: "From here we can learn that the outskirts of a city are considered part of the city itself, for it is impossible to say that Joshua was actually inside Jericho" (Josh. 5:13); Radak: "According to this the sages have ruled that the outskirts of a city are considered part of the city itself" (ibid.).

63c This word is written in the right margin of the page. Above the line, between the words הערץ and ווארן, two dots indicate where the added word should be inserted. | 66a crossed out: צו זיכשטן

137b | זיין שווערט בלוש איין דער הנט אז איין דעגין פֿיין[60]
ער שפרך איך וויל יוא זיהן ווער דיזר מאג* גיזיין:

69 ער גינגא וואל גיגאן אים אונ׳ זייט צו אים אזו
בישטו בֿון דען אונזר אודר ווילטו מיט אונש שטרייטן יוא.
ניין שפרך זיך דער מן אייני בוטן בין איכש בֿון גוט׳[61]
איך בין דיר קומן העלפֿן[62] אוב עש דיר טעט אלהי נוט::

70 יְהוֹשֻׁע דער וויל דו הין אוייף זיין ענטליץ באלד
ער מוכֿט דען אינגיל ניט זעהן אונטר זיין גשטאלט.[63]
ער נייגט זיך צו דער ערדן אונ׳ זייט ווש ליבר הערא
גבייצטו אוייף דייני קנעכט דש זול דיר זיין גוורט

71 דער אינגיל זייט יְהוֹשֻׁע ציך אוייש דיין שויך אלדו
דיא ערדא די דו אוייף שטישט דיא אישט גהיילגט יוא
יְהוֹשֻׁע ווש בהענדי זיין שויך ער דו אב צוך
דער אינגיל בֿור זיין אוגין גיגין הימיל ער דו וולוך::[64]

Josh. 6 72 נון ווש יְרִיחוֹ איין שטאט דיא ווש בווארט אזו וואל
זיא העט וואל זיבן מואריאן[65] מיט הרניש ווש זיא וואל.
אונ׳ זושט וויל וואשר גרעבן הטין זיא עש אום זיך גימכֿט
בֿור קינדר ישראל הטין זיא עש אוייש גטרכֿט::

138a 73 | די שטאט דא וואש בשלושן מיט אייזין טורין איין
דיא ריגיל אן דען טורין ווארן שטעהלן פיין.[66]

[60] Radak: "This angel approached Joshua holding his drawn sword in his hand, and he looked like a mighty hero" (ibid.).

[61] Radak: "I am the Lord's angel" (Josh. 5:14).

[62] Rashi: "I have come now— To help you" (Josh. 5:14).

[63] The source for this is obscure. Cf. Manoah's behavior (Judg. 13:20–22).

[64] The source for this is obscure. Cf. the angel's appearance to Manoah (Judg. 13:20), see also SP306b.

[65] The tradition concerning the seven walls surrounding Jericho is not found in classical Jewish sources predating the Middle Ages, and its provenance in later Jewish contexts is unclear. Additional cases of this tradition include YC24c; "Jericho had seven walls" (*Sēfer hā-rōqēaḥ, hilkhōt lūlāv* 221); and "The miracle of sinking the seven walls of Jericho" (Alsheikh's commentary on Josh. 24:5). See Abramson 1963, 147f; Stein Kokin 2012; Turniansky 1982:605, n. 67; Ya'ari 1942, 179–181.

[66] Targum Jonathan: "Closed with iron gates and reinforced with bars of copper" (Josh. 6:1).

68d original form: מגא

עש וואר קיינא מענש גוועזן בֿון הויט אונ׳ אומר מיר
דער דיא שטאט העט מוגין גווינאן אונ׳ בצווינגאן בֿון גרושר שטערק זיר:.:

74 דו זייט גוט׳ צו יְהוֹשֻׁעַ זיך איך וויל דיר געבן
יְרִיחוֹ אונ׳ איר קוניג קיין זולשט לושן לעבן
דיא שטאט זולשטו אומרינגלן אלטאג[67] גאנץ אונ׳ גר
דען זולשטו ווידר קירן צו רואן אום דיא שאר:

75 נון זולן זיבן כֹּהֲנִים דיא שוֹפְרוֹת יוא טראגין
יוא בֿור שריין גוט׳ ביש אן דעם זיבן טאגין.
אונ׳* אם דעם טאג דעם זיבדן זולט איר דיא שטאט אן לופֿין
גאנציר זיבן מול מיט אויירם הופֿין::

76 דיא כֹּהֲנִים זולן טוצין אונ׳ אן ציהן דש הורן
יִשְׂרָאֵל אלן שאלן אל דיא זיין גיבורן
דיא מוייאר ווערדא דער שאלן גאנצ הינטן אונ׳ בֿורן
זיא ווערט אונטיר זיך וואלן אונ׳ טעט עש אין נאך אזו צורין::

77 די כֹּהֲנִים מיט דעם שוֹפָר וויא טויצטן זיא אזו וואל
זיא אום רינגלטן דיא שטאט אל טאג איין מול
אונ׳ נאך דעם כֹּהֲנִים זו פייני דא גינג הר נאך דער שריין
אונ׳ דער נאך קומט אל יִשְׂרָאֵל הראיין::

78 | רְאוּבֵן אונ׳ גָד דיא ווארן אן דער שפיצאן[68] 138b
בֿור דיא כֹּהֲנִים איר קיין טורשט ניט נידר זיצאן
דש טרייב זיא נון גאנציר זיכשט טאג
ביש אם דעם טאג דען זיבדין בֿור וואר איך אויך דש זאג::

79 עש וואש אם טאג דען זיבדין אש דער מורגין בראך
דש וואלק גינג אום דיא שטאט זיבן מול דש מאן* וואל זאך
יְהוֹשֻׁעַ דער זאגיט מיר זולט נון שאלין זיר
די שטאט אישט אין אוייאר גוואלט הוייט הוט זיא אויך געבן גוט דער היר:.

[67] The retelling differs from the original (Josh. 6:3), see YP75b.

[68] Rashi: "These were the men of the tribes of Reuben and Gad" (Josh. 6:7). This differs from Radak's commentary on the same verse: "These were the men of the tribes of Reuben, Gad, and half of Manasseh."

75c redundant (double): אונ׳ | 79b original form: מאך

80 די שטאט די זול זיין אוייאר אונ׳ אלש דש דו אישט אין איר[69]
נוייאר* רַחַבֿ די זוֹנָה זולט איר בהויטין זיר
אלש דש דו אישט אים הויזי אונ׳ דש דו גהורט צו איר*
קיין לײדא זול מן איר טון אז קליין אז אום איין שטיל.:[70]

81 איר זולט אויך בור זעהן אונ׳ זולט גווארנט זיין
דש קיינר אונטר* אויך ניט נימט צו אויך הין ניין
קנרלייא בון דעם באנד דש איר ניט גהורט צו הנט
איר זילבר אונ׳ איר גולדא צו גוט׳ הון איך עש גוואנט::

82 אונ׳* ווערט איר דו בון נעמן איר ווערט זיין אין דעם באנד
אונ׳ אל שאר ישראל ווערט איר טון איין שאנד:
עש זול זיין צו גוט׳ איר שטהל אונ׳ איר אייזן
צו בהעלטניש גוט׳ זול מן עש הין ווייזן:

83 | דו בגאנדין זיר צו שטורמין גאנץ ישראל שאר — 139a
דיא מוייארן בֿון יְרִיחוֹ פִֿילן נידר גַר
דיא שטיין דיא בֿור זונקין אין דיא ערדא׳ הין נאיין[71]
יִשְׂרָאֵל גינגאן בור זיך אונ׳ גינגין אין דיא שטאט הין* נייאן:::

84 עש ווארן גאנץ בור וואושט בֿון קליין ביש אם גרוש
אוכשן אונ׳ אויך איזל איש ווארַ אונ׳ מוש
עש וואר יוא גאנץ בור באנט אלש צו דעם שארפין שווערט
נידר צו דער ערדן גאניץ און אלש גווערט::

85 זיא שטישן עש אלש אין דש בוייאר אונ׳ בֿור ברענטן זיא אל מיט אנאדר גר
נוייארט רחבֿ דיא זוֹנָה די ברוכֿטן זיא אין דיא שאר
אונ׳ איר גשלעכֿט זוא גאנץ דש לישן זיא הין נוייאש
דרום דש זיא הט בֿור בורגין דיא בֿור שפעהר אין דעם הוייש

86 יְהוֹשֻׁעַ דער בשוואור וואל גרושי אייד
דער דיא שטאט זול בוייאן עש זול אים ווען לײדא

69 The retelling differs from the original: "And the city shall be an execrable thing, both it, and all that are therein, unto the Lord" (Josh. 6:17).

70 Idiom: "No harm will be done to her, as little as a stem."

71 Rashi: "In its very place [literally: under it]– In its place" (Josh. 6:5).

80b crossed out: חי | 80c crossed out: קאן | 81b original form: אוונטר | 82a crossed out: ער | 83d This word appears above the line and seems to invalidate the letters הִי in the original הִינייאן. Therefore, the edition reads הין נייאן, as in the preceding line.

דער ערשט זון זול שטערבין ווען ער דיא גרונטשאפֿט זעציט .
אונ׳ דער יונגשט מושט בֿור דערבן[72] ווען ער דיא טוייר בזעציט

87 עש ווש איין מן איין בוייז וויכֿט בֿון יהודא גשלעכט Josh. 7
דער וואַרד וועלשן איין וועלשונג אונ׳ איין בויז גטרעכֿט
עָכָן זון כַּרְמִי ווש דער מן גינאנט
ער נאם גולד אונ׳ זילבר אונ׳ מענכֿי גוטי׳ גוואנט:::

88 | דו מיט דער צורניט ער גוט׳ אוייף ישראל שאר 139b
עז וואר אין ניט גזונט[73] דש ווארדן זיא וואל גוואר
זיא קונטן איר וויינדא בור אין ניט בֿור טרייבן
דש ווערט איר נון וואל הורן אז איך אויך דו וויל שרייבן::

89 יְהוֹשֻׁע דער זענדיט מנין וואל בֿון דעם זעלביגאן לאנט
גיט אוייף אונ׳ שפעהט׳ דען עַיי׳ [!] אלזו ווש דיא שטאט גינאנט
זיא ברוכטנד אים איין ענטוורט׳ בהענד צו דעם ציל
דש וואלק זולשטו ניט מוייאן צו אוייף גין אל זו וויל

90 שיק דו הין אוייף צווייא טוזינט אודר דרייא טוזינט מן.
זיא שלאוגן[74] דש עַיי׳ צו טוט איר מאנין גאנץ הין דאן
דש גשאך זו בהענדי וואל צו דער זעלביגאן שטונד
עש גינגאן דרייא טוזינט דש טוייא איך אויך אלהיא קונט.:

91 יִשְׂרָאֵל בגונדן צו וולִיהן יוא בֿור מאנין דש עַיי׳
וואל זעכש אונ׳ דריישיג מאנין שלוגין זיא אין צווייא.
זיא שלוגאן זיא בֿור דש טור דש זיא וורדן צו ברוכן[75]
דש וואלק זער דער שרוקן דש מאן זיא הט דער שטוכֿין

92 איר הערץ ווש גאנץ* צו גאנגין אש דש וואשר גיט צו טאל:
| יְהוֹשֻׁע* זיין קלייד צו רייש ער אובער אל: 140a
נידר אוייף דיא ערדא וויל ער בור דער שריין
אונ׳ אויך אל עלצטן ישראל ליידן גרושי פיין:

72 Idiom describing death: "Will be ruined."
73 Idiom: "It hurt them" [lit. "It was not good for them"].
74 The retelling differs from the original (Josh. 7:3), using past tense instead of future tense.
75 Rashi (according to Targum Jonathan): "Until Shevarim— Until they were broken" (Josh. 7:5).

92a original form גאנצו. This mistake may have been caused by similarity to the following word. | 92b crossed out: ר or ה

93 יְהוֹשֻׁעַ בגונד צו שרייאן אובֵי׳ ליבר גוט׳
אונזר העלפֿר בישטו גוועזן אל וועגאן וורוא אונ׳ שפוט
וורום הושטו* אונש אובר ווארן דען יַרְדֵן אלדאר
יוא צו בֿור טילגאן אונש אין הנט דער וואלקר אלי גר::

94 ווש זול איך נון זאגין בֿון הוייט אונ׳ אומר מיר
ישראל אישט גוולוהן בֿון בֿור זייני ווײנדי זער:
דיא וואלקר ווער עש הורן אונ׳ ווערן זיך זאמלן שאר
אונ׳ ווער אונש בֿור טרייבן גר אופֿן באַר::

95 אונ׳ וויא ווערשט דו בווארן דיין נאמן הייליג אונ׳ גרוש
דער דו אישט גהייליגט און ציל אונ׳ און מויש:
ניין שפרך זיך גוט׳ ווארום וואלשטו הין.
נון שטיא אוייף* יְהוֹשֻׁעַ אונ׳ גדענק איין אנדרן זין:

96 יִשְׂרָאֵל הוט אובער ווארן אוייף מיינר זיכר אייטא*
גנומן בון דעם באנד עש מוכֿט אין וועזן לייט:
זיא הון עש גשטולן אונ׳ הבן עש בֿור בורגאן
עש קאן אין ניט בגלוקין אונ׳ ברענגיט אין נוייארט זורגין:::.:.:

140b

97 | איר וויינדא ווארן זיא שלאגין אונ׳ ווערן אל צו באנד.
זיא ווערדן זיא בֿור טרייבן גאנצ אויז אירם לאנט
דש זולשט אין יוא זאגין איך וויל ניט זיין מיט אין:
טוא זיא ניט אב דעם באנדי זו הבן זי קיין גווינא.:

98 דש וואלק זולשטו גנעהן מיט אלא אירם גשלעכֿט
גוט׳ ווערט אין וואל בצאלן דער דו אישט און גרעכֿט
אונ׳ בֿון הויז צו הויז זולשטו אין זוכֿין שון[76]
ביש דש דו אין פֿינשט דען זעלביגאן בויזין מואן׳::

99 נון זולשט אין בֿור ברענאן אין אונ׳ אל דש זייני
איש* דש פֿייאר וולאמין מוש ער ליידן פיין.

[76] The retelling differs from the original (Josh. 7: 14). A search of houses is mentioned, as opposed to the biblical casting of lots. Perhaps this is the influence of Josh. 7: 14: "And the family which the Lord shall take, shall come by the households."

93c redundant (catchword): וורום הושטו | 95d crossed out: יוש | 96a ד was written over the ט in this word. Based on other instances of this word in the epic, ט was preferred. | 99b perhaps s.b. אין or אוייש

איין בושהייט הוט ער גטון ער הוט צו ברוכן מיין זיכרהייט
מאן זול אין גר בֿור ברענאן זיינ קנעבֿט אונ׳ אויך זיין מייט::[77]

100 יְהוֹשֻׁע דער ווש גנעהן אל יִשְׂרָאֵל גשלעבֿט
ער ווארף אוייף זי דיא לוש[78] ער וואש זי גר און רעבֿט
דש לוש גוויל אוייף עכֿון[!] דער זעלביג הט עש גטון
ער וואל זיך יוא בֿור ענטוורטן מיט* זיינר בויזן צונגין דער מן:::

101 ער זייט דער לויש אישט וולן דען וויל* איך בווערן
יְהוֹשֻׁע אונ׳ אלעזר דיא הבן | עש גמאכֿיט גערן. 141a
אונ׳ וואלט איר מיר צו הורן איר ליבש לנדיש [הירן]
דש לוש וויל איך בֿור ווענדן עש מויש אוייף זיא בשווערן::[79]

102 עש זאמליט זיך יהודא מיט אל זיינם גשלעבֿט
איין שטרייט וואלטין זיא עש בגינאן דש לוש דש ווער און רעבֿט:[80]
יְהוֹשֻׁע דער זאגיט צו עָכָן נון ליבר זון טוא דש
גיב צו גוט איין בקענוג אין ייוענר וועלט ווערט דיר באש.:[81]

103 נון זאג מיין ליבר עָכָן ווש הושטו דוך גיטון
דש זולשט מיר ניט העלן א עָכָן וויל ליבר זון.
דו זולשט דען שטרייט בווארן דש וויל איך דיך [ביטן] טון
נון זאג אן ליבר עָכָן אונ׳ קום דוך דער בֿון.:

104 יוא זאגיט זיא עָכָן איך הון גזונט צו גוט׳.
איך* אין משה צייטן הון איכשט[!] גיטון אלדורט.[82]
איך נאם איין קוצי איין* רוייכֿי די וואר זו וואל גטון
אונ׳ איין צונג גולדיין הון איך עש גברוכֿט דער בֿון.:

[77] Radak: "Because he transgressed with the condemned loot, all his possessions will be condemned, including his little boys and girls" (Josh. 7:15).

[78] Rashi: "To the initial casting of lots he brought the heads of families near [...] and they cast lots [to see] on whom it would fall" (Josh. 7:17).

[79] Rashi: "He began to defame the casting of lots, he said to him [to Joshua]: 'On the basis of casting lots, are you accusing me? You and Elazar the Priest are the greatest of the generation. If a lot was cast between you, it would certainly fall on one of you'" (Josh. 7:19).

[80] Rashi: "And Achan answered— He saw the men of Judah assembling for war, and he said: It is better that I alone should die rather than have many thousands die" (Josh. 7:20).

[81] Idiom: "The world to come," the afterlife [lit. "The world yonder"]. See YC139d. Part of a saying expressing faith in life after death.

[82] Rashi: "I also sinned regarding other sacred things during the days of Moses" (Josh. 7:20).

100d crossed out: ---ז | 101a This word is written above the line, between דען and איך. | 104b ך written over א | 104c crossed out: רוכֿי׳

105 אונ׳ צווייא הונדרט מרקי זילבר דיא הון איך אויך בֿור העלט:
זיא זיין זוא טיף בֿור בורגין. אונטר מיין גצעלט:
יְהוֹשֻׁע דער זענדיט בוטין ליפֿן באלד אלדאר
איר דש קינד ישראל יהודא ווארדן גוואר

106 ער בֿורכֿט זיך זיא ווארין גין אונ׳ ווערנד דו נעמן
141b דש לוייש צו בור לויקנין | אונ׳ יוא גאנץ צו בֿור שעמן[83]
זיא ברוכֿטן צו יְהוֹשֻׁע בֿור אוגין אידרמן
נון זעכֿט דש ער עש ניט לייקנין קאן:

107 יְהוֹשֻׁע דער נאם עָכָן אונ׳ דש זילבר אונ׳ דען קוץ
אונ׳ דיא צונג אונ׳ זיין אוכשין אונ׳ זיין איזל אונ׳ אל זיין גהוץ
זיין שוף אונ׳ אויך זיינ רינדר אונ׳ אל זיין גצעלדא
אונ׳ ליפֿא מיט אים דו הין אן דש וייט ווערדא::

108 אונ׳ אויך כל ישראל קומן גי גאניגין אלדו
זיא בֿור שטיינט אין מיט שטייניא דו ווארן זיא אל פֿרוא
אונ׳ אל זייני גזינט בֿור ברנט זי אים בֿוייאר
דש זאג איך אויך בֿור וואר דש לאכֿין ווארד אים טוייאר:

109 זיא ריכֿטן אוייף אים איין הוֹפֿין* וואונדר גרוש
בֿון שרולן אונ׳ בֿון שטיינין און צאל אונ׳ און מוש
עש ווער בעשר גוועזן ער ווער ניא גבורן:
דוא קארט גוט׳ ווידר בֿון זיינם גרים צורן:

Josh. 8 110 דו שפרך גוט׳ צו יְהוֹשֻׁע דו זולשט יוא ניט דער בון ברעכֿן
אונ׳ זולשט דיך נון ניט בֿורכֿטן היבא נון אן צו פֶֿעכֿטן
גיא אוייף צו דעם עַ י י ׳ איך וויל איין דיר געבן
אונ׳ טוא אים אז יְרֵיחוֹ קיין זולטו לושן לעבן::

142a 111 | איר גויט׳ אונ׳ אל איר וויך דש זולשט נעמן דיר.[84]
נון טוא צו אים איין לאגונג זוא גווינשט עש גר שיר
יְהוֹשֻׁע ווש בהענדא מיט דריישיג טויזינט העלדא
ער שיקט זיא בייא דער נאכטי דו הין איין דש ווערדא::

[83] Rashi: "And they ran to his tent— They wanted to get there before the Tribe of Judah had a chance to remove the articles and deny the accuracy of the lots" (Josh. 7:22).

[84] The retelling differs from the original (Josh. 8:2). The biblical text reads "To you" (plural) whereas the Yiddish retelling reads "To you" (singular).

109a two vertical dots (*ẓere*) above the ו

ער* זייט איר זולט נון לוגין דו הינטן צו דער שטאט* 112
אונ׳ איר זול[!] זיין ברייטי צו געבן אין שויך אונ׳ מַט[85]
אונ׳ ווען זיא וּוערן קומן וויר וואלן [וליהן] בֿור אין
זיא ווער אונש נאך יאגין נאך אירם אלטן זין:

זוא וואלן וויר בֿור אין וליהן אז מיר זיין בֿור גוולוהן 113
בעהאנט* זולט איר אוייף שטין דו איר נון הט גלוגין
דיא שטאט זולט איר איין נעמן אונ׳ צונט זיא אן זו בלדא
זוא וואלן וויר אונש ווידר קירן ווידר אין אוייש דען וואלדא::

דש וואלק דש גינגא דו הין אונ׳ דיא העלדין לובא זאם 114
זיא זושן צווישן ב י ת א ל[!] אונ׳ עַ י י ׳ הין דאן
יְהוֹשֻׁע דו זעלברט צו דעם עַ י י ׳ הין נאן
דער טאל ווש צווישן אים אונ׳ עַ י י שי׳[86] מַאן:.

ער נאם אנדר וואונף טויזיט אוייש דער וועלטי מאן 115
לוגער צו דער שטאט ער טעט זי הינטן דרן
דש ווארן נון צווייא לוגונג דו זושן זיא אל ביידי[87]
זי נאמן | איינא דיא שטאט אש דש גשריפט דו זייט. 142b

דש מורגין וורוא אם טאג די היידן ווארן עש גוואר 116
הער אויישר אוייש דער שטאט קומן זיא אלדאר
ער וואשט ניט דש דער לויגר הינטר אים דו זאש
אונ׳ דער אנדר הופֿין* נוהנט בייא אים וואש

יְהוֹשֻׁע אונ׳ דש וואלק וולוהן דו הין גר באלד 117
זיא קורטן אין דען נקין[88] איר ענטליך גיגאן דען וואלט
דא ייאגיט נאך דעם וואלק בֶּתֵֿאל[!] אונ׳ דש עַ י י ׳
עש בלייב קיין מענש ניט דרינאן נאך איינר נאך צווייא׳:.

[85] Idiom: "Prepare to defeat them in battle" [lit. "You should be prepared to give them 'check' and 'mate'"]. Grimm 2021, Schach, 4: "Häufig in verbindung mit matt"; ibid., 5a: "Vom kriege: [...] tâten in einen schâch | ûf und nider um den stat, | sie wâren vil nâch worden mat."

[86] This seems to be the demonym for people living in the city of Ai.

[87] Radak: "He took about five thousand men— That they may also ambush. Perhaps he put them closer than the first ones to the city" (Josh. 8:12).

[88] Idiom: "They turned the other way" [lit. "They turned their necks to them"]. Cf. Josh. 7:8, 12.

112a.1 crossed out: זולט | 112a.2 redundant (double): אונד | 113b original form: בעהנט. Above the ע is a ב, and above the ה there is an א. | 116d two vertical dots (*zere*) above the ו

118 זיא לישן דיא שטאט אופֿן אזו גוך וואר אין
נאך אין דער לויגר דער שטונד[89] אונ׳ טעט אים אובר דען זין[90]
זיא איילטן גר באלד אונ׳ שטישן פייאר אן*
זיא וואַרדן זער דער שרוקן אל דער עַיַיֵש מאן

119 יְהוֹשֻׁעַ אונ׳ ישראל זוכֿין דען רויך אוייף גון
זיא קרטן זיך צו דען ייאגר אונ׳ מאכֿט זיך הנאן
אונ׳ אויך דיא אנדרן יודן דיא קומן אוייש דער שטאט
זיא ברוכטן זיא אין* דיא מיטן אונ׳ גאבין שאך אונ׳ מט׳::[91]

120 עש ווער ניט אובר בליבן איין ציךֿ[92] צו איינם וואונדר
אונ׳ קוניג בֿון עַיי בֿינגא זיא בזונדר
זיא שלוג אם טאג דעם זעלביגאן וואל צוואלף טוזינט מאן
| בֿון מאנין ביש גיא וורואן דש קיינר קאם הין דאן::

143a

121 נוייארט דען רוייבא דעם זעלביגאן בהילטן זיא צו אין
דו רוייבטן אל ישראל אונ׳ הטן גרוש גווינא
אונ׳ קוניג דש עַיי׳ הינגא מן אוייף דען בויים
ביש גין צייט דש אובנט דו נאם מאן אין הין דאן

122 זיא וואורפֿאן אין בור דש טור דו לישן זיא אין ליגאן
איין גרוש הוייפֿן שטייני מאכֿטן זיא אוייף אים וואליגאן
אלזו ווש עש אין דער גאנגאן אונ׳ מוש אל וועגאן דער גין
אל די אוביל וואלן אונ׳ אוייף ישראל* שטין:

123 *יְהוֹשֻׁעַ בגונד צו בוייאן איין מִזְבֵּחַ צו גוט׳
אם דעם בירגא עֵיבָל אז דו גשריבן שטוט[93]
איין מזבח איין גאנץ און אייזן וואר עש גבויט
צו אופפר אונ׳ צו בור זונינג אז עש אונז די תּוֹרָה לויט:::

124 ער שרייב דרוייש דען שטייני׳ תּוֹרַתֿ משה בֿון גוט׳
אז גוט׳ זעלברט משה גבוטן הט

89 A description of Joshua's lance (Josh. 8:18) is missing.

90 Idiom: "Cheated him" [lit. "Did over his sense"]. Grimm 2021, Sinn II12n: "Über den sinn thun[,] betrügen."

91 Idiom: "They won the battle" [lit. "They gave 'check' and 'mate'"]. See footnote for YP112b.

92 Idiom: "No one will remain" [lit. "Not a toe will remain"]. See Neuberg 2000, 49 (82.2), Zė', 67.

93 See Deut. 27:2–5.

118c original form: אָן | 119d redundant (double): אין | 122d crossed out: ש--ן. The word שטין is written in the left margin of the text. | 123a crossed out: --יו

ישראל אונ׳ זיין ריכֿטר שטונדן אין דעם טאל
הלבר גיגין בערג גריזים אונ׳ הלבר גיגין בערגא עֵיבָּל::

125 דיא אלטן אונ׳ דיא ריכטר די בוטיל אונ׳ דיא קנעכֿט
אילענדר* אונ׳ אלט גֶזֶעשְנֶר דיא ווארן אל גרעכט
אז דו הט גשריבן[94] משה בֿון גוט׳ש וועגאן
143b | ישראל וואלק צו בענשן דש זי לאנג זולן לעבן::

126 דיא כהנים אונ׳ דיא לְוִיִּם דיא שטונדן בייא דעם שריין
דו לייאט אין יְהוֹשֻׁעַ די תוֹרָה אלזו פֿיין
עש הורטן אויך דיא ורואן אונ׳ דיא קינדר צוואר
דו וועלט ער קנרלייא אז קלייני אז אום איין הור::

127 די בענשונג אונ׳ דיא וולוכֿונג אז וויר עש גלעזן הון
נון וויל איך בֿון דער שטונדן איצונדר דער בֿון לון
אונ׳ וואלן אויך נון שרייבן וויא עש איין גגאנגין ווער
דער שטרייט בֿון דען היידן דיא גרושן אונ׳ דיא שווער

128 די קוניגאן אל זאמן ייענהלב* דש יַרְדֵן לאנט Josh. 9
דער חִיתִּי אונ׳ דער אֱמוֹרִי אונ׳ וויא זיא עש ווארדן גינאנט.
זיא וורדן זער דער שרוקן בֿור ישראל קינדא[95]
זיא וואשטן וואל אלזמן מאן וווערט אין אל אב הואן דען גרינדא.:[96]

129 עש וואש איין שטאט גלעגין וואל אין דעם זעלביגאן לאנט
איין גרושי שטאט אונ׳ איין וועשטי[97] גִּיבְעָה[!][98] וואר זיא גנאנט
זיא הורט דיא מער בון יְרֵיחוֹ אונ׳ בון עַיי׳
דו טראכֿטין זיא איין גטרעכֿט וואל בֿון מענכֿרלייא:::

130 144a | זיא קומין יוא מיט לישטן אז די טייל געשט[99] צו גון
צו רישן זעק אונ׳ גבליקט שויך זי הטן אן
איר לעגיל ווארן גשפלטן איר קליידר צו רישן אונ׳ אלט
איר ברוייט ווארד בֿור דור[ב] אונ׳ וואש ניט וואל גשטאלט.:

94 Cf. "According to all that is written in the book of the law" (Josh. 8:34).
95 The retelling differs from the original, "They gathered themselves together to fight" (Josh. 9:2).
96 Idiom: "They will be killed" [lit. "Their heads will be cut off"]. Cf. Grimm 2021, Grind, 3.
97 Cf. "Gibeon was a great city […] and all the men thereof were mighty" (Josh. 10:2).
98 From here on, instead of Gibeon (גבעון), the text reads Gibea (גבעה).
99 Simile: "They acted deceivingly, as some guests do."

125b There is a small scribble in this word between the letters ע and נ. | 128a original form: יינעהלב

131 זיא קומן צו יְהוֹשֻׁע אז דיא געשט צו גון
זיא זאגטין נון הבן וויר עש גיהורט וויא אויך גוט׳ הוט צייכן גטון
דורך ווילן זיינן נאמן פערין לאנט זיין וויר קומין הער
איין זיכרונג צו בֿור שניידן בֿון הוֵיט אונ׳ אומר מער:

132 דו זאגיט דער מן בֿון ישראל דו זיצט ניט אין דער וויט
וויא טאר איך בֿור שניידן איך וויש ניט ווער איר זייט
ניין זאגיט זיא צו אים וויר זיין בֿון איינם לאנט איין פֿערן
אונ׳ וויר זיין נון הער קומן צו נאמן גוט׳ דש הערין::

133 דיא אלטן בֿון דעם לאנט די הבן אונש היישן גון
צו אויך הער צו קומן עש הבן מיר גטון
אונש ברוט דש וואר נאך הייש דו וויר אלזו אוייש גינגן
די לעגיל ווארן נאך נוייא דו וויר דען וויין איין וויגאגן::

134 די קליידר אונ׳ דיא שויך זיין בור וואֻליט גר זיר
בֿון וויל גרושם וועגא דו וויר זיין קומן הער
זיא ווארדן זיא עש אובר רידן[100] אונ׳ גובן אין די זיכרהייט
144b | דו שווורן אין די הערן מאן זולט אין ניט טון קאן ליידא::

135 עש קאם בֿון ענדא דרייא טאג דו דש גשעהן וואש
ישראל דיא ווארדן גוואר דש זיא צווישן אין זאש
גר נהונט[!] אונ׳ גר שיר צו אירן שטיטן ווארן זיא גון
דש ווארן זיא צורניק ישראל דש מן אין נישט זולט טון:

136 אום ווילן דער גרוש איידי דו טורשט מאן אין נישט טון
מאן מושט זיא לידיג לושן גון[101]
ישראל בגונדן צו צורנין אן דיא הערין דו
דש זיא אין הטן גשווארן אונ׳ הטן גגלובט* אלזו:

137 די הערין זייטן יוא ווש זול נון* טויין
קיין לייד זול זיא ברורן מאן טאר זיא ניט רורן אן
זונט* וויר הבן גשווארן זוא וואלן וויר אין הלטן
הולץ הוייאר אונ׳ שופער וואשר דור אינן זולן זיא אלטין:

[100] Rashi: “And the men took of their provisions— They accepted their words, they trapped them with their mouths” (Josh. 9:14).

[101] Idiom: “Let them go in peace” [lit. “Let them go free”]. Cf. Grimm 2021, Ledig, 1: “Frei, los, von gefangenschaft, strafe, schuld, verpflichtung.”

136d original form: גלובט | 137a perhaps s.b. מן | 137c perhaps s.b. זינט

138 דש וואלן וויר איין טון זוא ווערט זיך גוט׳ דער בארמן
אונ׳ ווערט ניט צורנן אוייף ישראל דיא ארמן
יהושע ווארד זיא רופֿין אונ׳ רידיט מיט איין אלזו
איר הט אונז* זיר בטריגט אונ׳ הט אונש גיטון אלזו:

139 | נון מושט איר דש הבן בֿור וולוכֿט מוישט איר נון זיין 145a
הולץ הוייאר אונ׳ שופֿער וואשר צו הוייז גוט׳ מיינא
זיא ענטוורטן אים זו שנעל אונ׳ זייטן אים זו רעכֿט
דש גוט׳ הוט נון גיבוטן משה זיינם קנעכֿט.:

140 דש איר נון זול גאנצן בֿור טילגאן זיצער דש לאנט
דרום הבן מיר עש גטראכֿט אונ׳ הבן עש אלזו גוואנט
וויר בֿורכֿטין אונזיר לייפא וויר וואדין דער שלגין גר
דרום זיין וויר קומן אל צו דיר אין דיין שאר.:

141 נון זיין מיר יוא אלהיא אין דיינר גוואלט
דו מאגשט אונש נון טוטן אודר לושן ווערדן אלט
דו גאב זי נון יְהוֹשֻׁע הולץ הוייאר צו אידרמן
אונ׳ צו מִזְבֵּח גוט אזו קומן זיא עש דער בֿון:

142 עש וואש* אדוני צֶדֶק בון יְרוּשְׁלַיִם איין הער Josh. 10
ער הורט דיא זאך בון גִּבְעָה אונ׳ זושט דיא אנדר מער
דו בגונדין זיך צו בֿורכֿטן גר זיר אוייש דער מויש
גִּבְעָה ווש איין שטאט איין וועשט אונ׳ גר גרוייש:

143 וויש וואלט ער דו אן היבן אונ׳ וואלט בגינן נון
ער שיקט* | הין זייני׳ בוטין צו דְבִיר קוניג עֶגְלוֹן 145b
אונ׳ צו אנדרן קונגין דער וואר וול איר וויר
זיא זולטן בהינד קומן אונ׳ זולט אים העלפֿאן שיר:

144 די קוניג אל וויר[102] זמלטן זיך אל צו מול גר שואן
זיא צוהן הין גין גִּבְעָה אונ׳ שלוגן דאר צו פלון
זיא* ביגונדן זיר צו שטרייטן אוייש דער מושן וואשט
דען מאן אונ׳ דען מאנין בֿון גִּבְעָה די טעטן זיא אין איין גרושן לשט:

[102] The retelling seems to differ from the original (Josh. 10:5) and relies on the above phrasing (YP143c).

138d crossed out: שי | 142a original form: ווא | 143b A vertical scribble at the end of the word may be a final Nun (שיקטן) or alternatively a mistake. | 144c redundant (catchword): ב

145 ווש טעטן דיא בֿון גִבְעָה זיא שיקטן צו דער שאר
יְהוֹשֻׁעַ ליבר הער* בֿור לוש אונש ניט זו גר
נון קום דו יוא גר שירי אונ׳ הילף דו אונש דער בֿון
אוייף אונש הב זיא גזאמלט אל בֿון דעם פְלוֹאן:[103]

146 יהושע בגונד צו קומן מיט זייני העלדן דאר
אורבצלינג בייא דער נאכֿט זיא ווארדן עש ניט גוואר
גוט׳ דער ווארד זיא בֿור טוֻמלן צו בֿור יִשְׂרָאֵל אל
זיא שלוגאן זיא צו טוט צו מַקֵידָה אין דעם טאל:

147 זיא וולטן דער בֿון ווליהן איר גר וויל אוייש דער מויש
גוט׳ ליוש אוייף זיא הגלן שטויק מורטליך אונ׳ גרוש
עש שטורבֿן מער בֿון דעם הגיל׳ | מער וועו בֿון דעם שווערט 146a
גוט׳ אישט איין גוטר העלפֿאר ער הילפט אונש און אל גווערט׳:::

148 זיא שטריטן מורטליכן ביש אן דען אובנטן שיר
יְהוֹשֻׁעַ בט׳ צו גוט׳ ליבר גוט הור צו מיר
די זון ליש היא בלייבן דש מיר נון מוגין זעהן
דער מוֹנֶד אין טאל אַיְילוֹן [!] דו שפרך גוט׳ דש זול גשעהן:.

149 דו בלייבא שטיא די זוני׳ נאך אל זיינש הערצאן בגערט[104]
דער מונד דער גיניג ניט בֿור בש דש צייכֿן אים גוט׳ טעט
וואל זעכש אונ׳ דריישיג שטונד בלייבא עש אלזו* שטיל שטון[105]
דש קיינש בֿון דיזן ליכטן קונט בֿורבש גון:

150 דו דש אלזו גשך דש צייכן וואונדר גרוייש
יִשְׂרָאֵל די וויינד שלוגאן גר זיר אוייש דער מושן*
יְהוֹשֻׁעַ בגונד צו זינגאן[106] צו לובין גוט׳ דען* היר
גלובט׳ זייא זיין קראפֿט בֿון הייט אונ׳ אומר מער:

151 עש ווש דוך ניא גהורט זולכי וואונדר מיר
דש גוט׳ אייני מענשי׳ זולט טון אל זיין בגער

[103] The retelling differs from the original (Josh. 10: 6).
[104] Idiom: “As much as he wanted” [lit. “After all his heart’s desire”]. See also SP411a. Cf. “And they came, every one whose heart stirred him up” (Exod. 35: 21).
[105] Radak: “The sun and the moon stood still for thirty-six hours” (Josh. 10: 12).
[106] Rashi: “Then he [Joshua] spoke— He said a song [of praise]” (Josh. 10: 12); Radak: “The word ידבר implies song” (ibid.).

145b original form: עער. The letter ה has been written over the first ע. | 149c crossed out: שטון | 150b redundant (copyist’s error): גרווייש | 150c crossed out: הע

בֿור עש אישט גשריבן אין מוייזיש בוך בֿור[107]
אז יעקב בטוייטט זיינם זון יוסף* וואר::[108]

152 | דו יעקב זולדא נון בענשן די קינדר אלזו וורום 146b
ער שרענקלט זייני הענדי דש טעט ער אלש דרום
יְהוֹשֻע זול וואל קומן אונ׳ זולט בֿון אֶפְּרַיִם ווערדן* גיבורן[109]
גרוש וואונדר אונ׳ גרוש צייכן גשבֿין אין זיין ייארן:

153 דרום טעט ער אויף אים זיין רעכט הנט צוואר
מְנַשֶׁה מיט דער לינקאן הנט בענשט ער בֿור
יוסף בגונד עש צו בור דרישן דו זולשט אים ניט אזו טון
נייאן שפרך זיך הר׳ יַעְקבֿ דו ווישט ניט ליבר זון:::

154 עש זול יוא בון אֶפְּרַיִם אוייף שטין איין גרושר הֶער
גרוש צייבֿן אונ׳ גרוש וואונדר ווערט מאן זעהן פֶֿער
אונ׳ דרום ליבר זון לושט דיך עש ניט בֿור דרישן
ער בגונד זו זער צו בענשן אונ׳ אין זיין ארם צו שלישן:

155 נון ווארן דו בֿון קומן די קוניג יוא אל
צו מַקֵידָה אין איינר הויל בור בורגאן אים דעם טאל
דש ווארד אלזו בהענד יְהוֹשֻע גזייט
דאר בֿון קונטן זיא ניט קומן עש מובֿט אין וועזן לייט:

156 ער זייט גיט נון היין בלדא אונ׳ טויט נון אים אלזו
גרוש שטיין די* זולטר וואלגריין אוייף מונד דער הולן דו

[107] See Josh. 10:13. Rashi: "This is recorded in the Torah, for Jacob had told Joseph that the descendants of Ephraim 'will fill the nations' [Gen. 48:19]. When did this occur? On the day the sun stood still for Joshua, the entire world was filled with the fame of Joshua" (Josh. 10:13). The name מוייזיש בוך is better understood considering Radak's commentary on the same verse: "This wonder is written in the Book of Jasher, which is the book of Moses' Torah." Cf. "The book of the law of Moses" (Josh. 8:31).

[108] From here until YP154d, the passage is based on Gen. 48:9–20, in particular verses 14 and 17–19: "But Israel stretched out his right hand, and laid it on Ephraim's head which was the younger, and his left hand upon Manasseh's head (directing his hands of purpose) for Manasseh was the elder. […] But when Joseph saw that his father laid his right hand upon the head of Ephraim, it displeased him: and he stayed his father's hand to remove it from Ephraim's head to Manasseh's head. And Joseph said unto his father, Not so, my father: for this is the eldest: put thy right hand upon his head. But his father refused, and said, I know well, my son, I know well: he shall be also a people, and he shall be great likewise: but his younger brother shall be greater than he, and his seed shall be full of nations.'"

[109] 1 Chron. 7:20–27.

151d redundant (double): זיינם זון | 152c This word appears in the right margin, and its designated place in the line is marked by four *kamaz* signs. | 156b redundant (catchword): ז

147a | אונ׳ זולט מאנין דרוייאף שטילן זיא זולן זיא בווארן
דש נימנט צו אין קומט נוך דש זיא קונאן דער בֿון פֿארן::

157 בהענד זולט איר יאגין נאך אוייראן וויינטן שנעל
מיר זולט זיא יוא בשעצאן* שיר דש זיא גוט׳ וועל[110]
אונ׳ דו זיא נון דער שלוגאן אלזמן צוואר
ישראל נישט גשאך אז קליין אז איין הור::[111]

158 דער נאך זייט יְהוֹשֻׁעַ* ברענגיט מיר דיא קוניג הער
נון וויל איך מיט אין רעדן אנדר נוייאי מֶער
מאן ברוכֿט זי יוא אל זאמין* די קוניגין יוא דאר
יְהוֹשֻׁעַ בגונד צו רויפֿן דיא הערן בֿון דער שאר::

159 טרעט מיט אוייארן וואוישן אוייף העלז דער קונקיין
אזו ווערט אויך גשעהן וואו איר קומט איין
דש טעטן זיא בהענד ווש אין יְהוֹשֻׁעַ זייט
זיא מאכטן אין איר העלזי דיא קוגליכֿט ברייט:

160 דער נאך וואורדן זי גהנגאן אן וואונף גלגין אל זמין
מאן מאכֿט אין נוייאי׳ גלגין אז איין דען וואל אן צאם
אז עש גינגא וואל אן דען אובנט דו די זונא וואלט אונטר גון
יְהוֹשֻׁעַ דער זייט אלדו מאן זול זיא הראבר לון:

161 וועז גוט׳ דער הוט גבוטן מיט זיינר גרושר מאכֿט
וועז דו הושט איין גהנגין ניט לושן אובר נאכט
147b | אן דען גלגין הנגין מאן זול אין הראב טון
אי דיא זוני׳ אונטר גיט זול עש גשעהן נון:[112]

[110] Idiom, curse: "That they may die [lit. "May God kill them/not be with them"]. See footnote to YP228a.

[111] Idiom: "Nothing bad happened to them" [lit. "Nothing, even as little as a hair, happened to them"]. Cf. "As the Lord liveth, there shall not one hair of his head fall to the ground" (1 Sam. 14:45); Schumacher 2006, Haar, 322f; „ס׳וועט אים אַ האָר פֿון קאָפּ נישט פֿאַלן", „קיין איין האָר אויפֿן קאָפּן וועט אים נישט געקרומט ווערן" (Elzet 1920, 45); Grimm 2021, Haar, III17: "Das einzelne haar, ein sinnbild des kleinen und winzigen"; ibid., e: "Um ein haar [...] in beziehung auf eine kleinigkeit"; ibid., g: "Kein haar anrühren oder krümmen, nicht das geringste zu leide thun." See also SM315d.

[112] Radak: "People executed by hanging were consequently buried, even if they were not Jewish, in order not to defile the earth, as it is written 'Defile not therefore thy land' [Deut. 21:22–23]" (Josh. 10:27).

157b perhaps s.b. בשווענצאן cf. *Mirĕkevet ha-mišneh*: ויזנב – ער אנטשוועניצט (Deut. 25:18, Heide 2017, 141). | 158a One or two letters have been crossed out. | 158c One or two letters have been crossed out.

162 מן וואורף זיא וואל הראב צו דער הֳולן באלד
דו זיא ווארן אינן בֿור בורגין דער תיפֿול ׳ אוייף איר גשטלט[113]
מאן שלוש דען מונט בון דער הֳולין צו מיט שטיין׳ גרוש
דו בלייבן זיא אינן ליגאן וויא זיר מאן זיא בשלוש.:.

163 מַקֵידָה דש וואר גוואנין וואל אן דעם זעלביגאן טאג
יהֱושע דער בֿור וואושטט זיא ער גאב איר אייניש שלאק
ער ליש* קיין אובר בלייבן ער בור טילגיט זיא צו הנט
אונ׳ טעט צו אירם קוניג אז קוניג יְרֵיחוֹ לאנט.:

164 זיא ווארן בֿון מקידָה אונ׳ קומן גין לִיבְנָה
דו הובין זיא אבער אן* גרושן שטרייט אלדו
ער טעט אבער אלזו אזו ער בֿור הט גיטון
דעם וואלק אונ׳ אירם קוניג דש קיינר קאם דערבֿון:

165 זיא בֿורן הין גי לָכִיש מיט אלם אירן הֵיר
הוֹרַם[!] קיניג גִיזֵר[!] דער וואלט אים העלפן זער
ער קונט יוא ניט בלייבן אונ׳ קונט אויך ניט בשטון
יהֱושע שלוג זי צו טוט זיא אונ׳ אל איר מאַן

166 | ווש זול איך אויך מין זאגין אונ׳ זול די צייט בֿור טרייבן 148a
ער שלויג זיא אל צו טויט קאיין ליש ער אובר בלייבן
ער הט איין גוטן פֿורער דער אין פֿורט אין דען שטרייט
אז גוט׳ ישראל צו משה רבינו הוט גיזייט:

167 גין דורום[!] אין דען טאל אונ׳* אוייך גֱוייש דער בֱער[114]
קיין ליש ער אובער בלייבן דען קרומען אונ׳ דען שלעכֿט
עש וואר נאך מן נאך פֿרואן נאך קינד[כ]י אובער אל
ער שלוג זיא אל צו טויט אונ׳ קורט ווידר צו גִלְגַל ::

168 יָבִֿין קוניג חָצוֹר מיט אנדר קוניג וויל Josh. 11
גרוש לנדיש הערן מין וזען איך זאגין וויל
אז וויל אז זאנט אין דען מערי דש מאן ניט קאן דערצילן
וואלק רייטר אונ׳ אויך ריטר דיא ווארן זיך אוייש דער ווילן:

113 Idiom, insult: "They looked like the devil." Cf. Grimm ibid., Teufel, II4; ibid., Teufelsgesicht. The spelling תיפֿול renders this word ostensibly of Hebrew origin (ת is used only in Hebrew words). This reinterpretation persists in modern Yiddish, in the plural form of טײַוול: טײַוואָלים/טײַוולאָנים (Beinfeld and Bochner 2013, 322, טײַוול).

114 Rashi: "The river valleys— The place where the water of the hills rush down" (Josh. 10:40).

163c crossed out: קלוין | 164b redundant (catchword): אן | 167a crossed out: ג

169 זיא קומן יוא מיט דעם רייטר אייף[!] וואשר מֵירוֹם
דש וואלק ווש אש וויל דש ענד הט ניט אן דרום
דו זייט גוט׳ צו יְהוֹשֻׁעַ מורגין צו דעם ציל
זו זיין זיא אל דער שלאגין אונ׳ וועֶרן זיא נאך אז וויל:

170 איר הער וואגון* בֿור ברענאן איר פֿערדער דו זולשט צו ריישן
אורבצלינג אובער זיא זי קומן אלי צו ווֹלישן
148b זיא שלוגן זי | צו דער ערדן מיט דער שטעהלין קלינג׳
דש פֿוייאר בֿון פֿליצט דש ווארן זיא בגינן:

171 דער שטרייט דער ווש זו שטארק אים וועלדא וואל אובער אל
דו עש זו לאנג גווערט ער שלוג זיא אל גטאל
ער שלויג זיא אל צו שטויק דש קיינר קאם דער בֿון
ווש גוט׳ אים הט גיבוטן דש הט ער שיר גיטון:

172 דו בצוואנג׳ ער חָצוֹר דש הובייט׳ בֿון דעם רייך
גצונדיט וואר ער מיט פֿייאר בֿור טילגט אלז מיט גלייך
אז משה הט גבוטן אזו יְהוֹשֻׁעַ טעט
חָצוֹר אב צו ברענאן בון אים זעלברט ער עש ניט טעט:.

173 עש וואר אויך ניט קיין שטאט דיא דו קאם דער בֿון
נווייארט דיא בֿון גִּבְעָה אש וויר עש גשריבן הון
צו אוייש גין בֿון דעם שטרייט גוט׳ ער זיין הערץ גי׳ שטערקיט
דש זיא ווארדן דער שלאגין אל זמין אונ׳ אלש גווערט:

174 בון דעם די* ריזן בון דעם בערגא ווארן בֿור טילגט הין דאן
אונ׳ בֿון אלי בערג יִשְׂרָאֵל נידר אין דען טאן
נון הוב ער אן צו צילן דיא קונגין אל גר
דיא דו ווארדן דער שלאגין בור ישראל שאר:

175 וויר וואלן עש אן שטין לושן מיר קונין עש ניט שרייבן
איין אונ׳ דריישיג קוניג די וויל דו מיט בֿור טרייבן.
149a | אונ׳ דש לאנט צו טיילן דש ווער איין גרולייג זאך
דרום אישט עש בעשר וויר הון אנדרש גטראכֿט:[115]

[115] Missing from the epic: Josh. 12:1 – 14:5.

170a The letter ר is written above the word, apparently to divide it into two words: וואר גון. This division seems erroneous. | 174a This word is written above the line, between the words דעם and ריזן.

Josh. 14

176 כָּלֵבֿ זון יְפֻּונֶה דער וואש איין בידר מן[116]
קיינר מין גבליבן גאנץ בון יִשְׂרָאֵל הין דאן
זיא וואר[!] אל גשטורבן אין דער וואושטנייא גר
דש קיינר וואַרד גבליבן בֿון אלאר איר שאר.:[117]

177 דש הטן זיא בור זונדט דו זיא מ ש ה הט גיזאנט
בֿון קָדֵשׁ בַּרְנֵעַ צו שפעהן דש לאנט
זיא ברוכֿטן אים איין ענטוורט דיא וואש יוא ניט גרעכֿט
דש לאשטר בֿון דעם לאנט[118] דש וואר איר בויז גטרעכֿט:

178 כָּלֵבֿ דער ווש דער אייני די דו ווארדן גשיקט
ער וואלט ניט מיט אין זיין אין אל איר גשיכֿט
דו ענטוורט אים ער איין ענטוורט אז אים דו וואל גידוכֿט גיוט׳
ער דער ווילט נאך גוט׳ אונ׳ הט איין אנדרן מויט.:[119]

179 דרום אים גוט׳ בור שפרך חֶבְרוֹן גר צו געבן
נון וואר ער ביש אן דען טאג יוא גבליבן לעבן
דו קאם ער יא גיגאנגין צו יְהוֹשֻׁעַ זו רעכֿט
גר מיט זיינם גזינט אונ׳ אל י ה ו ד א ׳ גשלעכט:

180 ער דער מיינט אין דו מן טיילט דש לאנט
וואונף אונ׳ ווירציק יואר ווער זיך די* זאך בֿור וואנט
149b ||[---]*
נון גיב מיר דען בערק אז גוט׳ דו הוט גזייט

181 די ריזן ווארן אלדו די שטיט ווארן וועשט
יְהוֹשֻׁעַ דער בענשט אין אונ׳ גאב אים חֶבְרוֹן צו לֶעץ

116 The passage from here on is based on the story of the spies (Num. 13 – 14) as well as on Josh. 14: 6 – 10, later in the parallel biblical text.

117 "Saith the Lord [...] your carcasses shall fall in this wilderness [...] surely ye shall not come into the land, concerning which I lifted up My hand that I would make you dwell therein, save Caleb the son of Jephunneh, and Joshua the son of Nun" (Num 14: 28 – 30).

118 "So they brought up an evil report of the land" (Num. 13: 32).

119 Rashi: "As was in my heart— But not as it was in my mouth, for the spies were united in their scheme, and Caleb was afraid to tell them that he would not say as they would. But when he returned [to Moses] he contradicted them. As it is written: he had another spirit with him [Num. 14: 24]" (Josh. 14: 7).

180b This word is written above the line, over the word דש. The ש of the latter word has been erased. | 180c It appears that an entire line was omitted here, perhaps it was forgotten because the copyist had reached the end of the page.

דש לאנדא דש ווש גשטילט יוא גאנץ בון דעם שטרייט
איך קאן אויך ניט דער צילן וויא דש לאנט דורט לייט::[120]

182 דו קומן קינדר יוֹסֵף צו יְהוֹשֻׁעַ צו גין Josh. 17
איין טייל הושטו מיר געבן איך הון ניט גנויגין דראן
נון הוט מיך גוט׳ גבענשט איך בין גיוואכשין זער
נון הור צו ליבר יְהוֹשֻׁעַ איך מויש וויל הבין מיר::

183 יהוֹשֻׁעַ* דער שפרך בישטו גיוואכשין וויל
זו גיא אויף צו דעם וואלדי אונ׳ ציך הראווייש די שטיל
דוראנן זולשטו בוייאן ער שטיט צו דיינעם* גנווייש
גי הין צו דעם וועלדי דער אישט ווייט אונ׳ גרוש

184 עש זייטן קינדר יוֹסֵף צו דעם זעלביגא ציל
דער בערק אישט ניט גנויג אונזר זיין יוא צו פִיל
אונ׳ אויך רייטר אייזן זיא צוכֿן אין דען טאל
וויר קונין זיא ניט בצווינגאן צו מול ניט אובער אל:

185 יהוֹשֻׁעַ דער זייט צו אין יוא צו דעם זעלביגאן מול
בישטו דען וויל וואלקי* דער קרעפֿטן בישטו דען וואל
דו קנשט אין וואל בֿור טרייבן אונ׳ היב דיך דער בון באלד | 150a
נון וואר הין וועק דיין שטרוש אונ׳ פֿאר דו הין גיא וואלדי

186 יִשְׂרָאֵל זיא ווארן זיך זמלין גיא דער שטאט שִׁילֹה Josh. 18
זיא ברוכֿטן גצעלט דער טעדיגונג אונ׳ לישון עש אלדו
דוא בגונדן זיא נון צו רויאן אונ׳ דש לאנט גאנץ צו ערבין
אזו זול אונש גוט׳ טון אונזר ווינט צו בֿור דערבין::[121]

187 יהוֹשֻׁעַ ווארד דאר רופֿין מיט זיינין גוטין ווארטין Josh. 22
גשלעכֿט רְאוּבֵן אונ׳ גַד אונ׳ הלבר מְנַשֶּׁה דורט
נון* הט איר יוא גיטון ווש איר גוט׳ הט בֿור היישן
גיבוט׳ גוט׳ גהוטט נון זול מאן אויך אויך ליישטן::

188 געט הין צו אויירם לאנט דש משה אויך הוט געבן
זייט אויך נו וואל בווארן אונ׳ הויטט אויך גר עבן

[120] Missing from the epic: Josh. 15:1 – 17:1.

[121] Missing from the epic: Josh. 18:2 – 21:43.

183a crossed out: ש | 183c original form: דעניים | 185b original form: וולאקי | 187c original form: נוון (ligature of the letters נו)

די תּוֹרָה גוט׳ צו הלטן אונ׳ אל זיין גבוט
דריי ציהן אונ׳ זיכש הונדרט[122] די הלטט וורוא אונ׳ שפוט׳:

189 ער בענשט זיא יְהוֹשֻׁעַ אונ׳ זאנט זיא גר דו הין
מיט זילבר אונ׳ מיט גולדיא אונ׳ זונשט וויל אנדרש גווינא
צו ייענש הלב דען יַרְדֵּן דש אויך מֹשֶׁה הוט גגעבן
דו הין פֿורין זיא מיט אירן קינדרן צו לעבן

190 זיא קומן אן דען יַרְדֵּן | בֿון שִׁילֹה קומן זיא דאר 150b
זיא בוייאטן איין מִזְבֵּחַ איין מיכל גרוש פֿייאר* פַֿר וואר
דש הורטן קינדר יִשְׂרָאֵל בֿון דעם נוייאיי׳ גשיכֿט
זיא זולטן זיך אל זאמלין עש גוויל אין ניכט:

191 דו זאנטין קינדר ישראל איר בוטן דאר
פּנחס זון אֶלְעָזָר מיט אנדרי מנין צוואר
ווש הט איר גדוכֿט הוייט אוייף דיזם טאג
דש אִיר הט גוועלשט גיבוט גוט׳ אונ׳ זיין זאג::

192 וורום הט איר גבויט איין מִזְבֵּחַ גרויש
אוב דיא זונט בון פְּעוֹר די ישראל בור דרוש
וויר הבן עש ניט אובער וואנדין ביש אוייף דיזם טאג
נון וושט איר דוך יוא וואל דש גוט׳ זענדט זיין שלאק:

193 אונ׳ וורום וואלט איר שפענגין אב קירין בֿון נאך גוט׳
איין מִזְבֵּחַ צו בוייאן דש ער ניט גבוטן הוט
עש אישט דוך ניט צו זורגין נאך אויך אלייני
מורגין מוכט׳ איר צורנין אוייף אל אונזר גמייאן

194 אישט עש דען בור אונרייניגט דיא ערבא בֿון אויירם לאנט
צו אובר ווארן צו אונש אש באלד צו הנט
אונ׳ איר זולט אלהיא ערבאן בייא ראונג מִשְׁכַּן גוט׳
ער הילפט אונש אוייש אלן נוטן אל וועגאן וורוא אונ׳ שפוֹט::

[122] "Rabbi Simlai taught: There were 613 commandments stated to Moses [in the Torah]" (BT Makkoth 23b). See also other halachic works that count 613 commandments: Maimonides' *Sēfer ha-mizwōt*, *Sēfer ha-ḥinnūkh*, etc.

190b This word is written in the margin with three dots over it. Three dots also indicate where this word should appear in the line.

195 | נון זעבט דש עָכָן הט גוועלשט אם באנד 151a
וויא לייבֿט הט מאן אונש בור טריבן אוייש אונזרם לאנט[123]
וויא וואל דש ער אלייני הט די זונט גיטון
דענוך וואש דיא זונט אונ׳ דער צורן אוייף אל יִשְׂרָאֵל מן::

196 עש ענטוורטן* קינדר רְאוּבֵן אונ׳ קינדר גד אלהיא
גוט׳ גוט׳ בֿון ישראל דער ווייש וואל דש מיר ניא
הון גבֿוייט איין מִזְבֵּח מיט ווידר שפענגונג אונ׳ ניט מיט וואלש
הבן מיר עש גטון עש זייא אום אונזרין הלש:[124]

197 נאך ניט צו אב טרעטן נאך בֿון גוט׳ צו אב קערן
אודר נאך צו שֶׁחְטוּנג גוט׳ זול עש בגערן
ווש וויר הבן גיטון עש אישט גשעהן אום דש
דש יוא אונזר קינדר מוגין דישר באש:.

198 וועל נאך הייוט* אודר מורגין אווייאר קינדר דיא ווערדן זאגין
איר הבט קיין טייל אן גוט׳ נאך אן יִשְׂרָאֵל גלוייבן.
דרום הוט גוט׳ גגעבן דען יַרְדֵּן צווישן אונש
דש אישט יוא ניט גשעהן אלזו גר אום זויישט:

199 דו מיט ווארט בֿור שעורט* דש זיא ניט גויט׳ טון
נאך דש אנדר קינדר גין יְרוּשָׁלַיִם גון[125]
דרום הבן וויר גיבוייט דש מִזְבֵּח אזו פֿיין
דש עש צווישן אונש איין גוט גצוייג זול זיין::

200 | וויר וואלן יוא ניט ברעינגאן קיין אופֿר אלדער 151b
נוייארט דש עש זייא איין גצויג* צווישן אונש צוואר
אונ׳ דש וויר מוגין ווייזן גלייכֿניש מִזְבֵּח גוט׳
נאך צו שעכֿטן נאך צו אופֿר אישט עש גמאכט אלדורט:

123 The source for this is obscure. It seems to exhibit the historically conscious approach of an exiled people. Cf. the Mussaf prayer said on the Three Pilgrim Festivals: "And because of our sins we have been exiled from our country."

124 Idiom: "We swear on our lives" [lit. "May it be on our necks"]. Cf. „דער חלף ליגט אים אויפֿן האַלדז" (Bernstein 1908, 108, no. 1582).

125 The source for this is obscure (cf. Josh. 22:29). At this time, the sanctuary was located in Shiloh, not Jerusalem.

196a crossed out: ג- | 198a perhaps s.b. הוייט | 199a perhaps s.b. שטורט | 200b redundant (double): עש

201 וועך זולטין וויר עש אב קירן הוייט בֿון נאך גוט׳
איין מִזְבֵּח צו בוייאן דש ער ניט גבוטן הוט
צו אופּפֿר נאך צו פריזנט [זול]* דש מזבח זיין
נון זייא* גוט׳ בֿור אזו דער הייליג נאמן דיין:*

202 דו [הורטן]* הער פִּנְחָס אונ׳ דיא הערן דו
דער ענטוורט אונ׳ דער רידא ווארן זיא אל פֿרוא
דו ענטוורט פִּנְחָס דער כֹּהֵן קינדר רְאוּבֵן אונ׳ זייט
הוייט ווערן מיר גוואר דש איך ניט גשיכֿט קיין לייט:

203 נון זעהן וויר אל וואל דש גוט׳ צווישן אונז רויט
דש איר הט בֿור מיטן אונזר הענד בֿון צו גישין אוייאר בלויט* [126]
אונ׳ ניט איר הט גפֿעלשט איין פֿעלשונג בֿון אב גוט׳
גלובט זייא ער אונ׳ גלוביט זיין נאמן אלן וועגאן פְֿרו אונ׳ שפוט:

204 דער כהן אונ׳ דיא הערן די קורטן ווידר גר.
איין ענטוורט ברוכטן זיא עש צו יִשְׂרָאֵל אלדאר
דיא זאך גוויל אים וואל אונ׳ לובטן אונזרן הערן
152a | זיא וואלטין ניט אוייף גין דש לאנט אלזו גר בֿור דערבן:

205 Josh. 23 נון ווש עש קומן צו טאגין יְהוֹשֻׁעַ דש ער וואש גיווררדין אלט
ער ליש ישראל רופֿן זיא קומן אלדו באלד
די אלטן אונ׳ דיא הערין זיינ ריכֿטר אל זמן גר
אונ׳ זושט אל ישראל איין גרוש מיכֿל שאר

206 ער זייט איך בין נון אלט גקומין אין דיא טעג
נון הט איר יוא גזעהן ווש גוט׳ דער הער בֿור מאג
דש גוט׳ אוייאר גוט׳ הוט בֿור אויך גשטריטן
אונטר אל דיא וואלקר דו איר הין זייט גשריטן::

207 אונ׳ דיא אובריגאן וואלקר צו אוייארם גשלעכֿט
די הון איך אל בֿור טיילט מיט דער לוש[127] אלזו רעכֿט
גוט׳ ווערט זיא נאך בֿור שטושן בֿון בֿור אויך גאנץ בֿור טרייבן
אל זאמין מיט אנאדר דש קיינר ניט ווערט בלייבן.:

[126] This line is based on Josh. 22:31, 33, later in the parallel biblical text.
[127] Rashi: "You have seen how I have allotted to you— By means of the lot for your inheritance" (Josh. 23:4).

201c original form: נון | 201d.1 redundant (double): נון | 201d.2 perhaps s.b. זיין | 202a original form: ענטוורט | 203b בלויט is written in the left margin of the text. Three dots indicate where it should appear in the line.

208 נון זולטיר אויך יוא שטערקן* דש זולטר איר יוא נון טון
די תּוֹרָה זולט איר הלטן ניט צו אב קירן נון
אויך זולטי איר אויך ניט מושן אונטר דיא וואלקר צו קומן
איר אב גוטר ניט צו נענאן דש ברענגיט אויך גרושן וורומן:

209 אן גוט׳ זול איר אויך בהעפֿטן בייא אים זולט איר יוא בלייבן
דיא וואלקער שטארק אונ׳ גרוש בֿור אויך | ווערט ער זי בור טרייבן 152b
דרום זולט איר אויך מיר צו ליבן הבן גוט׳
ער ווער אל וועגאן העלפֿין וואו עש אויך טויט נוט׳:

210 וועז איר ווערט אויך בשווגראן אונטר זיא* צו קומן
צו דורנער אונ׳ צו דישטלן[128] עש ברענגט אויך קלייני׳ וורומן
איר ווערט זיא ניט בֿור טרייבן איר לאנט ווערשטו ניט ערבין
זיא ווערדן אן אויך זיין שטריך אונ׳ שטרוכלונג אונ׳ ווערדן אויך גאנץ בֿור דערבן:

211 אז אויך גוט׳ הוט גטון דש גויט אייף[!] אויך בהלטן
דש בויז אוייף אויך בֿור קערן דער בויז עינגיל ווערט אויך אוייאר גוואלטין[129]
יוא וועז איר ווערט אב קירן דען אב גוטר נאך צו גין*
גוט׳ ווערט זיך זיר* דער צורנאן עש ווערט ניט גויט טון::

212 דו זמליט* יהוֹשֻׁע אל ישראל שון Josh. 24
צו דער שטאט בֿון שְׁכֶם פור גוט אלדו צו שטון
ער שפרךְ צו אין אזו לוש אויך גוט זאגין
ייענש הלב דש באך אוייאר וואר דרן דו פֿלוגאן:

213 דש וואר אבֿרהמש וואטר תרח ווש עש גנאנט
ער דינט דעם אפ׳ גוטר אין דער היידן* לאנט
| נון איך אייר וואטר יוא בון דאנין [הון] גינומן* 153a
איך פֿורט אין אום דעם לאנט דש ברוכֿט אים גרוש וורומא:

214 איך מירט׳ זייני׳ זומין דער מאכש* אלזו׳* וואשט
זיא קומן גין מִצְרַיִם מאן טעט אין איין גרוש לאשט

[128] Radak: "[They shall be] pricks in your eyes— This alludes to a thorn, like a thorn hedge surrounding you and might confine and imprison you" (Josh. 23:13).
[129] Idiom, curse: "May the evil angel control you." See Grimm 2021, Walten, II1l. See also SP101d, SP265b. This idiom can bear a neutral meaning, see SP96d, SP301d, SM/intro39, SM27d, SM228a.

208a unclear, apparently שרערקן | 210a redundant (double): אונטר זיא | 211c According to the rhyme scheme, the word גון should appear here. | 211d The word is written above the line, between זיך and דער. | 212a crossed out: ישראל; redundant (double): אל | 213b crossed out (unclear): לאנט | 213c original form: גינוומן (ligature of the letters נו) | 214a.1 perhaps s.b. וואכש | 214a.2 crossed out: א--

אויך צויך איך אויך בֿון דאנין מיט גרוש צייכן וואנדר גרוש
איך שלוג [זיא] אל זיר דש עש זיא בֿור דרוש.:

215 זיא קומן אוייף דש מיר אונ׳ יאגטין דו נאך אויך
דש מיר זיא בדיקטן זי גר די זעלביגאן שלויך
דש הון זיא מיט אנדר אוייאר אויגין גזעהן
די זעלביג גרושי וואונדר דש מוגיט איר נון וואל* יעהן.:

216 איר קאמט* צו סִיחוֹן אונ׳ צו עוֹג [130] קוניג אֶמוֹרִי לאנט
דו שטרייטן זי מיט אויך זיא קומין אין אוייאר הנט
עש קאם בָלַק זון צִיפּוֹר קוניג מוֹאָבֿ גיגאנגין
אונ׳ בְלְעוֹם[!] זון פאוֹר[!] צו וולוכין מיט זיינן וואנגין[131]

217 גוט׳ וואלט אים עש ניט גשטטן נאך הורין אין שטים
ער מושט אויך יוא דו בענשן וויא גשאך וויא אונ׳ ווינד[132]
נון זייט איר קומן צו יְרֵיחוֹ מיט דעם וואלקר צו שטרייטן
זיא קונטן ניט בשטון זיא מושטן אל זמין גלייטן.:

218 | איך שיקט זי* די וועשפ׳ בור אוך זיא וואָרן גיפֿטיג זער[133] 153b
אים בערג די הושטו ניט בור טריבן נאך מיט בוגין נאך מיט שווערט
איר לאנט אלש איין גנוימן אזו הויט עש זיך גשאנצט
וויינא גרט אונ׳ אויך אויל בוים די איר ניא הט גפלאנצט.:

219 נון דינט גוט געגצליכן גדינט מיט גאנצים הערצאן[134]
אוייאר הולף אישט ער עש אלוועאן ער טריט אב אוייאר שמערץ
נון זולט איר יוא אב קערן דיא אפ׳ גוטר וורומדי בון אויך
זוא בֿור דער הער אל וועאן זיין יוא גאנץ מיט אויך:

[130] Ralbag: "And afterwards he brought them to the land of the Emorites who dwell on the eastern side of the River Jordan, which is the land of Sichon and Og the two Emorite kings" (Josh. 24:8).

[131] Idiom: "To curse with your cheek." The source for this is obscure.

[132] This probably refers to the fate of Balaam, with whom Balak was angry (Num. 24:10–11) and who was finally killed: "And Balaam the son of Beor the soothsayer did the children of Israel slay with the sword, among them that were slain" (Josh. 13:22. This verse is not retold in the epic).

[133] Radak: "The *ẓir'āh* is a kind of a poisonous insect" (Josh. 24:12).

[134] Cf. "And thou shalt love the Lord thy God with all thine heart, and with all thy soul, and with all thy might" (Deut. 6:5). See also YC158d, YC283a.

215d redundant (copyist's error): זעהן | 216a The third letter is stained and unclear. | 218a crossed out: גי׳

220 גוועלט עש אויך דען אוביל צו דינן גוט׳ דען הער
זו דער ווילט אייני גוט׳ דען איר בֿורכֿט זיר
עש זייא גוט׳ בֿון מִצְרַיִם [135] אודר בֿון דיזם לאנט
אונ׳ איך אונ׳ מייני׳ מן ווילן וויר אונטר שטין איין שאנד

221 דש וואלק ענטוורט אים זוא שנעלי צו דיזר ווּרישט אלדו
אונ׳ וויא מוכֿט עש גוועזן דש וויר זולטן יעהן יוא
צו לושן גוט׳ דען הערן דער אונש הוט צייכֿן גיטון*
איין וורומדי [גוט] | זולט וויר אוייש דער לעזן דען וויר ניט קענטן נון:

154a

222 נון וואל וויר אויך יוא דינאן אונזרש הירן גנאד
ניין שפרך זיך יְהוֹשֻעַ איר קונט ניט דינאן גוט׳
ער אישט איין קוניג גוט׳* איין הייליגר איין רעכֿטר אישט זיין נאמין
ער בֿור טראגיט ניט אייאר זונט איר בויגט יוא ניט צו זאמין

223 ווען ווערט איר אין דען לושן איין אנדרן ווערט איר דינאן
זוא ווערט ער אויך בור דערבין* אים ווערט איר ניט גווינאן
ניין שפרך זיך דש וואלק קיין אנדרן וואל וויר הון.
בייא גוט׳ דעם אלמעכֿטיגאן דוא וואלן וויר בלייבן* שטון::

224 גוט׳* דעם וואלן וויר דינן אין זיינם שטים* וואלן מיר הורין
קיין אנדר וורומד גוט׳ דער זול אונש ניט בֿור ווערן
נון זייט גצויג אן אויך זעלבש יְהוֹשֻעַ צו דעם וואלק דו שפרך
דש איר* דש נון וואלט הלטן אונ׳ בשטעטיגאן די זאך

225 נון טוט אב דיא פרומדי אב* גוט׳ר בון אויך
אונ׳ קערט אוייאר הערץ צו דינאן גוט זאמין גלייך
דו בשטעט יְהוֹשֻעַ איין גאנצי זִיכָּרוֹן
| דש זיא עש גוט׳ זולטין דינאן אונ׳ בלייבן אל זמין וורום::

154b

226 יְהוֹשֻעַ שרייב דיזי רעד גאנץ אין דש בויך גוט׳
ער ריכֿטט אויף איין שטיין אונטר דען בייא שטודיל[136] דורט

[135] The retelling differs from the original parallel text (Josh. 24:15), drawing on Josh. 24:14.
[136] Rashi: "Under the doorpost [...] refers to the door post of the entrance" (Josh. 24:26).

221c original form: גטיטון | 222c This word is written above the line. | 223b redundant (catchword, unclear writing): אם | 223d The manuscript here has a mark which may be either a dot or a stain. | 224a.1 crossed out: וו | 224a.2 redundant (double): וואל וויר דינאן אין זיין שטים | 224d crossed out: ן at the end of the word. | 225a This word is written above the line.

נון זול דער דיזר אונזר גצוייג זיין
דוא הון וויר אוייש גשריבן אל די* תוֹרָה הין איין:[137]

227 ווש דרוייף אישט גשריבן דש אישט דיא תורה גר
אש וואר מול אישט גשריבן אוייף דער טביל[138] צו וואר
דש זול זיין אוייאר גצוייקניש דש ער אישט אייאר גוט׳
בֿון אים זול איר ניט טרעטן אל טאג נאך וורוא׳ נאך שפוט׳:

228 ווערט איר דען בון אים טרעטן דיא תוֹרָה ווערט אויך וועלן[139]
גר באלד אונ׳ אויך גר שיר גשיכט אויך אלזו שנעל
דיא זאך ווערט בשטעטיגאן אלזו שיר גאנץ אוייף אונ׳ גר.
דש קיינר זולט אב טרעטן אז קליין אז איין הור::

229 יהוֹשֻׁע זון נוֹן קנעכט גוט׳ ער ווש גוועזן
אלט הונדרט אונ׳ ציהן יואר ניט קונט ער לענגר גנעזן[140]
| *דו מושט ער יוא נון שטערבן זיין צייט ווש וואל בדוכֿט 155a
אין תִמְנַת סֶרַח דו וואר זיין גרובא דער דוכֿט

230 יוסף הצדיק [גיביין] דיא הטן אוייף גטראגין
אין אַקיר בון חֶמוֹר די ווארדן זיא אינן בגראבין
הער יעקב הט עש גיקופט בון קינדר חֶמוֹר
דש וועלד דש ווש גוואלן צו קינדר יוסף בֿור וואר::

231 אלעזר דער כהן דער מושט אויך שלופֿין גון[141]
מאן בגרוב אין אז מאן אנדרן צדיקים הוט גיטון[142]
דש בויך הוט איין [ענד]* נון מוש איך דער בֿון לון
עש אישט צייט דש איך זול שלופן גון

סליק*

[137] "And thou shalt write upon the stones all the words of this Law, well and plainly" (Deut. 27:8).

[138] A Yiddish vernacular term for the Tablets of the Law. Cf. Heide 2017, 90, טאבֿלן.

[139] Idiom, curse: "May the Torah kill you." See Grimm 2021, Fällen, 4b: "Tödten." Cf. YP34c, YP157b, SM62b, SM94d.

[140] Idiom: "He died" [lit. "He could not be saved"].

[141] Idiom: "He died" [lit. "He had to go to sleep"] Cf. „איינשלאָפֿן, אַנטשלאָפֿן ווערן מיטן לעצטן שלאָף" (Stutchkoff 1991, 186f).

[142] The source for this is obscure, it seems to refer to Elazar's son Pinḥas (Phinehas).

226d crossed out: תוֹרָה | 229c crossed out: דו | 231c Turniansky (1982, 592) also added this word. | [סליק] – This seems to be the copyist's own addition.

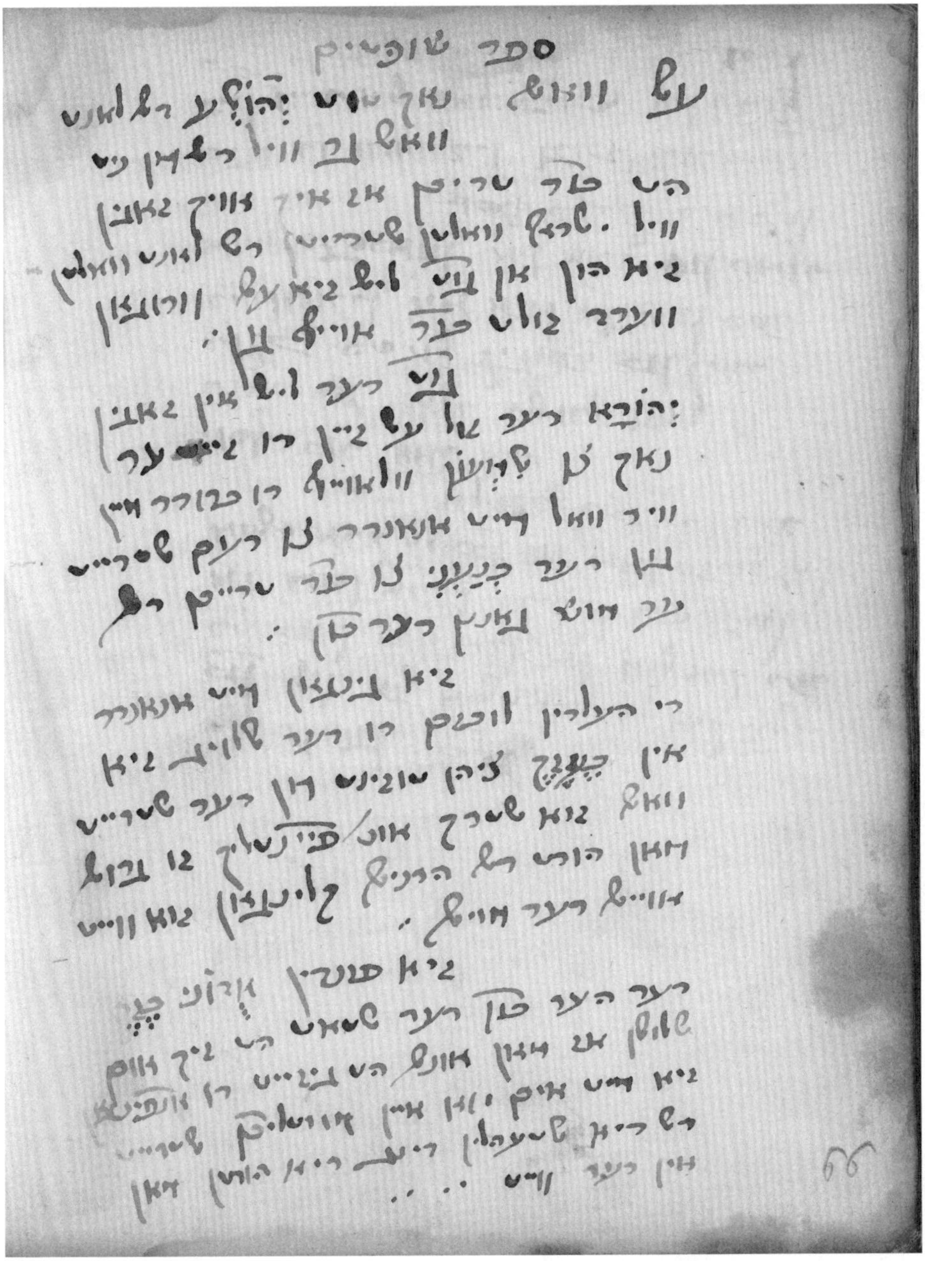

Sēfer šōfĕṭīm, MS. 2513 f. 155b (1510 – 1511)
Biblioteca Palatina – Complesso Monumentale della Pilotta, Parma
Courtesy of the Italian Ministry of Culture

ספֿר שופֿטים

כ״י פּאַרמאַ, 1511–1510

155b | ספר שופטים

Judg. 1

1 עש וואש נאך טוט יְהוֹשֻׁעַ דש לאנט וואש [וואלקר]* גר וויל
דש מן ניט הט בֿור טריבן[1] אז איך אויך זאגין וויל
ישראל וואלטן שטרייטן דש לאנט וואלטן זיא הון
אן גוט׳ ליש זיא עש וורוגאן ווערד[!] זולט בֿור אוייף גון:

2 גוט׳ דער ליש אין זאגין יְהוּדָא דער זול עש זיין
דו זייט ער נאך צו שִׁמְעוֹן ולאוייף דו ברודר מיין
וויר וואל מיט אנאנדר צו דעם שטרייט גון
דער כְּנַעֲנִי צו בֿור טרייבן דש ער מוש גאנץ דער בֿון:

3 זיא גינגאן מיט אנאנדר די העלדין לובזם
דו דער שלויג זיא אין בֶּעֶזֶק [!] ציהן טוזינט מן
דער שטרייט וואש זוא שטרק אונ׳ פֿיינטליך זו גרוש
מאן הורט דש הרניש קלינגאן זוא ווייט אוייש דער מויש:

4 זיא פונדין אֲדוֹנִי בֶזֶק דער הער בֿון דער שטאט[2]
הט זיך אום שלושן אז מאן אונש הט גיזייט
דו אנפֿינגאן זיא מיט אים יוא איין מורטליכֿן שטרייט
דש דיא שטעהלין רינג דיא הורטן מאן אין דער ווייט::

156a

5 | דער שטרייט וואש אזו שטארק וויא בליצאן מאן זיא זאךֿ
אוייש אירין שטעהלן רינגאן דש בלויט ראן אז איין באךֿ
אז [ד]אן דוא היין* זוא שנעלי צו דער מוייארן איין
זיא שלוגין זיא אל צו שטוקן דיא גרוש אונ׳ אויך די קליין::

6 אֲדוֹנִי בֶזֶק בהענד אוייף איינם [רו]אש דו היין וולוך
זיא וואַרדן עש גוואר יוא יאגטין זיא אים נאך

1 Rashi: "To the territories for which lots were cast but are as yet unconquered" (Judg. 1:1).

2 Translation of a name. Radak: "The additional letter Yod [אדני] means the lord [אדון] of Bezek" (Judg. 1:6).

This epic was copied into a manuscript written in 1510 – 1511, which is today found in the Palatine Library, Parma (Cod. Parm. 2513, 156b – 209b). | 1a This word is added also by Turniansky (1982, 592). | 5c redundant: ש

זיא בגריפֿין אין זו באלד אונ׳ הילטן אין גיפֿנגין
נאך זיינר גרוש הערשפט דו מוכֿט אין וואל בֿור לאנגין:

7 ווש ברוכֿטן זיא דו הער איין מעשר דש וואר בֿול שנייד
זיין דומן בֿון דען הענדן אונ׳ בֿון דען בויישן בייד
זיא הקטין זיא הראביר דו לישן זיא אין יוא
זייט עש זיך דער הערי[3] אזו הון איך עש אויך גיטון::

8 איך האט וואל זיבן ציק קוניג גהווייאן אם הענד אונ׳ בוייש
זיא ווארן אלמול קלובין אונטר מיינם טיש
אז איך הון גיטון אזו הוט ער מיר בֿור ג[ולט]ן גוט׳
ער קאם גין יְרוּשָׁלַיִם אונ׳ שטארב אלדורט׳:

9 קינדר יְהוּדָא* די ריכטן זיא היבֿטן אבער אן איין שטרייט
גיגין ירושלים דש אין דער | מיטן לייט 156b
מיט פפייל אונ׳ מיט בוכשן זיא דיא שטאט בלוגין
זיא שושן אן דיא מוייארן דש דיא שטויק הין וולוהן::[4]

10 די שטאט זיא בצוונגין מיט פֿייאר צו ניטן זיא אן
אונ׳ אויך* דער נאך ניט לאנגי דו צוהן זיא הין דן
זי צוהן הין גין חֶבְרוֹן דש וואלטין זיא בצווינגאן
זיא שלוגין אל דיא ריזין דיא פֿונדן דינאן::[5]

11 דיא שטאט די ווש גחישן קִרְיַת אַרְבַע בֿור
דור אינן ווש דיא הויל בֿון אַבְרָהָם[6] צוואר
בֿון דאנין זי גינגין גין קִרְיַת סֵפֶר הין נאיין
וועך דיזי שטאט בצווינגט מיין איידם מוייש ער זיין::[7]

12 אזו זייט כָלֵב צו דיזר ווּרישט
יוא מיין טוכטר עַכְסָה די געב איך אים גוויש

[3] Translation of a name.

[4] The biblical text does not mention here any wall surrounding Jerusalem. Such descriptions are found elsewhere in the Bible (e.g., 2 Sam. 5:4–9, Jer. 52:7, Ps. 51:20).

[5] Cf. Judg. 1:20, as well as Josh. 11:21.

[6] The source for the mention of the Cave of Machpelah is obscure.

[7] This criticizes the condition stipulated by Caleb, see *Genesis Rabbah* (Vilna ed.), *pārāšat ḥayyey Sārāh*, 60:3 [Freedman 1951 (II), 526–528]).

9a redundant (double, possibly crossed out): ריכטין | 10b crossed out: א

עש ביגונד זיא בצווינגן עַתְנִיאֶל[!] זון* קְנַז
דו גאב ער אים דיא טוכֿטר פאר היין אונ׳ הב דיר דש

13 די טוכֿטר ווש בהענדי דעם וואטר צו בוייש צו וואלן[8]
מיין ליבר וואטר דו גיבשט מיר איין טרולן[9]
נון קאן ער יוא נישט אנדרש | נוייארט תוֹרָה לערנאן[10] 157a
דו זולשט ביליך יוא וושן איך הון אין ניט גערן:[11]

14 זיא* רייצט איר מן אן דש ער אים זולט היישן דש וועלד מיט דעם וואשר
אונ׳ זיא היש אירם וואטר אן איין פריזנט
אונ׳ ער גאב צו איר דש וועלט מיט בֵּדי קוואל וואשר אוברשט אונ׳ אונטרש[12]
אונ׳ קינדר קני[!] זיא גינג אוייף בון שטאט דער טייטלן[13] צו יהודא אן דרום [---]*

15 יְהוּדָא ווש בֿור טריבן אלי זיציר איין דעם בערג
דען טאל קונט ער ניט ערבאן גאנץ און אלש גווערט
זי הטן רייטער* אייזן אונ׳ קונט אין ניט טון
אויך הט זיא עש בֿור זונט[14] אונ׳ מושטן דער בֿון לון::

16 אונ׳ אויך יְרוּשָׁלַיִם קונט זיא ניט בֿור טרייבן
אברהם הט אין גשווארן מאן מושט זיא לושן בלייבן[15]
אונ׳ קינדר בֿון בִנְיָמִין די שטאט נאמין זיא איין
אונ׳ גזינט יוסף ביגונדן העלדן צו זיין:::

17 דו קומין זיא גין בֵּתְאֵל[!] די שטאט וואש לוּז גנאנט
זיא זוהן אייני מאן הראוייש הער גין שפצירן איין דעם לאנט

[8] Rashi: "She lowered herself— As if falling at her father's feet" (Judg. 1:14).

[9] "A rude man." Grimm 2021, Troll: "Grober, plumper, bäurischer mensch."

[10] Rashi: "Arid land— A man barren of anything gainful, as he contains nothing but Torah" (Judg. 1:15).

[11] The source for this is obscure.

[12] Translation of a name.

[13] Translation of a name.

[14] Targum Jonathan: "Because they sinned they were not able to drive out the inhabitants of the hill country" (Judg. 1:19).

[15] Rashi: "But the Yevusi dwellers of Jerusalem— There was a section of Jerusalem entitled Yevusi. They were descendants of Abimelech, and they could not oust them because of the oath" (Judg. 1:21). See Abraham's oath to Abimelech, Gen. 21:22–24.

12c crossed out: קְנַוז | 14a stanza written vertically in the right margin of the page | 14d Three illegible words, the second one is perhaps יהודא. | 15c ער written over ן

זיא וואשטין ניט אל וואו דער מן וואר הראויישר קומן
נון ווייש* אונש אין דיא שטאט עש ברענגיט דיך גרושן וורומן:

18 נון ווש יוא בֿור דער שטאט איין הז נֶשִיל בוים שטון
דער אין דיא שטאט וואלט קומן דו דורך דען בויים מושט ער גון[16]
די שטאט ווש זו פֿיין אונ׳ ווש דו וואל גיטון
קיין* קוניג נאך קיין הערן דער זיא ניא קונט הון::[17]

19 | דער מן דער ווייזיט זיא* באלד וויא די שטאט וואר גיטון 157b
זיא דער שלוגין זיא אלזמין קיינ׳ לישט זיא דער בֿון גון
דער מעַן אונ׳ אל די זייני די לישן זי הער דן
איין שטאט די גינג ער בוייאן יוא דער זעלביג מן:

20 דו בגונדן זיא צו וועלשן קינדר ישראל אן גוט׳ נון
די וואלקער צו אובר בלייבן דש ווש ניט רעבֿט גיטון
זי טעטן זיא צו צינז אונ׳ זיא ניט גר בֿור טריבן
דער אֶמוֹרֵי אונ׳ דער כְּנַעְנִי אונטר יִשְׂרָאֵל בליבן::

21 זיא לישן אובער בלייבן גר וויל בֿון אירם גשלעבֿט
זיא בלייבן אונטר אין דש וואש יוא ניט גר רעבֿט
אז גוט׳ דו הט בֿור בוטן אין דער תוֹרָה זייני[18]
צו דישטלן אונ׳ צו דורנער אין די זייטן הינאיין:[19]

22 זיא ווערדן אויך מאכין זונדין איר טובֿטר ווערט איר נעמן[20]
איר גוטר ווערט איר דינאן[21] דש מובֿט איר אויך וואל שעמן
דוך לישן זיא לעבן אונ׳ בלייבן אונטר אין
זיא מוכטין עש ניט גנישן אונ׳ ברובֿטט אין קליין גווין:

16 Rashi: "The entrance to the city— It was entered through a cave. A hazelnut tree stood at the mouth of the cave, and they passed through the tree into the cave" (Judg. 1:24).

17 Radak: "Why was it called *Lūz* [Hebrew: almond or nut]? Just like a nut['s shell] which has no openings, no one could find a gate into this city" (Judg. 1:27).

18 Rashi: "Manasseh did not oust— Scripture censures them, as they began betraying the Holy One, blessed is He, Who commanded them: 'Oust all those dwelling in the land, etc.' [Num. 33:52]" (Judg. 1:27).

19 Idiom: "They will bother you" [lit. "They will be as thistles and thorns in your sides"]. The collocation "Thorns and thistles" is known elsewhere in the Bible (e.g., Gen. 3:18), cf. Judg. 2:3 and Josh. 23:13 (see Radak's commentary there). See also SP25c, SM23c, etc.

20 See Judg. 3:6.

21 See Judg. 2:11–13.

17d ש written over ז | 18d ק written over ז | 19a original form: זיט

23 דו קאם אייני בוטן גיגאנגין בון גוט׳ דעם הערן דאר Judg. 2
| בֿון גִלְגַל צו בוֹכִים דיא יודן וואַרדין עש גוואר 158a
ער שפרך איך הון [אויך] אוייף גיברוכט* בֿון מצרִים לאנט*
אונ׳ איך הון אויך גווארינט יוא הער אל צו הנט:

24 דש לאנט הון איך אויך געבן מיט מיינר זיכֿרהייט
אין מיין שטים הט איר ניט גהורט ווש איך אויך הון גזייט
ניט איר זולט בֿור שניידן נויך קרישטן ניוך[!] היידן׳*
דש הט איר ניט גיטון עש מוכֿט אויך ווערדין לייט::

25 נון וויל איך יוא ניט מערן קיין וואלק מיר בֿור אויך צו בֿור טרייבן
זיא מושן בייא אויך זיצאן אונ׳ מושין בייא אויך בלייבן
צו דורנער הין אין אוירן זייטן
אונ׳ איר אפגוטיר זיא ווערדין מיט אויך שטרייטן:

26 דער נָבִיא אלדיזי ריד [---]*
ישראֵל וואַרדן וויינן וויא זער עש אין וויא טעט
זי שחטן אלדו אופּפֿר צום רייכן גוט׳[22]
אונ׳ הישן דיא שטאט בוֹכִים דש זיא הטן גיוויינט אלדורט:

27 די אלטין וואַרדין גשטורבן* די יְהוֹשֻעַ הט גלושן
אויך דש גאנצ גבורדא אונ׳ אל זייני גנושן
עש שטונדין אוייף דיא נוייאן דיא נישט וושטן דער בֿון
בֿון דיא גרוש צייכן די אין גוט׳ הט גיטון:

28 | ישראל בגונדן צו זונדין אונ׳ דש בויז צו טון 158b
אן אירם גוט׳ דער זיא הט גברוכֿט דער בֿון
זיא דינטן אפגוט׳ר וורומדי בֿון אפגוט׳ר דש לאנט
דען בַעַל אונ׳ דען עשְתְרוֹת די מאן דורט וואנט::

29 עש בגונדין יוא צו גרימן צורין גוט׳ אן אין:
ער גאב זיא אין הנט דער רוייבער זי רוייבטן אל איר גווין

22 One of God's names, "The ruling God." Grimm 2021, Reich, 2: "Die ursprüngliche bedeutung des wortes: einem herscher oder mächtigen gemäsz, zukommend, mit ihm verbunden, tritt bis in die älteren zeiten des nhd. hervor, wo reich gern als stehendes beiwort zu gott, fürsten, vornehmen, im sinne von grosz, mächtig, gewaltig gesetzt ist."

23c.1 three crossed out words: בֿון ישראל לאנט | 23c.2 original form: לנאט | 24c According to the rhyme scheme, here, s.b. נויך קריסט נויך הייד. | 26a According to the stanzaic form, words seem to be missing here. | 27a redundant (double): די אלטן

אונ׳ ווש זיא דו אן הובין דש קארט זיך אלש צו בויז.[23]
אין ווארד גר זער באנק אלש אונגליק אוייף איר קרויז:[24]

30 וואלטן דען גוט׳ העלפין אונ׳ גאב אין גוט׳ איין מן
דער זיא דען נון זולט ריכֿטן אונ׳ ברוכֿט זיא דען דער בֿון
צו אים וואלטן זיא עש ניט הורן אונ׳ גינגאן נאך אירם פייוג
אונ׳ נאך דעם אפ גוטר דו זיא איר הערץ הין טרויג:[25]

31 דש טעטן זיא זו לאנג ביש אין וואר אבער נוט
דו קומן [זיא]* ווידר אונ׳ שרייאן דו[!] צו גוט
דש גוט זיך וואש דער בארמן אוביר זי גר
אונ׳ שיקט איין ריכטר דער הלף אים מענכֿי יואר:

32 ער הלף אין דער ריכטר דש גוט׳ מיט אים וואש
אונ׳ ברוכֿנט זיא בֿון דעם וויינדן דש אין | אבער ווש בש 159a
וועז דער ריכטר שטארב׳ זוא קורטין זיא דען ווידר
וואל בור דעם אב גוטר קניטן זיא נידר:

33 גוט׳ ווש זיך זיר דער צורנין אוייף זיא אונ׳ שפרך אלזו
דרום דש זיא עש* אובער בֿורן מיין זיכרהייט אלדו
דש איך עש הון גיבוטן איר פורדרן דרום
דש זיא עש ניט וואלן הלטין אונ׳ וואלן ניט בלייבן וורום:[26]

34 אויך וויל איך ניט מירין קיינ מאן מיר בֿור טרייבן
די יְהוֹשֻׁע הוט גלושן דיא מושן אלזמין בלייבן
איך וויל זי דו מיט בֿור זוכין אוב זיא עש נון וואלן הויטן
מיינ׳ גריכֿט אונ׳ גיבוט אודר ווש זיא זיך וואלן [בר]וטן:

[23] Idiom: "They were unsuccessful" [lit. "Everything turned bad"]. See Grimm ibid., Kehren, 14: "Einem dinge, einer handlung oder angelegenheit, einem gedanken, wort eine bestimmte 'wendung' geben. [...] besonders in der wendung etwas zum guten, zum besten kehren."

[24] Idiom: "They suffered" [lit. "Like a calamity on their necks"]. See also SP289b.

[25] Idiom: "Their hearts drew them to follow idols." Based on "They went a whoring after other gods" (Judg. 2:17), except that the verb 'to whore' (Hebrew ז.נ.ה.) has been changed to a reference to the heart. Cf. "But beware lest your heart deceive you, and lest ye turn aside, and serve other gods, and worship them" (Deut. 11:16).

[26] Idiom: "They did not obey God" [lit. "They did not wish to remain pious"]. See also YC50b, YC174b, SM379c.

31b original form: דו | 33b Written between זיא and אונש, אובר is crossed out and dots have been drawn over it. In the right margin עש is written with three dots above it.

35 נון מושן זיא יוא לערנאן וויא מאן צו דעם שטרייט גיט Judg. 3
וועל גוט׳ ביש אלהער בֿור זיא גשטריטן הוט[27]
און׳ הון ניט בדורפֿט לערנאן צו שטרייטן
איצונט מושן זיא עש לערנאן זו זיא בגינאן צו גלייטן:

36 עש ווארן בונף הירן פְּלִשְׁתִּים די זיא ניט הטן בצוונגין
און׳ זושט וויל בולקער די זיא ניט הטן בור דרונגין
ישראל מיט צו בור זוכין דרום ליש זיא בלייבן גוט׳
אוב זיא וולטין הויטן וויש ער גבוטן הט::

37 | ישראל זאשן יוא צווישן גמושט 159b
זיא נומן איר טוכֿטר וועז עש זיא וואל גלושט
אין[!] דיא יודן טוכֿטר גובין זיא צו אים
און׳ דינטי אירי גוטער דש וואר איר שטעטרי זין

38 גוט וויש זיך דער צורנין זיין גרים צורן אן אים
ער גאב זיא אין הנט כּוּשַׁן דער ברוכֿט זיא גאנץ דו הין
ער ליש יוא ניט רואן נאך ראשטן צוואר
זי מושטין אים דינן וואל עכֿט גאנציר יואר::

39 ישראל ווארן שרייאן צו אירם גוט׳ דעם הער
דו בישט דוך דער רעכֿט גוט׳ און׳ הושט גהולפֿן מיר
גוט׳ וויש זיך דער ברמן און׳ גאב אין איינין מן
עתּניאל זון קנז דער הלף אין גאנץ דער פֿון:

40 ער ריכֿטט וואל ישראל און׳ גינג אוייש צו דעם שטרייט
דו גפיל אים כּוּשַׁן אז אונז די גשריפֿט הוט גיזייט
זיין הנט דיא וואש גשטירקט וואל אוייף דעם כּוּשַׁן* צוואר
דו וואש דש לאנט גשטילט וואל גאנצר וויר[צ]יק יואר:

41 עש קאם נאך טוט עָתְּנִיאֵל ישראל בגונדן זיך מירן*
דען אב גוטר צו דינן | און׳ בֿון גוט׳ זיך צו קירן 160a
דו שטונד אוייף קוניג עגלון בֿון מוֹאָבֿווארד ער עש גיבורן
ער מאכֿט זיך אוייף ישראל און׳ בֿור דערבט זיא הינטן און׳ בֿורן:

[27] Radak: "The wars of Canaan— They were carried out by a miracle and not by the might of the Children of Israel. God fought for them" (Judg. 3:1).

40c two vertical dots (*zere*) written above the ו | 41a According to the biblical text, there are missing words here.

42 עש זאמנליט זיך קינדר עמון אונ׳ עֲמָלֵק הער
גינג אונ׳ שלויג ישראל איין שלאק איין גרושן זיר
ער בצוונג וואל יְרֵיחוֹ מיט זיינר לנטשפט צוואר[28]
זי מושט אים וואל דינן גנצר אכציהן יואר::

43 ישראל בגונדן צו שרייאן אבער צו אירם גוט׳
דו בישט דער רעבֿט העלפֿער הילף אונש אוייש דיזר נוט
ער גאב אין אבער איין הולף אייני מן איהוד [!] וואר ער גיננט
זיין וואטר היש גֵירָא בֿון בנימין לאנט

44 איהוד דער* וואש גלינק מיט זיינר גרעבֿטי הנט[29]
ווען ישראל דעם קוניג שיקטן איין פריזנט
ווען זיא אים דו שיקטן איהוד ווש עש טראגין
דו בגאן איהוד צו טיכטן אז איך אויך דו ווערד זאגין

45 איהוד דער וואש איין מן איין יונגר דעגין פֿיין
איין מעשר | ליש ער ברייטן מיט צוויין שארפֿי[30] דריין 160b
דש מעשר וואש ניט גרוש איין דומין איל ווש עש לאנג
בֿון אונטן צו זיין קליידר ער עש אן אים דו הנק:

46 אֵיהוֹד דער ווש גנעהן אל טאג דען פריזנט בֿור
צו דעם קוניג עֶגְלוֹן איין פיישטר מן וואר עֶר
עש וואש אז עש וואלינדט דער פריזנט ווש צו גאנגין
ער גליט אל די יודן די אים דעם פריזנט הלבן לאנגין:

47 אונ׳ דו ער נון גלייטט ביש אן דען* שטייני בערג[31]
אליין׳ ער ווידר קורט[32] אונ׳ מאבֿט זיך איין ווערק
ער קאם וואל צו דעם קוניג אין זיין קאמר צו גון
איין היימליך זאך צו רידן די וויל איך זאגין נון:

[28] Rashi: "The city of dates— Jericho" (Judg. 3:13).
[29] Cf. "A left-handed man puts his tefillin on his right hand for that is his left" (BT Menahoth 37a).
[30] Grimm 2021, Schärfe, 2a: "Die schneide eines schwertes, messers, beiles u. dergl."
[31] Translation of a name. Rashi: "From the quarries. An area where stones were excavated from the mountain" (Judg. 3:19).
[32] Rashi: "He then returned— Alone" (Judg. 3:19).

44a written above the crossed out דש | 47a redundant (double, possibly crossed out): דען

48 דער קוניג טונד* אב אונ׳ [זייט] גיט אוייש בֿון* מיר[33]
אונ׳ לוט דען מן אֵיהוֹד שיר קומן צו מיר
זיין קנעבט אונ׳ זיין הערין דיא גינגין בֿון אים שון
אונ׳ לישן אֵיהוֹד* צו אים גון:

49 אֵיהוֹד ער קאם דו הער גיגאנגין אין דיא לוייבא הין דאן
| דער קוניג׳ זאש אלייני ער היש אין אוייף שטון[34] 161a
עש אישט איין היימליך [זאך] די הון איך יוא בֿון גוט׳ דער דובֿט
די זעלביג זאך הון איך נון צו דיר גברובֿט:

50 דער קוניג דער שטונד אוייף גוט׳ אר וואלט מיט אירן
ער זאגט נון זאג אן [---]*
אֵיהוֹד דער צוך דש שווערט וואל אוייש דער שיידן רויך[35]
ער שטיש עש עֶגְלוֹן דעם קוניג אין זיינין ווייִשטן בויך:

51 עש קאם הין נאיין מיט דעם שטיל דער קוניג פיל הין צו טוט[36]
אֵיהוֹד שטיש הין דש מעשר ביש אן דש היפֿט עש גינג הראוייש דש קוייט
דש שווערט בלייב אין אים שטעקן מיט אנדר בלוש
ער צוך צו אים דיא קאמר* טוייאר אונ׳ לוייף דו הין זיין שטרוש:

52 דרום דש דער קוניג עֶגְלוֹן אוייף גשטנדין ווש
דרום בשירט אים יא גוט׳ אום וועגאן דש
דש רוּת די מוֹאבִֿיָה* די ווארד בֿון אים גבורן
אונ׳ דער קוניג דוד נאך פיל לאנג יוֹרִין:[37]

53 דו אֵיהוֹד ווש הין גאנגין דיא קנעבֿט קומן צו גון
זיא זוכין דיא לוייב בשלושן דו בלייבן זיא שטיל שטון

33 Rashi: "[Targum] Yonatan renders, 'Leave!'– Remove everyone" (Judg. 3:19).

34 Rashi: "I have a Divine message for you!– Thus, you are required to rise" (Judg. 3:20).

35 This word also appears at the end of the line below SP296d and in both cases rhymes with בויך. However, it appears that here רויך has a negative connotation. See Grimm 2021, Rauh, II10h: "Als adverb: rauch, hertigklich; [...] rauch und hert gehalten, [...] es gieng mier gar ruch und übel."

36 Cf. Judg. 3:25.

37 Radak: "Our sages said: Eglon was rewarded for this, in that his daughter was the mother of Israel's [first] kingdom, namely Ruth the Moabite who was Eglon's daughter" (Judg. 3:20).

48a.1 perhaps s.b. שטונד | 48a.2 redundant: אב | 48d original form: איהוד יודא. This is an obscure name, since Ehud was from the tribe of Benjamin. This is possibly a copying mistake due to similar letters איהוד/יהודא. | 50b Words are possibly missing here. | 51d crossed out? There are three small diagonal lines over this word. | 52c Apparently ו was added over the word, between the letters מ and א.

זיא וולטן ניט אן קלופין איר הער ווער גאנגין שיישן[38]
דרום אישט דיא טויר יוא צו ער הוט עש גטון מיט וויישן:

161b | זיא זומטין זיך זוא לאנגי ווער ער די טויר אוייף* טעט 54
דיא* ווייל דיא ווארד אין לנגי׳ דיא צייט דיא ווארד גר שפעט
אונ׳ דו זיא יוא דען זוהן דש עש ניט מוכֿט גזיין
אוייף טעטן זיא מיט שלושיל אונ׳ גינגן צו אים הנאיין:

איר הער דער וש גוואלן יוא צו דער ערדן טויט 55
ער לאג זו לאנג גשטריקט[39] אונ׳ אש ניט מער ברויט[40]
אונ׳ אֵיהוּד וש אנטרונן דער בֿון קומן[!] גר באלד
ער הט זיא יוא בֿור בורגאן אין דעם גרושיכֿט[41] וואלד:

דו ער נון היים קאם[42] ער בליז מיט איינם הורן 56
זיא לופין מיט אים דיא יודן הינטן אונ׳ בורן
לויפֿט הראב מיט מיר אבעהר בֿון דעם בערג
גוט׳ הוט אויך געבן דיא וויינט אין אוייר* הנט און אל גצווערגי׳:[43]

דו לופין זי* עש מיט אים די פֿארטן זיא עש איין נומן 57
אונ׳ לישן קיין מוֹאַבֿ אובער דש וואשר קומין
דו שלוגין זיא צו טוט וואל ציהן טוזינט מאן
אל די שטארקן הילדן דש קיינר דער בון קאם:

מוֹאַב ווארד אונטר טעניג אונטר ישראל הענד 58
162a גלובט זייא ליבר היר גוט׳ | דער אונש דיא זאך בור וואנט
ישראל דיא ווארדן דער לויזיט דש זאג איך אויך בֿור וואר
דש לאנט דש וש גשטילט אבער וויִרציק יואר::[44]

[38] Rashi: "Relieving himself [lit. 'covering his legs']– Performing his necessary bodily functions. This refers to a bowel movement." (Judg. 3:24).

[39] Idiom describing death [lit. "He lay stretched out so long"].

[40] Idiom describing death: "He did not eat bread anymore."

[41] Rashi: "In the underbrush— A thin-branched, heavily wooded forest, called *brousaille*, brush, in old French, excellent for concealment" (Judg. 3:26); Grimm 2021, Grasicht: "Mit gras bewachsen."

[42] Rashi: "It happened that, when he arrived— He crossed the Jordan, and arrived at his place in the land of Canaan" (Judg. 3:27).

[43] The meaning of this idiom, along with its reference to dwarfs, is obscure.

[44] The retelling differs from the original (Judg. 3:30), s. b. eighty years.

54a ף written over ך | 54b crossed out: וואר | 56d original form: אוריי׳ | 57a אי has been corrected to זי.

Judg. 4

59 דו אֵיהוֹד ווש גשטורבן ישראל דיא הובן אן
אן גוט׳ צו ווידר* שפענגין אז זי מין הטן גטיון[!]
גוט׳ דער וואָרד זיא געבן אין הנט איר ווינט צו וואר.
גוועלטיג אובער זיא יָבִין קוניג חציר[!] פִּיל יואר:.

60 זיין הייבט מן ווש גהיישן סִיסְרָא ׳ דער שטארק העלדי
ער זאש אין חֲרוֹשֶׁת דער הער בֿון זיינם וועלד*
די יודן ער זיר פיינגיט[!] אז וויר עש גבונדן הון
גנציר צוויינציק יואר טעט ער אין גרון:

61 דיא שטארקן בון זיינם לאנד די* הט ער אין דער הנט
נוייאן הונדרט אייזן ריטאר דיא וואָרן צו זיינם זאטיל גוואנט
ישראל וואָרדן שרייאן אבער צו גוט׳ דעם* היר
איין העלפר בישטו גוועזן בון הוייט אונ׳ אומער מיר:.

62 עש* וואש* איין נביאה דְבָרָה וואר זיא עש גנאנט
162b
איר צוֿבט אונ׳ איר עיר ווש גרוש* דער קאנט* | אין ווייטם לאנט.[45]
דיא וורוא מאכֿט צוֿבין צום בֵיתֿ הַמִקְדַש[46]
דרום דש קיין אנדר נְבִיאָה אונטר ישראל ווש::

63 זיא וואש איין רייכֿי וורוא אונ׳ הט דש גויט׳ וויל
טייטל אונ׳ אֵול בוים[47] מער וועם איך זאגין וויל
צו בֵיתְאֵל[!] אונ׳ צו רָמָה דו[!] זעלביג* ווש איר גשיכֿט
אונ׳ זיא גינגאן אוייף ישראל צו איר* צו דעם גריכֿט:

64 זיא זענדיט אירי בוטן צו בָרַק אירם מן[48]
גוט׳ דער הוט גיבוטן דו זולשט קומן דאר*
גין בערג תָבוֹר צו ציהן אונ׳ זולשטו [נימן] מיט דיר
ציהן טוזינט מאנין בון זבוּלֻן אונ׳ בֿון נַפְּתָלִי שיר:

45 The source for this is obscure.

46 Rashi: "The wife of Lapidoth— She fashioned wicks for the sanctuary" (Judg. 4:4).

47 Rashi: "She was an affluent woman […] she owned date trees in Jericho, vineyards in Rama, olive trees in the Bethel plateau" (Judg. 4:5).

48 Radak: "The wife of Lapidoth— They said this is Barak the son of Abinoam" (Judg. 4:4). See also SM64c.

59b crossed out: שפענגין | 60b crossed out: ער 61a crossed out: הנט | 61c written in small letters over the words גאט and היר | 62a.1 The right margin reads here: די הפטרה בֿון בשלח ודְבָרָה, above the words are dots forming a half circle (arch). | 62a.2 redundant: דש וואר | 62b.1 redundant: איר | 62b.2 A colon, signifying the end of the stanza, is written here. | 63c crossed out: ש at the end of the word זעלביג | 63d original form: אירם | 64b perhaps s.b. דאן (מן rhymes mostly with דאן, e.g., SP124c-d, SP138c-d, SP154a-b).

65 דען וויל איך צו דיר ברענגאן גין טאל קִישוֹן הין דאן
סִיסְרָא הרצוג יָבִין זיין ריטר אונ׳ זיין מן
אין דיין הנט וויל איך אין געבן אין אונ׳ אל זיין היר
דרום דז ער הוט גיפיינגיט[!] ישראל אלזו זיר:

66 בָּרַק דער שפרך צו איר יוא ווילטו מיט מיר* גון
ווילטו דען ניט זוא וויל איך דערבון לון
יוא וויל איך קומן זייט זיא דו הין מיט דיר
דיין שאנד אונ׳ דיין לאשטר ווערט מאן יוא זעהן שיר:.[49]

67 163a | עש ווערט דיר זייני איינ׳ שאנד אז לאנג אש דו ווערשט לעבן
דש גוט׳ צו איינר ווראון זול [סיסרא] דער געבן
דו שטונד אוייף דְּבוֹרָה זיא אונ׳ בָּרַק דער* העלט
זיא קומן דאר גין קֶדֶש דו שלוגין זיא אוייף איר גצעלט:[50]

68 בָּרַק וויש דו זאמלין זְבוּלֻן אונ׳ נַפְתָּלִי דאר
זיא קומן דאר גיגאנגין מיט איינר גרושר שאר
וואל ציהן טוזינט מנין קומן דאר צו גואן
סִיסְרָא הערצוג יָבִין צו געבן אים זיינ לון::

69 דש וואַרד גיזייט צו סִיסְרָא ׳ וויא בָּרַק ווער קומן דאר
דו הין גיאן בערג תָּבוֹר מיט איינר גרושר שאר
סִיסְרָא דער וואַרד זאמלין נוייאן הונדרט רייטר אייזנם׳
יוא גין טאל קִישוֹן זיין שטערק ער דו וולט ווייזן::

70 דְּבוֹרָה זייט צו בָּרַק שטיא אוייף דיזם טאג
סיסרא ווערשטו שלאגין איינין גרושן שלאק.
בּוֹר וואר גוט אישט אוייש גאנגין* צו בּוֹר דיר
אין דיין הנט צו געבן סִיסְרָא אלזו שיר:

בָּרַק דער וואש נידרן בּוֹן בערק תָּבוֹר צום טאל
71 מיט ציהן טוזינט מן דיא הט ער אובער אל
163b | ער קאם צו שאר בּוֹן סִיסְרא אונ׳ מכּט זיך הנאן
ער מיט זיינם וואלק די העלד* לובזם:

49 The retelling differs from the original (Judg. 4:9).

50 "They pitched their tents there." The source for this is obscure, the author may have been influenced by Judg. 4:11.

66a crossed out: קומן | 67c redundant (double): דער | 70c redundant (double): אוייש | 71d perhaps s.b. העלדן

72 זיא שטרייטן איינין שטרייט דער ווש מורטליך אונ׳ שווער
גוט׳ דער בֿור טומליט סִיסְרָא מיט זיינם גרושן היר
זיא שלוגין זיא אל צו שטוקין בָרַק אונ׳ זיין מאן
דש קיינר ניט אובער בלייב דו נידן אים דעם טאן:

73 ער ייאגיט נאך* דען רייטר אונ׳ אל די שאר צוואר
ביש חֲרוֹשֶׁת הַגּוֹיִם גאנץ ביז אן דיא טור
ער שלוג דיא שאר זו גאנצי בֿון דאנין ער בֿור טרייב
אלזמן טוטט ער זי דש קיינר אובער בלייב::

74 סִיסְרָא* ווארד בֿור צאגיט ער נידרט בֿון דעם הער וואגין
אונ׳ לוייף נון וואל דו הין מיט זיינם וואושן צו דראבין
ער לוייף דו הין צו יָעֵל די זאש יוא אים גצעלט
ווייפא חֶבֶר הַקֵינִי דו ווארד ער איין גשנעלט::

75 יָעֵל די גינג אוייש גיגן אים גר ווייט אין דש וועלט
נון קער דו אב צו מיר דו יונגר שטארקר העלט
נון קיר דו אב צו מיר דו ליבר הערי מיין
ער ליש זיך אובער רידן אונ׳ גינג צו איר הינאיין:

76 | דו נאם זיא איינין קוצן אונ׳ דקטין אין ווארם צוא 164a
ער לאג אונטר דער קוצין אז אנדר קוא[51]
ער שפרך גיב מיר צו טרינקן מיך דורשט גר אונ׳ גר זיר
גיב מיר אויניק וואשר זוא וויל איך טרינקין מיר:

77 דו קאם זיא הער גיגאנגין מיט דעם לעגיל פַּאַש
זיא גאב מילך צו טרינקן דש ער זולט שלופן באש:[52]
אונ׳ דו ער הט גטרונקן[53] זיא דעקט אין ווארם צו
דו בגאנד אז איין גשעכְֿטי קוא:[54]

78 דו שפרך ער צו איר שטעל דיך אוייף דיא טוייר דש גצעלט
ווערט מן דיך ורוגאן נאך זוא שפרך ער הב גווילט

51 Simile: "He lay under the blanket like a cow." See also SP77d.

52 Rashi: "The milk pouch— Since milk induces drowsiness, then slumber" (Judg. 4:19).

53 The retelling differs from the original (Judg. 4:19).

54 Simile corresponding with SP76b: Sisera lay like a cow and he will now be slaughtered like a cow.

73a written in the middle above the words נוך and דען | 74a Originally two ס letters were written with a mark that seems like a *ḥolam* between them, apparently standing for a forgotten י.

דו בגונד ער צו שלופֿן אונ׳ צו שנארכֿין אלזו זער
מאן בגונד מיט אים צו רידן אנדר נוייא׳ מיר:

79 יעל דיא נאם דען המר אונ׳ טעטן אין איר הנט
דען נאגיל שטישט זיא אין אל צו הנט
זיא שלוג אוייף אים [ז]ו פעשט אונ׳ שטיש אין די ערד
ער ווש מויד אונ׳ בֿור טומלט ער שטארב און אל גווערט

80 | בָרַק דער יאגיט סִיסְרָא אונ׳ זוכט אין אלזו שנעל 164b
יָעֵל * אֵשֶׁת חֶבֶר הַקֵינִי דיא גינאג אוייש גיגא׳ן אים גר ווייט אין דש וועלט
נון זאג מיר ליבר הער וואו ווילשטו הין גין דו
דען מן דען דו גישט זוכֿין דען ווייזא איך דיר נון יוא::

81 ברק דער קאם גינגאנגין[!] יוא אין דש גצעלט
ער זאך סִיסְרָא טויט ליגאן דש אין גוט׳ הט גפעלט[55]
דער נאגיל אין זיין באקין דער וואש אין דורך גי׳ שטוכן
יוא אוייש אירם גצעלט הט זיא אין אוייש גברוכן:[56]

82 גוט דער וואש טילגאן דען קוניג יָבִין גר
ער קונט ניט זיך אוייף ריכֿטן בֿור ישראל צוואר
זיא וואֹרן אין בֿור טרייבן אלזו בלד צו הנט
אונ׳ וואֹרן אין גאנץ בֿור שטושן גאנץ אוייש זיינם לאנט:

83 עש בגונד זיר צו זינגן וויא עש אין וואל אן צאם Judg. 5
דְבוֹרָה אונ׳ בָרַק ׳ זון אֲבִינוֹעַם
בֿון דש צייכן וועגאן אונ׳ דש וואונדר גרוש[57]
דו וולטן זיא גוט׳ דאנקין אונ׳ לובין[58] אויש דער מויש::

84 | ישראל ווען זיא זונדין זוא וועריֹן זיא צו ברוכֿן 165a
אונ׳ ווען זיא ווידר תְשוּבָה טון איר ווייְנט זיא וועֹרן דער שטוכֿן

55 Idiom describing death: "God killed him." See Grimm 2021, Fällen, 4b, and also footnote to YP228a.
56 The source for this is obscure.
57 Ralbag: "Deborah sang about this miracle, which God performed for Israel through her" (Judg. 4:24).
58 Targum Jonathan: "And Deborah and Barak the son of Abinoam gave praise in that time" (Judg. 5:1).

80b crossed out: אתש.

נון* מוגין זיא נון זיצאן אונ׳ מוגין לובין גוט׳[59]
זיינ צייכן אונ׳ זיין וואונדר די זיבֿט מאן וורוא אונ׳ שפויט׳::

85 הורט די קונגין אונ׳ די הירן אלגמיינ
אונ׳ הורט מיר נון צו עש [זייא] גרוש אודר קליינ
גוט׳ דען ויל איך לובן[60] ער אישט גוט׳ אונזר היר
אונ׳ וואלט איר מיר צו הורן איך וויל אויך זאגין מיר::

86 גוט׳ דו בישט אוייש גאנגין דיינם וואלק די תּוֹרָה צו געבן[61]
שֵׂעִיר וואלט ניט גיגין דיר שטרעבן
אֱדוֹם אובר אלדי וולטן זיא ניט הון
ישראל דיא אנט פֿינגאן זיא גר שון

87 די ערד בגונד צו שטורמין אויך דער הימיל זיר[62]
דיא וואלקין טרופֿין וואשר וויל וואשר בֿון דעם מיר[63]
דש* וואלק* ישראל זולט זיך ווידר דער קוויקאן
הער הט זיא* זער דער שרוקן נאך הימליש זיטן:[64]

88 דיא בערג די אל צו גינגאן צו רונן בֿון בֿור גוט׳
דוא ער גאב די תּוֹרָה די ער גבוטן הט

[59] Targum Jonathan: "When the house of Israel rebelled against the Law, the nations came upon them and banished them from their cities. And when they turned to do the Law, they were victorious over their enemies [...] on account of the sign and the redemption that was worked for Israel that the sages returned to sit in the synagogues [in public] and to teach the people the words of the Law – therefore bless and give thanks before the Lord" (Judg. 5:2).
Rashi: "When Israel was inundated with breaches— When breaches befell Israel; when their enemies invaded them because they deserted the Lord, and yet the people volunteered to repent: at this point, bless the Lord for bringing deliverance" (Judg. 5:2).

[60] Targum Jonathan: "I am praising, giving thanks, and blessing before the Lord the God of Israel" (Judg. 5:3).

[61] Rashi: "Lord, when You went forth from Seir— This refers to the giving of Torah" (Judg. 5:4). Cf. "What did He seek in Seir, and what did He seek in Mount Paran? R. Johanan says: This teaches us that the Holy One, blessed be He, offered the Torah to every nation and every tongue, but none accepted it, until He came to Israel who received it" (BT 'Abodah Zarah 2b).

[62] In the biblical text the same verb (נ.ט.פ.) is attributed to the heavens and the clouds while a different one is applied to the earth (ר.ע.ש.). By contrast, in the Yiddish epic the same verb (שטורמין) is used for the heavens and the earth and a different one is applied to the clouds (טרופֿין).

[63] The source for the reference to the sea is obscure. Perhaps the author added this statement that clouds carry water from the sea for rhyming purposes.

[64] Cf. "This teaches us that the Holy One, blessed be He, suspended the mountain over Israel like a vault, and said unto them: 'If ye accept the Torah, it will be well with you, but if not, there will ye find your grave'" (BT 'Abodah Zarah 2b).

84c original form: נוון | 87c.1 redundant (catchword): דש | 87c.2 original form: וואל | 87d perhaps s.b. ער הט זיך

165b | ער דער צייגיט זיך אוייף סִינַי דער בראנט אים בווייאר זיר[65]
די וועלט וואש זער דער שרוקן[66] בֿון בווייאר גוט׳ דעם הער:

89 עש וואש אין טעגאן שַמְגַר דער ווש זון עֲנָת
די יודין קונטין ניט גון איין טריט אין דער גאש[67]
די רעבֿט שטייג צו בֿור מיידן די קרונפין מושט מאן גון
די אורעכטן בטרעטן דיא רעבטין לושן שטון::

90 די יודן טורטן ניט אין איר דורפֿר צוואר[68]
ווען בֿון אירן וויינדן דש זאג איך אויך בֿור וואר
נון וואלן וויר גוט׳ לובן דש עש דאר צו אישט קומן
דְבֿוֹרָה אישט אוייף גישטנדין אונ׳ הוט דיא פֿיינד בור דרונגאן::

91 ווען יִשְרָאֵל ד[ו] וואלטן דינאן נווייא׳ א׳פגוט׳
די ווײנד אונ׳* אירן טורן זך מאן וורוא אונ׳ שפוט[69]
אונ׳ ווען זיאווידר תשובה טון צו גוט׳ זיא ווידר קירן[70]
איין שפיש וואדר ניא גזעהן אונטר ווירציק טוזינט הירן:

92 אלזו שפרך זיך עש דְבֿוֹרָה מיין הערץ דיא לערנט וויל* פרייזין[71]
זיא זיין ניט אב גטרעטן ישראל גוט צו ווער* ווייזן

[65] Rashi: "This Sinai— Scripture has already recounted the visions there: covered by mist, thunder, flashes of light, flame. Because of the presence of the Lord— [...] Because the mountain was visited by the Lord" (Judg. 5:5).

[66] Radak: "'That Sinai' means, just as Mt. Sinai feared the God of Israel, so the rest of the world feared Him" (Judg. 5:4).

[67] Rashi: "Thoroughfares came to a halt— The Israelites were afraid to undertake normal travel, because of their enemies. They would proceed along round about pathways, clandestinely" (Judg. 5:6).

[68] Rashi: "Exposure was discontinued— Exposed, unwalled cities were discontinued as dwelling places, because of the enemies" (Judg. 5:7); Ralbag: "This means that the unwalled cities were uninhabited due to fear of the enemy, and the Israelites resided only in walled cities" (Judg. 5:7).

[69] Rashi: "When the Israelites preferred modern deities, then they needed to engage in battle in their cities" (Judg. 5:8).

[70] Targum Jonathan: "And whenever they returned to the Law, they could not overpower them" (Judg. 5:8).

[71] Targum Jonathan: "Deborah speaks in prophecy: I was sent to give praise to the teachers of Israel" (Judg. 5:9). Rashi: "To the legislators of Israel— With affection for the sages of Israel who volunteered, among the people" (Judg. 5:9).

91b perhaps s.b. אן | 92a crossed out: ווריידאן | 92b written under the word צו (and above טאג of the line below)

וויא מאן אלי מן זול בצווינגאן אלי טאג׳ אונ׳ נאבֿט
צו לובן גוטש נאמן הבן זיא עש גדובֿט:[72]

93 דיא קוייף [לויט] די דו אום רייטן אוייף דען איזיל ווישן
די* דורפטן זיך ניט בֿורכֿטן דש זיא דער ווינט מאכט ביישן[73]
אונ׳ די [ר]יך הון גיבֿורכֿט דש גריכֿט אוייש צו שפרעכֿן
דיא דורפֿטן זיך ניט בֿורכֿטן דש מאן זיא ווערט דער שטעכֿין:[74]

94 | דיא דו גין אוייף דער שטרושן גוט׳ ווערט זיא נון לובן 166a
זיין שטערק ווערן זיא נון דער צילן דש דער ווינט אישט צו קלובן
דו זיא זיין גזעשן אוייף זיינ׳ [---]* זיא האבין גווארט
צו געבן מֶכֶּס אונ׳ צו רובין מיט אירם העלם בארטן::[75]

95 אונ׳ יוא וועו זיא וואלטן וואשר שעפֿין גון
די פֿייאנט אוייף דיא דו קומין זיא מושטן עש לושין שטין
זיא בדורפֿטן זיך ניט בזורגין צו* נעמן אלזו זער
גוט׳ש צייכן זיא דער צילן בֿון הויט אונ׳ אומר מיר::[76]

96 נון מוגין זיא אופֿין באור אין אירן דורפֿיר זיצאן
בֿון דען פעשטן שטיטן הער אויך אוייף הער מוגין זיא גיצין
דש דיא ווינד אלוועג עינגא גהלטן
זיא הבן עש גוט׳ דעם הירן אל וועגאן לושין וואלטן:[77]

[72] Rashi: "My heart— I, Deborah, [my heart goes out] to the legislators of Israel— with affection for the sages of Israel who volunteered, among the people, saying, 'Bless the Lord, return to Him'" (Judg. 5:9).

[73] It seems that the enemy is likened to a dog. Cf. "But against none of the children of Israel shall a dog move his tongue" (Exod. 11:7), "No man moved his tongue against the children of Israel" (Josh. 10:21).

[74] Rashi: "Merchants and gentry who may now ride elegant, white donkeys without intimidation or concern about their enemies. And jurists— This refers to the magistrates who were afraid to deliver judgement publicly" (Judg. 5:10).

[75] Rashi: "And wayfarers on foot. Speak up! Recount this salvation, when, in place of the clamor of the formations battling you – marauders, thieves, tax processors, who station themselves in battle formations organized to waylay those crossing to watering places" (Judg. 5:10); Radak: "The merchants who ride on white and good asses [...] now speak of God and sing to Him" (Judg. 5:10).

[76] Rashi: "When you would walk amidst the watering places to draw water [...] you were afraid that your presence would be sensed by your enemies. Now, however, such fears are baseless, and this is why you are commanded to offer thanks to His Name" (Judg. 5:11).

[77] Radak: "His righteousness of His towns in Israel— They could reside safely in the unwalled cities" (Judg. 5:11).

93b redundant (copyist's error): טרופין | 94c According to the stanzaic form, words seem to be missing here.
95c crossed out: נעמן

97 אן טוואך אונ׳ אן טוואך דְבֹורָה מיט שטים ריינש* גזאנק
שטיא אוייף זון אֲבִינֹועַם אונ׳ וואנק דיינן גוואנגנין*
דיא אובריגאן וואלקר גוטש זיא הבן זיא גוועלטיגט זיר
אן דעם שטארקר וואלקר בֿון הויט אונ׳ אומר מיר:[78]

98 יְהוֹשֻׁע דער וואַרד דער ערשט דער בֿון אֶפְרַיִם קאם
ער דער שלוג עֲמָלֶק אונ׳ זיין וואלק אלזאם
אונ׳ בֿון גשלעכֿט בִנְיָמִין קאם אויך שָׁאוּל צו גון
מיט זיינן שטארקן העלדין גאב ער אים זיין לון::[79]

99 בֿון מָכִיר קומן לערנער אונ׳ לאנדש הערן גרוש*[80]
ער בֿור טרייב* אים מיט אל זיינם גנואש
אונ׳ בון זְבֻלֻון שרייבר די תוֹרָה אן שריבן[81]
וויל וואלקר זיא עש בֿור דערבטן אונ׳ בֿון בור אין זיא עש בור טרייבן׳:[82]

100 166b | זי ווארן* בֿון יִשָׂשכָר די זיין מיט דְבֹורָה
יִשְׂרָאֵל די דו לערנטן אלי טאג תוֹרָה[83]
אונ׳ די אובֿריגאן בֿון יִשָׂכָר[!] מיט בָרָק זי יוא זיינן
וואו מאן זיא בדארף דו שיקט מן זי הין נאיין::[84]

101 רְאוּבֵן הט זיך גשיידן ווש האט ער נוייאש גטראכֿט
זיין הערץ אישט וואל בושהייט ער הוט אים בויז גידוכֿט

[78] Rashi: "The surviving Israelites dominated the mighty among the idolators" (Judg. 5:13).

[79] Rashi: "In Ephraim— From Ephraim emerged the root of Joshua bin Nun's dominance over Amalek [...] Your successor— shall arise from the tribe of Benjamin. Saul the son of Kish, who will batter them and extinguish them [...] with your people— referring to the army of two hundred thousand infantrymen which Saul mobilized against them" (Judg. 5:14).

[80] Radak: "Of Machir— The great men and the sages" (Judg. 5:14).

[81] Radak: "They that handle the pen of the writer— This means the sages and the scribes" (Judg. 5:14).

[82] Rashi: "From Machir descended warlords— Great lords who vanquished the Emorites. They captured sixty cities" (Judg. 5:14).

[83] Rashi: "Issachar's nobles— The noblemen of Issachar [...] were engrossed in Torah study [...]. They constantly accompanied Deborah, teaching the Israelites the laws and precepts" (Judg. 5:15).

[84] Targum Jonathan: "And the rest of the tribe of Issachar were serving before Barak, being sent forth in the cities of the plain to every place where there was need in his sending them forth" (Judg. 5:15).

97a ש written over ם, perhaps ריינם and not ריינש | 97b s.b. גוואנג | 99a crossed out: עבו | 99b original form: טרייב | 100a perhaps s.b. די הירן

יוא ווערדא הט גוואונן דו הט ער עש* מיט גהלטן[85]
ער הט ניט רעכֿט גיטון דער טוביל* ווערט זיינר וואלטן:[86]

102 גַ ד [87] דער אישט גבליבן ייענש הלב דש יַ רְדֵ ן צוואר
צו דעם שטרייט אישט ער ניט קומן אז קליין [אש] אום איין הור.[88]
דָ ן הוט זיך גיבֿורכֿט אונ׳ הוט זיך דער בֿון גימכֿט
אין זיינן גרושן שיפֿאן הויט זיין גויט׳ דער בון גיברוכֿט:[89]

103 אָ שֵ ר דער אישט גזעשן אוייף בורטן דש מיר
י ש ר א ל ניט צו העלפֿאן בון אירן וויינדן שווער
זיינ צו ברוכֿן שטעט הוט ער וואלן בווארן
דארינן אישט ער גבליבן ער בֿורכֿט זיך ער הוט זיך בֿור לורן:[90]

104 זְ בֻ ו לֻ ן וויל איך פרייזן זיין לויבא[91] ער הוט זיך אין דען טויט דער געבן
וואל גיגין זיינן וויינט הט ער גוואגיט זיין לעבן
נַ פְּ תָ לִ י אוייף בערג תוֹבָר[!] הט ער זיך דאר גימאכֿט
צו שטרייטן מיט סִ י סְ רָ א הוט ער זיין לייפא גיברוכֿט:[92]

[85] Rashi: "However, in Reuben's equivocation— However, in Reuben's ambiguity was great cunning. 'Craftiness of heart,' [Targum Jonathan:] cunning. In what way was he cunning? He straddled the battle lines to learn who would emerge the victor so that he could join them" (Judg. 5:15).

[86] Idiom, curse: "May the devil control him." Grimm 2021, Walten, II1l. See also SP265b and footnote to YP211b.

[87] The retelling differs from the original (Judg. 5:17). The tribe of Gad indeed dwelt on the eastern side of the Jordan, however the biblical text here mentions the children of Gilead, who are descendants of Manasseh.

[88] Rashi: "Is ensconced beyond the Jordan and never arrived at the battle front" (Judg. 5:17).

[89] Radak: "And why doth Dan remain in ships?– The ships of the Jordan, meaning that he had crossed the Jordan and fled out of fear of the enemy, and took his belongings yonder to the Transjordan" (Judg. 5:17).

[90] Radak: "And tarried in his decayed places— He dwelt in the unwalled parts of his cities out of fear of the enemy, therefore he did not come to war, as to not leave his cities vulnerable" (Judg. 5:17).

[91] Targum Jonathan: "They and those of the house of Naphtali— All the inhabitants of the land gave them praise" (Judg. 5:18).

[92] Rashi: "Naftali at the highland field on Mount Tabor" (Judg. 5:18); Joseph Kara: "The people of Zebulun have jeopardized their lives unto the death— They were willing to die, and so did the people of Naphtali. They both fought Sisera['s host] in 'the high places of the field'– that is mount Tabor" (Judg. 5:18).

101c עש with two dots over it is written in the left margin, at the height of this line. Three dots are marked over the line to indicate where the word should appear. | 101d crossed out: מוש

105 | די קוניגין זיין קומין בון לאנט כְּנַעַן דאר 167a
ביש איין וואשר מְגִידוֹ גרייבֿטן איר שאר[93]
סִיסְרָא יוא צו העלפן זיא הון קיין גויט גינומן
עש הוט זיא ניט גהולבֿן אונ׳ ברובֿט אין וויניק וורומן::[94]

106 אזו וואל אז זיא אן גוט מיט אים גשטריטן
אזו הוט* גוט׳ דער הער נאך הימלישן זיטן
דיא שטערן בֿון דעם הימיל די הבן זיא בצוואנגין
צו דער ערדין הב[!] זיא הין גדרונגאן[95]

107 דער בַּאך בון קִישוֹן הוט זיא בֿור וולוצט אלגר
עש אישט דער באך דאר בֿור מולש זיין גשעהן צוואר[96]
וויל וואונדרש אונ׳ צייכן גישאכין אין אירן [נו]ייאטן[97]
דיא שטארקין העלדן בון סִיסְרָא איך הון זיא אל צו טרעטן:[98]

108 די שטערן הון זיך דער היצט אלזו זער די ערדא
דיא קלוֹאַן בֿון דען רוֹשַׁן דיא מושטן הראב גין און אליש גווערדא*[99]
בֿון דען בויישן מושטן גלייטן דיא שטרקן העלט מושטן וואלן[100]
וויא וואל זיא הטן גהופֿט אונ׳ טריבן גרושן שאלן::

109 בֿור וולובֿט זייא מֵירוֹז זייט זיא דער בוטן בון גוט׳
בֿור וולוכט די בייא אים זיצאן אל טאג אונ׳ שפוט
דש ער אישט ניט קומן צו העלפן וואלק גוט׳
ישראל צו דער לויזן דו עש אין טעט אלזו נוט׳:::[101]

[93] Rashi: "The upper section of the camp was at Ta'anach, and it extended to the waters of Megiddo" (Judg. 5:19).

[94] Rashi: "Deigning no mercenary reward— They came to Sisera's assistance gratuitously, without requesting payment" (Judg. 5:19). The Hebrew words חינם באו are interpreted twice, both as 'without pay' and 'in vain.'

[95] Rashi: "The Holy One, blessed is He, as well, dispatched His hosts against them. [...] In their pathways— The upper tip of the star was in heaven, the bottom on earth" (Judg. 5:20).

[96] Translation of a name. Radak: "That ancient river— There was a river there since the days of old, as if it were created for taking revenge on their enemy" (Judg. 5:20).

[97] Targum Jonathan: "The Wadi Kishon shattered them, the wadi in which signs and mighty acts were done for Israel from of old" (Judg. 5:21). See also YP152d.

[98] Rashi: "My soul trampled underfoot— The power of the mighty Canaanite warriors" (Judg. 5:21).

[99] Rashi: "Horses' legs were battered— Their horses' hooves were severed. The heat of the star brought the mud to a boil, severing the hooves, as when legs are scalded in boiling water to detach the hooves. Once the hooves were severed, the legs were battered" (Judg. 5:22).

[100] The source for this is obscure.

[101] Rashi: "To assist The Lord— As if it were possible, if anyone comes to Israel's assistance, it is as if he were assisting the Divine Presence" (Judg. 5:23).

106b written over the line, between the words אזו and גוט' | 108b redundant (double): דיא קלואן

110 | זיא זולין גבענשט זיין מיר ווען ווראן אים גצעלט 167b
שָׂרָה* אונ׳ רִבְקָה רָחֵל אונ׳ לֵאָה* דיא ניא הבן גפֿעלט[102]
יָעֵל וייב חבר הקני[!] די דו אישט זוא וויז[103]
אובער אלי ווראן שטראגט זיא דען פרייזא׳:

111 וואשר היש ער איר אונ׳ מילך זיא אים ברוכֿט
דו מיט וואלט זיא בֿור זוכֿין אוב ער עש ווער בדוכֿט[104]
איין בעקן* שטרקן וואשר הוט זיא אים בוטר [גגעבן][105]
דש טעט זיא אלש דרום צו נעמן אים דש לעבן::

112 די תוֹרָה הוט בֿור בוטן קיין ווראו זול קיינא שווערט טראגין[106]
דש הוט יָעֵל גהלטן אלדו דען רעכֿטן גלובין
דען אין איר לינקן הנט [דער נאגיל] דען האמר אין דער רעכֿט הנט*
מיט אין הט זיא עש דורך ווארן אונ׳ הט מיט אים גפעכֿטן

113 צווישן אירן בוייש הט ער זי איין גשטוכֿן
דש טעט זיא אלש דרום דש* ער זולט ווערדן צו ברוכֿן
ער קניאט אונ׳ איש גלעגאן צווישן אירן בֿוייש
זובין׳ מאל נאך אנאדר דש ער זולט ווערדן בֿור וואֻושט:[107]

[102] Rashi: "By the women of the tent— Sarah, of whom it is said, 'Here she is, in the tent' [Gen. 18:9], Rebecca, of whom it is said, 'Isaac brought her to the tent' [Gen. 24:67], Rachel and Leah, of whom it is said, 'He left Leah's tent and entered Rachel's tent' [Gen. 31:33]" (Judg. 5:24).

[103] Ralbag: "Blessed shall she be above women dwelling in tents— For she [Jael] acted wisely and in bravery in order to help Israel" (Judg. 5:25).

[104] Rashi: "But she gave milk to ascertain whether he was alert enough to differentiate between the taste of water and the taste of milk" (Judg. 5:25).

[105] Rashi: "In a cup of the mighty— In a cup used for drinking water, for waters are described as 'mighty,' as it is said, 'in mighty waters'" (Judg. 5:25).

[106] Radak: "She put her hand— She is worthy of a blessing more than all other women, for she performed an act of bravery that no other woman has done, for acts of bravery are not done by women but rather by men" (Judg. 5:26). Cf. "The woman shall not wear that which pertaineth unto the man" (Deut. 22:5); BT Nazir 59a. See also Ralbag's commentary on Judg. 4:11: "It was Heber the Kenite's way, like the rest of Hobab, to follow Israel's law, therefore Jael put effort into killing Sisera."

[107] Radak: "And when he had sunk down, he lay there dead— There is an extreme Midrash, saying that the seven occurrences of the verbs sink, fall, and lie in this verse imply that the villain [Sisera] fornicated with Jael seven times on that day. And what I wrote on the word 'blanket' above [Judg. 4:18] refutes this opinion" (Judg. 5:27). In the Yiddish epic, these seven verbs are understood to describe Jael killing Sisera.

110b.1 Over the word שרה are five dots. | 110b.2 illegible vocalization under the Lammed, either *pataḥ* or *ẓere* | 111c original form: בערק | 112c According to the rhyme scheme, הנט is redundant. | 113b crossed out: דיא

114 די אלט מוטר בֿון* סִיסְרָא ׳ אל טג אן דען ווענשטר לאג
זיא וויינט טאג אונ׳ נאכט אונ׳ טרייב גרוש קלאג[108]
ווארום זיין זיך זומין זיינ׳ הער וואגין אזו לאנג
ווארום אישט זיך זומין זיין ריטר גאנג

115 ווש טעטן איר יונקן וורואן זיא טרושטן זיא זוא זיר
אונ׳ שפרובֿן הורט צו ליבי וורוא איר זולט ניט טרוייארן מיר
אונ׳ ווּשט איר נון* וורום* זיא אזו לאנג* אוייש בלייבן
פֿיל גויט הבן זיא עש גוואונן דו מיט זיא די וייל בֿור טרייבן :::[109]

116 168a | וויל גוטי אונ׳ וויל זאק רוייב ברינג זיא היין דן
איין פֿרוייא אודר צוואו האט׳ איטליכר מן[110]
דא מיט זיא קורצ וויל טרייבן אונ׳ זיצאן בייא דען וויין*[111]
דו ענטוורט זיא הין ווידר דש מאג וואל זיין:[112]

117 אלזו זול ווערדן בֿור לורן אלדי וויינט׳ בֿון גוט׳
אונ׳ אז דער זונא אל די ער ליבא הוט[113]
דש גזאנק אישט אוייש גשריבן גאנץ ביש אוייף איין האר[114]
דש לאנט וואש אבער גשטילט גאנצר ווירציק יואר׳:.:.:

118 Judg. 6 ישראל קירטן אב אונ׳ טעטן* אבער בויז
גוט זיא ניט גדובֿטן דש ער זיא הט דער לויזט
דו ווארד ער זיא אנטפֿורן אין הנט מִדְיַן גר
גאנצר זיבן יואר דש ווארדן זיא וואל גוואר:

[108] Ralbag: “The mother of Sisera looked out of a window, and cried out with a loud sound” (Judg. 5:28); Joseph Kara: “And she cried— She lamented” (Judg. 5:28).

[109] Rashi: “Are they not finding and dividing the pillage? That is the cause of the delay” (Judg. 5:30).

[110] Rashi: “Or two [wombs] for each man. They are ravishing the attractive Israelite women, and each of them has, in his bed, two or three women” (Judg. 5:30).

[111] The source for this is obscure. Idiom: “They will carouse and drink wine” [lit. “They will carouse and sit with wine”]. See also SP397b.

[112] Radak: “She– Sisera’s mother – answered herself with her own words– just as her wise ladies answered her, so did she herself answer and speak” (Judg. 5:29).

[113] The retelling differs from the original. The Yiddish refers here to ‘those whom God loves’ whereas the original biblical text mentions ‘those who love God’ (Judg. 5:31).

[114] Idiom: “In its fullness” [lit. “Not lacking (as little as) one hair”]. Grimm 2021, Haar, III17d: “Aufs Haar, aufs kleinste genau.”

| 114a written over the line, between the words מוטר and סיסרא | 115c.1 נון with two dots over it is written in the right margin, at the height of this line. Two dots are marked over the line to indicate where the word should appear. | 115c.2 redundant (double): ווארום | 115c.3 redundant (double): אלזו לאנג | 116c redundant (catchword): וויין | 118a redundant (double): אונ׳ טעטן

119 עש וואש [הנט] מִדְיַן* שטארק אוייף ישראל זו זיר
זיא לופֿין אין דיא הוילן אונ׳ אין די גבערג זו פֿער
הטן זיא עש גזעהן* זו לישן זיא עש ניט בלייבן
עֲמָלֵק אונ׳ קינדר קֶדֶם זיא לישן* עש ניט בקלייבן:

120 זיא גינג׳ אוייף ישראל אונ׳ לוגין אין דעם לאנט
איר אוכשין אונ׳ איר איזיל אונ׳ וואש מאן וואנט
דש נאמן זיא אל זאמין קיינש לישן זיא דער בֿון
אזו טעטין זיא עש שטעט אונ׳ פֿפֿלוגין דש צו טון:::

121 ישראל ווארן זער ארים אונ׳ שרייאן אונ׳ טעטן תְפִילָה אבער צו גוט׳
דו הושט אונש יוא גיהולפֿן אלוועגאן פרוא אונ׳ שפוט׳
גוט׳ וואש זיך דער בארמן אבער אובער דש וואלק
פֿון איראר ווערט וועגן דש הט גוט׳ אזו* הולט::

168b | 122 | דו שיקט ער צו אין איין פרופֿיטן דאר
גוט׳ ישראל שפריכֿט איך הון אוייף גברוכֿט צוואר
אוייש דער יפֿטן לאנט הון איך אויך אוייש גצוהן
דו אינן וואר איר קנעכֿט בֿור אויך זיין זיא עש גוואלגין:

123 די וואלקר אלזו גרוש איר לאנט הון איך אויך גגעבן
איך בין גוט׳ אוייאר גוט׳ דש זאג איך אויך עבן
אונ׳ אפגוט׳ר דער וורומדן די זולט איר ניט אן זעהן[115]
דש הט איר ניט גטון אונ׳ אישט ניט גשעהן::

124 עש קאם איין ענגל בון גוט׳ אונ׳ זאש אונטר דער לינדן
די דו וואש צו יואש אלדו ליש ער זיך פֿינדן
זיין זון היש גִדְעוֹן דער וואש איין שטולצר מן
ער דרעשט אוייש דען ווייץ אונ׳ וולוהן הין דאן:

125 ער דרעשט אוייש דש קורין וואל אוייף דען קעלטר טויר
דער ענגיל גוט׳ דער נייגיט זיך אונ׳ קאם הר צו אים הער בֿור:
ער שפרך גוט׳ זייא מיט דיר דו יונגר שטרקר העלט
דו בישט איין יונגר* הער שטולץ אונ׳ שטארק אין דעם וועלדא:

[115] The retelling differs from the original (Judg. 6:10), s. b. 'see' and not 'fear.'

| 119a redundant (double): זוא | 119c original form: גזעשן | 119d redundant (double): זיא | 121d redundant (double): אלזו | 125d crossed out: העלט

126 גִדְעוֹן ענטוורט אים מיט צוכֿטן אלזו זיר
ער שפרך איך וויל דיך ביטן גנאד מיין ליבר הער
אישט דען גוט מיט אונש אונ׳ זיין וואונדר גרושן
אונ׳ וויא הוט ער אונש איין הנט מִדְיַן אזו גאנץ גלושן:

127 וואו זיינא דיען[!] די גרוש וואונדר די מן הוט אונש דער צילט
נעכֿטין | בייא דעם פסח[116] דיא הבן אל גוועלט 169a
דו שפרך ענגיל גוט׳ צו אים[117] נון גיא אלזו בהענד
ישראל זולשטו העלפן זאג איך הון דיך גזאנט׳:.

128 *גִדְעוֹן ענטוורט אים בהענד איך ביט דיך ליבר היר
וואר מיט זול איך אין העלפן ישראל אלזו זיר
בין איך דוך דער ארמישט אין מְנַשֶׁה גזינט
אונ׳ דער אלאר יונגשט בֿון מיינש וואטרש קינד:

129 גוט׳ דער שפרך גיא הין איך בין מיט דיר
מִידְיַן[!] זולשט שלאגין אז ווער עש איין מן גר שיר
גִדְעוֹן ענטוורט אים מיט זיטן אלזו שלעכט
איין צייכן זולשטו מיר* טון דש דו בישט גרעכֿט

130 אלהיא זולשטו מיר בלייבן ביש דש איך קום צו דיר
אונ׳ זולשט אויך ניט בֿון הינן קומין איך וויל באלד זיין היר
איין פריזנט וויל איך ברינגאן צו דיר אן דש וועלט
יוא שפרך זיך דער ענגיל גיא הין דו העלט

131 גִדְעוֹן דער קאם בהענדי אונ׳ ברייטיט איין ציקליין
איין מוש מיט מעל צו מצות דיא בויך ער אלזו פֿיין[118]
דש ווליש טעט ער אין איין קורב דיא ברוייא׳ אין איינין הבֿין
ער קאם וואל צו דער לינדן גר בהענד צו טראבין:

[116] Rashi: "Which our forefathers recounted to us— It was Passover, and he told him, 'Last night Father recited the Hallel for me, and I heard him read, 'When Israel departed from Egypt' [Ps. 114:1], but now He has abandoned us. If our forefathers were saintly, let Him act in our behalf in their merit; and if they were wicked, then, just as He worked His wonders for them gratuitously, so, let Him act in our behalf. Where are all His marvels?'" (Judg. 6:13).

[117] Ralbag: "And the Lord looked upon him— That is God's Angel" (Judg. 6:14).

[118] Targum Jonathan: "And Gideon went and prepared a kid-goat, and he baked a measure of unleavened flour" (Judg. 6:19).

128a crossed out: גע | 129d crossed out: געבן

132 דער עינגל שפרך צו אים דיא ברוייא׳ די גיאב דערבֿון
דש ווליש אונ׳ אויך די מַצּוֹתֿ אן דען ועלזין זולשטו עש טון
יוא שפרך זיך עש דער יונגי דש וויל איך גערן טון
169b | דש ווליש קאם אוייף דעם ועלזן די ברֵויא די גינג דער בֿון::

133 דער ענגיל בויט זיינ שטאב די שפייז רורט ער יוא אן
דש בֿוייאר בֿון דעם ועלזן וויא שיר* עש בֿור בראן
אונ׳ דער עינגיל אויך ער דוא הין באלד וולויך
אין דש פֿלאמין בֿוייאר גין הימיל אלזו הוך::[119]

134 גִדְעוֹן ווש זיך וורוכֿטן* דש איין ענגיל וואש גוועזן
ער שפרך אוֵוי׳* גוט׳ היר איך קאן ניט גנעזן[120]
נייאן שפרך זיך גוט׳ דו דארפשט דיך ניט בזורגין
דוא בוייאט ער איין מזבח אונ׳ וואלט עש ניט לענגר בורגאן:

135 וואל אן דער נאכֿט דער זעלבגין[!] גוט׳ זיך צו אים דער צייגיט
ער שפרך נים שטיר דיינש וואטר דען ער הוט צו ברייט
אונ׳ אויך דען אנדרן שטיר זובין יואר אישט ער גמעשט
דש מִזְבֵּח זולשטו צור פֿורן דש גרוש אונ׳ דש בעשט::[121]

136 דש מִזְבֵּח בֿון דעם בעל זולשטו דו צו ברעכֿן גר
די לינד די אוייף אים אישט הוייא׳ זיא אב אובר אל
אונ׳ איין מִזְבֵּח זולשטו בוייאן צו גוט׳ זיינם* הערן*
אוייף הייבט בֿון דיזם ועלזין אלהיא אונ׳ אלש גווער:

137 דש ווישט שטיר[122] צו שַׁחְטַן איין אופֿר אוייף צו ברענגין
איין פֿוייאר זולשטו מאכין בֿון הולץ דיזר לינדן
דש זולשטו אלש טון אין נאמן גוט׳ דיינם גוט׳
זוא ווערד ער דיר העלפן וועז עש דיר טויט נואט:

119 The source for this is obscure. Cf. the angel's revelation to Manoah and his wife, Judg. 13: 20.

120 Idiom describing death: "I cannot heal." See also SP469d.

121 Radak: "Young bullock— It is as if he said 'the large bull' which is similar to an ox" (Judg. 6: 25). I have not found a source for the choice sacrifice mentioned here, cf. "And whosoever bringeth a peace offering unto the Lord to accomplish his vow, or for a free offering of the beeves, or of the sheep, his free offering shall be perfect, no blemish shall be in it" (Lev. 22: 21).

122 Targum Jonathan: "And a second ox which has been fattened up for seven years" (Judg. 6: 25).

133b perhaps s.b. זיר (cf. SP227b, SP271b, SP280b) | 134a כ written over א, apparently s.b. וואורכֿטן | 134b Apparently there is a *zere* under the first ו, but it could be a *hirik* under each of the two ו letters. | 136c.1 s.b. דיינם | 136c.2 According to the rhyme scheme, here s.b. הער.

138 גְדְעוֹן דער הט בֿור נומן וואש ער הט גיזייט
בייא׳ טאג קונט ער עש ניט טון עש וואר דען מאן לייט
בייא נאכֿט מושט ער קומן אונ׳ נאם ציהן מן
דש ער צו פֿורט דש מִזְבֵח די* לינד די קאם הין דאן::

139 | דש מורגין אין דער פֿרוא דו זיא דיא זאך בֿור נומן 170a
נון ווער הט דש גטון עש זול אים ניט בקומין
זיא בגונאן זיר צו בֿורשן ווער דש הוט גטראכֿט
גְדְעוֹן זון יָאַש[!] דער הוט אונש דש גימאכֿט:

140 די מאנין צו יָאַש שפרוכֿן דיין זון גיבא אונש הראוייש
די לינט הוט ער צו שניטן צו ברוכֿין גוטש* הוייז
יָאַש ווארד אין זאגין מיט הופשין צוכֿטן דא
נון הורט ליבן הערין אונ׳ טויט אין אלזו

141 דער וויל בֿור גוט׳ קריגאן דער זול ווערדן גטויט
געבט אים ציל ביש מורגין דש דער בַעַל זיך זעלברט ווערט אישט ער דען גוט
זוא ווערט ער אים עש ניט בֿור טראגין
זיינ׳ מִזְבֵח הוט ער צו ברוכין זיין לינט הוט ער צו שלאגין::

142 מִידְיַן אונ׳ עְמָלֶק די זאמלטין זיך דאר
דיא קומן אין טאל בֿון יִזְרְעֶאל* מיט קינדר קֶדֶם צו וואר
אוייף יִשְרָאֵל צו גין אז זי בֿור הטן גיטון
יִשְרָאֵל צו בֿור דערבן דא רוטן זיא אין דעם פלואן:

143 גמויט גוט האט בגריפֿן גְדְעֵוֹן* אלזו זיר
דו בליז ער מיט זיינם הוֹרִין עש* זאמלט זיך אֲבִי עֵזֶר
אונ׳ אויך בוטן זאנט ער צו מְנַשֶה דאר
צו אָשֶר אונ׳ צו זְבוּלוֹן זיא קומן מיט איראר שאר:.

144 גְדְעוֹן דער וואש זאגין ליבר גוט דער היר
ווילטו יִשְרָאֵל העלפן אז דו הושט בֿור שפרוכן מיר
איין שער וואל׳ איך שטעלן אלהער אין דיזר שווייאר
דו מיט ווער איכֿש גוואר אוב מיר גשיכט איין שטווייאר:.

145 | ווערט נון די שער* וואל נאש דער טוייא קומט נון דראיין 170b
אונ׳ אוייף דער ערדין ווערט עש טרוקן זיין

138d crossed out: מזב | 140b A vertical line above the word is crossed out. | 142b The vocalization under the ע is probably *ẓere*, possibly *sheva'*. | 143a The vocalization under the ע is probably *ẓere*, possibly *pataḥ*. | 143b redundant: זי | 145a crossed out: בֿויל

דו מיט וואַרד איך עש גוואר אוב איך* ניט וואַרד גשנעלט זיין
אונ׳ איך מיט מיינר האנט ישראל פֿיינט ווערדא פֿעלין

146 עש קאן* אן דען אנדרן מורגין ער דרוקיט דיא שער וואל
אוייש שפרענגיט טוייא בֿון דער וואל שיר איין בעקן בֿויאל
דו זייט זיך נון גִדְעוֹן עש זול ניט גרימן נוין
גוט׳ דיינם גרים צורן אן מיר [דיין]* ליבר זון:.

147 די שער וואל וויל איכש שטעלן נאך דש אייניג מויל
בלייבט דיא שער וואל טרוקן אונ׳ דיא ערד נאש* וואל
גוט׳ לוש גשעהן די זאך אלזו גנוייא׳
דיא שער וואול דיא וואש טרוקן אונ׳ דיא ערדא ווש וואלאר טוייא׳::

Judg. 7 148 דוא ווש זיך גִדְעוֹן פְֿרֵוייאן אונ׳ דש וואלקא דש מיט אים וואש
זיא רויטן בייא איינם ברונאן[123] דער בייא צפון זאש
ווען דער הויך מן זיבֿט דו זעלביגש אין דעם טאל[124]
דו לוגיןביידא שארין וואלק דש וואש און צאל::

149 דוא שפרך גוט׳ צו גִדְעוֹן דש וואלק דש דו הושט מיט דיר
דש אישט יוא נון צו וויל עש ווערט זיך ברומין שיר
איר מאכֿט האב עש גוואונן איך הב עש ניט גטון
דרום מאכט זיא היים ציהן איין טייל ווידר דער בֿון:

150 אונ׳ דרום לוש אוייש רופין דש עש דש וואלק זול הורין
ווער* דו אישט בֿור צאגיט דער זול יוא ווידר קירן
171a | דוא קורטן ווידר* אום[125] וואל צווייא׳ אונ׳ צווײנציק טוזינט מן
אונ׳ נאך ציהן טוזינט בלייבן בייא אים שטון:

151 דו שפרך ענגיל גוט׳ צו גִדְעוֹן דש וואלק דש אישט נאך צו וויל
נידר זיא צו דעם וואשר אונ׳ ברענג׳ זיא מיר צו דעם ציל
אלדו ווערשטו* גוואר וועלכר דער זול* בייא דיר בלייבן
אונ׳ דש אנדר וואלק זולשטו אלש היים טרייבן:

123 Translation of a name.

124 Rashi: "הַמּוֹרֶה connotes instruction, observation […] From there they would observe, and then signal instructions to the valley" (Judg. 7:1).

125 Radak: "And depart early— To turn back and return from mount Gilead" (Judg. 7:3).

145c A line here perhaps crosses out the word איך. | 146a s.b. קאם | 146d original form: דו | 147b crossed out: בוי | 150b original form: ווערר או ווערד | 150c redundant (double): ווידר | 151c.1 redundant (double): ווערשטו
151c.2 redundant (double): בלייבן

152 ער נידרט זיא צו* דעם וואשר אונ׳ הייש זיא אלי זאמין טרינקן
וועד ניט ווערדא קניאן* צו דער ערדן נידר זינקין
אונ׳ לעקט ער דש וואשר אש דער הונט טוייט
בזונדר זולשטו אין שטעלן דער ווערט מיט דיר* זיין גויט::

153 אונ׳ דיא אנדרן אל זאמין דיא פֿילן אוייף דיא קניא
די היישטו ווידר קערין איך בגערט אירער ניא
איך וויל זיא ניט הבן זיא קונאן מיך ניט בטריגאן
דען אפגוטר הב זיא גווענט אוייף דיא קניא צו ליגאן:[126]

154 עש בלייבן ניט מין אובער ווען דרייא הונדרט מן
דיא מיט דען הענדן לעקן דש ווּשר היין דאן:
דו שפרך זיך גוט׳ צו גִדְעוֹן יוא מיט דעם וויניק לויט
ישראל וויל איכש העלפאן בֿון דען וואיינט* הוייט::

155 אונ׳ אלדש אובריג דש הייש אלש דו היים גון
ברייט דו אין איר שפייז אונ׳ איין שוֹפָּר איכֿליכֿם מאן[127]
אזו טעט זיך עש הער גִדְעוֹן אז אים גוט׳ הט גיזייט
דיא דרייא׳ הונדרט מן וואדן וואל ברייט::

156 עש קאם דיא זעלביג נאכֿט דו וואש גוט׳ צו אים זאגין
נידר צו דער שאר דיין וויינט ווערשטו דו דער שלאגין
אונ׳ בֿורכֿט דו* דיך ניט* צו גין* זו נידר צו דער שאר
אליין׳ מיט* דיינם קנאבין זוא ווערשטו עש גוואר::

157 אלש דש* זי ווערן* רידן דש ווערשט הורן
171b יוא דיין הענד ווערן זיך שטערקן דיין הערץ | ווערט זער ווראו[128]

[126] Rashi: “Anyone who laps with his tongue, etc.– Anyone who bends forward while on his knees to drink, set them aside, out of your retinue. They shall not accompany you, since they are practiced in kneeling before idols” (Judg. 7:5).

[127] Radak: “So the people took victuals with them [in their hands]– The people who stayed took with them the provisions of those who left, as well as their horns [...] so that each one of the remaining three hundred men may hold a horn in his hand” (Judg. 7:8).

[128] Idiom: “You will be happy” [lit. “Your heart will be very glad”]. Mentioning the heart in connection with happiness is common in Hebrew sources, e.g., “Wine that maketh glad the heart of man” (Ps. 104:15), “My son, if thine heart be wise, mine heart shall rejoice, and I also” (Prov. 23:15). However, I have not been able to find any source mentioning both one’s heart and hands in this context.

152a crossed out: זדעם | 152b crossed out: ד | 152d This word is crossed out, but it seems that the copyist intended to cross out the superfluous בלייבן preceding it. | 154d original form: וואנייט | 156c.1 written over the line, between the words בורכט and דיך | 156c.2 This word is crossed out, but according to context the copyist erased it by mistake. | 156c.3 crossed out: צו | 156d crossed out: דעם | 157a.1 crossed out: דו הורשט | 157a.2 These words are written in small letters above the crossed out words דו הורשט.

ער גינג דו הין זוא באלדו מיט פּוֹרָה זייני׳ קנאבין
צו ענדן* דער שטארקין רעקין דו ווארד ער איין טרא[ב]ין.:

158 פֶּעלד מִדְיַן אונ׳ עֲמָלֵק די לוגין אין דעם טאל׳[129]
זיא אונ׳ איר קעמליכט אז הייא שרעקן און צאל
דו קאם גִדְעוֹן גיגאנגין איין ענד בֿון דער שאר
ווש זיא אלזמן רידטן דש ווארן זיא אלש גוואר::

159 איין מן דער ווש דער צילן איין טרוים צו זיינם גזעלן
איין קוכֿין בון ברויט גערשטן[130] דער ווש זיך זיר אום וועלן
אין דער שאר בֿון מִידְיַן אונ׳ קאם אן דש גצעלט
ער קערט דש אונטרש אוברשט[131] נידר אין דש וועלט:

160 דער גזעל ענטוורט אים דש קאן נישט אנדרש בטוייטן
נוייארט דש שווערט בון גדעון דש ווערט וויל אונגליק בדוייטן
גוט׳ דער הט אים מִידְיַן אין זיין הנט גגעבן
ער ווערט זיא אל דער שלאגין קייני ווערט ער לושן לעבן:

161 גִדְעוֹן הורט דען טרוים אונ׳ זיין בשיידונג׳ש גר
ער נייגט זיך צו גוט׳ אונ׳ קורט ווידר צו זיינר שאר
ער זייט שטאנד אוייף בֿון גוט׳ דער הוט אויך גגעבן
שאר מִידְיַן אין דייני הנט קיינ זולט איר לושן לעבן:*

162 דש וואלק ער דו טיילט צו דרייא טייל צו הנט[132]
איקליכם איין קרויג אונ׳ דער צו איין בֿוייארן בראנט
דער קרויג דער ווש וויל גרוש אונ׳ שוֹפָר דארצו
ווש איר בֿון מיר ווערט זעהן אלזו זולט איר אויך טוין::

163 | מיט דעם שוֹפָר ווערד איך טוצין איך אונ׳ אל דיא מייני 172a
זו זולט איר* אויך טויצין אונ׳ שרייט מיטין דריין

[129] Rashi: "Lay in the valley— Were stationed in the valley" (Judg. 7:12).
[130] Targum Jonathan: "A cake of barley bread" (Judg. 7:13); Radak: "Barley bread— A cake of barley bread" (Judg. 7:13).
[131] Rashi: "And hit it, and it collapsed [the tent], then it overturned— The tent, completely overturned, and the tent collapsed" (Judg. 7:13).
[132] Radak: "And the meaning of 'bands' [ראשים] is 'parts'" (Judg. 7:20).

157d crossed out: זיינ | 161d The end of the stanza was originally marked after the words צו הנט below. | 163b ר written over ך

שווערט גוט׳ אונ׳ צו גִדְעוֹן דש זולט איר דען ייעהן
[או]ן זיא זולטיר דען פאלין עש אישט אום זיא גשעהן:

164 גִדְעוֹן דער קאם צו גין מיט דען הונדרט מן
דיא דו מיט אים ווארדן אן דיא שאר היין דאן
זיא הטן אלאר ערשט איר וועבֿטר אוייף גריכֿט
אז אין דען שארן אלמול דער זיטן אישט אונ׳ גשיכֿט::[133]

165 עש בליזן די הייבט הערן מיט אירן הורנער גר
זיא ווארן גר זיר טוצין צו רינג אום דיא שאר
דיא קרויג זיא גאנצן צו וואורפֿן אן דיא ערדא היין דאן
זיא פורטין איין גבערדא אז הונדרט* טוזינט מן::

166 דיא ברענד זיא דו בגריפן אין אירי לינקן הנט
דש שוֹפָּר אין די רעכטי צו בלוזין אל צו הנט
זיא שרייאן שווערט גוט׳ מיט גִדְעוֹן צו בצווינגאן
דוא* דער שטונדין אל די וואלקער צו גרינגאן::

167 זיא בגונדין דאר צו שאלין צו מאכין זיך דער בֿון
שווערט דש מן אן זיין גזעלין זיא פֿילן אן שווערט היין נאן
אי איינר שלוג דען אנדרן בֿור זיינם גזעלן טוט
אזו ווארן זיא בֿור טומליט דש טעט דש שווערט בֿון גוט׳::[134]

168 דו בגונדין זיא זיך צו טרענאן[135] די שאר אלזו גאנצ
בֿון נַפְתָלִי אונ׳ אָשֶׁר דיא לופין אן דעם* שוואנץ[136]
אונ׳ גין בערגא אֶפְרַיִם גִדְעוֹן שיקט בוטין
נון נידרט בלד הר אבער גיגין מִדְיָן צו צוטין::.:.:.:

[133] Rashi: "Members of the military usually assign sentry duty so that some serve during the first third of the night, some during the second third, and some during the final third" (Judg. 7:19).

[134] Ralbag: "The sword of the Lord and of Gideon— In their great fright, the host of Midian thought that Gideon's host was among them, and each one of them believed his fellow to be one of Gideon's men, and for that reason, every man's sword was set upon his neighbor" (Judg. 7:21).

[135] The retelling differs from the original biblical text (Judg. 7:23), s.b. 'gathered' not 'separated.'

[136] Idiom: "They chased them" [lit. "Ran on their tail"]. The source for this is obscure, but the context suggests that the idiom portrays chasing an animal with a tail.

165d crossed out: ז | 166d redundant (double): דו | 168b crossed out: שאנ

172b

169 | דו זאמלטין זיך אֶפְרַיִם אונ׳ נומין דש וואשר אין
דען יַרְדֵן אונ׳ בֵית בָרָה מִידְיַן קונט ניט איין
אונ׳ ווש זיא דו בגריפֿן דש שלוגין זי אלש נידר
עש גלושט זיא ניט צו קומן אז באלד הין ווידר::

170 זיא בינגאן צווייא הירן בֿון מדין דען וואלף אונ׳ דען ראבין[137]
אירביידר קואף שלוגין זיא עש אב*
Judg. 8 דיא קוייפא ברוכטין זיא עש דאר צו גִדְעוֹן צו זאגין
ווארום הושטו אונש ניט גרופֿין דען ווינט צו טויט צו שלאגין
ער ענטוורט אין זו שון וואל מיט צוכטין גרוש
דו ער זיא נון זאך דש עש זי זוא זער בֿור דרוש:

171 גוט דער הוט אויך געבן די הערן אין אוייאר הנט
די זינט וואל בעשער יוא מיר ווען איין גאנץ לאנט
די הון איך ניט גוואונן נאך אל מיין מן
מיר ווען וויר אל זאמין הט איר איין גויט גטון::

172 גִדְעוֹן גינג דו הין צו דעם יַרְדֵן ער דו קאם
ער אובר וואר דען יַרְדֵן מיט זיין דרייא הונדרט מן
זיא ווארן מויד אונ׳ הטן לאנג גייאגין
גלופֿין טאג אונ׳ נאכֿט אונ׳ ווארן זיר דער שלאגון

173 ער קאם צו מאנין בון סוכות געבט אונש איין שטוק ברוט[138]
ווען אל מייני׳ מנין זיין שיר הונגריש טויט
נאך זֶבַח אונ׳ צַלְמוֹנַע וויל איך דען ציהן
נון קומט זו באלד דערבֿון זיא זיין דער בון גיבלוגין:::

173a

174 | ווארום זול מיר דיר געבן נאך דיינם הערן ברויט
הושטו דען די קוניגין דיא דו שפריכט טויט
דו ווש עש זיך גִדְעוֹן שווערן אלדו בייא זיינם לעבן
נון שווער איך עש איין איידי ווען מיר זיא גוט׳ ווערט געבן:

175 ווען נון די צווייא קוניגין אין מיינר הנט ווערדן זיין
אייער ווליש וויל איך דרישן מיט דורנער* אונ׳ מיט דישטלן

137 Translation of names.
138 Targum Jonathan: "Give now a piece of bread" (Judg. 8:5).

170b Perhaps the first two lines of this stanza belong to another stanza, of which the copyist omitted the second half. | 175b original form: דונרנער

ער צוך זיך דוהין גין פְּנוֹאֵל וואש ער גון
אונ׳ היש אויך אן [אין] איין שטוק ברוט צו לון:

176 די מאנין בֿון פְּנוֹאֵל די ענטוורטן אים אלזו
אז דיא מאנין בֿון סוֹכוֹת הטין דו גיטון
דו ווארד ער אין ענטוורטן מיט צורנקליכן מויט
דיא שטאט[139] וויל איך שטושן ווען מיר ווידר הילפט גוט׳::

177 זֶבַח אונ׳ צַלְמוּנָע דיא ווארן קומן דער בֿון
זיא מיט אירין שארן בונף ציהן טוזינט מן
זיא וורן אובער גבליבן בון דער שארן אל
בֿון הונדרט* אונ׳ צוויינציק טוזינט דיא נון ווארן גוואלן אין דעם טאל:.

178 גִדְעוֹן דער קאם גשליכן דורך דיא* גצעלט
ער שלויג דיא שאר אל זמינט דש קיינר ניט וועלט
דיא שאר הילט זיך זיכר דו זעלביג דו ער זיא פֿאנט
זֶבַח אונ׳ צלמונע בגרייף ער צו הנט:

179 גדעון דער קורט ווידר אי די זון אונטר גינג[140]
איין יונגין קנאבין בֿון סוֹכוֹתֿ צו דיזם מול ער פֿינג
דער יונג דער ווארד אים שרייבן די הערן בון סוכותֿ אן
זייני׳ אלטן אונ׳ זיין הירן זוֵיבין אונ׳ זוֵיביצִיק מן:.:*

180 | ער זייט צו דעם מאנין בֿון סוכותֿ נון בין איך ווידר קומן 173b
זיר הט איר מיך בֿור שמעבֿט עש ברינגט אויך קליינין וורומין
דען מן בֿון מִדְיָן[141] האט איר נון ניט געבן ברויט
זֶבַח אונ׳ צַלְמוּנָע הט מיר נון געבן גוט׳:.

181 די אלטין* בון סוֹכוֹתֿ אין דורנער ער צו בראך
דיא מאנין בֿון פְּנוּאֵל צו טוט ער זיא דו שטאך

[139] The retelling differs from the original (Judg. 8:9).

[140] Rashi: "With the sun high— Before sunset, with the sun still visible high above the horizon" (Judg. 8:13).

[141] The retelling differs from the original (Judg. 8:15), s.b. "and you did not give to my men."

177d original form: הוננדרט | 178a This word was written over the crossed out דש. | 179d Eleven dots appear here, seeming to indicate the end of the stanza. | 181a crossed out: ב; redundant (copyist's error?): אלי

אונ׳ אירן בעשטן טורין ער דו נידר שטישט
אײין שטײין בײא דען אנדרן ער ניט אלדו ליש:[142]

182 צו זֶבַּח אונ׳ צו צַלְמוּנַע ווארד גִדְעוֹן זאגין
וואו זײין נון דיא מאנין די אין הר תָּבוֹר הוט דער שלאגין
העט איר זיא לושן לעבן איך העט אויך ניט דער שלאגין
נון הט איר זיא דער מורט איך זול אויך* עש ניט בֿור טראגין:

183 זֶבַּח אונ׳ צַלְמוּנַע זײיטן צו אים אלזו
בֿור וואר דיא זעלביגאן מנין די זײין גלײיך גשטאלט אלזו
מײין׳ ברודער בון מײינר* מוטר* זײין זיא עש גוועשט צוואר
גלײיך אש אײינש קוניגש קינט וואר עש גשטאלט בור* וואר:.*

184 גִדְעוֹן צו זײינם [זון] שפרך דו זולשט זיא נידר שלאגין
טוט צו דער ערדן אונ׳ זולשט אין עש ניט בֿור טראגין
דער יונג׳ וואש דער שרוקן זײין שווערט ניט צויך ער עש אוייש
די צווײיא קונגין צו טוטין בור אים דו גרוייזט::

174a

185 | זֶבַּח אונ׳ צַלְמוּנַע וואל צו דיזר ווערישט
אלדו צו גדעון ׳ יוהן אשדו אײין העלט בישט
דו זולשט אונש זעלבש טויטן דש טעט ער אלש צו הנט
דיא הלז באנד בֿון דען קעמליכֿט נאם ער אונ׳ וואש ער וואנט::

186 ישראל צו גִדְעוֹן זײיטן אונזר הער זולשטו זײין
בֿון הוייט אונ׳ אומר מער אונ׳ אויך דיא קינדר דײין
נײיאן זײיט זיך הער גידְעוֹן דש וויל איך ניט טון
וועןגוט׳ אוייאר גוט׳ זולטיר צו אײינם הירן הון::

[142] Idiom: "He destroyed them completely" [lit. "He did not leave one stone on top of the other"]. Grimm 2021, Stein, IIB11a: "Keinen stein auf dem andern (bleiben, lassen)." Cf. "From this day and afore, even afore a stone was laid upon a stone in the Temple of the Lord" (Hag. 2:15); "All the songs [in Scripture] are written in the form of a half brick over a whole brick, and a whole brick over a half brick, with the exception of this one and the list of the kings of Canaan which are written in the form of a half brick over a half brick and a whole brick over a whole brick. What is the reason? So that they should never rise again from their downfall" (BT Megillah 16b).

182d redundant (double): אויך | 183c.1 The letter ר at the end of the word was written over ן. | 183c.2 redundant: בֿון זײינר מוטר | 183d.1 This word was written over the crossed out צו. | 183d.2 According to the biblical text (Judg. 8:18–19), the lines c–d seem to have been copied in the wrong order and should be rearranged.

187 גִדְעוֹן דער* שפרך צו אין איין בעט ווייל[!] איך אויך ביטן
נאז באנד אוירן רובין נאך יִשְׁמְעֵלִים[!] זיטן
די זולט איר מיר יוא געבן איין איפוֹד[!] וויל איך מאכין
גוטש הולף צו גדענקין דש אוייאר ווײנט זיין צו בָּרוֹכִין:.[143]

188 יוא וויר וואלן עש געבן זייטין זיא צו דיזר שטונט
זיא שפרייטן איין ליילוך אונ׳ וואורפן דאר איר וואנד
טוזינט מארקי אונ׳ זיבין הונדרט דש גולדא אלדו וואוג
און דיא גולדין קליידיר אונ׳ דיא הלז באנד די דומן דימנט[144] טרויג׳::

189 גִדְעוֹן מאכט׳ איין איפוֹד אונ׳ שטעלט אין אין זיין שטאט
אין דיא שטאט בּוֹן עָפְרָה דו ער גזעשן וואש
ישראל ווארדן אים דינאן אונ׳ מאכטין איין גוצין דרוייש
דש וואר צו איינר שטרוכלונג צו גִדְעוֹן הוייש:

190 נון ווארד מִידְיַן דער שלאגין בּוֹר ישראל גר
איר הוייבט זיא ניט אוייף הובין צו קומין מיט זיינר שאר
| זיא ווארן גאנץ אונטר טעניק׳ אונטר ישראל צוואר 174b
דש לאנט ווארד [גשטילט] גאנצר ווירציק יואר:

191 ער היש יְרוּבַעַל* אונ׳ גִדְעוֹן ׳ דער בלייב נון אין זיינם הויז
צו קיינם שטרייט ער ניט מיר גינגא נון הין אוייש[145]
ער הט וואל זיבינציק זון די בּוֹן אים ווארדן גיבורן
און[!] איינר היש אֲבִימֶלֶך דער וואש בּוֹן איינר הוֹרן:[146]

192 גִדְעוֹן [ו]וש* ווארדן אלט אונ׳ מושט שיר שטערבן
ישראל די בגונדן אירן וועג ווידר צו בּוֹר דערבין
זיא דינטין איינם גוט דער היש זיך בַעַל בְּרִית
אן גוט׳ש צייכן אונ׳ וואונדר גידוכטן זיא גר נישט:

143 Rashi: "Gideon fashioned it into an apron— As a memorial to the great salvation" (Judg. 8:27).

144 The source of 'thumb diamonds' is obscure. Considering the biblical text this may be due to an error in copying the translation for 'camel,' טרומפלטרריש. The etymology of this word is Latin, *dromedarius*, and it is also known in modern Yiddish: דראָמעדער. See Timm 2005, 538f.

145 Radak: "And [he] dwelt in his own house— Means that he fought no more wars" (Judg. 8:29).

146 Here the Hebrew word פילגש is translated as 'whore,' apparently due to Abimelech's bad ways. Cf. SP438d where this word is translated as קעבש וויפא [concubine].

187a illegible sign. | 191a According to the biblical text (Judg. 8:29), it seems that the words were copied in the wrong order. Perhaps s.b. אונ׳ גדעון ער היש ירובעל etc. | 192a a meaningless stroke before the first ו

193 זיא טעטן קיין גנאד מיט גזינט גִדְעוֹן
זיינא קינדר נאך אים גאבין זי עש קליין לון
אום אליש דש גויט הט מיט אין גיטון
זיא גדובֿטן עש קיינש מין לישן אלש היין גון:

194 אבִימֶלֶך דער הורן זון דער גינג צו זיינם גשלעבֿט Judg. 9
צו זיינר מוטר ברודר אין שְׁכֶם זושן זי עש צו רעבֿט
ער רידיט מיט זיין אונקליבֿט גיעט היין בהענד אונ׳ [רא]ט
מיט הירן בֿון שְׁכֶם זולט איר הבן איין רוט

195 אוייאר בלויט אונ׳ איויאר וולייש זולט איר אן גדענקן
אֲבִימֶלֶך זון יְרוּבַעַל בון אים זולט איר ניט ווענקן
עש אישט דוך בעשר בֿור אויך דער גוואלט בון איינם מן
וען בֿון זיבינציק מאנין אל קינדר גִדְעוֹן:[147]

196 דען הערן בֿון שְׁכֶם גוויל דיא ריד גר וואל
איר הערץ נאך אֲבִימֶלֶך [נייגיט] | דש וואש דער וורליידן בויל 175a
אונזר ברודר אישט ער וויר וואלן אין ניט לון
איינ׳ הרצוג אובער אונש זול ערווערדן גטון::

197 זיא גובין אים דש גולדא אונ׳ דש זילבר גנויק*
דא מיט דינגט ער בובין נאך זיינם בויג
אונ׳ קאם אין הוייש זיינש וואטרש* זייני* ברודר ער דער שלויג
זוביציק אויף איין שטיין דש ער עש מיר קיינם בֿור טרויג׳:

198 דו בלייב אובר איין קליינר בֿון אין אלן גר
דער הט זיך זער בֿור בורגין מן ווארד זיינר ניט גוואר
ער וואז גהיישן יותם דער אלאר קליינשט זון
ער וואש וואל אובער בליבן אונ׳ הט איין הור גטון

199 די הערן בֿון שְׁכֶם דיא זמלטין זיך גר
יוא אבימלך צו קוניגין צוואר
אונ׳ יותם [בֿון] זיין ברודר דער וואש עש באלד גוואר
ער גינג אוייף בערג גריזים אונ׳ מאבֿט זיך אלדאר:

[147] The epic distinguishes between Gideon and Jerubaal, mistakingly creating the impression that these are two different people.

197a original form: גנוויק | 197c.1 redundant (double): ער | 197c.2 This word was written in the right margin, before the redundant ער.

200 דו בגאן ער זיר צו שרייאן הורט מיר צו ליבן הערן
גוט׳ ווערט איך צו הורן וועך איר אין בגערט*
איין בייא שפּיל[148] וויל איך אויך זאגין דש זולט איר גאנץ בור נעמן
איר מוכֿט וואל צו הורן עש דורפֿט אויך ניט שעמין:

201 די הולצר זיין גיגאנגין איין קוניג אוייש צו לעזן
דו זייטן זיא צו דעם אויל בוים אונזר קוניג זולשטו וועזן
ניין זאגיט זיך דער אול בוים דש מאג איך [ניט] הון
יוא לאנג בֿור מיטן א[ל] דיא וויישטונג מיינא:

202 די פיישטונג אונ׳ מיין איר הון איך לאנג בֿור* לושן
גוט׳ אונ׳ אויך לויט מושן* זיך מיינר מושן
| וויא קונט עש דען גזיין איך זולט איין קוניג וועזן[149] 175b
נון גיט נוייארט דו הין איין אנדר זולט איר לעזן::

203 זיא גינג יוא דו הין באלד* צו דעם ווייגאן בוים
אונזר קוניג[150] זולשטו זיין דש מאגשטו טון און שאם
ניין שפּרך זיך דיא ווייג איך הון בֿור מיטן מיין זוייש אונ׳ מיין וורוכֿט די גויט*
איך מאג ניט זיין וואל גימויט:

204 דו גינג׳ין זיא דא הין צו דעם וויין שטוק
איין קוניג זולשטו זיין עש אישט גיקומן דש גלוק בֿון גוט׳[151]
ניין שפּרך זיך די וויין רעב דש קאן ניט גיזיין
מיין מוישט זול איך עש בור לושן אונ׳ אויך מיין זושין וויין::

205 דיא* לוייט איך דער ווריא בֿור גוט׳ ווערד איך עש גיגושן[152]
זולטן איך איין קוניג וועזן מיין רוויר בֿור לושן

[148] Rashi: “The trees went about resolutely— This is a parable” (Judg. 9:8).
[149] Targum Jonathan: “And go to exercise kingship over the trees?” (Judg. 9:11).
[150] Despite Rashi’s commentary (Judg. 9:10) that the fig represents Deborah, the epic speaks here of a king and not a queen. Perhaps because grammatically ווייגאן בוים is masculine.
[151] Proverb, prayer formula: “Good luck has come from God.” Poetic traits: the three stressed words all begin with the letter ג. This proverb identifies God as the source of luck, unlike the proverb in YC77a, which implies that luck is unpredictable and results from the movement of the stars.
[152] Targum Jonathan: “Shall I leave behind my wine from which libations are offered before the Lord” (Judg. 9:13).

200b according to the rhyme scheme and the biblical text, perhaps s.b. וועט ער אויך בגערן | 202a crossed out: מיטן | 202b perhaps s.b. אירן | 203a redundant (catchword): באלדו | 203c original form: מיין גויט אונ׳ מיין וורוכֿט די זוייש | 205a א written over ך

דרום לוש דער בֿון עש מאג ניט ווערלך* גזיין
איך וויל מיך יוא ניט מושן מיין זוישן קלורן וויין::

206 עש זייטן אלדי הולצר וואל צו דעם דורן צוואר
אונזר קוניג מושטו וועזן דש זאג מיר* דיר בֿור וואר
יוא זאגיט זיך עש דער דורן איין קוניג וויל איך זיין
איך בין יוא וואל גבורן אונ׳ בין אויך שטולץ אונ׳ פֿיין:*

207 וואלט איר מיך דען יוא* קירן איין קוניג זול איך וועזן
זוא קומיט אין מיינם שאטן איר ווערט אלדו גנעזן
אונ׳ ווערט איר* דש ניט טון איר דער צורנין באלד
דש בֿו̈ייאר בֿון דעם דורניר דש ווערט בֿור ברענאן די טאנין בֿון דעם וואלדא:

208 | אלזו הט אירש גטון זייט מיינש וואטרש קינד 176a
זיבנציק שטולצר מאנין האט איר עש גשלאגין אן דען גרינט
אונ׳ זיין הורן זון הט איר אוייש דער וועלט
בֿון זיינן ברודרן אלי האט ער זיך אב גשילט::.

209 אונ׳ אלמיינש וואטריש גויט העט איר ניט גדובֿט
דש ער אויך אוייש דען וואלקרן העט גברובֿט
זיין לייפא האט ער* אויך געבן אונ׳ הוט בֿור אויך* גשטריטן
עש אישט נאך הוייט דער טאג דער וועלט דער וואלשין זיטן::[153]

210 וועץ מן איינם פיל גויט טויט זוא לוביט מאן אים אלזו
מאן גיט אים אום דש קורן קאם דש הברן שטרוא[154]
אזו גשאך הער גִדְעוֹן צו דיזם מול אלזו
הט עש איר רעבֿט גטון זוא זייט אלזמין בְּרוֹא:.

[153] Proverb: "To this very day, the world is full of lies," i.e., the world is full of lies.

[154] Proverb: "When one does many good deeds for his neighbour, is it right to reward him like this, giving him straw in return for grain!?" The first half of Jotham's words here could be a rhetorical question, whereas the second half consitutes an idiomatic expression about giving straw in return for wheat. See also YP67b. The source for this is obscure. Cf. Grimm 2021, Haberstroh, "Bild einer geringen, wertlosen sache in manchen redensarten. mit haberstroh lohnen[,] schlecht lohnen;" "What is the chaff to the wheat, saith the Lord?" (Jer. 23: 28); "He [the plaintiff] claims wheat, whilst the other [the defendant] admits [owing] barley" (BT Baba Mezi'a 100b).

205c redundant (double): ניט | 206b crossed out: וו | 206d crossed out: וואלט | 207a crossed out: ן at the end of the word | 207c איר with two dots over it is written in the right margin, at the height of this line. Two dots are marked over the line to indicate where the word should appear. | 209c.1 crossed out: פֿוייאר | 209c.2 crossed out: גשט

211 אישט עש דען ניט מיט רעכֿט איין פֿייאר זול אוייש גון
יוא בֿון הויז אֲבִֿימֶלֶך שְׁכֶֿם צו צונדין אן
אונ׳ בֿון הירן* שְׁכֶֿם זול עש זיך ווידר צונדין
אן אֲבִֿימֶלֶך צו בֿור ברענין אין זיין גרושן זונדין::

212 יוֹתָֿם דער מאכֿט זיך אוייף אונ׳ וולוך זיך באלד דו הין
ער צוך הין גין בְּאֵרָה [!] דו זעלביגש זאש ער אין
ער בֿורכֿט זיך בֿור אֲבִֿימֶלֶך דש זאג איך אויך בֿור וואר
דו וואש אֲבִֿימֶלֶך קוניג נוייארט דרייא יוֹאר::

213 דו שיקט גוט׳ דאר גר איין* בויז גמויט
צווישן אֲבִֿימֶלֶך אונ׳ שְׁכֶֿם עש יוא ברייט
דו ווארן זיא אים זיר וועלשן מיישטר שְׁכֶֿם אן אים
זיא בגונדין אין צו רויבן* אל זיין* גוויִן:::

214 | איר צייט די וואש ניט קומן אש אונש דיא בוכרן זאגין 176b
זיין ברודרן זיבציק מאנין די ער טויט הט דער שלאגין
איר בלויט צו ווידר קירן צו אֲבִֿימֶלֶך איר היר
אונ׳ אוייף הירן בֿון שְׁכֶֿם זי אים הטן גהולפאן זיר

215 די הירן בֿון שְׁכֶֿם איין לאוגונג׳ זיא אים טעטן
יוא אוייף הוייט דען בערג דו זיא קומן צו טרעטן
זי רווייבטין אל זאמין ווש דו קאם צו אים אין
בֿון זילבר אונ׳ בֿון גולדא אונ׳ זונשט אנדר גווין:

216 דיא זאך דיא ווארד גזייט אֲבִֿימֶלֶך אל צו הנט
דו קאם גַעַל זון עֶבֶד צו קומין אין* דש לאנט
די הירן בון שְׁכֶֿם די הטן אים בֿור שפרוכֿן
איין הירן אוייף צו נעמן ווידער ניט וואורדן צו ברוכן:

217 זיא גינגא אוייש צו איר וויין גערטן זי עש לוגן
זיא מאכטין איין טאנץ[155] זיא טרונקן אונ׳ אושן
אונ׳ קומין הויש גוט׳ איר אפגוט׳ אֲבִֿימֶלֶך צו וולוכֿן
אונ׳ הערפשטן איר וויין גארטן דען גויטן זיא בֿור זוכטן:

[155] Targum Jonathan: "And [they] held dances" (Judg. 9:27).

211c original form: הורן | 213a redundant (double): איין | 213d.1 original form: רובֿיין | 213d.2 crossed out: גוויזון | 216b redundant (double): אין

218 גַעַל זון עֶבֶּד דער וואש יוא מיטן דינאַן
ער שפרך ווער אישט אֲבִימֶלֶך דש מיר אים זולן דינאַן
בֿור וואר זון יְרוּבַעַל זול נעמן זיין הערן
נאך זבֿוּל[!] זיין* ריכֿטר דען ער הוט גזעצט אלי הער:

219 וואלט איר אויך הירן קופאן[156] צו דינן מאנן חֲמָר[!]
דער וואש דוך הער דש לאנט | דש לאנט וואז יוא זיין פֿאור 177a
יוא וולט נון* גוט׳ מיר געבן דש וואלק אין מיין הנט
אֲבִימֶלך וואלט איך אב טון אזו באלד צו הנט:

220 זְבֻֿל היר בֿון דער שטאט וואש הורן ריד גַעַל
דו גרימט זיין צורין אונ׳ גפֿיל אים ניט וואל
ער זענדיט איין בוטן גר היימליך אונ׳ גר שטיל[157]
אֲבִימֶלֶך הור צו וואש איך דיר זאגין וויל:.:

221 גַעַל אונ׳ זיין ברודער[158] די זיין קומן אלהער
די שטאט אוייף דיך צו לידגאן איין צו נאמן און אליש גוואר
נון שטיא אוייף בייא דער נאכֿט דיינ׳ וואלק דש נים מיט דיר
אם ווערדא זולשטו לוגין דש בהענד אונ׳ שיר:.

222 דעש מורגיש אין דער פֿרוא דו דיא זון אוייף גיט אוייף דיא שטאט*
זולשטו דיך ליגאן דש טוא בהענד אונ׳ [ב]רוט
גַעַל אונ׳ זיין וואלק צו דיר ווערט ער הראווייש גון
זו ווייטט דען וואל ווש דו אים זולשט טון:

223 אֲבִימֶלֶך אונ׳ זיין וואלק בייא דער נאכֿט זי קומין
זיא לויגטן אוייף שְׁכֶם פֿיר הייבֿט[!] זיא עש דו הין נומן
גַעַל דיש מורגיש ברוֵייא׳ דער ווש צו דעם טור אוייש גיגאן
אֲבִימֶלֶך אונ׳ זיין וואלק בֿון דער לויג ווש אוייף שטין:::

224 | גַעַל דער וואש* זעהן און אל דש גווערד 177b
דו זייט ער צו זְבֿוּל איך זיך בֿון הוייבט דש בערגא

[156] Rashi: "Serve the people of Chamor— If you want to get yourselves leaders, come serve the men of Chamor, who ruled the land in early times" (Judg. 9:28).

[157] Rashi: "Clandestinely— As in 'cunningly,' 'in deceit,' meaning secretively, stealthily" (Judg. 9:31).

[158] The retelling differs from the original (9:31), s. b. 'his brother' and not 'his brothers.'

218d original form: זיין | 219c original form: נוון | 222a crossed out: ט | 224a crossed out: זאגין

איין גרוש וואלק דש קומט הער אב* צו דער שטאט
ניין זאגיט זיך זְבֻ֫ל עש אישט נווייארט איין* שאַטִין::

225 דער שאטין בֿון דעם בערג דש דונקט דיך לוויט זיין
דש ענטוורט ווידר גַעַל יוא ליבר הער מיין
איך זיך איינ׳ וואלק יוא קומין מיטן בֿון דעם לאנט[159]
איין הייבט גיגאן אֵילוֹן[!] מְעוֹנְנִים הוט עש זיך דו הין גוואנט:

226 זְבֻ֫ל דער וואש נון זאגין וואש זיין נון דייני הוך֗ ווארט
די דו הושט אי גישטרט גטריבן זיר אלדורט
יוא ווער אישט אֲבִימֶלֶך דש וויר אים זולן דינאן
נו גיא דוא אוייש גיגאן אים זו ווערשט דו עש וואל אינן::

227 גַעַל דער גינגא׳ הער אוייש גיגין אים דער הירשאפֿט נאם ער זיך אן
מיט אֲבִימֶלֶך צו שטרייטן וויא זיר ער דו בגאן
אֲבִימֶלֶך֗ דער יאגינט אין גאנץ ביש אוייף דש טור
גר פֿיל דער שלוג מאן מאנין אם זעלביגאן טאג צוואר:

228 עש וואש בֿון דען אנדרן מורגין דש וואלק ווש אוייש גין
צו ערבטן איר ערבט אן דעם וועלדא צו שטין
אֲבִימֶלֶך֗ זיינא וואלק ער טיילט צו דרייא׳ שארן
דש וואלק אם דעם וועלד ער שלויג עש צו טוט גר::

229 | דיא צווייא׳ הייבט הירן בֿון דעם וואלק[160] ליגיטן זיך בֿור דש טור 178a
דיא אנדרן צווייא הופֿייט v[!] הירן שלוגין זיא אלזמין צוואר
וואל גאנץ דען זעלביגאן טאג זיא׳ שטורמטין אן* די מוייאר
דיא שטאט זיא עש גוואנין אונ׳ מאכֿט אין עש צו זווייאר[161]::

230 דש וואלק דש דינאן וואש צו טויט מן זיא אל הויאט
דיא שטאט ער גר צו שטיש מיט זאלץ ער זיא וואש בשפרייטט
די הערן בֿון שְׁכֶם צו איינם טורן שטרך
דא מכֿטן זיא זיך איין [בי]ש ער וואל* וואדר

[159] Radak: "By the middle [navel] of the land— Just as the navel is the center of the body, so is the most central and high place of the land called 'navel'" (Judg. 9:37).

[160] According to the epic the camp had four bands, whereas the biblical text mentions only three. Cf. Radak's commentary: "The two bands raided everything that was in the field, whereas Abimelech and the third band that was with him raided the city" (Judg. 9:44).

[161] Idiom: "He ruined it" [lit. "He made it sour"]. See the description of sowing salt in the land (Judg. 9:45).

224c redundant (double): הער | 224d crossed out: :שטין | 229c redundant (catchword): די מוייארן | 230d redundant (double): וואול

231 אְבִּימֶלֶךְ אונ׳ זייני וואלק גין בערגא צלמון זי דו גינגאן
איין נוייא׳ גטרעבֿט איין בויזי זיא דו פֿינגאן
די האקין אין זיינר הנט איין בורדין אב צו* הוייאן
ער שפרך צו זיינם וואלק נון ווערט איר וואל שווייאן:

232 ווש איך ווערד טויין באלד טוט איר מיר נאך
דש הולץ זי אלז אב הקטן דעם וואלק דעם וואש זוא גוך
זיא טעטן עש אוייף דיא אכשיל אונ׳ צו דעם טורין זיא דו גינגאן
איין פֿייאר אין דש הולץ זיא דוא ווינגאן:

233 דער טורן דער וואש בֿור בראנט אונ׳ שטישאן עש אן מיט בֿוייאר
דש זאג איך אויך בֿור וואר דש לאכֿין ווארד אין טווייאר
עש ווארד בֿור בראנט אין דעם טורין וואל טוזינט ברווייאן אונ׳ מן
אְבִּימֶלֶךְ אונ׳ זיין מן מאכטן זיך הין דאן:

234 | דו קאם ער הין גין תֵּבֵּץ דש נאם ער בהענד איין 178b
דיא וורויאן אונ׳ דיא מנין נאמין איין טורין איין
דער טורין ווש אזו שטארק אונ׳ ווש זו זיר בשלושן
ער וואר יוא אזו וועשט אז ווער ער אוייש שטהל גי גושן::

235 אְבִּימֶלֶךְ אן דען טורין צו שטרייטן זיר בגאן
דען טורין מיט דעם בֿוייאר וואלט ער דו צונדין אן
איינ׳ בֿרוא איין שטיין הער אב* ליש זי עש נידר וואלן
אְבִּימֶלֶךְ אוייף זיין קופפֿא דש ער* אים בגונדא צו דער שאלין:

236 דו ריף ער זיינן קנאבין ציך דו באלד אוייש זיין* שווערט
בהענט זולשט מיך טוטן און אלש גבֿערט
דש דיא לויט ניט זולן שפרעבֿן איין בֿרוייא׳ הוט מיך דער שלאגין
דו דער שטאך ער אין גר באלד דער זעלביג שטולצר קנאב:

237 נון האט גוט׳ ווידר קירט [אבימלך] זיינ׳ בושהייט
זיין ברודר ער הט דער שלאגין זיין שולד איין זיינם הייבט[162]
אונ׳ אוייף מאנין שְׁכֶם אישט אויך קומן דש לייט
אז יוֹתָם זון יְרוּבַּעַל צו אין הט גיזייט::

[162] Idiom: "He deserves death" [lit. "The guilt is in his head"]. See also footnote to YP36d.

231c crossed out: הקין | 235c redundant (double): הער | 235d s.b. עש | 236a s.b. דיין

238 Judg. 10 ישראל זי וואַרדן אב קירן אובער איינש ב̄ון גוט׳
דען בעלים אונ׳ דען עַשְׁתָּרוֹת̄ זיא דינטן פְּרוֹא* אונ׳ שְׁפוֹט
גוטר אֲרַם אונ׳ צִידוֹן עַמּוֹן אונ׳ פְּלִשְׁתִּים
גוט׳ דער ווארד גאנץ ב̄ור געשין אונ׳ ניט זיא דינטן אים:::

239 179a | גוט ווארף זיין גרים צורן אן ישראל צוואר
פְּלִשְׁתִּי׳ אונ׳ קינדר עַמּוֹן צוונגין זי אכציהן יואר
יענהלב דש יַרְדֵּן אין גִלְעַד לאנט
אונ׳ אויך אין לאנט אֱמוֹרִי אונ׳ וואו מן זיא דו וואנט׳:

240 עַמּוֹן ווש אובער* וואַרִין אל דען יַרְדֵּן אלזו באלד
צו יְהוּדָא אונ׳ צו בִנְיָמִין צו ציהן אוייף אירן הלז[163]
אונ׳ אויך אן גזינט אֶפְרַיִם וואלטין זיא זיך* מאכ̄ין
דען יודן ווש ווינד אונ׳ וויא זיא דורפטן עש ניט דער לאכ̄ין:

241 אין ווש זידר ווינד אונ׳ וויא אונ׳ קונטן זיך ניט דער הלטן
דו רויפין זיא עש גוט׳ אן די יונגין אונ׳ דיא אלטן
וויר הבן צו דיר גזונט דש וויר הבן ב̄ור לושין
גוט׳ אונזרן גוט׳ אונ׳ זיין גבוט׳ דיא גרושין:

242 גוט׳ דער ליש יוא זאגין יִשְׂרָאֵל צו ב̄ור וואר
ב̄ון וויל גרושי וואלקער הון אוייש גצוהן צוואר
וועו זיא אויך הבן בצוואנגין זוא הט איר גשריאן צו מיר
ב̄ון אירן הענדן [הון איך אויך] אוייש גצוהן אונ׳ הון אויך גהולפן שיר:

243 הון איך אויך דען גהולפ̄ין זוא הט איר מיך ב̄ור לושן
איר הט גדינט דען אפגוט׳ר פרומדיא גר זיר אוייש דער מושין

[163] Idiom: "To be proud," "To dare attack" [lit. "To hold their neck up straight"]. See an opposing description of lowering one's neck as a sign of submission in Grimm 2021, Hals, I7: "Den hals beugen, sich unterordnen, demütigen, wie das thier sich beugt, wenn ihm das joch aufgelegt wird." Cf. raising one's *head* in Hebrew and in Yiddish: "Therefore shall he lift up his head" (Ps. 110:7), "And now shall he lift up mine head above mine enemies round about me" (Ps. 27:6); „איינער, וואָס איז דרײַסט און זיכער, איינער וואָס איז שטאָלץ ר׳איז אָן מורא, גייט ער אינסטינקטיוו אויסגעגלײַכט, מיטן קאָפּ אַרויף, דעריבער אויף ייִדיש, אַז מען זאָגט אויף איינעם ,ער גייט מיטן קאָפּ אַרויף׳ הייסט דאָס, אַז ער שטייט פֿעסט עקאָנאָמיש און האָט געלד אין די קעשענע און מאַכט גוטע געשעפֿטן. אַם מערסטן ווערט עס באַניצט אויף איינעם, וואָס איז ,געוואָרן אויפֿגערעכט׳ [...] אַז מען האַלט איינעם אין דער צוים, מען לאָזט אים נישט פֿרײַ אָפּאָטעמען, הייסט עס ,מען לאָזט אים נישט (פֿרײַ) אַ קאָפּ אויפֿהייבן.׳ אַן אָרעמאַן אָבער גייט שטענדיק ,מיטן קאָפּ אַראָפּ׳‟ (Elzet 1920, 19).

238b A colon is marked over the ו. | 240a redundant: אל | 240c redundant (double): זיך

איך וויל אויך ניט מער העלפין אונ׳ וויל אויך לושן שטין[164]
דעם איר הט זיר גדינט דען גיט אונ׳ רופֿט אין אן:

179b 244 | די זעלביגאן זולן אויך העלפן אין צייט אוייארש בויז
אוייף מיך זולט איר ניט ווארטן דש איך אויך מיר דער לויז.
ניין שפרך ישראל דו בישט גוט׳ אונזר גוט׳
גוט׳ צו דיר וויר הבן גזונט טו צו אונז אונ׳ מיט אונז גנאד::

245 הוייט אוייף דיזן טאג הילף דו אונש דער בֿון
דיא וורומדי גוטר אלי וואל מיר אב טון
זיא טעטן זיא אב אונ׳ דינטן אביר* גוט׳
גוט׳ וואר עש אבער אן זעהן אונ׳ הלף אין אוייש דער נוט:.

246 עַמוֹן די ווארדין זיך זאמלין מיט אירם וואלק אלדו
ישראל צו נאנדר קומן אונ׳ לוגין אין מִצְפָּה
דו זייטן הירן [גלעד] איין מן צו אירם גזעלן
ווער וויל אונטר אונש קנדר[!] עַמוֹן פֿעלין::

247 ווער דו מיט אין וויל שטרייטן* דער זול יוא זיין איין הער
צו אל זעשר גִלְעַד איין היר אלזו אן גְפֶֿער
נון וואר איין הער ווען וואל אים דעם זעלביגן לאנד
יִפְתַח דער גִלְעָדִי ווש דער הילט גנאנט:

Judg. 11 248 יִפְֿתַח דער גִלְעָדִי דער וואש איין הורן זון
ער וואש איין שטולצר דעגין אונ׳ ווש זו וואל גיטון
גִלְעָדַש[!] ווייפא דש איליק קינד זיא אים גוואן
די קינדר ווארין גיוואכשן אונ׳ טריבן יִפְֿתַח הין דאן::

180a 249 | זי זייטן גי הין דיין שטרוש אונ׳ זולשט ניט בלייבן
וואל פֿער אין וורומדי לאנדי זולטו די* וייל בֿור טרייבן

164 Idiom: "To abandon someone" [lit. "To leave one standing"]. Grimm ibid., Stehen, IIE4aβ: "Die gewöhnliche bedeutung von einen stehen lassen ist: von einem fortgehen, ohne sich weiter um ihn zu kümmern, ihn verlassen."

245c original form: אבֿיר | 247a redundant (double): שטרייטן | 249b crossed out: ווז

מיט אונש זולשטו ניט ערבן זיין טייאל זולשטו ניט הון
נון היישטו דוך דו יִפְּתַח רעכט הורן זון::[165]

250 יִפְּתַח דער מאכט זיך אויף אונ׳ מאכֿט זיך דער בֿון
בֿון זיינם ברודר דו מושט ער איין האר טון
ער זאש אין איינם לאנט איין גוטן[166] דו הט ער גוטא גווין
גר וויל מאנין בובין די זאמליט ער צו אין:

251 עש ווש אין דען זעלביגאן צייטן דש קינדר עַמוֹן שטריטן
מיט קינדר יִשְׂרָאֵל אז דו וואש דער זיטן
דו גינגאן דיא אלטן בֿון גִלְעָד צו יִפְּתַח יוא אלדאר
אין צו נעמן צו זיינ׳ הייבט* צו איר שאר::

252 דו זייטן זיא צו יִפְּתַח דו זולשט בֿור אונש גון שטרייטן
אונזער הער זולט איר זיין עש טויג ניט לענגר צו בייטן.[167]
יִפְּתַח דער ענטוורט ווארום קומט איר צו מיר
הט איר מיך דוך בֿור טריבן בֿון מיינם לאנט גר שיר::

253 בון מיינם וואטרש ערבע׳ אונ׳ אויך בֿון מיינם הויז
דו הט איר מיך בֿור טריבן גאנץ אונ׳ גאנץ* הראוייש
ניין זייטן די אלטן דרום זייט איר ווידר קומן
בור אונש זול[שט]* דו* גין* שטרייטן עש ברינגט [דיר] גרושן וורומן:::

254 | מיט קינדר עַמוֹן שטרייטן אונ׳ זולשטו אויך מיט אונש גין 180b
איין הייבט היר צו זיצר גִלְעָד וויר הבן דיך גטון
יִפְּתַח דער וואַרד אין ענטוורין בֿול צו דיזם ציל
וואלט איר מיך דען אויף נעמן מיט עַמוֹן איך שטרייטן וויל::

[165] "Jephtah, you are called a whore's son as it does indeed befit you." The author uses here a reading of בן אשה זונה that contradicts most traditional commentators. Cf. Radak on Judg. 11: 1 – 2: "The son of an harlot— He was the son of Gilead's concubine who is termed a harlot since she does not live with her husband in wedlock. She is like a harlot, even though she lives only with him. Targum Jonathan writes 'inn keeper' as he did for Rahab [... Josh. 2: 1]. In the current case this means that he may not inherit [his father's property] because he was a concubine's son, which is similar to the son of any other woman [except the lawful wife]." See also Ralbag's words, ibid.

[166] Translation of a name. Targum Jonathan: "And he dwelt in the land of Tob" [lit. "In a good land"] (Judg. 11: 3).

[167] Proverb: "There's no use waiting a long time." Cf. "Do not say: 'When I will have leisure I will study,' perhaps you will not have leisure" (Mishnah, Avoth 2: 5); Grimm 2021, Eisen, 1 "Man soll das eisen schmieden wann es glüht."

251d original form: הבייט | 253b perhaps s.b. גאנץ אונ׳ גר | 253d.1 crossed out: ט at the end of the word
253d.2 written over the word איר, which has been crossed out. | 253d.3 crossed out: שט

255 ווערט מיר גוט׳ זי דען געבן גאנץ אין מיינר הנט
איין הוייבט מן וויל איך זיין אובער לוייט אונ׳ לאנט*
דו ווארן זי אים שווערן דש זיא אימש וואלטן הלטן
דו הוייב זיך יִפְּתַח אונ׳ גינג הין מיט דען* אלטן:

256 הַר יִפְּתַח ווארד זענדן זייני בוטן אל צו הנט
ער שיקט זייני בוטן אין קוניג עַמוֹן לאנט
נון לוש דו מיך ווִשן אונ׳ ווערדן גוואר גר שיר
ווארום הושטו דיך גהובן צו שטרייטן נון מיט מיר::

257 קוניג עַמוֹן דער ווארד ענטוורטן צו זיינן בוטן באלד
ישראל הוט גינומן מיין לאנט אלש מיט גוואלט
דוא זיא אוייף גינגאן אוייש דער יפטן לאנט
דו הב זי עש גינומן אוייש מיינן וורונדין לאנט:

258 בון ארנון ביש גיא יַבּוֹק ביש אן דען יַרְדֵן גר
דש הון זיא אלש בצוונגן מיט אירר גרושן שאר
מיין לאנט זולט איר מיר געבן מיט ליב זולשטו ווידר קירן
| דען שטרייט וויל איך אב טון ניט מער וויל איך בגערן: 181a

259 יִפְּתַח וואש נון זענדין אלדו צו דען אנדרן מול
ער זייט צו קוניג עַמוֹן דו בישט דער טריגניש וואול
דא* ישראל גינגאן אוייש דער יפּטן לאנט
וואל צו דעם מער רורעבֿט דאר גינגאן זיא עש צו הנט:

260 דו גינגי׳ זיא עש צו לאנג דורך דיא וואושטנייא׳ גרויש
די ברייט אונ׳ אוך דיא לענגא גר פער אוייש דער מויש
דו קומין זיא גי[!] קדֵש דו ווארן זי לאנג גבליבן
וואל גאנצר נוייציהן[168] יואר דיא ווייל דו צו בֿור טרייבן:

261 עש זאנט ישראל בוטן קוניג אֱדוֹם צו זאגין
לוש מיך דורך דייני׳ לאנט הין דורך וויל איך טראבין
אויך צו קוניג מוֹאָבֿ זאנט דו ער זיין בוטן
דורך אייארביידר לאנט וואלט איך גערן [דו]רך צוטן:

[168] The source for nineteen years in the desert is obscure.

255b redundant (double): איין הייבט מן וויל איך וועזן אובער לויט אונ׳ לאנט | 255d דען with three dots over it is written in the right margin, at the height of this line. Three dots are marked over the line to indicate where the word should appear. | 259c crossed out: גי

262 זיא וואלטן אין ניט וואלגין אונ׳ וואלטן אין ניט לושן
ישראל דורך איר לאנט זיא מכטין זיך איר שטרושן
אין לאנט אֱדוֹם אונ׳ אוך מוֹאָב זיין זיא ניט איין קומן
אונ׳ אויך בֿון דיינם זיין זיא ניא איין קומן אונ׳ הבן זיא ניא איין גנומן::

263 אויך סיחון קוניג חשבון וואלט זיא ניט לושן ווארן
ישראל דורך איר לאנט מיט אירן גרושן שארן
ער זאמלט דו אליינא זיין וואלק בגאן מיט אין צו שטרייטן
צו בור קינדר ישראל ווארד סִיחוֹן זער גלייטן:

264 | ישראל ווארד אין שלאגין גוט׳ גאב אין זיינ׳ הנט 181b
סִיחוֹן אונ׳ אל זיינ׳ וואלק זיין לוייט אונ׳ אויך זיין לאנט
בֿון אַרְנוֹן ביש גין יַבּוֹק אונ׳ ביש דען יַרְדֵן גר
צו דיינם לאנט זיינ׳ זיא עש ניט גקומן דש זאג איך דיר בֿור ווארי::

265 הוט אונש גוט׳ לושן ערבן זוא וואלין וויר עש בהלטין
אונ׳ ווארום וואלשטו אונש נעמן דער טוביל מוש דיינר וואלטן[169]
הוט דיך דיין כְמוֹש דיין אפגוט׳ עטווש לאשין ערבן
דש זולשטו דיר בהלטן זוא ווערשטו ניט בֿור דערבן:

266 אונ׳ בישטו דעך נאך בעשר ווען בָּלָק[!] בן צִיפּוֹר
מיט ישראל וואלט ער ניט שטרייטן דש זאג איך דיר בֿור וואר
ישראל דיא הבן בזעשן דיזי לאנט דרייא הונדרט יואר
וואלשטו אין נון נעמן זו מאגשטו נון וואל זיין איין טוֹר:[170]

267 איך הון דיר ניא גוועלט אונ׳ הון דיר גזאנט
גוט׳ צווישן דיר זול ריכטן אונ׳ ישראל גזינט
דש טו [בויז] טושט מיט מיר הוייט אם דיזן טאג
צו גוט׳ וויל איך עש קלאגין דער אל דינג וואל בֿור מאג::

268 קוניג עַמוֹן וואלט זיך ניט קירן אן יִפְּתַח קלאג זיינ שטרייטן*
וואלט ער ניט לושן אזו דש בויך אונש זייט
גמויט גוט׳ ווש זיך דער צייגין אוייף יִפְּתַח עש דער קונט
ער בֿור דו הין [בֿון] גִלְעַד אין קוניג עמוֹן לאנט:::

[169] Idiom, curse: “May the devil control you.” Grimm 2021, Walten, II1l. See also SP101d and footnote to YP211b.

[170] “You are a clearly a fool.” Grimm ibid., Thor: “Die kräftigste bedeutung ist, wie bei den sinnverwandten gecke und narr.”

268a According to the rhyme scheme, here s.b. שטרייט.

269 | דו ווש יִפְּתַח גלובן איין גלובניש צו גוט׳ 182a
אין מיין הנט ווערשטו געבן עמון אונ׳ אל שפוט׳
אונ׳ ווער איך דען ווידר קערן מיט ורידא צו מיינם הויז
איין אוֹפֿר זול עש ווערדן וואש דו גיט גיגין מיר אוייש:

270 איין אופר אונ׳ איין פריזנט זול עש יוא זיין צו גוט׳
זייני נאמן וויל איך לובין יוא וורוא אונ׳ שפוט
דו וואור ער הין מיט שאלין צו שטרייטן ער בגאן
גוט׳ גאב אים דיא גנאדי דש ער עמון בצוואנג׳

271 דו שלוג ער זיא אייני׳ שלאק דער וואש מורטליך אונ׳ גרוש
ער נאם אין צוויינציק שטיט וויא זיר עש אין בור דרוש
זיא ווארן אונטר טעניג קינדר עַמוֹן בֿור אים*
דו הטן זי עש גהט איין קליינין גווין:

272 יִפְּתַח דער קורט נון ווידר היים הין צו זיינם הויז
זוא קאם זיין ליביא טוכֿטר אונ׳ גינג גיאן אים אוייש
מיט פייקין אונ׳ מיט טנצין בגונד זי זיך צו ווריאן
אונ׳ בגונד וויאל[!] צו דער שאלין איר וואטר צו דער מייאן::

273 דו זיא יִפְּתַח ווארד זעהן מיט יעמרליךְ לייד
מיט יואמר אונ׳ וויינין צו ריש* ער זייני קלייד
אובי מיין ליבי טוכטר דו הושט מיך בטרויבט
דייני טאנצין אונ׳ שפרינגין דש אישט ניט רעכֿט גפֿויגט::

274 | דו בישט מייני אייני׳ טוכֿטר איך מוש דיך קָרְבָּן ברענגין 182b
צו גוט׳ הון איך עש בֿור שפרוכֿן אונ׳ ווש הילפֿט מיך דיין זינגאן
איך קאן עש ניט ווידר קירן ווש איך גוט׳ הון בֿור היישין
גוט׳ הון איך עש בֿור שפרוכן איך וויל אים עש אויך ליישטן::

275 האשטו עש גוט׳ בֿור שפרוכֿן די טוכֿטר צו אים זייט
דו זולשט עש ווערליך הלטן איך בין דיר יוא בֿרייט
זינט דש דיר גוט׳ הוט גיהולפֿאן אונ׳ אן דיין ווֵיינט הושטו גרוכֿין
טוא מיר מיינא ליבר וואטר וואש דו גוט׳ הושט בֿור שפרוכֿן:

276 לוש מיר נוייארט צווייא מונט דש איך נון מאג גין קלאגין
נידרן אוייף די בערג מיט מיינין גזעלינש צו דראבין

271c According to the rhyme scheme, here s.b. אין. | 273b crossed out: ן at the end of this word

דו וויל איך יוא וויינין אויף מיין פולצילקייט
עש מוכט מיינין יונקי וורואן אלין ווערדן לייט:

277 דו שיקט זיא איר וואטר צווייא מונטן גר דו הין
אונ׳ נאך דען צווייא׳ מונטן זיא קאםווידר צו אים
אונ׳ ברוכט זיא נון צו אופפֿר אז ער גוט׳ הט בֿור שפרוכֿן
קיין מאן הט* זי בשלופן אונ׳ איר ווארד ני איין גברוכֿן:

278 אונ׳ וואו ווארד ני גהורט אונ׳ וואו וואר ניא דער דוכֿט[171]
דש איין מן זיין טוכֿטר צו קוֹרְבָּן העט גברוכֿט
דרום גינגאן דיא* טוכֿטר בֿון ישראל קלאגין
וויר טאג אין יואר קִינוֹת אויף זי צו זאגין::[172]

279 | עש זאמליט זיך אֶפְרַיִם מיט איינם שטארקר היר — 183a, Judg. 12
מיט יִפְתַּח צו שטרייטן אונ׳ צורנטין גר אונ׳ גר שיר[173]
זיא זייטן דו צו יִפְתַּח אונ׳ וורום הושטו גשטריטן
אונ׳ הושטו אונש ניט גרופֿן אש דו אישט דער זיטן:

280 וויר וואלן דיך בֿור ברענאן אונ׳ דיין הויז אלזו גרוייש
דער שטרייט דער ווש גשעהן וויא זיר עש זי בֿור דרוש
יִפְתַּח ווארד אין ענטוורטן מיט צורניכליכן זין
אים שטרייט בין איך עש גוועזן מיט עמונש קינד:

281 נון הון איך אויך גרופין איר הוט אויך ניט דראן גיקירט
דו בין איך הין גיגאנגין צו דעם שטרייט און אלש גפֿערד
נון הוט מיר זיא געבן גוט עמון אין מיין הנט
אונ׳ ווארום זייט איר נון קומין* אונ׳ הט מיך אן גראנט::

282 הר יִפְתַּח ווארד׳ דו זאמלין גלעדש מאן
יוא מיט אֶפְרַיִם קינדר איין שטרייט היבן אן
די מאנין בֿון גלעוד[!] שלוגין זיא אל גר
זיא נומן אין דש וואשר אן דער אובער ווארט:*

[171] Rashi: "She became the subject of a law— Legislation was enacted prohibiting any repetition of this" (Judg. 11:39). Cf. "And all that saw it, said, There was no such thing done or seen since the time that the children of Israel came up from the land of Egypt unto this day" (Judg. 19:30).

[172] Rashi: "To grieve— To weep" (Judg. 11:40).

[173] It is possible that the word שיר is a copying mistake and should be זיר. See the phrase ׳גר אונ גר זיר in SP76c, SP506d.

277d redundant: ט | 278c redundant: ט | 281d ק written over אן | 282d an illegible mark, perhaps a colon, perhaps the letters ין (which would render אובערווארט in the plural form, which better suits the original Hebrew מעברות הירדן)

283 דו קאם איינר בֿון אֶפְּרַיִם אונ׳ וואלט דו אובער ווארן
די מאנין בון גִלְעַד בגונד צו צארן
וויא רעד[ש] ער אין אן טראן אונ׳ הט איין הור גיטון
בישטו בֿון אֶפְּרַיִם זאג אן אונ׳ קום דער בֿון::

284 זיא קאנטין אים* לִישְׁפָּלן אל אֶפְּרַיִם גשלעבֿט 183b
זיא קונטן זיא ניט שנעלן וועז זיא קונטן ניט רידן רעבֿט[174]
שבולת* מושטן זיא זאגין דש וואש איין בויז גטרעכט
צווייא אונ׳ ווירציק טוזינט ווארדן אלדו גשעבֿט::

285 ער הט גריבֿט ישראל גאנצר זיכש יואר
זיין צייט די קאם צו שטערבן[175] דש זאג איך [אויך] בֿור וואר
דו מאן אין בגרויב מיט שטוקן ער דו היין פֿיל[176]
דש הט ער יוא בֿור זונט אלדו צו דיזם ציל:

286 דו ער יוא הט גלובט גשווארן זייני איידי
אונ׳ ווער ער צו פִּנְחָס גיגאנגין ער העט עש אים וואל דער לויבט
דרום דש ער וואר זו הופֿרטיג אונ׳ וואלט ניט צו אים גון
מיט שטויקן מוישט ער צו וואלן דש הב ער צו אים צו לון:[177]

287 ער ריבֿטט צוואר ישראל נאך אים זיבן יואר
אֶבְצָן בֿון בֵּית לֶחֶם בוֹעַז וואן[!] עש בֿור וואר
זעבציק זון אונ׳ טוכטר ליש ער הינטר אים
גויט אונ׳ גולדא אונ׳ זילבר אונ׳ מינכֿין אידלן גשטיין:

288 אֵילוֹן דער זְבוּלֹנִי דער ריכטט ציהן יואר
אונ׳ נאך אים הר עַבְדוֹן בן הילל דער הט ווירציק זון צו וואר
אונ׳ דריישיק אינקליך אוייף זיבנציק איזלן רייטן
ישראל בגונן בון אירם גוט׳ צו גלייטן:

174 Rashi: "They were not proficient in proper pronunciation— They were speech deficient" (Judg. 12:6).

175 See also YP4a.

176 Radak: "In the cities of Gilead— [... Jephthah] shed his limbs in numerous places, and in each city where one of his limbs sloughed away, it was buried. This was his punishment for killing his daughter and not appealing his vow" (Judg. 12:7).

177 Rashi: "For, had he [Jephtah] approached Pinchas, or had Pinchas approached him, he would have released him from his vow. But they refused to humble themselves, and were, thus, both responsible for her ruin. They were punished [...] Jephtah was afflicted with ulcerations and the loss of his limbs, as it is said, 'He was buried in the cities of Gilead'" (Judg. 11:39).

284a redundant (double): אים | 284c A colon is drawn over the letters שב.

289 זיא ווארן אבער טון אין אוגין גוט׳ דש בויז Judg. 13
גוט׳ גב זיא אין הנט | דער פְּלִשְׁתִּים אלש אונגליק אוייף איר קרוייז[178] 184a
דו שיקט אין גוט׳ איין הולפר דער אין הלף דער בֿון
שִׁמְשׁוֹן וואר עש גהיישן ער וואר מנוח זון::[179]

290 עש וואש מן בון צָרְעָה מָנוֹח וואר עש* גננט
בֿון גשלעכט דש דָנִי דו זעלביגש אים דעם לאנט
זיין ווייפֿא וואש אונ׳ טרעכֿטיג זיא אים קיין קינד גוואן
דו קאם איין ענגיל גוטש צו דער וורואן וואל גיטון::

291 ער זייט מיין ליבי וורואן איין בוטשפט וויל איך דיר זאגין
נון בישטו יוא אונ טרעכֿטיג איין קינדלן וועשטו טראגין
נון ווערשטו גווינאן איין זון
נון וויל איך דיר יוא זאגין ווש דו זולשט דען טון::

292 קיין ווייאן זולשטו ניט טרינקן נאך אלטן וויין[180]
קיין אונריינש זולשטו עשן דש זול* דיין ווענן זיין
דען זון דען דו גווינשט דען זולשטו וואל בווארן
קיין שארזך אוייף זיין הייבט זול ניט אוביר ווארן::

293 צו גוט׳ בון דיינם בויך זול ער גשיידן זיין
ישראל ווערט ער העלפן אוייש איר גרוש פיין
בֿון הנט איר ווײנדן ווער ער אין העלפֿן צוואר
יוא בון דען פְּלִשְׁתִּים הענדן דש זאג איך [דיר] בור וואר:

294 די וורואן די קאם גגאנגין צו אירם מן זו שיר
נון הור צו ליבר מן דש אישט בגיגאנט מיר.
| איין ענגיל בון גוטש וועגין ער אישט בורכצם זער 184b
אונ׳ אישט גשטאלט אז איין ענגיל גוטש אונ׳ זייט מיר נוייא׳ מֵיר:

295 איך הון אים [ניט] גיבֿרוגט בֿון וואנין ער קעם הער
זייני נאמן אישט בֿור הולן[181] וויא ער גיהיישן ווער
ער זייט דו ווערשט נון טראגין אונ׳ גווינאן איין זון
אונ׳ וואש איך דיר בֿור [בוטן] דש זולשטו הלטן נון::

178 Idiom: “They suffered” [lit. “Like misfortune on their necks”]. See also SP29d.

179 “Samson the son of Manoah” is the common epithet ascribed to Samson in Jewish sources, e.g., PT (Vilna ed.), Nazir, chapter 1 Halacha 2; *Genesis Rabbah* (Vilna ed.), *pārāšat wa-yĕḥī*, 98:13–14 [Freedman 1951 (II), 962].

180 Targum Jonathan: “Do not drink new and old wine” (Judg. 13:4).

181 Cf. SP305b.

290a crossed out: גיננאט | 292b crossed out: זיין

296 קיין ווייַן זולשטו ניט טרינקן נאך ווירנאן
נאך אלטין ווייַנא קייאן אונרייַנא׳ זולשטו עשן
אב גשיידן זול ער זיין בֿון דעם בויך
ביש אן טאג זיין טודיש אל וועגן זול ער זיין רויך:.[182]

297 מָנוֹח דער וואש דו ביטן צו גוט׳ אזו ער דו שפרך
גנאד מיין ליבר ער[!] דען מן די וורוא זאך[183]
דען לוש הר ווידר קומן אונ׳ זול אונש זאגין נון
וואש וויר* זולן טון דען אלאר ליבשטן זון::

298 גוט׳ דש גבעט בֿור נאם בון מָנוֹח דען העלד
דער ענגיל דער קאם ווידר צו דער ווראוין אן דש [וועלד]*
זי לוייף צו אירם מן אונ׳ זייט אים בהענד
דער מן אישט ווידר קומן דען דיר גוט׳ הוט גזענט:

299 מָנוֹח דער שטונד אוייף ער זיינם ווייפא נאך גינגא
ער גינג הין צו דעם מן דר הופשליך ער אין אנטפֿינג׳
ער זייט בישטו דער מן דער צו דער ווראוין קאם |
יוא איך בינש דער זעלביג אזו ענטוורט ער אים שון:

185a

300 הר* מָנוֹח שפרך אונ׳ לוש אונש ווֹשן* נון
ווש גריכֿט אונ׳ גזעץ דעם יונגין מן זול טון
דער עינגיל ענטוורט אים איך וויל דיר זאגין דרוט׳
ווש איך הון גזייט צו דער ווראן דש זול זיא זיין גהויט

301 בון אל אוייש גאנג׳ דער רעבן בֿון וויינ׳
אונ׳ בֿון אלטן וויינ׳ אונ׳ אלש אורייניש[!] זול איך בהויט זיין
וואש איך הון בבולהן דש זול זיא עבן הלטן
דער יונג וועד ווארכצאם גוט׳ ווערט זיינר גוואלטן:.

302 מָנוֹח ווארד דו זאגין צו ענגיל גוט׳ דו שיר
וויר וואלן דיך אוייף הלטן איין ציקליין ברענג איך דיר
דרום דש ער ניט וושט דש עש איין ענגיל וואש
איין ציקליין וואלט איר ברייטן דש ער מיט אים אש

[182] רויך here means ‘hairy.’ Grimm 2021, Rauh, II1: “Rauh wird zufrühest auf dichte und abstehende behaarung bei menschen und thieren sich bezogen haben.”
[183] The retelling differs from the original (Judg. 13:8).

297d וויר is written in small letters over the words וואש and זולן. | 298b The manuscript reads here גצעלט, but according to the biblical text (Judg. 13:9) this is a mistake. See other occurrences of אין דש וועלד: SP125d, SP325b. | 300a.1 Two dots (*zere*) are drawn over the word הר. See also SP305c. | 300a.2 crossed out: אנון

דער ענגיל שפרך צו אים דיין שפייז וויל איך ניט עשן* 303
דו זולשט מיך ניט אוייף הלטן דש הון איך מיך בור מעשן:*
איין אופּפֿער זולשט ברענגין צו לובין גוט׳ דער היר
דען זעלביגם זולשטו דאנקין הוייט אונ׳ אומר מיר::

מָנוֹח דער ווארט ווראוגין דען ענגיל וויא עש ווער 304
דיין נאמן לוש אונש וושן בון ווענן דו קומשט הער
וויא בישטו גנאנט לוש אונש וושן נון
דש* ווען דו קומשט צו דעם נעשטן איין איר ווער מוגין דיר טון:

| דער ענגיל שפרך נון ווארום ווילטו ורוגין מיך 185b 305
מיין נאמין אישט בֿור הולין איך טאר עש זאגין ניכֿט[184]
הר* מָנוֹח נאם איין ציקליין גיישן [ד]רוט
איין פריזנט אוייף דעם ווע‍לזן ברוכֿט ער עש צו גוט׳:

די וולאם בֿון דעם מִזְבֵח ווארד דו אוייף גון 306
דער ענגיל אין דער וולאם גין הימיל וולוך דער בֿון
מָנוֹח אונ׳ זיין ווייפא זוהן דש וואונדר גרוש
זיא ווילן אוייף די ערדא אוייף איר ענטליץ בלוייש:

דער ענגיל קאם ניט מיר אלֿדאר זיך צו דער צייגין 307
צו מָנוֹח אונ׳ צו זיין ווייפא זי אליין דו בליבן
דו ווארן זיא נון גוואר דש עש איין ענגיל ווש[185]
מָנוֹח זאגיט צו זיינם ווייפא הורצו איך זאג דיר דש:

בֿור ווֹאר וויר מושין שטערבן גוט׳ הון וויר גזעהן 308
ניין שפרך זיך דש ווייפ׳ אויך דו נאר[186] הור איך וויל דיר ייעהן
העט אונש גוט׳ וואלין טוטן ניט ער העט גנומן
נאך אופפר נאך איין פריזנט אונ׳ העט זיך ניט בשונאן:

[184] The source for this is obscure. Cf. Aarne-Thompson's tale type AT 500 "The name of the helper."

[185] The retelling differs from the original (Judg. 13:21), s.b. 'Manoah knew' instead of 'they knew.' See also SM232b.

[186] 'You fool.' Cf. "R. Nahman said: Manoah was an ignorant man, since it is said: And Manoah arose, and went after his wife." (BT 'Erubin 18b), as well as SM229b. See the addressing formula (vocative), (דו) אויך in SP401b, SP403a.

303a redundant colon | 303b A colon is marked here. | 304d crossed out: וושען | 305c Two dots (*ẓere*) are drawn over the word הר.

309 אויך צו דיזר צייט הוט ער אונש לושן הורן
איין זון זול איך גווינאן דער ישראל זול בֿורן[187]
די וורוא די ווארד טראגין אונ׳ גוואן יוא איין יונגין זון
שִׁמְשׁוֹן ווארד ער גנאנט אונ׳ וואש זו וואל גיטון::

310 | גוט בענשט דען יונגין אונ׳ ווארד וואכשן גר זיר 186a
גמיוט[!] גוט׳ אום ווינג׳ אונ׳ אלזו זייט אונש דש מער
אין שאר דן ער דער קלינגט אוייף אים גמויט גוט׳ Judg. 14
צו צָרְעָה אונ׳ צו אֶשְׁתָּאֵל אזו הישן די לאנט אלי דורט:

311 ער ווארד נידרן הר* שִׁמְשׁוֹן גין תִּימְנָה וואר ער גון
ער זאך איין הופשי וורוא בֿון דעם פְּלִשְׁתִּים שטון
דיא וורוא וואר זו הופש אונ׳ וואש זו וואל גטון
צו איינם ווייפא וואלט ער זיא הון צו שלופין מיט איר גון:

312 ער זייט צו וואטר אונ׳ אויך מוטר איין וורוא׳ הב איך עש גזעהן
בון דען טוכֿטר פְּלִשְׁתִּים הון איך זיא אווייש גשפעהן
זו זולט איר מיר זיא נעמן יוא צו איינם ווייפא
זיא אישט זו הופש אונ׳ צארטי זיא גהורט צו מיינם לייפֿא::

313 מוטר אונ׳ וואטר שפרוכין וויא מאג דש גיזיין
דש אונטר כל ישראל איש קיין מין זו פֿיין
דש דו בֿון דען פְּלִשְׁתִּים ווילט דיר איין ווייפ נעמן
נון מגשטו דיך דער זאכין גר וואל שעמן:.

314 ניין זאגיט זיך שִׁמְשׁוֹן די זעלביג וויל איך הון
זיא אישט אין מיינ׳ אוגין איין רויז אווייש דעם פלון[188]
זיין וואטר נאך זיין מוטר די קונטן יוא ניט גווישן
דש גוט׳ עש אזו וולט הון אונ׳ גוולישן:

315 גוט׳ עש אלזו בויגין איין אורצאל זול ער הבן
אן דען קינדר פְּלִשְׁתִּים | דש ער זי מוכֿט דער שלאגין 186b

[187] Rashi: “He would not have apprised us in this way— He would not have apprised us of these tidings if we deserved to die” (Judg. 13:23).

[188] Idiom: “I find her beautiful” [lit. “She is in my eyes a rose of the plain”]. This description is taken from the Song of Songs 2:1. פלון is the usual *taytsh* translation for שרון (cf. *Mirkevet ha-mišne*, 86b) and רויז is one of the translations for חבצלת (Timm 2005, 668f; Grimm 2021, Rose, 5a: “Rose von saron, rose sarona nach hohel. 2,1.”

311a One dot is drawn over the word הר.

ווען אין דען זעלביגאן צייטן דיא פלשתים גוועלטיג ווארן
אובער אל ישראל הינטן אונ׳ פֿורן

316 שִׁמְשׁוֹן אונ׳ וואטר אונ׳ מוטר גין תִּימְנָתָ[!] זיא דאר צוגין
אונ׳ זי גינג׳ אונ׳ זיא קומן אן דען ווין גרטין איין יונגין ליבא זיא דו ווינגין
דער ווארד שרייאן זוא מורטליכֿן זיר
דו ער זיא* זאך הער קומן אין דער ווייט אלזו ווער:[189]

317 שִׁמְשׁוֹן דער מאכֿט זיך אוייף ער ייאגט דעם ליבן נאך
ער אובער איילט אין צו שטרייטן וואש אים גר גוך
דו הטן זיא מיט אנדר איין מורטליכן שטרייט
דש גריינין בֿון דעם ליבן הורטן מן אלזו ווייט:

318 שמשון דער העלד שטארק דעגין אלזו פֿיין
ער שפרנג דען ליבן ווילד וואל אוייף דען רוקן זיין
דער ליבא דער מושט זיך ביגאן וואל נידר צו דער ערדא
ער בויר אים מיטביידן הענדן אין זיין מוייל[190] און אלש גפֿערד:

319 גמויט גוט׳ עש דער שאלט אונ׳ אוייף אים עש דער גרוייזיט
ער שפילט דען ליבן בֿון ווארן ביש הינטן אוייף
און מעשר אונ׳ און שווערט נישט אין זיינר הנט
עש ווער עש איין ציקליין גוועזן אזו ער אין אנטרנט:

320 | דען ליבן ער צו שפילט מיטן אין דען פלון 187a
ער קאם צו וואטר אונ׳ צו מוטר אונ׳ זייט אין נישט דער בֿון
זיא קומן צו דער ווראוין די גוויל אים אלזו וואל
דו ווארד זיא אים בֿור שפרוכֿין ער וואש דער וורעדן וואל:.[191]

321 זיא* זעצט אים אייני ציל ווען ער זיא וואלט ברייטן
דש ער זול ווידר קומן דש ווייפ׳ ער זולט בטרוייטן
דו צוך זיא נויך היים צו אירם הויז
שמשון קונט קאם דער ווארטן דש דש ציל* גינג אוייש:

[189] Radak: "Upon him— Perhaps he walked the road with a distance ahead of his parents, so that the young lion approached him but his father and mother did not see him" (Judg. 14:5).

[190] On the source of grabbing the lion with both hands see: Roman 2018.

[191] Radak: "And talked with the woman— He asked that the woman be given to him" (Judg. 14:7).

316d original form: זיך

322 דש ציל נאם איין ענדי צו דער ווראן ער וואלט גון
ער לוייף צו זעהן דען ליבן דער דו לאג אין דעם פלון
דו וואנד ער אין דען ליבן איין בינן שטוק זו ווייש
דען הוניק אין זיינר הנט איך אין בֿור זוכֿן מוש::

323 דער הוניק אוייף זיין טעניר ער אומדיר גינג אונ׳ אש
ער גאב אויך וואטר אונ׳ מוטר ער שפראך נון בֿור זוכֿט נון דש
ער וואלט אין אבער ניט זאגין בֿון וואנין עש קומן וואש הער
דש בֿון דעם ליבן דער הוניק גרונין וואר:

324 שְׁמְשוֹן קאם צו דער ווראן אש דער זיטן וואש
אונ׳ מאכֿט איין הופש מול דו מן טראנק אונ׳ אש
אז נאך אן דיזן טאג דער זיטן אישט
דש מאן מאכֿט איין ברויילאפט דש מאן טרינקט אונ׳ אישט:

325 די פלשתים ווארדן אין זעהן דש ער וואש אזו איין העלד
זיא ווארן זיך צו אים | זאמלין דריישיג מן אין דש וועלד 187b
צו אים זיא זיך גזעלטן בייא אים אל ועגאן צו זיין
דרום דש ער וואר איין דעגין זו שטולץ אונ׳ זו פֿיין:

326 שמשון זאגיט צו אים איין רעטניש זולט איר רוטן*
[---]* קונט איר מיר רוטן
אוב טון קונט גאנציר זיבן טאג אל טעג דש מול
זו זייט איר מיין גזעלן אל ווישהייט זייט איר בוייל:

327 אונ׳ וועני איר עש ווערט רוטן דריישיג פֿאר גוואנט וויל איך אויך געבן
אונ׳ דריישיג פאר ליילוך אז בֿור וואר מוש איך לאנג לעבן
אישט עש אבער ניט דש איר מירש קונט זאגין
דיא ליילוך וויל איך הבן אונ׳ די קליידר צו בֿור טראגין:.

328 דען גזעלין אל זאמין גוויל דיא ריד אלזו וואל
דיין רעטניש לוש אונש נון הורן דו בישט דער ווישהייט בֿויל
איין עשן אוייש דעם עֶשן אוייש גאנגין וואש
דש זוַיש אוייש דעם שטארקן נון זאג מיר ווש אישט דש::

329 עש גינג הין דרייא טאגין זיא קונטן עש ניט פֿינדן
אונ׳ אין דען אנדרן דרייא טאגין זיא ווארן זיך זיר בזינאן

321a crossed out: צו | 321d ל written over ג |326a According to the biblical text (Judg. 14:12), it appears that the words have been copied in the wrong order, perhaps s.b. איין רעטניש וויל איך אויך רוטן. | 326b Words seem to be missing here.

אונ׳ ווערן זיא אונזניק גווארדן זי העטין עש ניט דער רוטן
עש קומן דיא דריישיג גזילן ניא אין גרושר נוטן:

330 | עש קאם אם טאג דען זיבנדן זיא קומן צו זיינם ווייפא 188a
דו זולשט בֿון אונש וושן דו הושט בֿור לורן דיין לייפא
דיך אונ׳ אל דיין גזינט דש וואלן מיר בֿור ברענאן
אונ׳ ווילטו אונש היא ערבן אודר ווילשטו אונש שענדן::

331 דיין מן זולשטו אובער רידן דש ער דיר נון זול יעהן
איין רעטניש הוט ער גרוטן די זולשטו אים אוייש שפעהן
דש ווייפא דש ווש דו וויינן גר יעמרליך זיר
זי גינג אונ׳ זייט צו שִׁמְשׁוֹן אובי׳ די בוזין מיר:.

332 איין רעטניש הושטו גרוטן צו קינדר מיינש וואלק
אונ׳ דו ווילט מיר בֿור העלן דו בישט מיר יוא ניט הולט
שמשון דער זייט איר דו ווערשט עש ניט ייאגין
מיין וואטר נאך מיין מוטר הון איך עש ניט וואלן זאגין:

333 דש ווייפא דש ווינט אונ׳ טרייב׳ זו גרושי נויט
גאנציר זיבן טאגין דש זיא ניט אש קיין ברויט׳
זיא וואלט ניט בייא אים ליגאן אונ׳ ליש אין ניט אוייף שטייגין
גאנציר זיבן טאגין דש מוכֿט ער ניט גלייבן

334 יוא אן דעם טאג דען זיבנדן דוווארד ער איר זאגין
וויא ער דען שטרקן ליבן העט* אין וואלד דער שלאגין
אונ׳ דער זוֶייש הוניג ווער גוואכשן דרינן
אלזו קאם זיא צו אים דיא וורוא׳ מיט בֿור מינן:[192]

335 די וורוא שטונד אוייף בהענד אונ׳* צו דען גזעלן זיא גינג
נון הורט צו ליבן הערן איך הון גטראכט | איין דינג 188b
אונ׳ איין זין דש ער מיר הוט גיזייט די רעטניש אלזו גר
אונ׳ די גרויש בֿור העלונג בין איך וואררדן גוואר:

336 וואל אם דען טאג דען זיבדן אי׳ די זוני אונטר גינג
די גזעלן צו אים קומן אונ׳ זייטן נון גיב אונש צו גווין

[192] Idiom(?): "She reconciled with him." Lexer 2021, ver-minnen: "Entzweien [...]; gütlich ausgleichen, versöhnen [...]; durch minne vertun."

334b redundant (double): ער | 335a redundant: גינג׳

די רעטניש די דו שפריכשט די וואלין מיר דיר זאגין
איין ליבן אין דעם וואלד הושטו טויט גשלאגין:.

337 אוייש דעם ליבא שטארקן דש הוניק אישט גרונין
נון גיב אונש דריישיג פאר* קליידר וויר הבן זיא גוואונן
שִׁמְשׁוֹן שפרך צו אין וואל צו דיזר ורישט
העט איר מיין ווייפא ניט בֿור זוכֿט איר העט עש גבונדין ניכֿט:

338 גמויט גוט׳ ווארד דער שאלן אוייף שמשון ׳ אלזו זער
ער לויף דוהין גין אַשְׁקְלוֹן אונ׳ ברוכֿט אין בויזי מיר
ער שלויג וואל דריישיג מאנין אים דעם פעלד צו טוט
יוא בֿון דעש רעטניש וועג הט אויך דש בעטן ברויט::

339 ער נאם איר קליידר זיינין גזעלן ער עש דו ברוכֿט
נון הט אויך דיזי קליידר איר הט דיא רעטניש דער דוכֿט
עש ווש זיך זער דער צורנין אונ׳ מאכט זיך באלד דער בֿון
אין זיינש וואטרש הויז הט ער איין הור גטון:

340 זיין שוועהר נאם דש ווייפ׳ אונ׳ גאב אים זיינין גזעלן
עש מאכט ניט גויט | * דש ער אין הט גשנעלין
עש קאם אום צייט דער שניט שִׁמְשׁוֹן בגאן צו ליישטן
צו זיינם ווייפא צו קומן מיט איינם ציקליין גיישן:

189a
Judg. 15

341 ער קאם צו זיינם ווייפא אין דיא קאמר צו גון
דו קאם איר וואטר אונ׳ וואלט אין ניט אליין לון[193]
ער שפרך וויל איך הון גזעהן דש דו הושט [זיא] גהשט
דו בישט בון מיר גצוגן דו מיט הושטו זיא בור לאשט:

342 איך הון זיא דיינם גזעלן צו איינם ווייפ׳ געבן
בֿור וואר איר קלייני שווישטר די ווערט דיר גר עבן
ניין זאגיט זיך שמשון דש אישט ניט וואל גטון
איך וויל דען ווילדן פְּלִשְׁתִּים געבן איין בוזין לון:.

[193] Targum Jonathan: "And her father did not let him enter" (Judg. 15:1). The source for this is obscure. Perhaps this refers to the prohibition against leaving a man and a woman who are unmarried alone in a room (BT Kiddushin 80b; BT Sanhedrin 21a–b).

337b original form: פא | 340b redundant: טון

343 ער גינג דוא היין מיט צורן מיט גרים צורן מויט
ער זייט* דש זול דעם פְּלִשְׁתִּים נומיר טון קיין גויט
נון וואורד ער יוא טראכֿטין איין ווילט גטרעכֿט
דרייא הונדרט בֿוכש ווינג ער מיט זיינין שווענצן* גר שלעכט:

344 ער קורט דיא שווענץ צו הוייש יוא איינר צו דער אנדרן
איין בראנט בוייאר ער דור צווישן באנד אונ׳ ליש דו מיט לופֿין
אונ׳ וואנדרין אין דיא שאר בֿון פְּלִשְׁתִּים אונ׳ אין די שויביר שרויך
דען בוכשן מיט דעם פוייאר צו לופֿן ווש אין* גוך:.:

345 בֿור ברנט אלאר איר קורן די שווייאר אונ׳ די שטונד
וויין גארטן אונ׳ אויך אייל בוים אונ׳ ווש עש דען דו וואנט
דו זייטן נון דיא פְּלִשְׁתִּים אונ׳ ווער הוט דש גיטון
שִׁמְשׁוֹן תִּמְנַת[!][194] איידן אונ׳ הוט זיך גמאכֿט דער בון::

346 | ווש טעטן דו די פְּלִשְׁתִּים זיא גינגאן נון אלדאר 189b
צו זייניש שוועהרש הויז אונ׳ בור ברנטן גר אין דען גרונט*
זיין ווייפא אונ׳ אויך זיין[195] וואטר בֿור בראנטין זיא אים בֿוייאר
מן האט מירש* וואל גיזייט דש לאכֿין ווערד אין טוייאר::

347 נייאן זייט זיך הר* שִׁמְשׁוֹן אונ׳ טוייט איר אים אלזו
איך זול מיך בֿון אויך רעכֿנין איך ווערד אנדרש ניט בְּרוֹא
דו שלויג ער זיא איין שלאק דער וואש מורטליך אונ׳ גרויש
אונ׳ צוך אין* איין וועלזן דורינן ער דו זאש

348 עש זאמילט זיך די שאר בֿון פְּלִשְׁתִּים אונ׳* זיא קומן
אוייף גשלעכט יהודא ׳ אונ׳ אלאר וויך זיא נומן[196]

[194] See footnotes to SP316a and SM258d.

[195] The retelling differs from the original (Judg. 15:6), s. b. איר וואטר.

[196] The source for this is obscure. Cf. the conquering of Jericho, "And they utterly destroyed all that was in the cities both man and woman, young, and old, and ox, and sheep, and ass with the edge of the sword" (Josh. 6:21), and the annihilation of Amalek, "Now therefore go, and smite Amalek, and destroy ye all that pertaineth unto them, and have no compassion on them, but slay both man and woman, both infant and suckling, both ox, and sheep, both camel, and ass" (1 Sam. 15:3).

343b crossed out: עש | 343d מיט זיינין שווענצן with three diagonal dots (*kubuz*) and three triagonal dots (*segol*) drawn above them, are written in the right margin, at the height of this line. The same signs are marked over the line to indicate where the words should appear. | 344d crossed out: גויקך | 346b according to the rhyme scheme, here s.b. אין דען גרונט גר | 346d redundant (double): עש | 347a two vertical dots (*zere*) drawn over the word הר | 347d אין is written at the beginning of the line, with four ascending dots drawn diagonally to its right. | 348a above ׳אונ: ז [?]ערש

דו זייט גשלעבֿט יְהוּדָא ווש וואלט איר נון הון
צו שטרייטן זייט איר אוייף קומן ווש הבר* מיר גיטון:

349 די פְּלִשְׁתִּים זייטן צו אים שִׁמְשׁוֹן וואלן מיר בינדן
דרום זולט איר אונש זאגין וואו מיר אין מוגין פֿינדן
אש ער אונש הוט גיטון אזו וואלן מיר אים לונאן
דש זאג מיר [אויך] בֿור וואר מיר וואלן זיינר ניט שונין:.

190a 350 | דו גינגין דרייא טוזינט בֿון יְהוּדָא צו דעם וועלז
אונ׳ זייטן דו צו שִׁמְשׁוֹן דו ברענגיש אונש אום דיא העלז[197]
נון ווייש דו דוך גר וואל דש די פְּלִשְׁתִּים זיין אונזר הערן
אונ׳ דו ווילטיך יוא שטעט מיט אין בֿור ווערן:

351 שִׁמְשׁוֹן דער ענטוורט אין מיט צוכטן אלזו שון
אזו זי מיר דו טעטן אזו הון איך אין גיטון
די יודן זייטן מיר וואלן בינדין דיך
דען פלשתים איין צו געבן דש הבן וויר אונש בֿור פֿליכֿט:

352 שִׁמְשׁוֹן דער זייט צו אין נון שווערט מיר איין אייט
דש איר מיט אויירן וואלט טון קיין לייד
ניין שפרוכן זיא עש צו אין וויר וואלן דיך נוייארט בינדן
וויר וואלן דיר* ניט טון* דש זולשטו יוא אן טנפֿינדן::

353 נון נאמן זיא נוייא צווייא[!] זייל אונ׳ בונדין אין זו זער
זי ברוכטן אין אוייף בֿון דעם פֿעלזן מיט איינם גרושן היר
דו קומין זיא הין גין לחי אלדו די פלשתים לוגין
דו בגונדין זיא זיר צו שאלין אונ׳ גרוש ווריד זיא פלוגין::

354 דו דער שאלט גמויט גוט׳ אוייף שִׁמְשׁוֹן עש דער קלאנק
ער צו ריש דיא בייד זיילאר עש וואר עש איין קינ[דר] שלאנג[198]
190b עש ווארן גלייך דיא זיילאר | אז איין גברנטין לייאן
אש דער וולאכש בֿור ברענט בֿון דש בוייאר שיינ׳:

[197] Idiom: "You are causing us death" [lit. "You make us lose our necks"]. Grimm 2021, Hals, I4f: "Der hals spielt nun in dem peinlichen gerichtsverfahren eine grosze rolle, da die lebensstrafen gewöhnlich am halse, durch enthaupten oder hängen vollzogen werden. […] er und seine söhne kamen auf einen tag umb die hälse."

[198] Simile: "As it were a young snake."

348d perhaps s.b. האבן | 352d.1 crossed out: נוייא | 352d.2 crossed out: קיי

355 איין באקין בֿון איינם איזיל דער וואש צו קלופּט גר זיר
דען ווארד וואונד איין אן דער ערדן[199] ער נאם איין צו אים* הער
ער שלויג מיט דעם קין באקין צו טויט וואל טוזינט מן
ער ליש די טוטן דו ליגאן אונ׳ וואלט נון גין דער בֿון:

356 שִׁמְשׁוֹן דער שפרך נון הון איך וויל הוייפֿן צו טויט גשלאגין
מיט דש איזלש באקין איך הון עש מין ניט בֿור טראגין
מיט דש איזלש באקן הון איך גשלוגין וואל טוזינט מן
דו נאמר דען קין באקין אונ׳ ווארף דו הין דאן:.

357 שִׁמְשׁוֹן דער וואש ווארדן מוידי אונ׳ בגאנד צו דורשטן זיר
דו שרייא ער נון צו גוט׳ אווי ליבר היר
דו הושט מיר דוך גיהולפֿן מיט דיינר גרושר מאכֿט
אונ׳ דיין שטערק די גרושי דו הושט אוייף מיך גברוכֿט:

358 אונ׳ זול איך נון דער דורשטן בֿור דורשט מוש איך נון שטערבן
אין הנט דער בֿור שטופֿפֿטן זו יעמרלייך בור דערבן
אווי ליבר גוט׳ וויא זול איך נון טרינקן
אין הנט דער פְּלִשְׁתִּים מוייש איך גאנץ בור זינקן

359 גוט׳ דש גבעט בֿור נאם ער מאכט אין איין ברונין
אוייש דען קין באקין זו וויל וואשר רינן
| דש וואש שִׁמְשׁוֹן זוא ברוא ער טרנק זיך אלזו זאט 191a
דו ער דער קוויקט זיך זיין גמויט דו ער גטרונקין הט:

360 יִשְׂרָאֵל ווארד ער ריכטן גאנצר צוויינציק יאר
יוא וואל בֿון הענדן דער פְּלִשְׁתִּים דש זאג איך אויך בֿור וואר
ער גאב אין מענכֿר שלאק דער וואש ביטר אונ׳ גרוש
דעש ער דען הערן בֿון פְּלִשְׁתִּים גר זער בֿור דרוֹש:

361 שִׁמְשׁוֹן גינג דוא הין גין עַזָּה ער דו קאם Judg. 16
ער זאך איין ברוייא׳ איין זוֹנָה די וואש און שאם
ער קאם צו איר גשליכֿן בייא איר ער דו לאג
אז מאן דען בֿור יוארן מיט דען וורואין פפלאג׳

199 Targum Jonathan: "And he found the jawbone of an ass in the mud" (Judg. 15:15).

355b redundant (double): צו אים

362 די פְּלִשְׁתִּים די ווארדן נון צו עַזָה* בייא אנאדר אונ׳ ווארדין זאגין
שמשון אישט הער קומן אונזר וואלק הוט ער דער שלאגין
זי וואכֿטין דיא גאנץ נאכֿט אונ׳ זוכֿין אוייף אים
אונטר טור דער שטאט דש ער אין ניט אנטגינג׳:::

363 די שטאט דיא ווארד אום גרינגלט גר היימליך זיא שווייגאן
ביש גיא ליכטש מורגין זוא מויש ער עש דוך הער ליידן
ער לאג יוא בייא׳ דער וורואן דער שטולצר דעגאן פֿיין
ביז אום דיא מיטר נאכֿט ליש אים גר וואל זיין:

191b 364 | עש קאם אום דיא מיטר נאכֿט שְׁמְשׁוֹן ווארד אוייף שטין
גיגין טור דער שטאט דו וואש ער יוא הין גון
ער בגרייף די טואר מיט דען בייא שטודיל בייד
אונ׳ רייש זיא אוייש דער מוייר אונ׳ ווער עש אין נאך אלזו לייט:

365 ער בֿור רוקט זי מיט דעם אייזן אונ׳ מיט דעם ריגל שלוש
ער טעט זיא אוייף זיינ׳ אכשיל זיא ווארדן שטרק אונ׳ גרוייש
ער טרויג זי אוייף הייבט דש בערג דער דו בֿור חֶבְרוֹן לאג
זולכי גרושי מאנין שטערק דוך ני קיין מענש גיזאך:

366 עש וואש ניט לאנג דער נאך איין וורוא די הט ער ליבא
ער קאם צו איר גשליכן וואל אז אנדר דיב[200]
די וורוא היש זיך דלילה בֿון דעם פְּלִשְׁתִּים לאנט
זיא זאש אין נַחַל שׂוֹרֵק דו ער זיא אינן וואנט*

367 די הערין אל בֿון פְּלִשְׁתִּים צו איר זיא ווארן קומן
ווילטו אונש היא בולגין עש ברינגיט אונש גרושן ברומן::
קאנשטו אין אובר רידן דש ער דיר וורוליך זאגין*
בֿון וואנין ער הוט דיא קראפֿט אונ׳ וויא מאן אין מוכט שלאגין:

192a 368 | אונ׳ ברענגשטו דש צו וועגין[201] וויר וואלן לונן דיר
הונדרט טוזינט מארק זילבר דש געבן וויר דיר שיר

[200] Simile: "He sneaked up on her like a thief." Cf. "צוגיין ווי אַ גנבֿ (אויף די שפּיץ פֿינגער)„ (Guri 1999, 110).

[201] Idiom: "To complete something" [lit. "Bring to the road"]. Grimm 2021, Weg, II4aλ5: "Zu wege bringen [...] [...] 'auf den rechten weg bringen' [...] 'zu stande bringen, fertig bringen.'"

362a crossed out: בוי | 366d The end of this stanza is marked in the manuscript, mistakenly, in the middle of the next stanza. | 367c ן written over ט

דְלִילָה וואש ברייט די זאך* צו וועגאן ברינגאן[202]
שִמְשוֹן צו אובר רידן דש מאן אין מוכֿט בינדין:

369 דלילה זייט צו שְמְשוֹן אונ׳ לוש מיך וושן נון
בֿון וואנין דיין קראפט די גרוש אונ׳ וויא דו זיא קאנשט טון
אונ׳ וואו מיט קונט מן דיך בינדן דש דו ליידש פיין
דו מוישט מיר עש ווערליך זאגין[203] זוא וויל איך דיר הולט זיין:[204]

370 שמשון דער ווארד איר זאגין איין טיטול בֿור איין טאנט[205]
ער וואלט איר ניט בקענאן וואש דו ווער דער רעכֿט וואנט
ער זייט מן מוייש מיך בינדין וואל מיט זובין זייל
די דו ווארן בֿוייכֿט זו ווער איך ניט* זו גייל:

371 די הערן בֿון פלשתים ברוכטן איר זובין זייל
זיא ווארן יוא זיר בֿוייכֿט ני גיברוכן אין צווייא
דו ענט שלעפט זיא אין אז איין וורוא פליגט צו טון[206]
אונ׳ דאמליט אין אב דש ער ניט זולט דער בֿון:.

372 דער לויגער לאג אין דער קאמר ער ווארטט אוייף דיא זאך
אונ׳ וואלט נון זעהן וויא ער דו אנטוואכֿט
זיא באנד אלזו זער מיט דען זיילר זו לאנג
זי רופֿיט אין שטין אוייף שמשון די פלשתים הבן דיך גוואנגין::

373 | שִמְשוֹן דער אנטוואכֿט אונ׳ צו רייש די זיילר נוייא 192b
אז ווער עש איין ליינין וואדים ווען ער שמעקיט דש וואייר׳
דש מאן ניט ווארד גוואר וויא שטארק דער וואדים אישט
זיא ווארן אז פֿייאל אז ווערן עש גוועש איין מישט:[207]

374 דְלִילָה די ווארד אים זאגין דו הושט מיר בור גלוגין
דו הושט מיינר גשפוט אונ׳ הושט מיך אום זושט גיזוגין

202 Idiom. See footnote to SP368a.

203 Idiom about telling the truth: “You must tell me this in truth.”

204 The source for this is obscure. It may be Judg. 16:16 and its commentaries, see below.

205 These are obscure words. The alliteration suggests that this may be a pun, perhaps referring to a (false) claim that one thing is in fact another. טיטול may stand for a Latin word used in German meaning ‘church’ (Grimm ibid., Titel, 4), and טאנט may mean ‘folly’ (Grimm 2021, Tand, 2c).

206 Cf. “And she made him sleep upon her knees” (Judg. 16:19). Simile: “She made him sleep, like women do.”

207 Simile: “Worthless” [lit. “They had value like garbage”].

368c ך written over ג | 370d redundant: צ

נון וויל איך דיך זער ביטן דש דו מיר זולשט זאגין
וויא קונט מן דיך גבינדן דש מן דיך קונט* שלאגין:.

375 ער ווארד איר זאגין איין קיקוש בור איין קאקוש[208] און אלש גבֿערט
עש טעטן נוייאן זייאלר די ניט העטן גוורקט
ווערד איך מיט אין גבונדן זו ווער איך אלזו קרנק
אז איינר שלעכטר מן אובער מיין דאנק:[209]

376 דְלִילָה ליש איר ברענגין נייוֶאן[!] זיילאר אלזו פֿיין
זיא מיינט אין יוא צו בינדן אין אונ׳ צו אן טון גרוש פיין
זיא מאכֿט אין אבער שלופֿין אונ׳ האט אין זער בֿור מוֵיט
דער לויגר לא[!] אין דער קאמר ער דיא אייאר אוייש ברוֵיט[210]

377 זיא רופט אים אבער אוייף שִמְשוֹן דיא פלשתים זיין אוייף דיר
הורשט מיך ניט שִמְשוֹן ווילטו אנטווייכֿן שיר
שמשון דער אנטוואכֿט די זיילר ער בֿור רוקט
| אז ווער עש איין וואדים אזו ער עש בור צוקט:

378 עש קאם אן דעם דריטן מואל דְלִילָה ווש אבר זאגין
דו הושט מיך נון גשמוקט אום זושט הושטו מיך גיזאגין
אן מיר הושטו גוועלשט לוגין בֿור גזייט
בייא דיר וויל איך ניט ליגאן עש מוכט דיר ווען לייט:

379 דו זולשט מיך לושן ווישן וואו מיט מן דיך קאן* בינדן
אז איין אנדר מענש דיין קרעפֿט זולט דיר בֿור שווינדן
אונ׳ וואלט ער איר אבער פולגין ער מושט איר אבער ייעֱהן
זובין לויק מיינש הייבט צו אנאדר מושט מן זיא וועבן:

193a

[208] The meaning of these words is obscure, and they seem to mean 'nonsense.' Cf. Grimm, 2021, Gick, "Schallwort für einen hellen laut. [...] vornehmlich als naturlaut von mensch und tier, vgl. unten gicks und giek sowie gicken und gicksen. speciell für den schrei der gans [...] häufiger im ablautspiel gick gack [...] allgemein bekannt in der redensart weder gick noch gack wissen als verstärkte negation, soviel wie nichts wissen und verstehen, dümmer sein als eine gans." Cf. SP370a.

[209] Idiom: "Against one's will." Also in modern Yiddish איבער דאַנק has this same meaning (Beinfeld and Bochner 2013, 226, דאַנק). Grimm 2021, Dank, 2: "Heiszt es häufig wille, absicht [...] in gleicher bedeutung gebrauchte die ältere sprache über danc."

[210] Idiom: "The enemy sat in the room and sat on the eggs." This idiom is obscure. It seems to imply that the Philistines sat and waited. It may even entail a crude joke about their manner of sitting. By contrast, this idiom may imply some sort of sexual activity with Delilah.

374d crossed out: ש | 379a crossed out: בינן

380 אונ׳ וועבשט זיבן לוק מיט דעם וואָרף דריין
מיין קראַפט הון איך עש בֿור לורן אז איין אנדר מענש[211] וואָרד איך עש דען זיין
זיא וואָרד אין אבער אנטשלעפן אז זיא פֿור הט גיטון
זיא בשטעקט מיט איינם נאַגיל דש ער ניט קאם דער בֿון

381 זיא רופֿיט אין אביר איינש שִׁמְשוֹן די פְּלִשְׁתִּים זיין אוייף דיר
ווילטו ניט אנטוואַכֿן עש גילט דיין לעבן שיר
בור שווער וואָרד ער אנטוואַכֿין אונ׳ צו ריש עש אלש גר
דער נאַגיל אונ׳ דער וואָרף בהענד אוייש זיינם הור:

382 בֿור וואר זייט דְלִילָה צו אים דו הושט מיך יוא ניט ליפא
דרייא׳ מול הושטו מיר בֿור הולן אז איינדר דיפא[212]
אונ׳ הושטו* מיר ניט גזייט וואו מיט זיין דיין קראַפֿט | די גרויש 193b
דש מן דיך נון קאן בינדן אונ׳ דש דו איר ווערשט לוייש:

383 זיא וואָרד אין יוא דרינגן בֿון טאג צו טאג
מיט אירר בויזר צונגין אונ׳ מיט אירר גרושן* קלאג
זיא וואָלט זיך ניט לושן קושין[213] זוא מיט זיא* אין דראַנג
גלייך וואָל וואר איר גוך דש איר די צייט ווש לאַנג׳::

384 וואָלט ער זי יוא דען העלזן זיא פֿיל אים אוייש דען שטיך[214]
נייאן דו גרושר הורן זון איך וויל דיר שטיל הלטן ניכֿט[215]
[---]* דער מן וויר גערן גוועזין טויט
איך מוש מיר דען ס ו ד זאגין אודר איך עש נומר ברויט:

385 עש קאם אן איינם טאג דען ס ו ד מוייש ער איר זאגין
ער קונט ניט לענגר ליידן אונ׳ מוכֿט עש ניט מיר בֿור טראַגין
ער זייט הור מיר נון צו גאַנצי טעדיגאַן וויל איך דיר ייעהן
אונ׳ ווערד מאן מיך בשערין עש ווער אום מיך גשעהן::

211 Simile: "I have lost my strength [and now I am] like any other man."

212 Simile: "You have kept [the truth] from me three times, like a common thief."

213 See footnote to SP384a.

214 Radak: "His soul was pained unto the death— Our sages said euphemistically that she pulled the pillow from underneath him during intercourse" (Judg. 16:16). העלזן here means to copulate: Grimm 2021, Halsen, 3: "Dasz halsen auch eine obscöne bedeutung erlangt, liegt nahe: halsen, mit einem weib gfätterlen, coire, fovere aliquam." Additionally, we also find here an obscure idiom, of a crude and sexual character, "She took out his sting."

215 Idiom, telling the truth: "I do not believe you" [lit. "I will not hold you quiet"]. Grimm ibid., Stillhalten, 2b: "Vertrauen."

382c redundant (double): דו | 383b written over the crossed out word בוייז | 383c ז written over אי | 384c according to the stanzaic form, words are missing here.

386 קיין שארזאך נויך קיין מעשר ניא אישט אוייף מיך גגאנגין
נאך איין[!] מיין הייבט נאך אוייף מיין וואנגין[216]
אב גשיידר גוט בין איך בֿון מיינר מוטר בויך
אל טאג מיינש לעבן בין איך עש גוועזן רוייך[217]:

387 מיין קראפֿט ווער מיר גנומן ווערד מן מיך בשערן
קרנק אז איין אנדרי | מענש מושט איך נון ווערדן 194a
די וורוא׳ די זאך וואל דש ער איר דיא ווארהייט הט גיזייט[218]
אל זיינש הערצאן גרונט[219] עש מוכט איר ווערדן לייט.:

388 די פרווייא׳ זנט איר בוטין צו הירן פְּלִשְׁתִּים גון
איר זול קומן צו מיר אונ׳ ברענגיט מיר מיין לון[220]
ווען צו דיזן מול הון איך בטרפיט
זייניש הערץ גרונט[221] הוט מיר גיזייט דער לאפ::[222]

389 די הערן בֿון פְּלִשְׁתִּים אלי דו צו איר קומן
דש זילבר אין איר הענד דו מיט אים נומן
זיא מאכֿט זיך אן אין אונ׳ אנטשליפן אין אזו זיר
וואל אוייף אירן קניאן אז זי וואל הט גטון נאך מיר::

390 שִׁמְשׁוֹן אוייף איר קניאן שטרוכֿין בגאן
דְלִילָה די בֿור ריט אין זיא רופֿיט צו איר* מן
זיא ליש אים דו אב שערן זובין לויק זיינש הייבט[223]
עש בגאן אים צו פיינגן אונ׳ טון גרוש לייד:

216 I could not find a source forbidding shaving the Nazir's beard (cf. Num. 6:5 "While he is separated by his vow, the razor shall not come upon his head"). Removing both the hair of the head and beard, however, is mentioned elsewhere in the Bible, e.g., "So in the seventh day he shall shave off all his hair both his head and his beard, and his eyebrows" (Lev. 14:9); "I [...] plucked off the hair of mine head, and of my beard" (Ezra 9:3).

217 See footnote to SP296d.

218 Rashi: "Delilah saw that he had confided to her— One instinctively recognizes the truth" (Judg. 16:18).

219 Idiom: "Told the whole truth" [lit. "Said all of the bottom of his heart"]. Grimm ibid., Herzensgrund.

220 Delilah's request for a reward is implied at the end of Judg. 16:18, "Then the Princes of the Philistines came up unto her, and brought the money in their hands." David Altschuler wrote in his eighteenth-century biblical commentary *Mĕẓūdat Dāwid*: "Come up once again— Meaning come and give me my reward." However, I could not find any earlier source for this view. See also SM283a.

221 Idiom. See footnote to SP387d.

222 'The fool.' Grimm 2021, Lappe, 1.

223 Radak: "And she shaved— She made a man shave off [Samson's hair]" (Judg. 16:19).

390b redundant (double): איר

391 זיין קראפֿט וואַרד אים גנומן זיין שטערק וואַרד אים אן טגאנגין
דו הראב קמין די רויך לויק די לאנגין
זיא וואַרדן אין אבער רופֿין דיא פלשתים זיין אוייף דיר
ער גדובֿט אין זיינין מוטן איך וויל אנטווייכן שיר:

392 אונ׳ ווען איך דען אנטוויך זוא וויל איך וואל אוייש קומן
אז איך בֿור דרייא מול הון די זאך בֿור נומן:.
| ער וושט אבער ניט דש זיך גוט׳ בון אים הט אב גטון 194b
גאנץ בון אים* אונ׳ הט אין לושן שטון[224]::

393 די פְּלִשְׁתִּים אים בגריפֿן וואל צו דיזם מיול
זיין אוגין זיא אים אוייש שטוכין די לוכר בלייבן הול
זי ברובֿטן אין גין עַזָה אונ׳ הילטן אין גוואנגין
אין אייזן הערט גבונדין אין מוכט וואל זיר בֿור* לאנגין:

394 דו לאג ער אין דען גבֿיקניש ער מושט איין מולנער ווערדן
אונ׳ לערנט די אמיט דש טעט ער ניט גערן אוייף ערדן[225]
דש הור בֿון זיינם הייבט דש ווכשט אים ווידר גרויש
אז עש בֿור גוועזן גר זיר אוייש דער מויש:

395 ער קאם אין דען זעלביגאן צייטן די פלשתים ווארן זיך זאמלין
צו שַׁחְטַן צו דָגַן די שויף אונ׳ אוך דיא הימלן
זי לובטן איר אפגוט אונ׳ ווארן זיך ווררייאן זיר
אונזר גוט אין אונזר הנט הוט געבן שמשון הער:.

396 גוט הוט אונש געבן דען פֿיינט אין אונזר הנט
דער אונש הוט בֿור דערבט בֿור באנט אל אונזר לאנט
אונ׳ אויך אונזר וואלק הוט ער עש אונש פיל דער שלאגין
אונ׳ אוייף דיזם טאג הב מיר אים עש ניט בֿור טראגין:.

397 | עש וואש [זיא] אזו וואל גמויט דו עש וואש גויט 195a
זיא זושן בייא אנאדר אונ׳ טרוגין איין ווררייאן מויט[226]

[224] Idiom. See footnote to SP243c.

[225] The author refers to the discomfort that such labor entails. This statement may possibly contradict the midrash about Samson's actions in the prison, which is brought, for instance, by Radak: "And he did grind […] every man would bring him his wife that she may conceive from him" (Judg. 16:21).

[226] Idiom: "They sat together and were happy" [lit. "They sat next to each other and carried a happy spirit"].

392d redundant (double): אב | 393d בֿור is written in the right margin, at the height of this line. At the beginning of the word לאנגין there is a crossed out ב.

זיא רופטין אלדער שִׁמְשׁוֹן דער זולט דו בייא אין שינפן
אוייש הוייז דער גוועונקניש ער ווש זיך זער רינפֿאן::

398 איין קנאב ווש אין בורין אין דש טאנץ הויז
ער זולט בֿור אין דו שינפן דער שינפא דער וואש דער בודם אוייש[227]
זיא זוהן אים אלי צו ריטער אונ׳ קנעבֿט
די הערן יוא אל זאמין מיט אל אירם גשלעבֿט::

399 שִׁמְשׁוֹן זאגיט צו דעם יונגין נון בֿור מיך דו הין נאן
צו דען גרושין* זויילן איך וויל מיך לייננאן דראן
צו דער זויילן גרוש דו דו דש הויז ווש אוייש ברייט
דער יונג דער טעט זו באלד ווש אים שִׁמְשׁוֹן זייט:

400 דש הויז ווש אזו בֿוילי בֿון מנין אונ׳ בֿון וורואיין
אונ׳ אלי די הירן בֿון פְּלִשְׁתִּים שמשון שינפפֿ׳ צו בשווייאן
אונ׳ אויך דש גאנץ טאך דש וואש גלדין שווער
וואל מין ווען דרייא טוזינט עש קונט ניט דרוייף מיר::

401 שמשון דער ווש דו ביטן צו גוט׳ דעם היר
אויך דו גלובטר גוט׳ דו הושט גהולפין מיר
שטערק מיך דש איין מול אונ׳ לוש עש ניט און גרוכֿן
מיין בייד אוגין די פלשתִּים הבן אייש[!] גשטוכֿין

402 | שמשון דער בגרייף גרושי זויילן דש הויז 195b
ער וואש זיך דרוייף לייאנן דער שינפא דער וואש אים אוייש[228]
איין צו דער לינקן די אנדר צו דער רעכט.
ער ווש ביטן צו גוט׳ מיט גאנצם ווילייש[229] זו שלעבֿט:

403 אויך ליבר גוט׳ דער הירי בֿון הימל הער איין
מיינ׳ לייב דען לוש איך שטערבן מיט דעם פלשתים זיין
ער צויך מיט גאנצר קראפט דש דש הויז וויל
אוייף דש וואל* אל זאמן נידר צו דעם ציל:

[227] Idiom: "The joke came to an end" [lit. "The laughter reached the bottom"]. Grimm 2021, Boden, 2: "Dem schimpf ist der boden aus, der spasz geht zu ende, wird ernst."

[228] Idiom. See footnote to SP398b.

[229] Idiom: "Diligently." Grimm 2021, Fleisz, 10b. See also SP53d.

399b crossed out: זול. | 403d perhaps s.b. וואלק

404 די הירן אונ׳ דש וואלק זיא ווארדן גאנץ* דער שלאגין
מאנין אונ׳ איך וורויאן אונ׳ וויל וואלק דו טוט לוגין
עש וואַרד מיר דער שלאגין דו ער ווארד גשטורבין
מין ווען בייא דעם לעבן נוך ניא הט בֿור דורבן:

405 דו גינג היין זיין גזינט אונ׳ אל זיינש וואטרש הויז
דו ער ווארד גשטורבין אונ׳ צוהן אין דו הר אוייש
אין זיינש וואטרש גראב בגרובין זיא אין צו וואר
ער הוט גריכֿט ישראל גאנצי צוויינציק יואר

406 דו קאם איין מן איין בוזוויכט[230] בֿון אֶפְּרַיִם גשלעכט Judg.17
דער | [וואר] גהיישן מִיכָּא[!] זייני זאכֿין טעט ער ניט רעכֿט 196a
זיין מוטר הט בֿור לורן[231] דש זילבר אזו וויל
ער שפרך מיין ליביא מוטר הור ווש איך זאגין וויל::

407 טוזינט אונ׳ הונדרט מארק זילבר די דו הושט בור לורן
איך הון דיך זיר הורן שנעלין אונ׳ שעלטין אונ׳ וולוכין מיט מיינין אורין
אלהיא אישט דש זילבר איך הון דיר עש גנומן*
זיא זייט גבענשט זיישטו עש ברענגיט דיר גרושן וורומן:

408 דש זילבר ער ווידר גאב זיינר מוטר אלזו* באלד
די מוטר שפרך צו אים עש הוט איין אנדר גשטלט
צו גוט׳ הון איך עש גיהיילגט צו מאכֿין איין בילדא דרואייש
נון ברענג עש איינין גולד שמיט אונ׳ טראג דו עש הין אוייש::[232]

409 זיא נאם צווייא׳ הונדרט מרק׳ זילבר אונ׳ ברוכֿט עש איינם גולד שמיד גויט
ער מאכט עש איין בילד גגושן גאנצן נאך אירם מויט
דש בילד ווארד ברייט אונ׳ בולענט
עש ווש איין גטרעבֿט אונ׳ נאם זיין גוט ענעד::

[230] ‘Rascal.’ Grimm ibid., Bösewicht: “*Nequam et improbus* [worthless and wicked].”

[231] Judg. 17:2 says that the money has been ‘taken,’ and both Rashi and Radak explain that it was in fact stolen. At any rate, according to the biblical text, Micah’s mother did not lose the money. The epic thus mellows the original story here, in which a man steals money from his own mother.

[232] Radak: “And he had restored the silver to his mother, and his mother told him [...] I had dedicated the silver [...] that you may make a graven and molten image from it. And Micah did not want to exert effort and make an image, and he returned the silver again to his mother” (Judg. 17:3).

404a Originally written גאט, the letters נץ were written over the letter ט. | 407c גנומן with four dots above it is written in the right margin, at the height of this line. Within the line, the word גנומן has been crossed out and five dots drawn above it. | 408a crossed out: באלדן

410 מִיכָָה דער זעלביג מן דש בילד ער צו אים נאם
196b זיין הוייש ווארד צו איינר | קירכֿאן[233] ער דינט אים גר שון
ער אונ׳ זייני קינדר אונ׳ אויך דש גאנצי גשלעכֿט[234]
ער מאכֿט איין אֵיפוֹד אונ׳ תְרָפִים זיא ווארן אים אל גרעכט:

411 וואל אים דעם זעלביגאן צייטן קאן קוניג ווש איין גוועזן
אין גשלעכֿט ישראל אש וויר הון גלעזן
נון מוכֿט איטליכש מענש גין נאך זיינים גבֿויג
וואו אין זיין אויג אודר זיין הערץ הין טרויג::[235]

412 נון ווש איין מן גבורן וואל בון יהודא גשלעכֿט
ער ווש אין בית לֶחֶם גזעשן אזו רעכֿט
דער מן דער ווש איין לוי צו וואנדלן ער בגאן
ער וואלט זיך גין בֿור דינגאן[236] וואו ער צו דינן וואנט:

413 ער קאם קיין בערג אֶפְרַיִם דו אין זיין וועג הין טרויג
אין הוייש מִיכָָה דו וואש ער איץ ג[ברא]ט*
מִיכָָה שפרך צו אים אונ׳ וואוהין ווילטו נון
בֿון וואנין בישטו קומן זאג מיר מיין ליבר זון:

414 דער מן שפרך צו אים בֿון בית לחם איך קאם
איך גין מיך צו בור דינגאן אן קומן וואש איך קאן
מִיכָָה שפרך צו אים וואל צו דיזר ווֹרישט
בלייב אלהיא אונ׳ זייא בייא מיר דיר מאג גברעכן נישט::[237]

197a 415 | מיין וואטר זולשטו ווֶעזין מיין כהן זולשטו זיין
אלי יואר ציהן גולדין די זולן ווערדן דיין
אונ׳ איין גוט פאר קליידיר דש וויל איך געבן דיר[238]
צו עשן אונ׳ צו טרינקן הב דיר עש אש גוט אש מיר::

233 The shrine dedicated to idolatry is called a 'church.'

234 The retelling differs from the original (Judg. 17:5).

235 Idiom: "What one desires" [lit. "Wherever one's eye or heart may take him"]. The phrases here are partly based on the biblical text "Every man did that which was good in his own eyes" (Judg. 17:6), however, the mention of the heart is an addition. See also YP149a. Cf. "And every one, whose heart encouraged him, and every one, whose spirit made him willing, came" (Exod. 35:21); in modern Yiddish a similar idiom exists: "וויפֿל דאָס האַרץ גלוסט„ (Beinfeld and Bochner 2013, 203 ,גלוסטן).

236 Rashi: "Anywhere I will find— A profitable livelihood" (Judg. 17:9).

237 Idiom: "You will not be wanting anything." Cf. "The Lord is my shepherd, I shall not want" (Ps. 23:1).

238 Rashi: "An appropriate wardrobe— A pair of outfits appropriate for everyone's yearly requirements" (Judg. 17:10).

413b perhaps גדראט or גרואט

416 דער לֵוִי וואלט דו בלייבן בייא מִיכָה דיזמן
ער האט אין אזו הולט עש וועך עש זיין זון
ער וואַרד צו איינם כֹּהֵן דעם בילד יוא ער גאנץ דינט
אז מאן נאך מענכי בובין פּינט:

417 מִיכָה ווש דו זאגין נון ווייש איך איצונד וואל
דש מיר גוט ווערט העלפן מיין הויז ווערד גולדין פוֹיל׳
זינט מיר דש לֵוִי צו איינם כֹּהֵן אישט גווארן
איך דארף ניט מין נאך קיינם גויט זורגין:

418 אין דער צייט דער זעלביגאן קיין קוניג דו וואש Judg. 18
אונ׳ בון גשלעכט בון דן אויך* ניט בזעשן זאש
עש וואש אויך ניט גוואלן קיין ערב צו זיינר לויש
קיין לאנט ניא איין גינומן זיא ווארן נאך נאקיט אונ׳ בלוייש:

419 עש זאנטן קינדר דן וואונף מנין אוייש צו שפעהן
צו דעם לאנט לַיִש [239] זי זולטן עש אוייש זעהן
זי קומן דאר צו גין צו מִיכָה אין דיא שטאט
דו בלייבן זיא דיא נאכט אונ׳ אושן זיך גר זאט:

420 די שפעהר* אין הוייש מיכה זיא ווארן
זיא קנטן שטים דש יונגין ער ווש בייא אין גיבורן
דו זייטן זיא צו אים וויא* קומשטו אלהער
אונ׳ ווש טושטו אלהיא זאג דו צו אונש נוייא מֶיר:.

421 | ער זאגיט צו אים דיא מער וויא עש אים גאנגין ווער 197b
וויא אין דער מן מִיכָה העט אין גמאכט איין הער
ער הוט מיך גדינגט געלט גיבט ער מיר צו לון
אונ׳ אויך זיין אפגוט׳ הלט איך גר שון:.

422 דו זייטן זיא צו אים אונ׳ לוש אונש ווִשן נון
אונ׳ וורוג דיין אפגוט וואש מיר זולן טון
ער זול אונש לושן ווִשן דען וועג דען מיר זולן גון
אוב ער ווערט בגלוקין אוב וויר וואלן דער בון לון:

[239] This is based on Judg. 18:7.

418b redundant (double): ניט בז | 420a The first two letters are stained with an ink blot. | 420c crossed out: קומט

423 דער כהן ענטוורט אין נון געט הין אוייר שטרוש
גוט גיבט אויך גליוק פֿיל אונ׳ אל מוש
דו גינג די פֿונף מנין גין לַיִש זיא דו קומין
דש לאנט אונ׳ אויך דש וואלק גר עבן זיא בֿור נאמן׃׃

424 דש לאנט דש וואש זו זיכר אז דער צִידוֹנִים רעבֿט
עש הט* קיין אובר הערן[240] עש גינג אין אלש שלעבֿט[241]
קיין מענש זיא נישט טעטן וויניג אודר פֿיל
דש לאנט גוויל אים וואל אז איך אים* זאגין וויל׃

425 דו קורטין זי עש ווידר צו אירן ברודער דאר
וואש הט איר גזעהן לושט איר אונש ווערדן גוואר
דו זייטן זי צו אים שטיט אוייף בהענט אונ׳ דרוט
צו איינם גוטן לאנדי הוט אונש גגעבן גוט׳׃[242]

426 איר זולט אויך ניט זוימין צו אוייף גין שיר צו אים*
וואל אין דעם לאנט דעם זעלביגאן פינט איר גוטין גווין
| עש אישט איין זיכר לאנט בֿול בֿון אלים גויט[243]
דש וואלק דש דרינן זיצט דש טראגט איין פֿרייאן מויט׃

427 דו צוכין זיכש הונדרט מנין בֿון גשלעבֿט דן אלדאר
זיא ווארן אלזו וואל גיוואופֿנט בֿון צוֹרְעָה [!] אונ׳ בון אֶשְׁתָּאֵל
זי קומין גיא בערג אֶפְרַיִם אין הויז מִיכָָה צו גון
די ערשט וואונף מאנין די ווארין מיט אין שון׃

428 זי זייטן צו אירן ברודערן איר זולט נון ווּשן
דש אין אירן הוייזרן איין אפגוט ווש
די אֵיפוֹד אונ׳ די תְרָפִים אונ׳ איין זילברן גוט
אונ׳ וואלטר אונש נון וואלגין איר זולט עש ניט לושין דורט׃׃

198a

[240] Radak: "No man [...] usurped any dominion— For they had no king nor royal heir" (Judg. 18:7).

[241] Radak: "And [they] had no business with other men— They had no pact with anyone to help them should they need it, as it says below [verse 28], 'And there was none to help, because Laish was far from Sidon'" (Judg. 18:7).

[242] Idiom: "To a good land that God had given us." Cf. "Unto that good land, which the Lord thy God giveth thee" (Deut. 4:21).

[243] Idiom: "It is a safe land full of everything good." Cf. "And when the Lord thy God hath brought thee into the land, which he sware unto thy fathers Abraham, Isaac, and Jacob, to give to thee, with great and goodly cities which thou buildedst not. And houses full of all manner of goods" (Deut. 6:10 – 11).

424b crossed out: ג | 424d perhaps s.b. אז איך אויך זאגין וויל | 426a according to the rhyme s.b. אין

429 עש קמין די וואונף מאנין די דו הטן גשפעהט
וואול אין הויז מִיכָּה גגא׳ניגין אזו שלעבֿט
זיא נומן בילד דער גישונג אונ׳ די תְּרָפִים גר
דער כהן שטונד דרויישן בייא דער שאר::

430 דו שטונדן די גוואופֿנטן אונ׳ווארטן אירר שון
דער כהן דער ווש ייעהן ווש הט איר דו גטון
דו זייטן זיא צו אים דו זולשט נון שטיל גראגין[244]
מיט אונש זולשטו הין גון זיינ ווארהייט זולשטו ניט זאגין:

431 וועלך אישט בעשר בֿור דיך אודר ווש אישט דיר גרעבֿט
צו דינן איינין מן אודר איינם גאנצין גשלעבֿט
עש גוויל דעם כהן וואל אונ׳ [ער] מאכֿט זיך מיט אין דער בֿון
דש בילד אונ׳ אויך דש גישונג היש ער מיט אים גון::

432 דש וואלק דש גינג דו הין צו ציהן וואש אין גוך
די מאנין בֿון הויז מִיכָּה | אונ׳ זיין גזינט די לופֿן הין נאך 198b
זיא שרייאן אין נאך זו זיר אונ׳ בגריפֿן זיא אלדו
מִיכָּה אונ׳ זיין גזינט דיא ווארן ניט גר וורוא׳:

433 דו זייטן זיא צו מִיכָּה ווש שריישטו אלזו זער
ער שפרך מיין גוט הט איר גינומן צו אויך אין אוייאר היר
אזו ענטוורט אים גזינט בֿון דָן צו דיזר שטונט
ווילטו אונש נון בֿולגין זו טוא צו דיינן מונט:

434 דיין שטים לוש אונש ניט הורן דש וואלן מיר דיר זאגין
ווערשטו עש ניט טון דו ווערשט גר באלד דער שלאגין
דו אונ׳ דיין גזינט מיט אנדר גר
דו זאך ער נון וואל דש ער ניט בֿור מוכֿט דיא שאר:

435 ער קארט זיך ווידר היים אונ׳ ליש זיא גין די שטרוש
זיא גינגין גין לַיִש מיט אלאר גנויש
די שטאט נאמין זי איין אונ׳ שלוגין זיא צו טוט
זיא בור ברנטן זי אים בֿוֶייאר זיא אושן ניט מיר ברויט:

436 די שטאט זיא בוייאטן ווידר דש לאנט זיא בזושן
די שטאט הישן זיא דָן אז איר וואטר וואר גהיישן

[244] Idiom, insult: "Babble quietly." A derogatory reference to the priest's speech. Grimm 2021, Graggen.

דש בילד זיא אוייף ריכֿטטן אונ׳ דינטן אים שון
דער כהן ווש גר גהיישן יוֹנְתָן[!] גֵרְשוֹן[!]:

437 דער זעלביג* גרשון ווש מֹשֶה רַבֵּינוֹ זון[245]
ער וואש דעם בילדא דינן דש* ווש ניט רעכֿט גיטון
199a יוֹנֶתָן אונ׳ זיין [קינדר דינער]* | דש בילדש וואש
אז לאנג אז ישראל אוייף דעם לאנט* זאש::

Judg. 19 438 עש וואש אין דען זעלביגן צייטן קיין קוניג ווש גימאכֿט
אונטר יִשְׂרָאֵל קינדר וואש עש נוך ניא דער דוכֿט
איין מן איין לוי וואנט אין אֶפְּרַיִם לאנט
איין קעבש ווייפא בֿון בית לֶחֶם נאם ער אים צו הנט:

439 דש קעבש ווייפא ווארד אב טרעטן אונ׳ שטעטיגאן בֿון אירם מן
ער גאב איר מענכֿן שלאק[246] זיא קארט זיך ניט דראן
זיא מאכֿט זיך אוייף בֿון [אים צו] אירם וואטר הוייש
היין גין בית לֶחֶם בֿיר מונט בלייב זי עש אוייש.:

440 דער מן דער שטונד דו אוייף אונ׳ לוייף נאך איר
צו זיינש שוועהרש הויז ער וואלט זיא טרושטן שיר
דש זיא עש זולט ווידר קומן אין זיינם הויז צו זיין
איין קנאב אונ׳ איין פר איזלן ברוכֿט ער עש מיט אים הנאיין:

441 דו אין זיין שוועהר זך וויא וורוליך ער וואש
דו בהיילט ער אין אלדו דרייא טאג ער בייא אים זאש
ביש אן דעם טאג דען ווירדן דו וואלט ער זיין שטרוש גון
אונ׳ זיין ליבר שוועהר וואלד אין ניט בֿון אים לון:

442 עש קאם אם טאג דעם ווירדן אז דער מורגין בראך
דער מן* דער וורואיט זיר אוייף אונ׳ ריכטט זיך צו זיין זאך

245 Rashi: "Ben Menasheh— In deference to Moses, the letter *Nūn* was included, thus altering the name. It is scripturally suspended to indicate that he was actually not Manasseh [מנשה], but Moses [משה]" (Judg. 18:30).

246 Ralbag: "And when her man saw this, he went after her to talk to her and ask her to return, for he believed that she had left him due to their altercations at his house" (Judg. 19:3); Radak: "And [she] went away from him— For her husband was angry at her and she had gone to her father's house" (Judg. 19:2). See also SM333b.

437a crossed out: משה | 437b crossed out: ווש | 437c original form: יונֶתָן אונ׳ זיין דינער אונ׳ זיין קינדר | 437d crossed out: .:וואש | 442b redundant: גין

דער שוועהר צו אים שפרך וויא אישט דיר אזו נוט[247]
הין וועק זולשטו ניט קומין דו אישט דען איין שטוק ברוט׳

199b | זיא זושן מיט אנדר ער אונ׳ דער שווהער[!] זיינ 443
זיא אושן אונ׳ טרונקן וואל מנענבכין[!] גוטין וויינ׳[248]
דער שווהער[!] צו אים זייט דו זולשט יוא היינט הין בלייבן
אונ׳ לוש דיר גר וואל זיין די צייט בֿור טרייבן:

444 דער איידם שטונד אוייף זיין שטרוש וואלט ער גון
דער שווהער בט אין זער ער ליש אין ניט דער בֿון
ער אובער רידיט אין אונ׳ באט אין אלזו זיר
דו בלייב ער אויך דיא נאכֿט אבער בייא דעם שוועהר::

445 עש קאם אם דעם ואופֿטן טאג דער מן שטונד אוייף אן דעם מורגין
גין הויז וואלט ער הין גון ער וולט ניט לענגר בורגין
דער שוועהר שפרך צו אים איין שטוק ברוט זולשטו עשן
אי איר אוועק ציכט דש הון איך מיך בור מעשן

446 אויך אישט עש נאך צו וורוָא זיימט אויך איין קליין ווייל
ביש דש דער טאג אוייף גוט ווי הט איר אזו גרוש אייל
זיא בליבן אבער דו אונ׳ אושין אבער ברויט
זי זוימיטן[!] זיך זוא לאנג דש עש וואָרד שפוט*

447 זיין שוועהר שפרך צו אים עש אישט גר שפעט גווארדן
היינט זולטר איר אלהיא בלייבן אונ׳ ליגט ביש אן דען מורגין
זו זולט איר דען הין גון גר וורוא וואל אן דש וועלט
דש דו מאגיש היים קומין ביי טאג צו דיינם גצעלט::

200a | דער מן דער וואלט ניט בלייבן אונ׳ ווער עש נאך אש שפעט 448
ער מאכֿט זיך אוייף די שטרוש אונ׳ נאם אל זיין גרעט
דער יונג אונ׳ דש קעבש ווייפא אונ׳ זיין איזלן
צו יְרוּשָׁלַיִם וואלט ער ניט גין הין איין:

[247] Idiom: “Why do you hurry?” [lit. “How is it that you have such need?”]. Grimm 2021, Noth, CI3b: “Mir ist noth, ich bin eilig.”

[248] Cf. “And when Boaz had eaten and drunken, and cheered his heart” (Ruth 3:7).

446d Above this word are five pairs of dots, which seem to distinguish between two stanzas that were written continuously. After this word is a superfluous letter, possibly ך.

449 דער טאג דער וואַרד שפעט גווארדן דו זיא דורטן הין קומן
דער [יונג] שפרך צו אים אלהיא וואלן וויר אונש זוימין
ניין שפרך זיך דער היר קיין יוד אישט ניט דינן
בייא דען ווילדן היידן לוש איך מיך ניט ווינדן:

450 דא שפרך ער צו זיינם יונגין וויר וואלן בֿור בש גון
גין גִבְעָה אודר צו רָמָה דו וואלן מיר בלייבן שטון
זי שטופטן זיר דען איזיל[249] אונ׳ בורבש זיא דו גינגאן
וואל בייא גִבְעַתֿ[!] בנימין די נאכט זי זיר בווינגאן[250]:.

451 זיא קומן דאר גין גִבְעָה צו בלייבן אובער נאכֿט
זיא זושן אן דער גאשן קיין מענש דש אירר אכֿט
זיא זושן אזו לאנגי דש זיא ניט ביל בור דרוש
עש זיין מוטר מענש דער זיא אין דש הויז בשלוש:

452 עש קאם איין אלטר מן דער וואש באלד הער גון
ער זאך דער מן דען גאשט דו אין דער גאשין שטון
דער זעלביג אלט מן בֿון אפרים וואש
אונ׳ אין גִבְעַתֿ בנימין ער דינן זאש::

453 | עז זייט דער אלט מן צו אין בון ווענן זייט איר קומן 200b
אונ׳ וואו וואלט איר הין גון דש הון איך ניט בֿור נומן
דער גשט שפרך צו אים בֿון ביתֿ לֶחֶם צוואר
אונ׳ היים וואל וויר גין צו בערג אֶפְּרַיִם דוא הין ציך איך הין בֿור וואר::

454 בֿון* בערג אֶפְּרַיִם איךֿ דאר וויל גין
נון בין איך אן דער גאשן איך ווייש קיין הערבריג אין צו שטון
נון הון איך ברויט אונ׳ וויין דש אונש קיינש ניט גבריכֿט
בוטיר אונ׳ שטרויך גינויק מיר מנגילט ניכֿט:.

455 דער אלט מן שפרך צו אים קיין מאנגיל זולשטו הון
נון גיא אב בון דער גאשן מיט מיר זולשטו היים גון
ער ברוכֿט צו אים היים* דער אלט מן אין דש הויז
זיא טרונקן אונ׳ אושין אונ׳ גאב דעם איזיל אויך עשן אונ׳ טרינקן אויש::

249 The source for this is obscure.

250 Idiom: “The sun began setting before they had reached a safe place” [lit. “The night had caught them very much”].

454a perhaps s.b. גין | 455c perhaps s.b. ער ברוכֿט אים צו היים, or: ער ברוכט זיא צו אים

456 דו זיא אם בעשטן זושן גר וורוליך זיא וואָרין
די מאנין בון דער שטאט די קומין הינטן אונ׳ בֿורין
די בויזווכֿט[251] גר אלי זאמין זי קלופטן אן דש הויז
זיא זייטן צו דעם* אלטן גיב אונש דען מן הראוייש:

457 דער גאשט דער דו אישט קומין הראויש זולשטו אין געבן
וויר וואלן אין בשלופֿין אונ׳ וואלן ווילד מיט אים אום גין אונ׳ לעבן[252]
ניין שפרך זיכש[!] דער אלטי נון ליבן וורונדן מיין
| קיין לייט זולט איר אים ניט טון ער אישט צו מיר קומין איין: 2012a

458 איר זולטיר אין נון ניט אובלין אונ׳ זולט קיין בושהייט אן אים ניט טון
איך הון איין הופשי טוכֿטר צו איר זולטיר אהין גון
אונ׳ אויך דש קעפש ווייפא דש זיינ׳ וויל איך אויך געבן
דיביידי זולטיר העלזין[253] אונ׳ לושט מיר דען מן לעבן::[254]

459 די מאנין די וואלטין ניט דען אלטין מן צו הורן
זיא וואלטן יוא דען מן גין פֿיורנעץ פֿורן[255]
ער בגרייף דש* קעפש ווייפֿא זיינ׳
אונ׳ שטיש דו הין אוייש בֿור דש הויז::

460 די מאנין נאמין זיא אונ׳ שינפֿטן זיר
מיט איר וואל דיא גאנצי נאכֿט ביש אן דען מורגין שיר
דיא פֿרוייא הט ניט גרויט׳ דש שווער איך בייא מיינן אייד
דיא גאנצ אום גין נאכֿט דש טעטן זיא איר דש צו לייד:

461 דו דער מורגין אוייף גינג׳ דו שיקטן זיא דו הין
גיא נון הין צו דיינם מן אונ׳ ברענג אים דען גווינא[256]
דיא וורוא די קאם גיוואלן בור דש* אלטן הוייש
ביש דש דער טאג דער לוכֿטיט בלייב זיא הראוייש׳:

[251] 'Rascal.' See footnote to SP406a.

[252] לעבן means 'to live.' Here it has a sexual connotation. Grimm 2021, Leben, 10: "Geschlechtlich: er lebt mit einer, pflegt mit ihr geschlechtlichen umgang."

[253] העלזין means 'to embrace.' Here it has a sexual connotation. See footnote to SP383a.

[254] Cf. Judg. 20:5.

[255] Idiom: "To have homosexual intercourse with a man" [lit. "To take that man to Florence"]. Cf. the city's medieval name in Italian, Fiorenza. This idiom reflects the city's reputation in the Late Middle Ages as a place where homosexuality was widely practiced, see Rocke 1996. Grimm 2021, Florenzen: "Sie florenzen oder erkennen auch [...] die knaben;" ibid., Florenzer: "Paederast."

[256] "Now go to your husband and bring him your pay." A demeaning saying implying that the woman was a prostitute who received payment for letting men violate her.

456d crossed out: אלטאן | 459c crossed out: קבעבש | 461c crossed out: הויז

462 איר הער דער שטונד דו אוייף* זייני שטרוש הין וועק צו צידהן
דו ער די טויר* אוייף טעט דש ווייפא וואנד* ער דו ליגאן
איר הענד* יוא אוייף דער שוועלן הט זיא עש* אלדו גשטרעקט
201b | זיא וואש אלדו גשטורבן דער טויט הט זי גדעקט::[257]

463 דער מן דער שפרך צו איר שטיא אוייף דו ליבש ווייפא וויר וואלן וועק גון
ער הויב זיך אוייף אונ׳ שטעלט זיא הער אונ׳ הין זיא קונט ניט אוועק גואן נאך אוייף שטון
דער מן דער לויד זיא אוייף דען איזיל זיינ
אונ׳ ווארט זיא אין זיינ שטאט אין זיין הוייש הנאיין::

464 דער מן דער נאם איין מעשר אין זיין רעכטי הנט
ער שנייד זי צו צווילף שטוקין אונ׳ זאנט זי אום אים לאנט
ישראל זולטן עש זעהן אונ׳ ניט לושן און גרוכין
דיא גרושי שאנד דש דיא פֿרוא אישט זו יעמרליך* גשטוכין
מן הוט עש ניט מין גהורט אין אלן לאנדין::* [258]

465 ווער דן שטוק ווערט זעהן אונ׳ דיזי מער דער הורט
דער שפרך עש אישט ניט מי גוועזן אונטר ישראל גיבורט
איין זולכֿי בוברייא[259] אישט ניט מין גשעהן
אונטר כל יִשְׂרָאֵל דש מוגין וויר וואל ייעהן:*

466 זינט דש ישראל זיינ גגאנגין אוייש מִצְרַיִם לאנט
קיין זולכי טויט אישט ניא גשעהן אונ׳ אלזו גרוש שאנד
דו* בון זול מאן רידן אונ׳ זול איין רוט דרוייף מאכין
בֿון דען הערצאן זול עש ניט קומין[260] ביש עש מאכֿט ריכֿט די זונט דארף וויר ניט צו לאכֿין:

202a 467 | עש קומן אל ישראל איין זאמלונג אלזו גרויש
זיא ווארן זיך זאמלין גר וויל אוייש דער מויש

[257] Idiom describing death: “Death covered her.” Cf. Grimm ibid., Decken, 2: “Die blässe des todes deckt (überzieht) meine wangen.”

[258] Idiom: “This is unheard of” [lit. “This was not heard again in any country”]. According to the epic’s stanzaic structure, this line is superfluous.

[259] This word has also a (negative) sexual connotation. Grimm 2021, Büberei: “Einigemal für päderastie.”

[260] Idiom, oath formula: “It will not be forgotten” [lit. “This will not come off our hearts until…”]. Cf. “I am forgotten as a dead man out of mind [heart]” (Ps. 31:13). According to the epic’s stanzaic structure, this idiom seems superfluous.

462a redundant: זי | 462b.1 redundant (double): אוייף דוא | 462b.2 redundant (double): דוא | 462c.1 redundant (double): זיא עש | 462c.2 redundant: דו הט | 464d redundant (double): אישט | 464e According to the stanzaic form, this line is redundant. | 465d According to the rhyme scheme, זו is redundant.
466c original form: דון

הער בֿון אלן לאנדין ביר הונדרט טוזינט מן
וואל הין גין מִצְפָּה דו קומין צי גון:

468 זיא בשטאלטן די הוייבט הירן בֿון אלאיר גשלעכֿט[261] Judg. 20
זיא זייטן לוט אונש וושן די זאך אלזו רעכֿט
אונ׳ וויא די בושהייט גרוש אישט אלזו גשעהן
דו* מן בֿון דיזר פֿרויאין בגונד זיא צו ייעהן:

469 גין גִבְעָה בין איך קומין אין דיזר שטאט
איך אונ׳ מיין קעפש וייף צו בלייבן אובער נאכֿט עש וואש שפוט
דיא מאנין בון גִבְעָה דיא אום רינגליטן[!] דש הויז
מיך וואלטין זיא פֿורין גין פייורינצ[262] מיין ווייפא נאמן זיא הראוייש

470 דו לוגין זיא בייא איר מיט פיינגונג׳ אזו גרוייש
וואל איין גאנצי נאכֿט דש זיא עש בֿור דרוייש
זיא קונט עש ניט דער ליידן זיא מושט לושין דער הוייט[263]
דש איש נאך ניא גשעהן מיט קיינר פולצעל נאך קיינר ברוייט׳:.

471 דו הון איך זיא צו שטוקט אונ׳ צו גלידרט גר
גזענט צו אל יִשְׂרָאֵל דש זיא עש זול ווערדן גוואר
דש איין זולכי בושהייט אין ישראל אישט גוועזן גשעהן
נון זייט איר היא אלזמן איין רוט זולט איר דרוייף יעהן:.

472 | דש וואלק אלי זאמין שפרך גר מיט איינם מונט[264] 202b
נון זיין וויר היא אלזמן אוייש דיזר שטונד
וויר וואל ניט היים גון קיין מענש צו זיינם גצעלט
אונ׳ קיינר זול ניט טרעטן בֿון הינן בון דיזם וועלדא:

473 די זאך זול מן יוא רעכֿן גין גבעה וואל מיר גאן
אלהיא מיט אונזרם קלוגין זול מן עש יוא טון
איין לויש זול מן ווערפֿן צו אל אונזרם גשלעכֿט
וויא וויר דיא זאך זולן אן גרייפֿן דש מיר טון רעכֿט:

261 Targum Jonathan: "And the heads [chiefs] of all the people" (Judg. 20:2).
262 See footnote to SP459b.
263 Idiom describing death: "She could not bear it, she had to leave her skin."
264 Idiom: "Unanimously" [lit. "With one mouth"]. Cf. "They gathered themselves together to fight against Joshua and against Israel with one accord [mouth]" (Josh. 9:2). Radak: "With one mouth— In agreement and unanimously" (Josh. 9:2).

468d perhaps s.b. דר

474 עש זולן ציהן מאנין אובער דש הונדרט גביטן
אונ׳ הונדרט* אובער טוזינט נאך דעם אלטין זיטן
אונ׳ דש טוזינט צו ציהן טוזינט ברענגין ברויט אונ׳ וויין
צו גשלעבֿט ישראל אין דש היר הינאיין:

475 דו זאמלט זיך אלזמנט אל גשלעבֿט יִשְׂרָאֵל גמיינ
אוייף דיא שטאט גִבְעָה בייד גרוש אונ׳ קליינ
בֿון דער בושהייט וועגן די זיא הטן גטון
דיא שטאט גאנצ צו בֿור דערבן דש קיינר קאם דער בֿון:

476 עש זנטן ישראל בוטין צו בנימין גשלעבֿט
203a לושט אונש דיא בושהייט | וושן אונ׳ אויך דש גרוש אונרעבֿט
דיא גרוש בובריא׳[265] די דו אישט גשעהן
אין אוארם[!] גשלעבֿט דש ניא איש וורדן גזעהן*

477 געבט אונש דיא בובן הראוייש וויר וואל זיא נון טויטן
דש בויז זול מאן אוייש רומן איר זול זיא ניט בהויטן
ווש זיא ישראל הישן דש וואלטן זיא ניט טון
אונ׳ שפוטטן איר דש גובין זי אים צו לון:

478 בנימין דיא ווארן זיך זאמלין בֿון אירן שטיטן צו שטרייטן
צו דער שטאט בֿון גִבְעָה וויל אונגליק וואלטן זיא ברייטן
וואל זעבש אונ׳ צוויינציק טוזינט גוואפֿנטאר* מן צום שווערט
אונ׳ זיבן הונדרט מן דיא מיט אירן שלינגאן הערט:

479 דיא זעלביגא זיבן הונדרט מאן דיא ווארן אוייש דער ווילט
בון אל דעם גשלעבֿט בִנְיָמִין ווארן זיא אוייש גצילט
גלינק מיט אירן הענדן קונטן זיא עש וואל שלינגאן
גנוייא׳ צו איינם הור[266] דש קונטן זי באל ווינדן:

480 אונ׳ אל גשלעבט ישראל צו זאמן ווארן זיא גצילט
וויר מול הונדרט טוזינט צו שטרייטן אוייש דער ווילט
דו שטונדן זיא אוייף אלי זאמן גין בֵיתֿאֵל[!] דו צו גון
אן גוט׳ וואלט זיא וורוגין ווש זיא זולטן טון::

[265] See footnote to SP465c.

[266] "All these could sling stones at an hair breadth" (Judg. 20:16). Here the reference to a single hair is a translation of the biblical text, whereas elsewhere in the epic it is an idiom (e.g., SP117c).

474b The ט in this word is written over a ד. | 476d The manuscript lacks an ending mark for this stanza, and the next one starts here immediately. | 478c This word has been divided into two parts, גוואפֿנט was written at the end of the line, and טאר was written at the beginning of the next line.

481 | ישראל וורוגט גוט אונ׳ ווער דער ערשט זיין 203b
מיט בנימין צו שטרייטן אונ׳ אן צו היבן דען פיין
גוט׳ דער ווש אין ענטוורטן יהודא זול מן אוייש לעזן
דער ערש זול ער יוא זיין אן צו היבן דש וועזן::

482 דו שטונד זיא אוייף אל זאמין אן מורגין זיא גר ווראטין
צו שטרייטן אוייף צו גִבְעָה אונ׳ זיא אל* רואטן
בֿור וואר בנימינש קינדר דיא ווארן אויך ניט לש
זיא גינגין הער אויש גיגין אין אונ׳ טריבן זיא בור בש

483 בנימין דיא דער שלוגין אן ישראל מן
וואל צווייא׳ אונ׳ צוויינציק טוזינטן מן דש קיינר קאם דער בֿון
יוא צו דיזם ערשטן מול הט אויך דש בעטן ברוט
נידר צו דער ערדן לויגין זיא אל טויט

484 דש גשאך אם ערשטן טאג עש וואר אין אוביל גאנגין
אונ׳ אויך אם אנדרן טאג איין שטרייט ווש זיא עש בוואנגין
דו ריכטן זי צו אש בֿור עש וואש גוועזן
אבער לויט צו רעכן שטרייט ווארן זיא אוייש לעזן::

485 דאך גינגין זיא עש בֿור אונ׳ וויינטן בֿור גוט׳
זיא טרייבן גרושי קלאגי | ביש אן דעם אובנט שפוט 204a
אונ׳ וורוגטן אבער גוט׳ אוב זיא זולטן ווידר קירן
מיט בנימין צו שטרייטן אודר זול איך מיך פֵּערן::

486 דו ווארד אין גוט זאגין יוא גיט הין צו אין
זיא גינגין אבער דאר אונ׳ הטן קלייני גווין
אן דעם טאג דעם אנדרן בנימין דער שטארק העלט
ער גינג זיא צו שטרייטן הער אוייף דש וועלט:

487 אונ׳ זיא קומין בון דער גִבְעָה די העלדין לובזם
מיט איר העלטין אונ׳ גרושן שילינגין אונ׳ מאכֿטן זיך הנאן
מורטליכי גרושן שליג זיא טריבן זו וויל וואונדר
איר שטרייטן הורט מן ווייט אז ווער עש גוועזן איין דונער::

488 בנימין ברוכֿטן אבער קינד ישראל אין נוט
אכציהן טוזינט מן שלוגין גר צו טויט

482b redundant (double): זיא

נידר צו דער ערדן דש קיינר אובער בליב
בִּנְיָמִין איר ברודיר אבער איינש בור טרייב׳

489 דש גשאך אין אלש דרום דש זיא ניט הטן בֿור טילגט*
מִיכָה הט גימאכֿט די תְּרָפִים אונ׳ דש בילדא
דרום מושטן זיא דו ליידן אונ׳ קומין זיר אין נוט* 267
נידר צו דער ערדן אל זאמן ליגאון טוט׳:

490 ישראל דיא גינגן אוייף גין ביתאל[!] זי דאר קומן
דש וואלק אלש מיט אנאדר* | דו זיא [דען] שטרייט בור נומן 204b
זיא זאצטין זיך נידר אונ׳ וויינטן בֿור גוט
דו ווארן זיא* יוא וואשטן ביש אן דען אובנט שפעט:

491 זיא ברוכטנט אוייף בורזונוג[!] דער אופּפֿר אלזו וויל
די שווייף אונ׳ אויך רינדר מין ווען איך זאגין וויל
פִּנְחָס ליש בֿרוגין אבער איינש אן גוט׳
אוב ווילטו אונש* נון העלפֿן אלהיא אוייש דיזר נוייט׳

492 פִּנְחָס דער וואש דו שטן וואל אין דער זעלביגאן צייט
אלדו בור שריין גוט אש גשריפּט אונש זייט
אונ׳* זול איך ווידר גין מיט זיינם ברודרן שטרייטן
דש לוש מיר אלהיא וושן אודר זול איך עש בור מיידן::

493 גוט׳ דער וואש יוא הייש זיא הין אוייף גון
מורגאן אין זיין הנט וויל איך אין געבן שון
ישראל ווערדן יוא אבער שטרייטן
צו ברייטן צו שטרייטן אן דיא גִּבְעָה צו אלן פייר זייטן:

494 איין לוגונג׳ צו דער גבעָה* הטן זיא דאר גיטון
דיא מאנן בון דער גבעה וושטן נישט דער בֿון
| בֿון בנימין גינגין הראויישר אז איין שטארקר העלט 205a
גיגין קינדר ישראל אבער איינש אן דש ווערדא:

267 Rashi: "They crushed [Israel]– They were punished because they were not equally vengeful over the incident of the figure of Michah, which had already taken place" (Judg. 20:21).

489a An ink blot covers an illegible (erased?) two-letter word. | 489c original form: נוויט (ligature: נו) | 490b Three dots here ostensibly mark the end of the stanza. | 490d redundant (double): דו ווארן זיא | 491d redundant: צו[?] נון וולטו | 492c An additional ‘אונ with three dots above it is written in the right margin, at the height of this line. Three dots are marked over the line between the words ‘אונ and זול, but there appears to be no need for this amendment.

495 זיא לוקטין זיא הראויישר ביש זיא קומין אין דיא ווייט
דש זיא מוכֿטן אונ׳ רינגלן אש דש בויך אונש זייט
ישראל גערן וולוהן אונ׳ לושן זי גווינאן
קומן זיא צו ש[ט]ייגאן וויר וואל זי אום רינגלן:

496 בנימין דער שלויג בון אים צו טויט וואל דריישיג מן
ישראל דיא ווארן וליהן אונ׳ רוקט זיך הין דאן
אונ׳ לישן זיא בון אין אז זיא בור וואר גווען
דו שפרוכֿן קינדר בנימין זיא קונאן ניט גנעזן[268]:

497 ישראל מיט זיינם לויגר הוט עש אלזו בשטאלט
יוא ציהן טוזינט מן די זולטן קומן באלד
די שטאט איין צו נעמן מיט וורײידן אן* צונדן
יוא צו דער רעכֿטי צייט זולטן זיא זיך פינדין

498 | איין רוך֗ זולטין זיא מאכין דש זיא עש ווארדן גוואר 205b
וויא זיא העטן גוואנין די שטאט אלזו גר
דער לויגר ער דו לאג אונ׳ווארטט אוייף די צייט
ווען די קינדר ישראל הובין איר שטרייט:*

499 בנימין בון דער שטאט ווארדן הין דו בון גרוקט
דער לוגיר שטונד אוייף דו בֿון ער דיא שטאט צו יוקט
אליש דש דינן ווארן אונ׳ דרינן וואנט צו דעם שארפֿין שווערט
ווייביר קינדר אונ׳ קיגיל נידרנט צו דער ערדן:[269]

500 דש פֿוייאר די דו אנצונט אונ׳ דער רויך וואַרד זער אוייף גין
בִנְיָמִין קארטין זיך אום אונ׳ ווארן זיר דער שטון
זוא זיא דש פֿייאר זוהן זיא דער שרוקן זיר
דו קורט זיך ישראל אום מיט זיינם גרושן היר:

[268] Idiom describing death: “They could not heal.” See also SP134b.
[269] Cf. “Slew down to the ground” (Judg. 20:21).

494a Perhaps a *zere* was marked under גבעֶה. | 497c redundant: צן; crossed out: זו | 498d This stanza and the first line of the next stanza were copied twice. The five lines that were copied first, at the bottom of the previous page, were crossed out with three diagonal lines. There are different spellings in all lines but word differences occur only in the last two lines. They read:
איין רוייך זולטן זיא [ך written over א] מאכֿן דש זיא עש וועררדן גוואר / וויא זיא העט גוואונן די שטאט אלזו גר / דער לויגר ער דו לאג אונ׳ וורטט אוייף [דען, redundant] written over דיא] די צייט / ווען קינד ישראל וואולטן אן היבן איין שטריט / [space, new stanza] בנימין בון דער שטאט זיא ווארן ה[י]אן הער בון קרע[ויכ]ט זער

501 בנימין זי דו ייאגטין דער שטרייט וואש זו שוועד
בנימין גיגן דער* וואשטנייא זיא וולוהן מיט גוויר
אכציהן טוזינט מן אל זמין גוטי העלד
צו שארפין שווערט גשלאגין נידר אין דש פֿעלד

502 | זיא וולוהן נאך דו הין צו פעלזן דש מילגרם[270] 206a
דו שלוגין זיא וואונף טוזינט דש קיינר דער בֿון קאם
זיא ליפן אין נאך גין גדעון [!] אין די שטאט
צוויא טוזינט אונ׳ הונדרט[271] מן דיא מכטין זיך באלד אוייף די פֿארט:

503 נון וואורדן טוייט גפֿאלין בון בִנְיָמִין וואלק
בונף אונ׳ צווייניציק* טוזינט אונ׳ הונדרט מן זו שטולץ[272]
עש בלייבן יוא ניט מין אובער נוֱייארט זיכש הונדרט מן
אין דש מילגרם וועלזן קומן זיא דער בֿון:

504 דו קורטן ישראל נון ווידר אין בנימין שטעט זיא קומין
די שטיט זיא אן צונטין מיט פֿוייאר אונ׳ מיט וולאם*
דש קליין וואלק[273] אונ׳ דש וויך אלש צום שרפין שווערט
עש לאג גשלעבֿט בִנְיָמִין אן דיזם טאג זו הערט:

505 נון הטן קינדר ישראֵל גשווארן בייא אירם לייבא
אין דער מִצְפָּה צו זאמין דש מאן ניט זולט קייני ווייפֿא*
בֿון אלן אירן טוכֿטרן צו קינדר בנימין געבן
אז לאנג ביש דש איין איזיל אן דעם ראכן לערנט וועבן:[274]

[270] Translation of a name.

[271] Judg. 20:25 gives the number of the fallen men of Benjamin as 25,100, whereas verses 44 – 46 mention 25,000. Rashi tries to reconcile this by counting one hundred men who fell in unknown places: "The remaining one hundred recorded above [Judg. 20:35] fell at unnamed locations" (Rashi on Judg. 20:45). The epic claims that those hundred men fell at the rock of Rimmon, but I have not found any source to support this claim.

[272] According to Judg. 20:35.

[273] Rashi: "Completely annihilating the cities— […] To annihilate the women and children" (Judg. 20:48).

[274] Idiom: "Until a donkey learns to weave on a distaff." This is an adynaton, a figure of speech describing the improbability of something happening (for instance, "When hair grows on my hand"). Here it is used as an oath formula. Cf. the Hebrew adynaton "Until a donkey climbs up the ladder" (Riegler 2017).

501b redundant: ווא | 503b redundant (catchword): טו׳ | 504b according to the rhyme scheme, here s.b. וולאמין | 505b Second Yud was seemingly stained by an ink blot.

506 | דו קאם דש וואלק אלי זאמן גיא בֵּית אֵל דאר צו גון 206b, Judg. 21
דער נאך דש זיא עש דען טוט הטן גטון
דו זושן זיא בֿור גוט׳ ביש אן דען אובנט שיר
זי וואדרן יוא אל זאמין ווייננאן גר אונ׳ גר זיר:.

507 אונ׳ ווארום גוט׳ ישראל אישט דער טויט גוועזן
דש גשלעכט בנימין ניט הוט׳* זולן גנעזן
נון ווערט אונטר ישראל גברעכֿן איין גשלעכֿט
דש זול יוא ניט זיין אונ׳ אישט ניט גר רעכט:

508 דש וואלק ווש בהענד איין מִזְבֵּח זי בוייאטן זי דאר
איין אופפר דרוייף צו ברינגין אוייף ישראל שאר[275]
דש אין גוט׳ נון זולט דיזי זונט בֿור געבן
דש זי גשלעכט בנימין העט גינומן דש לעבן

509 עש וואש זיא זער גרוייאן דש זיא הטן גיטון
וויא זול מיר אים נון טון עש אישט גשעהן נון
קונטן וויר* טראכטין אונ׳ קונטין איין זין וויינדן[276]
דש וויר מוכטן ווייבר געבן בנימינש קינדן:*

510 נון הבן מיר עש גשוורן אלזו איין גרוש אייד
דש וויר עש זולן | געבן קיין וורוא נאך אויך קיין מייט 207a
אונ׳ ניירט מושט איין גשלעכֿט דש ניט ווער צו אונש קומן
דו וויר אין מִצְפָּה ווארן עש זולט אים יוא ניט ווּרומן:

511 אזו הטן זיא גשווארן דיא וויר הונדרט׳* טוזינט מן
גברעך דש זעלביג גשלעכֿט* דש זיך ניט מאכֿט היין דאן
דש זעלביג׳ גשלעכֿט זול מן גאנץ דער שלאגין
מאנין אונ׳ אויך וורואין מאן זול יוא קיינם בֿור טראגין:

[275] Radak: “And [they] made there an altar— Due to the calamity that took place with the people of Benjamin, they built an altar and offered burnt offerings and cried before God saying [cf. Judg. 21:3] ‘Why is this come to pass, that one tribe should want?’” (Judg. 21:4).

[276] Idiom: “To find a solution” [lit. “To find sense”]. Grimm 2021, Sinn, II16f: “Im mhd. und im 16. jahrh. steht sinn überaus häufig für ‘gedanke, plan, anschlag, ausweg, mittel, list’ und ähnl. […] einen sinn finden, erfinden.”

507b ‘הוט’ with two dots to its left is written in the right margin, at the height of this line. Three dots are marked over the line to indicate where the word should appear. | 509c redundant (catchword): טן | 509d End of the stanza marked with a horizontal colon (*zere*) under the word קינדן. | 511a ‘הונדרט’ with two dots over it is written in the right margin, at the height of this line. There is an ink blot on this word, apparently erasing a superfluous ד. Three dots are marked over the line to indicate where the word should appear. | 511b redundant (double): דו איין גשלעכֿט

512 דש וואלק דש זואכֿט גנוייא׳ אונ׳ קיין גשלעבֿט ווארד מנגלין
זיא זוכֿטן דורך דש וואלק דיא ברייט אונ׳ אויך דיא לענג
נון ווש בון זיצר גלעד קיין מענש דורטן הין קומן
צו דער מִצְפָּה הין דש מוכֿט זי יוא ניט וורומן:

513 דו זאנט דש וואלק בֿון גלעד וואל צו צוואלף טוזינט מן
קנדר[!] שטרק העלדי אל זמין לוב זאם
זיא גבוטן הין* בייא אוייארם לייפּא
אונ׳ דער שלאגיט זיצר גלעד עש זייא מן אודר ווייפּא

514 קליין גזי[נ]ט אונ׳ ורואן צו שארפֿין [שווערט] זיא דו שלוגין
אונ׳ אל דיא מניש נאמין דען זולט איר אין ניט בור טראגין
207b | ווען נוייארט אל די פולציל די קיינין מן הוט בשלופֿן
איר זולט זי לושן לעבן אונ׳ זולט זיא ניט שטרופֿין::

515 עש גינג דו הין דש וואלק אונ׳ דער וואולט אירי גאנג
זיא שלוגין זיא אלי זאמין אונ׳ מאכטן זי עש ניט לאנג
דו פֿונדין זי אלדו וויר הונדר[!] יונגין ווראוין
דיא בון קיינן מן ניט וואשט אונ׳ קיין מאן הטן זיא בשואין:

516 דו ברוכֿטן זיא פולציליש גין שִׁילָה אין דש לאנט
צו דער שאר ישראל גר שיר אל צו הנט
דו שיקט אל די זמלונג גין ווען דש מילגרם
צו דען אובריגן בֿון בִנְיָמִין דש זעלביגש דו מן זיא פאנט

517 זיא רופטן אין איין וורידן זולטן זיא קומן
היים אין אירן שטיטן די מאן אין הט גינומן
אונ׳ גובין אין די ווייבר בון גלעדש לוייט
נון הט אויך זי צו ווייבר זי זיין אוייאר ברוייט:

518 דו זייטן יוא די אלטן איר זייט ניט גנויגין
פֿינט מאן נאך צווייא הונדרט די זיך צו אים דאר בֿויגט
אונ׳ דש גשלעבֿט בנימין דש זול זיך ווידר מירן
איין ברוכניש[277] אישט גשעהן בֿון אונזרם גוט׳ דער הערין::

[277] Cf. The translation of Judg. 5:2 in the Augsburg Yiddish Pentateuch of 1544: אין ברעכֿן ברוכֿניש אן ישראל

513c s.b. אין

208a | עש ווער ניט גר גלייך אונ׳ ביליך אונ׳ ווער אוך ניט גר רעכֿט 519
דש דו זולשט גברעכן אין איין גשלעכֿט
בון מיין ערבא אונ׳ אנטרי[נ]וג וואלן וויר בנימין געבן
אונ׳ וואלן זיא דער נירן אונ׳ וואלן זיא לושן לעבן:

וויר טורן אין יוא ניט געבן קיין ווייפא בֿון אונזרן קינדין 520
זו גברעכן אין וואל צווייא הונדרט וואו* זול מן זיא פֿינדן
דער עייט אישט אזו גרוש וויר טורין אין ניט ברעכֿן
זוא הון מיר קיין מענש ניט מער צו דער שטעכֿין:

נון מושן מיר ווררייליך איין זין דער צו טראכֿטין[278] 521
אונ׳ דש מיר קינדר בנימין צווייא הונדרט ווייבר מכֿטן
זיא זייטן צו בנימין צו שִׁילָה אישט איין טאנצ
דו הוט איקליכר מן איין הופשי ווראן אן שוואנצ:

איקליכר מן דער ניט הוט איין ווייפא די טוכֿטר זול ער* צוקין 522
אונ׳ ציכט מיט אים נון היים עש ווערט אויך בגלויקן
ווערט דען קומן איר וואטר אודר ברודר צו קריגאן
גוטי ענטוורט זולט איר געבן גיגין אים זולט איר אויך בֿוֶיגין

אלזו זולט אירם זאגין איר זולט אונש דער בארמין 523
נון זיין מיר דויך אווייאר ברודר דש גשלעכֿט דיא ארמן:
208b | איר הט אונש זי ניט געבן מיר הבן דיא זעלברט נאמן
דען אייט הט איר גהלטן לוט אונש נון זי בקומין

אזו טעט דש גשלעכט בֿון בנימין די טענצרניש זי צוקטן 524
נון הטן זיא דיא ווייבר די זי נון יוֹקטן
דו פורטן זיא היים הין צו אירן שטיטן צוואר
דש בויך דש הוט איין ענדי גוט׳ געב אונש וויל גוטר יואר

אמן סלה*

[278] Idiom. See footnote to SP509c.

520b redundant: ש | 522a ע written over א | [אמן סלה] These seem to be the copyist's own words.

זה השער ליי
ספר שופטים

Sēfer šōfĕṭīm, Mantua 1564
National Library of Israel, Jerusalem R8=94A2391. Frontpage

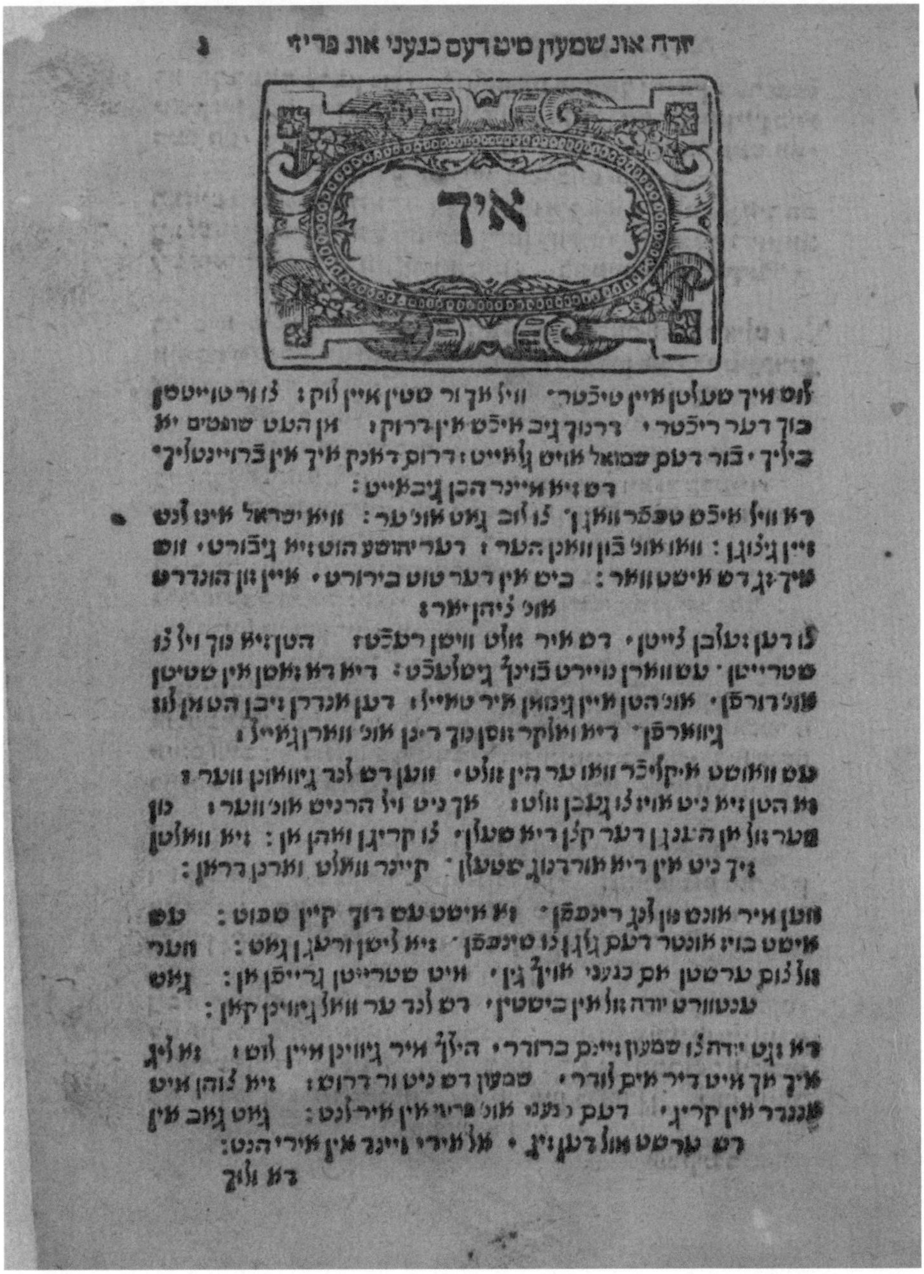

Sēfer šōfĕṭīm, Mantua 1564
National Library of Israel, Jerusalem R8=94A2391. Fol. 3a

ספֿר שופֿטים

מנטואה, 1564

1a |* זה השער לייי

ספר שופטים

דר נוייט אין טוייטשר שפרוך· וואל גריימט אין עבֿט גיזעץ:
איטליכֿם ווערט דרנוך זיין גוך· ווען מן וינט עש ניט שטעץ:
זא הויפש גיריימט אונ׳ בשיידליך· דרום קומט אונ׳ קאפֿט ווידליך:
גידרוקט צו מנטואה[1] אין דער שטט· צו דריי הונדרט אונ׳ ויר אונ׳ צוונציג:
אים יאר דז מן אויז גיצילט הט: לוב צו גאט דעם איינציג:
אן גיהובן אונ׳ פֿולענט אויז· אויף דעם טורן בום צייגר שאן:[2]
אין פֿיליפונש הויז·[3] הוט מן די זאך גיטון:

1b |*

2a |* עש זולט זיך ביליך איינר נענן· דש מן אין אך זולט קענן:
אין אונ׳ זיין גישלעבֿט·[4] אודר ווש דא איז זיין גיטרעבֿט:
אודר דורך ווש גרונט· אישט דש בויכֿלן ור טוייטשט איצונד:
אודר אישט עש מין גיוועזן· דש איין מענש ואר העט גילעזן:
זו ווער ער יא ביליך בֿור אכֿט· דש ער עש ווידר העט גימאכֿט:
ווש דא ווער ואר קומן אין דיא גישריפֿט· אז העט ערש בֿון נוייאם גישטיפֿט:
דיא ווייל עש גישיכֿט זעלטן· דש ווער איין רום דער וואל ווערט איז צו שעלטן:
אבר דא מיט וויל איכֿש ור בלוימן·[5] איך קן מיך ניכֿש זוינדרליך בירוימן:
ווען דש איך איין עברי בוך צו טוייטש מך· דש איז איין קלייני זך:
איינם איקליכֿן עברעאר צו גלוזירן· עש דארף דוך ניט ויל טישפטירן:

[1] The name of the Italian city Mantova in the local Mantovan dialect.

[2] The city's clock tower (*Torre dell'Orologio*), which was erected in 1472 – 1473 in the Palazzo della Regione, situated at the Piazza Erbe. See the city's official website: http://www.comune.mantova.gov.it/index.php/turismo/vivere-mantova/musei-e-monumenti-informazioni-per-la-visita/89-cultura/musei-e-monumenti/252-torre-dell-orologio-e-museo-dell-opera (accessed March 25, 2021).

[3] On this printing house see: Simonson 1977, 682.

[4] Idiom (based on the biblical text): "He and his tribe." Cf. SM146b, SM148a; "With Jerubbaal and with his house" (Judg. 9:16); "I have not done this for my own honour or for the honour of my father's house" (BT Megillah 3a, as well as Taviov 1919:158, no. 2024).

[5] Idiom: "I will make it beautiful" [lit. "I will cover it with flowers"]. Grimm 2021, Verblümen.

This epic was printed in Mantua (Joseph Shalit) in 1564. A single known copy of it is found in the National Library of Israel, Jerusalem (R8=94A2391). | 1b empty page | 2a headline: עקשעמפיל אונ בור ריד

אליין דש רוימן גיבט דען נרן איר נטויאר· די דויפל ריים זיין מיר צו צייטן וואָרדן זויאר:[6]
דען איך הבש אים שמואל ניט גיזעהן· אך אישט עש אין מלכים ניט גישעהן:
דש איינר העט גיריימט גר עבן· אונ׳ דען איין גיגן ריים דר נעבן:
אז איר וינט אין דיזם שופטים· נתנה הנבואה לשוטים:[7]
ריימן איז דער נרן ווערק· מיך דונקט גלייך מיר זייא בֿום הלז איין בערק:[8]
די וייל זי ור טוייטשט הבן דען שמואל אונ׳ בוך דער קויניג·
אונ׳ הבן לושן בֿור אין שטין דש וויניג:
גלייך אז ווער עש ניט מיט דער נבואה גיגרונט· איך האב גידוכֿט ווש הט דש ספר גיזוינט:
דש זי אזו הבן שטיל גישוויגן· זי הבן אירש ורייליך דרום לושן ליגן:
אונ׳ דש אורט מיר לושן שטין לער· אוב איך מיך מוכֿט דראן דר היבן אונ׳ הבן ער:
דא ניט אישט ויל צו זאגן· עש מאג אך גען קושטן ניט אויש טראגן:
דען דש בוך אישט אן אים זעלבשט גרינג· זא אישט צו בֿור טוייטשן אך איין קליין דינג:
אי דוך הב איך מיך גיבֿלישן· אונ׳ צו צייטן איין בוסן גרישן:[9]
דש דיא ווייבר ניט ווישן אונ׳ עטליכֿי מאנן· ווש עש מיר הער קומט אונ׳ בֿון וואנן:
איין טייל חכמות איין טייל שבושים· מן וינט דש ספר דוך ניט און חדושים:
ווש איך הב גילעזן אונ׳ אויף גיקלובט· צו זאמן גיקלמרט אונ׳ גישרויבט:
איטלכֿן פסוק אונ׳ דבור· ביז איך הב דרויש גימכֿט דען חיבור:
אונ׳ דא מיט דש מיינר קיינר שפוט· זעץ איך מיין גיצוויקניש צו גאט:

6 Idiom: "It upset me" or "I had to work very hard for it" [lit. "It became sour to me"]. Grimm ibid., Sauer, II4a: "Von personen, streng, mürrisch, finster, unhold, böse, feindselig"; ibid., II3b: "Mit anstrengung, mühsal, schwierigkeit des entschlieszens verbunden [...] sauer werden." See also YC65d.

7 Proverb: "Prophecy was given to fools" (in Hebrew). Cf. "R. Johanan said: Since the Temple was destroyed, prophecy has been taken from prophets and given to fools and children" (BT Baba Bathra 12b). The change in the content could be the result of poetic demands (the rules of the stanza). Cf. „משחרב בית המקדש ניתנה הנבואה לשוטים ולתינוקת[!] נארין אונ׳ קינדר זאגין גערן וואר. דרום זיך דיך וואול פֿאר. מיט אינן זאלשטו און פֿר וואָרין זיין. ווילשטו אנדרש ניט הערין דיא שנד דיין:" (Ulma-Ginzburger 1614, 40b); "Kinder un Narre' sagen die Wahrheit!" (Tendlau 1860, 275, no. 823); „מיום שחרב בהמ"ק ניטלה נבואה (מן הנביאים) וניתנה לשוטים (ולתינוקות) [...] – מאמר מפורסם של ר׳ יוחנן ומשתמשים בו בהלצה ובהשמטות הנ"ל" (Taviov 1919, 178, no. 2364); „אַ גאַנצער נאַר איז אַ האַלבער נבֿיא" (Bernstein 1908, 173, no. 2432).

8 Idiom: "I got rid of a very heavy burden" [lit. "A mountain went off my neck"]. Cf. "He [Og, king of Bashan] said: How large is the camp of Israel? Three parasangs. I will go and uproot a mountain of the size of three parasangs and cast it upon them and kill them. He went and uprooted a mountain of the size of three parasangs and carried it on his head. But the Holy One, blessed be He, sent ants which bored a hole in it, so that it sank around his neck. He tried to pull it off, but his teeth projected on each side, and he could not pull it off" (BT Berakoth 54b). See also "R. Johanan said: [With] a millstone around the neck, shall one study Torah!" (BT Kiddushin 29b); „אַראָפּוואַרפֿן אַ באַרג פֿון קאָפּ" (Elzet 1920: 8).

9 This seems to be an idiom, however its meaning is obscure, perhaps "To tell a joke" [lit. "To tear up a joke"]. Cf. Grimm 2021, Bosse, 4: "Bossen reiszen, treiben [...] scherz und spott treiben."

דש איך עש ניט טוא מיך מיט צו גינערן· אודר מיר אונ׳ מיינש וטרש גיזינד צו ערן:[10]
אודר אין הופֿרט קיינרלייא ווייז· זונדר צו גאטש ער לוב אונ׳ פרייז:
דען איין איטליכֿער דער דעם טוייטש וויל נוך גין· זו קן ער דש ספר וואל ור שטין:
מיט אל זיין אן הענגדן פשטים· די דא גיהורן אין דש בוך שופטים:
דרום ווער דרויש לערנן וויל אונ׳ גיט נוך מיינם שטות·
זו הוף איך אך דר בֿון צו הבן איין זכות:[11]
דען אלי ווייל דש איינר דרויש לייאט· די זעלב ווייל ער זיך מיט נימנט צווייאט:
ער טרייבט אויך קיין לשון הרע אודר זגט |* איין לוגן·
2b די זיך אויף דעם ברויקלן צו זאמן בֿויגן:[12]
אישט איינם אך ויל בעשר לייאן דרויש· ווען גינג ער אין איין שפיל הויש:[13]
זעש דר הינטר אונ׳ ווער איין עד·[14] אודר שפילט זעלברט זא אישט ער ביבֿולן דעם שד:[15]
דען ער טוט העפֿטיג ווידר גאט· אונ׳ בריכֿט אים זייני ציהן גיבוט:
אונ׳ מיט זייני קליינע התרות· קומט ער אין די גרושן עבירות:[16]
נון וויל איכֿש גאט לושן וואלטן· דיא מאנן ווישן זיך לעבֿט מאל צו הלטן:
קונט איך מכֿן דש זיך דיא ורויאן קערטן אן מיין צורנן·
אונ׳ שטעלטן אב דש שאפֿן אונ׳ דש טורנן:[17]

10 Idiom. See footnote to SM/intro2.

11 Idiom: "May God account this as a merit to me" [lit. "I hope to have a *zekhut* (merit) from it"]. This is a common idiom, cf. "איך דער דורך מעבֿט אירן זכֿות גניסן" (Ulma-Ginzburger 1614, 1a).

12 This is apparently an idiom, but its meaning is obscure. Perhaps ברויקלן may mean 'bridge' (Ger. *Brücke*), hence "They make for an unstable bridge." The word ברויקלן may also mean 'bread crumb' (Ger. *Bröcklein*), in which case "They will bring one to hunger."

13 Grimm 2021, Spielhaus, 4: "Haus, wo gewinn- und glücksspiele gespielt werden."

14 Cf. "And these on the following list are the ones who are disqualified by the sages from bearing witness due to their unseemly behavior, as they are considered wicked individuals guilty of monetary transgressions: One who plays with dice for money [...]" (Mishnah, Sanhedrin 3:3).

15 Idiom: "As if he was compelled by a demon" [lit. "As if he were attacked by the demon"]. Cf. "When he 'converses' [i.e., has sexual intercourse], he uncovers a handbreadth and covers a handbreadth, and is as though he were compelled by a demon" (BT Nedarim 20b); See also Taviov 1919: 150, no. 1869.

16 Proverb: "With small indiscretions [in religious law], one comes to perform big transgressions." This phrasing is not a true proverb, and it is possible that the original proverb was "Small indiscretions bring large transgressions," although there is no evidence of such a saying. Cf. "קליינע התרים ברינגען גרויסע יסורים" (Bernstein 1908, 83, no. 1220); "קליינע עבֿירות ברענגען גרויסע גזירות" (Pirozhnikov 1908, 99).

17 The meaning of this segment is obscure. It may refer to names of games common to the שפילהויז, or to idle actions. The verb שאפֿן may correspond with the German verb *schopen/schaben*, of which a few definitions are: filing finger nails for beauty (Grimm 2021, Schaben, 1b: "Zum glätten, polieren, spitzen eines gegenstandes [...] finger, deren spitzen fein geschabt waren"), financial greed (ibid., 1g: "In habgieriger, rücksichtsloser weise geld und gut zusammenraffen"), walking (ibid., 3: "Fortziehens und weggehens"). The verb טורנן means participating in a competition or a bet (Grimm ibid., Turnen [Türnen, Tornen]: "Kurzform von turnieren"; ibid., Turnieren: "Ein turnier oder wettkämpfe bestehen"). In private correspondence, Prof. Erika Timm noted that this word probably stems from the Romance component of Yiddish, and the expression means "to work and go about."

2b headline: עקשעמפיל אונ בור ריד

אונ׳ זונשט אנדר און נוצי שפּיל· אונ׳ לייאן דש בויכֿלן וועלכֿי דיא וויל:
דש טוט קייני קיין שאד נוך שנד· איך גיב אין מיין נשמה צו פֿאַנד:[18]
ווען זיא אב לושן בֿון דען בויזן שטויקן· ווערדן זיא אין אל אירן ווערקן ביגלויקן:
אונ׳ דר לעבן ויל ברויילפֿטן אונ׳ ברית מילות אונ׳ קיין גט.
ביש אונש משיח אל בֿוירט גען שופעט:[19]
זו וועלן מיר אל אונזר אופֿפֿר ברינגן אים טעמפּיל· הט אויך מיין בֿור ריד ור איין עקשעמפּיל: 45

3a |* איך לוש מיך שעלטן איין טיכֿטר· וויל אך ור שטין מיין לוק: 1
צו ור טוייטשן בוך דער ריכֿטר· דרנוך גיב איכֿש אין דרוק:
מן העט שופטים יא ביליך· בֿור דעם שמואל אויש גלאייט:
דרום דאנק איך אין בֿרויינטליך· דש זיא מיינר הבן גיבאייט:

Judg. 1 דא וויל איכֿש טפּפֿר וואגן· צו לוב גאט אונ׳ ער: 2
וויא ישראל אינז לנט זיין גיצוגן· וואו אונ׳ בֿון וואנן הער:
דער יהושע הוט זיא גיבֿורט· ווש איך זג דש אישט וואר:
ביש אין דער טוט בירורט·[20] איין זון הונדרט אונ׳ ציהן יאר:[21]

צו דען זעלבן צייטן· דש איר זולט ווישן רעכֿט: 3
הטן זיא נוך ויל צו שטרײַטן· עש ווארן נויירט בֿוינף גישלעכֿט:
דיא דא זאשן אין שטיטן אונ׳ דורפֿן· אונ׳ הטן איין גינומן איר טאייל:
דען אנדרן זיבן הט מן לוז גיווארפֿן·[22] דיא ואלקר זוסן נוך דינן אונ׳ ווארן גאייל:

עש וואושט איקליכֿר וואו ער הין זולט· ווען דש לנד גיוואונן ווער: 4
זא הטן זיא ניט אויז צו געבן זולט· אך ניט ויל הרניש אונ׳ ווער:
נון ווער זול אן הענגען דער קצן די שעלן·[23] צו קריגן ואהן אן:
זיא וואלטן זיך ניט אין דיא אורדנונג שטעלן· קיינר וואלט וארנן דראן:[24]

[18] Idiom: "I give my soul as deposit." See footnote to SM342d, as well as YP20d.

[19] This is the city of Safed, commonly spelled in Yiddish according to its Hebrew name, צפת. On this form see Weinreich 1928, 244 (unnumbered footnote).

[20] Idiom describing death: "Until death had touched him."

[21] Judg. 2:8: "But Joshua the son of Nun the servant of the Lord died, when he was an hundred and ten years old."

[22] This is based on Josh. 18:2 – 19:1.

[23] Proverb: "Who should bell the cat?" [lit. "Who should hang the bell on the cat?"]. The source for this proverb is the universal story type AT110, according to which a group of mice want to hang a bell on the cat's neck so that the ringing will warn them of his approach. However, none of the mice actually dare to hang the bell on the cat. Versions of this story have been recorded in various Jewish communities (Noy 1976, 54f and 233f). Cf. „ווער דא זול דער קאצן אן הענגן די שעלן" („איין בייא שפּיל בֿון איינר קץ אונ׳ מייז אין דער מיל" Schumacher 2006, 306 – 308); Grimm 2021, Katze, II2c: "Auch aus einer fabel stammt die redensart [...] wer wil der katzen die schell anhenken?"

[24] Cf. Ralbag's words on Judg. 1:1, in footnote to SM6d.

3a headline: יודה אונ שמעון מיט דעם כנעני אונ פריזי

5 וועגן מיר אונש נון לנג רינפּפֿן· זא אישט עש דוך קיין שפוט:
עש אישט בויז אונטר דעם גלגן צו שינפּפֿן·[25] זיא לישן ורעגן גאט:
וועד זול צום ערשטן אם כנעני אויף גין· מיט שטרייטן גרייפֿן אן:
גאט ענטוורט יודה [!] זול אין בישטין· דש לנד ער וואל גיווינן קאן:

6 דא זגט יודה צו שמעון זיינם ברודר· הילף מיר גיווינן מיין לוש:
זא ליג איך אך מיט דיר אים לודר·[26] שמעון דש ניט ור דרוש:
זיא צוהן מיט אננדר אין קריג· דעם כנעני אונ׳ פריזי אין איר לנט:
גאט גאב אין דש ערשט מאל דען זיג·[27] אל אירי ויינד אין אירי הנט:

7 |* דא ולוך דער הער בֿון בזק·[28] צו וליהן ווש אים גוך: 3b
אין דער שטט טעטן זיא גרושן הזק· זיא יגטן אים ושט נוך:
זיא ביגריפֿן אין בייא דעם הלז·[29] זיין גיוולט דער הט איין ענד:
ער וור אין ליבר וועגז אלז· זיא היבן אים אפ דוימן זיינר בֿויש אונ׳ הענד:

8 דא זייט בֿון בזק דער הער· גאט האט מיך וואל ביצאלט:
איך הב גימכֿט ויל גיוועדי· אונ׳ גיטריבן גרושן גיוואלט:
זיבנציק דוימן אונ׳ ניט מינדר· הב איך אב גיהויאן ריש:
בֿון אייטיל קוינגש קינדר· הבן זיא גילעזן אונטר מיינם טיש:

[25] Proverb: "It is bad to joke at the gallows." The proverb seems to refer to the moments preceding an execution, and here it is used in the context of going out to battle. It cautions against missing the last chance for salvation and not praying to God. This proverb has Christian overtones associated with the concept of confession, but confession before death is also known in Judaism – the *widduy*. See Radak's words on Josh. 7:19: "My son, I beseech thee, give glory– He asked him to confess his transgression [...] that his execution may atone for his transgression, for which he confessed. It is from this that our sages have learned that all those executed should make confession [Mishnah, Sanhedrin 6:2]." Cf. "Besser unter dem Galgen gebeichtet, als gar nicht Busse gethan" (Wander 1867–1880 (I), Galgen, 1316, no. 3); Grimm 2021, Galgenbekehrung: "Bekehrung, die erst unter dem galgen, im letzten augenblicke geschieht."

[26] Idiom. According to Grimm the word itself may mean 'booty' or 'camp' (Grimm ibid., Luder, 1), however, next to the words *liegen in* it means 'debauchery' (Grimm ibid., Luder, 6). Here it appears that the expression implies going together to battle.

[27] Ralbag: "After Joshua was dead, they had to ask who would go up first, for the first battle bears great significance for the following battles [...] therefore, God chose for the fight one who is more worthy [than others] to win – that is the Tribe of Judah." (Judg. 1:1).

[28] Translation of a name.

[29] Idiom: "Defeating a man in battle" [lit. "They grabbed him by the throat"]. Cf. „ער טעט עש אים בייא זיינם הלז פֿר ביטן" (Schumacher 2006, Hals, 323).

3b headline: הער בזק אונ ירושלם אונ חברון אונ עכסה

9 דר בייא מויבֿט איר דר קענן. דש ארץ ישראל וור אויז דר ווילט:
איר הט אדני בזק ניט הורן נענן. דא מן דיא איין אונ׳ דריישיג קוניג צילט:[30]
נון הט ער זיבנציג קוניג. ביצוואונגן מיט זיינר האנט:
לושט אוייכש ניט זיין וויניג. דער זיבן בֿולקער לאנט:

10 דא שטרייט יודה אן ירושלם מיט זורגן. אונ׳ הטן זיא בירענט:
זיא גיוואונן זיא דען אנדרן מורגן.[31] דיא שטט הבן זיא ור ברענט:
דאר נוך צוהן זיא אן בערג. אן דרום אונ׳ אן טאל:
דא בֿונדן זיא קיין גיצווערג. זונדר גרושי ריזן און צאל:

11 בֿון ירושלם גען חברון זיא בֿרויליך קאמן. מיט טרומן אונ׳ שלמיי:
קרית ארבע וואר איר נאמן. זיא דר שלוגן ששי אחימן אונ׳ תלמי:
דיא דריי שטרקן ריזן. אונ׳ אירן ואטר דרביי:[32]
גען דביר וורדן זיא נון גיוויזן. דעש נאמן קרית ספר זייא:

12 דא זייט כלב די שטט זול ניט אנטרינן.[33] אונ׳ זולט עש קושטן מיין לייב:
אונ׳ ווער זיא אונטר שטיט צו גיווינן. דא גיב איך עכסה מיין טוכֿטר צו איינם ווייב:[34]
דא גיוואן זיא עתניאל זיין יונגשטר ברודר. דיא עכסה דיא ווש זיין:
זיא ווארן גיברודר בֿון דער מודר. דא זיא נון קאם הריין:

13 אונ׳ עש ווש אין אירם איין קומן. זיא וולט ניט זיין גישנעלט:
זיא וורד אן גירייצט בֿון אירם מן[35] דען בֿרומן. צו הייזשן בֿום וטר איין גוט ועלט:
דא זיא זיך בֿון אירם איזיל נייגט. זגט כלב ווש הושטו ור איין גימויר:
וויא בלד זיא אים אן צייגט. איר ועלד דש ווער צו דויר:

[30] Rashi: "Seventy kings— From here we learn of the eminence and affluence of the Canaanite potentates, for Adoni-bezek was not worthy of being listed among the Canaanite monarchs by the title 'king,' yet this is written of him" (Judg. 1:7).

[31] The source for this is obscure.

[32] Only further in the text (Judg. 1:20) does it say that the three are giants: "And they gave Hebron unto Caleb [...] and he expelled thence the three sons of Anak." Cf. "Kirjath Arba of the father of Anak which is in Hebron. And Caleb drove thence three sons of Anak, Sheshai, and Ahiman, and Talmai, the sons of Anak" (Josh. 15:13–14). Rashi: "The greatest man among the giants— The father of Achiman, Sheshai, and Talmai was Arba. Another explanation: [It was called Kiryat-arba, the city of four] because of the father and the three sons, for they are referred to as the offspring of the 'Anak' [the giant]" (Josh. 14:15).

[33] This is based on parallels to the story found in Josh. 15:16–19. Radak's commentary to Judg. 1:15 also makes reference to the parallels in the Book of Joshua. See footnotes to stanza SM14.

[34] The epic does not include the rabbinical criticism of Caleb's promise. See *Genesis Rabbah* (Vilna ed.), *pārāšat ḥayyey Sārāh*, 60:3 (Freedman 1951 (II), 526–528).

[35] The retelling differs from the original "ותסיתהו" – "She moved him to ask of her father a field" (Judg. 1:14). The Yiddish epic implies that it was Achsah who was moved by her husband to ask her father to give them other lands, ostensibly 'ויסיתה', – 'and he moved her.'

14 גיב מיר איינש דש דא ליגט אם וושר·[36] אונ׳ דש דא אישט גיטרענקט:[37]
דש איך מיין מאן אך ווייניג בֿור מסר· אן ניכֿש ווען אן זיין לערנן ער גידענקט:[38]
זו מוש איך דעשטר מין זורגן· ליבר וטר איך ביט בֿור דיין צורן:
ער גאב איר עקר אונ׳ וויזן ויל מורגן· צווין ווייאר דארינן ווארן:[39]

15 |* אונ׳ קינדר קיני שוועהר משה· דער ערבער אונ׳ דער בֿרום: 4a
דש נימט זולט זיין ניכֿש קשה· זיא נמן איין יריחו אונ׳ דש לנד דרום:
וירציג אונ׳ ויר הונדרט יאר·[40] הטן זיא דאר בֿון דען גינוש:
דיא דש בית המקדש אויף איר לנט בויאטן צוואר· נומן עש דרנוך אונ׳ הטן קיין ור דרוש:[41]

16 דא גינג יודה מיט זיינם ברודר שמעון· אונ׳ נאמן צפת דיא גוט שטט איין:
אונ׳ מאכֿטן איין נוייאן סימן· איר נמן זולט נון חרמה זיין:
אונ׳ ער גיוואן יודה אל דער פלשתים לנד· עזה אשקלון עקרון אונ׳ אל איר גימערק:
גאט האלף אים מיט זיינר הייליגן הנט·[42] צו ור טרייבן זיצר דער בערק:

[36] Radak: "A blessing [בְּרָכָה]– [...] This should also be understood as a basin [בְּרֵכָה]" (Josh. 15:19).

[37] Rashi: "Dry land— Dry [חֲרֵבָה] which is similar to 'The surface of the ground had dried' [Gen. 8:13] and there Onkelos translates חָרְבוּ as נְגִיבוּ. In French it is rendered *sec*" (Josh. 15:19); Radak: "For it appears that he gave her a barren and dry land, and because that she said, 'Thou hast given me the South [dry] country'" (Josh. 15:19).

[38] Rashi: "Kirjath Sepher— Our Rabbis said, 'These are the laws that were forgotten during the days of mourning for Moses, which Othniel, son of Kenaz, rediscovered through his brilliant dialectic scholarship. [... Achsah said to Caleb, 'You gave me dry land'] i.e., a house that is 'dry' of all good, a man who desires only Torah" (Josh. 15:15–19). See also Rashi on (Judg. 1:16): "From the city of dates— This refers to Jericho [...] The scholars among them departed, and went to Othniel, the son of Kenaz, also known as Jabez, to the wilderness of Judah south of 'Arad to study Torah. He settled with the people— With the disciples who sat before him. He requested of the Holy One, blessed is He, that He furnish him with suitable disciples, as it said, 'Jabez cried out to God,' etc. [1 Chron. 4:10] He furnished him with these pious men."

[39] The source for this is obscure.

[40] Rashi: "From the city of dates— This refers to Jericho, as the fertile tract of Jericho was given to them for their consumption until the Temple would be built. The one in whose portion the Temple would be built would then receive it, so that all of Israel could share in the Temple. It was given to the descendants of Jethro for four hundred and forty years" (Judg. 1:16).

[41] Cf. Radak (Judg. 1:16): "Hobab is Jethro, as it says, 'The children of Hobab the father-in-law of Moses' [Judg. 4:11] [...] Jethro was kind to Israel, happy for their good fortune, and gave them good advice, therefore the Holy One, blessed be He, showed him gratitude until the end of time." The epic infers that Jethro's descendants rejoiced in Israel's good fortune just as their forefather did.

[42] Idiom: "God has helped them" [lit. "God helped them with His holy hand"]. Cf. "Lord our God, please do not make us dependent upon the gifts of mortal men nor upon their loans, but only upon Your full, open, holy, and generous hand" (grace after meals).

4a headline: פלשתים אונ יבוסי אונ לוז

אבר ניט זיא ור טריבן זיצר דעש טאל· ווען רייטר אייזן צו אין: 17
ווען ישראל זווינדטן אויבר אל· דא הטן זיא קיין גיווין:
בנימין טורשט אך ניט ור טרייבן· דען יבוסי דער צו ירושלם וואנט:
ער מושט אין לושן בלייבן· דורך די שבועה וורד זיינר ור שונט:[43]

אברהם הט אבימלך גישווארן· אין אונ׳ זון זיינש זון: 18
איין עניקלן לעבעט נוך אין זעלבן יארן· דא טורשט מן אים ניכֿט טון:
קינדר יוסף דא גען בית אל קאמן· דיא שטט צו נעמן איין:
לוז וור צו ואר מולש איר נמן· דרום קונט נימנט קומן דריין:[44]

דיא שטט דיא הט קיין פפֿורטן· מן מושט איין גין דורך איין הויל: 19
איין הזילנוס באם שטונד אן דען זעלבן אורטן·[45] ווער דא ביקנט ווש וואל:
דיא שפעהר זוהן איין מאן· דער טרוג ולייש אונ׳ ברוד:
ווייז אונז וואו טריפט מן דיא טור אן· מיר וואלן טון מיט דיר גינוד:

ער ווייז זיא מיט איינם וינגר·[46] וואו מן איין היין קאם: 20
בייא איינם ברונן איין שפרינגר· אונ׳ דורך דען הולן באם:
זיא שלוגן דיא שטאט צו שטויקן· לישן לעבן דען מן אונ׳ אל זיין גישלעכֿט:
ער טעט ווייט בֿון דנן רוקן· ער בויאט איין נוייאי שטאט צו רעכט:

ער היש זיא לוז מיט דעם ואריגן נאמן· זיא שטיט נוך הוייט בייא טאג: 21
אל דיא לוייט דיא דאר קאמן· קיינר גישטערבן מאג:[47]
סנחריב הוט זיא ניא ביצוואונגן· נוך נבוכדנצר דרצו:
ווען דיא אלטן וואלטן אנטווייכֿן דען יונגן· ליגטן זיא זיך בֿור דש טור
אין איין גראב דא הטן זיא רו:[48]

[43] Rashi: "But the Jebusite dwellers of Jerusalem— There was a section of Jerusalem entitled Jebusite. They were descendants of Abimelech, and they could not oust them because of the oath [Gen 21:23–24] until the arrival of David, as his grandson still lived, and he had sworn to him, his son, and his grandson" (Judg. 1:21).

[44] Radak: "Why was it called *Lūz* [hazelnut or almond]? Just like the hazelnut [or almond], which has no opening [in its shell], so [was this town –] no one could find the entrance to it" (Judg. 1:24).

[45] Rashi: "The entrance to the city— It was entered through a cave. A hazelnut tree stood at the mouth of the cave, and they passed through the tree into the cave" (Judg. 1:24).

[46] Rashi: "He showed them— With his finger" (Judg. 1:25).

[47] Radak: "That is the Luz against which Sennacherib marched without disturbing it, against which Nebuchadnezzar marched without destroying it, and even the Angel of Death has no permission to pass through it, but when the old men there become tired of life, they go outside the wall and die" (Judg. 1:26, cf. BT Sotah 46b).

[48] Idiom describing death: "They had peace." Grimm 2021, Ruhe, IIIc: "Nach den mühen des lebens findet der mensch im tode ruhe."

22 גישלעבֿט מנשה קונט ניט ור טרייבן· בית שאן אונ׳ אנדרי ולעקן:
זיא מושטן זיא לושן בייא אין בלייבן· דער כנעני זאש נוך אין אלן עקן:
ישראל הט דוך דיא אויבר הנט·[49] זיא ורישטן אין דש לעבן:
וועלכֿר דער דא בליב אים לנט· מושט אין יערליכֿיא צינש געבן:[50]

23 |* דעש גלייכֿן אפרים זבולן אונ׳ אשר· לישן דיא גוים בלייבן אונטר טך:[51] 4b
וועןן מן זול זאגן דען יושר· עש וואר איין ור זוינטי זך:
דש זיא אך לישן אויבר שטרקן· צו דורנר איין אירם הלז:[52]
זיא לערנטן זיך בֿון אירן ווערקן· דש וור נון בויזר וועגז אנדר אלז:

24 נפתלי קונט בית שמש אך ניט בצווינגן· דען צינז דען נם ער איין:
דער אמורי טעט קינדר דן בֿום בערג דרינגן· אים טל מושטן זיא זיין:[53]
גאט זאך אן איר אילענדן·[54] ליש אין זגן וויא זיש זולטן גרייפֿן אן:
טעט איין בוטן צו אין זענדן· פנחס [55] דען הייליגן מאן: Judg. 2

25 ער שפראך וויא גאט הוט גיזאגט· דש ער אוייך בֿון מצרים הוט אויף ברוכֿט:
אונ׳ הוט דיא בֿולקר בֿור אוייך ור יאגט· העט אירש נוירט רעכֿט בידוכֿט:
אונ׳ העט איר מזבחות צו ברוכֿן· אונ׳ גיהורכֿט זיינר שטים:
נון בלייבט עש ניט און גירוכֿן· איין איטליכֿר דש צו הערצן נים:[56]

26 דיא ייענן דא איר מיט הט גיטיילט רחמנות· אין דיזן קריגשלף צייטן:
ווערט אוייך אויבל ביקומן בעוונות·[57] זיא ווערדן אוייך אויבר ציהן אויף אלן זייטן:[58]
אונ׳ איר אב גאט ווערדן אויך זיין צו ווידר· דש אישט גאטש בישייד:
קינדר ישראל וילן ור שרעקן נידר·[59] זיא וויינטן זער מיט גרושם לייד:

[49] Idiom: "Israel had won" [lit. "Israel had the upper hand"].

[50] The source for a yearly tax is obscure.

[51] Idiom: "To dwell" [lit. "Stay under the roof"]. The roof is a synechdoche for the home. Grimm 2021, Dach, 4: "Mit jenen […] unter einem dache bleiben, zusammenwohnen."

[52] Idiom: "It bothered them" [lit. "Thorns in their neck"].

[53] The retelling differs from the original. According to the Bible (Judg. 1:34), the Danites were obliged to stay at the mountain and could not reach the valley.

[54] Cf. "And [he] looked on their burdens" (Exod. 2:11); "The Lord had compassion of their groanings" (Judg. 2:18).

[55] Rashi: "The Lord's emissary went up— […] this was Phinehas" (Judg. 2:1).

[56] Idiom: "They treated the matter seriously" [lit. "Each one took it to his heart"].

[57] Idiom: "Oh dear," "God forbid" [lit. "Due to transgressions"]. Known variants of this idiom are: בעוונותינו and בעוונותינו הרבים. See Tendlau 1860, 200, no. 639; Turniansky 2006, 13, n. 43.

[58] Rashi: "At your flanks— They will harass your flanks with bandits and troops, pillaging and plundering" (Judg. 2:3).

[59] The source for falling down from fear is obscure. Cf. Manoah and his wife falling down from fear after having seen the angel, SM231c (Judg. 13:19).

4b headline: שטרוף דעש נביא אונ טוט יהושע אונ אלימלך

27 זיא ריפֿן נאמן דער שטט בוכים· וויל זיא אזו זער העטן גיוויינט אונ׳ גישריהן:
יהושע שיקט זיא היים אויף אלן דרכים· אידרמן זולט אויף זיין ערבא ציהן:
זיא דינטן גאט אל טאג דער אלטן· דיא דא הטן גיזעהן דיא גרושן וואונדר:
דארנוך לישן זיש גאט וואלטן· אז מיר וואלן שרייבן אויף איקליכֿן ביזונדר:

28 אלדו שטארב יושוע[!] גאטש קנעכֿט· איין זון הונדרט אונ׳ ציהן יאר:
זיא קלאגטן אין צו מול שלעכֿט· דער בערג וואלט זיא ור שלינדן צוואר:[60]
איין גלייכֿניש בֿון איינר זונן· שטעלטן זיא אים אויף זיין גראב:
דש ער דען שטרייט אין גבעון הט גיוואונן· איין איקליכֿער צו בידענקן האב:[61]

29 דא ער נון וואר גישטורבן· ער אונ׳ דער אלטן מין:
דיא גאטש הולד הטן דר ווארבן· איין אנדר גיבוירד וורד אויף שטין:
גאט וולטן זיא נוימר קענן· דיא אב גאטרייא נאמן זיא בֿור דיא הנט:
דער צורן גאטש וורד העפֿטיג ברענן· זיא הטן גר קיין בישטנט:

30 זיא הענקטן זיך אן דער ואלקר גיצייברי· דינטן דעם בעל אונ׳ עשתרות:
גאט גאב זיא אין הנט דער רייברי· צו בֿוס אונ׳ אך צו רוס:
וואו זיא נויירט היין אויש גינגן· דא שאפֿטן זיא קיין רוט:[62]
אלש דש זיא אן וינגן· אלימלך מחלון אונ׳ כליון[63] בליבן אך דא צו מול טוט:

31 5a |* אונ׳ ווען אין גאט טעט אויף ריכֿטן· איין ריכֿטר וייז אונ׳ בֿרום:
דען טעטן זיא זעלבשט ור ניכֿטן· אל אירי וועג דיא וורן קרום:
זיא קורטן אב בלד בֿון דעם גוטן וועג· נוך דען אב גאטר צו גין:
דיא הוילף גאטש וור בייא אין אך טרעג· זיא בליבן אים רייאן שטין:

32 ביז זיך גאט טעט בידענקן· בֿון וועגן אירש גרושן גישרייא:
ער הלף אין אופֿט אויז אירן קרענקן· זיין הוילף וור מענכֿרלייא:
ווען ער זיא שון דר לויזט· איר בֿרומקייט ווערעט ניט לנג:
זא הבן זיא זא גלייך ווידר גיבויזט· דש זיא קמן אין צוונג אונ׳ גידרנג:

[60] Rashi: "Whose days extended— Their 'days' extended but not their 'years,' as they neglected to eulogize him. Thus it is said, 'of Mount Ga'ash'– The mountain stormed at them to slaughter them" (Judg. 2:7).

[61] Rashi: "At Timnat Cheres— So entitled because a likeness of the sun was placed over his grave, as if to say, 'Alas, that a man who halted the sun lies in the grave'" (Judg. 2:9).

[62] Idiom: "To bring about peace" [lit. "To achieve council"]. Grimm 2021, Schaffen, IIB3b: "Ich auch meinem volck gern wolt rat schaffen. 2 Macc. 14, 8."

[63] Radak: "Whithersoever they went out— Wherever they went to fight, God's hand did not favor them, and they fell before their enemies. And the midrash [BT Baba Bathra 91a] states: It is said about Abimelech [s.b. Elimelech], Mahlon, and Chilion that they left the Land of Israel and went to sojourn in the country of Moab, and all three died there" (Judg. 2:15).

5a headline: ריכטר עתניאל מיט קויניג כושן אונ אהוד מיט עגלון. The page order in the copy of the book consulted is slightly corrupt: 1 - 4, 6, 5, 8, 7 and from there on follows the proper order. In the edition presented here the page order has been corrected.

Judg. 3

33 דיא וואלקר דיא אים לנד בליבן· זיין וואול צו בֿלוכֿן:
זיא הבן ויל אונבערד מיט אין גיטריבן· גאט וואלט ישראל מיט אין ור זוכֿן:
אוב זיא ורום וואלטן בלייבן· ריין אונ׳ זויס נוך יודשהייט:[64]
זיא נומן גויות צו וייבן· אירי טויכֿטר ווארן אין אך בירייט:

34 אונ׳ זיא ור גשן גאט אירן הערן· דער זיא הט גיברוכֿט אינש גילובט לנט:
דער צורן גאט וואלט זיא צו צערן· ענטוורט זיא אין כושן רשעתיים הנט:
דעם דינען זיא עכֿט יאר· איך מאיין עש וור קיין שפוט:
דא שריאן זיא גאט אן וויא בֿור· גאט הילף אונז הילף אונז גאט:

35 דא דר הורט גאט איר שרייאן· אונ׳ דר ברמט זיך ווידר אויבר ישראל:
איך וויל אין אבר איין מול ור צייאן·[65] ער הלף אין דורך עתניאל:
אונ׳ ער גב גאט כושן אין זיין הנט· דש גימוט גאטש רואט אויף אים צוואר:
אין זיין צייטן וור גישטילט דש לנט· עש ווערט וואל וירציג יאר:

36 אונ׳ זיא מערטן ישראל איר בויזי שטויק· נוך עתניאלש טוט*
הטן זיא ניט ויל גלויק: עגלון קוויניג מואב אויף זיא גיבוט·
ער שלוג ישראל אונ׳ ערבט איר לנד: אכֿט ציהן יאר [לנג]*
זיא הטן שד אונ׳ שנד· אין וור נוך ניא גיוועזן אז בנג:

37 זיא שריאן או גאט ווילשטו אונש ור לוסן· אין דיזר גרושן קוואל:
דוא זולשט אונז ניט גנץ ור שטוסן· הילף אונז נויארט דז מאל:
גאט ריכֿטט אין* אויף איין גוטן טרינקר·[66] אויז דעם בנימינשן גישלעכֿט:
איין וריידגן מן איין לינקער· אהוד זון גרה [!] ווש זיין נמן דער רעכֿט:

38 אונ׳ ער קויפֿט צו אים אהוד איין שווערט· דש ווש שרף גינויק:
עש ווש ויל געלטש ווערט· אונטר זיינן קליידר ער עש טרוג:
ישראל די שיקטן איין פריזנט· עגלון ער זולט אין גינעדיג זיין:
זיא גבן עש אהוד אין זיינן הנט· לישן אינש טרגן אין מואבש לנד הניין:

64 Idiom: "Pure and sweet according to Judaism."

65 Rashi: "The Divine spirit visited him— R. Tanchuma expounded: He studied the statement of the Holy One, blessed is He, to Moses in Egypt, 'I have surely seen [lit. 'seeing, I have seen'] the tribulation of my people.' What are the two sights? He said to him, 'I see that they are destined to err with the golden calf, nevertheless, I have seen the tribulation of my people.'" Othniel expounded upon this, saying, whether innocent or guilty, He is obliged to save them" (Judg. 3:10).

66 The source for this is obscure, perhaps it is a humoristic addition.

36a According to the rhyme scheme, the end of the line should be marked with a colon here, and not after גלויק. | 36c This word has been added according to the rhyme scheme, similarly to SM196a–b. | 37c original form: ואין

5b |* דא אהוד נון דען פריזינט הט ברוכֿט· וויא מן אים בבֿולן העט: 39
הט ער זיך איינש אנדרן בידוכֿט· דער עגלון וור גר ועט:
ער ור זנדט דיא פריזנט טרעגר· אונ׳ מיט אים צום טור הין אויש:[67]
ער רייט אליין אום וויא איין יעגר·[68] ביש בֿויר דעש קויניגש הוש:

בֿון זיינם ואלק הט ער אב גיוויכֿן· אם שטיין ברויק[69] וואלטן זיא עשן:[70] 40
איין בונן דער קולונג קם ער גישליכֿן· קוניג איך הב עטווש היימליך ור געשן:[71]
איין רעד בֿון גאט דעם הערן· הור צו אין דיזר קמרן דער קול:
עגלון וואלט גאט ערן· אונ׳ שטונד אוף בֿון זיינם שטול:

די ער גאטש וורד אים וואל ביצלט· אונ׳ הט זיין גוטן גינוש: 41
נביאים אונ׳ מלכים מיט גרושם גיוולט· קמן בֿון זיינר טוכֿטר רות:[72]
אהוד דורפֿט ניט ויל ועבֿטן· דש ער אים די זך אנטפלעקט:
ער נם דש שווערט בֿון דיך זיינם רעכטן· אין עגלונש בויך ער עש שטעקט:

דיא לומיל ביש אן דש העפֿט· גינג אלר אין די וואונד: 42
דש אונשליט אין אובר לעפֿט· דש ער דש שווערט ניט אויז ציהן קונד:
אהוד זוימט זיך דא ניט לנג· אונ׳ ווידר אוף זיין רוס:
טורן דער בונן ער צו אים צוונג· אונ׳ בישלוס זיא מיט אירם שלוס:[73]

אהוד וור נון הין וועק· דעש קוניגש קנעכֿט דיא קמן דר: 43
זויברליך דש אין קיינר וועק· דיא טוירן זיין בשלושן גר:
דער קוניג אין קמרן דער קויל· וויל נימנט בייא אים האן:
ויל לייבֿט גיט ער צו שטול·[74] וויל אונז ניט איין הין לאן:

67 Rashi: "He escorted the people— He turned back to accompany the delegation of Israelites who came with him to bear the gift. He escorted them until Gilgal" (Judg. 3:18).

68 Simile: "He rode alone like a יעגר." This word can mean a hunter (Grimm 2021, Jäger, 1) as well as indicating a lower military rank (ibid., 3). See also SM108a, SM320a.

69 Translation of a name.

70 The source for this is obscure. Perhaps this detail is the result of the need to provide a rhyme for the words ור געשן.

71 Radak: "He returned like a man who was reminded of something, saying 'I forgot to tell the King one matter'" (Judg. 3:19).

72 Rashi: "He rose from the throne— He therefore merited that Ruth was descended from him" (Judg. 3:20); Radak: "Our sages said: Eglon was rewarded for this, in that his daughter was the mother of Israel's [first] kingdom, namely Ruth the Moabite who was Eglon's daughter" (Judg. 3:20).

73 Rashi: "And locked with the key" (Judg. 3:23).

74 Rashi: "Relieving himself [lit. "covering his legs"]– Performing his necessary bodily functions. This refers to a bowel movement" (Judg. 3:24); Grimm 2021, Stuhlgang, 1a: "Die 'entleerung des leibes.'"

5b headline: ריכטר אהוד מיט קויניג עגלון

44 דיא קנעבֿט בייטן ביש ער זיך לנג זוימט·[75] זיא הטן ניט ויל רו:
אי איינר דעם אנדרן איין רומט· דיא זך גייט ניט גלייך צו:
זיא נומן דא שלושיל דער פֿפֿורט· דא הוב זיך אנגשט אונ׳ נוט:
דער קוניג ווש דר מורט· לג בֿור אין אונ׳ ווש טוט:

45 אהוד וור אנטרונן· ווייל זיא זיך הטן גיזוימט אונ׳ לוגטן ניט אז בלד:
דא מן הי דיא שטיין בייא איינם ברונן· ער קם אין רויאן וולד:[76]
אונ׳ עש ווש אין זיינם איין קומן· ער בליז איין שופר אן אפריימש בערק:
יגט מיר נוך איר בֿרומן· עש אישט איין גאטליך ווערק:

46 גאט ווערט געבן מואב אין אונזרי הענדן· זולט איר אל גיוויש זיין:
וואו וואלן זיא זיך נון ווענדן· יהודה נם דיא אובר ורט דעש ירדן איין:
אונ׳ זיא שלוגן מואב אים ועלד· אז צעהן טויזנט מן:
אל ויישטיא אונ׳ מנן העלד· קיינר בֿון אין אנטרן:

6a
47 |* מואב הט דא קיין קוניג· ער וורד אוביל גיפֿפֿלעגן:
זיא ווארן ישראל אונטר טעניג· אל איר הערשפֿט וור גילעגן:
דש לנד דש וור גישטילט· אבֿציג יאר אונ׳ מער:
עש העט זיא קיין הונט אן גיבילט·[77] מואב וארבֿט זיך בֿור ישראל זער:

48 נוך אים וור שמגר זון ענת· איין גוטר בֿרומר מן:
ער שלוג דיא פלשתים ביש גען גת· אונ׳ גרייף זיא טפֿפֿר אן:
מיט גיווין רוטן דער רינדר· דיא ער הט גין אים פֿפֿלוג:[78]
הלף ער ישראלש קינדר· זעקש הונדרט מן ער מיט דער רוטן טוט שלוג:

Judg. 4
49 ווש זול מן נון ויל זגן· בֿון קינדר ישראל דען בויזן:
זיא טעטן דש אוביל גיבֿיל אין גאטש אגן· זיא וורן ניט ווירדיג צו דר לוזן:
דא ענטוורט זי גאט דעם קוניג יבין דער זש אין חצור· דא וורן זיא ניט ורא:
אין חרושת הגוים הט ער זיין אוצר·[79] הערן זיינש היר דער היש סיסרא:

[75] Rashi: "A considerable time. [Lit.] until [it constituted] delay— As if to say, a considerable time" (Judg. 3:25).

[76] Rashi: "In the underbrush— A thin-branched, heavily wooded forest, called *brousaille*, brush, in Old French, excellent for concealment" (Judg. 3:26).

[77] Cf. "But against none of the children of Israel shall a dog move his tongue" (Exod. 11:7).

[78] Radak: "With an ox goad [*malmād*]– That is an instrument in which one end is fitted with a nail called *dorbān*, with which the plougher pricks the ox, and it is called so because it ostensibly teaches [Heb. ל.מ.ד.] the ox to plough" (Judg. 3:31).

[79] The source for this is obscure. Perhaps this detail is the result of the need to provide a rhyme.

6a headline: ריכטר שמגר מיט פלשתים אונ דבורה אונ ברק מיט סיסרא

דא שריאן קינדר ישראל צו גאט וויא ואר· דער סיסרא זיא הערט ביצוונג: 50
עש ווערט וואל צוועצניג יאר· דיאווייל וור אין צו לנג:
מיט נוין הונדרט קורסר[80] רייט ער אויש· זיא ווארן אים ויל צו שווך:
זיא גינגן איינר וואר זאגרין צו הויש· דיא זולט סיסרא מכֿן דיא זך:[81]

אונ׳ דבורה איין ורויא קונט ווייז זגן· זיא ווש ווייב לפידות: 51
זיא ריכֿטט ישראל אין זעלביגן טגן· זיא זש אין דער שטט עטרות:[82]
זיא ווש איין רייכֿי ורויא· מיט טייטילן אונ׳ מיט וויין:
אונ׳ אויל בם אויף דעם גייא· דש קורן לנד מוכֿט וואל איר זיין:[83]

זיא ווש איין אידרמנש לוב· קינדר ישראל גינגן צו איר צו גיריכֿט: 52
זיא נם נוך מיד נוך גוב·[84] ויל זכֿן הט זיא גישליכֿט:
צו ברק אירם מן[85] טעט זיא זענדן· גרייף דו דען סיסרא אן:
זוים דיך ניט אונ׳ גי ביהענדן· נים מיט דיר ציהן טויזנט מן:

זייא דו דער ראש וראשון· אובר קוניג יבין אונ׳ אל זיין לנט: 53
ער ווערט ציהן סיסרא אן דען בך קישון· גאט וערט אין געבן אין דייניא הנט:
אונ׳ ער זגט צו איר ברק מיט צוכֿטן· אוב ווילשטו גין מיט מיר:
זא וויל איך מכֿן קיין בֿלוכֿטן· אונ׳ איך וויל ציהן בֿון שטונד אן מיט דיר:

דא זייט דבורה איך וויל דיר ניכטש ור בלומן·[86] אונ׳ זייא דרויף ביטרכֿט: 54
דו זולשט דיך אוף דיזם וועג ניט בירומן· דו הבשט גיוואונן דיא שלכֿט:
ווען גאט ווערט סיסרא שענדן· זיין לעבן אונ׳ זיין לייב:
ווערט אין געבן אין ורויאן הענדן· אז איך אונ׳ איין אנדר ווייב:[87]

80 קורסר is an armor-wearing knight. See Grimm 2021, Kürisser.

81 It appears that וואר זאגרין [fortune teller, prophetess] refers to Deborah, thus transitioning into the next scene. The source for Deborah harming Sisera through magic is obscure, cf. Saul's visit to the sorcerer prior to the war against the Philistines at Shunem (1 Sam. 28:3–25).

82 Rashi: "From Jonathan's translation we infer that [...] she lived in a city named Atarot" (Judg. 4:5).

83 Rashi: "She was an affluent woman [...]. Under [Deborah's] date tree. She owned date trees in Jericho, vineyards in Rama, olive trees in the Bethel plateau, a fertile area, and white soil in Mount Ephraim, at Tur Malka. In my opinion, this was sold for ceramic use. Some interpret 'white soil' as grain fields, as in 'the grain [lit. white] field'" (Judg. 4:5).

84 "Payment and loan." Grimm 2021, Miete, 2: "Häufig formelhaft mit gabe verbunden."

85 Radak: "The wife of Lapidoth— They said this is Barak the son of Abinoam" (Judg. 4:4). See also SP64a.

86 Idiom: see footnote to SM/intro8.

87 Simile referring to Deborah's femininity: "God will give Sisera into a woman's hands, like me or any other woman."

55 |* דא שטונד אויף דבורה אונ׳ צוך מיט ברק אין קריג: 6b
זיא צוהן גר בשררה· דש גישלעבֿט זבולון אונ׳ נפתלי דש איך ניט ליג:
מן הט זיא שון ור קונשפֿט· גיגן סיסרא וויא ישראל וערן גנגן אויף:
אז בלד אים קם דיא בוטשפֿט· ער זמילט אויך זיין גיוועלטיגן הויף:

56 ער גרייף עש אן מיט וויצן· נוך רוט אל זיינר וויזן:
גיגן ישראל מכֿט ער איין שפיצן· מיט נויין הונדרט רייטר אייזן:
אונ׳ דא זייט צו ברק דבורה אויף דען הוייטיגן טאג:
זא מך דו אים איין מורא· היב נוייארט אן אונ׳ שלאג:

57 אונ׳ ער ור טומליט גאט די שר· סיסרא אונ׳ אל זיין רייטר:
אלש דש דא ווש קומן דר· גינג אלש בֿון ישראל צו שייטר:
ווש זול מן נון ויל זאגן· ברק טעט* אין ווידליך דיא בוש:
סיסרא שטיג אב בֿון זיינם הער וואגן· ער ולוך דו הין צו בֿוש:

58 אונ׳ ברק יגט נוך דעם הער· וואו ער זך לויפֿן איינן:
ער טעט דען זעלבן טג גרוש ווער· סיסרא וור גיוולוהן אליינן:
דא גינג אויש יעל אויש אירם גיצעלט· זיא וור חבר הקינישווייב:
זיא זגט צו סיסרא קער אב מיין העלט· איך טייל מיט דיר גוט אונ׳ לייב:

59 דו דרפֿשט דיך ניכֿטש ביזורגן· ליבר הערי מיין:
בלייב הינן ביש גין מורגן· ער שפרך העט איך איין טרונקלן ווין:
אודר וושר איין וויניג· איך בין זו גר דר דורשט:
זיא גב אים מילך אונ׳ הויניג·[88] זיא דעקט אין צו וויא איין בֿורשט:[89]

60 ער שפראך צו איר שטיא מענליך אויף דיא טויר· אונ׳ גיא בֿויר דש גיצעלט:
אוב אימנט ווידר גין דר בֿויר· אונ׳ דער דיך וראגן וועלט:
אישט קיין מאן איינהר קומן· הושטו גיזעהן קיין:
זאג איך הב קיין ור נומן· אונ׳ בלייב שטרק בייא דיינם ניין:

61 גיגן רייבֿן אודר גיגן ארמן· זולשטו מיך ניט ור שוועצן:
זיא אנטשלעפֿט אין אין אירן ארמן· זיין מוידיקייט צו דר געצן:[90]

[88] Cf. the biblical praise of the Land of Israel: "A land that floweth with milk and honey" (for instance, Exod. 3:8).

[89] Simile: "She covered [tucked] him like a prince."

[90] Cf. Rashi's words on Judg. 4:19: "The milk pouch— Since milk induces drowsiness, then slumber."

6b headline: דבורה אונ ברק אונ יעל מיט סיסרא | 57c original form: טעש

דא ער נון וור הרט אנטשלופֿן· אנטשלומט אונ׳ וואר זער מויד:
יעל וואלט ניט ברויכֿן קיין וואפֿן·[91] דער צו גיבוירט איינם יויד:

62 דרום נם זיא נאגיל דעש גיצעלט· איין המר אין דיא אנדר הנט:
זיא גינג גימעליך דא זיא אין הט גיועלט· אונ׳ ניגליט אין אין דש לנט:
דען נאגיל טיף אין דיא ערדן· זיא וואושט קיין בעשרן רוט:
ער קאן נון ניט ווידר לעבענדיג ווערדן· ער לאג דא אונ׳ וויש טוט:

63 |* נון יגט ברק נוך סיסרא דיא יעל גינג אים אנטגיגן: 7a
קום הער איך וויל דיך מכֿן ורא· דיין ויינד אישט דר נידר גילעגן:
קום הריין איך וויל דיר אין וויזן· וויא ער דען נאגיל אין זיינם שלוף הוט:
ברק טעט יעל ושט פרייזן· ער שפראך גילובט זייא גאט:

64 אונ׳ זיא גינג הנט ישראל הערטן· אויף יבין דען קוייניג:
אלש דש זיא ביגערטן· ווארן זיא אין אונטר טעניג:
דיא דבורה הוב אן צו זינגן· מיט ברק אירם מאן: Judg. 5
איך הוף אונש זול גילינגן· אזו הובא דש לוב גיזאנק אן:

65 אין ברעכֿן ברוך אן ישראל· קומן זיא ניט אויף גרוינן צווייג:[92]
אין טגן שמגר אין טגן יעל· ווארן ור מיטן דיא רעכֿטן שטייג:[93]
בֿור דען ויינדן מושטן זיא וליהן· טורשטן ניט גין קיין לנד שטרוש:[94]
הער אומהער מושטן זיא ציהן· איר גלות דש ווש גרוש:[95]

[91] Cf. Ralbag's commentary on Judg. 4:11: "Heber the Kenite's ways were similar to those of Hobab's other children, to act according to the Jewish religion, therefore Jael made an effort to kill Sisera." Cf. "The woman shall not wear that which pertaineth unto the man" (Deut. 22:5), Onkelos translated this: "[...] Neither the ornaments of a man shall be upon a woman." See also BT Nazir 59a.

[92] Idiom: "They were unsuccessful" [lit. "They did not reach green branches"]. See aso SM323b. Grimm 2021, Zweig, 5: "Auf keinen grünen zweig kommen 'nicht gedeihen, kein glück, erfolg haben.'"

[93] Rashi: "Thoroughfares came to a halt— The Israelites were afraid to undertake normal travel, because of their enemies. They would proceed along round about pathways, clandestinely" (Judg. 5:6).

[94] See Rashi's commentary on Judg. 5:7 below, and cf. the comment in the Konstanz Pentateuch, 1544: „ר״ל דאז דיא ישראל ניט מיר טורשטן דארינן וואונן בון דען ויינדן" (Haftarah for pārāšat bĕ-šallaḥ, Judg. 5:7).

[95] Idiom: "They suffered very much" [lit. "Their *gālūt* (exile) was great"]. See also SM133a. Cf. "'Was for e Goles!' [...] Welch ein Unglück!" (Frank 1993, [no pagination] "Redensarten," no. 5); „גָלות טון – לגרום צרות" (to cause trouble, Maitlis 1979, טז).

7a headline: גיזאנק דבורה אונ ברק

66 זיא לישן זיך אך ניט וינדן אין דוירפֿן·[96] דיא אופֿן ולעקן ווארן ור מיטן:
דיא געגגן וועג ווארן אין ור ווארפֿן· אזו הטן זיא דיא ויינד בישטריטן:
ביז דש איך בין אויף גישטנדן ד ב ו ר ה · איין מוטר צו י ש ר א ל בין אויף גישטנדן:
דא הוט איין ענד דיא צ ר ה · גוטר וריד אין אלן לנדן:

67 ווען י ש ר א ל אין דר ווילטן גאט נוייאן· דא וור שטרייט ביש אונטר דיא טור:
אז בלד אז עש זיא הט גירוייאן· הילף איך אין גאט צו ואר:[97]
מיין הערץ צו דען לערנר אונטר י ש ר א ל· דיא זיך ור ווילִיגן ת ש ו ב ה צו* טון:[98]
ליבר הער גאט זייא אונש מ ו ח ל הילף אונש אבר איין מול דרבֿון:

68 אונ׳ דיא הערן בֿון ישׂשכר מיט ד ב ו ר ה · בייא איר ור טריבן איר צייט:[99]
זיא זושן בֿור איר צו לערנן ת ו ר ה·[100] דיא אנדרן מיט ב ר ק אין שטרייט:[101]
ר א ו ב ן זאש אויף דען גימערקן· צו הורן ור לושט אונ׳ גיווין:
ווער דען אנדרן מוכֿט אובר שטערקן· וואלט ער מיט אים ציהן הין:[102]

96 Rashi: "Exposure was discontinued— Exposed, unwalled cities were discontinued as dwelling places, because of the enemies, and they flocked to the fortified cities" (Judg. 5:7).

97 Idiom: "[I have helped them] and God first." See also YP201d. Cf. "You ask about people's speech, that often one says to his friend: 'I will help you and God [will do so] first' – is this forbidden because it associates God's Name with another element? There is surely no prohibition regarding this, for it is a common figure of speech" (Tsuzmir 1696, 104b [parag. 142]). Turniansky explains this: "Only through the Creator's will and assistance can man do anything (in current Yiddish: פֿריִער גאָט)" (Turniansky 2006, 6f, n. *7. See also: Landau and Wachstein 1911, 123). Tendlau, however, explains this saying differently, "May I not say anything sinful to God:" "Wenn man irgend einen schlimmen Ausgang voraussieht, ahnt, und doch durch sein Urtheil der Gottheit nicht vorgreifen will, z.B. 'Wider Gott nicht geredet, aber ich habe Sorg', er kommt nicht wieder auf.' – Aehnlich sind die Redensarten: 'Gott zuvor!' [...]" (Tendlau 1860, 187, no. 612).

98 Rashi: "My heart— I, Deborah, [my heart goes out] to the legislators of Israel— With affection for the sages of Israel who volunteered, among the people, saying, 'Bless the Lord, return to Him'" (Judg. 5:9).

99 Rashi: "Issachar's nobles— [...] They constantly accompanied Deborah, teaching the Israelites the laws and precepts" (Judg. 5:15).

100 Rashi: "Issachar's nobles— The noblemen of Issachar. This refers to members of the Sanhedrin who were engrossed in Torah study, and who knew and understood the times. They constantly accompanied Deborah, teaching the Israelites the laws and precepts" (Judg. 5:15); Targum Jonathan: "The sages returned to sit in the synagogues [publicly] and to teach the people the words of the Law" (Judg. 5:2).

101 Rashi: "Issachar with Barak— The remainder of Issachar's constituency were likewise at Barak's disposal whenever he issued orders. Dispatched to the valley at his heels – He dispatched them on all of his missions— to mobilize the people, and for all military needs" (Judg. 5:15).

102 Rashi: "However, in Reuben's equivocation— [...] He straddled the battle lines to learn who would emerge the victor so that he could join them" (Judg. 5:15).

67c redundant (double): צו

69 גלעד אין אובר ורט דעש ירדן ער רוט· דיא ולוכֿט הט אין ביגריפֿן:
און׳ דן הוט איין וונקליכֿטן מוט· אל דש זיין גיזמילט אין שיפֿן:[103]
אשר זאש צו בֿורטן דער מער· און׳ זך זיך וואל וויט אום:
און׳ אויף זיין ברוכן ער רואט זער· צו שליכטן אל זיין קרום:

70 אבר[104] בייא זבולן זאך מן מענכן העלד· דער דא וואגט זיין לייב צו שטערבן:
און׳ נפתלי אויף הויך דעש וועלד· וואלט לעבן אודר ור דערבן:
דא זיין קויניג כנען צו שטרייטן קומן· אן וושר מגידו אין תענך:
גוט זילבר צו זולד ניט זיא הבן גינומן· זיא ווארן אלז ויינט דער זך:

7b 71 |* בֿום הימל זיא שטריטן דיא שטערן· און זילבער און׳ און גולד:[105]
דיא שטריטן מיט סיסרא גערן· זי ביגערטן אך קיין זולד:
בך קישון ורשלייפֿט דש הער· דש מן אים דיא בורג שאפֿט* ור ציא:
ער וור בורג וואַרדן דעם גרושן מער· דש עש דיא זעקש הונדרט רויטר אויש שפיא:[106]

[103] Rashi: “Is ensconced beyond the Jordan— And never arrived at the battle front. Similarly, Dan hoarded his money into sea vessels, poised to escape” (Judg. 5:17).

[104] There is no word of reservation in the commentaries of Rashi or Radak regarding this passage. Ralbag writes: “And indeed, Zebulun and Naphtali are worthy of praise” (Judg. 5:18).

[105] Rashi: “War was waged from heaven— The Holy One, blessed is He, as well, dispatched His hosts against them. They, too, have no desire for any payment” (Judg. 5:20).

[106] Rashi: “The stream of antiquity— It guaranteed the obligation to the sea concerning this, from the days of Egypt, as stated in [BT] Pesachim” (Judg. 5:21); “Rabbah b. Mari expounded: What is taught by the verse, But they were rebellious at the sea, even at the Red Sea? [Ps. 106:7] This teaches that in that moment the Israelites were rebellious and said: Just as we ascend at one side [of the sea] so do the Egyptians ascend from another. Whereupon the Holy One, blessed be He, ordered the Prince of the Sea, ‘spue them forth on to the dry land.’ Said he to Him, ‘Sovereign of the Universe! Does a master make a gift to his servant and then take it back from him!’ ‘I will give you one and a half times their number,’ He replied. ‘Sovereign of the Universe,’ he pleaded, ‘Can a servant claim [a debt] from his Master!’ ‘Let the brook of Kishon be surety for Me,’ He answered. Straightway he spewed them forth on to the dry land, and Israel came and saw them, as it is said, ‘And Israel saw the Egyptians dead on the sea-shore’ [Exod. 14:30]. What is [this allusion to] ‘One and a half times their number?’ For in the case of Pharaoh it is written, ‘[And he took] six hundred chosen chariots’ [Exod. 14:7], whereas in the case of Sisera it is written, ‘[And Sisera gathered…] nine hundred chariots of iron’ [Judg. 4:13]. When Sisera came [to fight Israel] he advanced against them with iron staves. Thereupon the Holy One, blessed be He, brought forth the stars out of their orbits against them, as it is written, ‘The stars in their courses fought against Sisera’ [Judg. 5:20]. As soon as the stars of heaven descended upon them they heated those iron staves. So they went down to cool them and to refresh themselves in the brook of Kishon. Said the Holy One, blessed be He, to the brook of Kishon, ‘Go and deliver your pledge.’ Straightway the brook of Kishon swept them out and cast them into the sea, as it is said, ‘The brook Kishon swept them away, that ancient brook’ [Judg. 5:21]. What does ‘That ancient brook’ mean? The brook that became a surety in ancient times” (BT Pesahim 118b).

7b headline: גיזאנק דעש ריכטר דבורה אונ ברק | 71c original form: בורג שפֿאט

72 ור ולוכֿט מרוז דען און טרויאן מן· אזו זגטן בוטן גאט:[107]
ער הוט זיך דעש קריגש ניכֿש גינומן אן· ער אונ׳ אל זיין רוט:
זיין שטערן וואלן מיר ור באנן· אונ׳ אל דיא אים וואנן בייא:
עש זיין ורויאן אודר מאנן· אים הוכֿשטן באן עש זייא:[108]

73 זיא זול זיין גיבענשט מין ווען אנדרי ורויאן יעל חבר הקיניש ווייב:
זיא זול זיין גיבענשט מין ווען דיא ורויאן אים אוהל· דש זיא נם סיסרא זיינן לייב:
דא ער איר וושר אן היש· רייכט זיא אים דען מילך שערבן:
נגיל דעש גיצעלט וור איר שפיש· בֿון אירן הענדן מושט ער שטערבן:

74 זיא ליגט אין איר בעט· אונ׳ וויא וואל ער וור קיין יוד:
ווש ער נון מיט איר רעט· צו שרייבן בין איך מויד:[109]
ער קניאט ער וור גיולן ער לג· דיא זיל דיא גינג אים אויז:[110]
עש אישט וואר ווש איך אויך זג· סיסרא וור טויט וויא איין מויז:[111]

75 זיין מוטר לג אים ועִנשטר צו ברומן· אונ׳ הויילט מעכֿטיג זער:
ווארום זוימט זיך זיין רייט ווגן צו קומן· ווארום בלייבט אויש אל זיין הער:
די ווייזט אונטר אירן הערן·[112] וור מיט אירר ענטוורט בירייט:
ורויא איר זייט איין נערין· איך גיב אוייך גוטן בישייט:

76 ווארום זי זא לנג אויש בלייבן·[113] זיא וינדן זי טיילן דען רב:
עש גיט אין אוף דער שייבן· זי גיווינן גוט אונ׳ הב:[114]

[107] All commentators agree that only one angel (prophet) is mentioned, but they disagree as to whether this refers to Deborah or Barak. In the Yiddish epic, the plural form is used, perhaps implying both Deborah and Barak. The source for this is obscure.

[108] Rashi: "Curse Meroz!– One opinion is that this was a star. According to others, this was a distinguished person who was near the battle field but failed to appear" (Judg. 5:23).

[109] This may be a reference to BT Yebamoth 103a, which is mentioned by Radak: "And when he had sunk down, he lay there dead— There is a midrash [...] that that villain [Sisera] fornicated with Jael seven times on that day" (Judg. 5:27).

[110] Idiom describing death: "His soul went out of him."

[111] Idiom describing death: "He was as dead as a mouse." See also SM191b. Cf. Grimm 2021, Mausetodt: "So leicht getödtet wie eine maus, mit einem schlage todt, gänzlich todt."

[112] The translation of "Her wise ladies" (Judg. 5:29) describes only one woman, vaguely corresponding to the words of Radak: "Answered her— Each one of her wise ladies answered her" (Judg. 5:29).

[113] Rashi: "Are they not finding— And dividing the pillage? That is the cause of the delay" (Judg. 5:30).

[114] Radak: "Diverse colors— Clothes made in various colors [...] for the chief of the spoil [...] the clothes are set at the top of the booty to give them to the chief of the army" (Judg. 5:30).

איקליכֿער מן הט צוואו שוינר ורויאן.[115] גיוואונן אין זיינר בוייט:
איר וווערט וואונדר שויאן. וועןן ער ווערט איין רייטן הוייט:

77 מן זך אין ניא איין רייטן. עש זייא דען דש אונש דש בוך ואר ליג:
ור לורן ווש דש בייטן. איין טוטר מן מכֿט קיין קריג:[116]
אז מיר נון זיין בישידן. עש אישט אייגנטליך אונ׳ וואר:
י ש ר א ל וואָרן וואל צו בֿרידן. עש ווערט אבר וואל וירציג יאר:

78 דער נוך הובן זיא ווידר אן צו זוינדן.[117] וור דש ניט זוינד אונ׳ שנד: Judg. 6
בויז אונ׳ מוטוויליג אויש דען בונדן. גאט גב זיא זיבן יאר אין מ ד י י נ ש הנט:
זי מושטן זיך ור קריכֿן אין די לוכֿר. אין די בערג אונ׳ אין די גיהיג:[118]
זיא הטן נוך פפֿייל נוך קויכֿר. טרוץ איינם יודן דער זיך ריג:

79 |* אונ׳ עש ווש אוב [דא זעאט]* י ש ר א ל קורן. זא גינג אוף מ ד י ן אונ׳ ע מ ל ק: 8a
איר נרונג וור אלר ור לורן. זי אונ׳ איר ויך אז ויל אז דער הייא שרעק:
זיא אונ׳ איר קעמליך און צל. זיא נמן אויבר הנט:[119]
זיא אשן די ווייד אויף גלט און קל.[120] זיא ור דערבטן לוייט אונ׳ לנט:

80 אונ׳ עש וור ארם י ש ר א ל זער. זיא שריאן גאט אבר אן:
הילף אונש בֿויר מ ד י י נ י ש הער. ווייז אונז אויף דיא רעכֿטיא בן:
גאט אין דא איין נ ב י א שיקט. ער וואלט אין גינעדיג זיין:
איר הערץ וור אין ווידר דר קוויקט.[121] זיא הופֿטן דער הולפֿן שיין:

81 דא קם[122] ענגיל גאט אונטר דיא לינדן. צו ע פ ר ה בֿור דר שטט:
י ו א ש מיט זיינן קינדן. דראש דען ווייץ דען ער דא הט:

[115] Rashi: "Or two [wombs] for each man— They are ravishing the attractive Israelite women, and each of them has, in his bed, two or three women" (Judg. 5:30); Radak: "Every man— Every man has a maiden or two from the booty" (Judg. 5:30).

[116] Proverb: "A dead man does not make war." This proverb circulated up until the twentieth century: „אַ טויטער מאַכט קיין קריג ניט אָן" (Bernstein 1908, 118, no. 1720); "Ein todter Mann führt keinen Krieg" (Wander 1867–1880 (III), Mann, 399, no. 838).

[117] Rashi: "Acted wickedly— Until this period, Scripture states, 'They resumed [acting wickedly]' since their iniquities accumulated. However, through this hymn they were granted forgiveness for all that they had perpetrated. But now they began sinning anew" (Judg. 6:1).

[118] The biblical text mentions here three locations, whereas the Yiddish epic mentions only two. Cf. footnote to SM161b (for the word גיהיג).

[119] Idiom: "They won" [lit. "They took the upper hand"]. See also SM22c.

[120] Idiom: "They left nothing" [lit. "They ate up the field until it was left smooth and leafless"].

[121] Idiom: "They were happy" [lit. "Their heart was refreshed"].

[122] Radak: "And sat under the oak— This does not mean 'sitting,' for angels are not seen sitting but rather standing [...] this means that he lingered there under the oak until Gideon would approach him, and when he did not approach him, he appeared to him and told him, 'The Lord is with thee'" (Judg. 6:11).

8a headline: ישראל מיט מדין אונ עמלק אונ דער ענגיל מיט גדעון | 79a The print here is unclear.

דא זגט צו אים גדעון זיין זון· וטר דו בישט נון אלט:
קעמן די וויינד ווש וואלשטו טון· אין די שטט לופשטו ניט בלד:[123]

82 דיא שויאר שטונד אים ועלד· ער שיקט דען וטר היים:
דא דרש ער וויא איין העלד·[124] מיט גרושן קעלטר ביים:
דער ענגיל זיך צו אים ביוויז אונ׳ זגט· גאט מיט דיר שטרקר מן:
זייא נוייארט און ורצגט· גרייף מדין טפפר אן:[125]

83 גדעון ענטוורט דעם ענגיל מיט צובטן· גינוד מיר הער מיין:
ווארום לושט אונש דען גאט שלגן אין די בלובטן· זא ער מיט אונש זול זיין:
וואו זיין דען זייניא גרושי וואונדר· די ער אונש אין מצרים הט גיטון:
אונ׳ איטליכם גישלעבט ביזונדר· אונ׳ נון הוט ער אונז אזו גר גילון:

84 איך הב דיא לוז געלעזן·[126] דיא נסים בון מצרים אונ׳ אויף דעם מער:
זיין די זעלבן נון ורום גיוועזן· זא קומן מיר דוך בון אין הער:
לוש אונז איר זכות גינישן· אונ׳ ווער נון בון אין קום:
זיין זיא דען בויז גיוועזן זא לוש דיבש ניט ור דרישן· הילף אונז אך וויא וואל מיר ניט זיין ורום:

85 דער ענגיל וורד דא זגן·[127] גדעון וייל דו ישראל אזו איין גוטר ואר שפרעך בישט:[128]
גי הין מיט דיינר קרפט מדין זולשטו שלגן· בישטעל איין אנדרר דער דיר אויש דרישט:
גדעון ענטוורט דש גאט דר ברם· וואו זול איך נון הין אויש:
מיין גישלעכט אונטר מנשה איז ארם· זא בין איך דער יונגש אין מיינש וטר הויש:

86 אונ׳ ער זגט צו אים דו דוירפשט איר הולף קיינן· דו וערשט זיא דוך מכן ורייא:
אונ׳ דו זולשט שלגן מדין אז איין מן איינן· גדעון זגט איין ואר צייכן שטונד וואל דר ביי:
ניט נון דו זולשט דיך אב טון בון הינן· ביז איך דיר טוא אן מיין ער:
דער מלאך זגט איך וויל ניט אנטרינן·[129] דו קומשט דען ווידר הער:

[123] Rashi: "His son Gideon— His father had been threshing, while he sifted. He told him, 'Father, you are elderly. If the enemies come, you will never be able to escape. You leave, and I will thresh'" (Judg. 6:11).

[124] Simile: "Like a hero." This is similar to the angel's words later: "The Lord is with thee, thou valiant man [hero]" (Judg. 6:12).

[125] Radak: "Thou valiant man— He called him so in order to announce to him and strengthen him, that he should speak up and win Median" (Judg. 6:12).

[126] Rashi: "Which our forefathers recounted to us— It was Pesach, and he told him, 'Last night father recited the Hallel for me, and I heard him read, 'When Israel departed from Egypt' [Ps. 114:1], but now He has abandoned us. If our forefathers were saintly, let Him act on our behalf in their merit; and if they were wicked, then, just as He worked His wonders for them gratuitously, so, let Him act on our behalf. Where are all His marvels?'" (Judg. 6:13).

[127] Ralbag: "And the Lord looked upon him— That is God's angel" (Judg. 6:14).

[128] Rashi: "By this power of yours— By the power of the merit of your advocacy of my children. This is R. Tanchuma's explanation" (Judg. 6:14).

[129] Here too, the angel does not sit. Cf. SM81a.

87 |* גדעון ברוכט איין ציקלן גייסן· מיט לויפֿן אונ׳ מיט גרושר מויא: 8b
אונ׳ איין מוש זעמיל מעלווייסן· אונ׳ איין הבֿן בֿול מיט ברויא:
ווש זול נון גישעהן· דש ולייש ליג אויף דען ועלזן ריש:
זוא ווערשטו עטווש אובנטווייאר זעהן· דיא ברויא אל דרויבר גיש:

88 דרשריק ניט ליבר קנאב· הב איין הערץ וויא איין מאן:[130]
דא נאם דער מלאך זיין שטאב· אונ׳ רורט דש ולייש אונ׳ קובֿן אן:
דא גינג איין בֿווייאר אויש דעם שטיין· דש אופפֿר עש אלש ור ברנד:
גדעון שטונד דא אליין· דער ענגיל בֿור זיין אויגן דא ור שוונד:

89 גדעון שרייא[131] לויט וואפֿן·[132] דא ער דען מלאך נוימיא זך:
וויא בלד איז ער מיר אנטלופֿן· אים בֿווייאר אונ׳ אים רך:
איך ביזורג איך מוש דרום ליידן· דיא גרושי הייליקייט:
גאט זגט צו גדעון דיין שראיין זולשטו ור מיידן· דיר זול גישעהן קיין לייד:

90 אונ׳ ער בויאט דא גדעון איין מזבח צו גאטש לוב· זיין נמן היש ער גאט וריד:[133]
דש מן זולט גידענקן דאר אוב· דש דער מלאך דא בֿון אים שיד:
וועןן ער זיין תפילה צו טאן פפֿלאג· אלדו ער גאט דען הערן באט:
עש שטיט נוך הוייט בייא טאג· צו עפרה אין דער שטאט:

91 עש ווש אין דער זעלביגן נאכֿט· אז דיא גלוק שלוג ויר:
גאט זאגט צו אים מאך איין שלאכֿט· נים דו דיינש וטרש שטיר:
אונ׳ נים זיין אוקש דען אנדרן· אונ׳ דער גימעשט איז זיבן יאר:
מזבח דעש בעל דש מאך וואנדרן· זיין לינד דיא הויא אב ואר:

92 איין מזבח צו גאט זולשטו בויאן· אלהיא אויף הייבט דעש בערק:
עש ווערט דיך ניט גירויאן· דש הייליק גאטליך ווערק:
דען ועטן אוקשן ליג אין דער מיטן·[134] דאר נוך צוינד דש בֿווייאר אן:
מיט הולץ דער לינדן דיא דו הושט ור שניטן· דא בֿון לוש ווישן קיין מאן:

130 Idiom: "Be brave" [lit. "Have a heart like a man"]. See also footnote to YC95a.

131 Rashi: "Aahha— This denotes apprehension, as if to say, 'What will become of me?' This, because I have seen— Because I have seen an angel of the Lord– this is why I am apprehensive and exclaim 'Aahha!'" (Judg. 6:22).

132 Grimm 2021, Waffe: "Interjection der älteren sprache [...] als alarm-, not- und klageruf üblich"; ibid., Waffengeschrei.

133 Translation of a name.

134 Rashi: "A second bull— A second bull. Seven years— Which had been fattened for seven years to be brought as an idolatrous sacrifice" (Judg. 6:25).

8b headline: ענגיל אונ גדעון מיט אוקש אונ לינד אונ מזבח

93 אונ׳ ער נאם גדעון ציהן מאנן בֿון זיין קנעכֿטן. גר היימליך אונ׳ בֿור הולן:
די צווין אוקשן ליש ער שעכֿטן.[135] אונ׳ ליגט זיא אויף דיא קולן:
ער בֿוירכֿט זיך בֿור דער גימיין. דען ער ווער ווארדן בֿור אכֿט:
ווש ער ניט קונט טון בייא טאג אליין. דש טעט ער בייא דער נאכֿט:

94 אונ׳ זיא ורויאטן מאנן דער שטאט אם מורגן. דש מזבח בֿום בעל וור צו ברוכֿן:
דיא לינד הט מן אב גיטון מיט זורגן. עש בלייבט ניט און גירוכֿן:
אונ׳ זיא זאגטן איין מאן צו זיינם גיזעלן. ווער הוט גיטון די זאך:
גדעון זון יואש דש אין גאט זול ועלן.[136] אונזר גלאבן מכֿט ער שוואך:

9a

95 |* אונ׳ זיא זאגטן דש שטט ואלק צו יואש זיין ואטר. ווער הוט אוייך דר צו גינויט:
איז דיין זון איין הייד אודר איין טטר. ציך אויש אין אונ׳ ער זול ווערדן גיטויט:
ער הוט מזבח דש בעל צו שטוסן. אונ׳ די לינד ור שניטן דר צו:
איר ווערדנט דרויבר ליגן איין בלוסן.[137] דש קאלב וערט גין מיט דער קוא:[138]

96 אונ׳ ער זגט יואש צו אל דען די דא שטנדן. וואלט איר אוייך דעש בעל נעמן אן:
וואו הוט מן אין גיבֿונדן. דז זיך גאט בֿוירכֿט בֿויר איינם מן:
שטרייטט בֿויר אין ניט איין העלברט. לוסט אינז ורישליך אויז קריגן:
ער ווערט זיך וואל רעכֿן זעלברט. דא ווש די זך גישוויגן:

97 דא קם מדין אונ׳ עמלק צו ציהן. אויבר ישראל מיט גרוסם היר:
אז דיא בֿויגל דיא דא וליהן. אלז ויל אז זנד אים מיר:[139]
גדעון צוך אן זיין הוזן.[140] דז הרניש דער אים וור גירעכֿט:
ער ליס איין שופר בלוזן. דא צוך אים נוך אל זיין גישלעכֿט:

[135] The source for this is obscure. Radak: "And the second bullock— We did not find [any indication] that he had done anything with the first bullock, so why was he ordered to take him? It has been said: To remove him from them, that they may not sacrifice him to idolatry" (Judg. 6:28).

[136] Idiom, curse: "May God kill him." See Grimm 2021, Fällen, 4b "Tödten." Cf. SM62b, see also footnote to YP228a.

[137] "You will be lying naked." This may be an idiom describing death.

[138] Proverb: "The calf will go with the cow." This proverb means that children and their parents often face the same fate. Cf. "Ewe follows ewe; a daughter's acts are like those of her mother" (BT Kethuboth 63a); „עש איז בעשר מיר דער טרינקן הלב. וועדר אז דא גיט דיא קוא מיט דעם קלב" (Regensburg 1657, 16a); „ער גייט איר נאָך, ווי אַ קו דעם קאַלב" (Bernstein 1908, 172, no. 2423); „נאָכגיין עמעצן ווי אַ קאַלב אַ קו" (Guri 1999, 91); "Das Kalb folgt der Kuh" (Simrock 1988, 278, no. 5370); "Die Kuh muß mit dem Kalbe gehen" (Simrock ibid., 309, no. 6021).

[139] Idiom: "A lot" [lit. "Like the sand on the sea"]. This refers to the description of Median and Amalek's host that appears later in the biblical text: "As the sand which is by the seaside for multitude" (Judg. 7:12). The source for the analogy regarding birds is obscure.

[140] The source for this is obscure. It appears that the retelling differs from the original (Judg. 6:34), implying here the wearing of a military uniform.

9a headline: ריכטר גדעון מיט מדין אונ עמלק אונ צייכן ענגיל גאט

98 אונ׳ בוטן ער זענדט אין מנשעש [!] לנדן· זיא צוהן אים אך נוך:
אשר אונ׳ זבולון צו הנדן· נפתלי דעם וור צו שטרייטן גוך:
גדעון זגט צו גאט ווילטו מיין וועג ביגלויקן· אז דו הושט גירעט צו מיר:
איך וויל דיך בֿור זוכֿן מיט צווייא שטויקן· דרנוך זא גלאב איך דיר:

99 נון הוירט צו אובנטוייאר· עש זייא מאן אודר ורויא:
שערונג דער וואל איך וויל שטעלן אין דיא שווייאר· אוב אויף דער
שערונג אליין ווערט זיין טויא:
אונ׳ אויף אל דעם לנד טרוקן· דש נס [141] ווערט גישעהן הייגט:
זו ווייש איך דש דו אונש ווילשט הלטן דען רוקן·[142] זו שלאגן מיר אונזר וואיינט:

100 אונ׳ ער שטונד אויף צו מורגן ורויא· דא וור עש אזו גישעהן:
איין גנץ בעקן ואל ברויא· וואר בֿון דעם טויא אויש גידרוקט גיזעהן:*
דען גאט ליש דען טויא ניט דא הינדן· אום קיינרלייא גישעפֿט:
דש זוהן ישראלש קינדן· דיא גרושן גאטש קרעפֿט:

101 דא זאגט גדעון צו דעם הערן· ניט עש זול גרימן דיין צורן אן מיר:
דו זולשט דיך ניט בֿון אונש וערן· אוב איך ריד נוך איין מול צו דיר:
דיא שערונג אליין זול טרוקן בלייבן· אונ׳ אויף אל דעם לנד זול זיין טויא:
דש נס [143] איש ניט צו שרייבן· ווערש ניט גלאבט דער קום אונ׳ שויא:

102 אונ׳ ער ורואט ירובעל ער גדעון אן צו ציהן· אונ׳ דש ואלק אין איינם גרושן סוד: Judg. 7
ער וואלט דיא ויינד מכֿן ליהן· אונ׳ זי רואטן בייא עין חרוד:
אונ׳ ער זגט גאט צו גדעון אלדו· ויל דש ואלק צו געבן מדין אין איר הענט:
לייכֿט ווערט זיך ברוימן ישראל אלזו· מיין מכֿט הוט זיא גיבלענט:

103 |* דו הושט צו ויל ואלק מיט דיר גינומן· ור וואר איך דיר דש זאג: 9b
לוש אום שלאגן מיט דער דרומן·[144] ווער זיך בֿורכֿט אודר אישט צאג:

[141] The word 'miracle' appears neither in the biblical text nor in the commentators' words. Cf. Rashi on Gen. 48:19: "I know it, my son, I know— That he is the first-born. He also shall become a people, and he also shall be great– for of him will be born Gideon through whom the Holy One, blessed be He, will perform a miracle."

[142] Idiom: "You will support us" [lit. "You will hold our back"]. Grimm 2021, Rücken: "Jemandem den rücken halten, ihn beschützen, ihm rückhalt leisten."

[143] See footnote to SM99c.

[144] Description of a custom: conveying information through a drum beat. Grimm ibid., Trommel, 1dα: "Die trommel ist, neben der trompete, das charakteristische instrument des kriegsvolkes und dient beim militär alter und neuer zeit den verschiedensten zwecken; der werber kündigte mit ihr die werbung an."

100b According to the biblical text (Judg. 6:38), the text contains a copying mistake. Probably s.b. איין גנץ בעקן ואל טויא / וואר בֿון דער שערונג אויש גידרוקט | 9b headline: גדעון מיט דר וועלן דש ואלק אונ בישיידונג דעש טראם

דער ציך ווידר היים צו הויש·[145] דיא אנדרן דיא גין אין קריג:
צווין אונ׳ צוויינציג טויזנט הטן גיקריגט אויש· ציהן טויזנט דיא וואלטן ביהלטן דען זיג:

104 אונ׳ ער זאגט גאט צו גדעון מין· דיין ואלק אישט נוך צו ויל:[146]
בייא דש וושר זולשטו מיט אין גין· וערשטו גיוואר ווים איך האבן וויל:
אל די דש וושר אויף לעקן· וויא דא טרינקן די הונד:
זולשטו אונטר דיין וענלן שטעקן·[147] בייא דען זעלביגן וינשטו גרונד:[148]

105 אונ׳ וועלכֿי צו טרינקן נידר קניאן· דש אישט דער עבודה זרה גיזינד:[149]
אויף דיא זעלבן הון איך ור ציאן· בהילף דיך מיט ווש דער לעקר זינד:
איר זיין נוייארט דרייא הונדרט· וויל דוך געבן מדין אין איר הענד:
דיא אנדרן זיין אויש גיזונדרט· זי אל בֿון דיר ור זענד:

106 גדעון שיקט זיא אל בֿון דאנן· ער היש זייא ציהן אין איר לאנט:
אונ׳ דיא דרייא הונדרט מאנן· גאב ער איקליכֿם איין שופר אין זיין הנט:
ער וואלט ניט מער לוייט הבן· וון די דרייא הונדרט אויבר אל:
אונ׳ גדעון אונ׳ זיין קנאבן· מדין מיט גרושם הער לאגן אים טאל:

107 אונ׳ עש ווש די זעלביג נאכֿט· גדעון ווארד איר היימליכֿקייט גיוואר:
וויא ער הט גיהלטן דיא וואכֿט·[150] גאט זאגט צו אים נידר היינט אין דיא שאר:
אונ׳ אוב דו וארכֿשט דיך צו גיין אליין· אונטר אל דיין ויינד:
נים מיט דיר דיינר קנאבן איין· אויבר שלאג זיא וויא ויל איר זיינד:

108 דא נידרט ער אונ׳ פורה זיין קנאב· אן געטון וויא דיא יעגר:[151]
זי גינגן דער ואיינד הער אויף אונ׳ אב· זוהן אלש דש דא וואר אים לעגר:

[145] Radak: "Depart early— [...] Turn around, that is, return" (Judg. 7:3).

[146] The word עוד (Judg. 7:4) can be read in two ways: 'And the Lord said unto Gideon, The people are yet too many,' or 'And the Lord also said unto Gideon, The people are too many.' Targum Jonathan says: "The people are still too many" (Judg. 7:4), and this opinion is manifest in the Masoretic rendering of the biblical text as well. The Yiddish epic, however, offers both possibilities at once: אונ׳ ער זאגט גאט צו גדעון מין / דיין ואלק אישט נוך צו ויל.

[147] Idiom: "Take him in to your host" [lit. "Put him under your flag"]. The flag here is a metonymy for the military camp. Cf. Grimm 2021, Unter, IIA1dβ: "U[nter] den fahnen jemandes dienen, sich sammeln"; ibid., Stehen, IC10cδ: "Daneben andre ausdrücke, wie bei, unter der fahne stehen."

[148] Maritime idiom: "Reach a safe place" [lit. "To find ground" (where one can throw anchor)]. Grimm ibid., Grund, IA4a: "In übertragenem gebrauch namentlich gr[und] finden: ich habe nun den grund gefunden, der meinen ancker ewig hält." See also SM250d.

[149] Rashi: "Anyone who laps with his tongue [...]– Set them aside, out of your retinue. They shall not accompany you, since they are practiced in kneeling before idols" (Judg. 7:5).

[150] The source for describing Gideon's 'watch' is obscure, cf. Judg. 7:19.

[151] Simile: "Dressed as יעגר." This word can means either a hunter (Grimm 2021, Jäger, 1) or a lower military rank (ibid. 3). See also SM39d, SM320a. Grimm's entry on *Jägerkleid* says that these clothes were of green or dark brown color, but they could also be gray or black. See also Grimm ibid., Jägerbüchse, Jägermantel.

עש לאג בֿול לוייט אין אלן עקן· וואו מאן גינג אויבר אל:
הויפֿנדיג וויא די היישרעקן· אונ׳ צו אירן קעמליך ניט צאל:

109 דא הורט גדעון צווין מיט אננדר רידן· גר ניקש ער זיך זיין אן נאם:
ער הורט אלש צו אין בידן· איינר דרצילט זיינם גיזעלן איין טראם:
ער שפראך מיר הוט גיטון טראמן· איך וואלט זיין וואל גירוכֿן:
וויא גערשטן ברוט קאמן· אונ׳ ור קערט זיך אין דער שר איין קוכֿן:

110 דער קוכֿן ויל אויף דש גיצעלט· אונ׳ גב אים איין שטרייך:
דש ער עש הוט אום גיועלט· עש ור קערט זיך אונ׳ ווייך:
דא ענטוורט אים זיין גיזעל· גדעונש שווערט דש ביטוייט:
מן ליג עש אויש וויא מן וועל· עש ווערט קושטן אונזרי הויט:[152]

111 אונ׳ עש ווש אז דא הורט גדעון דרצילונג דש טרם· אונ׳ זיין בישיידניש דרמיט:* | 10a
בלד אין שר ישראל ער קם· ליבי ורויינד בֿוירכֿט אוייך ניט:
זי שפרונגן אויף ביהענד· די זעלבן דריי הונדרט מאן:
גאט הוט זיא געבן אין אונזרן הענד· נון וועלן מיר זיא גרייפֿן אן:

112 גדעון גב איטליכֿם איין שופר אין זיין הנד· אונ׳ אין דיא אנדר הנט איין לערן קרוג:
דארינן לאג איין גלואדר בראנד· ער זגט מיר הבן לוייט גינוג:
ער שפראך וויא איר בֿון מיר זעכֿט· בלד זולט איר אך אזו טון:
מיר וואלנש אן גרייפֿן רעכֿט· דו מיט צוהן זיא דרבֿון:

113 אונ׳ ער קם גדעון אונ׳ הונדרט זיין מנן· אין ענד דר שר צו שפרינגן:
אן ואנג דער הויטונג דער מיטלשטן בֿון דנן· קומן זיא הניין צו דרינגן:
די שופרות אין אירן רעכֿטן הענדן· הובן אויף איין מול אל אן צו בלוזן:
אונ׳ אין אירן לינקן די קרויג אונ׳ דיא ברענדן· זי ריפֿן שווערט צו גאט
אונ׳ צו גדעון אונ׳ צו מדין די וראנצוזן:[153]

114 ישראל שטונדן דא גנץ שטיל· אום די שר הרום:
מדין זגט ווער נון וליהן וויל· מן הורט נוך פֿייף נוך טרום:
אליין די שופרות הורט מן שעלן· אונ׳ שלוגן די ברענד אן די קרוג דש פוכֿט:
אין שר מדין שווערט איינש מאנש אין זיין גיזעלן· דא גאבן זיא די ולוכֿט:

[152] Idiom: “We will die because of this” [lit. “It will cost us our skin”].

[153] Idiom: “May the Midianites be afflicted with syphilis!” [lit. “To Midian – the French”]. Grimm 2021, Franzosen: “*Morbus gallicus* [French disease], *lues venerea* [venereal lues], lustseuche.”

10a headline: שופרות אונ קרויג מיט ברענד אונ גיצענק אפרים

115 גדעון זענדט דא אויש ערשט בוטן· אים גנצן אפריימש בערק:
דא קאמן צו ציהן ויל רוטן· צו בֿול ברינגן דש גאטליך ווערק:
אויבר וארט דעש וושר האטן זיא איין גינומן· אונ׳ צווין הערן בֿון מדין גיואנגן:
די הייבטר עורב אונ׳ זאב הטן זי ביקומן· אונ׳ ברוכֿטן זי
גדעון גישטעקט אויף איין שטאנגן:

Judg. 8

116 די בֿון אפרים הובן אן גרוש קריגן· מיט גדעון צו דער זעלביגן צייט:
ווארום ער אין העט ורשוויגן· דש ער וואלט ציהן אין שטרייט:
זיא וואלטן זיין גיוועזן אן דער שפיצן· אונ׳ מוירמלטן מיט שטערק:
ער ענטוורט אין מיט וויצן· עש דארף דוך ניט אלזו ויל ווערק:

117 אין אוייער הענד הוט גאט געבן די צווין הערן· די מיר וואלטן אנטולידהן:
זו הב איך מיך מושן ווערן· דעם פֿוש ואלק נוך צו ציהן:
די שטופֿפילן בֿון אפרים זיין בעשר· וועט דער הערבש אביעזר ווייט:
דרום בלד שטעקט איין אוייער מעשר· אונ׳ לושט מיך און גישנייט:

118 אונ׳ ער קאם גדעון מיט זיין דרייא הונדרטן· גען סכות ואר די שטט:
זיא ווארן אז מויד דז זיא אל וואונדרטן· אום ברוט ער זיא דא בט:
איך מוז דען קוינגן מדין נוך שווירמן· זו אישט דש ואלק הונגרש טוט:
בֿור אין וויל איך אוייך בשירמן· ליבן ורויינד טוט דש בעשט[154] העלפֿט אונ׳ רוט:

10b

119 |* אונ׳ זיא זאגטן דיא הערן בֿון סכות· אוב אישט זבח או צלמונע איץ אין דיינר הנט:
מיר לישן דיך הבן דיא מכות·[155] עש אישט מיט דיר אייטיל טנט:[156]
זולן מיר געבן אונזר ברוט· איינם הערן מיט לערן טעשן:[157]
גדעון שפרך זו מיר דיא שאנץ גירוט· זו וויל איך אוייער ולייש מיט דורנר דרעשן:

120 בֿון דנן אישט ער גען פנואל גיצוגן· ליבן הערן הבט איר קיין בֿור רוט:
איר זייט בֿון אונש און ביטרוגן· מיר ביגערן ניכֿש דען טרוקן ברוט:
דיא בֿון פנואל גובן עבן דען בישייד· וויא די בֿון סכות הטן גיטון:
גדעון זגט זו איך ווידר קער מיט ורייד· דען טורן וויל איך אום שטושן לון:

154 Idiom: "Help as much as you can" [lit. "Do the best"]. Grimm ibid., Beste, 11.

155 Idiom: "We will not give you anything!" [lit. "We will give you plagues"]. In modern Yiddish, the word מכות [beatings/plagues] often means something worthless and bad, figuratively 'nothing.' See Beinfeld and Bochner 2013, 407 ,מכּה. Common expressions include עסן מכות which means 'to be beaten up' as well as 'eat very little food.' Cf. „אַז מען וועט מען עסן וועט מכות קדחת קענען" (Stutchkoff 1991, 238), „אַ סך לומדים לערנען תּמיד און קענען מכות" (ibid., 298).

156 Idiom: "Worthless." Grimm 2021, Tand, 2.

157 Idiom: "Pauper" [lit. "A sir with empty pockets"].

10b headline: ווידר שפענוג סכות אונ פנואל אונ מורט זבח אונ צלמונע

121 זבח אונ׳ צלמונע אין קרקור זיא ווארן. אונ׳ מיט אין בֿוינף ציהן טויזנט מאן:
די אין הטן גישווארן. גדעון קם אויף די רעבֿטן באן:
ער שלוג די שר טוט אים ועלט. זי הטן זיך עש ניט ור זעהן:
דא זגט אל דיא וועלט. עש וועך בֿון וויניג ואלק ניא מער גישעהן:

122 דא ווארן זבח אונ׳ צלמונע גיולוהן. אין וואר דוך ניט וואשט וואל:
גדעון אישט אין הרט נוך גיצוגן. ער וינג די בידי קויניג אויף איין מולט:*
ער שלוג די שר אינש וליהן. גיואנגן מושטן זיא זיין:
גדעון וואלט ווידר היים ציהן. בייא ליבֿטר זונן שיין:[158]

123 איין קנאב בֿון סכות הט זיך ור גאנגן. ער קאם אונטר גדעונש רוט:
וויא באלד ווארד ער גיואנגן. ער שפראך שוועך מיר בייא גאט:
די הערן אונ׳ די אלטן דא אויף צו שרייבן. דא זייא דרצו ביריית:
איך וויל מיין קוירץ ווייל מיט אין טרייבן. וויא איך אין הב גידרייט:

124 עש ווארן זיבן אונ׳ זיבציק הערן. די דא בֿוירטן דש רעגמענט:
גדעון זגט איר בֿון סכות איך וויל אוייך לערן. זעבֿט אוב איר זבח אונ׳ צלמונע קענט:
איר שטרופֿט מיך אוב איך זיא העט אין הענדן. נון ביוויז איבֿש מיט דער טוט:
דש אוייך גאט מוש שענדן. ווארום גאבט איר ניט מיין מוידן ברוט:

125 דא נאם גדעון דיא אלטן. איר קיין ער דרבֿון קומן ליש:
מיט דוירנר אונ׳ דישטלן וור איר לייב צורשפלטן. דען טורן צו פנואל ער דר שטיש:
דיא שטאט מאבֿט ער צו שאנד. ער שלוג טוט אל דיא לוייט:
העטן זיא אים געבן ברובֿאנד. דער שינמפֿאַ הט זיא גירוייט:

126 ער הוב אן צו זבח אונ׳ צו צלמונע צו זאגן. איין ענד הוט אוייער קויניג רייך:
וואו זיין דיא איר אין תבור הט דרשלגן. זיא שפראבֿן זי זוהן דיר גנץ גלייך:[159]
גדעון זגט מיין מוטר הוט זי גיטרגן. זי וורן מיין ברוידר אונ׳ ורויינט:
העט איר זי ניט דרשלגן. העט אוייך דש לעבן אויך גיגויינט:

127 |* דא זגט גדעון צו יתר זיינם אירשטן זון. שטיא אויף אונ׳ שלוג די קויניג טוט: 11a
דער קנאב וואלט עש ניט טון. בֿור שאם דא ווארד ער רוט:

[158] Rashi: "With the sun high— Before sunset, with the sun still visible high above the horizon" (Judg. 8:13).

[159] Rashi: "Singular, of princely appearance— [...] 'They were exactly like you,' all of singular appearance, for they were of princely appearance" (Judg. 8:18).

122b According to the rhyme scheme, here s.b. מול. | 11a headline: דיא גובא בון ישראל צו ריכטר גדעון

דא זגטן ז ב ח אונ׳ צ ל מ ו נ ע ווש מכשטו נון ויל ווערק.[160] שלג אונש זעלברט טוט:
ווען אז איין מאן זיין שטערק. ער ואלגט אירם רוט:

128 אל י ש ר א ל הוב דא צו ג ד ע ו ן אן צו זגן. גיוועלטיג אן אונז אך דו:
אך דיין זון אונ׳ עניקלן אין אונזרן טגן. דו הושט אונז בֿור מ ד י ן גישפּט רו:
אונ׳ ער זגט ג ד ע ו ן ניט איך וויל גיוועלטיגן אן אוייך איך. מיין זון
אישט אך נוך ניט אזו אלט:[161]
זו זאג איך דש בֿור מיך. גאט הוט דען גיוואלט:

129 ג ד ע ו ן דא צו אין זגט. איין קלייני בעט איך צו אוייך הב:
איך אנדרש איר בייא אוייך דר יגט. געבט מיר איטליכֿר נאז בנד זיינש ראב:
עש ווערט אוייך דינן צום איביגן לעבן.[162] דיא נאז באנד ווארן גולט:
זיא זאגטן מיר וואלן דיר זי געבן. זיא טעטן ווש ער וואלט:

130 זיא שפרייטן אלדו איין לייליך אויף. אויף דען מושטר פלאץ:
דאר וואורפֿן זי דש גולד איין גרושן הויף. עש וואורד איין גוטר שאץ:
טויזנט אונ׳ זיבן הונדרט גוילדן זי העטן. די נאז בנד אליין
און דיא הלז בנד אונ׳ און דיא קעטן. דש אויף דען קויניג אונ׳ אן אירן קעמליך גימיין:

131 אונ׳ ג ד ע ו ן מכֿט דש גולד צו איינם גורט. אויף גיריכֿט אין זיינר שטאט:[163]
ווין ער דרצו בֿורט. דער אויך אום גאטש הוילף באט:
ער מיינט ער וואלט שאפֿן רוט. אז מאן עש גישריבן וינט:
זי אונשטעטיגן דרנוך נוך זיינם טוט. צו שטרויכֿלינג ג ד ע ו ן אונ׳ זיינם גיזינט:

132 דא ווארן מ ד י ן י ש ר א ל אונטר טעניג. אלר ורידן ווארן זי בירויבט:
זי הטן אך גר קיין קויניג: זי הובן ניט אויף ורויליך הויבט:
דא צו מול אין ג ד ע ו נ ש צייטן. וואר עש ויל בעשר ווען ואר:
מן וואושט ניקש בֿון קיינם שטרייטן. דש לנד וור גישטילט וירציג יאר:

133 י ש ר א ל הטן דא גוט לעבן. אל איר ג ל ו ת דש וואר אויש:[164]
זי ביצוואונגן אל אומטום זיא אונ׳ דרנעבן. ג ד ע ו ן גינג היים אונ׳ זאש אין זיינם הויש:
דארינן הט ער זיבנציג קינדר. אין קורצר צייט ביקומן:
אייטיל זוין איר ווארן ניט מינדר. ווען ווייבר ויל צו דער אי ער הט גינומן:

160 Idiom: "Why are you making great effort?" [lit. "Why are you making so much work?"]. Grimm 2021, Werk, 3a.

161 This is apparently based on Judg. 8:20, "Because he was yet young."

162 Idiom: "This will grant you eternal life" [lit. "It will serve you to eternal life"]. See also YC1d.

163 Radak: "An Ephod— He made it into some sort of a girdle or a golden garment, and put it in his city– That it may serve as memory of the great salvation, and he made it with good intentions" (Judg. 8:27).

164 Idiom: "Their hardship was over" [lit. "Their *gālūt* (exile) had ended"]. See footnote to SM65d.

134 נוך הט ער איין קיבש ווייב אין שכם· די גיוואן אים אויך איין זון:
ער היש אין אבימלך מיט זיינם שם· ער מיינט ער זולט גוט טון:
דא שטארב גדעון מיט גוטר עלטער· ליש זיין קינדן גוט אונ׳ הב:
מן בֿורט אין אויף איינעם צעלטער· מן בגרוב אין אין יואש זיינש ואטרש גרב:

135 |* אונ׳ עש ווש אז בלד גדעון וור גישטורבן· איז אן צו שרייבן איין שפוט: 11b
הט זיך ישראל מיט דער עבודה זרה ביווארבן· בעל ברית וור איר גאט:
זי הטן גאט ור געשן· דר זיא הט בישירמט בֿור:
אונ׳ גיזינד גדעון העטן זי גערן גיורעשן· דר ור זי גיקריגט הט וירציג יאר:[165]

136 אבימלך וואר גען שכם גאנגן· הט צו ברוידר זיינר מוטר גיזאגט: Judg. 9
לושט אוייך נוך קיינם הייבטמן ורלנגן· זייט נויירט און ורצגט:
אוב זי זולן גיוועלטיגן איבר אוייך זיבציג מאן· דש אישט אוייך אלן ניט גוט:
ויל בעשר נעמט מיך אליין אן· איך בין דוך אוייער ולייש אונ׳ בלוט:

137 אונ׳ זי רידטן ברוידר זיינר מוטר מיט הערן שכם דער שטט·
אונ׳ זגטן אין אבימלכש ביגער:
עש וור קיינר דער עש ור ניינט הט· וועןן זיא זגטן אונזר ברודר איז ער:
זיבנציג טלר טעטן זי אים שענקן· אבימלך דנקט אין הוך:[166]
ער דינגט דרום צווי בובן דיא מן זולט הענקן· די גינגן אים מיט דער ווער אל נוך:

138 אונ׳ ער קם גען עפרה אין הויש זיינש ואטר· דארינןווארן זיין ברוידר גרוש אונ׳ קליין:
ער הנדילט טיראניש דש טעט נוך טוירק נוך טטר· ער טויטט זי זיבנציג אויף איינם שטיין:
זיא לישן אין איין און זורגן· דש וור איר קלאג אם מיינשט:
עש אויבר בליב יתום[!] דער הט זיך ור בורגן· ער וור דער אלר קליינשט:

139 אונ׳ זי זמלטן זיך בֿון שכם אל די הערן· אונ׳ אל בית מלוא זי צוהן צו ועלט:
אונ׳ זי קוינגטן אבימלך גערן· אונטר דר לינד[167] די אין שכם וור גשטעלט:
אונ׳ זי קוינדטן צו יתום צו זגן· וויא דש ואלק צו זאמן ליף:
אונ׳ ער שטונד אויף בערג גריזים צו אירן אגן· אונ׳ הוב אן זיין שטים אונ׳ ריף:

165 The source for this is obscure.

166 Idiom: "He thanked cordially" [lit. "Abimelech thanked them highly"]. Grimm 2021, Hoch, III1e: "Sage ich euch hohen und groszen dank."

167 The retelling differs from the original (Judg. 9:6). The Yiddish translates the Hebrew אֵלוֹן as a tree, in opposition to Targum Jonathan and Radak's commentary: "In the plain, where the stone was erected— Near the plain […] there was a rock, or something similar, erected, and the plain was attributed to it" (Judg. 9:6).

11b headline: הנדלונג אבימלך מיט זייני ברוידר אונ עגזעמפיל יתום[!]

140 אונ׳ זגט הורט צו מיר בֿון ש כ ם אלי הערן׳ איך טרייב דא קיין שפוט:
איין מ ש ל [168] וויל איך אוייך ער קלערן׳ זא ווערט הוירן צו אוייך גאט:
גנגן זי זיין גנגן די בעם׳ אים וולד אום אלנט הלבן:
זי הבן גיזגט צום אויל בם דיך גר ניט שעם׳ צו איינם קוייניג אויבר אונז ווען מיר דיך זלבן:

141 דא זגט צו אין דער אויל בם׳ מכֿט אוייער ווארט בלד בֿון דנן:
זולט איך ור מיידן מיין גוטן נם׳ דש אן מיר זי ערן זיך גאט אונ׳ די מנן:
אונ׳ זולט גין ור ווגילן אויף די הוילצר׳ דש ווער איין גרושי שנד:
איך ווער אי לענגר אי שטוילצר׳ דער אויל בם וור ע ת נ י א ל אויז י ו ד ש לנד:[169]

142 אונ׳ זי זגטן אל די בעם צו דער וייגן׳ קוייניג אויף אונז אך דו:
מיר ווען אונז בשויצן אונטר דיין צווייגן׳ ביי דיר וואלן מיר הבן רו:[170]
ער ענטוורט אין מיט צויכֿטן׳ זול איך קוייניגן און רוייטר אונ׳ און רוס:
אונ׳ זול ורמיידן מיין זויסקייט אונ׳ מיין גוטי ורוכֿטן׳ דש ווש ד ב ו ר ה ווייב ל פ י ד ו ת:[171]

143 |* דא זגטן די בעם צו דער רעבן׳ אונזר קוינג זולשטו זיין: 12a
דש קוינג רייך וואלן מיר דיר געבן׳ דו זולשט גינישן דיינש גוטן וויין:
די רעב זגט טו מיר אין דנן׳ איך הב ני נוך גרושר הערשפֿט גייאגט:[172]
זולט איך ורמיידן מיין מושט דער דר ורייט גאט אונ׳ מנן׳ דש מ ש ל איז אויף ג ד ע ו ן גיזגט:[173]

144 דיא בעם וואורדן ביוועגט אין צורן׳ זי שטונדן קוייניג לוש:
זי שפרוכֿן אל די באם צו דעם דורן׳ זייא דו אונזר קוייניג גרוש:
ער ענטוורט דא דען בעמן׳ טרייבט איר אויז מיר קיין שערץ:[174]
זא וויל איך אוייך אן נעמן׳ זא איר רידט מיט גנצם הערץ:[175]

145 וואלט איר מיך צו איינם קוייניג זלבן׳ וויא זער זי אין דא בטן:
זא וויל איך אויך ואר שטין אלנט הלבן׳ בישויצט אוייך אונטר מיינם שאטן:

168 The Bible refers to Jotham's words as "The curse of Jotham" (Judg. 9:47). It appears that the reference to it as a parable stems from Rashi's commentary: "The trees went about resolutely— This is a parable" (Judg. 9:8).

169 Rashi: "The olive tree— Othniel ben Kenaz, a tribesman of Judah, who are entitled 'olive,' as it is said, 'Refreshed olive tree, with fruit beautiful in appearance, etc.'" (Judg. 9:8).

170 Cf. "And Judah and Israel dwelt without fear every man under his vine, and under his fig tree" (1 Kings 5:5), as well as the bramble, which said: "Come, and put your trust under my shadow" (Judg. 9:15, SM145b).

171 Rashi: "To the fig tree— This refers to Deborah" (Judg. 9:10).

172 Cf. "And Gideon said unto them, I will not reign over you" (Judg. 8:23).

173 Rashi: "To the grapevine— This refers to Gideon" (Judg. 9:12).

174 Idiom: "Are you being honest?" [lit. "Are you not making a mockery of me?"].

175 Idiom: "If you speak honestly" [lit. "If you speak with a whole heart"].

12a headline: עגזעמפיל יתום[!] צו הערן שכם

מיינט איר מיך ניט מיט טרוייאן·[176] זא ווער איך גירוכֿן בלד:
עש ווערט אוייך גירוייאן· דער דורן ווערט ור ברענן אל טנן דעש וולד:

146 אונ׳ איצונד אוב מיט וואַרהייט אונ׳ גנצהייט איר הוט גיטון·
דש איר הט אויף גינומן אבימלך צו איינם קויניג:
אונ׳ הט איר מיין וטר אונ׳ זיין גיזינד גינישן לון·
דש ער הוט גימכֿט מדין אוייך אונטר טעניג:
דש ער הוט גישטריטן מיין וטר בֿון אוייערן וועגן· זיין לייב הוט ער גיוואַרפֿן בֿון וערן:
אין שני אונ׳ רעגן· וויא זיך גיבֿוירט איינם ורומן הערן:

147 אונ׳ איר זייט אויף גישטנדן הוייט· הט צו מורדן גיואנגן אן:
ווש זייט איר נון ור לוייט· אויף איינם שטיין צו דר שלגן זיבנציג מן:
דש ווארן דוך אייטיל אי קינדר· אונ׳ הט גיקויניגט אבימלך זון זיינר מייט:
איר ווערט נוך שטיין ווייט דר הינדר· גידענקט הב אוייכֿש גיזייט:

148 זייט איר נון רעדליך אום גאנגן· מיט גדעון אונ׳ זיינם גיזינד:
ורייאט אוייך אן אבימלך לנגן· אונ׳ ער זול זיך ורייאן אן אוייך גישווינד:
וואו ניט זא זול אויש גין איין פֿוייאר· בֿון שכם אונ׳ בית מלוא:
אונ׳ זיא זולן ור ברענן אבימלך זיין הוייזר אונ׳ שווייאר· זולן שטין אין ליכֿטר לוא:

149 אונ׳ ער ולוך יתום בֿון דנן· אונ׳ ער גינג צו באר אונ׳ זצט זיך דר:
ער בֿורכֿט זיך בֿור אבימלך אונ׳ זיין מאנן· דש זיא זיינר ניט ווארדן גיוור:
דא הערשט אבימלך אויף ישראל אויבר אירן דאנק:[177]
גאט וור אים דוך ניט מוחל עש ווערט דרייא יאר לאנק:

150 אונ׳ ער זענדט גאט איין בויז גימויט· צווישן דיא הערן שכם אונ׳ אבימלך:
עש ור בירגט ניט אייטר אונ׳ גיבלוט·[178] זי ועלשטן אן אירם מלך:
דש זיינר ברוידר דם זולטן ווערדן גירוכֿן· אן אבימלך דעם און בארם הערציגן מאן:
אונ׳ אן דען בֿון שכם די אין דרצו העטן גישפרוכֿן· הוב זיך דש אונגליק אן:

151 |* אונ׳ זי לוגטן אויף אין די בֿון שכם אויף דען בערגן· הינטר דען באמן אונ׳ אין דען העקן: 12b
אונ׳ זי רבטן די שטרושן נימנט קונט זיך ורבערגן· אים וועג אונ׳ אין אלן עקן:

176 Idiom: "If you are not being honest" [lit. "If you speak without trust"].

177 Rashi: "Ruled— He wielded his authority through repression, and conducted himself arrogantly" (Judg. 9:22).

178 Proverb: "Pus and blood cannot be hidden." The meaning of this indicative proverb is that evil deeds will always be exposed, comparing them to the painful (although eventually healing) eruption of an abscess. This proverb brings to mind a somewhat obscure saying found in Glikl's memoirs: "אטיר אונ׳ געלט לאזין זיך ניט בערגין" (Turniansky 2006, 298f, n. 335).

12b headline: ווידר שפענוג מאנן שכם אן אבימלך אונ ריד געל מיט זבול

אין דעם קאם איינר היש געל מיט זיינם נאמן· געגן שכם אין די שטאט היניין:
זייניא ברוידר מיט אים קאמן· דיא בֿון שכם לישן אין אירן קויניג זיין:[179]

152 זיא הטן אבימלכש ור געשן· זי מכטן טענץ[180] אין איר גאטש הויז:
זיא הערפשטן איר ויין גרטן מיט זויפֿן אונ׳ ורעשן· זי גינגן אויף דש ועלד הנויש:
דא זגט געל ווער איז אבימלך אים צו זיין אונטר טון:
אונ׳ שכם די אין הלטן בֿור איין מלך ער ווערט אוייך נוך געבן אויירן לון:

153 אונ׳ ווער געב דש ואלק אין מיין הענד· איך וועלט אב טון אבימלכש גיוואלט:
דש וואורד גיזאגט צו אבימלך ביהענד· זמיל דיין היר די זך הוט אזו איין גישטאלט:
נון הט אבימלך געגן שכם איין פֿוקט גיזעצט· דער היש זבול
וואר אובר דיא שטאט איין הער:
דער הורט וויא געל דען קויניג בישוועצט· אונ׳ עש גרם זיין צורן זער:

154 אונ׳ ער זענדט צו אבימלך מיט לישטן·[181] נון געל אונ׳ זיין ברודר זיין הער קומן:
אין שכם וואלן זי נישטן· וורט ניט ביז ערש אלש הוט איין גינומן:
היימליך בֿור דער שטט זייא ור בורגן· דו אונ׳ דיין קריגש ואלק בייא נכֿט:
אז בלד אז דא אויף גיט דער מורגן· זולטו ליברן איין שלכֿט:

155 אבימלך וור דא ניט לאש· ער צוך אן מיט זיין אייד גינושן:
ער הט און דש צו געל איין אלטן האש· ער טיילט זיין ואלק אויף ויר שטרושן:
דא עש נון וורד טאג· געל הילט אונטר דער פֿפֿורט:
עש איז וואר ווש איך אוייך זאג· אבימלך ליש זיך זעהן אן איינם אורט:

156 אונ׳ ער זך געל די קריגר· הוב אן צו זבול ווש אישט דש בֿור איין ווערק:
דש ניט אונטר אונז זיין בטריגר· עש נידרט איין ואלק בֿון דעם בערק:
דא ענטוורט אים זבול מיט צויכֿטן· וואו הער זיין די לוייט בֿון וואנן:
דו רידשט מיך ניט אין די ולויכֿטן· שטן דער בערג דו זיכֿשט ור מנן:

157 אונ׳ ער מערט געל צו רידן· עש קומט איין ואלק בֿום לנט:
דער טויביל בשיישט אונז בידן·[182] עש קומט נוך איין הויפֿן גירנט:

[179] The source for this is obscure.

[180] Rashi: "Indulged in carousals— Performed dances" (Judg. 9:27).

[181] Rashi: "Clandestinely. As in 'cunningly,' 'in deceit,' meaning secretively, stealthily" (Judg. 9:31). Grimm 2021, List, 6,7.

[182] Idiom: "We cannot see things as they are, since the demon deceives us" [lit. "The devil is defecating on both of us"]. Grimm ibid., Bescheiszen: "*Concacare* [defecate] im mittelalter giengen unsaubere sagen vom teufel […] der teufel uns beschissen hat."

דו זגט צו אים זבול וואו איז נון דיין ווארט· ווער איז אבימלך
דש מיר זול דינן אים הושטו גיזאגט:
דש ואלק דש דו הושט ור שמוכֿט איז בֿור דער פפֿורט·
גיא נון אויז שטרייט זיך ווער דען אנדרן ור יאגט:

158 אונ׳ ער גינג אויז געל צו שטרייטן· מיט דען בֿון שכם דא ווש אים גוך:
ער וואלט אבר אבימלכש ניט בייטן· אלש הינטר זיך ער ולוך:
אים וואורדן ויל דרשלגן· ווש איך זאג דש אישט וואר:
מן מושט זיא בֿון אים טראגן· ביז אונטר דש שטט טור:

159 |* דא זאש אבימלך אין רומה [!]· ער אונ׳ אל זיין בֿוש גענגר: 13a
געל הט גר קיין תקומה· זבול ור טרייב אין בֿון צו זיצן אין שכם לענגר:
אונ׳ עש ווש אם אנדרן מורגן· עש גינג אויש דש ואלק צום ועלד:
אבימלך וואלט אין ניט לענגר בורגן· ער נם מיט אים מנן העלד:

160 אונ׳ ער טיילט זי צו דרייא הייבט שרן· איין טייל מיט שפיסן איין טייל מיט בוגן:
אל די ער אים ועלד קונט הר ורן· די וואורדן בלד אום צוגן:
אלש גיהויאן אונ׳ גישטוכֿן· דנק הב זיין שמלץ:
אן דער שטט הט ער זיך נוך ניט גירוכֿן· ער דר שטיש זיא אונ׳ זעאט זי זלץ:

161 דיא בֿון מגדל שכם הטן גיהורט· די שמועה קם אין בלד:
וויא אבימלך דיא שטט ור שטורט· זי מכֿטן איין גרוש גיהיג אין וולד:[183]
אבימלך אונ׳ זיין גיזעלן· נומן דיא בייהל אין אירי הענד:
איטליכֿר היב אב איין גוטי וועלן· אונ׳ טעט זיא אויף זיין אקשיל ביהענד:

162 אונ׳ זי ליגטן דיא וועלן אויף דש גיהיג· דרנוך מיט פולבֿר איין הויפן שטרויא:
טרוץ איינם דר זיך ריג· זיא דר שטיקטן מין וען טויזנט מאן אונ׳ ורויא:
דרנוך הוט אבימלך תבץ גיוואונן· ער ונד קיין מענש ניט דאינן:
זיא ווארן אויף איין שטרקן טורן אנטרונן· דא וואושטן זי זיך זיכֿר אינן:

163 אונ׳ ער קם אבימלך בֿור דען טורן צו רענן· אונ׳ שטרייט בֿור אים מיט מכֿט:
קיין אנדרז וועגן מן מוש די טור אויף ברענן· וועגן מן שון לנג דרויבר טרכֿט:
דא וורף איין ורויא איין מויל שטיין איין הלבן· אויף הייבט אבימלך אין איינם אויגן בליק:
דש ווש איין וואושטי זלבן· זיא דר קוועטשט אים זיין גיניק:

[183] Rashi: "Forest stockade— A forest encircled by twisted trees and branches, called *plisse* in Old French. Of the temple of the god Berit— The stockade belonged to Baal Berit, the name of their deity. Tzalmon, too, owned a forest there" (Judg. 9:46).

13a headline: געל מיט זבול אונ אבימלך מיט זיצר שכם

164 אונ׳ ער ריף בלד זיינם קנבן· דער אים נוך בֿורט איין לידיג פּפֿערט:
זיך וויא שענדליך זי מיך אום ברוכֿט הבן· ואל טויט מיך דו בלד ציך אויש דיין שווערט:
זי וואורדן זונשט אויף מיך זגן· דא איך ניא נוך וורב:
איין ורויא הוט אין דרשלגן· אונ׳ ער דר שטך אין זיין קנב דש ער שטארב:

165 נון הטן קינדר ישראל גיזעהן· אבימלך דער ווש טוט:
איטליכֿר טעט זיך צו זיינר שטט גינעהן· אונ׳ הילט זיין היימליכֿן רוט:
בושהייט אבימלך וורד אים דא ור גולטן· דש ער זיין ברוידר אום ברוכֿט אויף איינם שטיין:
אונ׳ דיא בֿון שכם אך וויא זייא ווארן גישולטן· בֿון יתום זון ירובעל דער קליין:

166 |* אונ׳ ער שטונד אויף נוך אבימלך צו העלפֿן ישראל· איין מאן וור גישאפֿן רעכֿט: 13b, Judg. 10
תולע זון פואה זון דודו איש דער גואל· ער ווש בֿון יששכרש גישלעכֿט:
צו שמיר הוט ער גיזעשן· ישראל גיריכֿט דריי אונ׳ צוואנציג יאר:
ער שטארב אונ׳ וורד זיינר ורגעשן· אז אופֿט גישיכֿט אויבר יאר:

167 נוך אים שטונד אויף אן אנדרר ריכֿטר· היש יאיר בֿון גלעד צוואר:
אונ׳ אז אונז זגן דיא טיכֿטר· זא הוט ער רענגנירט צוויי אונ׳ צוואנציג יאר:
אונ׳ זיא ווארן צו אים דרייסיג זוין מנשנאמן· דיא ריטן דרייסיג יונגר פפֿערט:[184]
אונ׳ הטן דרייסיג שטיט[185] וואו זיא היניין קאמן· דא ווארן זיא גיערט:[186]

168 צו אין זיא רויפֿין יאיר דוירפֿר·[187] ביז דען טג דען דיז:
דארין מויכֿט וואנן אל ארמר אונ׳ נוט דוירפֿר·[188] יאיר שטארב
אונ׳ וורד ביגראבן צו קמון אויף דער וויז:
אונ׳ זיא מערטן ישראל צו טון דש בויז אין גאטש אגן·
זיא און שטעטיגטן נוך דער אב גיטרייא:
עש וווער ויל דרבֿון צו זגן· זיא לישן זיך ניט בינויגן מיט צווייא אודר דרייא:

184 Rashi: "Thoroughbreds— עוּלִין the choicest horses" (Judg. 10:4).

185 Rashi: "They owned thirty towns— They owned thirty unwalled municipalities" (Judg. 10:4).

186 Radak: "Thirty asscolts— […] This story announces the reason for his appointment as judge, because he was great and rich in wealth and sons and honor, and each one of his sons was dignified" (Judg. 10:4).

187 Targum Jonathan says here "The villages of Jair" (Judg. 10:4). Also in Num. 32:41 a place called חות יאיר is mentioned. Targum Onkelos renders it as "The villages of Jair," and Rashi cites this translation in his commentary there: "חותיהם – their villages" (Num. ibid.).

188 The source for this is obscure. This may reflect a reality of poverty, in which the village was considered a place where there is plenty of food.

13b headline: תולע אונ יאיר ריכטר אונ ישראל מיט פלשתים אונ עמון

169 אב גוטר ואלקר זיבן·[189] דינטן זיא צו איינם מול:
גאט וואלט זי נומיא ליבן· פלשתים אונ׳ עמון טעטן אין גרוש קוואל:
אכֿציהן יאר וארן זיא ביצוואונגן· אל יאר אי מער אי מער:
אויףביידן זייטן דעש ירדן ווארדן זיא גידרונגן· אונ׳ עש וור לייד צו ישראל זער:

170 אונ׳ זיא שריאן ישראל צו גאט צו זגן· אונזר אלר ליבשטר ורוינט:
מיר הבן דער אבגאטרייא נוך טון יגן· ור גיב אונש מיר הבן גיזוינט:
דא זגט גאט צו ישראל· מיינט איר איך זייא צו בלענדן:
איך בין אוייך נומיא מוחל· בֿור זיבן בֿולקר[190] הב איך אוייך בישירמט בֿון אירן הענדן:

171 אונ׳ איר הט מיך ור לושן· הט גידינט אבגאטר ויל:
דרום וויל איך אוייך ור שטושן· אוייך צו העלפֿן איך נוימיא וויל:
געט שרייט צו דען גאטר דיא איר הט דרווילט· אוב זיא אוייך העלפֿן אין צייט אווייערש לאייד:
איר הט אוייך נוך ניט לנג גינוג גיקווילט· וארט הין איר הט אווייערן בישייד:

172 אונ׳ זיא ענטוורטן ישראל צו גאט צו זגן· דיין הוילף אישט בעשר ווען שווערט אונ׳ שפיס:
טוא צו אונז אז וואל גיואלט אין דיין אגן· בשירם אונש נווייארט דען טאג דען דיז:
אונ׳ זיא טעטן אב אבגאט דיא ורעמדן· זיא דינטן גאט מיט גאנצר מאכֿט:[191]
זיא גינגן אין פנצרן און הערין העמדן·[192] ושטטן דרייא טאג אונ׳ דרייא נאכֿט:

173 14a |* אונ׳ זיא רוישטן זיך קינדר עמון זער· זיא צוהן אין גלעדש לנד:
זיא זמילטן קינדר ישראל אך איר הער· זיא הטן קיין הייבט מן צו הנד:
אונ׳ זיא זייטן הערן גלעד איין מן צו זיינם גיזעלן· ווער איז
זא קמן דש ער וויל עמון גרייפֿן אן:
ער זייא גלייך ווער ער וועלן· דער זול זיין אונזר קוויניג אונ׳ אונזר הייבט מאן:

174 Judg. 11 אונ׳ יפתח זון גלעד איין שטרקר העלט· ער וור איין מאן זיינש לייב:
אז מן אין מויבֿט וינדן אין דער וועלט· ער וור זון איינש קיבש ווייב:[193]

189 Rashi: "The Baals— Seven pagan gods are enumerated here" (Judg. 10:6).

190 Cf. Rashi: "Was it not from Egypt— There are seven salvations here, corresponding with the seven pagan gods they worshiped" (Judg. 10:11).

191 Cf. "And thou shalt love the Lord thy God with all thine heart, and with all thy soul, and with all thy might" (Deut. 6:5).

192 Hairshirts that irriatate the skin of their wearer. They are used as a form of penitence, commonly by Christians but also by Jews. Grimm 2021, Härenhemd: "Aus haaren gefertigt, wie es büszer tragen." Cf. the penitence by Akiva "Who had a mantle of goat hair that scratched his flesh so that he may atone [for his sins], for he was a repenting man" (Natan b. Yehiel 1955 (V), 397 ,נתן). See also Kushelevski 2000, 158f.

193 Radak: "The son of a harlot— He was the son of Gilead's concubine, who was called 'harlot' because she lived with her husband without a marriage contract [*kĕtubbāh*] or proper marriage [*qiddušīn*], and she is thus likened to a harlot, even though she is dedicated only to her husband" (Judg. 11:1).

14a headline: מאנן גלעד מיט יפתח אונ יפתח מיט עמון

אונ׳ זי הט גיוואונן ווייב גלעד ויל קינדר· די ווארן אל אים הויז:
יפתח דרוקטן זיא הין הינדר· ער מושט צום הויז הין אויז:

175 אונ׳ זיא זגטן צו אים ניט דו זולשט ערבן· אין אונזרם וטרש הויז ניכֿט:
דו זולשט אונז ניט ור דערבן· דו בישט אויז איינם אנדרן גישליכֿט:
אונ׳ ער ולאך יפתח בֿור זיין ברוידר· אונ׳ זאש אין איינם גוטן לאנט:[194]
אים וואר אויך ניט וואל מיט דעם גישלוידר· זיא לאזן זיך צו אים מאנן מיט לערר האנט:

176 אונ׳ עש ווש בֿון ויל טגן· אין דען זעלביגן צייטן:
אז מיר הבן הורן זגן· קוניג עמון הוב מיט ישראל אן צו שטרייטן:
דא גינגן עלצטן מדין* אונ׳ איר וויזן· צו הולן יפתח אויש זיינם גוטן לנד:[195]
קום הילף אונז מיר וואלן דיך פרייזן· דו גיווינשט ער אונ׳ נוימר שנד:

177 דא זגט יפתח צו דען אלטן· איך רעכֿן דז ור מיין ורדערב:
ווארום הט איר מיך ניט ואר ביהלטן· אין מיינש וטרש הויז לושן זיין איין ערב:
אונ׳ ווארום זייט איר צו מיר קומן· אז דש צו אוייך אישט לייט:
איר העט וואל איין אנדרן הייבטמן גינומן· דער אוייך העט דר ורייט:

178 זיא ענטוורטן עלצטן גלעד אירר ויר·[196] צו יפתח אויף דער שטונדן:
מיר זיין גישיקט צו דיר· אונ׳ זיין ורא דש מיר דיך הבן גיבֿונדן:
לוש דיך ניט אויף הלטן און גיוויטר· טוא אונז דיין הוילף אונ׳ שיין:
שטרייט אונז מיט דען עמוניטר· אונזר הייבטמן זולטו זיין:

179 אונ׳ ער זגט יפתח צו דען הערן· זול איך דען בֿור אוייך שטרייטן:
זא [--]ט* איר אוייך ניט בֿור מיר וערן· מערר אויירש רייכֿש צו אלן צייטן:
[-ש]* בווילגטן דא דיא אלטן· אונ׳ ביצווייגטן דש בֿור גאט:
דיא צו זאג וואלן מיר דיר הלטן· זונדר אלן שערצן אונ׳ שפוט:

180 דא מכֿט צו אים יפתח רוטן· וויא זיך דש איינם קריגש מן גיבֿוירט:
ער זענדט דעם קוניג עמון בוטן· ווש אורזך הוט דיך אויף מיך גיבֿוירט:

194 Translation of a name, contrary to Radak's words: "In the land of Tob [טוב]– The lord of the land was called Tob" (Judg. 11:3). See also SM176c.
195 Translation of a name, see SM175c.
196 The source for this is obscure.

176c According to the biblical text (Judg. 11:4), here s.b. עלצטן גלעד. | 179b The paper is damaged. Perhaps: זולט | 179c The paper is damaged. Perhaps: דש or עש

ווש הב איך מיט דיר צו שפֿן.[197] דו קומשט צו קריגן אין מיין לנד:
אזו ונגט מן דיא אפֿן.[198] קער אום אודר דו ווערשט בישטין מיט שנד:

14b 181 |* דא שפרך קויניג קינדר עמון מונטליך. אלדא צום זעלבן מול:
עש אישט ווישנליך אונ׳ קוינטליך. דו ווײשט אך זעלברט וואל:
דש מיר ישראל מיין לנד הבן גינומן. אין אירם אויז גין בֿון מצרים אונ׳ דורך דש מער:
אויבר דען יבוק אונ׳ ירדן ווש זיא הבן קונן ביקומן.
אונ׳ איצונדר מיט וריד דו מיר עש ווידר קער:

182 אונ׳ ער מערט יפתח צום אנדרן מולן. צו זענדן בוטן צו קויניג עמון דאר:
ער ליש זיא זגן אזו הוט יפתח ביבֿולן. ניט ער הט גינומן ישראל
לנד מואב אודר לנד עמון אומש גאר:
איין גוטן בריבֿט וויל איך דיר געבן. וויא ישראל איש קומן אינז נעשט:[199]
דו שיסט ווייט דר נעבן.[200] דיא ווארהייט איז דש בעשט:[201]

183 הויר קויניג עמון לוש דיר זאגן. ור נים מיין בוטן דיא איך דיר הב גיזאנט:
עש הוט זיך אזו צו גיטראגן. דא ישראל זולטן ציהן אין דש הייליג לאנט:
צו קויניג אדום טעטן זיא שיקן. ביגערט ניבֿט מין וועך דען פס:
ער זאגט איך ליש אוייך וואל דר שטיקן. עש ווש איין אלטר הס:

184 אונ׳ אך צו קויניג מואב שיקט ישראל דאר נוך. אוב ער דורך זיין לנד ציהן זולט:
מואב וור גלייך ווי אדום גוך. צו פסירן לושן ניט ער וואלט:
זיא וואלטן זיא ניט דורך לושן. אי איינר טעט דעם אנדרן גלייך:
ישראל וויכן בֿון דער רעבֿטן שטרושן. אום רינגילטן דיא ביידיא קויניג רייך:

185 דא שיקט ישראל בוטן. צו סיחון קויניג אמורי צו הנט:
לוש מיך ציהן מיט מיינן רוטן. ביש מיר קומן אין אונזר לנט:

[197] Idiom: "I have nothing to do with you" [lit. "What have I got to do with you"]. Grimm 2021, Schaffen, IIA5b: "Zu schaffen haben, in verbindung, zusammenhang stehen. [...] mit object und persönlichem oder sächlichem dativ."

[198] Idiom: "This is how you catch the monkeys." The meaning of this idiom is obscure, perhaps it was once the concluding formula of a well-known story. Cf. "Affen fängt man mit groszen Bundschuhen" (Simrock 1988, 30, no. 118).

[199] Idiom: "To come home" [lit. "Israel came to the nest"]. Cf. SM375d.

[200] Idiom: "You are unable to perform your intention" [lit. "You shoot far from the target"]. Grimm 2021, Ziel: "Stark ausgebildet ist die anwendung bildlicher ausdrücke für schusz und wurf nach einem ziel im geistigen bereich im sinne von 'das rechte treffen' oder 'verfehlen:' [...] du thust ein feilschusz, weit vom ziel. [...] haben weit neben das ziel geschossen."

[201] Proverb: "The truth is the best." Cf. "Wahrheit ist das beste Reisegeld für's Leben" (Wander 1867–1880 (IV), Wahreheit, 1755, no. 222); "Wahrheit ist die beste Waffe" (ibid., no. 229).

14b headline: ריכטר יפתח מיט קויניג עמון

סיחון וואלט ישראל ניט גלאבן· צו אויבר ורן אין זיינם גימערק:
ער זמילט אל זייני בויזי קנאבן· ער שטרייט ישראל מיט שטערק:

186 און׳ ער גאב גאט ישראל דען זיג· סיחון און׳ זיין ואלק וואורדן דר שלגן:
הויר צו עמון דש איך ניט ליג· איך וויל דיר דען גנצן גרונט זגן:
סיחון הט בֿור דער צייט· דיר עטליך לנד און׳ לוייט גינומן:
נון אין דיזם לעצטן שטרייט· הבן דש ישראל בֿון דעם אמורי ביקומן:[202]

187 ווארום הושטו עש דש זעלב מול ניט טון קריגן· ישראל הבנש ניא ביגערט:
ווארום הושטו אזו לנג גישוויגן· ביש ישראל הוט גינומן מיט דעם שווערט:
בֿום אמורי הבן זיא עש גיערבט· דרום אישט עש ביליכן איר:
ישראל הוט דיך ניט ור דערבט· און׳ הבן ניקש צו שאפֿן מיט דיר:[203]

188 |* ווען אונזר גאט בֿור אונז טוט ור טרייבן· דיא לנטשפֿט נעמן מיר איין: 15a
ווש כמוש דיין אבגאט דיר לושט בלייבן· דש זעלב אישט ביליך דיין:
בישטו בעשר ווען בלק זון צפור אין זיינם צורן· דער הוט ניא מיט אונש דרום גישטריטן:
עש אישט גישעהן ור דרייא הונדרט יארן· ווארום הט איר אזו לנג גיליטן:[204]

189 און׳ איך יפתח ניט איך הב גיזוינט צו דיר אין מיינם לעבן·
און׳ דוא קומשט צו שטרייטן אן מיר:
גאט דער ריכֿטר זול זיין אורטיל געבן· צווישן קינדר ישראל און׳ קינדר עמון שיר:
און׳ ניט ער הוירט קויניג קינדר עמון צו ריד דער בוטן· דיא אים יפתח הט גיזנט:
ער שפראך איך וויל זיינר אך נוך שפוטן·[205] אי איך אים ציך אויש זיינם ויינם לנט:

190 און׳ עש אויבר בֿור אויף יפתח איין גימויט שטערק· וויא דש זיך איינם הייבט מאן גיבווירט:
און׳ ער אויבר בֿור דען גלעד און׳ מנשה און׳ דען בערק·
ביש ער שיר אן עמונש הער אן רורט:
דא גילאבט יפתח איין גילובנש צו גאט· ווש אין זיין הערץ דר מנט:
עש קם דרויש שאד און׳ שפוט· אוב געבן דו ווערשט געבן קינדר עמון אין מיין הנט:

202 Rashi: "They took possession, etc., from Arnon to the Yabok— Which you claim as yours, they annexed from Sichon" (Judg. 11:22).

203 Idiom: "We have no contact with you." See footnote to SM180c.

204 Radak: "Three hundred years— For three hundred years they have lived on that land, since the day it was conquered until today, and why did you not fight over it until today and recover it?" (Judg. 11:26).

205 Idiom: "I want to mock of him." Grimm 2021, Spotten, 2b.

15a headline: ריכטר יפתח מיט קויניג עמון

191 אונ׳ ער ווערט זיין דער דא געט בֿון טורן מיינש הויז·
זא איך ווידר בֿון קינדר עמון קום מיט וריד:
דער זעלב איז טויט וויא איין מויז·[206] דער הוט בֿון הוייט אן זיין בישיד:
צו אופפֿר וויל איך אין ברינגן· דער מיר אירשט אנטגיגן גוט:
גאט מיט לוב אונ׳ זינגן· דער מיר הוט גיהולפֿן אויש דער נוט:

192 אונ׳ ער אויבר בֿור יפתח צו עמונש לנד· הוב אן מיט אין צו שטרייטן:
גאט גאב זיי אין זיין הנד· די אויבריגן ולוהן אונ׳ וואלטן ניט בייטן:
ער שלוג זיא איין שלאק דער ווז גרוש· ער צוטרענט אל איר הער:
צווינציג שטיט ער צו בודם שוש·[207] זיא וואורדן אונטר טעניג קינדר עמון זער:

193 דא קם יפתח צו דער מצפה אין זיין הויש· ער הט גיוואונן גנץ:
אונ׳ נון זיין טוכֿטר גינג גיגן אים אויש· מיט פויקן אונ׳ מיט טנץ:
זיא ווש זיין אייניג קינט· ער הוט און זי נוך זון נוך מייד:
דא ער זיא זך ער גנץ ור בלינט·[208] ער צו רייס זיין קליידר ור לייד:

194 אונ׳ ער זגט טוכֿטר ליבשטיא טוכֿטר· דו הושט מיר אב גיהויאן מיין ביין:[209]
וויא טובעט דער מן וויא פוכֿעט ער· דו בישט מיין ביטרויברין אליין:
איך האב גיאופֿנט מיין מונט· צו מיינם שופֿר אונ׳ הערן:
איך געב וואל טויזנט גולט פפֿונט· דש איך קונט ווידר קערן:

195 |* אונ׳ זיא זגט צו אים מיין וטר איך ריד דש און אלן שפוט· 15b
די וויל דש דו ווידר בישט קומן בֿון עמון גיזונט:
הושטו ור היישן איין ריד צו גאט· טוא צו מיר אז דא אישט אויש גנגן בֿון דיינם מונט:
גיב מיר נוייארט צווין מונהייט ציל·
זו וויל איך קלאגן* אויף דען בערגן דרנוך וויל איך זיין בירייט:
איך אונ׳ מיינר גיזעלינש ויל· איך וויל ואר ווינן אויף מיין פולצילקייט:

196 דא זגט צו איר איר וטר גיא· אונ׳ ער זענדט זיא צווין מונהייט לנג:
אונ׳ זיא גינג זיא אונ׳ איר גיזעלניש[!] מיא· אך גאט וויא וור אין אזו בנג:

206 Idiom describing death: "That man will be as dead as a mouse." See footnote to SM74d.

207 Compare with the language of the biblical text: "Wherefore should I smite thee to the ground?" (2 Sam. 2:22) and "Why then didst thou not there smite him to the ground" (2 Sam. 18:11).

208 Idiom: "He could not see for sorrow" [lit. "He became completely blind"]. Cf. "עס איז מיר געוואָרן פֿינצטער פֿאַר די אויגן – I thought I was going to pass out" (Beinfeld and Bochner 2013, 547, פֿינצטער).

209 Rashi: "You have surely brought me to my knees— [...] You have taken away my feet" (Judg. 11:35).

15b headline: ריכטר יפתח מיט זיין טוכטר | 195c original form: קאלגן

אז בלד זיך דיא צוויי מונהייט ענדן· וויא וורד זיא אלז אוביל ביגובט:
זיא ווידר קערט צו אירם וטר ביהענדן· אונ׳ ער טעט צו איר זיין גילובניש דש ער הט גילובט:

197 אונ׳ ניט זיא הט בישלופֿן איין מן· זא הט ער נוך טוכֿטר נוך זון:
דא הוב זיך איין גיזעץ אונטר ישראל אן· דש קיינר מיא אזו זולט טון:[210]
בֿון יאר צו יאר[211] זיא גינגן די טויכֿטר ישראל· צו קלגן[212] צו טוכֿטר יפתח צוואר:
אונזר הער גאט זייא אונש אלן מוחל· זי גינגן ויר טג אים יאר:

198 נון ליבי ורויינד עש הוט מיך ור טויטשר לנג ור דרושן· דש יפתח זולט זיין אזו גרוב:
אונ׳ זולט ריישן זולכֿי פושן·[213] זיין טוכֿטר אופֿפֿרן גאט צו לוב:
אונ׳ זולט זיין אייניג קינד ור ברענן· דש ווער דוך איין שווערי זך:
דרום וויל איך אויכֿש רעכֿט געבן צו דר קענן· טונד מיר נויירט איין וויניג גימך:

199 אך וועז מן וויל זגן דען יושר· אונ׳ ניט מיט טונקלן זכן אום גין:[214]
זא אישט קיין מענש צו אופֿפֿרן כשר· איר מושט עש אנדרש ור שטין:
וועז מן שון בֿונד אזו איין בויזן· דער איין קינד צו אופֿפֿרן גירעט:
זא מויכֿט ער עש דוך ווידר לויזן· איך ווייש ניכֿטש וועז דש געלט דש אים שעט:[215]

200 צו דעם אישט עש ניט וואל צו גלבן· דש דש אורטיל זולט זיין גנגן אזו גישטרענג:
ווש וואלטן טויכֿטר ישראל הבן· אל יאר צו איר ויר* גענג:
ווש הולף איר קלגן אונ׳ שרייאן· זא מן די העט צו אפֿפֿר ברוכֿט:
איר זולט מירש אל ור צייאן· איר הט דיא זך ניט רעכֿט בידוכֿט:

201 יפתח הוט זיין טוכֿטר ניט גישעכֿט·[216] אונ׳ ניט צו אופֿפֿר ברוכֿט:
אונ׳ וועז איר מיך וועלן ור שטין רעכֿט· זא הט ער זיך אזו בידוכֿט:

[210] Rashi: "She became the subject of a law— Legislation was enacted prohibiting any repetition of this" (Judg. 11:39).

[211] Radak: "And he did with her according to his vow that he had vowed— [...] Every year the daughters of Israel would go over to her" (Judg. 11:39).

[212] Rashi: "To grieve— To weep" (Judg. 11:40).

[213] Idiom. See footnote to SM/intro22.

[214] Idiom: "To be in doubt" [lit. "To walk around with dark things"]. Grimm 2021, Dunkel, 2a: "Wovon der sinn nicht offen liegt, was unklar ist, ungewis, unverständlich, verhüllt, geheimnisvoll."

[215] See footnote to SM204: which discusses the possibility of annulling the vow through the payment of a fine.

[216] Radak: "And he did with her according to his vow that he had vowed— He made her a house and put her in it, and she was secluded from people and the world's ways. And it was a custom in Israel that every year the daughters of Israel would go over to her. To lament the daughter of Jephthah— [...] To talk to her and comfort her during four days, for she was reclusive throughout the year, like reclusive people who are secluded in their homes" (Judg. 11:39–40).

200b According to the biblical text (Judg. 11:40), here s.b. אל יאר צו איר ויר <טג זיא> גענג.

זיין טוכ̄טר זול איין פוילציל בלייבן· אונ׳ נוימר מין נעמן קיין מאן:
זי זול אך אליין איר צייט ור טרייבן· דש נם זיא גויטליך אן:

202 16a |* דרויף ענטוורט זיא מיט צויכ̄טן· אז בלד אירש דער וטר זייט:
עש אישט אום ניכ̄ט צו טון ווען אום די ורוכ̄טן· איך וויל ווינן אויף מיין פוילציל קייט:
זיא ווײנט נוך אום לייב נוך אום לעבן· זיא וואושט וואל דש דען ואטר אויך טויארט:
איין שטיינן הויש הוט ער איר געבן· דארינן וורד זיא אין איין גיוועלב גימויארט:

203 דש טעט יפתח ואשט וויא· זיא ווש זיין אייניג קינד:
אונ׳ עש ווש איין גיזען עש וואלט גישעהן ניט מיא· דש איינר אזו רעט אין ווינד:[217]
זיא זאך ניט ויל מון נוך זונן· נויירט ווען ישראל קאמן צו איר:
זי לעבט וויא דיא נונן· דש מוכ̄ט איר גלבן מיר:

204 דענוך העט ער זיא מויגן לויזן·[218] העט ער זיא רעכ̄ט ור וורט:
גאט בידהויט אונש בֿור אלים בויזן· ווש טוט שטולץ אונ׳ הופרט:
פנחס דער כהן גדול דער הט עש צו דר לאבן·[219] ער וואלט אבר יפתח ניט גין צו הויש:
ער שפרך הלט ער מיך בֿור איין שבת קנאבן· דש איך זול לויפֿן אויש:

205 יפתח הילט זיך אויך דעש גלייכ̄ן·[220] ער וואלט פנחס דעם כהן ניט נוך גין:
וואלט אין ניט וראגן אוב ער בֿון זיינן ווארטן זולט וייכ̄ן·
אודר אוב דש נדר זולט אזו בישטין:
דורך הופרט אונ׳ שטולץ אירביידר· וור די גוט דירן אויבל דראן:
זיא שרייא שטעט אוי וויא אונ׳ ליידר· זולט איך דוך אך הבן איין מאן:

206 גאט דר הוירט זיא אונ׳ הוט גישפרוכ̄ן· דש וועט דען צווייאן ניט גישענקט:
עש בלייבט ניט און גירוכ̄ן· איך הב אינש דען איין גיטרענקט:

217 Idiom: "Hollow talk" [lit. "To speak to the wind"]. Grimm 2021, Wind, IIA1bβaa)αα: "In (den) wind reden."

218 Radak: "To lament the daughter of Jephthah— [...] And we found concerning this a dispute among our sages, who said: Was it indeed a vow? Rabbi Jochanan and Rabbi Shimon ben Lakish [argued]: Rabbi Jochanan said: He ought to have paid money [instead of fulfilling his vow] and Reish Lakish said: He did not even have to pay money [for that]" (Judg. 11:40).

219 Radak: "And Phinehas [the High Priest] was not there to annul his vow, that is, to tell him that he may pay money instead. Phinehas said: if he needs me he should come to me" (Judg. 11:40). On Phinehas see Judg. 20:28, Num. 25:11 – 13. Traditionally both men are considered to be the same person.

220 Radak: "And Jephtah said: I am the chief warrior of Israel, I should go over to him?! Between these two opinions the girl perished, and they were both punished" (Judg. 11:40).

16a headline: ריכטר יפתח מיט זיין טוכטר

יפתח פֿויילטן אונ׳ ווילן אב זיין גילידר·[221] וואורדן אין ויל שטעטן ביגראבן:
דען ורדינשט זיינר טוכֿטר דער בידר· די בוש מושט ער אויף דעם עולם האבן:

207 פנחס כהן גדול הטש אויך גרויאן·[222] וויא זער ער זיך דעש גאוה שאמט:
אין צייטן שלמה דא דער טעמפיל וורד גיבויאן· מן זאצט אין אב בֿום אמט:
ער מושט איין אנדרן אים בית המקדש זעהן· אונ׳ ער מושט זיין זיין קנעכֿט:
דש לושן מיר נון אלש גישעהן· מיר היבן ווידר צו ורטויטשן שופטים רעכֿט:

208 דא וורד גיזמילט אפרים* אונ׳ וואלטן ניט לענגר בייטן· בֿון צפון ביש דרום:[223] Judg. 12
אונ׳ זיא זגטן צו יפתח ווארום דו בישט אויבר וארן מיט עמון צו שטרייטן·
אונ׳ אונש ניט דו הושט גיורוגט אך דרום:
אישט דש ניט הויפש אובנטוייאר· וויא זולן מיר עש ור שטין:
דיין הויז וועלן מיר ור ברענן אים פֿוייאר· אויבר דיר מוז עש דר גין:

209 |* אונ׳ ער הוב אן יפתח צו זגן· איין מן קריגהפֿטיג בין גיוועזן איך 16b
אונ׳ מיין ואלק מיט עמון זער:
אונ׳ הב גישריאן צו אויך אין דען זעלבן טגן· זא הוט זיך
אוייער קיינר גישטעלט צו דער ווער:
אונ׳ איך הב גיזעהן וועו ניט איין העלפֿר בֿון דיר· דא הב איך מיין לייב אין טענר גיטון:
אונ׳ ווארום איר זייט אויף גנגן צו שטרייטן אן מיר· אב איך דוך
די ואר בייא עמון אליין מויזן בישטון:

210 אונ׳ ער זמילט יפתח אל גלעדש מנש נמן· אונ׳ ער שטרייט מיט אפרים גישווינד:
אונ׳ זיא שלוגן אפרים אונ׳ אל דיא מיט אים קמן· וועו זיא זגטן
אנטרינר אפרים איר אונ׳ אוייער גיזינד:
אונ׳ ער גיוואן יפתח אויבר וארט דעש וואשר· אונ׳ וועו דא
וואלט אויבר וארן איין אנטרינרליין:[224]
זיא זאגטן צו אים זאג פראסער·[225] בישטו בֿון אפרים אונ׳ ער זאגט ניין:

[221] Radak: "Jephtah died through shedding his limbs [in numerous places], as it says 'He was buried in the cities of Gilead'" (Judg. 11:40).

[222] Radak: "Phinehas had lost the holy spirit, as it is said, 'And Phinehas the son of Eleazar was their guide' [1 Chron. 9:20] – It does not say 'is' but 'was.' It also says, 'And the Lord was with him' [ibid.] – now He is not with him" (Judg. 11:40). The source for presenting Phinehas in Solomon's Temple is obscure.

[223] The retelling differs from the original. בֿון צפון ביש דרום is the opposite direction to "Northward" (Judg. 12:1).

[224] Radak: "Ye are runagates of Ephraim— [...] You are dispersed among Ephraim and Manasseh, and account for nothing [...] they were insulted as the least worthy ones of Ephraim" (Judg. 12:4). The derogatory nature of Radak's words seems to be echoed in the diminutive אנטרינרליין (little refugee) and the insult פראסער (SM210d).

[225] Grimm 2021, Brasser (Prasser): "*Heluo* [glutton] [...] die Pfaffen Fresser, Hurentreiber."

208a A period was printed here. | 16b headline: .גיצענק ריכטר יפתח מיט גישלעכט אפרים

211 אונ׳ זיא וואלטן נון אן אים שפוירן· אוב ער קונט זגן מיט דער שין* איין נאם:
דא שפרך דער גלעדי זול איך דיך דען שטרם[226] אויבר בוירן·
דא ענטוורט ער אויבר בויר מיך דען סטרם:
קיינר בון אפרים קונט קיין ימין [227] נענן· אירר שפרוך העלבר:
דאר בייא וורד מן זיא קענן· מן שלעבטט זיא וויא דיא קעלבר:[228]

212 דיא צל בון אפרימש טוטן· צווייא אונ׳ וירציג טויזנט מן:
זיא העטן זיין וואל גירוטן· העטן זיא דען הדר מיט יפתח ניט גיואנגן אן:
אונ׳ ער שטארב יפתח ור ווארי· אז מיר ורנומן הבן:
אונ׳ ער הט גיריבט ישראל זעקש יארי· אין שטיטן גלעד וורד ער ביגראבן:

213 אונ׳ ער ריבטט נוך אים ישראל אז מיר הבן גילעזן· אבצן בון בית לחם איז ער קומן:
ער זול בועז זיין גיוועזן·[229] דער צו לעצט דיא רות הוט גינומן:[230]
ער הט דריישיג זון אין זיינר יוגנט· דען נם ער דריישיג וייבר אויש:
אונ׳ דריישיג טויבטר דען גאב ער מאנן מיט איר אונ׳ טוגנט·
זיא מושטן אבר אל צום הויש הין אויש:

214 נון הט זיך דער גוט מן אליין גיוראייט· דא מיט הט ער אויבר זעהן דיא שנץ:[231]
ער הט דען צדיק מנוח צו זעבציג ברויילפטן ניט גיפראייט· נוך צום עשן נוך צום טנץ:

[226] Rashi: "Say Shibboleth please [אֱמָר־נָא שִׁבֹּלֶת]– May I cross this river flow?" (Judg. 12:6); Radak: "Shibboleth— Just as they tested them with this word, they tested them with any other word containing a Shin. The Ephraimites pronounced it as S, and the Scripture simply chose one of those words. Some say that the Scripture chose Shibboleth [current or whirlpool], for there was a strong current where the Ephraimites had crossed, and they mispronounced that Shin." „שבולת [...] זרם חזק של מי־נהר המתהוה במקום מסוים, מערבלת, שטף־מים" (Even Shushan 2009, 938, שבולת).

[227] This means the letter Shin with a dot on its top right (שׁ), pronounced in English Sh. According to the biblical narrative, the Ephraimites pronounced this sound as S.

[228] Simile: "They were slaughtered like calves."

[229] Rashi: "Ivtzan— Boaz" (Judg. 12:8).

[230] Cf. "So Boaz took Ruth, and she was his wife" (Ruth 4:13). Also, see footnotes to SM214a.

[231] Idiom: "He thus missed his chance." See also YC116c. Cf. Schumacher 2006, Schanze, 324; Grimm 2021, Schanze, 2c: "Die schanze versehen, übersehen, sich die gelegenheit entgehen lassen, den richtigen augenblick verpassen."

211a This Hebrew word was not printed in square letters.

ער זגט זול איך דש און טרעבֿטיג מויל לדן· זא הב איך דעשטר מינדר:
ווש ער מיר אב ורישט זיא הב איך שדן· ער ביצלט מיך ניט ער הוט קיין קינדר:[232]

215 |* דא ער נון דז אורטיל אזו הט געבן· וואלט ניט מיט טיילן זיין ווין און׳ ברוט: 17a
דיא זעכֿציג קינדר שטורבן אים אל בייא זיינם לעבן· ער הט קיינש ביז טאג זיינש טוט:
און׳ צו מנוח וורד גיבורן איין זון· וואָרד שמשון הגיבור גיננט:[233]
וויא קן מן אים נון אבר טון· דא שטרב אבצן און׳ וורד ביגרבן אין בית לחמש לנט:

216 און׳ ער ריכֿטט נוך אים ישראל ציהן יאר· אלון בֿון זבולונש גישלעכֿט:
און׳ ער ריכֿטט נוך אים עבדון זון הילל דש אישט וואר· עכֿט יאר אישט מיר אנדרש רעכֿט:
עבדון הט וירציג זוין אויף ערדן· און׳ דרייסיג עינקליך דרצו:
זיא רייטן אויף זיבנציג יונגי פּפֿערדן·[234] ישראל הט אין אירן צייטן רוא:

217 און׳ זיא מערטן קינדר ישראל· צו טון בויז אין אגן גאט: Judg. 13
ער וואלט זיא נומיא זיין מוחל· זי קאמן אין שנד און׳ אין שפוט:
און׳ זיא וורן אין דער פלשתים הענדן· וירציג גנצר יאר לנג:
גאט זאך אן איר גרוש אילענדן· און׳ אירן שווערן ביצוונג:

218 און׳ עש ווש בֿון צרעה איין מאן· זיין נאמן מנוח וואש:
זיין ווייב וואר און טרעבֿטיג ניט זיא גיוואן· אונטר זיינם גישלעכֿט דן ער זאש:

232 This stanza is based entirely on Radak's commentary, but elements of his following words appear also in the previous and next stanza: "Ibzan of Bethlehem— Our sages said that Ibzan is Boaz. And I think that they said so because of the Scripture's telling of his sons' and daughters' marriage close to the story of Manoah, to teach you that a man should never boast, not about richness nor about sons. For Ibzan had held sixty feasts for his sons and daughters and did not invite Manoah to any of them, and he said, 'How can this barren mule repay me?!' and on account of that all his children died in his lifetime. And Manoah begot one son who was Israel's judge, for God saw his insult" (Judg. 12:8). It should be noted that Radak's words are based on BT Baba Bathra, but there Ruth is also mentioned, as she is in the Yiddish epic: "R. Isaac further stated: On the very day, when Ruth the Moabitess came to Palestine, died the wife of Boaz. This is why people say, 'Before a person dies, the master of his house is appointed.' Rabbah, son of R. Huna, said in the name of Rab: Ibzan is Boaz. What does he come to teach us [by this statement]? – The same that Rabbah son of R. Huna [taught elsewhere]. For Rabbah, son of R. Huna, said in the name of Rab: Boaz made for his sons a hundred and twenty wedding feasts, for it is said, And he [Ibzan] had thirty sons, and thirty daughters he sent abroad, and thirty daughters he brought in from abroad for his sons; and he judged Israel seven years; and in the case of everyone [of these] he made two wedding feasts, one in the house of the father and one in the house of the father-in law. To none of them did he invite Manoah, [for] he said, 'Whereby will the barren mule repay me?' All these died in his lifetime" (BT Baba Bathra 91a).

233 The name "Samson the mighty" (שמשון הגיבור) is not common in Jewish sources (cf. "Samson the son of Manoah," Mishna, Nazir 1:2). It does occur in the *Hadar zĕqēnīm* commentary on the Torah (ibid., Gen. 49:18); and in *The Book of the Pious* (Margaliot ed.), no. 167. In *Mĕkhīltā' dĕ-rabbī Yišmā'ēl* the adjective "mighty" was added only in the Venice 1545 edition (Lauterbach 2004 (I), 179).

234 See footnote to SM167c.

17a headline: ווייב מנוח מיט דעם מלאך

אונ׳ ער ביוויז זיך ענגיל גאט צו דער ורויאן וויא זיא זושן און שפונן.[235]
אונ׳ ער זייט צו איר אלהיא נון:
דו בישט איין אונטרעבֿטיגי ניט דו הושט גיוואונן. אונ׳ דו ווערשט
טרגן אונ׳ ווערט גיווינן איין זון:

219 אונ׳ איצונד זייא ביהויט נון בֿון דער גימיינן. אונ׳ ניט דו זולשט טרינקן נוייא אודר וירנן ויין:
אונ׳ ניט דו זולשט עשן קיינרלייא און ריינן. וועו דיין זון ווערט גאט מיט זיין:
איין שרזך ניט זול גין אויף זיין הייבט. וועו איין אב גישיידנר ווערט זיין דער קנב:
דרום אישט אים ניט אל דינג דר לייבט. די פלשתים אין זיין הנט איך געבן הב:

220 אונ׳ זיא קאם די ורויא אונ׳ זגט צו אירם מאן. מאן גאט אישט צו מיר קומן:
זיין גישטאלט ור ענגיל גאט זיך איך אן. וארכֿטזם זער זיינש גלייכֿן הב איך ניא ורנומן:
אונ׳ ניט איך הב גיורוגט אין בֿון וואנן איז ער. אונ׳ זיין נאמן הוט ער מיר ניט גיזאגט:
וועו איך ווז אזו דרשרוקן זער. איך וואר מיין לעבטג ניא אזו ור צגט:

221 אונ׳ ער הוט גיזגט צו מיר נון דו ווערשט טראגן. אונ׳ ווערשט גיווינן איין זון:
הויר עבן אויף לוש דיר זגן. וויא דו דיר אונ׳ אים זולשט טון:
דו זולשט טרינקן קיינרלייא וויין. אונ׳ איש ניכֿט און ריינש צום ברוט:
וועו אב גישיידנר גאטש ווערט דער קנאב זיין. בֿון דיינם בויך ביש טאג זיינש טוט:

222 |* אונ׳ ער בט מנוח צו גאט. אונ׳ ער זגט גינוד מיין הער: 17b
מאן גאטש דען דו הושט גיזנדט נעבֿטן שפוט. ער זול נוך איין מול קומן הער:
אונ׳ ער זול אונז אונטר ווייזן. מג עש גיזיין און צורן:
דש מיר אך ניט גרייזן. און ווש מיר זולן טון צו דעם קנבן דער אונש זול ווערדן גיבורן:

223 אונ׳ ער הורט גאט אין מנוחש גיבעט. זיין וואונדר אין וואלט לושן שויאן:
ווש ער הוט ביגערט ער טעט. דער ענגיל ביוויז זיך נוך מין צו דר ורויאן:
אונ׳ זיא זש אים ועלד. הט נוך דעם מלאך גרושן ביגיר:
דא שטונד ער בֿור איר ווי איין העלד. אונ׳ מנוח איר מן ניט מיט איר:

224 אונ׳ זי איילט די ורויא אונ׳ זיא ליף. צו קוינדן צו אירם מן:
וויא בלד זיא דען דא ריף. צייגט אים דעש ענגילש קומן אן:

[235] Cf. the description of her sitting further in the biblical text: “She sat in the field” (Judg. 13:9). “She maketh herself carpets [Prov. 31:22]– This is Hatzlelponit, Samson’s mother, who used to weave and sell in the market and raise her son, but not only that – she used to sit and learn until she made the Torah resonate [הצלילה] [...] She maketh sheets [Prov. 31:24]– This is Samson’s mother” (*Midraš ʾēšet ḥayil*); “She maketh sheets, and selleth them [Prov. 31:24]– This is Ẓelelponit, Manoah’s wife, who gave birth to Samson, who sustained Israel for twenty years” (*Yalqūṭ Šimʿōnī* on Proverbs 247:964).

17b headline: ווייב מנוח מיט דעם מלאך

זי שפרך הורשטו זול איך דיר ניט זגן· דער מן הוט זיך ווידר צו מיר בוויזן:
דער יען טג הוט גיזגט בֿון מיינם טרגן· אונ׳ דווישן[!] שטיט ער אין דער וויזן:

225 אונ׳ ער שטונד אויף אונ׳ ער גינג מ נ ו ח נוך זיינם ווייב· אונ׳ ער קאם צו דעם מן הינויש:
אונ׳ שפרך צו אים קיין שפוט איך ניט טרייב· בישטו דער מן דער
צו מיינר ורויאן גיזגט הוט וויא זי זול הלטן הויש:
איך הוף דיין ריד זולן קומן· אונ׳ אונש אל וואר וורדן:
נוך הבן מיר ניט ורנומן· ווש ווערט זיין גיריכֿט דיש קנבן אונ׳ זיין ווערק אויף דער ערדן:

226 דא זגט דער מ ל א ך איך טר מיך וואל לושן שויאן·[236] אונ׳ זג דיר דש נוך איין מול אין גוט:
אל דש איך הב גירעט צו דער ורויאן· דרבֿור זול זי זיין ביהוט:
בֿון אל דש אויז גיט בֿון רעבן· דז זול זי ניט טרינקן נוך עשן:
אונ׳ בֿור אלם אונריין דר נעבן·[237] ווש איך הב ורבוטן זול זי ניט ורגעסן:

227 אונ׳ ער זגט מ נ ו ח צום ענגיל אויף דיין ור היישן· וואלן מיר דיך היינט פרייאן:[238]
אונ׳ מיר וואלן קובֿן איין גוט ציקלן גיישן· אונ׳ וואלן זיך מיט דיר ורייאן:
דען מ נ ו ח הט דעש ענגיל קיין ווישן· ער העט אים זוינשט ניט גיבוטן ולייש אודר ויש:[239]
ער העט זיך אך ניט גיוולישן· איין מ ל א ך צו לאדן אויבר טיש:[240]

228 אונ׳ ער זגט ענגיל גאט צו מ נ ו ח· מיר וואלש גאט לושן וולטן:
איך הב דוך איין וועג אז דען אנדרן מיין כ ו ח· מיט ולייש
אונ׳ ברוט לוז איך מיך ניט אויף הלטן:
ווילשטו דש גיישלן צו אופפֿר ברינגן· דש בין איך וואל צו וריד:[241]
הושטו צו רידן בֿון אנדרן דינגן· דש טו אי מיין אב שיד:

[236] The source for this is obscure. This may have to do with the angel's name, cf. the retelling of Judg. 13:17.

[237] Radak: "Beware that thou drink no wine, nor strong drink— [...] That he said 'Neither eat any unclean thing' after saying 'beware' implies [also]: beware of impurity transmitted through touching [Num. 19:11] or houses [Num. 19:14]" (Judg. 3:4).

[238] Rashi: "Allow us to detain you— As our house guest" (Judg. 13:15).

[239] 'Meat and fish' is a common phrase in Jewish sources. For instance: "Your father feeds you meat and fish" (*Midraš sifrey* to Deuteronomy, *pārāšat 'ēqev*, para. 37); Grimm 2021, Fisch, 5: "Gegensatz von fisch und fleisch [...] brôt unde wîn, vleisch mit den vischen. (nib. 870,3)."

[240] Idiom: "To invite someone to eat" [lit. "To invite someoneone to the table"]. Grimm ibid., Tisch, II1bα: "Zu tische (tisch) laden, rufen, bitten"; ibid., δ: "Über dem tische sitzen."

[241] Radak: "If thou wilt make a burnt offering— Meaning, this goat kid that you say you will offer in front of me – I will not eat of him, but if you wish to offer him as a burnt offering – do so" (Judg. 13:16).

229 אונ׳ ער זגט מנוח צום ענגיל מי שמך· דש עש דען מלאך ור דרוש:
דש ער ניט קונט זגן מה שמך·[242] מנוח וואר איין עם הארץ גרוש:[243]
ער שפרך ווש ורוגשטו נוך מיינם נמן· איך האב דוך ניט גירבט נוך גישטולן:
איך דארף מיך זיין ניט שאמן· מיין נמן איסט ור הולן:[244]

230 18a |* אונ׳ ער נם מנוח דש אופפֿר אין זיין הנט· וויא דער ענגיל הט גיזגט:
אונ׳ דש ציקלן גייסן אונ׳ דען פריזנט· ער וור נוך און ורצגט:
ער וואלט דש אויף דען ועלזן ברינגן· וור נימנטש דא וועז מנוח אונ׳ זיין ווייב:
דער ענגיל ליש זיא זעהן וואונדרליכֿיא דינגן· זיא ביהילטן די זיל קוים אים לייב:[245]

231 אונ׳ עש ווש אין אויף גין דיא ולאם צום הימיל· עש וור בלד גישעהן:
דער ענגיל גינג אויף בֿון דעם מזבח אין דעם גידרווימיל·
מנוח אונ׳ זיין ווייב הבן עש גיזעהן:
זיא וילן אויף איר אנצליט צו דער ערדן· זיא וורן דרשרוקן לוייט:
ווש וויל צו לעצט גרויש ווערדן· אויש דעם דש מיר הבן גיזעהן הוייט:

232
אונ׳ ניט ער מערט ענגיל גאט צו קומן· צו מנוח אונ׳ צו זיינם ווייב:
דא וואושטן די צוויי ורומן·[246] דש וור איין גיישט גאטש אונ׳ קיין לייב:
אונ׳ ער זייט מנוח צו זיינם ווייב ווש זול נון גישעהן· שטערבן מיר מויזן שטערבן:
מיר הבן גאט גיזעהן· ווער וויל נון בֿור אונש ווערבן:

233 אונ׳ זיא זייט צו אים זיין ווייב· ווער דש אונש גאט צו טויטן ביגערט:
אונ׳ וואלט אונש נעמן דען לייב· זא העט ער אונש ניט גיווערט:
אונ׳ העט ניט גינומן בֿון אונזרן הענדן· אופפֿר אונ׳ פריזנט:
אונ׳ העט זיך ניט דרצייגט צו אונש אן אלן ענדן· אונ׳ ניט ער העט
לושן הוירן אונז דש בוטן ברוט אים לנט:

242 Radak: "Who [*mī*] is thy name— And he did not say 'what [*mā*] is thy name' as the rules of grammar dictate" (Judg. 13:17).

243 The author uses the talmudic saying that "Manoah was an *ʿam hā-'āreẓ* [ignorant person]" (BT Berakoth 61a, and elsewhere), but it bases this observation on different grounds. While the Talmud bases this statement on the fact that Manoah "went after his wife" (Judg. 13:11), in the Yiddish epic it is inferred from Manoah's ostensible mistake in Hebrew (מי [who] instead of מה [what] is your name, see Judg. 13:17). See also Radak's commentary to SM229b.

244 Rashi: "When it is mystical— It is concealed. It changes constantly, so that its identity remains unknown on any given day" (Judg. 13:18).

245 Idiom: "They nearly died" [lit. "They barely held the soul in their body"].

246 The epic mentions די צוויי ורומן, implying that both Manoah and his wife were pious people. This is contrary to the biblical text (Judg. 13:21). Cf. SP307c.

18a headline: מנוח מיט דעם מלאך

234 אונ׳ זיא גיוואן דיא ורויא איין זון· זיין נמן שמשון זיא ריף:
ער וור בלד גרויש[247] אונ׳ גינג דרבֿון· אונ׳ ער בענשט אין גאט אלש גלייך אז ער ליף:
אונ׳ ער טעט זיך יונג דר הולן· דש ער זולט ווערדן צו איינם מן:
גימויט גאט קאם אין אין צו זיין מולן·[248] צווישן צרעה אונ׳ אשתאול אין שר דן:

235 שמשון געגן תמנה ער נידרט· ער זאך בֿון טויכֿטר דער פלשתים איין שוויניא ורויא: Judg. 14
זי צו נעמן ער זיך ניט ווידרט· עס וור אים גוט הויא:[249]
צו זיינם וטר אונ׳ מוטר טעט ער קוינדן· די יונק ורויא אישט בֿור מיין לייב:
וואלט איר זיין מיין ורוינדן· געבט[250] מיר זי צו איינם ווייב:

236 זיין ואטר אונ׳ מוטר צו אים זאגטן· נים דיינר ברוידר טוכֿטר איין:
דיא גוטי לוייט נוך ערן יגטן· נים דער ורשטופֿפטן פלשתים קיין:
שמשון שפראך צו זיינם ואטר דיא נים צו מיר· לוש מיך דירש נוימיא זאגן:
אודר איך מך דען ווין קאף מיט איר· זיא גיואלט וואל אין מיינן אויגן:

237 |* זיין ואטר אונ׳ מוטר ניט זיא וואושטן זין דעש קנאבן· וועט עש וואר בֿון גאט איין גישיק: 18b
דש ער איין אורטיל אן דיא פלשתים מויכֿט הבן· וויא ער זיא ברעכֿט אין שטריק:[251]
דש זיא ישראל ניט אזו דרינגן· אונ׳ זיא ניט הלטן אזו הארט:
זיין ואטר אונ׳ מוטר מיט אים געגן תמנת [!] גינגן· זיא קאמן נוהט הין צו ביז אן די ווין גארט:

238 זיא גינגן נעבן אום· שמשון גינג דורך דיא וויין גארט:
דא ואנד ער אין איינר קרום· גיגן אים איין ליב דער גרוישט ליב פארט:[252]
גימויט גאט ווארד אויף אין בגלויקן· וויא דער ליב אויף אין ראנט:
ער צושפילט אין אז ווער ער איין ציקלן צו צווייאן שטוקן·[253]
אונ׳ ער הט קיינר לייא אין זיינר הנט:

[247] The source for Samson's speedy maturation is obscure. Cf. the descriptions of Moses' quick and super-natural maturation: "And the child grew [Exod. 2: 11]. She suckled him for only twenty-four months, and you say: 'And the child grew?' This is to teach you that he grew abnormally" (*Exodus Rabbah* (Vilna ed.), *pārāšat šĕmōt*, 1: 26 [Lehrman 1951, 33]); "He grew up in an unusual manner, that is at once and quickly" (Ramban on Exod. 2: 23). It appears that the connection between both stories is due to the word נער, which appears in both texts: "And the child [נער] grew" (Judg. 13: 24) and "And saw it was a child, and behold, the babe [נער] wept."

[248] Rashi: "Pulsating within him— Visiting him intermittently" (Judg. 13: 25).

[249] Apparently an idiom, but its meaning is unclear. Perhaps "He liked it" [lit. "He had good hay"]. There may be a sexual meaning to this, too.

[250] 'Give' in Yiddish, contrary to 'take' in the Bible (Judg. 14: 2).

[251] Idiom: "He controlled them" [lit. "He brought them to the rope"]. Grimm 2021, Strick, 3bβ.

[252] ליב פארט is a leopard (Timm, 2005, 382 [lempert]), see also SM249d. The biblical "כפיר אריות" (Judg. 14: 5) refers in fact to a young lion, as Radak explains: "A young lion [*kĕfīr ʾarāyōt*]– [...] The *kĕfīr* is bigger than the *gūr* and the *ʾaryēh* is bigger than the *kĕfīr* and the *lāvīʾ* is bigger than the *ʾaryēh* and the *layiš* is bigger than the *lāvīʾ*. And the older he gets, the stronger he gets" (Judg. 14: 5).

[253] Radak: "And he tore him— [...] This means cutting something in two" (Judg. 14: 6).

18b headline: שמשון מיט דעם ליבן אונ זיין גיזעלן | 239c This Hebrew word was not printed in square letters.

239 ער זגט וטר אונ׳ מוטר ניט וויא עש אים וור גאנגן· מיט דיזם גרויזמן טיר:
אונ׳ וויא ער אין אליין הט גיואנגן· אז ווערן גיוועזן זיינר איין הונדרט אודר ויר:
זי לישן זיך אן דער ורויאן ורויינד אן זגן·[254] אונ׳ הטן איין גוטן פ ר ס :*
זי גיויל וואל אין ש מ ש ו נ ש אויגן· דא ליגט מן דש ק נ ס :

240 דארנוך איבר עטליך צייט· דא ש מ ש ו ן זולט ברוילפֿט טון:
ער זאגט איך וויל זעהן וואו דער ליב לייט· אודר אוב ער אישט גילופֿן דרבֿון:
אונ׳ נון איין זאמלונג מיט בינן· הטן אין דען ליבן גינישט:
ויל הויניג ולוש אך דארינן· אז ווער עש אין איינר גוטן קישט:

241 אונ׳ ער אב שיד דען הויניג צו זיין הענדן· אונ׳ ער גינג גין אונ׳ עשן:
וואו ער הין קאם אן אלן ענדן· זיינש ואטר אונ׳ מוטר הט ער ניט ור געשן:
ער גאב אין ויל בֿון דעם הויניג· ער שפרך וואל מוש אוייך ביקומן:
ער זאגט אין אובר וויניג· דש ער אין אויש דעש ליבן לייב העט גינומן:

242 אונ׳ ער נידרט זיין ואטר צו דער ורויאן· זיא הולט איין ורייאי קושט:[255]
ש מ ש ו ן ליש זיך אויך שויאן· ער מכֿט איין גרושן פושט:
ווען אזו זיא טון דיא ב ח ו ר י ם · ווען איינר נימט איין ווייב:
זיא גאבן אים דריישיג נ ע ר י ם · זי זולטן ווארטן אויף זיין לייב:

243 דא זגט ש מ ש ו ן צו זיינן גיזעלן· איך וויל אוייך איין רעטניש אויש געבן:
אוב קוינדן זי ווערדן קוינדן ווער זי וועלן· אין זיבן טגן עבן:
וועלכֿר דערש ווערט וינדן· אונ׳ ווערט עש דרוטן אלש:
דעם געב איך דרייסיג לייליך זיין קינדן· אונ׳ אים דרייסיג ער קליידר אן זיין הלש:[256]

244 |* אונ׳ אוב ניט איר מויגנד קוינדן· דא הילפֿט קיין ליב מוטר נוך ליידר: 19a
אונ׳ ווערט איר ויל נעהר מיין ורויינדן· זא געבט מיר דיא לייליך אונ׳ קליידר:
אונ׳ זיא זגטן צו אים רוט רעטניש אונ׳ מיר וועלנש הוירן·
עש טריפֿט דוך ניכֿט מער אן ווען געלט:
דרום זולשטו אונש ניכֿטש ור [ט]וירן· מיר וועלן זיין און גישנעלט:

[254] Rashi: "And discussed [lit. spoke with] the woman— He spoke of the woman with her relatives. This is Targum Jonathan's rendition" (Judg. 14:7).

[255] The meaning of this expression is obscure. It might imply financial gain, cf. SM310d.

[256] In the Bible (Judg. 14:12) Samson promises thirty sheets and garments to everyone, meaning one garment per person. In the Yiddish epic, however, he promises thirty garments to the one person who can solve his riddle.

19a headline: שמשון מיט דעם ליבן אונ זיין גיזעלן

245 אונ׳ ער זגט צו אין ש מ ש ו ן בֿון דעם עסר· עש אישט אויש גנגן עסן שפייז:
אונ׳ בֿון דעם שטרקן ורעסר· עש אישט אויש גנגן זויס אז מנדילרייז:[257]
אונ׳ ניט זיא מויכֿטן דש רעטניש צו קוינדן· אין דרייא גאנצר טאגן:
זיא ליפֿן נוך אל אירן ורויינדן· אוב אין אימנט קוינט עצווש זאגן:

246 אונ׳ עש וואר אם זיבדן טאג בֿון דער הוכֿצייט·[258] דיא זך לאג דען גיזועלן הערט אן:
זיא זגטן צוווייב ש מ ש ו ן הייש דיך לושן און גישנאייט· אודר אויבר ריד דיין מאן:
דש ער דיר זאגט דיא אובנטוייאר· אונ׳ זאג דוא אונש דיא מער:
אודר מיר וואלן דיך אונ׳ דיינש ואטרש הויש ורברענן אים פֿוייאר·
אום צו ור ארמן איר הט גיפראייט אונז אל הער:[259]

247 דא וויינט ווייב ש מ ש ו ן אום ווילן דער קנאבן· זיא זאש אלש בייא אים אונ׳ גריינט:
זיא שפרך איך העט גימיינט דו זולשט מיך ליב הבן· זא זיך איך וואל דו השט מיך ויינט:
דיא רעטניש דו השט גירוטן צו מיין לנדש לוייטן· אונ׳ צו מיר ניט דו הושט גיקוינט:
ער שפרך איך וואלט עש מיינם ואטר אונ׳ מוטר ניט ביטוייטן· דש זיין מייני ליבשטי ורוינט:

248 אונ׳ זיא וויינט בייא אים דיא ברוילפֿט טאגן· אליא ווייל דש מאן זאלט הלטן דען פושט:
אם טאג דען זיבדן מושט ער אירש זאגן· אונ׳ העט עש שון זיין לייב גיקושט:
דש העמד וואלט זיא ניט אויש ציהן·[260] איר ורשטיט וואל מיין בטוייטן:
דש רעטניש הט זיא אויש גישפיהן· זיא זגט עש אן אירן לנדש לוייטן:

249 זיא זאגטן צו ש מ ש ו ן אם זיבנטן אובנט· אי דא אונטר קאם די זון:[261]
גידענק דש מיר מיט דער קליידונג ווערדן ביגובט· אונ׳ מיט דען לייליכֿן גיב אונש זיא נון:
דרייסיג פר אונ׳ ניט איין וויניג· אלהיא צו דיזר וארט:
ווש אישט זוישר וועז דער הויניג· אונ׳ ווש אישט שטערקר וועז איין לעפארט:

[257] Simile: "As sweet as almond rice [a sweet dish]." Cf. "זיס ווי מאַנדלען„ (Bastomski 1920, 81). Grimm 2021, Mandelreis: "Reis mit mandeln oder mandelmilch gekocht, eine im mittelalter leckere speise." Rosenfeld 1984, 3b.

[258] Radak: "On the seventh day— [...] On the seventh day of the feast" (Judg. 14:15).

[259] Rashi: "Was it to impoverish us that you invited us here— Targum Jonathan renders: Was it to make us poor that you called us here?" (Judg. 14:15); Radak: "Have you called us to impoverish us? [...] did you call us to take our fortune away from us?" (Judg. 14:15).

[260] Ralbag: "He told her, because she was importunate upon him— [...] This is pertaining to intercourse. When he wanted her, she denied herself to him, while he was [sexually] urging; and when he could no longer tolerate it, he told her [the answer to] the riddle" (Judg. 14:17–18). The epic says she refused to take off her shirt.

[261] Radak: "Before the sun went down— [...] Had the sun set on the seventh day before the riddle was solved, they would have to give him thirty sheets, therefore they were eager to solve it before sunset" (Judg. 14:18).

250 |* אונ׳ ער זאגט צו אין שמשון איר הט דש דר רוטן· איר ווישט עש דעניכֿט ניט האלב: 19b
איר ורשטיט אוייך וואל אויף איין גאנז ווען זיא אישט גיברוטן·[262]
העט איר ניט גיאקרט* מיט מיינם קאלב:
איך הטש מיינם ווייב ור טרויט· איך מיינט זי זולט הלטןריינן מונד:
נון ווער אויף ורויאן בויט· דער וינד זעלטן איין גוטן גרונד:[263]

251 גימויט גאט טעט אויף אין ביגלויקן· ער הט קיין ווער אין זיינר הנט:
ער שפרך איך וויל די פלשתים הערום רוקן· אונ׳ ער גינג אין דער בֿון אשקלון לנט:
ער שלוג דרייסיג מאן צו טוט· דש זיך איר קיינר מיר ריגט:
ער צוך אין אויז אל אירי וואט· אונ׳ גאב עש דען דיא אים דש רעטניש הטן אויש גיליגט:

252 נון מויכֿט איינר רידן און ביזונן·[264] אונ׳ איין קשיא ורעגן אזו רויך:
שמשון הט מן צו איינם נזיר גיוואונן· אונ׳ אין דער מוטר בויך:
טורשט זיא ניכֿטש און ריינש עשן· וויא איר גאט הט לושן זאגן:
וויא האטש דער גוט מן נון ור געשן· אזו ויל לוייט צו טוט דר שלגן:

253 מושט ער דוך די טוטן אן רוירן· אונ׳ זיך מטמא זיין אן דעם שווערט:
דש קאן איין איטליכֿר וואל שפוירן· דער עטווז אישט גילערט:
נון וואלן מיר דש אזו זיין מתרץ·[265] דער מלאך האט גיזאגט ער זולט איין נזיר זיין:
אבר שמשון וואר ניט אזו איין פריץ· ער הט ניא ור לובט נוך טרויבן נוך ווין:

[262] Idiom: "You understand the goose well when it is roasted." The meaning of this idiom is obscure, and it seems to imply disrespect towards the addressee. Perhaps it means that someone knows only the easy task of eating the food, but not how to obtain and prepare it. Cf. "Er versteht die Gänse" (Wander 1867–1880 (I), Gans, 1335, no. 200).

[263] Proverb: "He who 'builds' [counts] on women will rarely find a good 'foundation' [reason for that]." No direct source for this proverb could be found. Cf. „דאז בייא שפיל איז נון גירעט אויף די פאלשן פרויאן [...] דרום זאל מאן ניט אויף אירי ריד בויאן. קיין ביזן ווייב זאל מאן נישט גיטרויאן" (Katz 1994, 119). The proverb uses metaphors from the field of construction: 'to build' means to trust someone, and (as in English) 'ground' means a fundament as well as a reason. Cf. SM104d. On the meaning of the house in proverbs, see Alexander and Hasan-Rokem 1990. Alexander and Hasan-Rokem bring similar proverbs from Turkish Jewry: "A good woman builds her house, [whereas] the foolish one destroys it," and "Whoever builds his house on other people's trees, will be ruined soon" (ibid., 122f). Hasan-Rokem collected proverbs stating that women should not be trusted, mostly among Jews from Arab countries, but one of them from Galicia, Poland (Hasan-Rokem 1982, 42f).

[264] In the following two stanzas some of Radak's commentary appears, but most of the halachic discussion has been omitted: "And he slew thirty men of them— Our sages taught that he was allowed to receive impurity from dead corpses despite being a *nāzīr* [...]; only the things that the angel explicitly said were forbidden to him: wine and shaving the hair. Therefore he struck the Philistines and then undressed them, as it says: 'And he slew ... and he took.' Had it not been for their [the sages'] learning, we could have said that he killed the Philistines with a stone or its equivalent and did not touch them [...] also 'he took their change of garments' before they died, or even after their death he ordered another Philistine to undress them" (Judg. 14:19).

[265] Radak: "We found in our sages' teaching [BT Nazir 4b] that Samson was permitted to become impure from the dead" (Judg. 13:4).

19b headline: [!]שמשון מיט דען פלשתמי | 250b original form: גיארקט

254 דרום הט ער טוטי לוייט· ויל אודר וויניג:
צו אן רירן ניט גישוייט. שמשון וואר אויבר זיין ווייב צורניג:
ער גינג אין זיינש ואטרש הויז· אז איינם דעם דא איז וויא:[266]
זיין קדושין ווארן שון אויש·[267] זיין ווייב נאם איין אנדרן מאן צו דער אי:[268]

255 אונ׳ עש ווש אויבר ויל טאגן· אין טאגן שניט דער ווייש: (Judg. 15)
שמשון ליש זיך בייא זיינם ווייב אן זאגן· מיט איינם גוטן ציקלן גייש:
ער זאגט איך וויל צו מיינם ווייב אין דיא קאמר קומן· אונ׳ וויל איר געבן דיא הנט:[269]
איר ואטר שפרך זיא הוט איין אנדרן מאן גינומן· זיא הוט ור לענגשט ווידר גימאנט:

256 אונ׳ ער זאגט איר ואטר איך האב גידוכֿט· דו הבשט זיא מעכֿטיג ויינט:
דא הב איך זיא דיינם גיזעלן צו ברוכֿט· איר שוועשטר וויל איך דיר צו ליגן היינט:
דיא אישט בעשר וועז זיא אויף גלבן· זיא זול נון דיין זיין אן איר שטאט:
ווילטו זיא נון האבן· וויא זער ער אן אים באט:

257 |* דא זאגט שמשון איך וויל זיין לידיק· אן דער פלשתים לוייט: (20a)
וואו איך זיא בישידיג· זיא האבן עש וואל אום מיך ור דינט הוייט:
ער וינג דרייא הונדרט פֿויקש ביהענד· מיט דען שווענצן ער זיא צו זאמן קנופּפֿט:
אונ׳ אי צווישן צווין שווענץ גלויאדי ברענד· אי איינר נוך דעם אנדרן הופּפֿט:

258 ער יגט דיא פֿויקס אין דער פלשתים קורן· אונ׳ וואו דא וואוקש איר ויין:
זיא ורברנטן אלי ורוכֿט אונ׳ באם ביז אן דען דורן· זיא הטן ניכֿטש צו פֿוירן איין:
אונ׳ זיא זאגטן ווער הוט גיטון דש· דר זאג עש בֿון שטונדן:
זיא ענטוורטן שמשון דער איידם צו תמנת[!].[270]
הוט דען פֿויקשן די שווענץ אזו צו זאמן גיבונדן:

259 די פלשתים זאגטן קיינר קיין קאטוויש מיט אים טרייב·[271] ער הוט אונש רעכֿט גיגריפֿן אן:
ווארום הבן זיא אים גינומן זיין ווייב· אונ׳ איר גיגעבן איין אנדרן מאן:
ווער ליגט גערן אליין· אישט דש ניט אובנטוייאר:
זי צוהן גען תמנת[!][272] מיט דער גימיין· זי ור ברענטן זיא אונ׳ אירן ואטר אים פֿוייאר:

[266] Simile: "Like a man who suffers pain."

[267] The source for this is obscure.

[268] Idiom: "To get married" [lit. "To take to the marriage"]. Grimm 2021, Nehmen, 4a: "Von personen bei verlobung und eheschlieszung [...] es heiszt zu der ehe nehmen."

[269] Idiom, euphemism for having sexual relations [lit. "I want to shake her hand"].

[270] See footnotes to SM237d as well as SP345d.

[271] Idiom: "No one should tell jokes with him," "He ought to be taken seriously" [lit. "No one should make *katoves* [jokes] with him"]. Cf. „מיט אַ נאַר טאָר מען קיין קאַטאָוועס ניט טרײַבן" (Bernstein 1908, 176, no. 2496). On the etymology of *katoves* see Turniansky 2006, III, n. 306.

[272] See footnote to SM237d.

20a headline: שמשון מיט דיא פויקש און מיט פלשתים

260 אונ׳ ער שפרך ש מ ש ו ן וואלט איר אום גין מיט זולבֿן שטויקן· אונ׳ מיר מיין אי צו ברעבֿן:[273]
איך וויל אוייך ווערליך פֿפלויקן· איך וויל מיך אן אוייך רעבֿן:
ער שלוג זיא איין שלאק איין גרושן· זיא קונטן זיך בֿור אים ניט ביהלטן:
פֿוש גענגער אונ׳ רוייטר מושטן איר לעבן לושן·[274] ער זעצט זיך
אין ועלזן ע י ט ם אין איין שפאלטן:

261 אונ׳ זי גינגן אויף די פ ל ש ת י ם אז בֿור לאנגן· אונ׳ זיא שפרייטן זיך אויף י ו ד ה זער:
דא זייט צו אין י ו ד ה ווארום זייט איר אויף גנגן· אונ׳ ווש איז אוייער ביגער:
זיא זייטן צו בינדן ש מ ש ו ן מיר זיין קומן· דש אונ׳ קיין אנדרש דען וועלן מיר הון:
דארצו זולן אונש העלפֿן אלי ורומן· אויף דען גרושן שאדן דען ער אונש* הוט גיטון:

262 זיא נידרטן בֿון י ו ד ה דרייא טויזנט מאנן· צו ש מ ש ו ן אין דען בערק:
זיא זגטן וואו קומשטו הער אודר בֿון וואנן· דש דוא מיט
דען פ ל ש ת י ם אן היבשט איין זויליך ווערק:
דוא וויישט דש זיא אויבר אונש זיין גיוועלטיג· וויא טוריכֿט הושטו גיטון:
ער ענטוורט אין גאר איין ועלטיג· ווארום האבן זיא מיך דען ניט מיט ליב גילון:

263 |* אונ׳ זיא זגטן צו בינדן דיך מיר זיין גינידרט· צו געבן דיך אין דער פ ל ש ת י ם הנט מיר: 20b
ער שפרך איך הב מיך זיין ני גיווידרט· נווייארט ניט איר זולט מורדן מיך איר:
ניין מיר וואלן דיך בינדן· אונ׳ הב דו נווייארט גידולט:
אונ׳ מיר וואלן דיך אויבר ענטוורטן דער פ ל ש ת י ם גיזינדן· דו הושט דוך קיין טוט ור שולט:

264 זיא בונדן אין מיט צווייא דיק זייל נווייא· אונ׳ זיא ברוכֿטן אויף אין בֿון דעם בערק:
ער שטלט זיך אז ווער ער גאר בלוייא·[275] דיא פ ל ש ת י ם שלטן
גיגן אים אונ׳ הטן איין גרוש ווערק:
אונ׳ עש ביגלויקט אויף אים גאטש גימויט· זי ווארן די דיק זייל די אויף זיינם ארם:
אז דער ולקס ווען אין דש פֿוייאר גלויט· די פ ל ש ת י ם שרייאן דש גאט דרברם:

265 ער וואנד אלדו בֿון איינם איזיל איין קין בקן· דער וואר אים ליב אונ׳ ווערט:
ער העט דרבֿור ניט גינומן איין הקן· ער שטרייט אויך ניט גערן מיט איינם שווערט:
ער דרשלוג דא מיט טויזנט מנן· דארונטר ווארן הערן אונ׳ פֿוירשטן:
ער ווארף דען קין באקן דנן· אין ביגאן אזו זער צו דוירשטן:

273 Rashi: "Is this the way you behave— Perhaps you are accustomed to this— shifting wives from one to another" (Judg. 15:7).

274 Radak: "Hip and thigh— Targum Jonathan wrote, 'Horsemen along with footmen.' Hip is the footman and thigh is the horseman. No one could withstand him" (Judg. 15:8).

275 Idiom: "He pretended to be weak." Grimm 2021, Blau, 6: "Blau in üblem sinn: das ist blaw kalt ding […] der blaue montag, ein tag, an welchem die handwerker nicht arbeiten, also ein unnützer, vergeblicher." See also SM276b.

261d original form: אונט | 20b headline: שמשון גיבונדן אונ מיט דעם איזיל באקן

266 אונ׳ ער ריף צו גאט אונ׳ ער זגט· דו הושט געבן אין הנט דיינש קנעכֿט דען גרושן זיג:
זול איך נון אים דורשט שטערבן זו בין איך ורצגט· זא ווערדן
זיך דיא ור שטופּטן בירוימן דעש קריג:
אונ׳ ער שפילט גאט אים בקן איין צאן·[276] עש ליף וושר הרויש דש ער טראנק:
נון בין איך אירשט ווידר איין מאן·[277] ליבר גאט איך זאג דיר דאנק:

267 אום אזו איר נאמן ער ריף· ברונן דעש רופֿרש[278] דער אים בקן שטיט:
ביז דען טאג דען דיז דער ברונן ליף· וווער גען רמת לחי גיט:
אונ׳ ער ריכֿטט ישראל אין דער פלשתים טגן· צוועציג גאנצר יאר:
קיין שווערט הט ער ניא אן גיטראגן·[279] נוך ניא אב גישניטן זיין האר:

Judg. 16 268 ער גינג שמשון צו עזה איין· ער וואלט זיך אום שויאן:
ער זאך דא איין ווירטין וויין·[280] ער נם זיא צו איינר ורויאן:[281]
דיא בֿון עזה ווארן ורא· ער אישט אונז קומן אין דיא קלאמר:[282]
דא האבן מיר אין גיוויש אונ׳ דש אישט יא· מורגן פֿרויא וועלן מיר ואלן אין זיין קאמר:

269 אונ׳ זיא לוגטן גיהרנישט די גנצי נאכֿט· אונ׳ אלש שטיל גישוויגן:
זיא מיינטן זיא העטן עש גאר וואל ביטראכֿט· זיא וואלטן אין און זאנפֿט וויגן:
שמשון ווש גישיידן· ער בֿורכֿט זיך דענוכֿט בֿור דען געקן:[283]
ער הט ביבֿולן זיינר פֿריידן· זיא זולט אין צו מיטר נאכֿט אויף וועקן:

21a 270 |* זיא וועקט אין מיט גוטן ווארטן· ער הט זיא דוך ור דרושן:
דא ער קם אן דיא שטאט פּפֿורטן· דא וור טויר אונ׳ טור בישלושן:

[276] Rashi: "The socket [lit. "the mortar"]– The socket where the tooth is set is shaped like a mortar" (Judg. 15: 19).

[277] Idiom: "I am a man once again." The meaning of this idiom is somewhat obscure, either "I have nearly died and now I am a living human being once again," or "My weakness has passed and I am a strong man once again."

[278] Translation of a name.

[279] Cf. "Even so Samson [...] required no others to assist him, [and he slew his enemies] without a sword but with the jaw-bone of an ass" (*Genesis Rabbah* [Vilna ed.], *pārāšat wa-yĕḥī*, 99: 11 [Freedman 1951, 985]).

[280] Radak: "A harlot— An innkeeper" (Judg. 16: 1).

[281] Cf. Radak on Judg. 13: 4: "It is incomprehensible that a person commanded by God to be holy from birth should become impure with Philistine women, and it seems that the women he took at Timmna and Gaza were first converted by him and brought back [sic] to Judaism, for a Jewish judge [leader] and savior of Israel may not marry a Philistine." It should be noted that the term used for marriage here differs to that used elsewhere, the common צו איינם ווייב (e.g., SM235d).

[282] Idiom: "We got him" [lit. "He came into our claws"]. Grimm 2021, Klammer, II1: "Klaue: [...] den höllischen freibeutern (teufeln) in die klammer kommen."

[283] Grimm ibid., Geck: "Narr, thor."

21a headline: שמשון אונ דלילה

ער ביגרייף דיא בייא שטוידיל מיט דער טוירן· ער ריס זיא אויש
מיט דעם ריגיל מיט גרושר שטערק:
אויף זיינר אקשיל טעט ער זי הינוועק פֿוירן· אונ׳ שטלט זי אויף הייבט דעש בערק:

271 אונ׳ עש ווש דאר נוך טאג און צאל· דיא פלשתים העטן גערן אן איין גיהט איין גלילה:[284]
ער הט ליב איין ווייב אים שורקר טאל· איר נאמן ווש דלילה:
זיא זאגטן צו איר דיא זעלבן הערן· אויבר ריד דיין מאן מיט דיינר ליבשאפֿט:
אונ׳ טראכֿט אים נוך בֿון וערן· וואו בֿון אישט זו גרוש זיין קראפֿט:

272 אונ׳ וואו מיט מיר מויגן אין אויבר ווינדן· דש לוש דיר אייגנטליך זגן:
זא וואלן מיר אין פייניגן אונ׳ בינדן· דר נוך בֿון הינן טרגן:
מיר וואלן דיר ערליך לונן· דש וואלן מיר דיר אין גילובן:
מיט טאלר אונ׳ זונן קרונן·[285] וואלן מיר דיך רייכֿליך ביגובן:

273 זיא זאגט דלילה צו אירם מאן·[286] טוא קוינדן צו מיר דיין היימליך זך:
וואו קומט דיך דיא גרוש שטערק אן· אודר וואו מיט קאן מן דיך בינדן דש דו ווערשט שווך:
אונ׳ ער זגט שמשון אוב מן בינדט מיך מיט זיבן גרוינר זייל· דיא ניא זיין ווארדן טרוקן:
זא ווערד איך שווך[287] אונ׳ הב מיין טייל· אז איין אנדר מענש מוז איך אונטר בוקן:[288]

274 דא ברוכֿטן איר דער פלשתים הערן· זיבן זיילר נוייא:
דא זולט זיא אין מיט קערן· זיא באנד אין מיט דיא און גיטרוייא:
אין דער קאמר זאש דער לוגר· דלילה זאגט פלשתים אויף דיר שמשון:
דא זאך מן קיין ורויינד נוך קיין שוואגר· זיא ביגערטן אל זיינר פרשון:

275 אונ׳ ער ור רוקט דיא זיילר מיט זיינר שטערק· זיין הענד ווארן אים ווידר ורייא:
אז דש ער ווירט ור רוקט ואדם דעש ווערק· אין זיינם שמעקן איין פֿוייאר דרבייא:
דא זגט דלילה איך לוש מיך ניט בינויגן· איך הב קיין טרווייא אן דיר גיפֿונדן:
דו זגשט מיר אייטיל לויגן· אויצונד קוינד נון צו מיר וואור מיט ווערשטו גיבונדן:

[284] The Hebrew word גלילה may mean here the rolling up of the Torah scroll after its reading in the synagogue or physically sealing an entrance (סתימת הגולל cf. Josh. 1:18–27). At any rate, this word means that the Philistines wanted to kill Samson.

[285] *Sonnenkrone* (in French: *Écu au soleil*) was the name of a coin minted in 1475 by Louis XI King of France. A small sun appears on this coin, explaining its name. This coin was cancelled in 1547 when King Henry II assumed the throne (Schrötter 1930, 170).

[286] See footnote to SM268b.

[287] Radak: "Then shall I be weak [וחליתי]– As it was translated by Jonathan, 'And I shall be weak'" (Judg. 16:7).

[288] Idiom: "I would be like any other man" [lit. "I would have to bow like any other man"].

276 אונ׳ ער זגט צו איר אוב מן בינדט מיר מיט דיק זייל נוייא·
דא ניט אישט גיטון אן אין איין ווערק:
זא ווערד איך שווך אז אנדר לוייט בלוייא·[289] אונ׳ ור ליר אומש גאר מיין שטערק:
זיא נאם דלילה דיא זייל אונ׳ באנד אין רעבֿטליך וואל· אונ׳ דער לוגר זאס אים גאדן:
זי זאגט פלשתים אויף דיר שמשון דיך בלד דר הול·
ער ור רוקט זיא בֿון ארמן אז איין וואדן:

277 |* אונ׳ זיא זגט דלילה וויא לאנג ווילשטו מיך נוך בטריגן· 21b
אונ׳ טרייבשט אויש מיר דיין שפוט:
אונ׳ גישט אום מיט אייטיל ליגן· וואו מיט ווערשטו גיבונדן זאג מיר דיא ווארהייט בייא גאט:
ער זגט אוב דו ווערשט וועבן· זיבן מיינר מור לויק:
מיט דעם וועבר בם[290] עבן· אונ׳ שלאג וואל צו דיא שטויק:

278 דען נגל זיא הרט איין שטעקט·[291] זיא מיינט דיא ווארהייט ווער בייא איר:
אויז דעם שלוף זיא אין אויף וועקט· זיא זאגט שמשון די פלשתים זיין אויף דיר:
דא ריש ער אויש דען נגיל אונ׳ דש גיוועבן· אונ׳ ווש עש מיט אים נאם:
עש בליב דא ניכֿטש קלעבן· רייש אויש דער וועביל מיט דעם וועבר באם:

279 זיא זגט צו אים דעש שינפפֿן איז נון גינוג· דיין זכֿן זיין און גיוויש:
דוא גישט מיט מיר אום מיט אייטיל ביטרוג· אונ׳ גר מיט אייטיל בישיש:[292]
וויא קנשטו זגן איך הב ליב דיך· אונ׳ דיין הערץ איז ניט מיט מיר:
דיז דריי מול הושטו גילייכֿט מיך· הושט אל מול גיועלשט אן מיר:

280 אונ׳ ניט צו מיר ווילשטו קוינדן· וואור מיט אישט דיין קרפֿט זו גרוש:
מאכֿשטו מיך צו שאנדן בֿור אל מיין ורוינדן· אן דער ווארהייט שטיא איך בלוש:
אונ׳ עש ווש ווען זיא ביצוואנג אין מיט אירן ווארטן· וויא דא טון דיא בויזן וייב:[293]
ור זאגט אים אויך היימליכֿי אורטן·[294] אונ׳ עש וור אונווירדיגט צו שטערבן זיין לייב:

[289] Idiom: "Then I would be weak as a useless man." See footnote to SM264b.

[290] Rashi: "With the mounting pin— A wooden rod which the weaver uses to mount the threads of the warp. The name of the wood is *ensouple*" (Judg. 16:13).

[291] Radak: "With the threads of the woof— Targum Jonathan: 'And she drove in with a peg.' This means to weave hairlocks together with the woof so that they should be woven together with the threads of the woof, and then to fasten it with a pin so that the wooden shaft with which the woof is folded should not roll, and it will stand firmly still – and she did so" (Judg. 16:13).

[292] Idiom: "You are lying to me" [lit. "You go with me in total deception and utter scam [dung]"]. See footnote to SM157b.

[293] Idiom, simile: "As the evil women do."

[294] Radak: "His soul was pained unto the death— Our sages said euphemistically, that she pulled the pillow from underneath him during intercourse" (Judg. 16:16). The epic says that she denied him [access to] 'hidden places' [in her body].

21b headline: שמשון מיט דלילה | 277a A period was printed here.

281 און׳ ער קוינדט צו איר אל זיין הערץ· ער זגט איין שרזך
ניט אישט אויף גאנגן אויף מיין הייבט:
ווען איין אב גישיידנר גאטש בין איך זונדר שערץ· ווען מיר ווער צו שערן דר לויבט:
אז בלד מיר דש האר קומט בֿום קופּפֿא· זא ורליר איך מיין קרפֿט:
זא בין איך שווך וויא איין אנדרר טרופּפֿא[295]· ור הין דו הושט עש וואל גישפֿט:

282 און׳ זיא זאך ד ל י ל ה און׳ זיא דר קענט· דש ער איר הט גיזאגט דיא ווארהייט:
ווען ער הט נאמן גאט ניא מען גינענט·[296] דרבֿון נאם זיא אירן בישייט:
און׳ זיא ליש רויפֿן דער פ ל ש ת י ם הערן וויא זיא האט ביגונן· צו זגן גיט אויף צו מיר דש מול:
דש שפיל אישט נון גיוואונן·[297] דיא זך שטיט אונש האלבן וואל:

283 דרום קומט צו מיר מיט דער גיוואלט· אבר אויף דש זילבר הב איך ניט ור ציאן:[298]
דש איר מיר הט גירעט צו געבן אזו באלט· זיא אנטשלעפֿט דען מאן אויף אירן קניאן:
און׳ זיא רופֿט איינם מאן· און׳ זיא מכֿט בישערן זיבן מורלוק זיינש הייבט:
זיא בֿוהט גלייך אין צו פייניגן אן· זיין קראפֿט וור בֿון אים גיוולוהן און׳ ור שטאייבט:

284 22a |* ער לאג וויא איין גידווילדיג שוף·[299] זיא שפרך ש מ ש ו ן דיא פ ל ש ת י ם זיין אויף דיר:
דא דרוובֿט ער אויש זיינם שלוף· ד ל י ל ה ווער וויל צו מיר:
און׳ ער גידובֿט איך וויל אויש גין אז מול מיט מולן· איך וויל זיין בלד אב גילערט:
ער וואושט ניט דש גאט הט ביבֿולן· זיין שטערק זולט בֿון אים זיין אב גיקערט:

285 זיא בגריפֿן אין דיא פ ל ש ת י ם גישווינדן· אין זיינם אייגן הויז:
זיא מכֿטן אין צו איינם בלינדן· זיא שטוכֿן אים ביידי אויגן אויז:

[295] Idiom, simile: "I would then be weak like a weak man." See also YC118d; and Maitlis 1979, 156, lines 2, 11. Maitlis translates this as 'fool' (ibid., יד); Grimm 2021, Tropf: "Einfältiger, bedauernswerter oder minderwertiger mensch."

[296] Radak: "That he had told her all his heart— How did she know this? Our sages said: 'That evil woman knew that this righteous man would not utter God's name in vain,' and as he said, 'I am a Nazirite unto God,' she knew that he had told her all his heart" (Judg. 16:18).

[297] Idiom: "We have been successful" [lit. "The game is now won"]. The battle between Samson and the Philistines is compared to a game. See also YC221. Simrock 1988, 518, no. 10215: "Der Teufel hat gewonnen Spiel."

[298] Delilah's request for payment is not mentioned specifically in the Bible (Judg. 16:18), but it can be implied later in the verse, as recorded in the *Mĕẓūdat Dāwid* commentary (no earlier source for this was found): "Come up once again— Meaning to say: 'Come and give me reward'" (ibid.). See also SP388b.

[299] Idiom and a simile: "He lay like a patient sheep." Cf. "He is brought as a sheep to the slaughter, and as a sheep before her shearer is dumb, so he opened not his mouth" (Isa. 53:7).

22a headline: שמשון אין הנט פלשתים

זיא נידרטן אין גען ע ז ה וואל בידוכֿטן. זיא בונדן אין מיט אייזן ועשט:
וועו אים דיא ווייבר קורן אין דיא גיוענקניש ברוכֿטן. טעט ער אין מיט מאלן דש בעשט:[300]

286 אונ׳ עש ווש נוך ניט ור יארן. דא ווערט איר הוירן איין פוסן:
בֿון דעם מול אן דש ער וור ווארדן בישורן. דש האר ביגונד אים ווידר צו שפרוסן:
די הערן דער פ ל ש ת י ם ווארן גיזאמילט צו שעכֿטן. צו עיר ד ג ו ן אירם גאט:
איין ורייד אונ׳ איין גרוש גיברעכֿטן. אונ׳ טריבן אויש ש מ ש ו ן אירן שפוט:

287 זיא זוהן אין דש ואלק אלן. אונ׳ פֿורטן איר קינדר דר בייא:[301]
מיט זינגן אונ׳ מיט גרושם שלן. גילובט דער אונז הוט גימכֿט ורייא:
אונ׳ הוט געבן אונזר ויינד אין אונזר הענדן. ור וואושטר אונזרש לנד:
נון הבן מיר אין שון בלענדן. דער אונז הוט גיטון ויל שמוכֿהייט אונ׳ שנד:

288 אונ׳ עש ווש ווען עש וואר וואל גימוט איר הערצן. זי זגטן רופֿט אונש ש מ ש ו ן אלהער:
זא מוז ער בֿור אונש שערצן.[302] נוך אונזרם ווילן אונ׳ ביגער:
דש מול לישן זיא ש מ ש ו ן אויך צו דער גיוענקניש הרויש. ער שינפֿפֿט
בֿור אין וויא דא ווש זיין גיברויך אונ׳ זיטן:
זיא שטעלטן אין צווישן זוילן דעש הויש. גיראד אין דיא מיטן:

289 אונ׳ ער זאגט ש מ ש ו ן צו זיינם בֿוירר דעם קנאבן. אונ׳ טוייטש אים ווש אונ׳ וויא:
לוש מיך טשטן אונ׳ מיין הענד אום דיא זוילן הבן. דא דש הויש אישט גישטעלט אויף זיא:
לוש מיך איין וויניג ליינן. דרנוך וואלן מיר גין:
איך בין שוואך אויף דען ביינן. אין[!] קאן ניט אויף מיר זעלברט שטין:

290 דש הויש וור ואל מאנן אונ׳ ורויאן. דיא דא זוהן ש מ ש ו ן אן:
דא וורד מן אל הערשפֿט דער פ ל ש ת י ם שויאן. מין ווען דרייא טויזנט ורויא אונ׳ מאן:
דא ריף ש מ ש ו ן צו גאט אונ׳ ער זגט. גידענק מיך אונ׳ שטערק מיך נוייארט דש מול:
זא וויל איך זיין און ורצגט. צו רעכֿן איינש בֿון צווייא מיינן אויגן וואל:

291 |* דש אנדר אג וויל איך רעכֿן ניט. ביז אין דיא אנדר וועלט:[303] 22b
אלי ווייל בגריף ער דער צוואו זוילן מיט. *דא דש הויז וואר אויף גישטעלט:

[300] Rashi: "He became the miller— With grinding stones, arduous labor. The Rabbis interpret this after their fashion [BT Sotah 10a]" (Judg. 16:21); Radak: "And he did grind— It appears that it was customary in those countries, at that time, that there were mills in the prisons, so that the incarcerated work the mill, and profit be made" (Judg. 16:21).

[301] This is similar to the biblical commandment, "And thou shalt show [tell] thy son in that day" (Exod. 13:8).

[302] Cf. "Let the young men now arise, and play before us" (2 Sam. 2:14).

[303] Rashi: "Avenge one of my two eyes— The reward for my second eye reserve for me in the World to Come. At present, grant me the reward for one of them" (Judg. 16:28).

22b : שמשון צווישן דען זוילן אונ מיכה מיט זיין גימך | 291b An obscure colon sign appears here, which may be an ink blot.

קוינט איך זיא נון ור דערבן· מיט מיינר רעבֿט אונ׳ לינקן האנט:
מיין לייב מוז מיט דען פלשתים שטערבן· אונ׳ זולט עש קושטן איין לאנט:

292 אונ׳ ער נייגט שמשון מיט קראפֿט גרוש· אונ׳ ועלט גר אום דש הויז:
וויא מענכֿן מאן דש ור דרוש· עש קאם קיינר לעבנדיג דרויז:
אונ׳ זיא ווארן צאל די ער אין טוט הט געבן· דיא איצונדר ווארן גישטורבן מיט זיינם טוט:
ויל מער ווען דש ער הט גיטויט בייא זיינם לעבן· מער ווען אל דיא ער הט אי גיברוכֿט אין נוט:

293 אונ׳ זיא נידרטן זייני ברוידר אונ׳ אל זיינש ואטרש גיזינד· אונ׳ זיא טרוגן אין היין וועק:
זיא ברוכֿטן אויף אונ׳ זיא ביגרובן אין גישווינד·[304] צווישן צרעה אונ׳ אשתאול אין איין עק:
אין גראב זיינש וטרש מנוח· גאנץ הערט ביי זייני באר:
דא הט דער גוט שמשון מנוח· דיא פלשתים וארכֿטן זיך נוך זיינם טוט צוואנציג יאר:[305]

294 עש ווש איין מאן בֿון אפריימש בערק· מיכה [!] וור ער גיננט: Judg. 17
אין זיינם הויש וורד איין זוינטליך ווערק· אין דער ערשטער
ריכֿטר צייטן וור ער וואל ביקאנט:[306]
נון וואל היין איך וויל עש זגן· איך הוף ניט דש עש מיר שט:
איך וויל איין קשיא בֿור טראגן· אונ׳ דרויף זגן איין פשט:

295 מיכה וור אין מצרים גיבורן·[307] זיין מוטר הוט אין אין לאיימן ורצעט:[308]
דש טעט גבריאל דעם מלאך צורן· בֿור הקדוש ברוך הוא ער אין גיטראגן העט:

[304] Perhaps this echoes the halachic prohibition on leaving the deceased overnight without burial (Deut. 21: 22 – 23; Mishnah, Sanhedrin 6: 5).

[305] Radak: "And he had judged— […] Why does it say twice that he judged Israel for twenty years? R. Aha said, this teaches us that the Philistines feared him, twenty years after his death, as much as they feared him for twenty years while he was alive" (Judg. 16: 31).

[306] Rashi: "There was a man from Mount Ephraim— Although both incidents are recorded at the conclusion of this book, the episodes of Micah and the concubine at Gibeah took place at the beginning of the period of Judges, during the days of Othniel ben Kenaz, as it is said, 'They appointed, for themselves, the figure of Micah, etc., during the entire period of the Sanctuary at Shiloh' [Judg. 18: 31] We learn that, throughout the period of Shiloh, the graven figure of Micah was in existence" (Judg. 17: 1).

[307] The following two stanzas are similar to Rashi's commentary on BT Sanhedrin 101b: "Crushed in the building— Of the Egyptians, who put him into the building in the place of a brick as is explained in the aggadah. Moses said to the Holy One, 'You have done evil to this people! Now if they don't have bricks they place the children of Israel into the building!' The Holy One replied to him, 'They are wiping out the thorns, because it is revealed before Me that if these children lived they would be completely wicked. If you want, make a test and remove one.' Moses went and removed Micah." Cf. *Midraš tanḥumāʾ* (Warsaw ed.), *pārāšat kī tiśśāʾ* 19 [Berman 1996, 598f]). In the version brought by the Yiddish epic, the Angel Gabriel replaces Moses. Cf. "As Michael saw that the [world's] nations are speaking in defence of the Egyptians, he hinted to Gabriel, and he flew to Egypt one flight and had dropped a brick made of mud and a baby who was set into the mud. He stood in front of the Holy One, blessed be He, and told him: 'Master of the Universe, your children have been working in such an affair'" (*Yalqūṭ Šimʿōnī* on *pārāšat bĕ-šallaḥ*, no. 243).

[308] The source for the identification of Micah's mother as the person who buried him inside the building brick is obscure.

ער שפראך הער דש קינד הב איך גיפֿונדן· אים לאיימן אונ׳ אים דרעק:
און גיוויקלט אונ׳ און גיבונדן· מאך דוך איין מול דש זיא פרעה לושט גין הין וועק:

296 דער הער שפרך איך וויל ישראל וואל דר לויזן· ווען דא קומט דער זעלביג טאג:
ווש טוט מן אבר מיט דען בויזן· אז דש קינד דש אים לאיימן לאג:
דו העשט עש אויך וואל לושן ליגן· דר טרינקן אין זיינם אייגן בלוט:
אונ׳ זיינן הלבן בֿור מיר אויך וואל גישוויגן· עש טוט דוך נוימר גוט:

297 דא נון מיכה וואוקש אונ׳ האט גוט דר ווארבן· אונ׳ האט זיך וואל ביזאכֿט:
איין ווייל ווש יוסף הצדיק אין מצרים גישטורבן· ער בזורגט עש
וואורד איין עבודה זרה אויש אים גימאכֿט:[309]
ער ליש זיך איין ליגן· אין איינן בלייאן שריין:[310]
דש נימנט זולט נוך אים וריגן· מן ווארף אין מיטן אין נילוס הין איין:[311]

298 |* זיין ברוידר הט ער ביבֿולן·[312] ווען זיא וואורדן דר לויזט: 23a
זולטן זיא אין אים נילוס הולן· ער וואלט ניט זיין דר בויזט:
זיין גיביין זולטן זיא מיט אין אויף ברינגן· ביגרבן אין דש הייליג לנט:
נימנט וואושט מי בֿון דען דינגן· משה רבינו אין דא ניט ואנט:[313]

[309] I have been unable to find an early source for Joseph's concern that his body might be worshipped in an idolatrous manner. Cf. Jacob's words close to his death: "Now when the time drew near that Israel must die, he called his son Joseph, and said unto him [...] bury me not, I pray thee, in Egypt" (Gen. 47:29), upon which Rashi commentated: "That the Egyptians should not make me the object of idolatrous worship." See also the Zohar's commentary on Moses taking Joseph's bones out of Egypt (Exod. 13:19): "Others, again, hold that his body was put into the Nile in order that the Egyptians should not worship him as a god" (*Zohar*, *pārāšat bĕ-šallaḥ* 46a [Sperling, Simon and Levertoff 1933 (III), 139]).

[310] Joseph's burial in a coffin: "So Joseph died, when he was an hundred and ten years old: and they embalmed him, and put him in a chest in Egypt" (Gen. 50:26). In a lead coffin: *Yalkut Shimoni*, *pārāšat we-zō't ha-bĕrākhāh*, no. 965; *Mĕkhīltā'*, *pārāšat wa-yehi be-shalaḥ* (Lauterbach 2004 (I), 120, line 92), See also below.

[311] Other midrashic narratives give further reasons for sinking Joseph's coffin in the Nile: "The Egyptians made a metal coffin for him which they fixed in the river Nile so that its waters should be blessed" (BT Sotah 13a); "She [Segulah] took him [Moses] to the river and said to him: 'In this place have the magicians and the astrologers made for him a coffin of five hundred talents in weight and cast it into the river, and thus have they spoken to Pharaoh: 'If it is your wish that this people should never leave this place, then as long as they will not find the bones of Joseph, so long will they be unable to leave'" (*Deuteronomy Rabbah* [Vilna ed.], *pārāšat we-zō't ha-bĕrākhāh*, 11:7 [Rabbinowitz 1951, 178]). See also Ginzburg 2003 (I), 430, n. 438.

[312] "And Joseph said unto his brethren, I am ready to die, and God will surely visit you, and bring you out of this land, unto the land which he sware unto Abraham, unto Isaac, and unto Jacob. And Joseph took an oath of the children of Israel, saying, God will surely visit you, and ye shall carry my bones hence" (Gen. 50:24–25).

[313] Cf. "He [Moses] replied [to Segulah]: 'For three days and three nights I have been going round the city to find Joseph's coffin and I cannot find it'" (*Deuteronomy Rabbah* [Vilna ed.], *pārāšat we-zō't ha-bĕrākhāh*, 11:7 [Rabbinowitz ibid., 178]).

23a headline: מיכה אונ זיין גימך

299 דער בך וואר מעבֿטיג טיף· ער קונט ניט וינדן דען שריין:
וועז ער לאנג יוסף ריף· זא וואלט עש דוך ניט זיין:[314]
עלה שור מיט אנדר דינג הט משה אויף איין בריבֿלן גישריבן·
אונ׳ ווארף עש אויף דען זיא:
דער שריין וור ניט אויש בליבן· קאם צו שווימן נוך ויל אי:[315]

300 מיכה גינג אל מול אום מיט בויזן שטויקן· אונ׳ וורטט זיינר שאנץ:[316]
דש בריבֿלן טעט ער צוקן· אונ׳ בהילט עש אזו גאנץ:
דא נון משה וור אויף דעם בערק· אנטפפֿינג דיא טאבֿלן בֿון גאט:
ישראל ברוכֿטן אהרן גולד צו מאכֿן איין ווערק· אהרן טריב זעלברט דרויש זיין שפוט:

301 דא שטונד מיכה בייא דעם פֿוייאר· דא דש גולד לאג אים טיגיל:
איר מויכֿט הוירן הויפש אובאנטוייאר· אז וואר אז בריב אונ׳ זיגיל:[317]
מיכה ווארף דש בריבֿלן דריין· עש ווש נוך קום דינן האלב:
לושט דש אוייך עטווש זיין· דא גינג הרויש איין קאלב:

302 דיא ווייל נון מיכה זיין צייט אזו הער הוט ור ברוכֿט· הוט מן אין
ניט וואלן זעצן וארנן בייא דיא ריכֿטר דיא בעשטן:
זיא הבן עש גר וואל בידוכֿט· אין צו שרייבן בייא דיא לעשטן:[318]
בייא וייב שמשון מיט דען טאלר טויזנט אונ׳ הונדרט· דיא זיא הוט ור דינט מיט זוינד:
אזו ויל געלט הט מיכש מוטר אך אב גיזונדרט· נון הוירט צו איר ליבן ורוינט:

314 Midrashic retellings regarding Joseph's coffin in the Nile claim that the coffin responded when Moses called out to Jospeh, and it came up to the surface. For instance: "Moses went and stood on the bank of the Nile and exclaimed: 'Joseph, Joseph! the time has arrived which the Holy One, blessed be He, swore, 'I will deliver you,' and the oath which thou didst impose upon the Israelites has reached [the time of fulfilment]; if thou wilt shew thyself, well and good; otherwise, behold, we are free of thine oath.' Immediately Joseph's coffin floated [on the surface of the water]" (BT Sotah 13a); See also *Midraš tanḥumā'* [Warsaw ed.], *pārāšat bě-šallaḥ* 2 (Berman 1996, 411f).

315 This midrash appears in several versions: "He had in his possession a 'supernatural name' [Hebrew: שם] and a plate upon which Moses had written: 'Come up, ox, come up, ox!' in order to raise the coffin of Joseph out of the Nile" (Rashi on Exod. 32: 4); "Moses went to the bank of the Nile with a pebble upon which were engraved the words, 'Ox, arise'" (*Midraš tanḥūmā'* [Warsaw ed.], *pārāšat bě-šallaḥ* 2 [Berman ibid., 411]); "He [Micah] took the tablet upon which Moses had written ["Arise, ox"] when he raised Joseph's coffin out of the Nile" (*Midraš tanḥūmā'* [Warsaw ed.], *pārāšat kī tiśśā'* 19 [Berman ibid., 599]).

316 The following two stanzas are similar to Rashi's commentary on Exod. 32: 4: "A molten calf— [...] There are some who say that Micah was there, who had been drawn forth from the foundations of a building in Egypt where he was nearly crushed. He had in his possession a 'supernatural name' [Hebrew: שם] and a plate upon which Moses had written: 'Come up, ox, come up, ox!' in order to raise the coffin of Joseph [who is compared to an ox, cf. Deut. 33: 17] out of the Nile, and he cast it [the plate] into the melting pot and the calf [the young ox] came out." Cf. *Midraš tanḥūmā'*, [Warsaw ed.], *pārāšat kī tiśśā'* 19 [Berman 1996, 599]).

317 Simile: "As true as a letter and a seal." Grimm 2021, Siegel, 2k: "Da das siegel notwendig zur urkunde gehört, so hat sich die feste verbindung brief und siegel herausgebildet [...] siegel und brief darüber haben, das ist, versichert seyn."

318 See Rashi's words in footnote to SM294b.

303 וש מיר הבן גילעזן· אונ׳ וויא דיא אלטן שרייבן:
דלילה זייא מיכש מוטר גיוועזן·[319] דוך וואלן מירש לושן בלייבן:
אונ׳ דיא איילף הונדרט טאלר· דיא זיא אום דיא פלשתים הט ור דינט:
די וואלט זי לושן אלר· מיכה אירם אייניג קינט:[320]

304 דרום הוט מן אין וארנן בייא דיא ריכֿטר· צו שרייבן ניט גישעצט:
אזו זאגט אויך דער טיכֿטר· איין זוינדיג געלט בייא דש אנדר גיזעצט:
נון וואלן מיר דש בוך אויז מאכֿן· דא מיט דיא לענג נימנט ור דרישט:
אונ׳ זאגן בֿון מיכש זאכֿן· וויא ער מיט דער מוטר בשלישט:

305 |* ער זגט צו איר בֿון דען איילף הונדט טאלר· דיא דא זיין ווארדן גישטולן צו דיר:[321] 23b
אונ׳ דו הושט זיא ורלורן אלר· אזו הושטו גיזאגט צו מיר:
אונ׳ דו הושט גיולוכֿט אויש גרים אויש צורן· ור מלדייט דען זעלביגן דיפא:[322]
דש האב איך גיהוירט מיט מיינן אורן· אבר זולטו דיא ווארהייט
ווישן זא ווער עש דיר ניט ליפא:

306 נון דש זילבר אישט בייא מיר· איך הבש גינומן:
איך וויל עש ניט אנטורעמדן דיר·[323] דרום בין איך צו דיר קומן:
זיא שפרך טרייבשטו קיין שפוט· זא זולטו ווילקום זיין:
גיבענשט מיין זון בֿון גאט· ער ברינגט מיר ווידר דש מיין:

307 ער גאב איר דש זילבר ווידר· דא וואר זיא נומיא אזו ווילד:
זיא זצט זיך נוייארט נידר· אונ׳ גילובט דרויש צו [וו]שן מאכֿן איין בילד:
זיא נאם דרבֿון צווייא הונדרט טאלר· דען גולט שמיד לון דש הט ער קיין ור דרוס:
דש אנדר זילבר אלר· ליש זיא מאכֿן איין בילד אין איינם גוס:[324]

319 Rashi: "He returned the eleven hundred silver pieces to his mother— [...] Some say that this woman was Delilah, since Scripture specifies eleven hundred pieces of silver. However, they are in error, as Micah preceded Samson by many years. But the episodes are juxtaposed because of the corrupt silver, which was of equal value in each of the incidents. The silver inflicted injury in both cases" (Judg. 17:3).

320 The source for Micah being his mother's only child is obscure.

321 Rashi: "Stolen from you [lit. "to you"]– Stolen from you" (Judg. 17:2).

322 Rashi: "When you cursed— You cursed whoever stole it, and even uttered the curse in my ear" (Judg. 17:2).

323 Rashi: "Look, the silver— I confess to you, concerning it, that it is in my possession, as I stole it" (Judg. 17:2); Idiom for telling the truth: "I will not hide it from you."

324 Radak: "Two hundred shekels of silver were the goldsmith's wage, and with the remaining nine-hundred he made the graven and molten image" (Judg. 17:3).

23b headline: מיכה מיט זיין בילד

308 דש בילד ווארד גימאכֿט ורייא· עש שטונד איין מיכש הויש:
מיכה הילט עש בֿור אבגאטרייא·[325] ער מאכֿט אפוד אונ׳ תרפים דרויש:
ער נאם איינן בֿון זיינן זוינן· אונ׳ מאכֿט איין כהן דרויש:
אונ׳ אובן אויף זיינר בוינן· בויאט ער דעם בילד איין אייגן הויש:[326]

309 אונ׳ עש ווש איין קנאב בֿון יודש גישלעכֿט· אונ׳ ער וור איין לוי מיט זיינם רעכֿטן נאם:
אונ׳ דש איר מיך דוך מערקט רעכֿט· זיין מוטר בֿון יודה קאם:[327]
אונ׳ ער גינג בֿון בית לחם צו וואנן· וואו ער וענד זיינש בֿוג:
וואו ער וענד איין דינשט דא מן אימש ווארד לאנן·[328] אין זיין וועג אין הויש מיכה טרוג:

310 אונ׳ ער זגט צו אים מיכה וואו קומשטו הער אונ׳ בֿון וואנן·
ער שפרך איך בין איינש לויש קינד:
בֿון בית לחם גינג איך דאנן· צו וואנן וואו איך יאר דינשט וינד:[329]
דא זייט מיכה ווילשטו דיך צו מיר ורדינגן· זייא מיין כהן ביש אויף ווייטר בישייד:
צעהן טאלר וויל איך דיר אל יאר ברינגן· דיין קושט אונ׳ איין זומר אונ׳ ווינטר קלייד:[330]

311 דער לוי צו זיצן בייא מיכה ער וואלט· אונ׳ ער ווש צו אים אז זיינר קינדר איינש:
מיכה הט דען קנבן הולט· מען וועך אל זיינש גיזינד קיינש:
אונ׳ ער זאגט מיכה איצונדר איך ווייש אן זיינם אורדן·
וועך ער ווערט ביגויטיגן גאט צו מיר:
ווייל מיר דער לוי צו איינם כהן אישט ווארדן· נוך אלר מיינר ביגיר:

312 |* אין דען זעלביגן טאגן· קיין קויניג אונטר ישראל ווש: 24a, Judg. 18
איטליכֿר טעט ווש וואל גיויל אין זיין אגן· נימנט זגט ווארום טושטו דש:[331]
אונ׳ אין דען זעלבן צייטן· גישלעכֿט דן ביגערטן אך זיך צו אירם גיווערב:
וועך ניט עש וואר גיואלן צו אין לנד אויף אירר זייטן· אין צווישן ישראל איין ערב:

[325] Rashi: "An idolatrous temple [lit. "temple of Elohim"]– A temple of idol worship" (Judg. 17:5); Radak: "Had a house of gods— He made it into a shrine of idolatry, and made also Ephod and Teraphim" (Judg. 17:5).

[326] The source for this is obscure, and may concern Micah's house of worship standing on a mountain (Judg. 17:8). Also, see general references to the idolatrous 'high places' [Hebrew: במות], for instance: "For they also made them high places, and images, and groves on every high hill, and under every green tree" (1 Kings 14:23).

[327] Rashi: "Of the clan of Yehudah— He was a Levite maternally" (Judg. 17:7). See also SM331a–b.

[328] See footnote to SM310b.

[329] Rashi: "Anywhere I will find— A profitable livelihood" (Judg. 17:9).

[330] Radak: "And a suit of apparel— Targum Jonathan translated this 'a set [couple] of clothes' that means that a man's yearly expense for clothing is double, once for the summer days and again for the winter days" (Judg. 17:10).

[331] Cf. Radak's commentary to Judg. 17:6: "Every man did that which was good in his own eyes— This was said because Micah made his idol and there was no one who protested against it."

24a headline: דיא שפעהר מיט קינדר דן

313 אונ׳ זיא זענדטן קינדר דן בֿון אירן גישלעכֿטן· בֿוינף מנן קינדר העלד:
בֿון צרעה אונ׳ בֿון אשתאול די רעכֿטן· צו שפעהן דש לנד אונ׳ די וועלד:
אונ׳ זי זגטן צו אין גיט בֿורשט דש לנד אויש· אונ׳ זגט אונש ענטוורט ווידר:
אונ׳ זיא קאמן צום בערק אפרים אין מיכש הויש· זיא אויבר נעכֿטיגטן
אלדא אונ׳ וואלטן זיך ליגן נידר:

314 זיא קענטן שטים דעש קנאבן· אונ׳ הורטן וויא ער מיט דעם פסל הט איין סדר:[332]
ווש מאג דער בֿור איין עבודה זרה האבן· זיא גינגן אל בֿוינף אין זיין חדר:
זיא זאגטן צו אים ווער הוט גיברוכֿט דיך אלהער· בישטו דוך משה רבינוש גישלעכֿט:[333]
ווש טושטו היא ווש אישט דיין ביגער· גידענק אונ׳ זאג אונש רעכֿט:

315 ער זגט צו אין איך בין נוך איינם דינשט גיוואנדילט· דער הונגר מיך דר צו צווינגט:
זא הוט מיכה מיט מיר גיהנדילט· אונ׳ צו איינם כהן גידינגט:
אונ׳ זיא זאגטן צו אים דיא מאנן ורעג אונש נון דיין אבגאט· אוב אונזר וועג וועדט ביגלויקן:
אונ׳ ער זגט צו אין דער כהן און שפוט· גיט צו וריד נימנט ווערט אוייך איין האר ור רוקן:[334]

316 אונ׳ זיא קאמן גען ליש בֿוינף דיא מאנן· זיא זוהן דש ואלק אין דער שטאט:
זיצן צו זיכֿירליכֿן אז גיריכֿט דער צידנן· גישטילט אונ׳ זיכֿר קיין זורג עש ניט האט:
זי הטן קיין ור שעמר· נימנט שייכֿט אין קיין הון:[335]
צו אין וור אך קיין ערב נעמר·[336] זיא הטן מיט קיינם מענשן צו טון:

317 זיא ווידר קערטן צו אירן ברוידרן קינדר דן· גען צרעה אונ׳ אשתאול שיר:
זיא ורוגטן זיא וואו היין זולן מיר ציהן אונ׳ אן· לוש הורן ווש זגט איר:
זיא שפרוכֿן שטיט אויף אונ׳ מיר וועלן ציהן מיט איינם הער·
עש אישט בֿון הינן איין קליינר וועג:
דש לנט דש אישט גוט זער· ווארום שווייגט איר איר זולט ניט זיין טרעג:

318 אין אוייערם קומן אין דש לנד· אזו בלד מן איין היין גיט:
דש בֿולק הלט זיך זיכֿר בֿור שאד אונ׳ בֿור שאנד· הוט שויני ווייטי שטיט:
מכֿט אוייך אויף ביהענד· אונ׳ דא ניט ויל גישרייא:
גאט ווערט זי געבן אין אוייערי הענד· דא אישט גיברעכֿן קיינרלייא:

332 The Hebrew word סדר is used to denote idolatrous worship, see also SM321a. This meaning is not found in Niborski's dictionary (Niborski 2012, 349 ,סדר). Cf. „סדר־תפלה – סִדּוּר, קֹבֶץ התפִלות לכל ימי השנה" (Even Shushan 2009, 663 ,סֵדֶר).

333 Rashi: "Who brought you here— There are numerous questions here. Are you not descended from our teacher Moses, to whom it was said, 'Do not come close here' [Exod. 3:5]" (Judg. 18:3).

334 Idiom: "No harm will be done to you" [lit. "No one will move even one of your hairs"]. This idiom refers to being saved from mortal danger, replacing the usual reference to one's head with a tiny hair of the head. See footnote to YP157d.

335 Idiom describing peace: "No one chased them any hen." Grimm 2021, Scheuen.

336 Radak: "[No man] usurped any dominion— […] There was no royal heir for they had no king nor anyone to inherit the kingdom" (Judg. 9:7).

319 |* זיא צוהן אויש בֿון גישלעכֿט דן· גיגוירט גיפֿעש דעש שטרייט:
24b זעקש הונדרט וואל גרוישטר מאן· זיא רואטן אין קרית יערים
דיא שטאט דיא אם אירשטן לייט:
דרום היש מן דיא שטאט דנש שרן·[337] ביז דען טאג דען דיז:
זיא וואלטן זיך דוך ביווארן· אונ׳ שלושן דיא נאכֿט איין וואגן בורג[338] אויף דער וויז:

320 צו מורגנש שיקטן זיא שפעהר אונ׳ יעגר· וואו זיא זולטן היין אויש:
דאר נוך ברך אויף דער לעגר·[339] זיא קאמן אין מיכש הויש:
אונ׳ זיא זאגטן דיא פֿוינף מאנן· דיא דש לאנט האטן גישפעכֿט ביש אל הער:
צו אירן ברוידרן בֿון גישלעכֿט דנן· הוירט צו מיר זאגן אוייך נוייאי מער:

321 אין דעם הויש געט מאן אום מיט כשפים· אונ׳ פֿוירן איין סדר ווילד:
זיא האבן אפוד אונ׳ תרפים· איין גיסונג אונ׳ איין בילד:
איר מויגט דש צו אוייך נעמן· אודר לושן דרבֿון:
ווען מיר אונש ניט מושטן שעמן· דרום שלגט צו רוט וש וואלט איר טון:

322 אונ׳ זיא קערטן אב אל דאר· דיא פֿוינף הטן אירן בשיד:
בֿור דער פֿפֿורטן שטונד דיא גאנץ שאר· זיא ורוגטן דען קנאבן דען לוי צו וריד:
דא נאמן זיא דש בילד דיא תרפים אונ׳ דען גורט· אן דער
זילברן גיסונג הט צו טראגן איין מאן:
דוך ער עש מיט אים בֿורט· דער כהן שריא וש וואלט איר היבן אן:

323 אונ׳ זיא זאגטן צו אים שווייג· טוא דיין האנט אויף דיין מויל:
היא קומשטו נוימר אויף גרוינן צווייאג·[340] וויא מושטו דוך זיין איין גויל:[341]
אישט ניט בעשר דו זיישט איין כהן איינש גנצן גישלעכֿט· גיא מיט אונש אונ׳ נים עש אן:
ווען דש דוא היא בישט איין קנעכֿט· אונ׳ דינשט איינם מאן:

324 עש גיויל דעם כהן איר ריד· וויא וואל אים איר רוט שמאקט:
ער נאם די תרפים אונ׳ דש פסל אל ביד· וויא בלד הט ער זיא איין גיפאקט:

337 Translation of a name.

338 This refers to a so-called 'wagon fort,' a medieval practice of arranging war wagons for attack or defense purposes. Grimm 2021, Wagenburg, 1: "Eine aus zusammengefahrenen wagen gebildete verschanzung im kriege [...] im 16. jahrh. [...] man pflegte nur nachts die troszwagen zu einer wagenburg zu formieren, um sich gegen überfall zu sichern."

339 Idiom: "The camp had gone on the road." Grimm ibid., Aufbrechen, 2: "Abreisen."

340 Idiom: "You will not be successful" [lit. "Here you will never come to green branches"]. See footnote to SM65a.

341 Insulting idiom: "Why must you be a horse/donkey?" Grimm 2021, Gaul II1d: "Als wagenpferd oder arbeitspferd überhaupt"; ibid., 4d: "Zuweilen auf den esel übertragen."

24b headline: דיא שפעהר אונ דש בילד אונ מיכה מיט קינדר דן

ער קאם אין צווישן זיא· אונ׳ גינג אונטר דען זעקש הונדרט מאן:
זיא נומן דש קליין גיזינד אונ׳ דש ויא· די שווערן לעשט מושטן וארנן דראן:

325 זיא ווארן ניט ווייט בֿון מיכש הויש קומן· דיא מאנן אין דען זעלבן הוייזר קאמן בֿום ועלד:[342]
דא הורט מאן גרוש שרייאן אונ׳ ברומן·[343] זיא ליפֿן נוך דען זעקש הונדרט העלד:
זיא שריאן דען נוך הלט שטיל· דיא בֿון דן וועגדטן איר אנצליט אום:
זיא זגטן צו דען פֿוינבֿן ורעגט מיכה ווש ער וויל·[344] ווש לוייט הוט
ער גיזאמילט אונ׳ ווארום:

326 |* ער ענטוורט מיכה ווש שפרעכֿט איר ווש מיר זייא· איר הט מיר דוך גינומן מיין גאט:
25a אונ׳ דען כהן אונ׳ ווש דא אישט גיוועזן דר בייא· מיינט איר דש איך אוייער שפוט:
איר הט מיר גינומן ווש דא אישט אים הויז אונ׳ אין האף·[345] ור צורן אישט מיין ביגיר:
וויא זער ער אין נוך לאף· אונ׳ שפראך ווארום ורוגט איר מיך ווש אישט דיר:

327 אונ׳ זיא זגטן קינדר דן צו אים· מך דיך היים צו קינד אונ׳ ווייב:
אונ׳ ניט לוש הוירן נוך מין דיין שטים· לייכֿט זי מורדן דיך מנן ביטר לייב:
ער זאך מיכה ווען שטארק זיא מין וועו ער· ער קורט זיך צו זיינם הויז אונ׳ וואר ניט טרעג:
זיא ווארן צו קראנק זיין ווער· די קינדר דן צוהן אך אירש וועג:

328 זיא צוהן קינדר דן צו ליש בֿור דיא מויאר· די שטט הטן זי ביגערט:
זי וואלטן זיך דארינן שטעלן זוויאר·[346] זי שלוגן זי צו שרפֿם שווערט:
די שטט האבן זיא ור ברענט· עש וור נימנט דא דער זי רעט:
קיין מענש וור דער זי קענט· אודר דער מיט אין צו שפֿן העט:

329 אונ׳ זיא בויאטן דא דיא שטט ווידר· אז בלד זיא דאר קאמן:
אונ׳ זעצטן זיך דריין נידר· אונ׳ הישן זיא דן מיט אירם נאמן:
זיא הילטן זיך אבר זונשט גאר ווילד· פֿפֿוך דער זוינד אונ׳ דער שאנד:
זיא אויף ריכֿטן צו אין מיכש בילד· ביז דען טאג דש דא וואר ור טריבן דש לאנד:

342 The source for the men returning from the field is obscure. Cf. The description of the host in Gibeah below, Judg. 19:16 (SM 344a).

343 Radak: "Gathered together [נזעקו]– They gathered together [...] the people were gathered together through means of crying out [זעקה]" (Judg. 18:22).

344 The retelling differs from the original. In Judg. 18:18, Micah asks the five men what they want.

345 Idiom: "All of one's possessions" [lit. "Whatever is at home and in the yard"]. Grimm 2021, Hof, 3: "Hof heiszt nun auch jedes grundstück, in dem dieser wirtschaftsplatz einen bedeutenden umfang einnimmt, dadurch zugleich auf die bedeutung der haushaltung hinweisend. manchmal ist mit hof in diesem sinne haus eng verbunden, um wohnung und wirtschaft in einer formel zu nennen."

346 This apparently implies conquering the city, cf. sowing in salt, SM160d (Judg. 9:45).

25a headline: מיכה מיט קינדר דן

330 אונ׳ יונתן זון גרשם זון מנשה· ער אונ׳ זיין זוין כהנים צו דנש גישלעבֿט:
נון וינדן מיר אים פירוש רשי· דש דיא נון בֿון מנשה ניט זייא גישריבן רעבֿט:[347]
זיא זול אויך גאר ניט געלטן· דען משה אישט דער נאם:
אבר דש מן משה רבינו ניט זול שעלטן· דש אזו איין בויז עניקלן בֿון אים קאם:

331 הבן זי דיא נון גיהענקט· צו ער משה דעם ורומן:
ווער דש זיבֿט דער גידענקט· יונתן זייא בֿון איינם דער היש מנשה קומן:
אונ׳ זייא ניא קיין לוי גיוועזן· אז ער זיך אך וארנן בֿון גישלעבֿט יודה נענט:[348]
בֿון איינם קוויניג יודא היש מנשה הבן מיר ויל גילעזן· דער הוט
אך צו דען פסילים בֿוייאר אופֿר גיברענט:[349]

332 אן דען זעלבן מנשה הבן זיא יונתן גיהאנגן· אז ווער ער גיוועזן זיין זון:
דען ער אישט מיט דען עבודה זרות אום גנגן· אז זיך דער אך ורדינקט הט צו טון:
אזו אישט פסל מיכה אונטר ישראל גיבליבן· אל דיא טאג דש הויש גאט אין שילה ווש:
מיר הבן גינוג דרבֿון גישריבן· בֿון פלגש בגבעה [350] רידן מיר נון בֿור בש:

333 |* אונ׳ עש ווש אין זעלביגן טגן· ישראל קיין קויניג העט: 25b, Judg. 19
איין לוי אם בערג אפרים הט זיין ווייב געשלאגין· אונ׳ גאב איר דרנוך גט:[351]

[347] In the Hebrew masoretic text of the Bible, the letter Nun in the word Manasseh [מנשה] is written above the line. Rashi: "Ben Manasseh— In deference to Moses, the letter Nun was included, thus altering the name. It is scripturally suspended to indicate that he was actually not Manasseh [מנשה], but Moses [משה]" (Judg. 18:30).

[348] This is contrary to the beginning of Rashi's commentary on Judg. 17:7: "Of the clan of Judah— He was a Levite maternally," which has been included in the Yiddish epic (SM309a–b). Later on, Rashi mentions a different opinion: "However, the Rabbis interpret that, because he behaved like Manaseh, who was descended from Judah, he is described as 'of the clan of Judah.' He was actually a Levite, the son of Gershon, son of our master Moses, as is stated explicitly below, "Jonathan, son of Gershom, etc." Radak: "Out of Bethlehem, Judah— [...] That young man was a Levite, and how can he be referred to as a member of the Judah clan? And those who say that his mother is of the clan of Judah, should show us where does Scripture affiliate a person to his mother's clan? [...] Our sages taught that the son of Gershom [Judg. 18:30] was descended from Moses [משה], but because he did that 'deed of Manasseh' [מנשה], who was descended from Judah, Scripture said about him that he was descended from the clan of Judah. Therefore the letter Nun is 'hung high' [traditionally written higher in the line מ׳נשה...] in order to respect Moses [...] as if he was the son of Manasseh and not of Moses."

[349] This refers to Manasseh, the son of Hezekiah, King of Judah (See 2 Kings 20:21 – 21:18, 2 Chron. 32:33 – 33:20).

[350] This is the common name for this narrative in Jewish sources. For instance, Rashi: "The episodes of Micah and the concubine at Gibeah took place at the beginning of the period of Judges" (Judg. 17:1); Radak: "And regarding the concubine at Gibeah, Scripture said 'there was no king in Israel'" (Judg. 18:1).

[351] The source for the reference regarding the Levite's first wife is obscure. This information reflects the Jewish Ashkenazic halakhah, which obliges a man who battered his wife to grant her a divorce and provide her with the full sum stated in the marital contract [*kĕtubbāh*] (Grossman 2003, 379 and 390 – 392). Cf. Ralbag's words concerning the concubine (not wife): "Her husband went after her to speak in a friendly way unto her and to bring her again, for he thought that she had left him because of the quarrels he had with her at his house" (Judg. 19:3 – 9).

25b headline: קיבש ווייב בון שטט גבעה

און׳ ער נם צו אים אייני בֿון בית לחם יודה· צו איינים קיבס ווייב:
ער מאכֿט איין גרושי סעודה·[352] ער הט זיא ליבר וועז זיין לייב:[353]

334 זיא וואלט הבן ער זולט זיא קושטליך בֿוירן· און׳ איר וואל ווארטן אויז:
זיא ווארד בייא אים צו איינר שמורן· לוף בֿון אים ווידר אין אירש ואטרש הויז:[354]
גען בית לחם דא מן איר וואל [ש]ונט· מיט עשן און׳ מיט טראנק:
זיא וואר אוישן איין יאר און׳ ויר מונט·[355] דיא וויל וואר דעם לוי נוך איר לאנק:

335 ער שטונד אויף זיא צו ווידר קערן· זיין לייב בראנט אים וויא איין קערץ:[356]
ער העט זיא ווידר גינומן גערן· ער גינג נוך איר צו רידן אויף איר הערץ:
ער נאם מיט אים זיין קנאבן· און׳ איין פר איזיל דיא וורן ניט טרעג:
ער וואלט זיא יא ווידר האבן· זיא ביגיגנט אים אויף דעם וועג:[357]

336 זיא ברוכֿט אין אין אירש ואטרש הויז· דיא זעלביג יונגי מייט:
דער שוועהר לוף גיגן אים הערויז·[358] וויא זער ער זיך מיט אים ורייט:
און׳ ער באט אין ואטר דער יונק ורויאן· ער זול בלייבן איין טאג אודר עכֿט:
זא וואורד ער הערשפֿט שויאן· וויא ער אים ערשט איין בריילפֿט מעכֿט:[359]

337 ער זאש מיט אים דריי טאג· זיא אושן און׳ טרונקן ואשט:
דען וירדן מורגן ורויא זייט דער איידם איך ניט בלייבן מג·
איך בין ליבר דהיימן אייןווירט וועדר היא איין גאשט:[360]

[352] This appears to imply a wedding meal, cf. SM336d, naming the characters שוועהר (father-in-law, SM336b), איידם (son-in-law, SM337b), and מאן (husband, SM337d). The source for this is obscure, see Radak's words: "She was his wife but without a martital contract [*kĕtubbāh*] and the official ceremony [*qiddušīn*]" (Judg. 19:2).

[353] The source for this is obscure.

[354] שמור is a euphemism for הור [prostitute]. Cf. „עש קאמן צוואו שנורן בֿור דעם קויניג" (*Melokhim-bukh* 196b [Fuks 1965, 12v]). Radak: "[And she] played the whore— She dishonored him, left his house, and went to her father's house" (Judg. 19:2).

[355] Radak: "The meaning of ימים is 'one year'" (Judg. 19:2).

[356] Simile: "His body burnt like a candle," i.e., he was full of passion.

[357] Radak: "And she brought him unto her father's house— His concubine met him on the road and brought him into her father's house" (Judg. 19:3).

[358] Cf. Laban running to Jacob, Gen. 24:29.

[359] The source for this is obscure.

[360] Proverb? "I prefer to be the host at home than a guest here." This form is not a proper proverb, and perhaps the original form could have been: ליבר דהיימן איין ווירט, וועדר אין [ערגעץ] איין גאשט. The source is obscure, but other extant proverbs mention the words ווירט and גאשט or ווירט and היים: „דער ווירט[!] איז אויבראל דא היים" (Maitlis 1979, 228); "Wie der Wirt, so der Gast" (Simrock 1988, 592, no. 11671); "Er soll den Wirt zu Hause finden" (Röhrich 1973 (II), 1154); "Der Wirt war nicht zu Hause" (ibid., 1155); "Ist der Wirt gleich klein wie eine Maus, so ist er doch Herr in seinem Hauss" (Wander 1867–1880 (V), Wirth, 282, no. 94. See also ibid., 278–285); Tendlau (1860, 80, no. 97) brings an expression saying 'there is no place like home': "Nit besser als derhaam!" and argues that this draws on the Bible: "Every man should bear rule in his own house" (Esther 1:22).

דער שוועהר שפרך אונטר ליין דיין הערץ מיט איינם שטויק ברוט· מיר וואלן בֿורביישן אן:
עש אישט דוך ניט אזו שפוט· דרנוך גיא ליבי טוכֿטר מיט דיינם מאן:

338 זיא זושן אונ׳ אושן מיט אננדר· אונ׳ טרונקן הלב אונ׳ גאנץ:[361]
דער שוועהר שפרך ליבר איידם הוויט ניט וונדר·
בלייב היינט היא איך וויל אוייך מכֿן איין אובנט טאנץ:
ער שטונד אויף דער מאן צו גין· דער שוועהר זגט ליבר אויבר נעכֿטיג:
וויא זול איך דש ור שטין· בין איך דיינר ניט איין טאג מעכֿטיג:

339 ער בליב דא דיא וירד נאכֿט· דער ווירט וור וויליג צו בורגן:[362]
דער איידם נאם זיינר שאנצן אכֿט· אונ׳ שטונד ורויא אויף אן דעם פֿוינפֿטן מורגן:
דער שוועהר באט אין אבר· ביש די גרוש היץ ורגעט בלייבט היא שטין:[363]
שויט דען איזיל איין ווייל בֿור האבר· אויף דען אובנט זולט איר גין:

340 26a |* אונ׳ ער שטונד אויף דער מאן צו גין· ער אונ׳ זיין קיבשווייב אונ׳ זיין קנאב:
דער שוועהר זייט אישט דען קיינש בלייבן מין· שלג מירש דוך ניט אזו גר אב:
זיך די זון גיט אין איר רוא· ור בירגט זיך ייען זייט דער וועלט:[364]
היינט וועלן מיר זיין ורווליך איך אונ׳ דוא· מורגן ורויא זא גיא צו דיינם גיצעלט:

341 דער מאן וואלט ניט לענגר בלייבן· דער שוועהר הט גרושן ור דרוס:
ער שטונד אויף אונ׳ ער גינג אונ׳ ליש די איזיל הערט טרייבן·
אונ׳ ער קאם געגן ירושלים דש היש יבוס:
דער טאג נידרט זער· דיא נכֿט ויל הרצו:
דער קנב שפרך צום הערן ווישט איר ווש דא אישט דר מער·
אין דיזר שטט וואלן מיר היינט בלייבן אונ׳ הבן גוטי רוא:

342 אונ׳ ער זגט צו אים זיין הער· דו הושט איין סכל[!] וויא דש ויא:[365]
אין קיין ורעמדי שטט איך אב קער· דש ניט בֿון קינדר ישראל זיין זיא:

[361] Idiom: "They drank a lot" [lit. "They drank half measures and full measures"], an idiom reflecting current drinking practices. Grimm 2021, Halb, II1a: "Anders ist in ganzen oder halben trinken, was sich auf den trinkcomment bezieht, ein dargebrachtes glas ganz oder halb zu leeren."

[362] Idiom: "The innkeeper was willing to lend out." Cf. SM337b; "The storekeeper allows credit" (Mishnah, Avoth 3:16).

[363] Radak: "The day draweth toward even— The sun is weaker toward the evening, when its heat and light diminish" (Judg. 19:9).

[364] Rashi: "Has waned— The sun [has waned] from full strength, and has begun setting" (Judg. 19:9). Idiom (or perhaps a poetic expression): "The sun sets" [lit. "The sun goes to its rest, and hides on the other side of the world"].

[365] Insulting idiom: "You have the brains of a cow." Cf. "Sie hat Kih-Seechel!" (Tendlau 1860, 44, no. 123); „האָבן שׂכל ווי אַ בהמה" (Stutchkoff 1991, 306); Grimm 2021, Vieh, II2a: "Ein mensch, wie ein vieh; so dumm, wie das vieh."

26a headline: קיבש ווייב בון דער שטט גבעה

גיא אונ׳ מיר וועלן אויבר נעכֿטיגן אין ג ב ע ה אודר אין ר מ ה· דארינן קינדר י ש ר א ל זיין:
דער קנאב שפרך אויף מיין נ ש מ ה·[366] אוייער ד ע ה אישט בעשר וועז דיא מיין:

343 אונ׳ זיא אויבר ואורן אונ׳ זיא נידר זושן· בֿור ג ב ע ה בייא איינם ברון:
איין וויניק זיא דא טרונקן אונ׳ אושן· זיא גינג גנץ אונטר דיא זון:
זיא קומן הינאיין אונ׳ מיינטן צו פרסן· העטן זיך גערן גיצוהן אויז:
מן ליש שטין אויף דער גאסן·[367] קיינר בֿורט זיא צו הויז:

344 אונ׳ נון איין אלטר מאן· קאם אויז דער ערבייט בֿון דעם ועלד:
דש גישלעכֿט ב נ י מ י ן גינג אין גאר ניכֿטש אן· ער וור
בֿום בערג א פ ר י ם צו וואנן דר קומן דער העלד:
ער הב אויף זיין אגן· זך אויף דער גאסן שטין דען גאשט:
דער אלט ביגאן צו זאגן· מיך וואונדר דיינר ואשט:

345 וואו ווילשטו הין אודר בֿון וואנן בישטו קומן· דש דיר נימנט דיא הערבורג גייט:
ער שפרך איך קום בֿון ב י ת ל ח ם דען ורומן· אונ׳ וויל צום
בערג א פ ר י ם ווישט איר וואו ער לייט:
איך בין אך בֿון דנן גיבורן· איך וויל אך גען ש י ל ה [368] צו דינן גאט:
איך העט עש וואל ור שווארן· דש מן איינש ורעמדן היא אזו שפוט:

346 עש אישט קיינר דער מיך צו הויז פרייט· אונ׳ איך ביגער בֿון נימנט נישט:
איך הב זעלבר וויין אונ׳ ברוט דעם קנבן אונ׳ דיינר מייט·
אך דען איזילן שטרוא אונ׳ האברן ואל איין קישט:
מיר האבן קיין גיברעכֿן· וועז איין בעט אונ׳ איין טיש:
מיר וואלן נוייארט איין וויניג צעכֿן· דרנוך ליגן מיר אונש ריש:

347 |* דער אלט זגט וריד צו דיר· אל דיין גיברעכֿן איך דיר ווענד: 26b
אין דער גסן ניט דו זולשט אויבר נעכֿטיגן שטיא אויף אונ׳ גיא מיט מיר·
ער ברוכֿט אין צו זיינם הויש ביהענד:

[366] Idiom: "Upon my soul!" This is a declaration of truth, which was used by German Jews until modern times: "Mein Neschomo! Bei meiner Neschomo!" (Tendlau 1860, 31, no. 31). Swiss Jews pronounce it as one word: "Mineschume" (Guggenheim-Grünberg 1976, 29; Bollag and Weibel, 1995, 97). Grimm ibid., Seele, 11d: "Die gewöhnliche redensart ist bey seiner seele schweren." Cf. "The Lord of hosts hath sworn by himself [by His soul]" (Jer. 51:14).

[367] In the epic they are standing in the street, whereas in the Bible they are sitting in the street. See footnote to SM81a.

[368] Rashi: "To the Sanctuary of the Lord— I am going to Shiloh" (Judg. 19:18).

26b headline: קיבש ווייב אין שטט גבעה

מן מוישטן דין איזילן דש פֿוטר דיא ווארן אז מויד דש זיא הונקן·
אין דיא בֿויש צו וועשן מן אן וינג:
זיא אושן אונ׳ זיא טרונקן· אונ׳ ווארן גוטר דינג:[369]

348 זיא ווארן ורויליך אונ׳ הטן גוט גיזעלשפֿט· אונ׳ זוהן צום וענשטר אויז:
אונ׳ נון מאנן דער שטאט קינדר שלקהפֿט· זיא אום רינגלטן דש הויז:
זי קלופֿפֿטן אן די טורי· זי זגטן צו דעם אלטן דש ווערט זיין דיין גיוין:
ציך אונש דיין גאשט הר בֿורי· אונ׳ מיר וועלן בישלופֿן אין:[370]

349 אונ׳ ער גינג הרויש צו אין דער אלט· ער זאגט מיין ברוידר ניט איר זולט אויבלן נון:
דיא ווייל דער מאן אישט קומן אין מיין גיוואלט· די גרוש שלקהייט זולט איר ניט טון:
נון מיין טוכֿטר דיא פֿוילציל אונ׳ זיין קיבש ווייב· די וויל איך ליברן אין אוייער האנד:
אונ׳ טוט צו אין ווש וואל טוט אוייערם לייב· לושט נורט אונטר וועגן די גרושי שאנד:

350 צו הוירן צו אים דיא מאנן ניט וואלטן· זיא ווארן בֿוילר וועןדש ואס:[371]
ער הט זיך לאנג גינוג מיט אין גישולטן· ער גאב אין דש קיבש ווייב אויף דיא גאס:
אונ׳ זיא בשליפֿן זיא איינר נוך דעם אנדרן· אונ׳ זי וואורקטן אן איר דיא גאנצי נאכֿט:
צו מורגנש לישן זי זיא וואנדרן· זיא האט קיין קראפֿט נוך מאכֿט:

351 אונ׳ זיא קאם דיא ורויא גיגן דעם טאג· דש איינר דעם אנדרן קוים זיכֿט:
זיא ויל בֿור טויר דש הויש דא איר הער דינן לאג· ביש דש עש גאנץ וואר ליכֿט:
ער שטונד אויף איר הער אם מורגן· ער אופֿנט טוירן דעש הויש:
ער גינג הרויש מיט גרושן זורגן· אונ׳ וואלט צום טויר הין אויש:

352 אונ׳ נון זיין קיבס ווייב וור גיואלן בֿור דיא הויש טויר· אונ׳ איר הענד אויף דער שוועל:
ער שפרך שטיא אויף אונ׳ מך דיך הר בֿויר· אים ענטוורט ניט זיין ליבשטר גיזעל:
ער נאם זיא אזו טוט·[372] אונ׳ בֿורט זיא צו זיינר שטט:
דעש קאם גישלעכֿט בנימין אין נוט· אונ׳ ישראל אין גרושן שאט:

353 דער מן קם צו זיינם הויש· ער טרוג זיא היניין אויף זיינם רוקן:
זיין שעבֿט מעסר צוך ער אויש· ער שניד זיא צו צוואלף שטויקן:
אונ׳ ער זענדט זיא אין אל ישראלש לאנד· אונ׳ עש וור אל דער עש זך אונ׳ ער זגט:
ניט זי אישט גיוועזן אונ׳ ניט זי אישט ווארדן גיזעהן איין זולכֿי שנד·
בֿון דעם מול אן דש אונז פרעה אין דש מער הוט גיאגט:[373]

[369] Idiom: "They were feeling good" [lit. "They were of a good thing"]. See also YC183d. Cf. Schumacher 2006, Ding, 321; Grimm 2021, Ding, 18: "Die redensart guter dinge sein vergnügt fröhlich heiter sein."

[370] Rashi: "We want to know him— To have homosexual relations" (Judg. 19:22).

[371] Idiom: "They were drunk" [lit. "They were fuller than the barrel"]. Grimm ibid., Voll, 9: "Voll im sinne von betrunken."

[372] Rashi: "There was no answer— For she was dead" (Judg. 19:28).

[373] Idiom: "Since Pharaoh chased us to the sea." The source for this is obscure.

27a 354 |* לושט אונז דרבֿון רידן אונ׳ רוטן. וויא וואלן מירש גרייפֿן אן:
Judg. 20 וויא באלד זיא דעם קריגש ואלק אויף גיבוטן. בֿון באר שבע ביש גען [דן]:*
צו וראגן גאט גען מצפה זיא גינגן.[374] אוב דיא זאך ווער אזו בישערט:
אלי הייבט לוייט[375] צו ציהן אן וינגן. דא ווארן ויר מול הונדרט טויזנט אויש ציהר שווערט:

355 אונ׳ זי זגטן קינדר ישראל רידט וויא זיא אישט גיוועזן די בויז זך.
ווער עש אייגנטליך הוט גיהורט:
דא מיט מן ניט מינדר אודר מין דרויש מך. דא ענטוורט מן דער ורויאן דיא דא ווש דרמורט:
אין די גבעה דש צו בנימין איך בין קומן. צו אויבר נעבֿטיגן איך אונ׳ מיין קיבס וייב:
איך מיינט איך ווער בייא ורומן. דא ביגערטן זי מיינש לייב:

356 זיא שטונדן אויף מיך דער בֿון גבעה מאנן. זיא אום רינגילטן מיין הערבורג בייא נאכֿט:
איך זגט אין ווער איך ווער אונ׳ בֿון וואנן. מיין גוטי ווארט ווארן אין ניט גיאכֿט:
מיך זיא גידוכֿטן צו דר שלאגן. ווש איך אוש אום וריד בייא איןווארב:
עש האלף קיין ריד נוך זגן. זי פייניגטן מיין קיבש וייב זו לנג ביש זיא שטארב:

357 אונ׳ איך ביגריף אן איר אונ׳ הב זיא צו שטויקן גיהויאן. אונ׳ אין אל ערב ישראל גיזענט:
צו ווישן מאנן אונ׳ ורויאן. וויא זיא דש ארם קרעטויאר הבן גישענט:
דיא בושהייט האן זיא גיוויש גיטון. רוטט איר נון צו דש בעשט:
געבט אין אירן ורדינטן לון. דש דא ווערט ורשטוירט דש נעשט:[376]

358 אונ׳ עש שטונד אויף אל דז ואלק קינדר העלט. זיא ווארן אל גילושן אויז:
זיא זאגטן קיינר זול גין צו זיינם גיצעלט. קיינר זול גין אין זיין הויז:
איצונט וואלן מיר ווערפֿן לוס. אונ׳ רידן מיט אין אין דער גויט:
דש שטעטלן איז ניט גרוש. איז ניט בֿון נויטן דש מן דש ואלק אלר דאר בימויט:

359 מיר וועלן נעמן דען ציהנדן מן. בֿון אל ישראלש גישלעבֿט:
מיט דען וואלן מיר זיא גרייפֿן אן. דיא קאן מן שפייזן רעבֿט:[377]
מיר וואלן די מיסטעטר שטרופֿן. זי זגן ווש זיא ווען:
ישראל אל צו דער שטט צו לופֿן. אז איין מאן איינר גיזעלן:

[374] Radak: "Unto the Lord in Mizpah— Wherever all, or most, of Israel may gather, there the Divine Presence rests" (Judg. 20:1). Cf. Judg. 20:18.

[375] Rashi: "The leaders of the entire people— The heads of the entire people" (Judg. 20:2).

[376] Idiom: "The nest will be ruined." It appears that here the word 'nest' points to the couple's ruined relationship, or to a house that stands for the unity of the tribes of Israel, which will be ruined following the war between them. See footnote to SM182c.

[377] The retelling differs from the original, cf. Radak: "We will go up by lot— [...] This means that they will cast lots of ten fractions for each hundred, and a myriad [of men], and those upon whom that lot will fall, they will carry provisions for the other [men of the] nine fractions who will go out and go to war" (Judg. 20:9).

27a headline: קיבש וייב אין שטט גבעה | 354b The word דן is completely blurred and has been added according to the biblical source (Judg. 20:1) and the rhyme scheme.

360 אונ׳ זיא זענדטן קינדר ישראל מאנן· אין אל בנימינש גישלעכֿט:
מיר וואלן אויז רוימן דש בויז בֿון דאנן· מיט דען אנדרן וואלן מיר אונש הלוטן רעכֿט:
געבט אונש דיא קינדר שלקהפֿטיג· אל דיא אין דער גבעה די וואלן מיר טויטן:
וואו ניט זא זגן מיר אוייך וואר הפֿטיג· מיר וויכֿן ניט מיר וואלן אוייך נויטן:

27b |* אונ׳ ניט זיא וואלטן גישלעכֿט בנימין זיך קערן· אין אירר ברוידר שטים: 361
זיא וואלטן זיך אונטר שטין צו וערן· אנפוטן ישראל
ווש דוא מיט דעם שווערט גיווינשט דש נים:
זיא זמילטן זיך בֿון אלן ענדן· דא ניט לנג גיבייט:
איר אורדנונג מכֿטן זיא ביהענדן· צו ציהן ווידר כל ישראל אין שטרייט:

362 דש גישלעכֿט בנימין וורד דא גיצילט· זעקש אונ׳
צוויינציג טויזנט אויש ציהר דעש שווערט:
אונ׳ די בֿון דער גבעה זיבן הונדרט מאן אויז דר ווילט· איקליכֿרוור דרייאר מנן ווערט:[378]
אונ׳ אונטר אל אירם ואלק הטן זי ור העלט· זיבן הונדרט מן גילינק:
איטליכר שלויידרט צו איינם הור אונ׳ ניט ער ועלט· וור דש ניט איין גרויזם דינק:

363 דש הער בֿון ישראל הט אום גריפֿן ווייט· ויר מול הונדרט טויזנט מאן:
אל דיא דוזיגן מאנן שטרייט· נוך וואלטן זיא ניט היבן אן:
זיא וואלטן בֿור צו שילה [379] גאט ורוגן· ווער אם אירשטן זולט גין אין קריג:[380]
מיט איינם שטויקווארן זיא ביטרוגן· דש זיא ניט ורוגטן אוב זיא וואורדן האבן דען זיג:[381]

364 אונ׳ ער זגט גאט יודה זול אם אירשטן ציהן· זיא שטונדן אויף אם מורגן ורויא:
זי לעגרטן זיך אום גבעה דש קיינר זולט וליהן· אונ׳ נומן אין די קויא:[382]
דיא בֿון בנימין צוהן אויז דער שטט אויף איינר זייטן·
זי קאמן צו זמן אויף דען מושטר פלאן:
בנימין וואלט ניט לענגר בייטן· פֿינגן אן צו שרמויצלן אונ׳ לוגן מיט אין אים האן:

[378] The source for this is obscure.

[379] The words בית אל (Judg. 20:26) are interpreted here as the house of the Lord, which was located in Shiloh, according to Radak's words: "[And they] came also unto the house of God— It seems to me that this refers to Shiloh, for that is where the Ark was and it is called 'the house of God' and 'the house of the Lord' [...] we did not find that he had brought the Ark to 'the house of God [Beth El]' which is [the place called] 'Luz'" (Judg. 20:26).

[380] Cf. Judg. 1:1: "Who shall go up for us against the Canaanites to fight first against them?" See also SM5c.

[381] Rashi: "Judah first— But they did not try to inquire whether they would be victorious or vanquished" (Judg. 20:18).

[382] This seems to be an idiom, although its meaning is obscure: "They took their cows from them."

27b headline: שטרייט ישראל מיט בנימין

365 דיא בֿון בנימין בהילטן דש ועלט·[383] אן דעם אירשטן טאג:
זי דרשלוגן ישראל צווייא אונ׳ צוויינציג טויזנט העלד·
איר נוייארט איין טויזנט דרנידר לאג:[384]
דש ווש איין ור הענגניש בֿון גאט· דש זיא ור לורן אזו ויל טויזנט מאן:
דש זיא פסל מיכה הטן נוך גילושן אונ׳ ור שפוט·
אונ׳ נאמן זיך דעש קיבס ווייב אזו העפֿטיג אן:[385]

366 קינדר ישראל וואלטן זיך נומי אן בנימין ליינן· זי הטן זי אזו און זויבר אנפפֿנגן:
זי זושן ביז דען אובנט בֿור גאט צו ויינן· ליבר הער גאט ווי איז אונש אזו אויביל גנגן:
אונ׳ זי ורוגטן קינדר ישראל אן גאט זול איך מער אויז ציהן צו שטרייטן·
מיט בנימין מיינם ברודר אונזרם ויינט:
אונ׳ ער זגט גאט איר זולט גין אונ׳ רייטן· ווש הילפֿט ווען איר ויינט:

367 אונ׳ זי גינעבֿטן אם אנדרן מורגן· איר אורדנונג וור ווידר גימאכֿט:
זיא צוהן דוך מיט גרושן זורגן· וואלטן אין ווידר ליבֿרן איין שלאכֿט:
בנימין צוך אין ורויליך אנטגיגן· גריפֿן זיא אין איינם ענגן וועג אן:
ישראל קונט זיך ניט גיריגן· ור לורן נוך אכֿציהן טויזנט גרוישטר מאן:

368 |* זיא גינגן קינדר ישראל אז לוייט די דא זיין דר שרוקן·[386] ור גנגן וור איין* דער שפוט: 28a
בייא אין וואר ווינג ורא לוקן· דש ואלק לוף אלר אין הויז גאט:

[383] Idiom: "They won the battle" [lit. "They held the field"]; Grimm 2021, Feld, 8a: "Feld halten, behalten [...] gilt von dem sieger."

[384] Radak: "Six and twenty thousand men— Upon their defeat, it appeared that 25,100 men of Benjamin had fallen, and six-hundred fled to the rock of Rimmon [Judg. 20: 47]. Thus 1,000 were missing, because in their account [Judg. 20: 15] there were 26,000 and [additionally] 700 from the dwellers of Gibeah. And we could not find out what had happened to those missing 1,000 men. It is possible to assume that those 1,000 men fell in the first battles in which Israel was defeated, for it cannot be that none of Benjamin fell in those battles, but Scripture only counted the fallen when Benjamin was defeated by Israel" (Judg. 20: 15).

[385] Radak: "And slew down to the ground of the Israelites— They said that this punishment was given to Israel for their misdeeds regarding Micah's idol, which happened at the same time, as I have explained [Judg. 8: 30]. Now they were zealous with regards to the concubine at Gibeah, but they were not zealous with regards to Micah's idol, although they should have been zealous and waged war also on him, and eradicated that idol of Israel, just as they eradicated this evil deed. For this they were punished in this battle. The Holy One, blessed be He, told them: You did not protest for My honor, but you did protest for the honor of flesh and blood" (Judg. 20: 21).

[386] Simile: "The Children of Israel walked like scared people." See also SM254c.

28a headline: שטרייט ישראל מיט בנימין | 368a redundant (double): אין

זיא זושן ביש אן אובנט צו וויינן· זיא ברוכֿטן אופפֿר אויף:
זי ושטטן מיט דער גימיינן·[387] דער זעלביג ור צורן הויף:

369 אין דען זעלבן טגן· וור אלדו גאטש שריין:
אונ׳ פנחס זון אלעזר הוט אורים אונ׳ תומים גטראגן·[388]
דער זולט איר בֿור שפרעך זיין:
זיא ורוגטן טויטשליך זול איך מערן צו שטרייטן מיט בנימין מיינם
ברודר אודר זול איך ור מיידן· אונ׳ ציהן אויז דעם לנט:
גאט זגט גיט אויף איר דורפֿט קיין נוט מערליידן· מורגן וויל איך געבן אין [אין] אוייער הנט:

370 בייא ישראל בליב ניקש ור מיטן· זי לוגטן אום דיא גבעה אין איינר הול:
אונ׳ זיא צוהן אויף בנימין אם טאג דעם דריטן· אונ׳ זיא אן ריכֿטן
צו שטורמן אז מול אין מול:
בנימין צוך אין אנטגיגן· צו ור רוקן זיא בֿון דער שטט:[389]
זי הובן אבר אן מיט אירן שליגן· זיא דר שלוגן דריישיג בֿון ישראל אין איינם פפֿט:

371 זיא זגטן קינדר בנימין מיר וואלן אין נוך ציהן· דר מורט זיין זיא בֿור אונז אז וואל אז ואר:
ישראל נאם זיך אן צו וליהן· ביז זיא ור רוקטן בֿון דעם שטט טור:
דא שטונד אל ישראל אויף· אונ׳ זיא אן ריכֿטן דען שטרייט אין תמר דעם פלון:[390]
דא קם אך דער ורלורן הויף· דען זי הונטר די גבעה צו איינם לוגר הטן גיטון:

372 די ווארן ציהן טויזנט שטרק· בֿון ישראל אויז דרקורן:
דער שטרייט וור שווער אונ׳ ארק· בנימין וואושט ניט דש זי וורן ור לורן:
אונ׳ ער ור דערבט ישראל אן בנימין אם זעלבן טאג·[391]
בֿינף אונ׳ צוויינציג טויזנט אונ׳ הונדרט מאן:
דא הוב זיך אן איר קלאג· ווש וואלן מיר נון הייבן אן:

373 אונ׳ זיא זוהן קינדר בנימין ווען זיא ווארן דר מורט· ווער וליהן קן דער טוש:
אונ׳ זי זאגטן צו אין ישראל נון בֿורט· טרעטט אויף אוייערי בֿוש:

[387] Radak: "[And they came] unto the house of God— In their first question they also came to Shiloh, as it is said 'And the children of Israel arose, and went up to the house of God, and asked of God' [Judg. 20:18], and after their question they got up and camped on the hill, in order to fight. And the reason he mentioned another time 'and they came unto the house of God' is to announce that in the last time they repented to God whole heartedly, '[and they] fasted [...] and offered burnt offerings.' All this was in Shiloh, and he granted them their prayer that time" (Judg. 20:26).

[388] Radak: "Stood before it at that time— For he was the High Priest in those days, and through him the Urim and Thummim were consulted" (Judg. 20:28).

[389] Radak: "Were drawn from the city— This refers to moving away and uprooting" (Judg. 20:31).

[390] Rashi: "Baal Tamar— The plain of Jericho" (Judg. 20:33).

[391] Here Israel strikes the people of Benjamin, contrarily to the biblical text, which states that God struck them (Judg. 20:35).

ווען זיא ור לושן זיך אויף דיא הינטר הוט· דיא בייא דער גבעה לאג:
זיא הטן אין פרייז גימכֿט מיט* לייב אונ׳ גוט· זי גיוואונן די שטט נוך דען זעלבן טאג:

374 דער גיוועלטיג הויפֿן אום זיך זאך· זי האטן מיט דעם לוגר גימכֿט איין לוזן מענט:
אז בלד אין דער שטט גינג אויף דר רך· זא וואושטן זיא דש זיא וור ורברענט:[392]
דיא בֿון בנימין זוהן זיך אום· זוהן ביש אן הימיל דעש רכֿש זויילן:
נון זיין מיר אירשט גנץ דרום· זיא הובן אן צו ויינן אונ׳ צו הויילן:

375 |* בנימין וואלט אין דיא וואושטינייא וליהן·[393] דער שטרייט האט אין ביהעפֿט: 28b
דיא קינדר בֿון ישראל שריהן·[394] שלאגט טוט שיסט אונ׳ טרעפֿט:
אום רינגילט בנימין איר וולט זיא יאגן·[395] טרייבט זיא אויז אירר רוא:[396]
דש מן אויבר הונדרט יאר דרבֿון הוט צו זאגן·* וואו עש אין מען קעם דרצו:

376 אונ׳ מאן ישראל זיא ווידר קורטן· אין אל בנימינש שטיט אונ׳ לאנד:
זיא דר שלוגן דש קליין גיזינד אונ׳ ויך[397] אן אלן אורטן· ווש מאן נוך לעבענדיג ואנד:[398]
ישראל וואר אויף בנימין דרגרימט· דיא שטיט ער אל ור בראנט:
וויא וואל עש אין ניט וואל אן צימט· עש ווער גינוג גיוועזן אין דער ויינד לאנט:

377 ווער דש זאך אודר הורט דער וואונדרט·[399] איין גאנץ גישלעכֿט אזו צו ור טאמן:
בלייב נימנטש אויבר ווען מאנן זעקש הונדרט· די קאמן צו סלע רימון צו זאמן:
ויר מונהייט ווארן זי דא גיזעשן· די זעלבן זעקש הונדרט מאן:
זי הופֿטן ישראל זולט אירש צורן ור געשן· אונ׳ זיא נעמן ווידר אן:[400]

392 Radak: “A certain time— They settled the matter between them, so that when the ambushments enter the city they will set it on fire, and once they [Israel] would see the smoke, they would turn around and face the Benjaminites to fight them” (Judg. 20:38).

393 Radak: “They fled— They turned their backs on Israel and ran away to the desert” (Judg. 20:42).

394 Cf. Rashi: “Called for their pursuit— They called for pursuit behind them— They shouted to each other to pursue” (Judg. 20:43).

395 Radak: “They encompassed— They surrounded him like a crown, and similarly ‘Saul and his men compassed David and his men round about, to take them’ [1 Sam. 23:26]” (Judg. 20:43).

396 Radak: “Chased them at ease, and overran them— The letter Mem [meaning: from] is missing, meaning: He chased them *from* serenity and from easiness” (Judg. 20:43).

397 Radak: “From the men of the city— From a city of people. The word מתום signifies people, including men, women, and children” (Judg. 20:48). Cf. “And they turned and departed, and put the children, and the cattle” (Judg. 18:21).

398 Radak: “All that came to hand— This means that they killed all the birds or animals that belonged to them” (Judg. 20:48).

399 Cf. Judg. 19:30.

400 The source for this is obscure.

373d original form: איט | 28b headline: ישראל מיט אויבר בלייבן בנימין | 375d The two words were printed without a space between them: צוזאגן.

378 אין דעם עירשטן צורן· דא אין דער שלאַכט זיין בליבן אזו ויל לייב: Judg. 21
דא האט ישראל צו זאמן גישוואָרן· קיינר בֿון אונש געב זיין טוכֿטר בנימין צו איינם ווייב:
זיא מיינטן זיך דא מיט אן אין צו רעכֿן· נון ווינטן זי ווינוג גרוש:
אך גאט זול איין גנץ גישלעכֿט בֿון ישראל גברעכֿן· דש אישט אונז אלן איין הערטר שטוש:

379 אונ׳ עש ווש בֿום אנדרן מורגן· דש ואלק גינג ורויא אין דיא שול:
זי לישן נון אב דש זורגן· זיא בויאטן איין אופּפֿר שטול:
ויל אופּפֿר זי אויף ברוכֿטן· אונ׳ טעטן אז ורום לוייט:[401]
אויף אירן ברודר בנימין זיא זיך בידוכֿטן· דער שינפּפֿא הט זיא גירוייט:

380 זיא ביזונן עש עבן אונ׳ רעכֿט· ווש האן מיר גיואנגן אן:
זול ווערדן ור שניטן בֿון ישראל איין גאנץ גישלעכֿט·
עש איז נימנט דא ווען דיא זעקס הונדרט מאן:
וואו וואלן מיר אין ווייבר אויבר קומן· און זוינד און שאנד און שפוט:
אונזר טויכֿטר ווערן בֿון אין ניט גינומן· מיר הבן עש צו
העפֿטיג ור שווארן צו מצפה בֿור גאט:

381 אונ׳ זיא זאגטן אישט איינר בֿון ישראלש גישלעכֿט·
דער ניט אישט מיט אונז גיצוהן אין קריג:
דעם וועלן מיר טון זיין רעכֿט· ער העט אונז ויליכֿט גימאכֿט דען זיג:
זיא זענדטן בלד אויז בוטן· ווער ניט ווער קומן צו דער שאר:
זיא וראגטן אלי הייבט לוייט אונ׳ רוטן· בֿון יבש גלעד וור קיינר קומן דאר:

382 |* דא צוהן זיא ווידר צו ועלדי· אל אין דער גימיין: 29a
זיא שיקטן צוואלף טויזנט מאנן קינדר העלדי· אונ׳ גיבוטן אין אליין:
גיט איר זולט זיצר יבש גלעד שלאגן· דרום דש זיא ניט זיין קומן אונש הער:
דען ווייבר קליין גיזינד זולט אירש אך ניט ור טרגן· זא טוט עש איין אנדר מול קיינר מער:

383 אונ׳ דיש דיא זך דש איר זולט היבן אן· אל מנש נמן זולט איר אום ברינגן:
אונ׳ אל איין ורויא דיא הוט בישלוּפֿן איין מאן· די טוטש בֿור אל דינגן:
זעקש הונדרט פוילצילש דיא לושט לעבן·[402] אונ׳ ווערן איר הלט נוך מיא:
מיר וועלן זי דען אנטרונן בֿון בנימין געבן· אונ׳ אין העלפֿן צו דער אי:

[401] Simile: "They acted like pious people." See also YC50b, YC174b.

[402] The source for 600 girls, of which 200 were found not to be virgins, is obscure. According to the biblical text, Rashi, and BT Yebamoth 60b, there were only 400 girls at the outset.

29a headline: ישראל מיט אויבר בלייבן בנימין אונ יבש גלעד

384 זיא ברוכֿטן בֿון יבש גלעד פוילצילש זעקש הונדרט· דש זיא ניט הטן בישלופֿן איין מאן:
זיא וואורדן אבר אויז גיזונדרט· מן קונט אינש אם פנים ניט זעהן אן:[403]
וועלכֿי ווש איין יונק ורויא איין רייניא· אודר וועלכֿי הט איין ועל:
מן בֿורט זיא בֿור דען ציץ בֿום כהן גדול אל אייני·[404]
וועלכֿי גיזווינט הט דער וורד דש אנצליט געל:

385 צווייא הונדרט פוילצילז דיא ווארן ביוולעקט· דיא וואלט מן ניט נעמן אן:
דיא ויר הונדרט דיא ניט נוך וויין הטן גישמעקט· דען וואלט מן איטליכֿר געבן איין מאן:
אל דיא זמלונג טעט נוך בנימין זענדן· אונ׳ ריפֿן צו אין וריד:
דא קאמן דיא זעקש הונדרט מן ביהענדן· וואלט הוירן אירן אב שיד:

386 זיא גובן אין דיא פוילצילז רייניא· זיא הטן אבר ניט גינוג:
איטליכֿר נאם אים אייני· וועלכֿי אין דוכֿט זיין זיינש בֿוג:
ישראל הטן לייד אונ׳ רוייא· דש דא גיברך בֿון אין איין גישלעכֿט:
דעש וור אין אל טאג נוייא· זיא פֿורכֿטן זיך זיא העטן ניט גיטון רעכֿט:

387 אונ׳ זיא זגטן צו דער זאמלונג די אלטן· ווש וואלן מיר מיט דען אויבריגן טון:
זיא קוינן זיך און ווייבר ניט אר הלטן· עש זייא גלייך ואטר אודר זון:
זא טוירן מיר אין אונזר טויכֿטר ניט געבן· ווען מיר הבן גישווארן בייא אונזרם לייב:
עש קושט איין זיין לייב זיין לעבן· ור ולוכֿט דער דא גיבט צו בנימין איין ווייב:

388 אל נון בֿון ישראל איין גישלעכֿט זיין אויש גימעקט· זא זיין מיר ניט וואל דראן:
וויא אויביל אין דש שמעקט· זיא וואושטן ניט וויא זי עש זולטן גרייפֿן אן:
צו לעצט בֿונדן זיא איין ויננץ· אוב דיא אין וואורד ביגלויקן:
ווען אירן וואורט איין אובנט טנץ· זולט איטליכֿר איין פוילציל צויקן:

389 |* אין דען זעלבן טאגן· וואר איין ואייר טאג צו שילה בֿון יאר צו יאר:[405] 29b
ישראל ליש דען בֿון בנימין זאגן· זיא זולטן לוגן בֿור דעם טור:
אין שטייג דער ויין גרטן· זולטן זיא שלגן אירי שאנץ:
זולטן אזו לאנג וואורטן· ביז דיא פוילצילש קעמן אן טאנץ:

403 "You could not see it on their faces" – this is a joke, which in fact contradicts some opinions regarding the virginity tests conducted (see below).

404 Here and until SM385b, the epic follows – though not completely accurately – the words of Radak: "Women that have lain by men— How could this be known? […] Like they did with the Medianites' women, that they passed them in front of the High Priest's crown [ẓīẓ] and the deflowered one's face would turn green […] and there is another method […] they were seated on a wine barrel: a deflowered woman emitted a scent, but a virgin did not emit a scent" (Judg. 21:11).

405 Radak: "Every year [מימים ימימה]– This means every year" (Judg. 21:19).

29b headline: ישראל מיט אויבר בלייבונג בנימין

390 ווען בֿון שילה דיא טויכֿטר ווערדן קומן· מיט הויפֿן גין הרויש:
וויא בלד הוט איינר אייני בייא דער הנט גינומן·[406]
אונ׳ פֿורט זיא אין טייל בנימין אין זיין הויש:
ווערדן דען אירי ורויינד קומן צו קריגן· אונ׳ וואלן בֿון ישראל ווישן ווש אונ׳ ווי:
זא זגן מיר אין עש ווער בעשר זי העטן גישוויגן· ווען מיר הבן דרברמט זי:[407]

391 אך איז איטליכֿם זיין וויב טוייאר גינוג אן קומן·[408] די זעלביג דיא ער הוט ביגערט:
זיא הבן זיא הרט בֿור דער שטט גינומן· אונ׳ גיוואונן מיט דעם שווערט:
ווערדן זיא דען ואר ווענדן· אויף דעם אייד דעם שטין אין לייב אונ׳ לעבן:
זגן מיר מן קן אוייער קיין דא מיט שענדן· איר הט אין זיא דוך ניט מיט ווילן געבן:

392 דיא בֿון בנימין לישן אינש זיין גיזייט· באלד ווארן זיא אום דיא שטט גיטראבט:
איטליכֿר נאם איין שויני מייט· די זיא בֿון דען טענצערינש האטן גיראבט:
זיא נומן וויבר צו אירר צאל· אונ׳ צוהן ווידר צו אירם לאנד צו:
זיא בויאטן איר שטיט אויבר אל· זי זאצטן זיך ווידר דריין אונ׳ הטן רוא:

393 ישראל גינגן נון אך צו הויש· איטליכֿר צו זיינם גיזינד אונ׳ צו זיינם גישלעכֿט:
דער קריג דער ואר נון אויש· אלי זאכֿן ווארן גישטעלט רעכֿט:
זיא הטן אבר קיין גוט ריגימענט· אין דען זעלבן טגן:
קיין קויניג קיין ריכֿטר קיין צענט· איטליכֿר טעט ווש וואל גיוויל אין זיין אגן:

394 נון ביט איך איין איטליכֿן לעזר·[409] ער זייא ורויא אודר מאן:
אונ׳ בין עש הלבר גוזר· דש ער דש בויכֿלן ווידר ואהט צו לעזן אן:
אלז בלד ווערט ער דען יעהן· אונ׳ דש נעמן אויף זיין אייט:
ער האב עש בֿור ניט רעכֿט ביזעהן· עש שטעקט דארינן ויל היימליך קייט:

395 ליבן ורויינד הט אוייך דש גישענקט· אונ׳ נעמט דש וויניג ור גוט:
דש איר מיינר דא בייא גידענקט· ווען איר זייט וואל גימוט:
עש זייא ורויאן אודר מאנן· האלט דש בוך אין אכֿט:
דש ביט אוייך יעקב צו דער קאנן· דער עש הוט בֿון נוייאם גימאכֿט:

[406] This may imply mixed couples' dancing (men and women), unlike the biblical description of only women dancing.

[407] Rashi: "We shall tell them we were merciful with them— We were merciful with them" (Judg. 21:22), see the rest of Rashi's commentary on this verse in the next footnote.

[408] Rashi: "We shall tell them we were merciful with them— We were merciful with them because they did not know what to do, as we could not provide each of these men with a wife at the time of the war with Jabesh Gilead, except for four hundred of them. And if it is your oath that disturbs you, there is nothing sinful here on your part, since you were not the ones who provided them with your daughters, so that you would now be blameworthy. Peaceful salutations, have no fear!" (Judg. 21:22). This stanza has been adapted freely and does not adhere strictly to the content of the biblical text.

[409] Here begin the narrator's concluding words.

396 | ער הופֿט צו ציהן געגן ירושלם מיט וראיידן· דען טעמפיל נוייא צו בויאן: 30a
ור געשן ווערן זיין אל אונזר לאיידן· אונ׳ אויף זיין זוינד ווערט איטליכֿר האבן רויאן:
מאן ווערט די דר לויזונג אויש מצרים נומיא גידענקן·[410]
אך ניט זאגן גאט דר אונש הוט געבן דער זיבן ואלקער לאנט:
זונדר גילובט זייא גאט דש זיין ור היישונג ניט ואייכֿן אונ ווענקן· זאגט אמן אל צו האנט:

תם ונשלם תהלה לאל·[411] וואל גימאכֿט און ועל· צו זינגען מיט שטים הוך אונ׳ העל:
אונ׳ דער אונז דאהרצו קראפֿט האט געבן· דער זול אונז אך לושן לעבן· דש מיר יהושע
אונ׳ אנדר דינג אך טוייטשן עבן:

30b

*|

[410] Cf. "Therefore behold, the days come, saith the Lord, that they shall no more say, The Lord liveth, which brought up the children of Israel out of the land of Egypt. But the Lord liveth, which brought up and led the seed of the house of Israel out of the North country, and from all countries where I had scattered them, and they shall dwell in their own land" (Jer. 23:7–8); "Blessed are You Lord our God King of the universe, who remembers the covenant, and is faithful with His covenant, and fulfills His word" (the Jewish blessing said upon seeing a rainbow, BT Berakoth 59a).

[411] Common concluding formula, often found in a range of variations in books in Hebrew or in other Jewish languages. Cf. "תם ונשלם שבח לאל בורא עולם" (*Deuteronomy Rabbah* [Liberman ed.], *pārāšat we-zō't ha-bĕrākhāh*); "תם ונשלם שלב״ע" (*Ruth Rabbah* [Lerner ed.] 8); "תם ונשלם באור חמשה חומשי תורה / תהילה לאל אשר העולם ברא" (Melekh 1660, 43); "תם ונשלם שיבה [=שבח] לאל בורי [=בורא] עולם" (Rivlin 1959, 122).

30b empty page

זה השער לה׳ צדיקים יבואו בו

ספר יהושע

קראקא

Sēfer Yĕhōšua‘, Cracow 1594
Bodleian Libraries, Oxford, 4°W.67.Th. (3). Frontpage

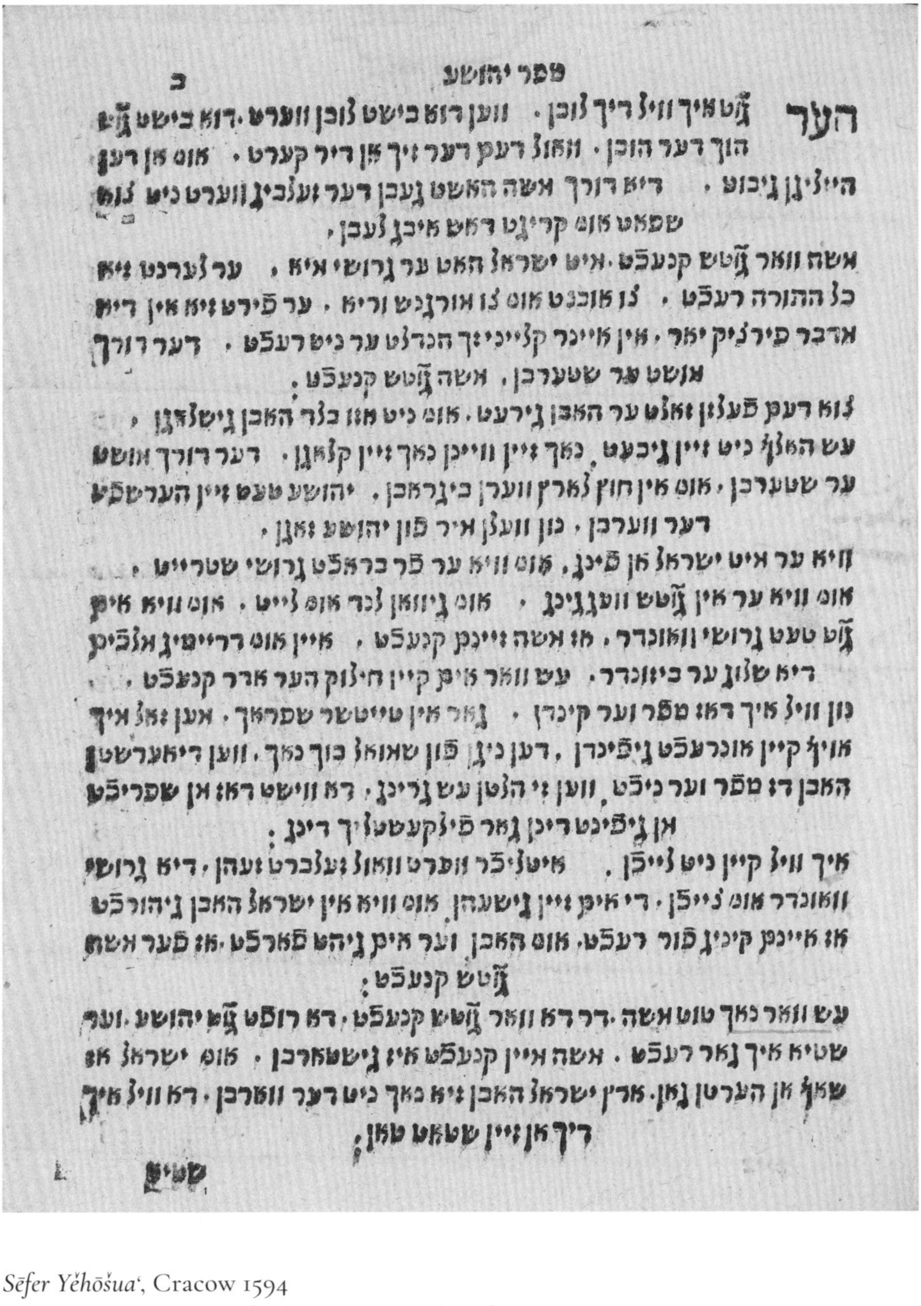

Sēfer Yĕhōšuaʿ, Cracow 1594
Bodleian Libraries, Oxford, 4°W.67.Th. (3). Fol. 2a

ספֿר יהושע

קראקא, 1594

1a | זה השער לה׳ צדיקים יבואו בו

ספר יהושע

דער נייאט אין טייטשר שפראך.
וואול גירייימנט אין אכֿט גיזעץ.
איטליכֿם ווערט דר נאך זיין גאך.
דען מן פֿינט עז ניט שטעץ.
גאר היפֿש מיט מדרשים בישיידליך.
דרום קומט אונ׳ קויפֿט ווײדליך.
עץ פֿרומי ווייבר אונ׳ מיידליך
גידרוקט אין דער הייפט שטאט פולין צוא קראקא
אין דען יאר דז מיר צילן אין דער קליין צאל שמח״ו לפק

ע״י יצחק בן הח״ר אהרן זל מפרוסטיץ[1]

1b *|

2a

1 |* הער* גוט׳ איך וויל דיך לובן. וּוען דוא בישט לובן ווערט.
דוא בישט גוט׳ הוך דער הובן. וואול דעם דער זיך אן דיר קערט.
אונ׳ אן דען הייליגן גיבוט. דיא דורך משה האשט געבן
דער זעלביג ווערט ניט צוא שפאט [.] אונ׳ קריגט דאש איבג לעבן.

2 משה וואר גוט׳ש קנעכֿט. מיט ישראל האט ער גרושי מיא.
ער לערנט זיא כל התורה רעכֿט. צו אובנט אונ׳ צו מורגנש וריא.
ער פֿירט זיא אין דיא מדבר פירציק יאר. אין איינר קלייני זך הנדלט ער ניט רעכֿט.
דער דורך מושט ער שטערבן. משה גוט׳ש קנעכֿט:

[1] About this printer see Shmeruk 1981, 22f.

This epic was printed in Cracow (Isaac Prostitz) in 1594. A single known copy of it is found in the Bodleian Libraries, Oxford (4°W.67.Th. (3)). | Page 1b empty | running title: ספר יהושע | 1a This word was printed in large square letters.

3 צוא דעם פֿעלזן זאלט ער האבן גירעט. אונ׳ ניט אזו בלד האבן גישלאגן.[2]
עש האלף ניט זיין גיבעט. נאך זיין וויינן נאך זיין קלאגן.[3]
דער דורך מושט ער שטערבן. אונ׳ אין חוץ לארץ ווערן ביגראבן.
יהושע טעט זיין הערשפֿט דער ווערבן. נון ווען מיר פֿון יהושע זאגן.

4 וויא ער מיט ישראל אן פֿינג. אונ׳ וויא ער פֿר בראכֿט גרושי שטרייט.
אונ׳ וויא ער אין גוט׳ש וועג גינג. אונ׳ גיוואן לנד אונ׳ לייט.
אונ׳ וויא אים גוט׳ טעט גרושי וואונדר. אז משה זיינם קנעכֿט.
איין אונ׳ דרייסיג מלכֿים דיא שלוג ער ביזונדר. עש וואר אים קיין חילוק הער אדר קנעכֿט:

5 נון וויל איך דאז ספֿר ווער קינדן. גאר אין טייטשר שפראך.
מען זאל מיך אויף קיין אונרעכֿט גיפֿינדן. דען ניגן [!] פֿון שמואל בוך נאך.
ווען דיא ערשטן האבן דז ספֿר ווער ניכֿט. ווען זי הלטן עש גרינג.[4]
דא ווישט דאז מן שפריכֿט [.] מן גיפֿינט דינן גאר פֿיל קעשטליך דינג:

6 איך וויל קיין ניט לייכֿן. איטליכֿר ווערט וואול זעלברט זעהן.
דיא גרושי וואונדר אונ׳ צייכֿן. די אים זיין גישעהן
אונ׳ וויא אין ישראל האבן גיהורכֿט [.] אז איינם קיניג פֿור רעכֿט.[5]
אונ׳ האבן וער אים גיהט פֿארכֿט. אז פֿער משה גוט׳ש קנעכֿט:

7 עש וואר נאך טוט משה. דר דא וואר גאט׳ש קנעכֿט. Josh. 1
דא רופֿט גוט׳ יהושע. וער שטיא מיך* גאר רעכֿט.
משה מיין קנעכֿט איז גישטארבן. אונ׳ ישראל אז שאף אן הערטן גאן.[6]
ארץ ישראל האבן זיא נאך ניט דער ווארבן. דא וויל איך דיך אן זיין שטאט טאן:

[2] This refers to Moses' sin at Meribah: "And the Lord spake unto Moses, saying, Take the rod, and gather thou and thy brother Aaron the Congregation together, and speak ye unto the rock before their eyes, and it shall give forth his water [...] Then Moses took the rod from before the Lord, as he had commanded him. [...] Then Moses lift up his hand, and with his rod he smote the rock twice, and the water came out abundantly" (Num. 20:7–11).

[3] Cf. "When, however, Moses saw that the decree against him had been sealed, he took a resolve to fast, and drew a small circle and stood therein, and exclaimed: 'I will not move from here until Thou annullest that decree.' What else did Moses do then? He donned sackcloth and wrapped himself with sackcloth and rolled himself in the dust and stood in prayer and supplications before God, until the heavens and the order of nature were shaken" (*Deutoronomy Rabbah* [Vilna ed.], *pārāšat we-zōʾt ha-bĕrākhāh*, 11:10 [Rabbinowitz 1951, 181]).

[4] This refers to the authors of the Yiddish *Shmuel-bukh* and *Melokhim-bukh*, cf. SM/intro16–17 and 21.

[5] Joshua is referred to as king, cf. "Joshua's time has come for him to be king over Israel" (*Midraš mišley* [Buber ed.] 14:34). See also YP10c.

[6] Cf. "Then Moses spake unto the Lord, saying [...] that the Congregation of the Lord be not as sheep, which have not a shepherd" (Num. 27:15–17). See also YP4c.

7b original form: איך. Corrected according to YC62d, YC126a.

8 | שטיא אויף אונ׳ איבר פֿאר דען ירדן. אונ׳ נים כל ישראל מיט דיר. 2b
ישראל דיר פֿאלגן ווערן. אונ׳ מך דיא פֿעלקער קיר.
דיא לנד וויל איך דיר געבן. וואו נייערט דייני פֿיס הין טרעטן.
זיך לאש נימנט לעבן. זיך לאש דיך אויך קיינר איבר בעטן:

9 וואו הין דא טרעטן אייער באלין. דא וויל איך געבן אייך.
איירי פֿיינט דיא ווערן פֿאלין. דוא זאלשט נעמן איר קיניג רייך.
מייני ריד זאלן ווערן ביהלטן [.] אז איך דען אבֿות האב צוא גיזאגט.[7]
עש זאל אליש קומן אין ישראל גיוואלטן. דיא פֿיינט זולן ווערן גיפלאגט:

10 פֿון דער מדבר ביז אן דען וואלד. ביז אן באך פרת
דו זאלשט טאן שטרייטן מעניג וואלד. אונ׳ זאלשט ניט פֿר געשן דאז
אונ׳ זאלשט פֿר דערבן [.] לנד דר חיתית[!] אונטר גנג דער זון אייער גימערק.
לאז דיך ניט די פֿיינט איבר ביטן [.] שטרייט מיט גרושר שטרק:

11 עש ווערט קיגן דיר קיין מאן בשטין. ווייל דו ווערשט אויף ערדן לעבן
נאך וויל [איך] זאגן מין. נייערט מייני גיבוט הלט עבן.
אז איך בין געווזן מיט משה [.] אין אליר מאשן.
וויל דיר ווייזן ניסים גרוש [.] אונ׳ וויל דיך ניט פֿר לאסן:

12 שטערק דיך אין דער תורה.[8] אין גוט׳ש דינשט זייא ניט לאש.
הלט ישראל אין דער מורא. היט דיך פֿער נייד אונ׳ פֿער הס.
וואש איך דען אבֿות האב גישווארן.[9] דאז זאל ניט אנדרש גיזיין.
דיך האב איך אויש דער קארן. זיך דוא זאלשט ארץ ישראל נעמן איין:

13 פֿון תורת משה זאלשט ניט אב קערן. נאך רעבֿט נאך לינק זייט.
דא וויל איך דיך גיווערן. צוא הויז אונ׳ אויך צוא שטרייט
אין מיינן וועג זולשטו גין.[10] טאג אונ׳ נכֿט
דא ווערשטו אלי צייט וואול בשטין. אונ׳ אליז קריגן אין דיינר מכֿט:

14 דער נאך גיביט יהושיע[!] [.] אז דיא ביטל זאלטן זאגן.
טוט אייך מורגן פֿריען.[11] ווען נאך אין דרייא טאגן.

[7] Here the promise is given to the patriarchs, whereas in the biblical text (Josh. 1:3–4) the promise is reportedly made to Moses. However Josh. 1:6 also reports that the promise was made to the patriarchs.

[8] This is contrary to Rashi's words: "Be strong and courageous— In the physical sense, as He states: 'For you will lead this people to inherit the land'" (Josh. 1:6). However, this is in accordance with Josh. 1:7.

[9] See YC9c.

[10] Idiom: "Do what I ordered" [lit. "Go in my way"].

[11] "Then Joshua rose very early" (Josh. 3:1).

מוזן ישראל גירייט זיין. מיט ביקשן אונ׳ מיט שווערטר[12]
מיר מוזן אין שטרייט הניין. גירייט איטליכֿר אן ביזונדר צוא גיהערט:

15 עש זייא גיוועך אודר שפיז. הרנש פנציר קרויטייז.
מיר וועלן דר ווערבֿן[!] [.] לוב און פרייז.
3a האט ניט פֿארכֿט נאך גרויז. גוט׳ דער הער שטיט אונש | בייא.
דרום זיכֿט אז אונש דיא מיא ניט פֿער דריסט. אונ׳ זייא איינר דען אנדרן גיטרייא.

16 מיר קריגין איין לנד [.] אז מילך אונ׳ הויניק דינן פֿליסט[13]
אונ׳ צוא ראובֿן אונ׳ צו גד [.] טעט ער זאגן.
גידענקט וואש איר משה רבינו האט טון צוא זאגן [.] דא ער אייך
האט גיגעבן סיחון אונ׳ עוג לנד.[14]
דרויף האט איר גישווארן [.] אונ׳ דרויף האט איר אין געבן ענקר הענד:

17 ווען ענקרי ברידר ווערן ציהן.[15] אין ארץ כנען צו שטרייט.
דא וועלט איר אייך מיהן. אונ׳ אז איר עשרטן זייט.
דא האט מן אייך גיגעבן [.] דיא זעלבגין לנד שפֿט איין.
דרום מושט איר איצונדר [.] דיא ערשטן זיין:[16]

18 אייער גוט אונ׳ אייער קינדר [.] לושט שטין היימן צוא הויז.
אויך שאף אונ׳ רינדר [.] ביז איר קומט ווידר הרויש.
גוט׳ ווערט זיא שירמן אונ׳ שויצן. אונ׳ ווערט זיא ביווארנן.
איר מושט אן דער שפיצן. איר זייט העלד אויש דער קארן:

19 אייער ברידערן הילפֿט שטרייטן. ביז זיא זיך ביזעצן אז איר.
אונ׳ אז זיא ווערן רואן פֿון אלין פֿיר זייטן. דא קערט ווידר צוא הויז אונ׳ צוא אייהער טיר.
ווען אזו האט איר אייך ווער בונדן. אין בוך משה גוט׳ש קנעכֿטן
אונ׳ אזו האבן מירש גיפֿונדן. דרום דונקט אונש זיין אזו גאר רעכֿט:

20 איז עש אז איר אייער לנד וועלט ביהלטן. דא מושטן איר דיא ערטשן זיין.
דער נאך טוט אין ענקרן לנד אלטן. ווען ישראל האבן אייך גינומן איין.

12 Rashi: "Prepare your travel needs— [Prepare] everything necessary for (traveling) and weapons for the [upcoming] battle, he said to them" (Josh. 1:11).

13 Idiom: "We receive a land in which milk and honey flow," according to Josh. 5:6 and further occurrences in the Bible. This idiom appears (in Hebrew) in Taviov 1919, 71, no. 511.

14 According to the biblical text (Josh. 1:11), God gave them the land, but in the epic, Moses did so.

15 This and the following three stanzas are based on Josh. 1, as well as on Num. 32 and Deut. 3.

16 Num. 32:17: "But we ourselves will be ready armed to go before the children of Israel." Rashi: "Before the Children of Israel— I.e., at the head of the troops" (ibid.).

איין אונ׳ דרייסיג קויניג רייך [.] אז איר גישריבן פֿינדן אין דער גישריפֿט.
דער נאך זייט איר לידג [.] אז ווען איר דאז האט גישטיפֿט:

21 זיא ענטוורטן יהושיע [.] מיר זיין גירייט נון.
מיר וועלן זיך גערן מיען. אונזרן וארטן גינוגן טון.
וואו איר וועלט הין שיקן. דא וועלן מיר הין גאן.
גוט׳ געב מיר זאלטן ביגליקן [.] אויף אונזרן וארטן וועלן מיר בישטאן:

22 אז מיר האבן גיהורט צוא משה [.] דא וועלין מיר הערן צוא דיר.
עש זייא קליין אודר גרוש. דינן וועלן מיר דיר.
נייערט אין דיזן רעבֿט. זאגן מיר פֿאר
ווערשטו זיין אז משה גוט׳ש קנעבֿט. דא טונן מיר ניט ווידר דיך אום איין האר:

23 | ווערט גוט מיט* דיר זיין. אז ער בייא משה וואר.
3b
אונ׳ ווערט ארץ ישראל נעמן איין. דו איז לייב אונ׳ גוט אין דיינר הנט גאר.[17]
ווער דא ווערט ווידר שפֿעניגן [.] דייני ווארט.
אונ׳ ווערט זיך ניט אונטר טעניגן [.] ער מוז ווערן דער מארט:

24 דער נאך שיקט זיך יהושע [.] צווייא שפעהר אויש.
Josh. 2
זיא זאלטן קען יְרֵיחוֹ ציהן [.] אונ׳ שפעהן פֿון הויז צו הויז.
עש ווער איין שטרקי שטאט. אונ׳ העט דער מויארן זיבן.[18]
דרום מושט מן שטרייטן מיט ראט [.] אז מיר פֿינדן גישריבן:

25 ער גאב דען שפעהרן איין ראט [.] אונ׳ אזו איך אייך דער לייב.
גיט אזו ווייט אז דיא שטאט [.] אונ׳ שטעלט אייך אז ווערט איר טויב.[19]
דא ווערט מען פֿער אייך סודות רידן [.] אונ׳ נישט שייען אום איין האר.
אונ׳ מערקט וואול אויף אלי בידן [.] דא ווערט איר פֿיל ווערדן גיוואר:

26 הירט אויף אירי ווערטר [.] אונ׳ ווערט פֿיל אינן.
זיבֿט דיא מויארן אן אלין ערטרן [.] וואו מען זיא קאן גווינן.
ווערט גיוואר אוב זי האבן [.] פֿר אונש וארכט.
וואו פֿיל בייא אננדר שטענן [.] גיט דער צו אונ׳ הארבֿט:

17 Idiom: "You rule over everything" [lit. "Body and belongings are in your hand"].

18 See footnote to YP72b regarding the tradition of the seven walls surrounding Jericho.

19 Rashi: "Secret— In secret – this is the translation of Targum Jonathan. He said to them: 'Pretend to be deaf-mutes so they will not conceal their activities from you'" (Josh. 2:1).

23a original form: מיר

27 נון זאגט אונש דיא גישריפֿט. וויא יהושע איין לישט דער דאכֿט.
איין וואגן מיט טעפ ער שטיפֿט. אונ׳ ער זיא צו טעפר מכֿט.[20]
ער שפראך פֿירט די טעפ דא הין. דא ווערט [מן] אן קיין שפעהר גידענקן.
פֿרעגט ניט פֿיל נאך גווין. דען גווין טוט זיא שענקן:

28 אונ׳ זעכֿט אייך וואול אום. אין דיא שטאט הין אונ׳ הער.
וואו דיא מויאר איז גלייך אדר קרום. זיכֿט אוב זיא האבן פֿיל גישיץ אונ׳ גיוועהר.
אוב דיא לייט זיינן פֿר צאגט. אודר פֿריש אונ׳ קין.
אונ׳ ציכֿט דער פֿון אי עש טאגט [.] אונ׳ קומט בייא נכֿט הין:[21]

29 אזו צוגן זי דער פֿון* [.] אונ׳ קאמן אין דער שטאט.
זיא נאמן מיט איין וואגן [.] מיט טעפ אז יהושע ראט.
זי שטונדן אין איינר [.] גסט געברן הויז[22]
דינן ווערן זיא פֿיל גיוואר. עש געגן פֿיל לייט איין אונ׳ אויש:

30 נון וועלן איין טייל לייט האבן. אונ׳ טייטשן די גישריפֿט
וויא זיך דיא גסט געברן טעט ביגאבן. אונ׳ הורריא שטיפֿט[23]
אונ׳ וואר איין שינש ווייבש בילד. אונ׳ רייכֿי הערן וואר|ן בייא איר אלי צייט אין הויז.
4a אונ׳ דרום שטונדן זיא דינן [.] | אונ׳ ריכֿטן פֿיל אויש:

31 דיא ורויא היש רחבֿ הזונה.[24] זיא די געשט גאר ערליך אנטפֿינגן [.]
זיא היש דיא געשט שונה. נון הערט וויא עש ווייטר גינג.
די זך טעט איבל צו שלאגן [.] קיניג ירחו[!] וואר אירר גיוואר.
ער ליש פֿלוקש רחבֿ פֿראגן. ווייז מיר אין דיין הויז דיא געשט גאר:

32 עש זייא צווייא געשט צו דיר קומן. דיא זיינן פֿון ישראל שאר.
עש זיין שפעהר דאז האב איך פֿער נומן. אונ׳ עש איז גיוויש וואר.

20 Radak: "Secretly [*ḥereš*] this is like clay [*ḥeres*], he loaded them with pots that they may seem like potters and not be noticed" (Josh. 2:1).

21 The source for this is obscure, cf. Josh. 2:15.

22 Rashi: "A lady innkeeper— According to Targum Jonathan, an innkeeper who sold various kinds of foodstuff" (Josh. 2:1).

23 Radak: "Harlot [*zonah*]— In its literal meaning, or a seller of food, as it is written in Targum Jonathan 'inn keeper'" (Josh. 2:1).

24 Epithet, "Rahab the harlot." This is based on Josh. 6:17. This name is used elsewhere in Jewish sources, e.g., BT Zebahim 116b.

29a According to the rhyme scheme, here s.b. אזו זי דער פֿון צוגן.

טוא זיא ארויש געבן [.] מיר ווערן אין אן טון דען טוט.
אודר דוא קומשט אום דיין לעבן. ווען װארכֿט טוט אונש נוט:

33 וואז הוט דיא פֿרויא צו שיקן. זיא גאנג פֿלוקש אונ׳ פֿאר בארג זיא.
זיא שפראך איך לאז מיך ניט אלש קריקן. גינעדיגר קיניג איך וויל אייך זאגן וויא.
עש זיינן צווייא צו מיר גקומן. אז איר זאגט אזו איז עש וואר.
זיא האבן ווידר דאז איר גינומן. אונ׳ וועק גיגנגן אז מן צו שלוס דיא טאר:

34 איך האב ניט גיפֿראגט פֿון וואנן זיא ווארן. זיא זיינן ווידר גיצוגן דער פֿון.
איין גסט געברן נעמט אידר מאן איין. אז מן דאז טאר וואלט צו טון.
זיא גינגן איין וועק אין איינר אייל. טוט זיא נאך יאגן.
עש איז איין קלייני ווייל. איר קונט זיא נאך וואל דר שלאגן:

35 אזו גינג דר קיניג פֿון דנן. ער העט זיא גערן לאשן דער שלאגן:
ער ליש דאז טאר אויף שפאנן. ער ליש געך נאך יאגן.
אונ׳ טעט ווידר נאך זיך צו שליסן. אז דיא יעגר ווארן אויש גיגנגן.
עש טעט אין נון זיר פֿר דריסן. אז ער דיא שפעהר ניט קונט דר לנגן:

36 נון האט זיא דיא שפעהר פֿר בארגן. אין פֿלאקש אויף דען דאך.
דינן לאגן זיא אן זארגן. אין רוא[25] אונ׳ אים אום גימאך.
זיא גאנג צו זיא גאר לייז. אין גרושן היימליכֿקייט.
זיא קראכֿן צו זאמן* אז דיא ביטראפטן מייז.[26] זיא [שפראך] וויא גיטש ליבן לייט:

37 זיא שפראך ליבן ברידר. איך וויל אייך מיין מיינונג זאגן.
הלט אייך ורום אונ׳ בידר. ווען אין קורצן טאגן.
דא איז דאז גנץ לנד דער שראקן. אונ׳ איז ווער צאגט פֿר אייך.
מן הערט ניט טרומיטן נאך פֿפייפֿן נאך גלאקן. דאז | גנץ לנד איז פֿר אייך דער שראקן גלייך: 4b

38 אייער פארכֿט איז אויף דען גנצן לנד גיפֿאלן. אזו גאר זער אין זעלכֿר מאס
מן הערט נאך טנצן נאך שאלן. אייך פֿיל וואונדר אונ׳ צייכֿן
[הוט גוט׳] אים מצרים לנד גיטאן. איר הוט גיטאן סיחון אונ׳ עוג צוא שפאט.
דרום איז אויף פֿר אייך פֿר צאגט. פֿרויא אונ׳ מאן:

25 רוא here means ‘pain.’ See Grimm 2021, Reue.

26 Simile: “They crawled together like trapped mice.” Grimm ibid., Betrappeln, Trappen. Ibid., Trappe: “Tierfalle.” Cf. SP388d, YC129c. Cf. „ער לויפֿט אַרום ווי אַ פֿאַרסמטע מויז“ (Bernstein 1908, 247, no. 20).

36d original form: צו אזמן

39 דאש מיר האט ער פֿר אייך גישפּלטן. דיא מצרים דער טרענקט גאר.
מיט הימלש ברוט דער הלטן. פֿירציג יאר.[27]
וואו פֿינט מן איין גוט׳ [.] דער דאש פֿער מאג.
וואול דעם דער זיך אויף אים פֿר לאט. דען וויל איך אויך דינן אל מיינן טאג:[28]

40 איין זעלכֿן גוט׳ זאל מן לובן. דער זיין פֿאלק דער נירט.
ער איז גיוועלטיקט אונטן אונ׳ אובן. וואו האט מן זעלכֿי ניסים מין גיהורט.
דאש לנד ווערט איר פֿר דערבן. אונ׳ גנץ נעמן איין.
גרוש רייכֿטום ווערט איר דער ווערבן. נון זאלט איר אויף מיר גינעדיג זיין:

41 אונ׳ שווערט מיר ביי דען לעבנדיגן גוט׳. אונ׳ טוט מיר איין גינאד.
אז איך ניט ווער צוא שפּאט. אונ׳ טוט מיר קיין שאד.
אונ׳ לאט מיך אונ׳ דיא מיינן[29] לעבן [.] ווען איר דיא שטאט נימנט* איין.
איין ווארצייכֿן וויל איך אייך געבן.[30] אז מן ווערט קענן דאש הויז מיין:

42 טוט גידענקן די גינאד.
אונ׳ טוט מיר קיין שאד.
אן דען מיינן גלייך איך הילף אייך אויש נוט. דרום טוט אונש ניט פֿער דערבן.
אונ׳ שלאגט דען מיינן ניט צוא טוט. ווען איר דיא שטאט ווערט פֿר דערבן:

43 דיא מאנן שווארן גלייך [.] אונ׳ גאבן איר דרויף דיא הנט.
אונזר לייב זאל שטערבן פֿר אייך [.] נייערט אז מיר היא ניט ווערן דער קנט.
אונ׳ ווען מיר הער גינעהן [.] דא פֿערכֿט אייך ניט אום איין האר.
אל דען ענקערן קיין לייד גישעהן. אונ׳ ניט גיקרימנט אום איין האר:

44 נייערט הלט אונש אין איין הויז אונ׳ אין הוט. אונ׳ גיב אונש ניט אויש
דא זול דיין זך ווערן גוט. דיר אונ׳ אל דיא דיינן אין הויז.
אזו נאם זיא איין שטריק [.] אונ׳ ליש זיא אנאב ארויש
דאש זייל וואר גאר דיק.[31] אונ׳ אויף דער מויער וואר איר הויז:

27 The following two stanzas relate Rahab's speech. Her description of miracles is not based on the biblical source (cf. Josh. 2:10) but resembles the *Dayyēnū* passage from the Passover Haggadah: "If He had split the sea for us […] If He had drowned our enemies in it […] If He had provided our needs in the desert for forty years […] If He had fed us the Manna […] it would have been enough."

28 Radak: "And she [Rahab] dwelt in Israel– When the spies that Joshua had sent entered Jericho, Rahab converted to Judaism" (Josh. 6:25).

29 Idiom: "All my relatives" [lit. "Those who are mine"]. See YC42c–d, YC43d, YC47d, YC105c. Grimm 2021, Meinige, 3.

30 The retelling differs from the original. In the original (Josh. 2:12), Rahab asks the spies to give her a sign.

31 The source for this is obscure.

41c perhaps s.b. נימט

45 | זיא שפראך לויפֿט צו ייענין בערגן. אונ׳ זעצט דארט עטליכֿן טאגן. 5a
אונ׳ טוט אייך ועך בערגן. אונ׳ טוט ניט מין זארגן.
אז מען אייך נאך יאגט אונ׳ מכֿט אייך אויף דיא וועג. בלייט אייך דער איביג גאט.
גיט דר פֿון אונ׳ זייט ניט טרעג. אז מיר ניט מעכֿטן ווערן צו שפאט:

46 אונ׳ ווען דיא ייעגיר ווערן אום קערן. דא מערקט אויף פֿון ווייטן.
איר קונט זי זעהן פֿון ועךן. דא מאכֿט אייך אויף איינר זייטן.
אונ׳ ציכֿט דער פֿון אז אייך גאט ביוואר. וואז איר מיר הוט צו גיזאגט [.]
דאז זולט איר טון [.] נון שפראכֿן צו איר דיא מאנן פֿאר:

47 נים דען שטריק אין אליר מאסן. אונ׳ קניפא אין אן דען פֿענשטר אנאן.
דען שטריק אז דוא אונש הושט הראב גילאזן.[32] זא ווערן מיר קענן דראן.
אז דאז איז דיין הויז [.] אונ׳ אז מיר דיר גינעדיג זיין.
לאז נימנט אויש נאך איין* [.] נים צו דיר אל דיא דיין:

48 נון זאגט אונש דיא גישריפֿט. וויא זיא מיט דען שטריק ז נ א י ם הוט צו זיך גילאשן.[33]
אונ׳ הוט איר טאג ויל גישטיפֿט. נון ביסט זיא דער מיט אין זעלכֿר מאסן.
אז זיא דר מיט דיא מ ר ג ל י ם אראב ליש. אונ׳ האלף זיא דר פֿון:
דער דורך וואר אירה ע ב ר ו ת ביסן. אונ׳ זיא וואלט עש נימר טון:

49 נוא וואז דאז איר ס ד ר אל איר טאג. אז זיא איין ווייסן שטריק הט גינומן
אונ׳ קניפט אין אן דאז וענשטר אנאב. ווען זיא וואלטן דיא ז נ א י ם זולטן צו איר קומן.
זי וויז דר מיט איך בין ריין. איר מוכט הײנט.
איין רוטן שטריק טעט זיא אן קניפן. אז ווען זיא הט איר צייט:[34]

50 דרום קניפט זיא וויטר אירונג איין רוטן פֿאדים. מן זולט נימר מין צו איר קומן.
זיא וואלט גוט׳ קומן צו גינאדן. אונ׳ וואלט זיך וויטער הלטין וויא דיא ורומן.[35]
אזו גינגן זיא הין פֿון איר [.] צו דען בערגין אניין.
אונ׳ זיא מושטן דורטן ווארטן [.] דרייא טאג ור בארגן זיין.

32 The retelling differs from the original: the biblical text (Josh. 2:18) refers to the window through which the spies were let down, whereas the epic speaks of the cord via which they descended.

33 Rashi: "Then she lowered them down with the rope— With the same rope and through the same window her admirers would use to come up to her. She said: 'Master of the World with these I have sinned, with these forgive me'" (Josh. 2:15).

34 The source for this is obscure.

35 Simile: "She wanted to behave piously" [lit. "She wanted to behave like the pious people"]. See also YC174c. See footnotes to YC39d and YC48a regarding Rahab's repentence.

47d According to the rhyme scheme, here s.b. איין נאך אויש.

51 דא זוכֿטן זיא דיא ייעגיר [.] גנצר דרייא טאג.
זיא קונטן זיא ניט פֿינדן [.] דאז ואר איר גרעשטי זארג אונ׳ קלאג.
זיא קאמן קען יריחו [.] אונ׳ זאגטן דען קיניג דיא מער.
ער וואר גאר זער דער שראקן [.] ער וואר גאר זיר צארניג איבר אויש גאר זער:

52 5b | דער נאך גינגן זיא פֿון בערג נידר. אונ׳ קאמן צו דער גנצן שאר.
זיא זאגטן צו יהושע ווידר. וויא עש גנגין וואר.
וויא דאז גנצי לנד וועך דער שראקן. אונ׳ ער צאגט אויש גיפֿאלן זער.
אירי שטרקי שטיט ווערן זיא ניט קלעקן. נאך אירי ביקסין נאך אירי גוטי גיווער:

53 די שטיט זיין בישלאסן. זי זיינן ועך אונש גאר זער דער שראקן אן טוט.
איינר פֿרויען האן מיר גינאסן. זיא הוט אונש דער צילט אל איר נוט.
זי זיין ועך צאגט נון. אין לנד דיא לייט.
דרום מוזן מיר צו דער זאכֿן טון. אז מיר אויף זיא קומן בי[!] צייט:

54 Josh. 3 אזו ורייעט זיך יהושיע צו מארגין. אונ׳ פֿורט* פֿון שיטים מיט דר גנצן שאר.
ער קאם אן דען ירדן. דא עש אובנט וואר.
ער איבר נעכֿטיגט דא די נאכֿט. ביז אן דען העלין טאג.
דר נאך הוט ער אזו גימכֿט. ער שפראך צו דען ביטלין הער פֿער נימט מיין זאג:

55 איר זולט צווישן ישראל אויש שרייען. הערט צו כל ישראל גאר.[36]
ועך דען הייליגן שריין זולט איר אייך שייען. אונ׳ לאשט אין ציען ואר.
דיא הייליגן כהנים ווערן אין טראגן אונ׳ ווערן אין פרייזן. צווייא טויזנט אילן פֿאר אן.
זי ווערן אייך דען וועג ווייזן. ווען דען וועג ועך ניא גיצוגן קיין יודשר מאן:

56 דער ארון דר פֿירט אייך. אונ׳ דען רעכֿטן וועג ווייזן.
נייארט הוט פֿער גוט׳ שייך. טוט אין לוב אונ׳ פרייזן.
לאשט דיא כהנים גין פֿאר אן [.] אונ׳ גיט פֿון וייטן נאך.
צווייא טויזנט אילן זולט איר טאן [.] אונ׳ זייט ניט צו גאך:

57 מער שפראך יהושע [.] צו איקליכם ביזונדר.
מורגן זייט אייך וריאן [.] גוט׳ ווערט אייך טון גרושי וואונדר.
צו דען כהנים טעט ער זאגן. טראגט נון דען ארון ואר אן.
מארגן בייא דען טאגן. דא ווערט גוט׳ גרושי ניסים טאן:

[36] Cf. “Hear, O Israel, Thou shalt pass over Jordan this day” (Deut. 9:1).

54a original form: רופֿט

58 גוט׳ טעט יהושע צו זאגן. הייט וויל איך אכפֿרן דיך.
אז משה בייא אל זיינן טאגן. ווערן ישראל פֿערכֿטן דיך.
איך וויל דיר וייזן וואונדר רעכֿט.
דא ווערן זיך ישראל ווער דיר ווערכֿטן [.] אז ווער משה מיינן קנעכֿט:

59 מורגן וועו דיא כהנים. ווערן אין ירדן קומן.
דא מערק אונ׳ מיך רעכֿט ווער נים. דא ווערט עש דיך ורומן.
לאז זיא אין ירדן בשטין [.] דא ווערשטו אונ׳ כל ישראל איין גרוש צייכֿן זעהן.
דאז נס אונ׳ אנדרי מין [.] אז בייא | משה איז גישעהן: 6a

60 דר נאך שפראך ער צו דעם ואלק. גינעכֿט אל הער צו מיר.
ער שטעלט אל ישראל צווישן דען שטנגן דען ארון [37] [.] זישט נאמן זיא צוועלף מייל פֿיר.[38]
וואר דאז ניט איין צייכֿן. צו שטעלן כל ישראל אויף איין קליין זעלך אורט.
נון מערקט אויף ווייטר פֿארט:

61 דער נאך שפראך ער צו ישראל. אן דען זולט איר ווישן.
אונ׳ אויך צו דען כהנים [.] ער דא זייט יוא דרויף פֿערפֿליסן.
וועו איר קומט זעקש אילן אין דען ירדן [39] [.] בלייבט בישטין.
דא ווערט אייך גוט אין צייכֿן וייזן [.] אז קיין אנדר גוט׳ טוט מין:

62 אונ׳ אן דען ווערט איר מערקן. אז גוט׳ איז צווישן אייך.
אונ׳ זיין דינשט זולט איר שטערקן. אלי מיט אננדר גלייך.
דא ווערט אונש גוט׳ העלפֿן אונ׳ ראטן [.] אז בייא משה גאטש קנעכֿט.
אין דען ירדן טוט וואל אניין וואטין [.] אונ׳ ווער שטיט מיך רעכֿט:

63 וועו אין ירדן ווערט אניין קומן. טוט יוא מיין ריד הלטן.
הוט איר מיך נוא ווער נומן. דען[!] ירדן ווערט זיך שפאלטן.
אז דאז מער בייא משה גנץ אין גרונט.[40] טרוקין ווערט איר דער
דורך גין צו דער זעלביגן שטונד.
קיין בריק דרפֿט איר ניט טון צו מכֿן. וואל דעם דער אין גיטרויאט:

[37] Rashi: "Move closer— He compressed all of them between the two poles of the Ark. This is one of the places where a small space was able to hold a large amount [of people]" (Josh. 3:9).
[38] The source for this is obscure. Cf. the tradition about the size of Israel's camp, e.g., "Twelve mil by twelve mil in accordance with the dimensions of the camp of Israel" (BT Sotah 34a).
[39] The source for this is obscure.
[40] Radak: "As I was with Moses– Just as I split the sea for Moses so will I split the Jordan for you" (Josh. 3:7).

64 מיט קיינם שיפֿן* דרפֿט איר אייך בזיכֿן.
ער הוט בלד בריקן גיבויט.[41]
אזו טרוגן דיא הייליגן כהנים דען שריין פֿאר אן.
זעקיש אילן אין ירדן בליב ער בישטאן:

65 דער ירדן וואר פֿול ביז אויף זייני בארטן. אז אין טאג דאש שניטש.
ער שפליט זיך וויא איין פֿפארטן[!]. גנץ אין דער מיט.
זיא שטונדן אז איין מויאר [.] אונ׳ טורשטן נימר רינן.
דיא צייכֿן ווארן אין ניט זויאר[42] [.] וואו וויל מן איין זעלכן גוט׳ גיווינן:

66 דיא כהנים טורשטן זיך ניט רירן. ביז כל ישראל דורך גינג.
אזו טעט מן ישראל דורך דען ירדן פֿירן. אונ׳ גינג צו גאר גרינג.
אויף יעניר זייטן [.] וואר נון יריחו איין פֿעשטי גרעניץ שטאט.
זיא זולטן זי אן אירשטן שטרייטן [.] אזו גאב זיא גוט איין ראט:

67 | נון הערט צו [.] איר ליבן לייט איר ורומן. | 6b, Josh. 4
וואז גוט׳ דר הער* [.] צוועלף שטיין הוט מן גינומן.
אונ׳ טעט זי דען כהנים אונטר די פֿיס קיגן [.] צאל דר יודן גישלעבֿט מערקט עבן אויף.
אין וואשיר זולט מן זיא ליגן [.] די כהנים זולטן שטין דרויף:

68 דר נאך רופֿט ער צוועלף מאנן. פֿון איטליכן גישלעבֿט איין.
אז זי אין זולטן טראגן פֿון דאנן. די דאזגן צוועלף שטיין.
אונ׳ זולט זיא לוזן צו העבריג [.] וואו מן דיא נכֿט זולט שטין.
טוט וואל אויף מערקן. דא ווערט איר הערן מין:

69 דא ישראל נוא דריבר ווארן [.] אלי אויף ייעניר זייט.
דא וואר דער ארון שון ואר אן. דאז וואר איין צייכֿן אויף דער צייט.
דער ארון וואר שון ואר דען ואלק [.] אז פֿלעגט צו זיין.
זיא לישן דיא שטיין אין דער זעלביגן הערבריג [.] וואז זיא דיא זעלביג הערבריג קאמן אניין:

70 צו מארגנש דא זיא ווארן אויף גישטנדן. אונ׳ וואלטן ווייטער ציהן נון.
דא וואר איין גיבאט ער האנדן. נון דאז מושטן זי ואר טון.

[41] The source for this is obscure. Building a bridge contradicts the Bible (Josh. 3:13) and the epic itself (YC63d).

[42] Idiom: "The Children of Israel enjoyed witnessing God's miracles" [lit. "The signs were not sour to them"]. Cf. Grimm 2021, Sauer, II3bα: "Jemandem sauer werden, in älterer sprache noch allgemeiner im sinne von bitter, qualvoll, peinlich werden." See also SM/intro11.

64a original form: שימפֿן | 67b A verb seems to be missing here, perhaps s.b. גיבוט.

די צוועלף שטיין מושטן זי וארן אויף שטעלן. אלי נאך אננדר גאר.
אוב ענקרי קינדר וערן ורעגן. איבר טויזנט יאר:[43]

71 ליבן פֿעטר וואז ביטייט דיא שטיין. דיא דא שטיאן בייא דען ירדן.
דא זול מען איקליכן ענטוורן אליין. דוא ישראל אויש דער מדבר גנגן ווארן.
דא הוט גוט׳ דען ירדן גישפלטן. אונ׳ גרושי צייכֿן גיטאן.
דען יונגין אז דען אלטן.[44] דא ווערט מן גידענקן דראן:

72 דא ווערט עש איין גידעכֿטניש זיין. ביז אין דיא איביקייט.
אז ישראל זיינן איבר וארן דא ווערן. גידענקן די לייט.
דא ווערט גוט׳ש נאמן דר הובן. פֿון דען לייטן די הער נאך קומן.
אונ׳ זי ווערן אין לובן. דאז ווערט ברענגן גרושה ורומן:

73 דא נון דאז וואר גישעהן. אונ׳ אז ישראל אלי דריבר ווארן.
אונ׳ אז מן הוט גרוש וואונדר אונ׳ צייכן גיזעהן. אונ׳ דר ארון וואר ווידר פֿארן.
דא צוך ראובן אונ׳ גד [.] אונ׳ הלב שבט מנשה פֿאר אן.
זיא הטן זיך אזו ור בונדן. אונ׳ מושטן עש אזו טאן:

74 עש ווארן אירר פֿירציג טויזנט [.] אן גיוואפֿנט[45] איבר אויש זיר.
פֿייני טאפירי מאנן. מיט שינן גישיץ אונ׳ גיוועהר.
7a זיא ווענדטן זיך קיגן יריחו [.] גאר איין | מעכֿטיג שטאט.
דיא וואלט מן אן ערשטן ביצווינגן. אזו וואר גוט׳ש ראט:

75 נון וואר יהושע דר הובן. אין אויגן אליר לייט.
זיא ווארן אין אלין לובן. ווייל גוט׳ טעט ניסים אויף דער צייט.
זי פֿארכֿטן זיך ור אין [.] כל ישראל גישלעכֿט.
אז זיא זיך הטן גיפרכֿט [.] ור משה גוט׳ש קנעכֿט:

Josh. 5
76 דא עש נוא ווארן גיוואר. דיא ועלקר אויף יענר זייטן.
וויא דא קאמן ישראל שאר. אונ׳ וואלטן מיט זיא שטרייטן.
זיא הורטן וואונדר אונ׳ צייכֿן. די גוט׳ הוט גיטון.
זי שפראכֿן מיר ווערן זיך טון לייכֿן. ישראל ווערן הלטן דען פלאן:

[43] The biblical "tomorrow" (Josh. 4:6) has been replaced with 'a thousand years.' See also YC301c.

[44] In Josh. 6:6 only the children are mentioned as the target audience of the explanation (cf. the commandment "And thou shalt show [tell] thy son in that day, saying, This is done, because of that which the Lord did unto me, when I came out of Egypt" [Exod. 13:8]).

[45] Radak: "Armed [*ḥamūshīm*]– Like 'armed' [*ḥalūẓīm*, Num. 32:32]" (Josh. 1:14).

77 ווען עש אים מצרים איז אויך גישעהן. בייא דען מעבֿטיגן פרעה.
ער ליש אים אויך ויל ניסים זעהן. גלייך וויא דוא.
דרום ווערן מיר ניט בישטין. עש איז ור צאגט אונזר הערץ.
נישט דער מינר מיר מוזן זיא אנטקינג [!] גין. זייא עש נוא שמפפא אודר שערץ:

78 דאז גליק שטיט ניט אל צייט גלייך.[46] מיר וועלן עש זעצין דראן.
מיר וועלן שרייבן צוא איין אונ׳ דרייסיק קיניגרייך. דא פֿינדן מיר מענבֿין קינן מאן.
מיר וועלן ניט ור צאגן [.] קיגן דער יודן שאר.
זיא טעטן עש צו וויסן [.] דען זיבן ועלקר גאר:

79 אל דען קיניגרייך אמורי. אונ׳ כנעני אונ׳ חיתי גלייך.
דען קיניג חורי. אל דען קינגרייך.
זיא זולטן אל קומן. אונ׳ זולטן אין איין בייא שטנד טון.
אי יריחו ווערט איין גינומן.[47] מען זולט ישראל ניטווייטר לאן:

80 נון וויל איך פֿון יריחו שרייבן. וואז עש וואר ער איין שטאט.
זיא הטן זיבן מויארן. דיא וואר גיבויט מיט ראט.
דיא מויארן ווארן הוך. אונ׳ זיא ווארן בירייט.
עש הט נייארט איין טאראז [.] אונז דאז ספר שרייבט:[48]

81 אל דיא הערן הטן הויזר דרינן. גרוש רייכֿטום וואר מן גיווינן דא.
דרום ווארן זיא מיט גרימן. אונ׳ ווארן ור צאגט אזא.
איר הערץ וואר דר שראקן. אונ׳ ער צוקט איבר זער.
זיא ועך באטן צו פֿייפֿן נאך צו גלאקן. אין גנצן לנד הין אונ׳ הער:

82 נוא וויל איך איין ווייל דוא בלייבן. אונ׳ וויל שרייבן פֿון אנדרי זכֿן.
גוט׳ שפראך צו יהושע [.] לאז דיר יודיש מעסר[49] מכֿן.

[46] Proverb: "Luck does not stand the same at all times" [lit. "Luck is not the same at all times"]. This proverb seems to view luck as the outcome of the constellation of the stars: since the stars are constantly moving, so luck or fate change respectively. Cf. "In luck everything depends on the time when the sun enters the sign" (Rashi on BT Shabbath 75a); Grimm 2021, Glück, IIA2a: "Ähnliches gilt von der verbindung glück und stern, weder glück noch stern, wobei der erste begriff wohl das gelingen, der zweite das an die konstellation gebundene günstige schicksal meinte." "Das Glück ist kugelrund […] verändert sich all Stund" (Simrock 1988, 199, no. 3713); "Das Glück schenkt nichts, leiht nur" (ibid., 201, no. 3747); "Das Glücksrad geht um" (ibid., no. 3749).

[47] The source for this is obscure.

[48] See footnotes to YP72b and YC24c.

[49] 'A knife used to make one Jewish,' i.e., a knife for circumcision. See Turniansky 1982: 600, n. 53.

אונ׳ בשנייד ישראל [.] אז יודן צו שטיט.
אונ׳ אז קיינר אין ארץ ישראל [.] אן בשניטן גיט:[50]

83 | ווען דיא אויש מצרים ווארן גנגין* [.] דיא ווארן נון לנג גישטורבן. 7b
אונ׳ דיא ווארן גלייך כפליים [51] [.] דיא מן הוט טון אין דר מדבר דר ווערבן.
ווען דיא ווארן אין דר מדבר [.] פירציג יאר.
ביז דיא יוצאי מצרים [.] ווארן גישטורבן גאר:

84 ווען גוט׳ הוט גישווארן. זיא זולטן דאז לנד ניט זעהן.
דרום דאז זיא זינדיג ווארן. וואז מיט מרגלים וואר גישעהן.[52]
דא ווארן אירי קינדר ניט בישניטן. דיא אין דער מדבר ווארן.
דרום היש גוט׳ בישניידן [.] אל דיא נורט דא ווארן:

85 נון ליש יהושע מאכֿן [.] דער יודשיר מעסר אזו ויל.
ווען זיא הטן אין דער מדבר ניט גיהט [.] דער ווייל דרום וואש איץ דאז ציל.*
אז זיך מושטן בישניידן [.] ישראל גאר.
גוט׳ וואלט עש נימר ליידן. אז איינר ניט בישניטן וואר

86 דען ברית מושטן זיא בישטעטיגן. אז ער צו אברהם שפראך.[53]
דוא מושט דיך בישניידן. אונ׳ אלי דיא דא קומן הער נאך.
מיין ואלק זאל ניט וערן ועקסלט. אונטר קיינם אנדרן ואלק אומש גאר.[54]
דרום מושטן זיא זיך ואר בישניידן [.] כל ישראל גאר:

87 נון ווארן ישראל ויל [.] דער גיפּאטר מושטן מן ויל האן.
מן מאכֿט פֿיל דער וואכֿין. אז דיא ווייבר ולעגן צו טאן.

50 Rashi: "And this is the reason [Lit. and this is the thing]— After this speech he circumcised them. He said to them. 'Do you think you will inherit this land while you are yet uncircumcised? Was it not said to Abraham, 'And you will preserve My covenant etc.' 'and I will give you and your descendants after you, the land of your sojournings' [Gen. 17:9,8[!]])" (Josh. 5:4).

51 The source for this is obscure.

52 Cf. Num. 14:26–34.

53 "And I will give thee and thy seed after thee the land, wherein thou art a stranger, even all the land of Canaan, for an everlasting possession, and I will be their God. Again God said unto Abraham, Thou also shalt keep my covenant, thou, and thy seed after thee in their generations" (Gen. 17:8–9).

54 Cf. Radak: "The shame of Egypt– For when our ancestors left Egypt, their boys were uncircumcised, like the Egyptians" (Josh. 5:9).

83a According to the rhyme scheme, here perhaps s.b. ווען <דיא> דיא <ווארן גנגין> אויש מצרים. | 85b Instead of a period, a Yud was printed here.

אין דער שולין דרפֿט מן זיא ניט צו טראגן [.] עס ווער זיא גיוועזן צו שווער.
מן בשניד ואלק ישראל [.] אז זנד אין מיר:[55]

88 דער מוהל ווארן פֿיל [.] מן מכֿט אומש גאר קיין זכֿר.
דער מילות ווארן אן ציל [.] עש אש דרויף קיין בעל בית נאך קיין* בחור.
ווער איך דורטן גיוועזן [.] איך העט שיר בעשר
פֿור זיא אלן גיגעשן. איך העט עש ניט קענן מעסן:

89 נון שרייב איך פֿר אלי זאכן. אונ׳ עש איז וואר.
אויש דען מילת[!] טעט איין גרושן בערג מכן. נון האט מען ישראל בישניטן גאר.
נון מושטן ישראל רואן דרייא טאג. ביז זיא ווארן גיהיילט.
דער בערג היש גבֿעות הערלות [.] פֿון וועג דער מילות אונש דעש ספֿר זייט:[56]

90 דער נאך שפראך גוט׳ צו יהושע [.] הייט האב איך אב גיטון אייער שנד.
ווען זיא שפראכֿן [.] נאך דיא שטערן זעהר אין מצרים לנד.[57]
8a בלוט זעהן מיר אויף | אייך [.] אין דער מדבר איר ווערט דער שלאגן אלי ווערן.
אזו טעטן די מצרים האפֿן [.] אז זיא עש וואלטן הערן:

91 נון הוט גוט׳ ור קירט דאז דם הלידה* [.] דז עש דם מילה וואר.[58]
גוט׳ וואלט זיא אל דר שלאגן בייא דעם עגל[59] [.] עש פֿעלט ניט אום איין האר.
נון זאכן דיא מצרים זעלברט [.] אז זיא זיך העטן טועה גיוועזן.
אונ׳ ישראל ווארן פֿריליך [.] אז זיא ווארן גינעזן:

55 Idiom: "A lot" [lit. "Like sand in the sea"]. Cf. "As the sand of the sea, which cannot be numbered for multitude" (Gen. 32:12).

56 Rashi: "Givat Ha-orlot. [Lit. Hill of the foreskins]— It was so called, because of the event, [i.e., the mass of foreskins removed there] which were made into a hill" (Josh. 5:3).

57 Rashi: "I have removed (Lit. I have rolled)— I have removed the ridicule of the Egyptians who had said [when they were leaving], 'See that "Raah" is before you. There is a star named Raah, which is a symbol of blood. We see it overpowering you in the wilderness.' This is what Moses referred to in the wilderness [when he said,] 'Why should the Egyptians speak, saying, "With Raah, He took them out."' But they did not know that [the blood they saw] was the blood of circumcision. And now when they were circumcised in the days of Joshua, and the blood of circumcision appeared, that ridicule was removed; for the mixed multitude that went up with them [from Egypt] were still taunting them. This is the way Rabbi Moshe Ha-Darshan explained [this passage]" (Josh. 5:9).

58 See Rashi's words in footnote to YC90b.

59 Cf. "Again the Lord said unto Moses, I have seen this people, and behold, it is a stiff-necked people. Now therefore let me alone, that my wrath may wax hot against them, for I will consume them: but I will make of thee a mighty people" (Exod. 32:9–10).

88b redundant (double): קיין | 91a original form: דם הצידה

92 זיא רואטן ישראל אין גלגול[!]. אונ׳ מאכֿטן דען פסח אין רעכֿטר צייט.
מן אש מצות איבר אל. אז מן טוט אויף דיא טאג הייטן.
וירצעהן טאג אין חודש [.] אן אובֿנט אויף דיא נכֿט.
זי הי[ס]ן אין פסח פֿייארינג קודש [.] אז מען איץ מכֿט.

93 זי אשן פֿון פרוכֿט דאז לנד. עש וואר ור שטערט דער מן.
עש טעט ישראל בנג. וועו ניט איטליכר מאלן קן.[60]
צו דען מן דרפט מן קיין מיא[61] [.] ער שמעקט וויא מן וואלט.[62]
עש שמעקט זיא איבל [.] אז מן אירשט אקרן אונ׳ מאלן זאלט.[63]

94 נון לאגן דאז פֿאלק פר יריחו [.] אום גירינגלט פֿון עקן צו עקן.
דא הוב יהושע דיא אויגן אויף. ער טעט זיר דער שרעקין.
עש שטיט איין מאן קיגן אים [.] מיט איינם בלוסן שווערט.
ער הט אין זיין טאג ניט מיר גיזעהן [.] נאך ניא* פֿון אים גיהורט:

95 יהושע דער מאכֿיט זיך איין הערץ.[64] אונ׳ לוף קיגן אין.
ער שפראך איז דאש ערנץ אודר שערץ.[65] וואז שטעלשטו דיר אזו קין.
ווילשטו העלפֿן אודר שאדן. זאג בלד הער.
ווירשטו קריגן אודר גינאדן. דא וויל איך אויש ציהן מיין גיווער:

96 ער שפראך ליבר הער איך בין איין ענגיל גוט׳ש. איץ בין איך גיקומן.
גוט׳ מיך גיזנט הוט. פאר האב איך ניט טערן קומן.

60 The source for this is obscure. Cf. “It is written: ‘bread,’ and it is written, [dough of] ‘cakes,’ and it is written, ‘they ground it.’ How that? —The righteous received it as bread, the average Israelites as [dough of] cakes, and the wicked ones had to grind it in the handmill. Or beat it in mortars” (BT Yoma 75a).

61 Rashi: “If they would have had manna they would not have eaten of the grain, for the manna was agreeable to them” (Josh. 5:12).

62 “He brought down for them the manna, in which all kinds of flavor lodges, so that each Israelite could taste therein anything he particularly liked” (*Exodus Rabbah* [Vilna ed.], *pārāšat be-shalaḥ*, 25:3 [Lehrman 1951, 303]); “And the taste of it was as the taste of a cake baked with oil. R. Abbuha said: [Do not read le-shad (cake), but shad (breast)] viz: Just as the infant finds very many a flavour in the breast, so also did Israel find many a taste in the manna as long as they were eating it” (BT Yoma 75a).

63 Radak: “And they did eat of the corn of the land– From the old corn they ate unleavened bread, and parched corn, because the new corn was forbidden to them until the offering of the Omer on the sixteenth day of Nissan” (Josh. 5:11).

64 Idiom: “Joshua acted in bravery” [lit. “Joshua made a heart for himself”]. Cf. Schumacher 2006, Herz, 323; Grimm 2021, Herz, BI6; “מאַכן [דאַס] האַרץ – encourage, give a boost to” (Beinfeld and Bochner 2013, 254 ,האַרץ). See also SM88a, YC153a, YC218a.

65 Idiom, a question designed to find out whether someone speaks in earnest: “Is this serious or a joke?”

94d redundant: נישט

משה רבינו [.] הוט עש ניט וועלן האן.
גוט׳ הוט ישראל זעלברט מיזן פֿירן. אזו הוט גוט׳ זיין ווילן גיטאן:[66]

97 דער מלאך שפראך צו יהושע [.] הער פֿר מייניווארט.
דוא זולשט דייני שוך אויש ציהן. דוא שטישט אויף איין האליגן אורט.
יהושע פֿיל צו דער ערדן. ער דעקיט* זיין ענצליט צו.
ער שפראך איך טוא עש גערן. וויא איר היישט איך טוא:

98 נון וואר יריחו פֿר שלאשן. וואל הינטן אונ׳ פֿארן. Josh. 6
זיא פֿארכֿטן זיך אויף | זעלבֿר מאסן. זי טעטן זיך וואל ביווארן. 8b
זי לישן נימנטן [.] נאך אויש נאך איין.
זיא ווארן גיהרנשט ביז אן די צין. זיא לישן נימנטן גין ארויש דעש גלייכֿן אניין:

99 דער נאך שפראך גוט׳ צו יהושע. נון ואלג דוא מיינן ראט.
מורגן טוא דך ורויאן. אונ׳ לאז כל ישראל גין אום דיא שטאט.
דר נאך רואט ווידר. אויף מערקט עבן אויף מיין זאג.
אזו זולט איר טון [.] זיבן טאג:[67]

100 אזו טעט ישראל [.] וויא יהושע היש.
זיא גינגן אום דיא שטאט. מיט ביקסן שווערט שפיס.
די כהנים גינגן פֿאר אן. אונ׳ בלאזטן מיט שופרות העל.
אזו טעטן זיא זעקש טאג פֿאר ווער. אונ׳ אלי נכֿט ווידר אויף די שטעל:

101 די כהנים זאלן ואר גין. אונ׳ זולן מיט שופרות בלאזן.
אלי טאג אום רינגלטן איין טאג מין. דען ארון זולט איר ניט דא הינטן לאזן.
איר מושט ואר שטין [.] וויא [איך] אייך זאג.
זיבן מאל אום רינגלט [.] אן דען זיבנטן טאג

102 נון וואר דאז איין גרוש וואונדר. אלי זעקש טאג.
ער זאנק איין מויאר ביזונדר.[68] דא טריבן דיא גוים גרושי קלאג.

[66] Rashi: "I have now come— 'To help you, for it is impossible for man to battle against it [Jericho] and capture it, to knock down the wall. However in the days of your master, Moses, I came, but he did not want my presence, as it is said, "If your Presence [the Lord] does not go, etc."'" (Josh. 5:14).

[67] The retelling differs from the original, s.b. six days. Cf. Radak: "Thus shall you do six days– One should not seek to understand God's objectives, such as the purpose of this particular circling, or the purpose of seven priests, and seven horns, and seven circlings, and seven days" (Josh. 6:3).

[68] The source for this – recounting that every day one of the city's walls sank – is obscure.

97c The letter Yud was printed above the line.

אונ׳ דא עש קאם אן דען זיבנטן מורגן. דא גינג דיא זיבנט אויך איין.
ערשט הוב זיך אן איר קלאג אונ׳ זורגן [.] ישראל לופֿן אין שטאט אניין:

103 דיא כהנים הובן אן צו שאלין. מיט שופרת[!] העל.
דיא מואר[!] זאך מן אין דיא ערדן פֿאלין. גנץ ביז איבר דיא שוועל.
ישראל שלוגן צו טוד. פֿרויא אונ׳ אויך מאן.
זיא ווערבט זיך מיט בלוט אזו רוט. זיא זולטן קיין לעבן לאן:

104 אויך איר שאף אונ׳ אירי רינדר. דיא קאמן אויך אין נוט.
ווייבר יונגי קלייני קינדר. דיא שלוגן זיא אל צו טוט.
זיא לישן נימנט לעבן. עש זייא ורויא אודר מאן.
עש האלף קיין געלט געבן. ווען אזו וואלט עש גוט׳ האן

105 נייארט רחב הזונה. דיא דא הוט דיא מרגלים פֿר בורגין.
דיא זעלביג טעט מן שונה. זיא דרפֿט זיך נישט צוא ביזארגן.
מען ליש לעבן אל דיא אירן. אויףביידן זייטן.[69]
ליש קיין אן רירן [.] פֿון איר לייטן:

106 עש וואר איר נישט ור צוקט. וואז צו איר גיהירט.
עש וואר איר נישט ור רוקט [.] וועו זיא ווער עש וואל ווערט.
נון האב איך הערן זאגן. וויא זיא יהושע נאם פֿער איין ווייב.[70]
איך וויל מיך ואר עש בעשר דר וראגן [.] אי איך עש איין שרייב

107 | דער נאך מאכט יהושע איין חרם [.] אלז וואז דא וואר אין דר שטאט. 9a
מען זולט נישט אן רירן [.] בייא חרם ער ווער באט.
עש זולט זיין צו גוט׳ [.] וואז ור הנדן וואר.
בייא דען גרושן חרם [.]נישט אן צו רירן אומש גאר:[71]

108 ווערט איינר דען חרם ברעכן. דא ווערט ער ישראל ביטריבן.
גוט׳ ווערט זיך אן אונש רעכן. דאז וויל איך אייך גיליבן.
אל דאז זילבר אונ׳ גאלד. זול אין ביהעלטניש גוט׳ קומן.[72]
זייך זעלברט הולט. זעבֿט אש נישט דר פֿון ווערט קומן:

[69] Idiom: "All her relatives, both maternal and paternal." See footnote to YC41c.

[70] Radak: "Joshua saved– He ordered to withhold the oath that the messengers had given her [...] and 'saved' should also be understood to mean that he gave them sustenance, fortune or a land wherein they may live [...] and that is the correct explanation. There is also a midrash that Joshua married Rahab [...]" (Josh. 6:25). Radak's words do not appear to favor the possibility that Joshua married Rahab.

[71] According to Josh. 6:17–19.

[72] Likewise, according to Josh. 6:17–19.

109 דא שוויר איך בייא גוט׳ דען הערן מיט טרויאן. דער מיך האט מאכֿן דיא שטאט דר ווערבן.
ווער די שטאט ווערט ווערט ווען בויאן. דען זולן זייני קינדר שטערבן.
מיט דען עלצטן [.] זול ער גירונדן די שוועלן.
מיט דען אנדרן [.] זול ער דיא טירן שטעלן:

110 נון זאגט אונש דאז ספר [.] וויא עש דר נאך גישאך.
וויא איינר וועלט יריחו בויאן [.] אונ׳ דען חרם בראך.
צווייא אייניגי זין טעטן אין שטערבן. אז יהושע שפראך.[73]
קליין גיוויין טעט ער דראן דער ווערבן. גרוש רייאן הוט ער דער נאך:

111 נון וואז יהושע הוך דער הובן. אזו ווייט אז די וועלט.[74]
מען וואר אין ווייט לובן [.] ער וואר רייך פֿון גוט אונ׳ געלט.
ער וואר ורום אין הערצן.[75] דז טעט ער גיניסן.
ער שטונד ניט נאך שימפפן נאך שערצן. ווער וואז טעט מושט עש ביסן:

112 נון טוט עבן אויף מערקן. וואז דא גישאך. Josh. 7
ישראל ווארן זינדיגן מיט איין ווערקן. איינר דען חרם צו בראך.
ער היש עכֿן בן כרמי [.] פֿון יודא גישלעכֿט
גוט׳ וואר צארניק זער [.] אונ׳ הט דר צו גאר רעכֿט:

113 פֿון דען וואושט נימנט צו זאגן. ביזונדר גוט׳ אליין.
יהושע וואלט נון ווייטר וואגן. ער שיקט צווייא שפעהר אויש דר גימיין.
ער שפראך ציכֿט קען העי [.] אונ׳ שפעהט זי וואל אויש.
מכֿט קיין גישרייא. אונ׳ ברענגט מיר ווידר ענטוור דרויש

114 אזו צוגן צווייא אויש [.] אונ׳ קאמן בלד ווידר.
עש טראגט אונש אונזר זין [.] ליבר הער בידר.
ישראל זאלן זיך ניט אלי מיאן. אין זעלך קלייני שטאט.
לאזן | נייארט דרייא טויזנט ציהן. אזו איז אונזר ראט: 9b

115 ווען דיא שטאט איז גאר קליין. דער לייט זיין ניט זיר פֿיל.
וואז זולן ציהן אלי דיא לייט. איין ואלק איבר דאז ציל.
טוט איר היא בלייבן. מיט דער גנצן שאר.
מיט דרייא טויזנט מאן ווען מיר זיא ווער טרוייבן. אונ׳ וועלן זיא ווער דערבן גאר:

[73] Cf. "In his days did Hiel the Bethelite build Jericho: he laid the foundation thereof in Abiram his eldest son, and set up the gates thereof in his youngest son Segub, according to the word of the Lord which he spake by Joshua the son of Nun" (1 Kings 16:34).

[74] Idiom: "Very far" [lit. "As far as the world"]. See other similes referring to the world and meaning 'very much': „אַלט ווי די וועלט" (Guri 1999, 36); „גוט ווי די וועלט" (ibid., 51); „קלוג ווי די וועלט" (ibid., 125). Cf. YC189c, YC333d.

[75] Idiom describing a pious man [lit. "He was pious in the heart"].

116 אזו ואלגט יהושע אירי לער. אונ׳ שיקט דרייא טויזנט מאן.
אונ׳ הוביט לייט איבר דאז הער. ער בליב דא היימן בישטון.
איך ווייש ניט וויא דיא שנץ איבר זכֿן זיא.[76] זיא איבר דרונגן.
זעקיש אונ׳ דרייסיק ווארן דער שלאגן. אונ׳ שיר אל אום קומן:

117 מען יאגט זיא מיט גרושן שליגן. צו לויפֿן טעט זי נוט.
זי לויפֿטן מיט גנציר ניטן. זיא הטן זיך ער ווגן דען טוט.
מן טעט זיא טאפר דעקן. ביז ווייטר איבר דען טור.
כל ישראל ווארן דער שראקן. אז זיא עש ווארן גיוואר:

118 יהושע צו ריס זייני קליידר. אונ׳ פֿיל אויף דער ערד.
ער שריא אוי וויא לייד. דער ורום מאן אלזו ווערד.
ער אונ׳ דיא עלצטן ישראל. בראכֿטן אש אויף איר קאפּפֿא.
זיא שרייען מיט שטים אלזו העל. נון בין איך איין ארמר טראפּפֿא[!]:

119 ער שריא מיין ליבר גוט׳ מיין ליבר הער. וואז הושטו גיטאן.
אונ׳ הושט אונש גיפֿירט איבר דען ירדן פֿער. אונ׳ ווילשט אונש גנץ ווער לאן.
הער גוט׳ מיר טונן דיר קלאגן. וואז ווערט דרויש ווערן.
מען ווערט אונש דער שלאגן. ווייל מיר אונזרן ויינדן דען אקין[77] קירן:

120 דיא ועלקר זיא ווערן הירן. וויא דוא אונש הושט פֿיר לאן.
זיא ווערן אונש אלי ווער שטערן. אונ׳ אונטר טאן.
זי ווערן גאר אב מעקן. דען ידן[!] זאמן.[78]
זול איך ניט דער שרעקן. וואז ווילשט טון צו דיינן הייליגן נאמן:

121 דוא ליבר אלמעכֿטיגר גוט׳. טוא אונש איין בייא שטנד.
אז מיר ווערן ניט צו שפוט. אין דען ועלקרן לנד.
דיא ועלקר דיא ווערן זאגן. דיא הילף דיא איז דיר צו שווער.
דוא זאלשט איין אונ׳ דרייסיג מלכים טון שלאגן. טוא עש פֿון ווגן דיינר איר:

122 דא שפראך גוט׳ צו יהושע [.] שטיא אויף פֿון דער ערדן.
10a איין אנדר מאל טוא | זעלברט ציהן. צו פֿוס אונ׳ צו פֿערדן.

[76] Idiom: "I cannot understand how they missed that chance" [lit. "I do not know how they did not see the chance"]. Cf. Schumacher 2006, Schanze, 324; Grimm 2021, Schanze, 2c: "Die schanze versehen, übersehen, sich die gelegenheit entgehen lassen, den richtigen augenblick verpassen, dann überhaupt zur bezeichnung des miszlingens." According to the rhyme, perhaps the word order s.b. זיא איבר זכֿן.

[77] Metanalysis of דען נאקין. See also YC124a.

[78] Cf. "then shall the seed of Israel cease from being a nation" (Jer. 31:35); "To put out the name of Israel from under the heaven" (2 Kings 14:27). See footnote to YC214c.

עש קומט אלש פֿון דיר. דוא זולשט האבן [איין]* ח ר ם גימכֿט.
דר ח ר ם איז צו בראכֿן [.] י ש ר א ל האבן אין ווער אכֿט:

123 זיא האבן אין ווער אכֿט אונ׳ פֿון ח ר ם גישטולן. אונ׳ גיטאן ווידר גוט׳.
זיא האבן עש טון ווער הולין. אונ׳ גיבראכֿן זיין גיבוט.
זיא האבן גיבראכֿן זיין זיכֿר הייט.[79] איך קאן ניט זאגן מין.
עש ווערט אין לייד. זיא ווערן ניט קענן בישטין:

124 איך וויל נימר בייא אייך זיין. דען אקין ווערט עש[80] ענקרן פֿיינדן קערן.
אייערי פֿיינד ווערן אייך אן טון גרוש פיין. עץ מושט דען ח ר ם ווידר קערן.
אונ׳ מושט ווער טילגן. ווער עש הוט גיטאן.
דר מיט ווערט עץ מיך ביווילגן. וועז מן ווערט טיטן דען זעלביגן מאן:

125 מורגין טוא דאז ואלק אן גירייטן. אונ׳ ער שפראך צו י ש ר א ל אלי גלייך.
גוט׳ ווערט אונש ווייטר גלייטן. דר ח ר ם איז גיבראכֿן צווישן אייך.
דען מוזן מיר אכֿטן [.] אונ׳ ווערן גיוואר.
וועז עש קומט שיר דר פֿון [.] אז מיר שיר אלי ווערן דר שלאגן אום איין האר:

126 גוט׳ שפראך ליבר י ה ו ש ע ור שטיא מיך רעכֿט. אונ׳ ווערף ג ו ר ל ואר.[81]
אויף אלי יוד גישלעכֿט. [ביז דו]* ווערשט גיוואר.
דר נאך ווערף אויף איטליכר מ ש פ ח ה. אונ׳ דר נאך אויף איטליכש הויז.
אונ׳ דר נאך אויף איטליכֿן גיב ה ש ג ח ה. ביז מן אין שטעלט ארויש:

127 דען זעלביגן דען מען ווערט פֿינדן. אונ׳ אז מן אין ווערט קענן.
אן אין זול מן איין פֿייער אן צינדן. אונ׳ אין אונ׳ אל דאז זיינן זול מן ורברענן.
דרום דז ער הוט איבר פֿארן [.] גוט׳ש זיכֿר הייט.
ער האטש ליבר מיגן ור שפארן [.] עש זול אין ווערן לייד:

128 אזו שטונדן אויף י ה ו ש ע צו וריא מורגן. אונ׳ זמליט צו אננדר אלי גישלעכֿט.
ער וואר אין גרושן זורגין. ער וואלט עש אן גרייפֿן רעכֿט.

[79] Radak: "Israel hath sinned– You may not say that it was done by mistake, but rather 'and they have transgressed my covenant, which I commanded them,' for we made a covenant between Me and them at Mt. Sinai, that they follow everything that I have commanded them and that I will command them [...] and behold, Joshua commanded them not to take anything of the city's booty but they transgressed the covenant by taking from the city's booty" (Josh. 7:11).

[80] Perhaps this s.b. עץ instead of עש.

[81] Radak (on Josh. 7:14) explains that the High Priest's breastplate (*ḥoshen*) was used to determine which tribe was guilty. However, they cast a lot to determine which families and men were guilty.

122c original form: קיין | 126b original form: בישטו

דאז גורל גיפֿיל אויף שבֿט יהודה. דר נאך טעט ער ווייט זעהן.
דא גיפֿיל דאז גורל אויף שבט הזרחי [.] אין זיינר משפחה וואר עש גישעהן:[82]

129 דר נאך ווארף ער גורל אויף איטליכֿז הויז [.] דא ואנד מן דאז הויש פֿון זבֿדי
| דר נאך ואנד מן אין אז איין ביטראפטי מויז.[83] עכֿן בן כרמי. 10b
יהושע שפראך צו אים [.] ווארום הושטו אונש ביטריפט.
אונ׳ האשט דען חרם צו בראכֿן. דען איך האב גיגליבט:

130 ליבר זון גיב גוט׳ די איר. אונ׳ טוא זעלברט ביקענן.
דאז גורל פֿעלט נימר מיר.[84] ווייל מיר אויף ערדן זענן.
ניט ור לייקין דאז גורל [.] אז עש ישראל הערן.
וועןן מיט דען גורל [.] זול ארץ ישראל גיטיילט ווערן:[85]

131 אויך הט יהושע זארגן. שבט יהודה ווערט זיך זיינר אן נעמן.[86]
אונ׳ זי היינט מארגן. ניט צו גישלעגין קעמן.
וועןן עש ווער אין איין שנד [.] אז מן אין גיפֿאנד אונטר זיין גישלעכֿט.
דרום באט ער אין ביקען [.] אז דר גורל איז גירעכֿט:

[82] Rashi: "And brought the children of Israel near— He brought them in front of the *ḥoshen* [=breastplate] on which the names of the tribes were inscribed. The Holy One, blessed is He, gave him a sign— the stone of the sinning tribe will fade, and the stone inscribed with Judah's name, faded. And when he brought near the family of Judah— To the initial casting of lots he brought the heads of families near, one man from each family, and they cast lots [to see] on whom it would fall. Afterwards lots were cast on each household– One man from each household came to the casting of lots, and then came all the men of that particular household" (Josh. 7:16–17).

[83] Simile: "Afterwards he was found just like a trapped mouse." See footnote to YC36d.

[84] Proverb: "The lot is never wrong." This proverb relates to the גורל or casting of lots, but it can also be applied to another meaning of גורל: 'fate' caused by supernatural powers. Since the Land of Israel was divided among the tribes by casting lots, traditional commentators ascribed divine qualities to this practice (e.g., Rashi and Radak on Joshua 7:19). Cf. טב: „גורל דסליק לחולקך וביש גדא דיה – נעם דירש פֿר גליק אונ׳ הייל. וויא דירש גיפֿאלט דש טייל. דען דאש גורל האט רעכֿט פֿון גאט. וויא שלמה המלך גיזאגט האט. דרום פֿר אכֿט עש ניט מיט שפאט:" (Ulma-Ginzburger 1614, 16a); "Lots are cast into the lap; the decision depends on the Lord" (Prov. 16:33).

[85] Rashi: "I beseech you, give honor— Achan began to defame the casting of lots. He said to Joshua, 'On the basis of casting lots, are you accusing me? You and Elazer, the Priest, are the greatest of the generation. If a lot was cast between you, it would certainly fall on one of you.' Joshua then said to him, 'I beseech you, give honor, (etc.).'– 'I ask you, please do not defame the method of casting lots, for this is the way the land will ultimately be divided'" (Josh. 7:19).

[86] Rashi: "And Achan answered— He saw the men of [the tribe of] Judah assembling for war, and he said, 'It is better that I alone should die rather than have many thousands of the children of Israel killed'" (Josh. 7:20).

132 דאר מיט ווערשטו גוט׳ אירן. אונ׳ עש ווערט וואל קומן דיין ציל.[87]
ניט טוא דר פֿיר שווירן. אונ׳ ווארום ווילשטו ליידן קוויל.[88]
דאז גורל ווייזט קיין ליגן.[89] דאז איז איביג וואר.
אונ׳ ווארום ווילשטו ישראל ביטריבן. עש וועלט ניט אום איין האר:

133 דער נאך ענטוורט עכֿן. ליבר גוט׳ איך האב גיזינד.
ישראל עש הורטן אונ׳ זאכֿן. אונ׳ ניט לייקנן קונט.
ער שפראך איך האב גינומן. פֿון זק ראויב.
איבר איין שטיק גאלד בין איך קומן. אונ׳ האב מיך גימכֿט אויש דען שטויב:[90]

134 אונ׳ איין מנטיל דער וועגט [.] צווייא הונדרט פֿונט[91]
מיט דען שטיק גאלד. דא נאם איכֿש אויף איין שטונד.
עש וואר ויל געלט ווערט. אונ׳ איך הט דר צו גרושן לושט.
דוא האשט עש ווער ווערט. אונ׳ דער יצר הרע הוט מיך דער צו גימושט:

135 איך הב עז גינומן. אונ׳ האב עש היא ווער בארגן אין איין* גיצעלט.
וועלט איר איך וויל מיט אייך קומן. נימט אירש ווען איר וועלט.
דאז גאלד אונ׳ זילבר ליגט אונטן. דער מנטיל אובן אויף.
עז גיט אב בייא צווייא [הונדרט] פֿונטן. איך האב גרושי חרטה דרויף:

136 יהושע שפראך לויפֿט בהענד. אונ׳ ברענגט עז הער.
אז עש ניט קומט אין אנדרי הענד. איך ביט אייך זער.
זי ווערן דר נאך זאגן. ער הוט עש ניט גיטאן.
11a אונ׳ ווערן זיך מיט דען שבטים שלאגן. דרום ליש ער אין גערך | ברענגן לאן:[92]

137 דא בראכֿט מן עש צו טראגן. אז עכֿן גירעט הוט.
יהושע טעט נוא נימר קלאגן. ער בראכֿט עש אין הויז גוט׳
ער שפראך גוט׳ דוא זאלשט אונש גינאדן. די זינד נימר גידענקן.
די זינד זאל אונש נוא נימר שאדן. מיר טונן עש ווידר אין דיין ביהלטניש שענקן:

87 See Rashi's words in footnote to YC130d.

88 It is unclear whether this is a threat of actual torture, or an attempt to frighten Achan with the fate he should expect in Hell.

89 Proverb: "The lot never lies." See footnote to YC130b.

90 Idiom: "To flee" [lit. "Leave the battle"]. Grimm 2021, Staub, II3c: "Sich aus dem staube machen, eigentlich den kampfplatz fliehend verlassen, sich heimlich von dannen stehlen [...] ja staub scheint hier so ziemlich für 'kampf' selbst zu stehen."

91 The retelling differs from the original. The Bible mentions a garment, two hundred shekels of silver and a wedge of gold (Josh. 7:21). Cf. YC135c.

92 Rashi: "And they ran to [his] tent— They wanted to get there before the tribe of Judah had a chance to remove the articles and deny the accuracy of the lots" (Josh. 7:22).

135a According to the biblical text (Josh. 7:21), perhaps s.b. מיין.

138 דר נאך נאם ער עכֿן. אונ׳ אליש וואז ער הוט גינומן.
כל ישראל צו זאכֿן. פֿיך אונ׳ ווייב מושטן אל דאר קומן.
מען טעט זיא ווער שטיינן. אונ׳ ווער ברענן דר צו.
מן ליש ניט איבר איינן. דר נאך הוט יהושע רוא:

139 ער שפראך גוט׳ הוט דיך טון ביטריבן. אז דו הושט ישראל ביטריבט גימיין.
נון זיין לידיג ישראל די ליבן. עז איז בעשר אום דיך אליין.
אודר דוא הושט דיין זך [.] גאר וואל בישטעלט.[93]
דוא הושט עש טון ביקענן דוא ווערשט האבן רוא. אויף ייענער וועלט:[94]

140 מן מכֿט איין היפשן שטיין. אובן זיין גראב.
דר נאך בליב ער אליין.[95] ביז אן הייטיגן טאג.
ער לאג אונטר איין בערג. דער וואר עמק עכֿור גיננט.
דיא זינד וואר ווער געבן. גוט׳ רופֿט יהושע צו הנט:

Josh. 8

141 ער שפראך צו יהושע. נון ביט ווער אל די לייט.
אונ׳ טוא אויף העי ווידר ציהן. דוא ווערשט גיווינן די שטרייט.
דוא מושט זעלברט מיט.[96] אונ׳ ניט דא היימן בלייבן.
ווען אלזו איז דער זיט. דוא מושט די קוגיל צום ציל טרייבן:[97]

142 ער שפראך צו יהושע נון העי גיב איך אין דיינר הנט. זיך לאז קיינם לעבן.
דוא זולשט ניט ווערן איבר מנט. אין דיינר הנט וויל איך זיא דיר געבן.
שלאג צו טוט יונג אונ׳ אלט. פֿרויא אונ׳ מאן.
גלייך אין דיינר גישטלט. אז דו הושט צו יריחו גיטאן:

143 טוא קיין חרם מכֿן. נייארט דען זק ראויב צוא אייך.
טוט אייך וואל ביזאכֿן. טיילט אלש גלייך.
איין ראט וויל איך דיר געבן. וויא דוא גיווינשט די שטאט.
טוא אויף מערקן עבן. אונ׳ פֿאלק[!] מיינן ראט:

93 Idiom: “You will deserve what you get” [lit. “You ordered well your thing”].

94 Idiom describing death: “You will have peace in the world to come” [lit. “The world yonder”].

95 Idiom describing death: “He remained alone.”

96 Rashi: “And he went up— He fulfilled that which God had said to him, ‘If he goes at their head, they will cross, and if not, they will not cross’” (Josh. 8:10).

97 Idiom: “To succeed in one’s mission” [lit. “You must bring the bullet to the target”]. It appears that this idiom refers to a gaming ball rather than to the shooting of weapons. Grimm 2021, Kugel, 3: Von der spielkugel, kegelkugel stammen redensarten, die auf allgemein menschliche vorgänge angewandt werden. […] zwischen kugel und ziel kommen […] vom erfolg und ausgang eines strebens.”

144 נים זעקש טויזנט מאן.[98] אונ׳ שיק זיא בייא נבֿט ואר בארגין.
איין אונטר לאגונג זולשטו טון. אז זיך די שטאט ניט ווערט ביווארנן.
לאזן זיא זיך הלטן שטיל [.] אז מן אירר ווערט ניט ווערן גיוואר.
11b דער נאך צוך דוא אונ׳ ליג דיך [.] | מיט כל ישראל דער פֿאר:

145 אזו טעט יהשע[!] דר נאך נאם ער זעקש טויזנט מאן. אונ׳ שיקט זי בייא דער נכֿט.
דר נאך האב ער אן שטורמן. קיגן דען טאג אז מען אויף וואכֿט.
דיא זיצר העי. ווארן אירר גיוואר.
זיא האטן איין גרוש גישרייא. זיא מיינטן עש זולט גין וויא ואר:

146 זיא שוסין ארויש מיט קרעפֿטן. אונ׳ שפנטין אויף דאז טור.
זיא נאמן דיא שווערטר בייא דען העפֿטן. אונ׳ לופֿן ישראל אנקיגן גאר.
זיא ווארן אן פֿר צאגט. אונ׳ ווארן מאנן קינן.
זיא שפראכֿן עש זייא גיוואגט. זיא לופֿן צו ישראל הין:

147 ישראל טעטן ווייכֿן. אז וועך זי וואלטן וליהן.
דיא גוים שרייען אלי גלייכֿן. אונ׳ טעטן נאך ציהן.
זיא וואלטן ישראל נאך יאגן. אונ׳ לישן אופֿן איר טור.
דא קאמן די הינטר ווערליך [.] אונ׳ נאמן איין די שטאט גאר:

148 פֿון דען וואושטן זיא נישט צו זאגן. אונ׳ ייאגיטן ישראל נאך.
דיא הינטר צעגיר דיא טעטן די שטאט אן צינדן [.] עש גינג* דר פֿון איין רויך.
דיא שטאט לייט זאכֿן הינטר זיך. אונ׳ זאכֿן אירי שטאט ברענן.
זיא שרייאן ייעמרקליך. אונ׳ לופֿן הינטן איין איטליכֿר וואז ער לויפֿן טוט קענן:

149 ערשט ביגיגנטן זיך דיא הינטר לעגיר. אונ׳ זיא שלוגן זיא מיט ריידן.
דיא זאכֿן אירי שטאט ברענן. זיא ווערטן זיך אלש ור ליידן.
ישראל טעטן אויך אום קערן. דיא גוים ווארן אין דער מיט.
זיא קונטן זיך ניט ור שרעקן ווירן. אויך הוט עש זיא גיהולפֿן ניט:

150 דיא שטאט וואר ביצוואונגן. דיא ווארן אל דר שלאגן.
דיא הרוגים ווארן צוועלף טויזנט [.] אזו טוט אונש דאז ספר זאגן.
זיא פֿאנדן דינן ויל גוטץ. ויל שאף אונ׳ קעלבר אונ׳ קיא.
רייכֿטום אויש גיפֿלן פֿיל [.] זיא ביהילטן עש אלש זעלבר אן מיא:

[98] The source for this is obscure. The biblical text (Josh. 8:12) speaks of 5,000 people.

148b original form: גינן

151 דיא שטאט טעטן זיא ור ברענן. אונ׳ לישן זיא שטין ווישט.
ישראל גאבן זיך צו דר קענן. זיא הטן וואל גיפֿישט.[99]
דען קיניג טעטן זיא הענגן [.] אן איין גלגן ער הינג.[100]
זי טעטן אין ווידר הראב [.] אז דר אובנט אונטר גינג:

152 זיא ביגרובן אין אין טור. פֿור העי אין דער שטאט.
דא לאג דער שעלם | גאר. אידרמן איבר אין טריט.[101] 12a
דיא ווארפֿן אויף אים [.] איין גרושן הויפֿן שטיין
ישראל צוגן פֿון דנן. דער שעלם לאג דא אליין:

153 ישראל ווארן וואל גימוט. אונ׳ הטין ווידר איין הערץ.[102]
פֿון טנצן אונ׳ שפרינגן. פֿון שימפפֿן אונ׳ שערץ.
זיא לובטן גוט׳. דער זיא הוט הילף גיטאן.
אונ׳ דער אלש צו מכֿט הוט. אונ׳ דער זיא ניא הוט טון ואר לאן:

154 דען טעט יהושע [.] איין מזבח בויאן.
אונ׳ לאג אויף זיין קניען. אונ׳ לובט גוט׳ מיט טרויאן.
אונ׳ בראכֿט אויף קרבנות [.] אז דער צו גיהערט.
ער בויאט עש אן אייזן [.] אן הקין אונ׳ אן שווערט:

155 אז דא שטיט גישריבן אין דער תורה. דורך משה גוט׳ש קנעכֿט.
ער בויאט אין אן אייזן. ער מכֿט אין גאר רעכֿט.
דער* שריב ער כל התורה [.] אויף איינן שטיין.[103]
אונ׳ די כהנים אונ׳ לוים [.] בייא דען שריין:

156 ער שטעלט הלב ישראל [.] אויף הר עבל.
דיא אנדר העלפֿט אויף הר גריזים זיין זול. די כהנים אונ׳ לוים שטונדן אין טאל.[104]
אונ׳ שרייאן [.] מיט העלן מוט.
ועך ולוכֿט מוז זיין דער מאן [.] דר איין עברה טוט:[105]

99 Idiom: "They were successful" [lit. "They fished well"].
100 See footnote to YP160b.
101 The source for this is obscure. Cf. Josh. 10:24.
102 Idiom: "They were brave" [lit. "They had a heart"]. See footnote to YC95a.
103 The retelling differs from the original. The Bible mentions "stones" in the plural (Josh. 8:32).
104 Radak: "Half of them– Six tribes went up to Mt. Gerisim, Simeon and Levi and Judah and Issachar and Joseph and Benjamin, and six went up to Mt. Ebal, Reuben and Gad and Asher and Zebulun and Dan and Naphtali, and the priests and the Levites and the Ark remained below" (Josh. 8:33).
105 Radak: "They uttered a curse: Cursed be the man that shall make any carved or molten image" (Josh. 8:33). Cf. SM387d.

155c According to the biblical text (Josh. 8:32), perhaps s.b. דא.

157 ישראל מושטן גערן אמן זאגן [.] די דא שטונדן אויףביידן זייטן.[106]
זי ווארן מקבל אויף שבֿועה. צו דינן גוט׳ צו אלין צייטן.[107]
משה רבינו הוט עש ביפֿולן. אונ׳ אין דער תורה גישריבן איין.
דרום טעט עש יהושע אלש אום ור הוילן. אונ׳ וואלט אלש מקיים זיין:

158 דער נאך לייאט יהושע [.] כל התורה כולה גאר.
דען יונגן אונ׳ דען אלטן [.] לייאט ער זי ואר.
דען ווייבר דעש גלייכֿן. ער מיינט עש אלש גוט.
ער דינט גוט׳ מיט הערצן. ניט אנדרש אין זיינן מוט:[108]

159 דא עז נון ווארן גיוואר [.] אלי קיניגרייך. Josh. 9
זי שריבן אלי צו אננדר [.] אלי קיניג גלייך.[109]
די דא וואונטן איבר דען ירדן [.] אונ׳ זינשט הין אונ׳ הער.
אלי קיניג החיתי [.] אונ׳ אלי וואונר דאז מער:

160 זי מאכֿטן זיך אלי איין בונט [.] אונ׳ שווארן טרייא אונ׳ איר.
זי זולטן קומן בייא טרויא אונ׳ איר [.] מיט איין ואלק אז זנט אין מיר.
זיא וואלטן ישראל הינטר זיך טרייבן. אונ׳ ניט ווייטר לאשן.
די קיניגן טעטן זיך מיט אננדר פֿער שרייבן. לייב אונ׳ לעבן בייא אננדר לאזן:

161 נון היש הין איין שטאט גיבֿעון [!] [.] אונ׳ צווייא שטעט דער בייא.[110]
זיא טעטן ישראל אונ׳ יהושע [.] איין גרושי ביברייא.
12b זיא וואונטן ניט ווייט פֿון זיא [.] | אונ׳ זיא האטן גרושי וארכֿט
זי וואושטן ניט וויא* זי וואלטן האבן גערן שלום גימכֿט. זי הטן איין לישט דער דכֿט:

[106] Radak: “They uttered a blessing [...] both parties answered ‘Amen,’ then they looked over to Mt. Ebal and uttered a curse [...] and both parties answered ‘Amen’” (Josh. 8:33).

[107] The source for such an oath is obscure, although it may be implied from the saying of ‘Amen’ as mentioned in Radak’s words above.

[108] Idiom: “He served God piously” [lit. “He served God with his heart as well as with his soul”]. Grimm 2021, Mut, II2: “Herz und mut.” Cf. “And thou shalt love the Lord thy God with all thine heart, and with all thy soul, and with all thy might” (Deut. 6:5).

[109] The source of this correspondence is obscure. Cf. “And he wrote to him the princes of Succoth” (Judg. 8:14).

[110] The retelling differs from the original (Josh. 9:3).

161d A period was printed here.

162 עש צוגין אויש דער גימיין. אונ׳ טעטן צו ריסני קליידר אן אין דער וואַרטן
אז מן זיא זולט קענן קיין. אז שלוחים פפלעגן צו טון.[111]
זי הטן מיט צוויר גיבקני ברוט. אז קעמן זי פֿון ווייטן וועג.[112]
אונ׳ אויך דר צו גיפֿליקטי צו ריסני שוך. אונ׳ זי שטעלטן זיך דער צו גאר טרעג:

163 זיא האטן גישפלטני לעגיל מיט וויין. אונ׳ שטעקן אין דר הנט.[113]
אירי האדרן אין זעקן גיבונדן איין. אז מען זיא ניט דער קנט.
זי קאמן צו יהושע [.] אונ׳ צו אל דער גימיין.
זי טעט זיא ליפליך גרישן [.] גוט׳ גריש אייך גרוש אונ׳ קליין:

164 מיר זיין הער וואַרן צו אייך גיזנט. וואל איבר טויזנט מייל.[114]
גאר פֿער אויז ווייטי לנד. גישווינד אין איינר אייל.
אייער פֿארכֿט איז גיפֿלן. פֿון עק דער וועלט.[115]
דא ברענגן מיר פֿון אלין. זי וואלטן האבן גערן איין זיכֿר הייט גישטעלט:

165 עש זיין וינף שטיט. בייא זיצר דען מיר.[116]
דרייא יאר מען דריבר גיט.[117] ווען גלייך גיט זיר.
נישט דער מינר זי שלום ביגערן. אונ׳ פֿריד מכֿן אלי גלייך.[118]
זי ווערן אייך ור אירן. אונ׳ דרום קומן מיר צו אייך:

166 יהושע ענטוורט זי מיט זיטן. ווער ווייש אוב איר הט וואר.[119]
ויל לייבֿט זיצט איר אין לנד אין דער מיטן. אונ׳ זייט בייא אונש גאר.
זיא שפראכֿן קונט איר ניט מערקן [.] ליבר הערי מיין.
אן אונזרן וואַרטן אונ׳ ווערקן. זעבֿט וויא אונזרי קליידר צו ריסן זיין:

111 Rashi: "They presented themselves as envoys— They made themselves look like messengers. The word יִצְטַיָּרוּ messenger, is from צִיר, 'וְצִיר בַּגּוֹיִם שֻׁלָּח', ['And a messenger was sent among the nations,' Obad. 1:1]" (Josh. 9:4). This may be a realistic portrayal of rabbinic emissaries from the Land of Israel, and the description of their torn clothes may reflect their long journey to Europe. Such emissaries were known in the late sixteenth century as שליח (pl. שלוחים), cf. Mishnah, Sanhedrin 11:44. In Ashkenazic lands the term משולח was also prevalent (Ya'ari 1997 (I), 30f).

112 Rashi: "Worn-out sacks— To give the appearance that they were coming from a distant land" (Josh. 9:4).

113 The source for the mention of the canes is obscure.

114 Idiom describing a great distance: "Well over a thousand miles."

115 Idiom describing a distant place: "The end of the world." Cf. Grimm 2021, Ecke, 4; „אין עק וועלט [...] ווו די וועלט האָט אַן עק" (Stutchkoff 1991, 94).

116 The source for this is obscure. This may rely on Josh. 13:3: "Five Lordships of the Philistines." See also the description of the five Emorite kings, in Josh. 10:5.

117 The source for this is obscure.

118 Radak: "It may be that thou dwellest among us– [...] And the covenant is to be at peace with them" (Josh. 9:7).

119 Idiom: "You are telling the truth" [lit. "You have verity"].

167 די קליידר האבן מיר נייא גימכֿט. אז מיר צוגן אויש.
דאז ברוט האבן מיר פֿריש גיבאקן. דיא ווירם קריכֿן נוא ארויש.
די לאגילן זיין גיוועזין נייא: דא מיר מכֿטן זיך אויף דען וועג.
נון מערקט זעלברט דער בייא: דז מיר זיינן ניט גיוואנדרט טרעג:

168 מיר וואנדרן ניט טרעג אונ׳ וואנדרן נון צייט. אונש זייא נוא צו רישן אונזרי שוא.
אונזרי הערן ביגערן קיין שטרייט. זיא וועלן ועד שפארן דיא מיא.
נון וועלט איר איין זיכר הייט ועד שניידן. דא זאגט ניין אודר יוא.
דא וואנדרן מיר ווידר צו הויש. אונ׳ ברענגן* ווידר ענטוורט דרויש אזו:

169 | זיא גינגן אלי צו אננדר [.] יהושע אונ׳ אלי גימיין. 13a
זיא שפראכֿן איינר אז דער אנדר [.] יוא אונ׳ ווארום ניין.
ווייל זיא יוא וואנין אזו ווייט. ווארום ניט שלום גימכֿט.
מיר קומן דאך ניט הין צו שטרייט. אין איינם יאר אודר אכֿט:

170 אזו טעטן איין שווערן [.] בייא גוט׳ ישראל.
אז דיא ביזן ניט וואלטן קומן [.] צו אין איבר דיא שוועל.
אונ׳ ועד שנידן איין זיכֿר הייט. אונ׳ ורעגטן גוט׳ ניט ואר ראט.
נון ווארן דיא שלוחים[120] פֿון גבעון [.] גאר איין ווייטי גיוועלטיגי שטאט:

171 אן דען דריטן מורגן. קאמן ישראל צו זיא.
יהושע דר שראק מיט זארגן. ער בידוכֿט מיט זארגן דאז ווערט מכֿן מי.
אונ׳ שפראך אונ׳ ווארום הוט איר אונש ביטרוגן. אונ׳ ניט* ווארהייט.
אונ׳ אזו גנץ גילוגן. אז מיר ור שנידן איין זיכֿר הייט:

172 זיא שפראכֿן ליבר יהושע [.] דאז איז אלש קיין וואונדר.
מיר האבן מיזן ציהן [.] מיר האבן זיך גיפֿארכֿט איטליכֿר ביזונדר.
פֿון וועגן אונזר לייבש. האבן מיר דאז גיטאן.
איינר דער רעט גערן זיין לייב אונ׳ לעבן. דרום קנשטו אונש ניט ור איבל האבן:

173 וויא וואל מיר האבן גישווינדי שטיט. אונ׳ גישווינדי קיניגרייך.
גיבעון איין גישווינדי שטאט. נאך איז עש נישט קיגן אייך.
הוט איר סיחון אונ׳ עוג גישלאגן [.] דא זיינן מיר איין טרנט.[121]
אן וואז מיר הירן זאגן [.] פֿון מצרים לנד:

[120] See footnote to YC162b.
[121] Metanalysis of the verb אנט רנט (entrannt).

168d original form: ברענגן | 171c A verb seems to be missing here, perhaps s.b. גיזגט.

174 נון הוט איר ירחו[!] פֿור איין גינומן. אונ׳ העי דר צו.
דא הון מיר גיטאן אז דיא ורומן.[122] אונ׳ האבן אונש גישפֿט רוא.
איהר אייד ווערט איר ניט ברעכֿן. איר* זייט ורומי לייט.
וואז ווערן דיא לייט שפּרעכֿן. ווען איר זעלכֿי זייט:

175 וואז קונטין ישראל זאגן. עש וואר גישעהן נון.
זיא זאשן בייא ישראל. בייא אל אירי טאגן.
עש קאם יהושע מכֿט זיא שפֿל [.] זיא לײדן עש גערן.
זיא מושטן הקין האלץ. אונ׳ וואשר שעפּֿיר ווערן:

176 דא מען טעט דאז בית המקדש בויאן. דא דרפֿט צוא דען קרבנותֿ פֿיל הולץ
זי מושטן וואשר שעפּֿין אונ׳ האלץ הויען. אונ׳ ווען זיא ווערן נאך אזו שטולץ.
זא ווער עש אלזו גיבליבן. אונ׳ זיא טורשטן זיא נישט צו טון.
דאז וואר איין גישריבן. ישראל צוגן ווייטר דר פֿון:

177 | זיא הורטן אלי קיניגן* [.] וויא זי הטן דיא גבעונים גיטאן. 13b Josh. 10
זי קאמן צו שטרייטן אלי גלייך. זיא וואלטן עש ניט ליגן לאן.
זיא וואלטן גיבעון ער שטערן. עש זולט זיא ווערן לייד.
איין אנדר מאל טוט אייך ווערן. ניט ער שנייט איין זיכֿר הייט:

178 מיט ישראל אונזרי פֿיינטן. הוט איר אויך ער ריכֿט.
מיר מוזן דער צו זעהן. אז עש נימר גישיכֿט.
איר מושט אל שטערבן. דא ווערט עז קיין שטאט מין טאן.
איר העט ליבר קענן דער ווערבן. איר הוט אין שטערק שטיט קיני מאן:

179 אזו קאמן הער. פֿיל דער קיניגרייך.
פֿאלק אז זנד אין מיר.[123] אל אויף גיבעון גלייך.
זי ווארן זיר ביטרכֿט. אונ׳ שריבן יהושע צו.
מיר זיינן יוא אין דיינר מכֿט. קום בלד אונ׳ שף רוא:

180 ניט טוא גידענקן. די לישט די מיר האבן גיטאן.
גרוש רייכֿטום וועלן מיר אייך שענקן.[124] איר זולט אונש ניט ער לאן.
וויא מיר זיך האבן פֿר שריבן. אזו וועלן מיר טון.
ניט אויש גיבליבן. נארט דוא זולשט אונש הילף טון:

[122] Simile: "We did what pious people do." See also YC50d.
[123] Idiom: "A lot" [lit. "Like sand in the sea"]. See footnote to YC87d.
[124] The source for this is obscure.

174c original form: אייר | 177a According to the rhyme scheme, here perhaps s.b. קיניג רייך.

181 ניט זוים[125] אז מיר ניט ווערן איבר דרונגן. ווען דאז פֿאלק איז גרוש אונ׳ ויל.
אז ניט דיא שטאט ווערט איבר דרונגן. קומט בלד צום ציל.
זיא וועלן אונש ניט טון שענקן. אז מיר האבן וריד גימכֿט.
דרום טוט אייך בלד לענקן. אונ׳ טוט אויף זיא קומן בייא נכֿט:[126]

182 דא וועלן מיר אויש דער שטאט רוקן. אונ׳ זיא זיינן אין דער מיט.
אונזרי וויר וועלן מיר צוקן. זיך ור לאש אונש ניט.
יהושע וואר אין זארגין [.] ער וואושט ניט וויא ער זולט טון.
אונ׳ דא עש קאם מורגין [.] גוט׳ רופֿט יהושע נון:

183 ער שפראך יהושע [.] זייט אונ׳ ור צאגט.
פֿלוקש דוא זאלשט [.] ציהן קען גיבעון אי עש טאגט.
פֿל אויף זיא אורביצלינג. אין דיינר הנט וויל איך זיא געבן.
זייא נייארט גוטר דינג.[127] אונ׳ לאז קיין לעבן:

184 אזו שריב ער גיבעון צו. זייא אונ׳ ווער צאגט.
מיין הילף איך אייך טוא. מורגן אי עש טאגט.
דא נון דיא גבעונים [.] דאז וואר גיוואר.
זיא ליסן גרושי ביקסין אויש [.] אויף דיא קיניגרייך שאר:

185 דיא קיניגרייך ווארן קעק. זיא דראנגן צו דער שטאט צו.
עש האלף זיא | וואל איין דרעק.[128] מן ליש זיא וויניג רוא. 14a
אין דעם קאם יהושע מיטן דריין. יהושע מיט דער גנצן שאר.
זיא לופֿן אן דען הויפֿן אניין. איין גישווינדר שטרייט עש וואר:

186 זי טעטן ישראל גידרנק. עש ווארן אירר פֿיל אז זנד אין מיר.[129]
דאז גישליג גיוועורט לנג. זיא האטן גרוש גישיץ אונ׳ שיני ווער.
גוט׳ טעט דאז זיין. ער ליש פֿון הימל רעגנן גרושי שטיין אראב.
מיט דען טעט ער זיא גרוש פיין. ער ווארף זיא אלי דיא אב:

187 גוט׳ דער שלוג מין [.] אז די ישראל גימיין.
ער ליש האגילן זער [.] גאר מערטליך שטיין.

[125] Cf. Deborah's approach to Barak, SM52d.

[126] According to Josh. 10:9.

[127] Idiom: "Be happy" [lit. "Just be of good things"]. See also SM347d. Grimm 2021, Ding, 18: "Die redensart guter dinge sein vergnügt fröhlich heiter sein"; Schumacher 2006, Ding, 321.

[128] Idiom: "It was completely useless" [lit. "It helped them like dung"].

[129] Idiom: "A lot" [lit. "Like sand in the sea"]. See footnote to YC87d.

זיא מושטן אלי שטערבן. ווער הוט דאז גיהורט מער.[130]
זעלבֿי הילף פֿון גוט׳ צו דער ווערבן. גילובט זייא זיין הייליגר איר:

דיא איבריגן טעט יהושע יאגן. ביז דיא לבֿנה וואלט אויף גין. 188
דיא זון וואלט גין אונטר. ער זאך זיא איבר גיבעון שטין.
ער שפראך זון איך גיביט* [.] ווארט אונ׳ שטיא אויף דיין אורט.
לבנה גיא ניט אויף [.] ער איר ווער באט:[131]

מאכֿט מיר איין טאג איין לנגן [.] אז איך מייני ויינד דער יאג. 189
עש וואז איין גרויש וואונדר [.] עש וואר אכֿט אונ׳ פֿירציג שעות לנג דר טאג.[132]
נון וראגט מן אזו ווייט אז דיא וועלט.[133] וואז דאז ביטייט.
מן שפראך יהושיע הוט זיא אלזו גישטעלט. פֿון וועגן זיינר שטרייט:[134]

דאז צייכֿן וואר מן גיוואר גיווארן. בייא אלין ועלקרן אויף ערדן. 190
זיא וארכֿטן זיך ווער ישראל שארן. זיא וואלטן שטרייטן צו פֿוס אונ׳ צו פֿפֿערדן.
עש האלף זיא ניט. אל איר שטערק.
ווען גאט וואר בייא אונ׳ מיט.[135] גילובט זייא ער אין אל זיין ווערק:

נון הטין זיך דיא קיניגן ווער בארגן. צו מקדה אין איין היל. 191
זיא זאשן דינן אן אלין זארגן. אונ׳ לייד[ן] גרושי קוויל.
עש ווארן אירי וינף [.] מן וואר אירר גיוואר.
מען טעט עש יהושע זאגן צו ווישן. אין אונ׳ אל זייני שאר:

ער ליש נעמן איין גרושן שטיין. אונ׳ מויארט דיא היל צו. 192
דריין ווארן דיא קיניגן גיפֿנגן. אונ׳ קונטן ניט אויש אנדרש וואו.
מן ליש זיא נימר אין איר שטיט [.] מען גאב זיא וואשר אונ׳ ברוט.
14b | אונ׳ לישן גרושה ניט. זיא ווערן ליבר גיוועזן גיטיט:

130 Cf. Josh. 10:14.

131 The retelling differs from the original. According to the Bible, the sun and the moon were seen simultaneously in the sky, namely the sun at Gibeon and the moon at the valley of Aijalon (see Rashi on Josh. 10:12). The epic implies that as long as the sun did not set, the moon could not be seen.

132 "And the sun stayed in the midst of the heaven and hasted not to go down about a whole day. How long [is day-time said to have lasted]? [...] R. Samuel b. Nahmani said: Forty-eight [hours]" (BT 'Abodah Zarah 25a).

133 Idiom: "Very far." See footnote to YC111a above.

134 The biblical mention of the Book of Jasher (Josh. 10:13) has been omitted.

135 Idiom: "God helped them" [lit. "God was close (to them) and with (them)"].

188c redundant (double): אונ׳

193 דער נאך טעט יהושע זאגן. לאשט איירן פֿיינט ניט אין אירן שטיטן.
אונ׳ טוט זיא טוט שלאגן. דא קומן מיר בלד אויש ניטן.
דיא וינף קיניגן זיין גיפֿנגן. פֿלוקש יאגיט מען זיא נאך.
אוב ער זיא קונט דער לאנגן. אונ׳ טעט זיא אן שנד אונ׳ שמאך:

194 דא ישראל ווארן בייא אננדר. אונ׳ ווארן ווידר צו אננדר גיקומן.
איין טייל הטין זיא דער שלאגן. איין טייל ווארן אנטרונן.
יהושע שפראך צו ישראל [.] פֿירט דיא וינף קיניג ארויש.
מיר וועלן מיט זי שפילן [.] אז קץ מיט דער מויז:[136]

195 מן ווארף הראב דיא שטיין. אונ׳ טעט די וינף קיניג ברענגן.
מען פֿירט איין אונ׳ איין. אונ׳ ליש אין הענגן.
אונ׳ אי מען זי גיהנגן הט [.] דא טעט יהושע איין עטליכֿי גיבורים בעטן.
קומט הער אונ׳ טוט עץ [.] דען קיניג אויף דיא אקסיל טרעטן:

196 נון ווארן דיא גיבורים אין שרעקן. אי איינר הער טראט.
קיינר טעט גערן. וואז יהושע גיבוט.
איינם קיניג אויף די אקסיל צו טרעטן [.] דז וואר אין ווידר די נטויאר.
ער שפראך מאכֿט נארט פֿארט [.] לאשט אייך דונקן זי זיין פויער:

197 ער שפראך גוט׳ הוט עש גיבאטן. אונ׳ אזו אן גישריבן. איך וויל עש אלזו האן.
דרום פֿאלגט איר ליבן. זיין ווילן זולט איר טון.
עז שטיט אין דער תורה [.] איר ווערט אויף איר היך טרעטן.[137]
דען פסוק זייט מקיים [.] אונ׳ לאשט אייך ניט בעטן:

198 דיא תורה הוט ניט אום זינשט אן גישריבן. איך וויל עש אלזו האן* עש מוז אליש ווערן וואר.
עש ווערט נישט אויש גיבליבן. עש פֿעלט ניט אום איין האר.

[136] Idiom: "We will kill/torture them" [lit. "We will play with them like the cat plays with the mouse"]. This is a naturalist simile describing a conflict between parties unmatched in terms of strength. See also YC225d. Cf. "מרדכי שפילט מיט המן אלש די קאץ מיט דער מויז„ (Matut 2011 (II), 90); "שפילן זיך„ די קאַץ שפּילט זיך מיט דער מויז, אָבער אָפּלאָזן לאָזט זי זי ניט אָפּ" (Bernstein 1908, 229, no. 3157); "ווי א קאץ מיט א מויז" (Bastomski 1920, 86); "Die Katze spielt mit den Mäusen, wenn sie satt ist" (Simrock 1988, 283, no. 5474); Grimm 2021, Katze, 2b: "Es spilt der teufel mit den menschen wie ein katz mit der maus."

[137] "Thine enemies shall be in subjection to thee, and thou shalt tread upon their high places" (Deut. 33:29). Rashi: "And thou shalt tread upon their high places— Just as it is said, 'Put your feet upon the necks of these kings' [Josh. 10:24]" (ibid.).

198a According to the rhyme scheme and the stanzaic form, the words איך וויל עש אלזו האן are redundant.

וואז מיר קומט אין מיין הענט. וויל איך אלז מקיים זיין.
אז דיא לוזן שעלם גוט׳ זי שענד. טרעט אז אין די הונט אניין:[138]

199 דא נון דיא זון אונטר גינג. מען ווארף זי אין די היל אניין.
מן נאם די פֿון גלגין[139] וואו איקליכֿר הינג. אונ׳ מען ווארף אויף זיא איין הויפֿן שטיין.[140]
אונ׳ די שטאט פֿון מקדה [.] ווארּ פֿון זיא אין פֿייאר.
דיא ויינד ווארן דער שלאגן [.] דער קריג ווארּ זיא טייאר:

200 דער נאך צוגן זיא פֿון לבֿנה. אונ׳ נאמן זיא בלד איין.
זיא טעטן איר אז מקידה [!]. דען | קיניג טעטן זיא אן גרושי פיין. 15a
זיא פֿער ווישטן אליש [.] אונ׳ דער שלוגן מיט דען שרפֿן שווערט.
עש קאם קיינר דר פֿון מיט דעם הלז[141] [.] וועז גוט׳ האט עז ער ווירט:

201 דער נאך צוגן זי פֿון ליבנה [!] [.] אונ׳ קאמן קען לכֿיש.
דיא שטאט ווארּ גאר בלד ביצוואונגן [.] זיא ווער ברענטן זיא אויך להכֿעיס.[142]
דיא לייט ווארן גיטיט [.] מען טעט זיא אן קוויל.
וועז גוט׳ הוט גיבאטן אויף אלי שטיט [.] מען זול ניט לאזן קיין זיל:

202 דר נאך צוג קיניג יהורם [!]. אויף מיט ויל טויזנט מאן.[143]
ער קאם צו ציהן דרום. ער וואלט דען שטיטן הילף טאן.
זיא הטין אין גידינקט. אונ׳ גאר זיר ווער אירט.
זיין ואלק ווארּ בלד צו טרנט. ער ווארּ גישטרופֿט מיט דעם שווערט:

203 דער נאך צוגן זי קען חבֿרונה [!] אונ׳ קען עגלונה [!].אונ׳ טעטן דרויף שטרייטן.
זיא שטעלטן זיך מיכֿמונה [!].[144] מען נאם זיא איין ביצייטן.
ווארּ ויל ואלק דינן. איר שטרייט ניט לנג גיווערט.
עז קונט קיינר אנטרינן. זי ווארן אל דער שלאגן אין שווערט:

138 Idiom, simile: "Humiliate them" [lit. "Step on them as on dogs"]. The mention of dogs may result from Josh. 10:21: "No man moved his tongue against the children of Israel," and Rashi's commentary to that: "חָרַץ indicates the speech of the tongue. Similarly, 'A dog will not sharpen its tongue' [Exod. 11:7]." Cf. „אַז מען וויל זאָגן, דאָס איינער רעגירט שוין צו פֿיל מיטן צווייטן, ער פֿאַראַכט און ערנידריגט אים, זאָגט מען: ,ער טרעט אים אויפֿן קאָפּ'. [...] די דאָזיקע רעדנסאַרטן האָבן געוויס זייער אָפּשטאַמונג פֿון דעם זייער אַלטן מינהג צו טרעטן אויפֿן קאָפּ און דעם האַלדז פֿון דעם געפֿאַלענעם פֿײַנד, אין שפּעטערע צײַטן האָט מען זיך בענוגענען געלאָזט מיט שטעלן די קני אויפֿן האַרצן פֿונעם באַזיגטן." (Elzet 1920, 31).

139 See footnote to YC151c.

140 The retelling differs from the original. According to the Bible (Josh. 10:27), the stones were gathered at the cave's entrance, not over the corpses.

141 Idiom: "No one survived" [lit. "No one came from there with his neck"]. Grimm 2021, Hals, 4f–g, 8d.

142 The source for the burning of the city is obscure. Cf. the burning of the Ai (Josh. 8:28).

143 The source for this is obscure.

144 The source for a place called Michmon or Michmona is obscure.

204 דער נאך צוגן די פֿון חבֿרונה[!] אונ׳ קאמן קען אשקלונה[!].[145]
גאר איין קעשטליך אורט.
מען טעט זיא איבל לונה. זיא ווארן בלד דער מורט.
מען ליש נימנט איבר בלייבן. עש זייא הער אודר קנעבֿט.
אזו טוט אונש דאז ספר אן שרייבן. ווען אזו וואר דאז רעבֿט:

205 זיא טעטן ווייטר ציהן. אונ׳ טעטן קיין דבירה[!] קומן.
זיא טעטן זיך ניט ויל מיאן. דיא שטאט וואר גאר בלד איין גינומן.
זיא טעטן דען קיניג. אז דיא אנדרן קיניגן הטין גיטאן.
איר ביטן האלף וויניג. ער מושט שטערבן מיט אל זיין מאן:

206 וואז זול איך אייך פֿיל שרייבן. ער צוך פֿון שטאט צו שטאט.
ער ליש קייני הינטר זיך בלייבן. עש וואר אזו גוט׳ש* ראט.
קיין שטאט וואר אין איבר שטערקן. דיא ער ניט גיוואן.
גילובט זייא גוט׳ אין זיין ווערקן. ער טעט דיא הילף טאן:

207 ער שלוג דאז גנץ לנד. פֿון בערג ביז צו טאל.
וואו ער זיך נייארט הין וואנט. דש ווער דערבט ער אליש ביז צו צאל.
ער שלוג זיא פֿון קדש ברניע[!] [.] ביז עזה | די שטאט. 15b
ארץ גושן ליש ער קיין דעה. צו גיבעון ער זי נישט טאט:

208 זולט איך אלי קיניגן נענן. עש ווער צו פֿיל.
אויך טוט זיא נימנט קענן. ער שלוג זי אלי צום ציל.[146]
ער נאם איין דאז גנץ לנד. אויף איין מאלט.
איטליכֿי שטאט וויא זיא וואר גיננט. זי הטן קיין צאל:

209 עש וואר לייבֿטר צו שטרייטן. גוט׳ שטריט פֿר זי.
נון צוגן זי אויף די זייטן. אודר צום גילגול[!] ציל
אונ׳ וואלטן האבן איין ווייל׳ רוא. אונ׳ אטם אנטפֿנגן.
זיא הטן קום אויש גיטאן די שוא.[147] דא קאם איין קריג גישטרנגן:

145 The source for this is obscure. The only mention of Ashkelon in the Book of Joshua is found in Josh. 13:3.

146 Idiom: "He hit them strongly" [lit. "He hit them all to the target"]. Grimm 2021, Ziel, I1β: "Zielpunkt für stosz und wurf; in der tjost[!] ist es der körper des gegners."

147 Idiom describing resting after traveling: "They wanted to catch their breath" ["They had taken off their shoes"]. Cf. the description of the Gibeonites' shoes, Josh. 9:5, 9:13.

206b original form: 'גושט

Josh. 11

210 קיניג חצור וואר עש גיוואר. קיניג מרון[!] דאז גלייך.
קיניג שומרון[!] קאם אויך דאר. קיניג אכֿשיף[!]קיניג רייך.
אלי קיניגן פֿון אלין זייטן. אין דער נאהנט אונ׳ אין דער ווער.
זיא קאמן אלי צו שטרייטן. זיא וואלטן זיין איין קנעבֿט אודר איין הער:

211 אלי קיניג פֿון צפֿון. דיא זיצר בייא דעם זיסן מער.
קיינר וואלט עש ווער שלאפֿן.[148] בערג אונ׳ טאל קאמן זיא אל הער.
דער קויניג נופֿת[!] דור [.] ניט דער היימן בלייבן.[149]
אלי קיניגרייך הטין זיך [.] צו אננדר צו גישריבן:

212 דען כנעני האבן מיר שיר ווער געשן. דער קאם פֿון מזרח אונ׳ מעריב[!] הער.
דר חתי אונ׳ אמורי אזו ויל [.] אז פֿאלק אז אויף דען מיר.*[150]
דר פריזי אונ׳ דר יבוסי. דיא וואלטן דאז איר אויך טון.
דר חוי אונ׳ דער גירגשי.[151] קאמן אויף דעם פלאן.*

213 ווער וויל אלי ועלקר נענן. דיא דא הער קאמן.
איר ווערט זיא דאך ניט קענן. ווען איך זיא שון ווער נענן בייא דען נאמן.
דיא זיצר חרמון [.] וואָרן אויך דער בייא.
אויך דיא וואוניר מצפֿה[!] [.] וואָרן זי גיטרייא:

214 דיא קיניג מיט אל איר היר. פֿאלק אויש גיפֿלין פֿיל.
אז זנד אין מיר.[152] זיא וואלטן ישראל שלאגן צום ציל.[153]
זיא וואלטן אירן נאמן אב מעקין.[154] אונ׳ איבר לאזין קיינן.
זיא וואלטן ישראל שייצליך דעקין. אונ׳ קיין דעה ור איינן:

148 Idiom: "No one wanted to miss it" [lit. "Nobody wanted to sleep while it happened"].

149 Idiom: "He wanted to take part in the events" [lit. "He did not stay home"].

150 Idiom: "A lot" [lit. "Like sand in the sea"]. See footnote to YC87d.

151 The Girgashites are not mentioned in the biblical original. Cf. Josh. 3:10, Josh. 24:1.

152 Idiom: "A lot" [lit. "Like sand in the sea"]. See footnote to YC87d. Here this is also the translation of the original (Josh. 11:4).

153 Idiom: "They wanted to defeat Israel in battle" [lit. "They wanted to hit Israel to the target"]. See footnote to YC208d.

154 Cf. "For the Canaanites, and all the inhabitants of the land shall hear of it, and shall [...] destroy our name out of the earth" (Josh. 7:9) see also footnote to YC120c; "They have said, Come and let us cut them off from being a nation: and let the name of Israel be no more in remembrance" (Ps. 83:5); "Yet the Lord had not decreed to put out the name of Israel from under the heaven" (2 Kings 14:27).

212b s.b. אז זאנד אז אויף דען מיר | 212d original form: פֿלאן

215 דער ערד בודים טעט ציטרן [.] פֿון וועגין גרוש היר.[155]
און׳ עש קאמן אלי טאג [.] מיא צוא פֿון אלן זייטן הער.
זיא לופֿן דען גרושן הויפֿן נאך. זיא העטן עש ניט גינומן ואר.
16a אויף ישראל וואָרן | זיא גאך. זיא הטין איין גישווינדי שאר:

216 זיא קאמן ווייט צו וואנדרין. און׳ ווער צירטן ויל געלט דר צו.
איין קיניג צו ליב דען אנדרן. זיא וואלטן זיך שאפֿין רוא.
ווייל עש איז אזו ווייט גיקומן. נון האבן מירש פֿער נומן.
יהושע וואר עש גיוואר [.] מיט זיינן מאנן:

217 יהושע טעט ווער צאגן. ישראל דאז גלייך.
זיא הטן בייא אל אירן טאגן. ניא גיזעהן אזו ויל קיניגרייך.
זיא ווערן זיך ניט ווער איינן. און׳ אויך טערן מירש ניט טון.
זיא ווערן אונש ווער שטיינן. ווען נייארט איין מאל ווערפֿט איין מאן:

218 יהושע דער מאכֿט זיך איין הערץ.[156] דיא הילף דיא שטיט צו גוט׳.[157]
ניט מיינט אז איך שערץ. עש לייט ניט ויל דראן דער פֿיל ואלק הוט.
אין דען רופֿט גוט׳. צו יהושע מיין ליבר קנעכֿט.
דוא ווערשט אן טון דען ויינטן שפאט.* היר ור נים[158] מיך רעכֿט:

219 ווערבֿט דיך נישט ווער זיא. מורגן אום דער צייט.
דר צו אין אליר וריא. ווערשטו גיווינן דען שטרייט.
זיא ווערן אלי פֿאלן דער שלאגן. פֿון ישראל גימיין.
אן זאף זאלשטו זיא צוואגן.[159] איך וויל דיר זיא וויזן איך בין גוט׳ אליין:

220 אירי פֿערז זולשטו זיא אויש ריישן [.] אירי רייט וועגן ווער ברענן.
פֿל אויף זיא אן אובנט[160] אזו שפאט.* אז דוא זיא ווערשט קענן.

[155] Cf. the Song of Deborah: "The earth trembled" (Judg. 5:4).

[156] Idiom: "Joshua was brave" [lit. "Joshua made himself a heart"]. See footnote to YC95a.

[157] Proverb: "Help stands by God" (i.e., God is the source of help). Cf. "I wait for your deliverance, O Lord" (Gen. 49:18), and "Yours, Lord are greatness, might, splendor, triumph, and majesty" (1 Chron. 29:11).

[158] Cf. the Song of Deborah: "Hear [...] hearken" (Judg. 5:3).

[159] Idiom: "You will defeat them easily" [lit. "Wash them without soap"]. Grimm 2021, Zwagen: "Auch ohne besonderen zusatz für prügeln [...] wir wöllen unsern feinden zwagen."

[160] The source for the timing of the attack, in the evening or at night, here and in the following stanza, is obscure. Cf. "Joshua therefore came unto them suddenly: for he went up from Gilgal all the night" (Josh. 10:9).

218d original form: שפּאט | 220b original form: שפּאט

זיא הלטן עז ווער גיוויש. דוא ווערשט וליהן.
ווען זי זיצן צום גרייטן טיש.[161] דא קום דוא צו ציהן:

221 זי שלעמן אונ׳ טעמן.[162] זי מיינן זי האבן גיוואונן דאז שפיל.[163]
ווייל אירר אזו פֿיל זענן. זי מיינן דוא קומשט ניט צום ציל.[164]
זי שלאפֿין היינט אן אלי זארגן. אונ׳ האבן וויניג אויף דיך אכֿט.
דא ביט זי איין גרינן מורגן[165] [.] אונ׳ קום אין מיטר נכֿט:

222 יהושע הוט גוט׳ש ריד ווער נומן. ער וואלט ניט ורעגן מין.
ישראל טעט בלד מיט קומן. גיהרנשט ביז אן דיא צין.[166]
זי פֿילן מיט [.] איין גאר גרוש גישרייא.
זי טעטן זי זער דער שרעקן. זיי וואושטן ניט וואז דא וואר אין הייא:[167]

223 זיא מיינטן עש קונט ניט גיזיין. אז ישראל זולטן מיט זי אן היבן.
זי לופֿן אן אז די ליבן[168] [.] אונ׳ טעט זי אן גרושי פיין.*
וואז זול איך ויל שרייבן [.] זי | גאבן פֿערזן געלט.[169] 16b
אונ׳ נאך דען שטרייט [.] ציטירט* ווער זיא די גנצי וועלט:[170]

161 Idiom: "When they are having dinner" [lit. "When they sit at the laid table"]. Cf. Grimm 2021, Gereiten, 6: "Ausrüstung, zubereitung, das zubereitete, gerät: vische, vleissche, broet ind alle ander gereede"; "גרייטן צום טיש – Set the table" (Beinfeld and Bochner 2013, 221, גרייטן).

162 Idiom: "They carouse" [lit. "They are gormandizing and feasting"]. Grimm 2021, Dämmen: "Schlemmen, schwelgen, im rausch leben, heluari, wo sinn und verstand zugedämmt, eingehüllt oder verdunkelt sind; [...] gewöhnlich mit schlemmen verbunden."

163 Idiom: "They think they have won the game." The battlefield is described as a game. See SM282d. "Der Teufel hat gewonnen Spiel" (Simrock 1988, 518, no. 10215).

164 Idiom: "They think you will lose the battle" [lit. "They think that you will not reach the target"]. See also YC181d.

165 An obscure idiom: "Offer them a green morning." This may infer attack at night, cynically contrasting the night's black color with the 'green morning.'

166 Idiom: "Soldiers who are well-prepared and armed for battle" [lit. "Armed to their teeth"]. Grimm 2021, Zahn, II1fγ: "Bis an die zähne bewaffnet, geharnischt, gepanzert."

167 An obscure idiom: "They did not know what was in the hay." This may refer to an unknown story in which a human being or an animal hid in the hay and then harmed someone.

168 Idiom, simile: "They were brave" [lit. "They ran like lions"]. Cf. /קעמפֿן ווי אַ לייב (פֿאַר עמעצן) עפּעס" (Guri 1999, 126).

169 Idiom: "They escaped" [lit. "They gave heels' money"]. Grimm 2021, Fersengeld, "Nur in der redensart fersengeld geben, fugere, terga vertere, davon laufen statt zu kämpfen oder zu zahlen, mit den fersen zahlen."

170 Idiom: "Everyone feared them" [lit. "The whole world trembled before them"].

223b According to the rhyme scheme, here s.b. זי לופֿן אן אז די ליבן / אונ׳ טעט זי אן גרושי פיין. | 223d original form: ציטריט

224 אז זי ווארן אן גילופן [.] אזו איין מעכֿטיג הער.
זיא הטין גינוגן גיטון [.] ווען גלייך איטליכֿר טיטריך פֿון בערן ווער.[171]
נון הילטן זיא [.] גוט׳ש גיבוט.
דיא פֿערזן טעטן זי אויש רייסן. די וועגין פֿר ברענט הוט:

225 דא שפֿראך יהושע [.] עש טויג ניט שטיל צו שטין.[172]
מיר מוזן אין איר לנטשפֿט גאן אונ׳ ציהן [.] עש ווערט גאר לייכֿט צו גין.
דיא הירט זיין נימר בייא דען שאף.[173] זיא זיין אונש גיקומן צו הויף אונ׳ צו הויז.
זיא שלופֿן דען לנגן שלאף. מיר האבן גישפילט אז קץ מיט דער מויז:[174]

226 דר נאך צוג ער קען חצור [.] אונ׳ שלוג זיא מיט דען שווערט.
עש וואר איין גרושי הייבט שטאט [.] ויל לייט העטן זיך דרויש דר נירט.
ער טעט זי גנץ ודער ברענן. אונ׳ זינשט קייני מער.
זיא טעטן זיך ורייא דרויש ווערן. דרום וואר יהושע אויף זיא צארניק זער:

227 אזו נאם יהושע דיא לנד שפֿט איין. פֿון דען דיא דא ווארן אויף אין גיקומן.
ער הט נון לנד צוא בערג אונ׳ צו טאל. וועג גלייך אונ׳ קרומי
ער שטריט גאר מענכֿי יאר. ביז זיא אלי ועלקר הטן ביצוואונגן.
עטליכֿי געבן אונ׳ עטליכֿי הטן [.] אין דר צו גידרונגן:

228 ווען עז וואר פֿון גוט׳. אז זי קאמן זעלברט צו ציהן.
אז ישראל ניט ויל מיא הט. אונ׳ווייטר מענכֿי וועג צו ציהן.
אונ׳ ווען דיא קיניג טוט ווארן. דיא לנד ווארן גאר בלד איין גינומן.
ווען ווער וואלט זיין הינטן אודר פֿארן. ווען דיא קיניג ווארן אום קומן:

229 יהושע הוט גרושי שטערק ביוויזן. מיט ישראל גימיין.
ער טיטט אל די ריזן. אונ׳ אל דיא אין גת אונ׳ אין אשקלון זיין.[175]

[171] The fighting Israelites are compared to the German hero Dietrich von Bern.

[172] Proverb: "There's no use standing quietly" (i.e., being idle). See footnote to SM252b.

[173] Simile: "The shepherd is no longer with the sheep." In Jewish sources the image of a shepherd usually refers to God (e.g., Ezek. 34:12, Ps. 23:1), but also to Moses (Num. 27:15–17). Here the shepherd is a non-Jewish king, and it appears that this saying implies that when the commander (shepherd) is absent, the warriors (sheep) are vulnerable. See also YP4c, YC7c.

[174] This is a simile referring to a conflict between animals. Here the saying seems to be critical, addressing the cat's long and undecisive playing with the mouse. See footnote to YC194d.

[175] The source for the mention of Ashkelon is obscure. See YC204. Cf. "Tell it not in Gath, nor publish it in the streets of Ashkelon" (2 Sam. 1:20).

ער וואר נון מיד צו שטרייטן. ער וואלט איין ווײלי זיצן בלייבן.[176]
דיא אנדרן ריזן קאמן אום אין דוד המלך צייטן.[177] אז אונש דש ספר טוט ביטייטן:*

230 נון הט איר וואל ור נומן. וויא ראובן אונ׳ גד אונ׳ מנשה הטן גיטאן דאז איר. Josh. 12
אונ׳ זיא ווארן גלייך מיט גיקומן. אונ׳ וואלטן ווידר צו הויז שיר.
ווען משה הוט זיא גיגעבן [.] סיחון אונ׳ עוג לנד.
נון וואלט יהושע איץ טיילין. וואז ער הוט גינומן איין צו הנט:

231 | ווען ער הוט ישראל איבר טריבן. אונ׳ זיא ווארן נון מיד. 17a
זיא ווארן גערן איין ווייל גיבליבן. אונ׳ גיזישן צו וריד.[178]
זי וואלט איין ווײלן עשן אונ׳ טרינקן [.] אונ׳ האבן רוא.
זיא* ווארן זיך דונקן. גוט מיט יאר צוואו:

232 יהושע הילט זיך הוך.[179] ער וואר אלש ווערט.
אז משה דער ישראל אויש מצרים צוך. מן זיך אן איין קערט.
ער גינג גוט׳ש וועג. אונ׳ ישראל דער צו הילט.
אין מצות וואר ער ניט טרעג. אז משה דער דאז ים שפלט:*

233 נון הט ער דער ווארבן. לנד לנג אונ׳ ווייט.[180]
זידר משה וואר גישטורבן. ער הוט גרושי שטרייט.
גוט׳ וואר מיט אין. אז מיט משה גוט׳ש קנעבֿט.
דרום הטין אין ליב ישראל [.] אונ׳ ואלגטן אין גאר רעבֿט:

234 זיא הטן דיא ועלקר זיר גישלאגן. אונ׳ פֿיל איין גינומן.
ויל וועק גיטראגן. וואו זיא ווארן דריבר קומן.
לנד גאר ווייט אונ׳ גאר גרוש [.] אז דאז ספר טוט שרייבן.
ביז אן מצרים [.] טעטן זי וער טרייבן:[181]

[176] Idiom describing rest: "He wanted to remain sitting for a while." See footnote to YC209c–d.

[177] This refers to the war that David and his men fought against the sons of Haraphah, of whom the most famous one was Goliath (2 Sam. 21:15 – 22, 1 Sam. 17).

[178] Idiom describing rest: "They would gladly stay a while, and sit in peace." See footnote to YC209c–d.

[179] Idiom: "He behaved honorably" [lit. "He held himself high"]. Grimm 2021, Hoch, BIII2e: "Einen hoch halten, in ehren halten […] sich hoch halten, von seinem range einen hohen begriff haben."

[180] Cf. "Therefore I am come down to deliver them out of the hand of the Egyptians, and to bring them out of that land into a good land and a large" (Exod. 3:8).

[181] See Josh. 13:3.

229d According to the rhyme scheme, here perhaps s.b. שרייבן. | 231d original form: זיך | 232d According to the rhyme scheme, here s.b. שפילט.

235 עש ווער ויל צו שרייבן. אלי פֿלנצן אונ׳ אלי שטיט.
איך וויל עש לאזן בלייבן. זיא הטן געלט אונ׳ גוט מענכֿי גילדני קיט.
וויא שייך צו דער שאצין. אזו ויל קיניגרייך.
אונ׳ דרום וויל איך ניט איבג שוואצן. אונ׳ וויל דער מיט שווייגן גלייך:

236 איך העט מיר גינוגן גילאן [.] אן הילצן שיסיל אונ׳ לעפֿיל.
אונ׳ אן טעפ* אונ׳ אן טעלר [.] אן דיא הילצן שעפיל.
איך וואלט ויל געלט האבן דער פֿיר איין גינומן. דאז זאג איך אייך ור וואר.
איך וואלט האבן דראן גיצירט ביז משיח ווער גיקומן. אונ׳ איך לייג ניט אום איין האר:

237 נון וואר דאז לנד. גישטילט אין דען זעלביגן יאר.
יהושע וואלט נון טיילן. וואז דא וואר.
אז מן זולט זיאן [.] אקיר אונ׳ פֿלוג.
אונ׳ זולט האבן צו עשן [.] כל ישראל גינוק:

238 נון וויל איך וייטר זאגן. אונ׳ די איינן אונ׳ דרייסיק קיניג מעלדן גאר.[182]
דיא יהושע הוט דר שלאגן. אין זיבן יאר.[183]
קיניג יריחו וואר איינר [.] קיניג העי דר צו.
קיניג ירושלים דר דריט [.] קיניג חבֿרון פֿון אנדרש וואו:

239 קיניג ירמות מוז איך אויך גידענקן. וועןער וואר קיין קינד.
קיניג לכֿיש טעט מען עש ניט שענקן. ער וואר איין מאן גאר גישווינד.
מלך עגלון [.] איין | קיניג איבר אויש 17b
קיניג גבֿר [!] [.] זיכֿט מען איבר אין הויז:

240 קיניג דבֿיר [!] אזו איך אויך אן שרייבן. ער וואר איין קיניג אויש דר קארן.
קיניג גבֿר [!] זעצט מען [.] דען קאפ צווישן דען אורן.[184]
קיניג חרמון [!] [.] מעכֿטיג גלייך.
קיניג ערוד [!] [.] וואר אין וואל גלייך:

[182] See Josh. 12:24.

[183] Rashi: "It is now forty-five years— From this we learn that it took seven years to conquer the land" (Josh. 14:10). See also BT Zebahim 118b and BT 'Arakin 13a.

[184] Idiom: "He was defeated" [lit. "He was attacked between his ears"]. Grimm 2021, Ohr, II5m: "Zwischen- die sind fürwar wol werd, dasz man sie bei der nasen ziehe und den kopf zwischen die oren setze. [...] einen zwischen die ohren [...] schlagen"; ibid., Setzen, IIC2a.

236b original form: טעפֿ

241 נון וואר קיניג ליבֿנה[!] [.] דער דונקט זיך ניט הילצן זיין.[185]
קיניג עדולים[!] [.] הט מין אז אנדרי ניין.
קיניג צו מקידה [!]. דער וואלט עש זיין גאר.
קיניג בית אל [.] גינג אין אלין שטרייטן פֿאר:

242 דער קיניג תפוח [.] איין קינר מאן.
קיניג חפר [.] דען זולט איך אויך האבן פֿר גימעלט האן.
קיניג עפרון[!] [.] איין מאן גישיץ.
קיניג לשרון [!] [.] וואר רייך פֿון גאלד:

243 נון וואר קיניג מדון [.] איין אויז דר ווילטר העלד.
קיניג חצור [.] איין גישווינדר קיניג צו ועלד.
קיניג שומרון [!] [.] הט אלי קיניגן הולד.
קיניג אכֿשוף [!] [.] דר וואר רייך פֿון גאלד:

244 דער וואר קיניג תענוך [!] [.] דער הוט איין גישווינדש היר.
קיניג מגידון [!] [.] שטרייט אזו זיר.
קיניג קדש [.] וואר איין קבֿרות הונט.[186]
אבר קיניג יתנעים[!] [.] וואר איינר דער וואל מיט דער שטרייט קונט:

245 נון וואר קיניג נופֿת[!] [.] גאר מעבֿטיג אונ׳ גאר הוך.
אודר קיניג גוים [!] [.] דער אין אלין שטרייטן צוך.
קיניג תירצה [!] דער וואר דער אירשט [.] אן דען שטרייט אונ׳ אן דען שנץ
ישראל טעטן זי אלי שטרצן. דא האב איך זיא גירעכֿנט גנץ:

246 דאז ווארן דיא איין אונ׳ דרייסיג קיניג. די יהושע הט ביצוואונגן.
איר שטערק האלף זיא וויניג. זיא ווארן אויש אירן לנד גידרונגן.
וועןגוט׳ וואר מיט זיא. אונ׳ הילף זיא שטרייטן.
אונ׳ הוט זיא ועד לאזן ניט. אין דען זעלבֿן צייטן:

247 נון שפראך גוט׳ צו יהושע. יהושע נון דוא בישט גיווארן* אלט. Josh. 13
דוא קנשט נון נימר אלזו ציהן. ויל לייט זיינן נאך ניט אין דיינר גיוולט.

185 Idiom: "Do not underestimate him" [lit. "He was not made of wood"]. Grimm ibid., Hülzen; ibid., Hölzern, 3c: "Als bild für geringes, nichtiges."

186 An obscure idiom, apparently insulting: "He was a graves' dog." Cf. "Our Rabbis taught: When dogs howl, [this is a sign that] the Angel of Death has come to a town" (BT Baba Kamma 60b); „אַז אַ הונט וויעט, איז איינער געשטאָרבן" (Bernstein 1908, 1110, no. 1119).

247a original form: גיוויארן

עש זיינן וויל לייט אונ׳ שטיט איבר גיבליבן. דו זאלשט זיא נעמן איין.
אונ׳ האשט זיא ניא ור טריבן. זא טייל דאז [לנד] אויף חלקים [187] ניין:

248 הלב מנשה האב איך שיר ווער געשן. דען גיב איך אויך דאז זיין.
ראובן אונ׳ גד איני דיא אנדר העלפֿט [.] האבן דאז איר גינומן איין.
18a פֿור דען | ירדן. דורך משה גוט׳ש קנעכֿט.
נאך דארטן זיא גיטיילט ווארן. דרום איז עש אזו רעכֿט:

249 אז איך איר לנד שפֿט וויל רעכֿן [.] איך וויל עז אזו לאזן בלייבן.
זיכֿט אין חומש איין.[188] דיא תורה הוט עש לאזן אן שרייבן.
אז מן סיחון אונ׳ עוג [.] הוט איין גינומן.
דארטן טוט זי צילן [.] איך מוז פֿון שטאט קומן:

250 נון וויל יהושע לאזן טיילן [.] איקליכֿר וואז אים קאם.
דר נאך איינר הט ויל ואלק [.] דער נאך אזו פֿיל נאם.
Josh. 14 ער וואר קלוג אונ׳ ווייז. ער טיילט זי גאר רעכֿט.
זי זאגטן אין לוב אונ׳ פרייז. אז משה גוט׳ש קנעכֿט:

251 אז איך אלי שטיט וויל נענן. איך וויל אין גיטרויאן.
זי טעטן* זעלברט [.] דר נאך שטעט בויאן.
זי גאבן דען שטיטן אנדרי נעמן.[189] דא זי זי האטן גינומן איין.
איטליכֿר טעט רעמן. נאך דר משפחה זיין:

252 מען טיילט דז לנד מיט גורל [.] יהושע וואר הינטן אונ׳ וארן.
אלעזר הכהן אונ׳ ראשי אבות [.] אויך דר בייא ווארן.
אונ׳ די הייבט הערן. אויש דער שאר.
איטליכֿר נאם דאז זיין גערן. איין גוטש לנד עש וואר:

253 אין דען זעלביגן צייטן [.] גינג שבֿט יהודה גאר.
אונ׳ נאמן כלב מיט זיין לייטן [.] צו יהושע דאר.
זי שפראכֿן צו יהושע [.] ליבר הער מיר מוזן אייך דר מאנן דראן.
טוט דראן גידענקן [.] דז די מרגלים ווידר קאמן.

[187] Cf. "That they may divide it unto them into seven parts" (Josh. 18:5).

[188] This refers to *pārāšat masěʾey*, especially Num. 34:1–15.

[189] The source for this is obscure. Cf. other cases in which the Children of Israel rename a city they had conquered: Leshem/Dan (Josh. 19:47), Hormah/Zephath (Judg. 1:17), Laish/Dan (Judg. 18:29).

251b redundant (double): דר נאך

254 אונ׳ וויא זיא טעטן גרושי זינד [.] אונ׳ רידטן ביז אויף דען לנד.
זי רידן ביז ווידר גוט׳ גישווינד. עש קאם זי ויל צו הנד.
זי מושטן וירציג יאר. אין דר מדבר גין[190]
נון זיין גישטורבן גאר. פֿון זי אישט קיינר מין:

255 נייארט איר אונ׳ כלב [.] די דר פֿילטן נאך גוט׳.
נון טוט אייך בידענקן [.] וואז משה גרעט האט.
כלב דוא גיטרייאר קנעכֿט.[191] הושט תפילה צו חברון גיטאן.[192]
חברון זולשטו נעמן מער אז דיא גישלעכֿט. דא שטיט כלב דער גוט מאן:

256 כלב הוב אן צו זאגן. איך וואר מיט אייך אליין. 18b
די מרגלים וואלטן | אונש דער שלאגן. זיא וואלטן אונש דער ווערפֿן מיט שטיין.[193]
איך וואר פֿירציג יאר אלט. אונ׳ זי מושטן שטערבן.
נון הוט איר דען גיוואלט. מכֿט מיך חברון ערבן:

257 ווען משה הוט מירש צו גיזאגט. זעכֿט אין דר תורה איין.
דאז אורט וואו ער גיטרעטן הוט. דאז זאל כלב זיין.[194]
גוט׳ הוט מיך לעבן לאן. אז ער שפראך.
דרום געבט מיר חברון. גיט גוט׳ש ווארטן נאך:

258 דא יהושע הט דאז ויר נומן. ער קאם גוט׳ש ווארטן נאך [.]
מען גאב כלב חברון [.] אז משה שפראך.
דיא שטאט היישט קרית ארבע. אז מען זיא גיננט הט.
נון היש זיא כלב חברון [.] אויף די זעלביג פֿארט:*

259 דיא שטאט היש דרום קרית ארבע [.] עש ווארן ויר ריזן דא.[195]
זיא ווארן כלב גיוועזן [.] מיטן אין חלק יודא [!].

190 Cf. the story of the twelve spies in *pārāšat šĕlaḥ*, particularly Num. 14:30–33.

191 Cf. "My servant Caleb" (Num. 14:24); "My servant Moses is not so, who is faithful in all mine house" (Num. 12:7).

192 Rashi: "And he came unto Hebron— Caleb alone went there and prostrated himself on the graves of the Patriarchs" (Num. 13:22); See also BT Sotah 34b.

193 "And all the multitude said, Stone them with stones" (Num. 14:10).

194 This is based on Josh. 13:9 and Josh. 13:12–13, however the promise was made by God and not Moses: "But my servant Caleb [...] even him will I bring into the land, whither he went, and his seed shall inherit it" (Num. 14:24). Rashi: "Whereunto he went— Hebron shall be given to him" (ibid.).

195 Rashi: "The greatest man among the giants— The father of Ahiman, Sheshai, and Talmai was Arba. Another explanation: [It was called Kirjath-Arba, the city of four] because of the father and the three sons, for they are referred to as the offspring of the 'Anak' [the giant]" (Josh. 14:15). See also Josh. 15:13–14, Judg. 1:10.

258d perhaps s.b. שטאט

נון היש איין שטאט דביר [.] עש וואר אויך ריזן דא.
נון שפראך כלב אזו:

260 מיר היישן דיא שטאט קרית ספר.[196] וואו דיא ריזן ווארן. Josh. 15
נון שפראך כלב ווער [.] זיך ניט וויל שפארן.
אונ׳ וויל דיא שטאט ביצווינגן. דען וויל איך מיין טאכטר געבן.
נון ווער אלן דינגן. עתניאל בן קנז וואגט דריבר זיין לעבן:

261 נון איז אזו דער פשט. דרייא טויזנט הלכֿות ווארן ווער געשן.[197]
דא מען לנג איבר משה אבלות הט. נון הוט זיך כֿלב[!] ווער מעשן.
אונ׳ שפראך איז איינר ור הנדן [.] דער זיא לערנט ווידר עבן.
דען וויל איך [.] מיין טאכֿטר געבן:

262 אונ׳ דאז היש ער קרית ספר. ווער דאז קונט ביצוואונגן.
דא לערנט זיא עתניאל בן חפֿר[!].[198] פֿור אלין דינגן.
מכח גרושר חריפֿות [.] ער לערנט זיא עבן.
דא מושט אים כלב [.] דיא טאכֿטר געבן:

263 זאלט איך אן שרייבן [.] איטליכֿש גימערק בזונדר.
עז גינג אויף צעהן ביגן [.] אונ׳ ווער דר צו קיין וואונדר.
דרום וויל איך עש לאזן שטין [.] ביז מיר הין קומן:
דא ווערט איר זעלברט זעהן. וואז ישראל הטין איין גינומן:

264 נון בליב דער כנעני [.] פֿעשט אין לנד. Josh. 16
זינשט פֿון דען ועלקיר קייני [.] עש טעט אויף ישראל גרושי שנד.
זיא האטן אויף אין [.] נייד אונ׳ הס.
נישט דער מינר [.] ער מושט געבן ישראל גרושן מס:

265 | נון טעטן שבט יוסף קומן.* אונ׳ שפראכֿן מיר האבן גידרנג. 19a, Josh. 17
מיר האבן ויל פֿאלק ור נומן. מיר דרפֿטן וואל נאך אזו לנג.

[196] "And he went up thence to the inhabitants of Debir: and the name of Debir beforetime was Kirjath Sepher. Then Caleb said, He that smiteth Kirjath Sepher, and taketh it, even to him will I give Achsah my daughter to wife. And Othniel the son of Kenaz, the brother of Caleb took it: and he gave him Achsah his daughter to wife" (Josh. 15:15–17).

[197] Rashi: "Kirjath Sepher— Our Rabbis said, 'These are the laws that were forgotten during the days of mourning for Moses, which Othniel, son of Kenaz, rediscovered through his brilliant dialectic scholarship'" (Josh. 15:15).

[198] The source for Othniel's epithet "The son of Hepher" is obscure. Cf. "Zelophehad the son of Hepher" (Num. 26:33) and "The king of Hepher" (Josh. 12:17).

265a A colon was printed here.

אזו טעט ער זיך מיאן. אונ׳ נאמן זיך מיר איין.
אנדרי שבטים מושטן מיט אין ציהן. וואו שטיט דער ועלקר זיין:

266 דער נאך וואר איין קעשטליכי שטאט [.] די טעט מן יהושיע שענקן. Josh. 19
עש וואר אזו גיבליבן אין ראט. אז מן זולט זיינר גידענקן.
דא הילט ער אל זיין האב. זי וואר ביוואַרנט ער נוט.
אונ׳ דאז וואר אויף דש צעלט זיין גראב.[199] זייני קינדר נאמן עש נאך זיינן טוט:

267 די שטאט די היש תימנת[!] סרח. טוט דש ספּר שרייבן.
זי גאבן אין אלי טאג מי שבירך[!].[200] נון וועלן מיר טיילונג לאזן בלייבן.
שבט לוי [.] גאב מן נישט אומש גאר.[201]
נייארט תרומוֹת אונ׳ מעשרוֹת [.] זיין וואר:

268 איין איטליכֿר דער נחלות האט. דער מושט זיא געבן.
פֿון קארן אונ׳ פֿון ווייץ פֿון פֿיך בפֿרט.[202] פֿון דען הטין זי איר לעבן.
ווען גוט׳ וואלט [.] עש אזו האן.
יעקב אין אזו גישאלטן הוט. אונ׳ די תורה הוט עש גישריבן אזו אן:[203]

269 דער נאך שפראך גוט׳ צו יהושע [.] היר וואז איך דיר גיביט. Josh. 20
דו מושט דיך אבר מיאן. אונ׳ מיין גיבאט היט.
אז איך אויך גיבוט [.] משה מיין קנעבֿט.
פֿון וועגן דער ערי מקלט [.] זיך אונ׳ מך אונ׳ שטעל זי גאר רעבֿט:

[199] This refers to Joshua nearing death: "And after these things, Joshua the son of Nun, the servant of the Lord died, being an hundred and ten years old. And they buried him in the border of his inheritance in Timnath Serah" (Josh. 24:29–30). Rashi commented on this: "In Timnath-Serah– This was its actual name. Elsewhere it is called Timnath-Heres because they erected a figure of the sun upon his grave, to indicate that he is the one that caused the sun to stand still" (Josh. 24:30).

[200] Idiom: "They praised him" [lit. "They gave him a *mī še-bērakh* (prayer)"]. The source for this is obscure. This idiom can also be used ironically, but apparently it is not the case here. See Niborski 2012, 274, מי־שברך.

[201] The Levites' settlements are mentioned in Josh. 21. Here the epic merely explains why the Tribe of Levi is absent from the listing of land allocations. The information here is probably based on Num. 18:21–24: "For behold, I have given the children of Levi all the tenth in Israel for an inheritance, for their service which they serve in the Tabernacle of the Congregation. […] For the tithes of the children of Israel, which they shall offer as an offering unto the Lord, I have given the Levites for an inheritance."

[202] The commandment to give a tithe of animals and not only of crops stems from Lev. 27:32: "And every tithe of bullock, and of sheep, and of all that goeth under the rod, the tenth shall be holy unto the Lord." See also Rashi's commentary to Deut. 12:6: "Your tithes– I.e., both the tithe of the cattle and the second tithe."

[203] This refers to Jacob's blessing to his son Levi, in Gen. 49:5–7: "Simeon and Levi […] I will divide them in Jacob, and scatter them in Israel."

270 נון וויל איך אייך געבן צו ווער שטין. וואז ערי מקלט וואר.[204]
ווען עש טעט צו גין. אז איינר דען אנדרן שלוג גאר.
אונ׳ העט עש [ניט] גערן גיטאן. אז מן אוּפֿט גיפֿינט.
איין שטרקן מאן [.] שלאגט איין קינד:[205]

271 אודר איין הק ווער אויש גישפרונגן. אודר פֿון איינם בוים לאזן פֿאלן.[206]
דא איז עש גיוועזן דער צו גידרונגן. ער הוט מוזן איין וועק לויפֿן פֿון אלן.
אז דאז הורג וריינט. ניט ווערן איבר אין גיקומן.
אונ׳ העטן אין [.] זיין לעבן גינומן:

272 נון זיין גיוועזן שטיט [.] די מען ערי מקלט היש נענן.
זי ווארן פֿור ניט [.] אז זילכֿי הין קומן.
אונ׳ ווארטן דורטן ורייא [.] ווייל זי עש ניט גערן הטין גיטאן.
אזו הוט גימכֿט משה [.] אזו וואלט זי גוט׳ איץ אויך הון:[207]

19b 273 | איין אקליכֿר רוצחן [!] מושט דורט בלייבן. ביז דאז כהן גדול טוט.
דר נאך מוכֿט ער ווידר ציהן. צו זיין קינדין אונ׳ ווייבן.
אונ׳ וואר דער לישט אויש נוט [.] אלז וואל ער ניא הוט גערן גיטון.
העט ערש גיטון גערן. דא העט מן אין ארויש נעמן לאן:

274 נוא וואר קדש [.] אייני די אין גילגל [!] לייט.
אונ׳ שכֿם די אנדר [.] אין אפרים זייט.
חברון וואר די דריט [.] אין יודא [!] לנד.
די אנדרן דרייא רעכֿן איך ניט. די מן איבר דען ירדן וינד:

275 דיא זעקש שטיט די ווארן אן גיגרייט. דען מערדר צו וליהן.
ווען ערש ניט גערן טעט. אז ער מושט הין ציהן.
ווען גוט׳ עש ביווארנט. ניט צו ווער געשן. אונ׳ ווער גיסן אונ׳ רעכֿט בלוט.
אידר מן הוט וואל מיגן ארויש נעמן [.] די עש גערן טוט:

204 This is based on *pārāšat maseʿey*, Num. 35:6–34.

205 Cf. how Moses is criticized for hitting the rock rather than speaking to it, YC3a.

206 "And if one smite another with an instrument of iron [...] Or if he smite him with an hand weapon of wood, wherewith he may be slain" (Num. 35:16–18). This biblical text speaks about intentional murder ('on purpose'), however the Yiddish epic refers to unintentional killing ('not on purpose'). Causing death unintentionally is mentioned in Num. 35:22–23: "But if he pushed him unadvisedly, and not of hatred, or cast upon him anything, without laying of wait, Or any stone (whereby he might be slain), and saw him not, or caused it to fall upon him."

207 Cf. Josh. 20:1–2.

276 דיא לוים וואלט גוט׳ ניט אזו גנץ ועד ניכֿטן [.] אז זי אזו לידיג זולטן גין אויש. Josh. 21
מן מושט זיא אויך שליכֿטן. אז זיא זאשן צו הויז.
מן גאב זי וואל קיין אויגן[!] לנד. אודר איטליכֿש שבט מושט זי דרייא שטיט געבן.[208]
ציווישן זי זאשן זי צו הנט. איין טייל אין דר מיט* איין טייל דר נעבן:

277 דער נאך מעשר אונ׳ תרומה [.] מושט מן זי געבן.[209]
דאז טעט זי אליש קומן. אין גוט׳ש דינשט מושטן זיא לעבן.
זי מושטן ווארטן גוט׳ש דינשט. דרום הוט מן דאז גימכט.
מן גאב זי נישט אום זינשט. אויף גוט׳ש דינשט מושטן זי האבן גרושי אכֿט:

278 נון זאשן ישראל מיט וריד. אז זי גוט אונזרן עלטרן הט צו גיזאגט.
זי ווארן נון אויך מויד. זי הטין די העלז גיוואגט.*[210]
זי הטן ויל גוט אונ׳ געלט. מין אז אנדרי קיניגרייך.
נימנט קונט זיא גלייכֿן אין דער וועלט. אונ׳ ווארן אין ניט גלייך:

279 דער נאך רופֿט יהושע [.] דיא דריט הלבן שבטים הער. Josh. 22
עש וואר ראובן אונ׳ גד אונ׳ הלב שבט מנשה. ער שפראך איר הוט גיטאן מיין ביגער.
איר הוט גיהלטן אייער גיבוט. ורומקליכֿן אונ׳ רעכֿט.
וויא איר אייך ביגעבן הט. קיגן משה גוט׳ש קנעכֿט:

280 | איר הוט גישטריטן בידר [.] אלי מיט אננדר גלייך. 20a
איר מוכֿט ציהן ווידר. היימן מערטליך רייך.
איר הוט דער ווארבן גוט אונ׳ געלט. דאז הוט קיין ציל.*
נון דער לייבן מיר אויך אנהיימן [.] צו ציהן אויף דאז מאל:

281 גוט׳ הוט אייך גיגעבן [.] געלט אונ׳ גוט.
איר הוט רייכטום לעבן [.] אונ׳ דער צו איין וריליכן מוט.
נייארט טוט גוט׳ דינן [.] אונ׳ אויף אין ור לאט.
זייט מנן קינן. דא ווערט איר ניט צו שפוט:

282 גידענקט אן זייני וואונדר. די ער אונש הוט גיטאן.
דז זאג איך אייך צו איטליכֿן ביזונדר. ווערט איר גוט׳ ור לאן.

[208] The source for this is obscure, and it contradicts Josh. 20:3 – 39.
[209] Regarding the tithes see footnotes to YC267c and YC268b.
[210] Idiom: “They risked their lives” [lit. “They risked their necks”]. Grimm 2021, Wagen, IV: “Aufs spiel setzen, kühn unternehmen, gefahr laufen. […] den lîp wâgen […] die seele, den kopf, den hals, leib und blut u.s.w.”

276d A period was printed here. | 278b original form: גיווואגט (with three Vav letters) | 280c According to the rhyme scheme, here perhaps s.b. צול.

דא ווערט איר ניט לנג בלייבן. אויף אייהר קיניגרייך.
אונ׳ ווערט האבן גרושי גידרנק [.] דרום מערקט ווער אייך:

283 אונ׳ דינט גוט׳ מיט גנצן הערצין.[211] אונ׳ טוט אין לובן.
דא ביהיט ער אייך פֿר שמערצן. אונ׳ איר ווערט דער הובן.
זייט ניט טרעג [.] אלי גלייך.
גוט׳ זול ביגליקן אייער וועג [.] גוט זייא מיט אייך:

284 אזו טעטן זי אויף צו טרמיטן. גאר מיט גרושן ורײדן.
מיט גאלט אונ׳ מיט זילבר אונ׳ קיטן. אזו טעטן זי זיך פֿון אירן ברידרן שיידן.
כל ישראל טעטן זי בלייטן. מיט גרושר איר.
אירי קינדר זיך ורייעטן. אירי ווייבר נאך זער:

285 זי קאמן אנהיים צו הויז. מיט גרושר רייכֿטום.
דער קריג וואר נון אויש. זי ווארן וויל קום.
זי בראכֿן פֿיל פֿיך אונ׳ קעלבר. פֿיך אויש גיפֿלן פֿיל.
נאך ווארן זי ליבר זעלבר. נון הוב זיך אן איין אנדר שפיל:

286 דא דיא דריט הלבן שבטים [.] ווארן צום ירדן גיקומן.
זי טעטן עש גוט׳ צו גינאדן [.] אונ׳ הטין זיך איין זין גינומן.
זי וואלטן גוט׳ ווער אירן. אונ׳ וואלטן וויזן גוטן גיטרויאן.
אונ׳ טעטן איין שין מזבח בויאן:[212]

287 זי בויאטן אין בייא דען ירדן [.] אי זי איבר דען ירדן קאמן.
אויף דער אנדר זייטן [.] אזו בלד איר לנד ווער נאמן.
זי בויאטן אין צו איין גידעכֿניש [.] אונ׳ ניט צו קרבנות.
זי מיינטן עש גוט אונ׳ רעכֿט [.] אונ׳ ניט כזבנותֿ:

288 דער מזבח וואר שין אונ׳ גרוש* [.] הוך גישטלט
דז מזבח וואר שטין. נאך אין ארץ ישראל גיוולט.
אונ׳ זי איבר דען ירדן וארן. הוב | זיך איר לנדשפֿט אן. 20b
ישראל צארניק ווארן. אונ׳ הובן און איין קריג:*

289 זי זמלטן זיך צו אננדר [.] כל ישראל איין מאן.
איינר אז דער אנדר זי שפראכֿן [.] דיא דריט הלבן שבֿטים האבן ווידר אונש גיטאן.

211 Idiom: "Worship God piously" [lit. "Serve God with a whole heart"]. Cf. Josh. 22:5.
212 This is based on Josh. 22:2 – 29.

288a According to the rhyme scheme, here perhaps s.b. גרוש אונ׳ שין. | 288d According to the rhyme scheme, here perhaps s.b. אונ׳ הובן איין קריג אן.

זיא האבן איין מזבח טון בויאן. גאר ווער אין אונזרן לנד.
עש זולט זיא וורליך גירויייען. מיר וועלן אין צו ברעכֿן צו הנט:

290 זיא האבן איר חלק איבר דען ירדן. אונ׳ רוקן ווייטר הער.
אל טאג זי דאז טון ווערדן. מיר ליידן דאז נימר מער.
זיא זולטן ניט טון איין חזקה [.] אויף אונזרן זייטן.
זיא הטן איין גרושי צעקה. ניט אנדרש זי וואלטן שטרייטן:

291 דא וואר די מסקנה אזו גיבליבן. אונ׳ מען הט עש אזו דער קנט.
זי הטן איין בריב גישריבן. דורך פנחס אלעזר הכהן הנט.
ער נאם מיט אים [.] צעהן נשיאים גאר.
זיא זולטן מיט זיא רידן [.] אונ׳ איר מיינונג ווערן גיוואר:

292 וואז זיא מיינטן אז זי דען מזבח הטן [.] איבר דען גרונט אונ׳ איבר דען גרעניץ[213] גישטעלט.
אונ׳ זיא ניט ואר איינטן [.] ווייל עש ישראל ניט גיוועלט.
וועלן זי אין אב ברעכֿן [.] וואל אונ׳ גוט.
וועלן זי אודר ניט [.] זא וועלן מיר עש וועגדן מיט אונזרן בלוט:

293 אזו צוגן זיא דער פֿון צו אין הין. פינחס[!] מיט דען
צעהן הערן אויש דער יודן שאר אונ׳ גישלעכֿט
זיא קאמן דורטן צו אין. מן אנטפֿנג זיא גאר רעכֿט.
מען טעט זיא גרושי איר [.] זיא ווארן עש וואל ווערט.
זיא שפראכֿן וואז איז דער מער [.] אז איר קומט הער:

294 זי שפראכֿן עש זול גוט זיין. איר הוט ווידר ישראל גיטאן.
אונ׳ הוט גיבויאט אין אירן לנד אניין. איין מזבח אויף אירן פלאן.
איר הוט גיפֿעלשט אן גוט [.] איין מזבח צו בויאן.
איר הוט אין גיבויט צו שפוט [.] עש ווערט אייך גירויען:

295 וועלט איר נון ניט שעבֿטן[!] [.] צו אנדרן אב געטר.
אונ׳ וועלט גאט ווער שוועכֿן. אונ׳ בויאט אן ורעמדן ערטר.
האבן מיר וויניג זינד [.] מיט בעל פעור
די מן נאך בייא אונש גיפֿינט [.] אונ׳ נאך ניט גירייינגט גאר:

296 דא וועלט איר נון זינד מערן. אונ׳ טרייבט אויש אונש שפוט.
מורגן זיא דרויף שעבֿטן[!] ווערן. צו אנדרן גאט.

213 This long phrase may be a copyist's mistake, because it is redundant. Alternatively, this may be an idiom meaning 'excessive' ["beyond the ground and beyond the border"], but no parallels to it have been found.

דא ווערט כל ישראל [.] דיא זינדליידן.
דרום איז קיין דעה[214] [.] אז מיר אין ניט ור שניידן:

21a | דען מזבח מושט איר צו ברעכֿן [.] מיט אייער אייגוני הנט. 297
אודר מיר ווערן עש רעכֿן. אונ׳ נעמן אייער לנד.
וויא שייך צו בויאן [.] איבר דען ירדן הער.
ניין [מיט] טרויאן [.] מיר ליידן עש נימר מער:

איז דען אייער לנד ניט ריין. איין מזבח צו שטעלן. 298
דא קומט צו אונש אריין. מיר געבן אייך איין אורט נאך אייערן גיפֿאלן.
מיר ליידן קיין מזבח [.] נייארט צו גוט׳.
דרום זולט איר ווישן [.] אז איר גיפֿעלשט הוט:

זעבֿט די זינד פֿון עכֿן [.] די הוט ער אליין גיטאן. 299
אונ׳ ישראל אין ניט צו בראכֿן. נאך וואלט גוט׳ אונש זיין זינד אנטגעלטן לאן.
מכל שכן איר טוט [.] ווידר אונז אונ׳ ווידר גוט׳.
צו ליידן [.] אונ׳ גוט׳ צו שפוט:

זי ענטוורטן אין מיט ציכֿטן. אונ׳ וואר גאר צארניק זער. 300
מן דרף אונש ניט צו שליכֿטן. צו גוט׳ איז די איר.
דען גוט טונן מיר לובן. קיין אנדרן אז אין אליין
ער איז גיועלטיג אונטן אונ׳ אובן. זינשט ווישן מיר פֿון קיין:

נון איז דער איביג גוט׳. דער ווייש אונזר הערץ.[215] 301
אונ׳ ווארום מיר אין גיבויאט הוט. ניט אויף קריג נאך אויף שערץ.
נייארט ווען אונזרי קינדר ווערן ורעגן [.] איבר טויזנט יאר.[216]
דא ווערט אייך ווידר זאגן [.] לויטר אונ׳ קלאר:

דא אייער פֿעטר זיין ווידר אנהיים גיקומן. אויש דען גרושן שטרייט. 302
אונ׳ האבן ארץ ישראל איין גינומן. אויף דער זעלביגן צייט.
האבן זי צו גידעכֿטניז [.] דען מזבח גיבויט.
דא מיינן מיר אום רעכֿטניש [.] וואז זיין מיר שולדיג אז איר ניט גיטרויאט:

מיר ביגערן ניט אויף צו ברענגן [.] נייארט פֿון וועגן זורגן. 303
ווען ענקרי קינדר [.] ווערן זאגן מורגין

214 Idiom: “This cannot be” [lit. “There is no opinion” (to support this idea?)].

215 Radak: “He knoweth– For He knows hearts [i.e., understands people’s inner thoughts] and knows what we mean” (Josh. 22:22).

216 The biblical “tomorrow” (Josh. 22:24) has been replaced with ‘a thousand years.’ See also YC70d.

איר הט נישט [.] צו אונזרן גוט׳.
איר הט ענקרן לנדשפֿט ביזונדר. גוט׳ האט אונש גיטיילט האט.

304 דארום האבן מיר איין מזבח גיבויט. צו גידענקן אז מיר זיינן מיט אייך גיוועזן.
פֿון נישט אנדרש ווען אין דער גנצן וועלט. וואז היבט איר אן דא ועך איין וועזן.
איר זייט אונזרי ברידר. גוט׳ איז אונזר גוט׳.
ציכֿט אנהיימן ווידר. מיר זיינן ניט אוישן אויף איין שפוט:

305 מיר זאגן אין זעלבֿר מאסן. ווען מען ווערט איין בית המקדש בויאן.[217]
דא העטן ענקרי קינדר אונזרי קינדר ניט גילאשן. צו ברענגן קרבנות טרויאן.
זא העטן | אייערי קינדר גיזייט. איר זייט ביזונדר. 21b
דא טונן מיר אייך ווייזן* [.] אז מיר זיינן אייער ברידר:

306 אויך איז דער מזבח גלייך [.] צו דען דער דא ווערט זיין אין גוט׳ש הויז.
דר מיט ווייזן מיר אייך [.] מיר גיהערן ניט צו לנד הרויש.
דארום האבן מיר אין צו אייך גישטלט. אז אונזרי קינדר ווערן האבן וריד.
פֿון וועגן נישט אנדרש אין דר וועלט. ווען דאז שטרייט זיין מיר מיד:

307 מיר זיין יוא אלי ברידר.[218] אונ׳ האבן איינן גוט׳.[219]
טוט אייך נוט שרייבט אונש ווידר. אוב איר גידרנג פֿון ויינטן הט.
מיר וועלן ציהן ווידר אז מיר האבן פֿאר גיטאן. אונ׳ וועלן זיך ווידר מיאן.
אונ׳ וועלן ווייב אונ׳ קינדר אליין לאן [.] אונ׳ וועלן ווידר ציהן:

308 פינחס אונ׳ דיא הערן [.] גיפֿילן דיא ריד וואול.
זיא טעטן ווידר קערן. אונ׳ לובטן גוט׳ אל צו מאל.
אז זיא נישט אום ביליכֿקייט הטן גיטאן. דאז קונטן זיא וואול מערקן.
זיא קאמן צו ישראל אויף דען פלאן. דר קיניג העט זיך שיר טון שטערקן:

309 ישראל ווארן שון גירייט [.] עטליכֿי הונדרט טויזנט מאן.[220]
זיא העטן נייארט אויף פינחס גיביט. זיא וואלטן עש ניט ליגן לאן.

217 Rashi: "Our anxiety of this– Because of anxiety, and the fear of insulting words, have we done this, as is further explained in the Scripture: 'Lest tomorrow your children will say,' Lest they insult our children— when they go to bring sacrifices in the Sanctuary at Shiloh— lest they say to them, 'What have you to do with the Lord?' Did He not set a boundary between us and you, namely, the Jordan" (Josh. 22:24).

218 Idiom: "We are one" [lit. "We are all brothers"]. Cf. "We be brethren" (Gen. 13:8).

219 Cf. "Have we not all one father? Hath not one God made us?" (Mal. 2:10).

220 The source for this is obscure. From here until stanza 336 the text seems to elaborate on Josh. 23.

305d original form: ווזיין

דא נון פינחס קאם [.] מיט אנדרי הערן מער.
דא ווארן זיא נימר גראם. אונ׳ צירנטן ניט זיר:

310 זיא טעטן גוט׳ לובן [.] אז זיא זיך ניט הטן ווער געבֿט.
ווער ווייש ווער דא ווער גילעגן אובן.[221] אונ׳ ישראל ווערן ווער שמעבֿט
דיא ועלקר העטן גשפראכֿן [.] עש איז קומן דיא שטונד.
זי ביישן זיך זעלברט* [.] דורך איין אנדר וויא די [הונט:]*[222]

311 נון זאשין ישראל זיכֿר [.] איין איטליכֿר אין זיין לנד. Josh. 23
אויף דיא ויינד גאבן זיא איין קיכֿר [.] ליש זיא יהושיע רופֿן צו הנט.
ער שפראך איך בין נון אלט. איך ווער חשבון היינט מורגן געבן.[223]
גוט׳ האט אלש צו גיוואלט. איך ווער נוא ניט לנג לעבן:

312 זיכֿט דינט גוט׳ פֿון הערצן. גידענקט אן די גרושן וואונדר.
דא ווערטן אייך גוט׳ ביהיטן ווער שמערצן [.] אונ׳ ביהיטן איקליכֿן ביזונדר.
עש זיין ארם אודר רייך. דינט זיין הייליגן נאמן.
ווען ער הוט גישטריטן ווער אייך. ווען פֿיל | קיניגרייך איבר אונש קאמן: 22a

313 וואז ווערן מיר גיוועזן [.] הונדרט זיינן גיקומן איבר אונש איין.
מיר העטן ניט קענן גינעזן. צו גוט׳ איז דיא הילף אליין.
נון זיין נאך ויל לנד. דיא איר ניט הוט גינומן איין.
דינט גוט׳ צו הנט. ער ווערט ווייטר מיט אייך זיין:

314 וערט אייך פֿון ורעמדן געטר. ווען זי זיינן ניכֿט
ניט קערט אייך אן שפעטר. ווען גוט׳ זעלברט שפריכֿט.
ניט דוא זאלשט האבן איין אנדרן גוט׳ [.] זינדר מיך אליין.[224]
דא ער דיא תורה געבן האט. דא האט ער ווער באטן צו דינן קיין:

315 אן גוט׳ טוט אייך ביהעפֿטן [.] ניט קערט אב רעכֿטן נאך לניקן[!] זייטן.
ער הוט אייך גיהולפֿן אין ניטן. אין איין אונ׳ דרייסיג שטרייטן.

[221] Idiom: "Who would win" [lit. "Who would be on top"]. Grimm 2021, Oben, 2: "Einem oben liegen, ihn besiegen."

[222] Simile: "They bite themselves like the dogs do." Grimm ibid., Beiszen, 6: "Sich beiszen, [...] die hunde, die rosse beiszen sich."

[223] Idiom describing death: "To give an account." Cf. "Know from where you come, and where you are going, and before whom you are destined to give an account and reckoning" (Mishnah, Avoth 3:1).

[224] Cf. "Thou shalt have none other gods before me" (Exod. 20:3).

310d.1 original form: זעלבטרט | 310d.2 This word is the last in the stanza. It was printed erroneously below the next line instead of above it.

דרום טוט אין ניט ווער לאזן. ער ווערט עש ווייטר טון.
דינט אין אויף אלין מאסין. אונ׳ לאשט ניט דר פֿון:

316 ווען איך ווער גין דען וועג. דען דא גיט אל די וועלט.
איך ביט אייך זייט ניט טרעג. אז איר אייער זך רעכֿט שטעלט.
גוט׳ טוט אייער ווערקן גינוק. אז ער דען אבֿות האט גישווארן.
דרום זייט קלוג [.] אז איר ניט ווערט ווער לארן:

317 ער האט אייך איין גוט לנד ביגעבן. ער קאן אייך עש ווידר נעמן.
דרום דינט אין גאר עבן. זיינן ווילן טוט עבן רעמן.
ער הט מכֿן ווער אייך פֿלין [.] ועלקר מעכֿטיג אונ׳ גרוש.
דרום טוט אין זיין גיפֿאלן [.] ווערכֿט אייך ור קיין אן שטוש.

318 דער נאך זמלט יהושע איין [.] כל ישראל אויף איין מאל. Josh. 24
זיא מושטן קומן קען שכֿם אניין. איין ואלק אן מאס אונ׳ אן צאל.
ער שטעלט זיא אל ווער גוט׳ [.] ער וואלט צוואה טאן.
ער שפראך הערט מייניווארט [.] די איך וויל רידן נון:

319 הירט צו יונג אונ׳ אלט. עש זייא ורויא אודר מאן.
גידענקט אן גוט׳ש גיוואלט. אן דיא טובֿת [!] דיא ער אייך הוט גיטאן.
ער נאם אברהם [.] פֿון איבר ווארונג דער באך.
ער פֿירט אין קען ארץ כנען [.] יעקבֿ קאם קען מצרים וואול נאך:

320 דיא מצריים [!] טעטן אייך וואל אן גרושי פיין.[225] ביז זיא גוט׳ רופֿטן אן.
ער שיקט משה מיט דען ברודר זיין. אונ׳ ער טעט גרושי ניסים טאן.
ער טעט זי אויש ציהן [.] מיט רייכֿטום פֿיל.
ער טעט זיך מיהן. אונ׳ ברוכֿט זי צום ציל:[226]

321 פרעה יאגט זי נאך. ביז אן דן מיר.
נאך ישראל וואר אין גאך. ער שלוג פרעה זיר.
דאז מיר וואר גישפלטן.* ישראל גינגן דורך. די יונגן אז די אלטן.
די מצריים [!] די דער טראנקן. אונ׳ ור זאנקן:

225 From here on the text mentions details not found in the Book of Joshua (mainly from the Pentateuch but also from midrashic literature), pertaining to the Exodus from Egypt and to the wandering in the desert. No footnotes are given for details that are common knowledge, such as the splitting of the Sea of Reeds or the Manna.

226 Idiom: "He saved them" [lit. "He brought them to the target"]. See also YC221b.

321c redundant (double): די מצרים די דער טראנקן

22b | איר הוט גרושי נסים גיזעהן. ער הוט אייך גיפֿירט מיט איינר פֿייארן זייל. 322
און* אנדרי נסים דיא אייך וואר גישעהן. ער וואר גיצוגן איין
ואלקן איין פֿייארן אין איינר אייל.
אזו אויף הילט. די שליידר אונ׳ די גישיץ.
בלד ער דאז מיר שפליט [!]. פרעה דער דער טראנק אן דער שפיץ:

דער נאך זייט איר גיגנגן. אין דער מדבר פֿירציג יאר. 323
ער הוט אייך גיגעבן דען מן. אייך גינג ניט אפֿ* אום איין האר.
איר הוט אופֿט גיזינד. אונ׳ ווידר אין גיטאן.
גימירמלט וואז איר הוט גיקענט. ער הוט אייך נישט אנטגעלטן לאן:

משה הט ור אייך גישטריטן. גיגעבן סיחון אונ׳ עוג לנד. 324
ער הוט ועד אייך דען טוט גיליטן.[227] גרושי מיא הוט ער מיט אייך גיהט צו הנט.
וועד קאן אייך דער צילן [.] וואז אייך גוט׳ הוט גיטאן.
דאז זי טעטן בלעם אויש דער ווילן. אונ׳ וואלטן אייך שעלטן לאן:

גוט׳ טעט די קללה ועד קירן. אונ׳ אז עש צו ברכה וואר. 325
גוט׳ וואלט אין ניט הירן. וועד קאן זייני נסים דער צילן גאר.
ער הוט גישיקט די וועשפא [.] וואו זיך די גוים הטן ועד בארגן.[228]
ער הוט זיא גיקוועטשט [.] אן אלין זארגן:

עש איז מיט אייך גיגנגן איין ברונן. פֿון בערג ביז טאל.[229] 326
מיט עמלק הוט איר אויך גיוואונן. איר הוט גוט׳ ועד זובֿט מענכֿי מאל.

[227] Idiom describing death: "He suffered death for you." See also YP4c. Grimm 2021, Tod, 4d: "Den tod leiden." Cf. "The Holy One, blessed be He, made two decrees, one affecting Israel, and one affecting Moses. The one affecting Israel was when they committed the unmentionable sin [Golden Calf]. Whence this? For it is said, 'Let Me alone, that I may destroy them' [Deut. 9:14]. And the one affecting Moses? When Moses sought to go into Eretz Israel, God said to him, 'Thou shalt not go over this Jordan' [Deut. 3:27]. Moses therefore entreated God to annul both decrees. [...] God replied: 'Moses, on a former occasion you annulled My decree and I granted your prayer; I said: 'That I may destroy them,' and you prayed: 'Pardon, I pray thee,' [Num. 14:19] and your prayer was fulfilled; on this occasion I desire to carry out My decree and to refuse your prayer.' God added: [...] if you insist on 'Let me go over, I pray Thee' being granted, then you must withdraw the prayer, 'Pardon, I pray Thee,' and if you insist on 'Pardon, I pray Thee,' then you must withdraw 'Let me go over, I pray Thee." R. Joshua b. Levi said: When Moses our teacher heard this, he exclaimed before God: 'Master of the Universe, let rather Moses and a hundred like him perish than that the finger-nail of even one of them [Israel] should be injured!'" (*Deuteronomy Rabbah* [Vilna ed.], *pārāšat ki tavo*', 8:10 [Rabbinowitz 1951, 143f]).

[228] The source for this is obscure.

[229] This refers to Miriam's well. Cf. "And the well was due to the merit of Miriam. [...] How was the well constructed? It was a rock-shaped like a kind of a bee-hive, and wherever they journeyed it rolled along and came with them" (*Numbers Rabbah* [Vilna ed.], *pārāšat bĕ-midbar*, 1:2 [Israelstam and Slotki 1939, 4f].

322b original form: אן | 323b original form: אפֿ

נון זייט איר גוט אין מיינר הנט [.] דינט זיין נאמן רעבֿט.
ווען ער אייך ווייזט וואונדר [.] אז בייא משה גוט׳ש קנעבֿט:

327 דען ירדן הוט ער אויך גישפלטן. און* אנדרי צייכֿן מער.
זייני ווארט הט ער אויך גיהלטן. אונ׳ הוט אייך גיבראכֿט אל הער.
אין לנד איין אונ׳ דרייסיק קיניגרייך. אז ער דען אבֿותֿ הוט צו גיזאגט.
דרום דינט אין אלי גלייך. אז עש ניט איבל צו שלאגט:

328 איז ניט דאז איין וואונדר. איינר פֿון אייך טוט טויזנט יאגן.[230]
זייא עש איין אלטר אודר איין יונגר. אז ער משה הוט טון צו זאגן.
גוט׳ שטרייט ור אייך. איר דרפֿט ניט ויל ביקסן אונ׳ שווערט.
דרום איז אין קיין גוט׳ ניט גלייך. דער זיין ואלק אלזו דער נירט:

329 | ער האט אייך געבן אקר אונ׳ פֿלוג. אונ׳ הייזר די איר אייך ניט הוט גיבויט. 23a
דרום זעבֿט אונ׳ זייט קלוג. אונ׳ אז איר אים גיטרועט.
איך מוז נוא פֿון הינן. וואנדרן אויף דען אלטן מרק.[231]
דען שטרייט קאן איך ניט גווינן. ווען איך ווער גלייך נאך אזו שטרק:

330 דרום זעבֿט איין אין תורת משה [.] אונ׳ קערט ניט אב קיין זייט.
ער הוט אייך גישטראפֿט שטרופונג* גרוש. אונ׳ איך שטראף אייך אך אויף דיא צייט.
ווערט איר אייך דראן קערן. דא ווערט איר ביגליקן.
ווערט איר אודר* אויף הערן. דא ווערט איר ווערן פֿר שניטן:

331 היט אייך פֿר אב געטיר. ווען עש איז אייטל נארן ווייזן.
עש איז איין וועזן פֿון שפעטר. צו גוט׳ אליין איז דיא פרייז.*
ער האט אייך גיגעבן [.] ויל לנד אונ׳ לייט.
טוט איר ניט וואז אין איז עבן. איר ווערט ארויש גיטריבן אין קורצר צייט:

332 ווען איינר שון זינט. רופֿט אין ווידר אן.
ווען זיין צארן ניט בלד צירנט. ער וואול ווער געבן קאן.
זעבֿט אין דער תורה איין. וויא איר הוט ווידר אין טון שטרעבן.
איין מאל אבר ניין. ער הוט אייך גלייך וואול טון ור געבן:

230 “One man of you shall chase a thousand” (Josh. 23:10).

231 Idiom describing death: “I need to leave here, wander in the the land of the old.” The source for this is obscure. Cf. Rashi’s translation of the Hebrew word גלילות (Josh. 13:2) into Yiddish: מרקיש.

327a original form: אן | 330b original form: שטרופנג | 330d perhaps s.b. אובר | 331b original form: צו גוט' אליין. צו גוט' אליין איז דיא פרייז

333 זיא האבן משה אופּט וועלין ור שטיינן. אונ׳ ער האט ניט גיקענט ווערן
נאך הוט זיך גוט׳ לאזן איינן. דרום טוט אייך אן מיין שטראף קערן.
גוט׳ דינט מיט אייערן לייב אונ׳ געלט.[232] אז איר ניט ווערט צו שפאט.
אונ׳ ואר שטרייט [.] אזו וייט אז דיא וועלט:[233]

334 דרום דינט גוט׳ מיט ציבֿטן [.] אונ׳ דינט אין אליין.
וועז דא וויישט אויש צו ריבֿטן [.] אונ׳ זינשט בייא אנדרן געטרין קיין.
דא לאז איך אייך ווישן. אי איך פֿון דער וועלט שייד.[234]
אונ׳ איר וועלט זיין אויף גוט׳ פֿר וליסן. זייא עש מיר ליב אודר לייד:

335 זא ער שנייט איין זיכֿר הייט. צו דינן גוט׳ אליין.
אונ׳ שווערט מיר אל אויף איין אייד. דאז וויל איך האבן פֿון דער גימיין.
וועז גוט׳ הוט ור אייך [.] גישטריטן אויף זיין הימלישן טראן.[235]
אונ׳ הוט אייך געבן איין אונ׳ דרייסיג קיניגרייך [.] דרום וויל איך דז פֿון אייך האן:

336 גיפֿאלט אויך דען דער גוט׳ ניט. דא דר ווילט אייך אויש איין אנדרן איין
| וויא וואל איך בין ניט מיט[236] [.] דא דינטן אין אליין 23b
ווייל איך נאך טוא לעבן. זאגט מיר אין אלר מאסן.
טוט וואז אייך איז עבן. אז איך ווער וויסן וויא איך אויך ווער לאסן:

337 כל ישראל שריאן מיט אננדר [.] צו גוט׳ אליין איז די איר.
איינר שריא אז דער אנדר. גילובט זייא גוט׳ אימר אונ׳ איביג זער.
ער איז גוט׳ אונ׳ קיינר מער. אויף דער גנצן וועלט.
די אפ געטר זיין שפוט. מיר וועלן דינן מיט לייב אונ׳ מיט גולט אונ׳ געלט:

338 יהושיע טעט הוך שרייאן. זייט דרויף אלי גיצייק.
אז איך האן דען זיכֿר הייט דער נייאן. איז עש ניט וואר.
שפרעך איינר עש איז* וואר. אונ׳ איך [ניט] לייג.
אז איר אויף אייך טוט אנטפֿנגן. צו דינן גוט׳ אליין.
אונ׳ דען גלויבן טוט איר דער לנגן. אונ׳ זינשט קיין:

232 Cf. "And thou shalt love the Lord thy God with all thine heart, and with all thy soul, and with all thy might" (Deut. 6:5); Rashi: "And with all thy might, i.e. with all thy property" (ibid.).

233 Idiom: "Very far." See footnote to YC111a above.

234 Idiom describing death: "Before I part with the world."

235 The beginning of this phrase recurs several times in the Book of Joshua, e.g., "For the Lord your God he fighteth for you" (Josh. 23:10). Regarding the source for the mention of the 'heavenly throne' cf. "The Lord cast down great stones from heaven upon them" (Josh. 10:11), as well as "They fought from heaven, even the stars in their courses fought against Sisera" (Judg. 5:20).

236 Idiom describing death: "I will not be with you."

338c original form: שפראך איינר עש איז ניט וואר. אונ׳ איך לייג. This stanza contains five lines.

339 יהושיע טעט די ריד אויף שרייבן. אין דאז בוך פֿון גוט׳.
אונ׳ זי טעטן פֿון אים אפ שיידן. ער איין גרוש שטיין אויף גיריכֿט הט.
ער שפּראך גיצייג איז דער שטיין. אויף דער זיכֿרהייט.
אז איר ווערט גוט׳ דינן אליין. אונ׳ הוט גיטאן איין אייד:

340 זי שפּראכֿן ווידר אל. דער איביג גוט׳ איז גוט׳.
זי שרייאן מיט איינם של. די אפּגעטר זיין שפּאט.
דער נוך צוגן זי צו הויז [.] כל ישראל גימיין.
זי ווארן ורום איבר אויש [.] אונ׳ דינטן גוט׳ אליין:

341 עש וואר נאך דען דאזיגן רידן. אונ׳ ער שטארב* יהושיע איין זון פֿון צעהן אונ׳ הונדרט יארן.
ישראל גרוש יאמר טריבן. דאז זאג איך אייך ער וואר
זי ביגרובן אין צו תימנתֿ סרח [.] אין ערב זיינר שטאט.
ישראל ווארן ורום [.] אונ׳ ואלגטן זיינן ראט:

342 ישראל טעטן ריכֿטן [.] עש ווארן זקינים [!] אין דער זעלביגן צייט.
ישראל ווארן ורום ווייל דא לעבטן. די זעלבן אלטן לייט.
די דא הטן גיזעהן [.] די גרושן וואונדר.
די גוט׳ הוט גיטאן [.] איטליכֿן ביזונדר:

343 נון הטן קינדר ישראל מיט גינומן. יוסף הצדיק גיביין.
דא זי ווארדן אין ארץ ישראל גיקומן. אונ׳ הטין זי גיפֿירט אניין.
זי ביגרובן זי צו שכֿם [.] אין זיינר שטאט.
זי הילטן זייני ריד [.] אז ער זי בישווארן הוט:[237]

344 | נון וואר אלעזר הכהן. אהרן הכהן זון. 24a
דער שטארב [.] אונ׳ גאנג אויך דער פּון.[238]
ער וואר ביגראבן אין גבֿעתֿ פּינחס [.] אין זיין ערב טייל.
נון איז דאש [ספֿר] אויש [.] גוט׳ גיב אונש גליק אונ׳ הייל.

אמן:
סליק סליק

*| 24b

[237] Cf. "And Joseph took an oath of the children of Israel, saying, God will surely visit you, and ye shall carry my bones hence" (Gen. 50:25).
[238] Idiom describing death: "He died and went away from there."

341a A period was printed here. | 24b is empty page.

ייִדיש אויסגאַבעס און פֿאָרשונג

Jiddistik Edition & Forschung
Yiddish Editions & Research

Herausgegeben von Efrat Gal-Ed,
Roland Gruschka und Simon Neuberg

Band 5

Joshua and Judges in Yiddish Verse

Four Early Modern Epics

An Annotated Edition

Edited and Annotated with an Introduction
by Oren Cohen Roman

d|u|p

Yidish: oysgabes un forshung
Jiddistik: Edition & Forschung
Yiddish: Editions & Research

Herausgegeben von Efrat Gal-Ed, Roland Gruschka und Simon Neuberg

Band 5

Joshua and Judges in Yiddish Verse
Four Early Modern Epics. An Annotated Edition
Edited and Annotated with an Introduction by Oren Cohen Roman

The publication of this book was supported by
Anton-Betz-Stiftung der Rheinischen Post e. V., Beth Shalom Aleichem (Tel Aviv), and the Sir Isaac Wolfson Chair in Jewish Religious Thought and Heritage, University of Haifa

Library of Congress Control Number: 2022935772

Bibliographic information published by the Deutsche Nationalbibliothek
The Deutsche Nationalbibliothek lists this publication in the Deutsche Nationalbibliografie; detailed bibliographic data are available on the Internet at http://dnb.dnb.de.

1. Auflage

d|u|p düsseldorf university press is an imprint of Walter de Gruyter GmbH

Typografie, Satz, Umschlag: Efrat Gal-Ed
Druck: Memminger MedienCentrum AG
Hauptschriften: Cormorant Garamond, Hadassah EF
Papier: 80 g / m 2 Salzer EOS
ISBN 978-3-11-074061-5
e-ISBN (PDF) 978-3-11-074089-9
ISSN (Print) 2702-9425
ISSN (Online) 2702-9433
Printed in Germany

Table of Contents

Foreword

Unlike oral traditions, which sink into oblivion when they are no longer related, books can wait long years, even centuries, in anticipation of a reader. Patiently resting on a library shelf, or hidden away elsewhere, their story will continue to exist as long as their paper survives. However, if their text is reproduced, the story they contain will live on even after the original book falls apart.

In their longevity, books can outlive the speakers of their language. Thus, when faced with an old book, the eager reader might need to learn an entirely new (old) language in order to allow this book's words to enter his mind. Indeed, Old Yiddish, as its name suggests, has not been spoken for centuries. Nevertheless, many books in this once vivid vernacular have survived, often in a single copy, recording unique voices and significant literature.

During my years at university I studied modern Yiddish as well as Old Yiddish literature. My journey as a student culminated in the research of the four beautiful literary works presented in this book, which weave together translation and belles lettres. Each of these works is truly "a brand plucked out of the fire" (Zech. 3:2): they all survived and reached us in only one single copy. It is a privilege to be the first person in 500 years to publish these texts, and I hope that through my work these epics – which have waited so long – will find new readers.

The book before you is based on my doctoral dissertation, which was written under the auspices of the Yiddish Department at The Hebrew University of Jerusalem and approved in April 2015. The dissertation was supervised by Prof. Yaakov Elbaum and Prof. Chava Turniansky, and the supervisory committee included also Prof. Galit Hasan-Rokem and Prof. Cantor Eliyahu Schleifer. Although unofficially, Prof. Simon Neuberg of Trier University also offered me extensive support and advice throughout the process of writing my doctorate. I am deeply grateful to my teachers.

I would like to express my gratitude to additional teachers and colleagues of mine, who answered questions, helped clarify dilemmas, and shared their knowledge with me while I prepared this study. In particular I would like

to thank (in alphabetical order): Prof. Wulf-Otto Dreeßen, Ms. Mor Dugma, Dr. Edna Engel, Mr. Danny Hacker, Prof. Yosef Hacker, Prof. Avraham Novershtern, Mr. Eliezer Niborski, Dr. Amos Noy, Prof. Karl Reichl, Dr. Benjamin Richler, my brother Hillel Roman, Prof. Claudia Rosenzweig, Mr. Daniel Spitzer, Prof. Erika Timm, and last, who should in fact be first, my teacher of Yiddish language, Mr. Hanan Bordin.

The idea to publish this book at düsseldorf university press was hatched by Prof. Marion Aptroot of the university's Department for Yiddish Culture, Language, and Literature while I was a Minerva post-doctoral fellow there. I thank her for her support then and ever since. Great thanks are due to the editor of the series "Yiddish: Editions and Research" (under the prestigious auspices of De Gruyter publishing house), Prof. Efrat Gal-Ed, who is also responsible for the beautiful and meticulous graphic layout of this book. Thanks are due to the other members of the editorial board, Prof. Roland Gruschka, and especially to Prof. Simon Neuberg, who continued to assist and accompany this project, reading the manuscript and providing most valuable advice.

As this dissertation was originally written in Hebrew, I necessarily translated it into English. I am grateful to Dr. Rebecca Wolpe, who proofread and edited the manuscript meticulously and most proficiently. Thanks are also due to Ms. Joan Hooper for her diligent proofreading.

Having thanked all the people who assisted me in preparing this book, I take responsibility for any mistakes found in it.

I was fortunate to receive financial support for this research project over the years, allowing me to dedicate myself to it, and it is a pleasant obligation to thank my benefactors. During the years of my PhD studies I was awarded the President's Scholarship for Outstanding Doctoral Candidates, as well as the Warburg Prize, and a grant from the *Limmūd bĕ-ḥavrūtā'* Project, all by The Hebrew University of Jerusalem. In addition, I was the recipient of a scholarship from the Leo Baeck Fellowship for Doctoral Candidates, granted by the Leo Baeck Institute (London) and the Studienstiftung des deutschen Volkes; the Jacob Groper Prize; a grant from Beth Shalom Aleichem (Tel Aviv); and a grant from the Leo Baeck Institute (Jerusalem).

The preparation and publication of this book was made possible through generous grants from Beth Shalom Aleichem (Tel Aviv); the Sir Isaac Wolfson Chair in Jewish Religious Thought and Heritage, University of Haifa; and the Anton Betz Foundation (Düsseldorf).

Last but not least, I would like to express my gratitude, which is as big as the great sea, to my family and friends, and in particular to my partner, Yaniv. The stability you give me has enabled me to cope with the difficulties I encountered along the road and offers me the peace of mind needed for my studies.

While presenting this book, which deals with texts from bygone times of the Jewish people, I would like to recall the dear memory of my late grandparents, all of whom survived the Holocaust: my mother's parents, Walter-Haim and Rosel, and my father's parents, Moshe-Moniek and Chaja-Helena. Ever since I was a child, I was fortunate to hear Yiddish from the mouth of my grandmother Chaja. Thanks to her I was exposed to this beautiful culture, and once I started learning Yiddish, she answered many of my questions.

שתלתם ניגונים בי אמי ואבי
This book is dedicated to my parents, Yitzhak and Aliza Roman.

Oren Cohen Roman,
Jerusalem, July 2021

About this Edition

This edition presents the texts of all four epics, preserving their irregular spelling and the original punctuation. Thus, an exclamation mark [!] following a word indicates that the original spelling has been retained. Nevertheless, based on the biblical text and the style of the epics, I was able to recognize a few copying and printing mistakes, such as the double occurrence of a word. Any change made is noted with an asterisk and explained in the apparatus below the footnotes. Likewise, words that could not be deciphered with certainty, or the rare words that I have added to the text, have been placed in square brackets.

In the Parma Manuscript, a horizontal line appears above many words, mostly indicating a *rāfeh* sign over the letters ב, כ, פ, or ת, but also decorating the word גוט or other words (often ending with ט). In the edition, this line was transcribed as a *rāfeh* where appropriate, or as an apostrophe at the end of the word it decorates. Moreover, in this manuscript a few words curiously end with a middle Nun or Tzadi, while as a rule the end versions of these letters are used. After consulting Dr. Edna Engel, I decided to leave them as they are.

Many of the footnotes highlight the sources of additions or interpretations of the biblical text that appear in the Yiddish epics, as far as this can be imparted in English. Such a discourse often requires a profound knowledge of Hebrew and thus exceeds the scope of this work.

Various Jewish sources are cited in this book. Relying on published translations ultimately led to variations in the systems of transliteration. Quotations of the biblical text are taken from the Geneva Bible (1599), but references are cited according to the numbering of the Hebrew Bible. Likewise, Talmudic quotes are taken from the Soncino translation, Targum Jonathan is based on Harrington and Saldarini 1987, and Rashi's commentary on the Bible is taken from Sefaria[1] and is based on the Metsudah Tanach series. Rashi's commentary on the Talmud is also taken from Sefaria and is based on Nelly Altenburger's translation. All other translations are the author's own, unless otherwise stated.

As a rule, the texts cited have not been altered, including quotations of the Bible within other works. The only exception to this rule is Rashi's commentary, in which, to facilitate understanding, names have been changed to the common standard (e.g., 'Isaac' instead of 'Yitskhok').

1 www.sefaria.org, (accessed June 13, 2021).

Introduction

Description of the Epics Studied

This book provides the first academic editions of four distinct Yiddish epic poems on biblical themes, two of which have reached us in manuscript form and two of which were printed in the sixteenth century. They are:

1. An untitled epic on the Book of Joshua, beginning with the words וואלט איר נון צו הורין [If you would please listen now], in a manuscript written in 1510 – 1511, which is today in the Palatine Library, Parma (Cod. Parm. 2513). It is twenty-seven leaves[1] in length and numbers 231 stanzas. It is referred to herein as *Yĕhōšuaʻ-Parma*.

2. *Sēfer šōfĕṭīm* (an epic on the Book of Judges), part of the above mentioned manuscript, fifty-four leaves[2] in length and consisting of 524 stanzas, herein referred to as *Šōfĕṭīm-Parma*.

3. *Sēfer šōfĕṭīm* (another epic on the Book of Judges), printed in Mantua (Joseph Shalit) in 1564, today found in the National Library of Israel, Jerusalem (R8=94A2391). It is thirty leaves in length and consists of 396 stanzas, referred to herein as *Šōfĕṭīm-Mantua*.

4. *Sēfer Yĕhōšuaʻ* (another epic on the Book of Joshua), printed in Cracow (Isaac Prostitz) in 1594, found in the Bodleian Library, Oxford (4°W.67.Th. (3)). It is twenty-four leaves in length and numbers 344 stanzas, referred to herein as *Yĕhōšuaʻ-Cracow*.

Only one single copy of each of these epics has survived. As a result, it is difficult to determine whether changes to the original Yiddish text were made by the copyist or typesetter. All four epics draw on both Hebrew and German sources. For obvious reasons, the biblical text and its traditional Jewish commentaries and midrashic (exegetical) elaborations constitute the primary influences. Yet the stanzaic structure and poetic style, as well as the depiction of scenes typical of romance literature (in particular battle and courtly scenes) demonstrate the influence of German chivalric and epic literature.

1 The poem extends from f. 129b until f. 155a.
2 The poem extends from f. 155b until f. 208b.

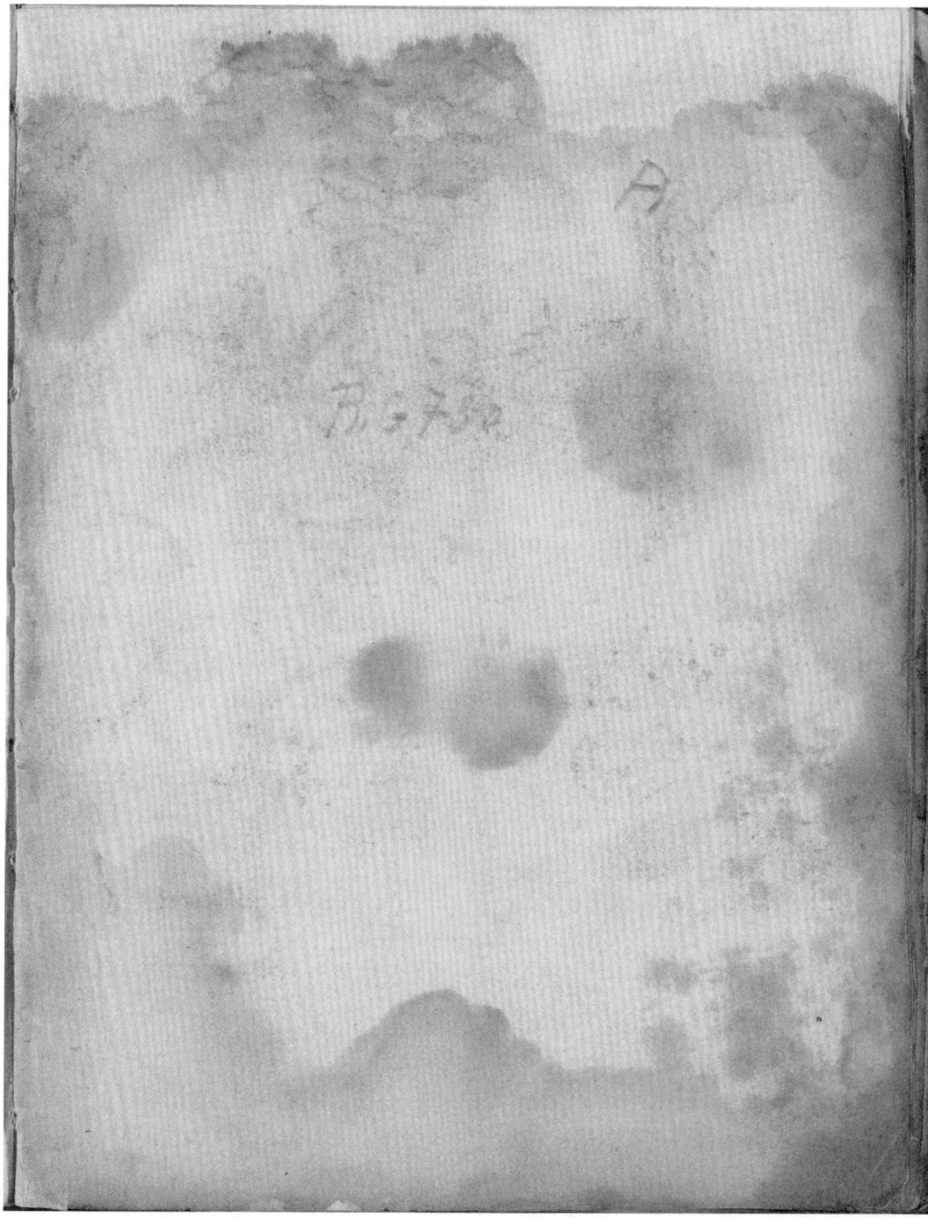

MS. 2513 f. 221b (1510 – 1511)
Biblioteca Palatina – Complesso Monumentale della Pilotta, Parma
Courtesy of the Italian Ministry of Culture

The Parma Manuscript (1510 – 1511)

This manuscript (Cod. Parm. 2513) is today found in the Palatine Library in Parma, Italy. It was among the collection of the Hebraist Giovanni Bernardo de Rossi (1742 – 1831),[3] which was sold to the library in 1816.[4] The codex contains 221 leaves sized 15 x 20.5 cm, all written by the same hand in semi-cursive Ashkenazic script. A watermark of a bird holding a book appears on the first leaf (following the right cover; the only appearance of this watermark).[5]

On the final page (near the current left cover) faded remnants of a drawing of a vase (amphora) in red ink are discernable. A different foliation inside the manuscript, indicated on the Hebrew verso side (עמוד ב) of the leaves (as though this manuscript were written from left to right), begins on the leaf preceding the drawing of the vase. This may suggest that the page with this drawing was previously the manuscript's left cover.

The manuscript contains the following texts:[6]

1. A paraphrastic Yiddish translation of four stories from midrashic literature:
   a. [- - -] דש מעשה בון (The story of – – –, 1a – 2a).[7] The story of Solomon and Ashmedai.
   b. עק[י]דה בון יצחק (Binding of Isaac, 2b – 4b).[8] A prose rendition of the binding of Isaac.
   c. איין אנדר מעשה (Another story, 4b). A short story about Elazar ben ʻAzaryah and his pupils.
   d. איין מעשה בון שְׁלָמָה הַמֶּלֶך (A story about King Solomon, 5a – 10a). A story about Solomon, Benaiah, and the Shamir.[9]

3 De Rossi previously catalogued it as *Cod. Polonici* 1 [Polish codex[!]], see: Weinreich 1928, 117.
4 Ibid., 113f.
5 See: Briquet 1923 (I), 22f, nos. 65 – 68, 71 – 72.
6 Turniansky (1982: 590 – 596) described this manuscript extensively. Most of the following descriptions and translations of the marginalia passages are based on her work, as well as Falk's description of the manuscript (Falk 1938: 247 – 248). I was able to decipher some obscure titles in the manuscript following a visit to Parma in 2011, during which I was allowed to consult the manuscript directly (Turniansky relied on the microfilm copy). I am indebted to the Palatine Library staff for their help in this regard.
7 Due to damage to the top of the page, the remnants of the title are no longer legible. Falk (ibid.: 248) succeeded in identifying the words דש מעשה, and I observed another word that ends with a final Nun, ן.
8 עקידה and not שירה as Weinreich (1928, 133) noted. This mistake has taken root in academic literature.
9 See Falk 1938.

2. A Yiddish translation, partly homiletic, of the Book of Psalms (10b – 128a).
3. A Yiddish translation of the *widduy* [confession] prayer for a dying person (128b). This text is untitled, although the first word (in the original Hebrew) מוֹדֶה is written with larger letters, distinguishing it from the remainder of the manuscript. The following page (129a) is blank.
4. A Yiddish epic poem on the Book of Joshua (129b – 155a). This is the above-mentioned *Yĕhōšua‘-Parma*.
5. *Sēfer šōfĕṭīm* (The Book of Judges, 155b – 208b). A Yiddish epic poem on the Book of Judges, the above-mentioned *Šōfĕṭīm-Parma*.
6. An untitled section made up of various short units:
   a. איין אנדר שפרוך אויף די וועלט (Another popular saying, 209a – 210b). A passage in rhymed prose written in a somewhat satiric tone, discussing the impossibility of behaving in manner that will not arouse criticism.
   b. אבער איין הופשר שפרוך בון דען עולם (Again, a beautiful popular saying, 210b–214a). A rhymed moral text.
   c. אלהיא היב איך [אן] איין שפרוך בון דען עולם (Here I begin a popular saying, 214a–215a). A Yiddish version of a *yĕhī rāṣōn* prayer.
   d. אבער איין גוטליך לוב (Another praise of God, 215a – 216a). A prose passage concerning the purpose of man's creation.
   e. Untitled (216a – 216b). A prose passage extolling the virtues of rising early.
7. דש מ[עשה בו]ן יונה (The story of Jonah, 217a – 219b). A free Yiddish translation of the Book of Jonah.
8. A list of clothes in Yiddish (220b).

The manuscript's colophons and marginalia provide much valuable information:

At the end of the translation of the Psalms we find the following: סליק בע״ה / ביו׳ א׳ ב׳ מרחשון רע״א לפ״ק פה ברישה / נאם משה בר מרדכי ברלאג ז״ל [*Finis*, with God's help, on Sunday 2 Heshvan 271 (16 October 1510) here in Brescia. The words of Moshe son of Mordecai Barlag, of blessed memory].

The end of the epic on Judges is followed by a passage in the copyist's handwriting. To its right is another passage written by a different hand, which appears to be the manuscript owner's response to the copyist's words. These passages read as follows (Italian borrowings are explained in the English translation):

First passage, the copyist's words:[10]

דש בויך הוט אוייש גשריבן איין מן דִיזָוֶוינְטוֹרַט
וואל נוייציהן מונט׳ נאך דעם שַׂאק
בע׳ה צוברישה הוט מן אונש אוביל טרטערט
אבער דער אלמיכֿטיג גוט הוט אונש גטון בעשר ווידר וויר הבן גֶמִירֶטֶעְרט
אויך איין טייל בעשר ווידר דער אנדר
דרום דש זי הבן קונאן קלובין דש אונ דש אנדר צו אנדר
ובפֿרט די דו זיין וורוליך אונ׳ הבן גלאכֿט
דש הבן אלש די חָבוֹת גמאכט
אונ׳ זיא זיין אל וייזר גוועזן ווידר משה הונט
גְרַמַרְצֵי הוט ער זיין רוֹבַא געבן דעם קונט
דרום מוש ער שטינטערן לערנן אונ׳ שרייבן טאג אונ׳ נאכֿט
ווער העט איין זולכש אוייף משה הונט דער טראכֿט
אַדֵי אַדֵי גוט׳ געב אויך אלן גוטי נאכֿט אמן

This book was copied by a miserable (Ital. *dissaventurato*) man,
Some nineteen months after the looting (Ital. *sacco*) [in Brescia],
Alas, we were treated (Ital. *trattare*) badly there,
But the Almighty God was kind to us, more than we deserved
(Ital. *meritare*),
He treated some with more kindness than others,
As they could add things together [i. e., understand],
Especially those who were happy and laughed,
All this was caused by the debts,
And everyone was wiser than Moshe [Moses] Hunt [dog],
Alas (Ital. *gran mercé*)![11] He gave his possessions (Ital. *roba*)
to the count [or, client],
Therefore, he must make an effort (Ital. *stentare*) to teach
and write day and night,
Who would have thought this about Moshe Hunt,
Farewell, may God grant you all a good night.[12] Amen.

Second passage, apparently a response to the above:[13]

אלז בעשר ווען ער מרטערט הוט
ווען אז ער דען עולם הוט שטימערט
אזו הוט מן איין מרטערט
[גנעשז] וויל שטרייך הון דעם הונט
זול מן מיט קולבן לויזן
זוישט טויט ער ניט גויט
נאום קונט וויטור דע ברג׳

10 The translation of the first passage is taken from Turniansky 1982: 594.
11 *Gran mercé* literally means 'Great mercy.' It is used here perhaps as an interjection of sorrow.
12 Cf. the parting formulae quoted by Schiper (1927 – 1928 (III), 131), especially *Ade, eine schöne gute Nacht!*
13 Turniansky did not transcribe this passage.

[He received] much better [treatment] than he deserved,
Because he cheated (Ital. *stimare?* – estimate) people,
He was rewarded accordingly,
This dog erases a lot [and thus wastes valuable paper],
He should be deloused with clubs,[14]
Other than that, he does no good,
The words of Count [or, client] Vitor de Berg.[15]

After the prose passage extolling the virtues of rising early (section 6e), we find the following:

אזו שפריכט דער טיכטר דער דען שפרוך גימכֿט הוט משה אישט ער גיננט דש זיינר זיל זול
ווערדן גוט וואל בקנט סליק

So says the poet who created this maxim. His name is Moshe, may his soul be remembered well by God, *finis*.

At the bottom of page 12a (the translation of Psalm 4), a word in Latin letters is written diagonally to the lines of the text: *ermelina*.
The translation of the Book of Jonah is followed by a colophon that reads:

דו איך דש בויך אוייש שרייב דו רעגניט עש
אונ׳ עש הט זייא לאנגט נאך אנדר גרעגניט
לעכטר זעכש וואוכֿן יג סיון רע״א
לפ״ק פה ק״ק מנטווא

As I was copying [or, finished writing] this book it rained,
and it has been raining constantly for a long time,
perhaps six weeks. 13 Sivan 5271 [19 June 1511]
here in the Holy Community of Mantua.

This information suggests that the copyist, named Moshe Hunt, began work on the manuscript in Brescia prior to 16 October 1510, and that he completed more than half the work there (at least until p. 128a), finishing it in Mantua (some 70 km southeast of Brescia) on 19 June 1511. Moshe Hunt was a moneylender who lost his fortune as a result of the French occupation of Brescia in 1509 and the ensuing persecution of the Jews. Consequently, he searched for a new source of income – copying books.[16]

14 An idiom concerning a punishment, cf. Wander 1867 – 1880 (III), Narr, 878, no. 460: "Einem Narren muss man die Kolbe lausen [...] Den kahlen Kopf, weil die Narren früher geschoren wurden, d.h. man muss strafend auf ihn einschlagen"; ibid., 878, no. 829: "Narren sol man mit kolben lausen." See also Grimm 2021, Lausen, 2c: "Dem narren die kolbe lausen."
15 I could not find any information about a man with this name.
16 Turniansky 1982: 594f.

Moshe Hunt did not compose the works he copied. Indeed, they are written in different styles, making it unlikely that one person penned them all. This assumption is also supported by the fact that while the language of the works themselves contains few Italian borrowings, the marginalia passages (which were undoubtedly penned by the copyist) employ them quite frequently. It remains unclear whether the Moshe Barlag who signed his name at the end of the Psalms translation, the Moshe who signed his name at the end of section 6e, and the copyist Moshe Hunt who signed his name at the end of the epic on Judges were one and the same or coincidentally shared the same given name.[17]

It is also unclear why *ermelina* was written in Latin letters on one of the manuscript's pages. This given name was common among Italian Jews.[18] We have no information about the ownership of this manuscript before it was purchased by de Rossi. Therefore, it is possible that a woman named Ermelina owned the manuscript at some stage and signed her name on her property.

Sēfer šōfēṭīm (Mantua 1564)

This book was printed in Mantua in 1564 in the printing house of the Christian Filipponi family.[19] Pages 2b and 30a exhibit the mark of the Mantuan printer Joseph Shalit: a peacock standing on a rock holding a ribbon in his beak.[20] It appears that only one edition was printed.[21]

The book numbers thirty quarto sized leaves, and the last page is blank. Its letters are the font typical of Old Yiddish prints (known as Mashket, a stylizing of semi-cursive Ashkenazic script),[22] except for Hebrew-Aramaic words, which were printed in square letters.

Some information regarding the book's composition may be discerned from its paratexts:

The reference to the epics on Samuel and Kings in the introduction (SM/intro13, 16) hints that *Šōfēṭīm-Mantua* was composed after the *editio princeps* of those Yiddish epics were printed (1544 and 1543), respectively. However, this introduction may have been a later addition to the work itself.

17 Ibid.: 595f.
18 Todeschini and Zorattini 1991, 140.
19 Simonsohn 1977, 682. See also Yudelov's remark (Yudelov 1974, 239, n. 17). I have found variant spellings of the printer's name: Filopono (Busi 1996, 230) and Filippo (Falk 1961 (I), 122).
20 Ya'ari 1944, 12, no. 19; Zunz 1845, 251f.
21 Shmeruk 1978, 122.
22 Weinreich 2008 (I), 275.

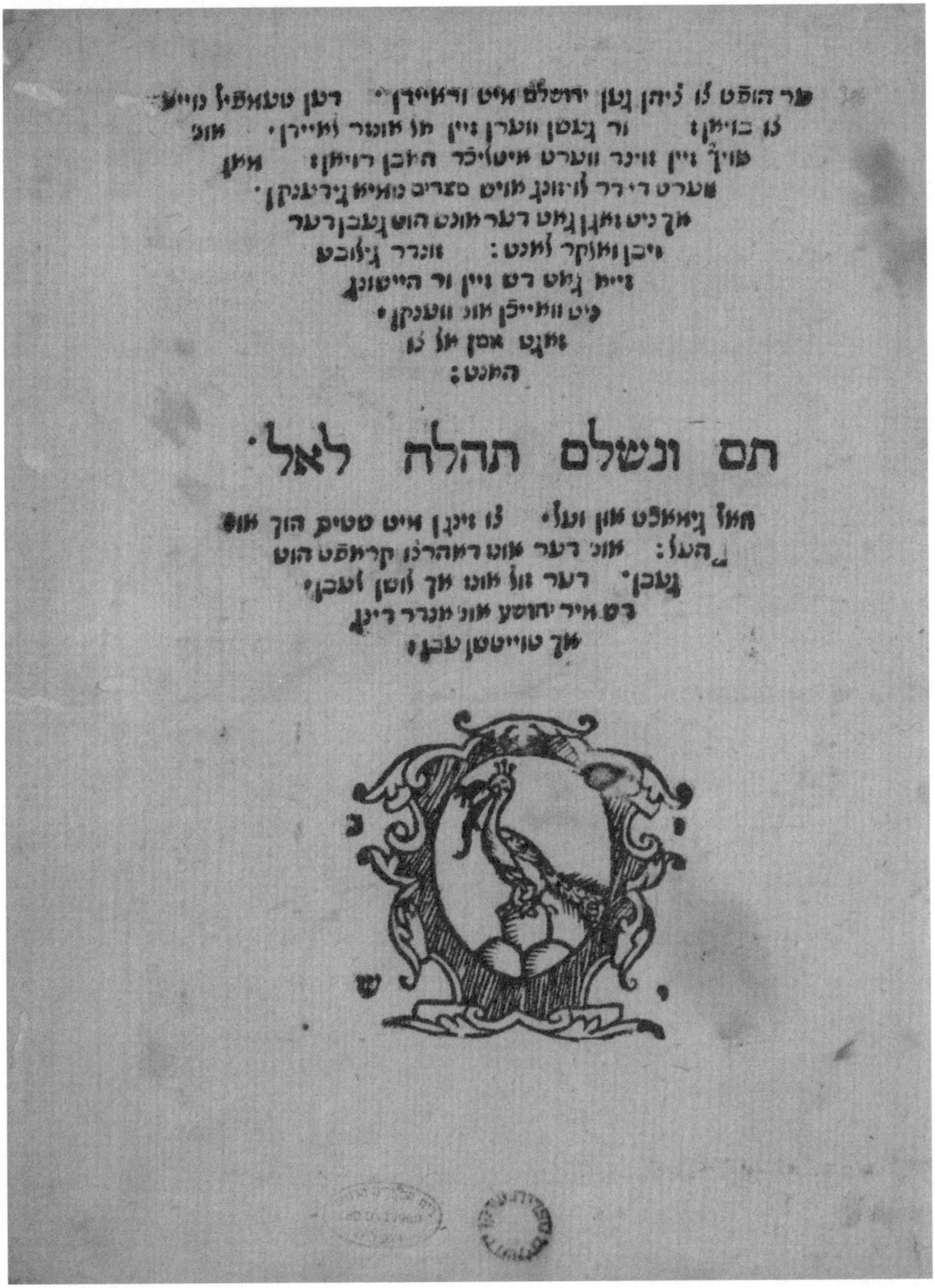
תם ונשלם תהלה לאל·

Sēfer šōfēṭīm, Mantua 1564
National Library of Israel, Jerusalem R8=94A2391. Fol. 30a

Comments regarding 'renewing' the book, i.e., rewriting it,[23] suggest that the author may have drawn on an older, different version of a Yiddish poem on the Book of Judges.

The author's declaration that he wishes to write a poem about the Book of Joshua[24] suggests that he may have also penned *Sēfer Yěhōšua'* (Cracow 1594), which does not include the name of its author. We shall reject this hypothesis on stylistic grounds.

While the author's name does not appear on the title page of the book, it is mentioned by the narrator at the end of the poem (SM395d): יעקב צו דער קאנן [Ya'akov zu der Kannen]. *Zu der Kannen* literally means 'at the jug,' apparently referring to a sign on the façade of the author's home. Such indications were used in some places to distinguish houses, prior to the advent of house numbers. In some places, they also served as the last names of the people who lived in those houses, for example in Frankfurt am Main and Worms. While such a sign on the front of a house is known to have existed in Frankfurt, no record of a person of that name living in the relevant period has been found.[25]

Only one copy of *Šōfĕṭīm-Mantua* has survived,[26] found today in the National Library of Israel. This book was purchased in 1994 from the Schocken Library in Jerusalem. Salman Schocken, that library's founder, purchased it from the Stadt- und Universitätsbibliothek Frankfurt am Main in 1937.[27] There, *Šōfĕṭīm-Mantua* was bound together with three additional Yiddish books, in the following order:[28] *Eyn shmue fur der frume Shoshana* (Cracow 1571); Isaac ben Eliezer, *Sēfer ha-gan* (Cracow 1571); Ya'akov zu der Kannen, *Sēfer šōfĕṭīm* (Mantua 1564); Solomon ibn Verga, *Šēveṭ Yěhūdāh* (Cracow 1591).[29]

The researcher Max Erik saw *Šōfĕṭīm-Mantua* at the library in Frankfurt in the 1920s,[30] and Aaron Freimann reported that it was there in 1898.[31]

23 SM/tp3, SM/intro5, SM/intro6, SM395d.
24 SM/end2.
25 Shmeruk 1967a, 116.
26 Shmeruk 1980:74.
27 Schaeper 1995, 112, no. 698.
28 Freiman 1898:62f. The National Library of Israel possesses copies of only the first three works. According to their signatures, they were purchased in the 1990s (R8=91A508, R8=92A504, and R8=94A2391, respectively), and it appears that these are the three booklets that were originally bound together in Frankfurt. According to Schaeper (1995, 112), the fourth work (*Šēveṭ Yěhūdāh*) was missing already when Schocken purchased the books.
29 Concerning this book see: Shmeruk 1981, 79, no. 8.
30 Erik 1979, 123.
31 Freiman 1898:62.

The book's title page (see image on p. 135 below) provides information about some of its previous owners:[32] at the top is a signature: משה בר משה זל היילפרון, apparently that of Moshe son of Moshe Heilpron.[33] In the top left corner the number 14629 is written in pencil – the acquisition number in Salman Schocken's log (the acquisition is registered there on 2 June 1937) – to the right of which is written, in square brackets (also in pencil), *Richter* (Judges, in German). The number 816 appears on the bottom right of the page – this is the Schocken Library's number for the category 'Yiddish' – and near it is the round blue stamp used by the Jewish National and University Library (which in 2008 became the National Library of Israel). On the bottom left of the title page, the book's signature from the library in Frankfurt was recorded in very light pencil: Judg. Germ. 698. The other side of the title page is empty. At its center is the book's signature in the catalogue of the National Library of Israel.

Sēfer Yĕhōšua' (Cracow 1594)

This book was printed in Cracow in 1594 by the printer Isaac Prostits, a Jew who came to Poland from Italy.[34] The book contains twenty-four leaves sized 15x19 cm, and the final page is empty. The font is typical of that used for Old Yiddish works, without any differentiation of the Hebrew-Aramaic words.

It appears that only one edition of *Yĕhōšua'-Cracow* was printed,[35] and only one copy is known to have survived.[36] This copy is located today in the Bodleian Library in Oxford (4°.W.67.Th.(3)), where it is bound together with three additional Yiddish books, in the following order: *Sēfer 'Iyyōv* (Prague 1597),[37] *Sēfer tĕhillīm* (Cracow 1586),[38] *Sēfer Yĕhōšua'* (Cracow 1594); *Sēfer Dāniyyē'l* (Cracow 1588).[39] The last three were also printed by Isaac Prostits.

32 I thank the Schocken Institute's librarian, Mr. Danny Hacker, for helping me understand the meaning of the various numbers.

33 I have not been able to find any information about this person. Branches of the Heilpron family lived in Poland and Italy. Regarding some of the family's members in Mantua, see Simonsohn 1977, according to the index: 853 (Alpron) 868 (Heilbron). See also: Shmeruk 1981, 53f; Elbaum 1990, 48, and more entries for היילפרון in the index (ibid., 435).

34 About this printer see Shmeruk 1981, 22f.

35 Shmeruk 1978, 122.

36 Shmeruk 1980:74.

37 Shmeruk 1978, 123.

38 Shmeruk 1981, 87, no. 20.

39 Ibid., 87f, no. 21.

Moritz Steinschneider viewed this volume when he prepared his catalogue, which was printed 1852 – 1860.[40] *Yĕhōšuaʿ-Cracow* was not among the collection of David Oppenheim (1664 – 1736), which was purchased by the Bodleian Library in 1829.[41] Indeed, its signature does not contain the letters Opp., and this book is not found in the early catalogues of the Oppenheim collection.[42]

The wording and phrasing used on the title pages of *Yĕhōšuaʿ-Cracow* and *Šōfĕṭīm-Mantua* demonstrate significant similarities. As mentioned above, this, together with the fact that the author of *Šōfĕṭīm-Mantua* declared his desire to write a poem about the Book of Joshua, have led scholars to assume that both epics were authored by the same person.[43]

40 Steinschneider 1852 – 1860, 183, no. 1233; Steinschneider 1869: 151, no. 426b.
41 Teplitsky 2019, 188 – 205.
42 E. g., Metz 1845.
43 Staerk and Leitzmann 1923, 200; Erik 1928, 123; Shmeruk 1978, 122f.

Old Yiddish Epic Poetry on Biblical Themes

The four works discussed herein belong to one of the most important genres in Old Yiddish literature:[44] epic poetry on biblical themes. This genre, which formed a central pillar of Yiddish literature for centuries, offered its audience ancient biblical narratives re-clothed in aesthetically pleasing European poetic garb.

This genre can be categorized as 'epic' because its works are situated in the heroic past of the Jewish people (the biblical era) and describe the heroism and exemplary qualities of biblical heroes.[45] Other epic traits evident in these works include the narrator's visible presence[46] and their length.[47] Likewise, the works of this genre exhibit features similar to the German epic, as will be discussed below, reinforcing its classification as 'epic.'

Indeed, the Yiddish epic is a combination of the biblical text (along with its midrashic elaborations) and the German epic. On the one hand, the plots of the Yiddish epics draw on the Hebrew Bible: indeed, a thorough reading reveals that the authors were closely acquainted with the original Hebrew source and in addition wove midrashic elements and traditional commentaries into their Yiddish retellings. At times it is difficult to locate the source of such additions, and these Yiddish epics may have preserved midrashic material that has not survived in any other form. On the other hand, the Yiddish epics were evidently influenced, stylistically and thematically, by medieval German chivalric literature: descriptions of the royal court, of the battles and the weapons used in them, and of time and place, as well as the direct speech used by warriors and the aristocracy, all of which echo the phrasing and style commonly employed in German epics and romances. Furthermore, elements from the unique reality of Ashkenazic Jews can be discerned in these Yiddish poems: life in exile as a minority under Christian rule, religious rites (*minhāgīm*) and social norms of Ashkenazic Jews, and the very fact of writing literature in their vernacular – Yiddish.

44 For the purpose of this discussion, Old Yiddish literature is defined as anything written in Yiddish before the late eighteenth century, when modern Yiddish literature began to emerge (Shmeruk 1981, 150f). For a linguistic periodization of the stages of the Yiddish language see: Weinreich 2008 (II), 733.

45 Yoshida 1992, 96f.

46 Even 1974: 143. See also pp. XLII – XLIV below.

47 Yoshida 1992; Merchant 1971, vii.

Corpus and Chronology

Many works of Old Yiddish literature, among them biblical epics, have been preserved in only one surviving copy, and it is reasonable to presume that others have been lost altogether. Furthermore, it is difficult to determine with any certainty when these biblical epics were composed because both manuscripts and print editions may very well be copies of older texts.[48]

The following is a list of the early biblical poems known to us,[49] based on the chronology of their extant manuscripts and/or print editions:

Four short songs in the Cambridge Manuscript (1382):[50] "The Death of Aaron," "The Expulsion from Paradise," "Abraham our Father" (depicting how Abraham destroyed Terah's idols), "Joseph the Righteous" (the attempts of Potiphar's wife to seduce Joseph).

Yudisher Shtam: a poem about the Binding of Isaac, dating from the fifteenth century or earlier. This is one of the most well documented poems in Old Yiddish literature: four manuscripts and four print editions of it have survived, spanning a period from the sixteenth century until 1728.[51]

Poems on the Book of Esther: eleven different poems have reached us. Scholars date the earliest of these to the fifteenth century. They seem to be the first Yiddish epics encompassing an entire biblical book.[52]

Epic on the Book of Joshua (untitled): in a manuscript (Cod. Parm. 2513) from 1511.

Sēfer šōfĕṭīm: an epic on the Book of Judges, in the same manuscript.

Shmuel-bukh or *Sēfer Šĕmū'ēl*: an epic on the Books of Samuel and part of 1 Kings, presumably composed in the last third of the fifteenth century. The earliest extant manuscripts date to the early sixteenth century. The work was first printed in Augsburg in 1544, and five or six additional editions are known. The last known edition was printed in the first third of the seventeenth century.[53] It seems to have been recognized early on as the jewel in the crown of the genre, the most popular poem, and it is freqeuently used as a source of reference.[54]

48 Shmeruk 1978, 123; Turniansky 1987: 29.
49 Unless otherwise stated, the following information is based on Shmeruk 1978, 118 – 124; Shmeruk 1980: 74 – 78; Turniansky 1987: 27 – 29; Frakes 2014, 3 – 155.
50 Cambridge University Library, T-S.10.K.22.
51 Dreeßen 1971; Roman 2016: 183f.
52 Turniansky 1987: 27, n. 3; Shmeruk 1978, 118f; Shmeruk 1979a, 131 – 136; Baum-Sheridan 1996.
53 Shmeruk 1978, 122; Shmeruk 1980: 74 – 78; Timm 1988, 30f.
54 Turniansky 1987: 28.

Melokhim-bukh or *Sēfer mĕlākhīm*: an epic on the Books of Kings. This work is preserved in manuscripts (some of them fragmentary) from the early sixteenth century. It was first printed in Augsburg in 1543, and two additional editions are known. The last edition was printed in 1607.[55]

Doniel-bukh or *Sēfer Dāniyyē'l*: an epic on the Book of Daniel. It was first printed in Basel in 1557. Five additional editions are known, the last dating from 1730.[56]

Sēfer šŏfĕṭīm: an epic on the Book of Judges, different to the above-mentioned manuscript version dating from 1511. It was printed in Mantua in 1564. No further editions are known.

Sēfer tĕhillīm: an epic on the Book of Psalms. It was authored by Moshe Stendal of Hanover and printed in Cracow in 1586.[57]

Sēfer Yĕhōšua': an epic on the Book of Joshua, different to the above-mentioned manuscript version dating from 1511. It was printed in Cracow in 1594. No further editions are known.

Sēfer Yĕḥezqē'l: an epic on the Book of Ezekiel. It was apparently authored by the printer Abraham ben Moshe of Prague. It was printed in Prague in 1602. No further editions are known.

Mizmōr lĕ-tōdāh: a book containing poems drawing on material from the Pentateuch and the Five Scrolls (except Lamentations) by David the son of Menachem Hacohen. It was printed in Amsterdam in 1644 and in Hanau in 1717.

Sēfer Yōnāh: the earliest extant edition was printed in Prague, apparently before 1686. Two additional editions are known, the last dating from 1715.

Qĕhillat Ya'aqōv: poems on the Pentateuch and parts of Joshua and Judges by Jacob the son of Isaac Segal. It was first printed in 1692 (Fürth) and two additional editions are known, the last from 1763.[58]

Sēfer 'Iyyōv: an epic on the Book of Job. It was apparently printed only once, in Prague during the seventeenth century.[59]

Bĕ-rē'šīt lid: a poem on Genesis.[60]

55 Aloni 1973: 90f; Fuks 1965 (I), 27–41.
56 Dreeßen and Müller 1978.
57 Steinschneider 1852–1860, 189, no. 1280.
58 The earliest extant edition of this book was printed in Fürth in 1692. The name of the author is noted on the title page (and in an acrostic in the introduction): יעקב ב״ר יצחק סג״ל ז״ל ש״ץ דק״ק ריטלזיא, referring apparently to Rödelsee near Würzburg in Germany (Staerk and Leitzmann 1923, 261–270; Erik 1979, 222).
59 See Shmeruk 1978, 123, and his references there.
60 Steinschneider 1852–1860, 180f, no. 1205.

Additional short songs, mainly from the seventeenth century, have also reached us.

This list suggests that the genre of the Yiddish biblical epic already flourished in the last third of the fourteenth century. Indeed the poems in the Cambridge Manuscript appear to reflect a well-developed literary tradition. However, it is not clear how long the genre had existed prior to that.

Yiddish biblical epics were printed until the eighteenth century, including classic works such as *Yudisher Shtam* (1728) or *Doniel-bukh* (1730). However, some scholars argue that the stylistic refinement and creativity of the genre deteriorated from the early seventeenth century onwards, citing the last known edition of *Shmuel-bukh* (1612) as the symbolical end of the genre.[61]

Oral Beginnings

Considering the extant corpus and its estimated chronology, it appears that the first works of this genre were relatively short songs concerning single episodes. Subsequently, epic poets began to compose works that encompassed entire biblical books.[62]

It appears that certain shorter songs may have been used in liturgical or para-liturgical settings (e. g., the song on the Binding of Isaac during the High Holidays; the story of Esther on Purim; and that regarding the death of Moses on 7 Adar). It is also possible that some epic poems served as translations of Haftarahs, e. g., the songs of Deborah and David. Likewise, the poems in the Cambridge Manuscript may have been intended for reading on the Sabbath.[63] By contrast, other short songs (or specific episodes within longer epics) are clearly works of belles lettres, designed solely to entertain the audience (e. g., David slaying the bear in *Shmuel-bukh*, or Samson slaying the lion in *Šōfĕṭīm-Parma*, see below for further discussion).[64]

Chone Shmeruk described this succinctly:

> Based on the chronology of the biblical poems in Yiddish, there is room to assume that at first this poetry was limited to depictions of single episodes from the Bible, of a relatively limited narrative size, such as the poems in the Cambridge Manuscript or the *'Aqēdāh* poem. Gradually entire biblical books were tackled [...] one may also presume that at first this biblical poetry was intended for oral transmission, while adhering to a set melody.[65]

61 Shmeruk 1978, 124.
62 Ibid., 118.
63 Dreeßen 1977: 35.
64 Shmeruk 1978, 119 – 120; Dreeßen 1977: 35 – 36, 38.
65 Shmeruk 1978, 118; Turniansky 1982: 597.

The short songs mentioned by Shmeruk were purely oral works. The transcriptions of such works that have reached us, as mentioned above, probably represent merely a fraction of the entire repertory. Many other short songs were surely lost over time, and some were probably never recorded in writing. As Yosef Dan notes:

> We may assume that precisely in this field, in the retelling of biblical narratives as single stories, a great deal of the material generated in the Early Middle Ages has been lost. The surviving material constitutes only remnants [...] surely some of them were recited orally and not written down, and it is possible that certain circles within Jewish society may have had reservations concerning stories that do not retell the traditional narrative exactly.[66]

Ahuva Belkin describes a similar phenomenon with regard to the traditional *Purim-shpil* plays: "The few surviving texts of Purim plays represent merely the 'tip of the iceberg' of an established dramatic tradition that was transmitted orally from generation to generation."[67] It should be noted, however, that some short songs were probably composed in writing from the outset.[68] The two types, oral and written, existed side by side.

Except for the documents mentioned by Shmeruk, it is likely that shorter oral songs were also preserved within the longer epics themselves. Indeed, some sections of the longer epics are stylistically distinct from the remainder of the work and exhibit strong oral traits.[69] Some such poems begin with an obvious opening formula, and in general they employ a more poetic style. This is the case, for example, in the scene depicting David's fight with the lion (304 – 325) in *Shmuel-bukh*, which begins with the opening formula, "We want to sing the marvels of a young man."[70] Likewise, "David's Song" in the same text (1691 – 1738)[71] is written in a different metrical pattern to the rest of the epic (on the stanzaic structure see below, pp. LXXXIX – XCIII).

66 Dan 1974, 22.
67 Belkin 1993, 15.
68 Green (1994, 131 – 134) claims that texts containing acrostics and anagrams, largely visible phenomena, were intended for reading rather than hearing. However, simple acrostics were at times used as a mnemonic tool in oral transmission (Alexander and Hasan-Rokem 1995: 65f). Shmeruk (1977: 77) suggests that imperfections in sections of the acrostic in the Joseph poem (Cambridge Manuscript) may have resulted from oral transmission.
69 Similarly, songs in the ancient poetic corpus *Širat běney ma'arāvā'* survived only as a result of their incorporation into a later text. Some of these songs were discovered within Ashkenazic prayerbooks for the festivals of Passover and Shavu'ot. See: Yahalom and Sokoloff 1999, 16, and songs no. 27 – 29, 67 there.
70 See Roman 2018.
71 Erik (1979, 91) also believed that this is an independent oeuvre.

Indeed, nineteenth-century scholars already suggested that longer epics may in fact be comprised of shorter poems. Karl Lachmann (1793 – 1851), for example, proposed the *Sammeltheorie* [collection theory] while researching *The Song of the Nibelungs*: he posits an editor who collected short oral songs and arranged them in a logical order, creating a plot that unites the entire epic.[72] Likewise, the scholars of epic poetry Milman Parry and Albert Lord suggested that relatively short epic poems (termed *themes*) would have circulated as independent works or been incorporated into a longer narrative.[73] A similar case is documented within the Jewish context: the ethno-musicologist Moshe Beregovski, who studied the *Purim-shpil* [Purim play] in the twentieth century, noticed that the play on the Binding of Isaac was never sung to him in its entirety. Rather, it was transmitted to him in three different parts by separate informants, leaving Beregovski himself to reconstruct the whole original work.[74]

It is quite possible that the short Yiddish songs continued ancient poetical traditions. Indeed, some of them are based on poetic biblical passages (e. g., the songs of Deborah and David),[75] many of which contain themes that inspired Jewish cultural creativity throughout the generations.

The short songs reveal that the genre of the Yiddish epic was strongly linked to oral traditions. Thus it can logically be assumed that these songs guided the development of the genre's traits, both formally (stanzaic structure, melody, register, the presence of an intrusive narrator, etc.) and thematically (while the plots draw on the Bible, there is a clear inclination toward 'epic' scenes, such as depictions of the battlefield or the royal court, religious conflicts, and biographies of national heroes).[76]

Below is a list of the units identified within the four epics studied that may have circulated independently as short songs. It should be noted that *Yĕhōšuaʿ-Cracow* contains many paraphrastic diversions from the biblical text and these are not necessarily based on independent oral epic poems.

The Death of Moses and Joshua's Investiture (YP1 – 13): Weinreich considered this an independent literary unit,[77] and Shmeruk listed additional Yiddish

72 Heusler 1905, 5f; Ker 1926, 92, 105, 140.
73 Lord 1960, 94.
74 Shmeruk 1979a, 92.
75 Roman 2009.
76 Dan 1974, 140.
77 Weinreich 1928, 126.

works concerning the death of Moses.[78] The song opens with distinctly oral phrasing: וואלט איר נון צו הורין איך וויל אויך וואונדר ייעהן [If you would please listen now, I will tell you a tale of wonders] and lacks a proper ending.

Deborah's Song (SP83 – 117): The opening of this passage draws on the original biblical text (cf. Judg. 5:1) with added epic texture: עש בגונד זיר צו זינגן וויא עש אין וואל אן צאם / דְבוֹרָה אונ׳ בָרַק׳ זון אֲבִינוֹעַם [Deborah and Barak son of Abinoam began to sing, as it suited them well]. Almost each biblical verse accounts for an entire stanza, a scale not found elsewhere in *Šōfĕṭīm-Parma*. Moreover, while the author of *Šōfĕṭīm-Parma* does not employ the verb שרייבן [to write] in order to describe his work even once, at the end of this passage we find the following: דש גזאנק אישט אוייש גשריבן גאנץ ביש אוייף איין האר [This song is written in its entirety, not even one hair is lacking]. The special status accorded to this passage may also be inferred from the writing in the margins of the page די הפטרה בון בשלח ודְבָֹרָה [The Haftarah for the weekly portion of *bĕ-šallaḥ*, "And Deborah…"]. This comment appears near SM62 (parallel to Judg. 4:4), long before Deborah's Song (Judg. 5:1), because the Haftarah includes both the fourth and fifth chapters of Judges.

Yael and Sisera (SP75 – 81): This passage includes a poetic rendering of the dialogue between Yael and Sisera, in which the characters' speech is not merely polite but perhaps even courtly. Yael is depicted positively. Her behavior is impeccable: no mention is made of sexual relations with Sisera, and she even brings his body outside the tent (perhaps in order to avoid being alone with Barak, as this is forbidden by Jewish law, SP81d). Sisera, by contrast, is ridiculed: he is described as a drunk (SP76d), he snores in his sleep (SP78c), and he is compared to a cow.[79] Some sentences are repeated (these may well constitute formulae): נון קער דו אב צו מיר [Come to me];[80] יָעֵל די גינג אוייש גיגן אים גר ווייט אין דש וועלט [Yael went out toward him, far away in the field];[81] זיא דעקט אין ווארם צו [She covered him so that he would be warm];[82] and perhaps also: אז אנדר קוא (just like a cow, SP76b) and אז איין גשעכְטִי קוא (like a slaughtered cow, SP77d).

Jotham's Parable (SP200 – 211): The opening of this parable echoes the beginning of Deborah's song: דו בגאן ער זיר צו שרייאן הורט מיר צו ליבן הערן [He began to yell aloud, listen to me, dear sirs!]. This is followed by another

78 Shmeruk 1964; Shmeruk 1967a, 126.
79 SP76b, SP77d.
80 SP75b, SP75c.
81 SP75a, SP80b.
82 SP76a, SP77c.

phrase indicative of an epic-formulaic texture: ,איין בייא שפיל וויל איך אויך זאגין דש זולט איר גאנץ בור נעמן [I will tell you a parable, listen to it all the way through]. Here, too, each verse is retold poetically over the course of an entire stanza. Likewise, the linguistic style of the passage distinguishes it from the remainder of the epic. In stanzas 201–206, the word קוניג [king] recurs systematically.

Samson fights the lion (SP316–320): Although this unit is not separated from the remainder of the text by a distinct opening or ending, it contains numerous descriptions drawing on battlefield terminology, which are rare in the remainder of *Šōfĕṭīm-Parma*. Thus, for example, Samson is depicted as דער העלד שטארק דעגין אלזו פֿיין (the strong hero, the very fine warrior, SP318a), and the lion's roars are described as extremely loud (SP316c, SP317d). Furthermore, two and a half stanzas of this song are dedicated to technical details of the battle, which are not based on any known Jewish sources.[83] There is also an elaboration on this biblical scene in SM238, albeit brief.

The Kings of Canaan (YC238–246): This passage is considered a poem also in the Hebrew Bible, wherein it is written using stichography.[84] The beginning of the Yiddish poem is clearly evident: נון וויל איך ווייטר זאגן. אונ׳ די איינן אונ׳ דרייסיק קיניג מעלדן גאר [Now I will continue to speak and report everything about the thirty-one kings]; and YC246 clearly represents the end of the poem. The meter of this passage differs from the rest of the work: for the most part it lacks the added middle rhyme that is the norm throughout *Yĕhōšua'-Cracow* (although this is not always achieved, see pp. LXXXIX–XCIII). The fact that the narrator of *Yĕhōšua'-Cracow* also expressed his intention not to recount all the kings' names – זולט איך אלי קיניגן נענן. עש ווער צו פֿיל (If I were to state the name of each king, that would be too much, YC208a) – diverging from the trend evident in the remainder of the poem, also appears to indicate that this poem once constituted a separate unit. I have not been able to find the source of the poet's words in classic Jewish works. The poem's epic character is quite evident: some of the kings are described as heroes while others are mocked – apparently in order to emphasize the great achievement that victory over them represents. Erik even identified elements of humor in this song.[85] Turniansky argues that the spelling mistakes in the kings'

83 Christian elements have been identified here, see Roman 2018.
84 Stichography is the technique of inserting a large space (or two spaces) at certain positions within the line. This is the traditional manner in which special passages, mostly poems, were written in the Hebrew Bible (see: BT Megillah 16b; Roman 2009).
85 Erik 1979, 88.

Hebrew names may indicate that the poem was transmitted orally,[86] thus supporting the assumption that it circulated via oral means, independently of the written epic.

A song about Micah (SM 294–304): The opening of this song is not formulaic, but the prominent use of Jewish scholarly terms distinguishes it from the rest of the epic: איך וויל איין קשיא בֿור טראגן. אונ׳ דרויף זגן איין פשט (I would like to present a *quŠyā* [question] and answer it with a *pĕŠāṭ* [answer], SM293d). This song also has a distinct ending: נון וואלן מיר דש בוך אויז מאכֿן. דא מיט דיא לענג נימנט ור דרישט / אונ׳ זאגן בֿון מיכש זאכֿן (Now we will close the book, so that the length [of this story] should not annoy anyone, and tell of Micah's affairs, SM304c–d). Whereas the text of *Šōfĕṭīm-Mantua* relies mainly on the biblical source, as well as commentaries by Rashi and Radak, this song about Micah draws on various other sources. Linguistically, God is referred to as הקדוש ברוך הוא (The Holy One, blessed be He, SM295b), whereas elsewhere in the epic He is described as גאט [God]. In addition, this song has a distinctly epic character: it is emotionally moving and describes characters who withstand hardships against all odds: while Joseph and Moses are portrayed as exemplary figures, Micah and Aaron (apparently) are portrayed as evil. The song relates Micah's history, from his birth in Egypt, his miraculous salvation by an angel, his possession of the magical letter by means of which Joseph's coffin was later found, to his eventual misuse of that letter in the sin of the Golden Calf. However, contrary to expectations, the song does not continue until Micah's death but rather returns to the plot of the Book of Judges, to the story about Micah's idol, interweaving commentators' explanations of the chronological digression that occurs in the Hebrew Bible (SM302–304).

Written Works and Longer Poems

Lord (1960, 135) highlighted the possibility that in one society oral epic poetry may circulate parallel to the development of a written literary tradition. Therefore, we cannot rule out the continued oral circulation of shorter epic poems within Jewish society, even after they were recorded in writing. At the same time, Lord (1960, 131) also notes that the process of writing down oral texts may affect and change their content.

Thus, it seems that the recording of shorter Yiddish poems in writing provided an opportunity to expand upon them, creating extensive poems that

86 Turniansky 1982: 625, n. 107.

encompassed the content of entire biblical books. Shmeruk estimates that as early as the fifteenth century entire biblical books were rendered as Yiddish epics, starting with the Book of Esther and later the Former Prophets.[87] The longest works of the genre number thousands of lines (arranged in quatrains): *Shmuel-bukh* numbers some 7,000 lines and *Melokhim-bukh* includes some 9,000. The four epics studied herein range from 900 lines (*Yĕhōšuaʿ-Parma*) to 2,000 lines (*Šōfĕṭīm-Parma*). By contrast, the songs in the Cambridge Manuscript are much shorter: *Joseph the Righteous* include seventy-six lines, *Abraham our Father* numbers 404, and the poem about the Binding of Isaac contains between 248 and 320 lines.[88] By comparison, in "The Prophets' Poetry," a poetic tradition on biblical themes orally transmitted by Jewish women from the Island of Djerba, a song of 200 lines is considered lengthy.[89] Likewise, the longest known Jewish-Kurdish epic poem (Rivlin 1959) numbers 330 lines, and one line often consists of a single word.[90]

The shorter Yiddish epic songs only roughly follow the biblical text, and at times their sources are obscure (e. g., the song about the kings of Canaan in *Yĕhōšuaʿ-Cracow*). By contrast, the remaining (and principal) text of all four epics studied follows the biblical text closely and with noticeable precision.[91] This suggests that the authors of the four epics consulted the original Hebrew text.

Thus, in view of their extensive size and their adherence to the biblical text, it appears that these four epics were not composed orally but rather in written form.[92] Nevertheless, influences and even traces of purely oral poems are also evident therein: they employ a stanzaic meter and incorporate entire (shorter) oral poems, as well as the remnants of some epic *themes* (e. g., Samson fighting the lion). The texts of these four epics suggest that their authors were well acquainted with the oral literature circulating in contemporary Jewish society, and in composing their works they drew on this tradition as well as other Jewish sources and German heroic literature.

87 Shmeruk 1978, 118 – 120.
88 The different versions vary. See Dreeßen 1971, 9 – 31.
89 Guez-Avigal 2009, 129, n. 3.
90 E. g., "Jacob and his Sons" (34 lines of varying lengths): Rivlin 1959, 122 – 140, "Qaṣīdah of Samson" (40 lines of varying lengths): ibid., 210 – 228.
91 Staerk and Leitzmann (1923, 198) called *Šōfĕṭīm-Mantua* "a rhymed translation." Turniansky (1991: 27) described *Yĕhōšuaʿ-Parma* as "basically a rhymed Yiddish translation-interpretation of the biblical text."
92 Dreeßen 1977: 36.

It is unclear whether the authors of the long poems also composed the shorter poems that were incorporated into them or simply utilized existing popular songs; indeed, both scenarios seem plausible. Turniansky highlights aspects of both continuity and change between these two types of epic poems.[93] Dreeßen, by contrast, argues that the shorter songs (*Kleintexte*) originated in set contexts, such as use on Sabbaths and holidays, and that their tone is more didactic, whereas the long poems (*Grosstexte*) are of an entertaining nature and there was no set context for their transmission. Rather, he argues, they were retold whenever circumstances permitted it.[94]

The Genre's Internal Chronology and the Influence of Print

The instruction that Yiddish epics should be sung "*bĕ-niggūn Shmuel-bukh*" [to the tune of *Shmuel-bukh*],[95] which recurs in many printed editions of Yiddish biblical epics, led scholars to assume that *Shmuel-bukh* was the first and exemplary work of this genre.[96] However, this assumption is challenged by the theory that the genre developed from short oral songs. Moreover, this assumption fails to acknowledge that all such melodic statements postdate 1544, the editio princeps of *Shmuel-bukh*,[97] and that a substantial number of works predating that year utilize the same stanzaic structure without any mention of *Shmuel-bukh*. Among these works is *Abraham our Father* in the Cambridge Manuscript,[98] *Yĕhōšua'-Parma* and *Šōfĕṭīm-Parma*, and *Melokhim-bukh*.

Turniansky suggests that the epic in the Parma Manuscript may well predate *Shmuel-bukh*,[99] while Dreeßen proposes that the epic on Daniel was also composed before *Shmuel-bukh*, arguing that the genre began with adap-

93 Turniansky 1991: 28.
94 Dreeßen and Müller 1978, 10; Dreeßen 1977: 36, 38.
95 On the musical and stanzaic meaning of this statement see pp. LXXXIX–XCIII, as well as Roman 2015.
96 So, for example, Erik (1979, 81f) crowns *Shmuel-bukh* as founder of a poetic school bearing its name (די שול פֿון דעם שמואל־בוך). He implies that *Shmuel-bukh* was the first original epic in Yiddish, preceded only by adaptations of German works into Yiddish. Falk (1961 (I), 10–13) refers to other Yiddish epics, including the four epics studied in this book, as *Nachahmungen* [imitations]. See also: Shmeruk 1988, 182.
97 *Shmuel-bukh* was first printed in Augsburg 1544. The earliest extant manuscripts of this work date to the early sixteenth century, prior to 1544 (Shmeruk 1978, 122); Falk (1961 (I), 15, 18) dates the Paris manuscript to the 1530s and the Hamburg manuscript to the first quarter of the sixteenth century.
98 Turniansky 1991: 29.
99 Turniansky 1982: 597.

tations of the Book of Esther.[100] Neuberg suggests on linguistic grounds that *Shmuel-bukh* and *Doniel-bukh* belong to an older layer of the Yiddish epic, while *Melokhim-bukh* and other printed epics are more recent (he did not consider the Esther poems nor the epics dealt with herein, except for brief references to *Yĕhōšuaʿ-Cracow*).[101] Thus, Shmeruk's argument that *Shmuel-bukh* and *Melokhim-bukh* represent the pinnacle of the Yiddish epic, but not necessarily its foundation, seems correct.[102]

The revolution initiated by the invention of movable type began to affect Yiddish literature by the sixteenth century. Indeed, Shmeruk notes that "an effort to collect" all Yiddish epic works "via printing" was underway toward the middle of that century.[103] He discusses the ramifications of print for the transmission of texts, arguing that those poems which circulated orally or in manuscript form and were never printed have been forgotten and lost. Indeed, no other copies of the two epics in the Parma Manuscript have survived. Had this particular manuscript not been bought by a Christian collector (see above), they would probably have been lost forever.

Dreeßen argues that parallel to Christian society's social rejection of Jews in the Middle Ages, the Jews also tended towards cultural insularity at their own initiative. Hence, those works that survived, mostly in print, constitute later versions of earlier texts which were much more closely linked to German-Christian sources.[104] Thus, for example, he notes that in the transition from manuscript to print, Hebrew-Aramaic words for Jewish-religious matters were employed instead of their German counterparts, as for example in the replacement of זלמן with שלמה, הר מוזס בוך [Sir Moses' book] with די תורה [the Torah], etc.[105]

100 Dreeßen and Müller 1978, 4f, 9. The introduction to the print edition of the Daniel poem (*Doniel-bukh*, Basel 1557) states that it was written according to the tune of *Shmuel-bukh*. However, Dreeßen thinks that this reference, and the entire introduction in general, were later additions to the original work, which was written long before it was printed.

101 On these lingustic aspects see below, p. XCIII.

102 Shmeruk 1978, 117.

103 Ibid., 123.

104 Dreeßen 1977: 30.

105 Dreeßen and Müller 1978, 9f.

Current State of Research and Central Research Questions

Scholars began to study Old Yiddish epics on biblical themes in the late nineteenth century. They initially focused on *Shmuel-bukh* and the poems on the Book of Esther,[106] later expanding their studies to include other works.[107] So too, some began to publish critical editions of Old Yiddish epics, beginning with two poems on Esther that were preserved in manuscript form.[108] A 1957 facsimile edition of the Cambridge Manuscript included transcriptions and transliterations of the texts, and subsequently editions of the epics on Samuel, Kings, the Binding of Isaac, Daniel, as well as a comparative study of the poems on Esther, were published.[109] Some epics have recently appeared in English translation.[110]

None of the four epics discussed herein has thus far been published, although Turniansky (1987) conducted a comparative study of the two epics on Joshua.[111] Scholarly discussions of these epics mainly consist of bibliographical notes or laconic mentions in works concerning the history of Yiddish literature.[112] They often provide brief overviews of one or more of the four epics. Some such discussions contain erroneous information,

106 Turniansky 1987: 30 – 31. See also: Karpeles 1903; Falk 1908; Grünbaum 1882, 203 – 222; Landau 1919.

107 See for example: Staerk and Leitzmann 1923; Basin 1917; Erik 1979; Weinreich 1928.

108 Landau 1919; Stern 1922.

109 See Turniansky's review (1987: 34 – 36) as well as Shmeruk 1979a; Baum-Sheridan 1996; Turniansky 2007.

110 See Frakes 2014.

111 My MA thesis (Roman 2008) was an annotated edition of *Šōfĕṭīm-Mantua*, and this book is based upon my PhD dissertation (Roman 2015a).

112 Regarding the poems in the Parma Manuscript: De Rossi 1803, 200; Steinschneider 1869: 151 – 153, nos. 426b, 426c, 429; Neubauer 1892, 703; Shulman 1913, 16; Borochov 1913, 40f [separate pagination, begins after p. 411], nos. 312 – 313; Basin 1917, 27ix – 27x; Weinreich 1928, 114, 123 – 130; Erik 1979, 122f; Falk 1938: 247 – 249; Falk 1961 (I), 11f; Timm 1977a; Timm 1977b; Shmeruk 1978, 122; Turniansky 1982: 590 – 596, 698 – 611; Turniansky 1987: 27f; Shmeruk 1988, 183; Turniansky 1991; Turniansky and Timm 1993, 16 – 18; Richler 2001, 409, no. 1421; Baumgarten 2005, 139, n. 34.

Regarding *Šōfĕṭīm-Mantua*: Wolf 1715 – 1733 (IV), 199 – 200; Zunz 1845, 256; Steinschneider 1869: 151, no. 426c; Steinschneider 1852 – 1860, 184, no. 1235; Freiman 1898; Shulman 1913, 15f; Staerk and Leitzmann 1923, 199 – 207; Erik 1926, 18, 25; Erik 1979, 122f; Weinreich 1928, 130, n. 1, 157, n. 1, 269; Falk 1961 (I), 12; Timm 1977b; Romer-Segal 1978: 790; Shmeruk 1978, 122; Shmeruk 1980: 74 – 78; Shmeruk 1982: 116, 144 – 148; Turniansky 1982: 611 – 613, 627; Turniansky 1987: 28; Shmeruk 1988, 184, 194f, 198f; Turniansky and Timm 1993, 19; Baumgarten 2005, 45, 139.

Regarding *Yĕhōšuaʿ-Cracow*: Steinschneider 1869, 151, no. 426b; Steinschneider 1852 – 1860, 183, no. 1233; Shulman 1913, 15f; Vevyorka 1926; Erik 1979, 88f, 95, 122 – 124; Weinreich 1928, 269; Falk 1961 (I), 12; Timm 1977a; Shmeruk 1978, 122f, 132f, 135f; Shmeruk 1980: 74 – 78; Shmeruk 1981, 93, no. 31; Turniansky 1982: 597f, 611 – 632; Turniansky 1987: 28; Shmeruk 1988, 184, 195, 199; Turniansky 1991: 26, 28f; Baumgarten 2005, 50, n. 61, 139.

possibly because, as was mentioned above, only one single copy of each of the four epics has survived. At times, scholars viewed the copy only briefly or not at all, in the latter case relying on the work of their predecessors. Thus errors crept into scholarship concerning the year in which the epics were copied or printed,[113] texts were quoted inaccurately,[114] the language of the Parma Manuscript was mistakenly recorded as Polish,[115] the name of *Šōfĕṭīm-Mantua*'s author was overlooked,[116] and erroneous references were made to spurious print editions of *Šōfĕṭīm-Mantua* and *Yĕhōšuaʿ-Cracow*.[117]

Despite these errors, academic discussions of these epics, including some by the most important Yiddish scholars, offer a valuable contribution to scientific research. For years they contained everything that was known about the epics, and between the lines of these descriptions a consideration of the research questions that this book strives to answer is also discernable:

Who composed the epics in the Parma Manuscript, and did their author also pen the rest of the works in that codex?[118]

Is *Šōfĕṭīm-Mantua* an adaptation of an earlier Yiddish poem, and is there a connection between the epics in the Parma Manuscript and the parallel epics that appeared in print (i. e., *Yĕhōšuaʿ-Parma* and *Yĕhōšuaʿ-Cracow*)?

Did the author of *Šōfĕṭīm-Mantua* also compose *Yĕhōšuaʿ-Cracow*, and is it possible that *Yĕhōšuaʿ-Cracow* was first printed in Mantua?

In which stanzaic form was each of the four epics written?

In light of the *Shpilman* Theory, how should the composition of the four epics be understood?

In addition to endeavoring to answer the above questions, this book also examines the position of these epics between Hebrew and German literatures, outlining the influence that both literatures exerted on each epic. Furthermore, it explores the wider issue of translating biblical texts into Yiddish, in particular considering that the four epics were composed decades before a comprehensive written Yiddish translation of the respective

113 Borochov 1913, 40f [separate pagination, begins after p. 411], nos. 312–313.
114 Wolf 1715–1733 (VI), 200.
115 De Rossi 1803, 200. Felix Falk (1908: 110), suggests De Rossi presumed that Yiddish books were written down by Jews who arrived in Western Europe from Poland.
116 Staerk and Leitzmann 1923, 200.
117 Shmeruk 1980.
118 The second half of this question was already discussed in the description of the Parma Manuscript. See above, p. XVII.

biblical books is known to have appeared, either in manuscript or print form (though earlier glossaries testifying to oral translation have survived).[119] Therefore, the translations of biblical passages found in the studied epics may represent the only surviving examples of an older tradition of translation.

119 The earliest known full and accurate Yiddish translation of the Book of Joshua and the Book of Judges (that is, without additions to or adaptations of the original text) was printed in Amsterdam in the late seventeenth century. See below p. XXXIX.

The Book of Joshua and the Book of Judges in Ashkenazic Culture

The Book of Joshua and the Book of Judges play a humble yet significant role in Jewish liturgy. They are never read in their entirety as part of the synagogue service, unlike the Five Scrolls or the Book of Jonah, for example. Nevertheless, extensive passages from them are read as Haftarahs: three sections from Joshua and three from Judges. The Haftarahs are read on the following Sabbaths and festivals: *pārāšat šĕlaḥ lĕkhā* (the spies and Rahab, Josh. 2:1 – 24); *pārāšat wĕ-zōʾt ha-bĕrākhāh* and on the festival of Simchat Torah (Moses' death and Joshua's investiture, Josh. 1:1 – 18); the first day of Passover (the circumcision of the people, celebrating Passover, and the angel's visit, Josh. 5:2 – 6:1); *pārāšat bĕ-šallaḥ* (the Song of Deborah, Judg. 4:4 – 5:31); *pārāšat nāśōʾ* (the birth of Samson, Judg. 13:2 – 25); and *pārāšat ḥuqqat* (Jephtah's war with the Ammonites, Judg. 11:1 – 33).

It is unclear to what extent these books constituted part of the traditional program of study in either the *kheyder* [traditional school] or yeshiva. The Mishnah says: "At five years of age the study of Scripture; at ten the study of Mishnah; at thirteen subject to the commandments, at fifteen the study of Talmud" (Mishnah, Avoth 5:21). Accordingly, as soon as children studying in the Ashkenazic *kheyder* were able to read Hebrew, they started learning the Pentateuch.[120] There is no doubt that pupils in the *kheyder* learned the weekly portion, and that prior to certain holidays they also learned the biblical book (*mĕgillāh*) traditionally read on that occasion.[121] However, regarding the rest of the Hebrew Bible, testimonies from the Middle Ages and the Early Modern Period reveal that Bible study was far from comprehensive and that it was considered less important than the study of the Talmud:

The study of the Bible, which held a central position in earlier times, especially in the mishnaic and biblical eras, declined significantly in the *kheyder*. Rabbi Judah ben Asher (an Ashkenazic scholar who migrated to Spain, 1270 – 1349) warns his sons in his will that they should "Set times to study *pāsūq* [Bible][122] with grammarians' and commentators' remarks" and

120 On the learning methods used in the Ashkenazic *kheyder* see: Etkes and Assaf 2010 (especially Turniansky 2010).

121 Ibid., 23.

122 In both Hebrew and Yiddish the word פסוק indicates a biblical verse, but also synecdochically the entire Hebrew Bible, or only the Prophets and Writings (Ben Yehuda 1980 (X), פסוק (ב), 5023; Niborski 2012, 402 ,פסוק).

adds: "On the grounds that when I was little I did not learn that – because it was not customary to teach it in Ashkenaz – I was therefore unable to teach it here [in Spain]." Rabbi Joseph Hahn [Worms, ca. 1600 – 1637] protests that "In our times there are some rabbis who have never seen the Hebrew Bible in their life."[123]

If the study of the Hebrew Bible was pushed aside in favor of the Talmud in the *kheyder*, this applied all the more forcefully in Ashkenazic yeshivot.[124] Testimonies from the Early Modern Period reveal that yeshiva students did not study the Bible for fear of being mocked,[125] a tendency that apparently emerged in the Middle Ages.[126] By contrast, there is evidence that the Bible was systematically studied and interpreted in Ashkenaz during the eleventh century,[127] and the writings of the Tosafists (twelfth–thirteenth centuries) demonstrate that they were well versed in the Bible and compiled commentaries on it.[128] Furthermore, it should be mentioned that biblical commentaries as well as midrashic literature composed in Ashkenaz regularly touch upon the Book of Joshua and the Book of Judges, e.g., Rashi's commentary or the midrashic compilation *Yalqūṭ Šimʻōnī*.

In addition to midrash and commentary, there exists an ancient Hebrew literary tradition of commentating on the text through retelling it,[129] for example the Apocrypha, or the genre known as the *Rewritten Bible*.[130] Such works were also penned in the Middle Ages,[131] although most extant examples concern the Pentateuch and few deal with books of the Prophets or Writings.[132] I found only one work that touches upon the content of Joshua and/or Judges, namely *Sēfer hā-yāšār* [Book of Jasher], which was first printed in Venice in 1625 and achieved great popularity.[133] This Hebrew book retells the biblical narrative from the creation of the world up until the time of the Judges. The relevant scenes therein from Joshua and Judges are very brief.[134]

123 Assaf 2002 (I), 30. Many nineteenth- and twentieth-century testimonies indicate that Joshua and Judges were studied in the *kheyder*, but this does not necessarily reflect the situation in the sixteenth century. See: Etkes and Assaf 2010, 176, 225, 264, 281, 327, 336, 394, 430.
124 Elbaum 1990, 93 – 95.
125 Breuer 2004, 127.
126 Kanarfogel 1992, 88 – 90.
127 Grosman 1989, 419f.
128 Breuer 2004, 119.
129 Levinson 2005, 308.
130 Yasif 1994, 58 – 63; Shinan 1977, 100 – 102.
131 Dan 1974, 133 – 141; Shinan 1977, 100 – 102.
132 Dan 1974, 136 – 141, 270.
133 Ibid., 137 – 138; Dan 1986; Saranga 2010, 4 – 7.
134 Dan 1986, 333 – 344.

In the realm of Old Yiddish literature, aside from the two epics on Joshua and the two on Judges, other texts were composed in order to acquaint those unable to read Hebrew with the content of these biblical books. These diverse works include:

Translations: The oldest extant translations are glosses in late medieval manuscripts that include some words from Joshua and Judges.[135] Beginning in the sixteenth century, extensive glossaries were printed: *Mirkevet ha-mišneh* (Cracow 1534), *'Ayyālā šělūḥāh* (Cracow 1593–1595), *Leqaḥ ṭōv* (Prague 1604), *Ḥibbūrey leqeṭ* (Lublin 1612). Toward the end of the eighteenth century, two full translations of the Hebrew Bible were published, the first by Yekutiel Blitz (Amsterdam 1678), and the second by Joseph Witzenhausen (Amsterdam 1679). The influence of the *taytsh* tradition[136] is clearly evident in these works, although they were also affected by Martin Luther's German translation of the Old Testament.[137]

Homiletic works: This category includes two oeuvres, both attributed to Rabbi Jacob ben Isaac Ashkenazi of Janow in the seventeenth century. The first, *Tsene-rene*,[138] encompasses the Pentateuch, the Five Scrolls, and the Haftarahs. For this current discussion, only the Haftarahs are of interest. The adaptation of passages from the books of the Prophets in *Tsene-rene* lacks the homiletics applied in the rest of the work, providing instead a translation that interweaves sections from the original Hebrew verses. Indeed, some scholars question whether Jacob ben Isaac penned the Haftarot section of *Tsene-rene*.[139] The second oeuvre, *Sēfer ha-maggīd*,[140] was printed in three volumes: 1. Former Prophets, 2. Latter Prophets, 3. Writings. The biblical text is accompanied by the commentaries by Rashi and Toledot Aharon and also contains an extended translation into Yiddish that exhibits elements from traditional commentary (mainly Rashi) and midrashic literature.

Additional poetic works in Yiddish: A sixteenth century manuscript from Italy, which portrays the lives of women in contemporary and biblical

135 Staerk and Leitzmann 1923, 8–61, 80–113; Timm 2005, 698–707.

136 *Taytsh* is the word used to describe the traditional method of translating the Torah (and other sacred texts) from Hebrew into Yiddish. See below, pp. LV–LVI.

137 Aptroot 1993; Timm 1993.

138 In Hebrew: צאינה וראינה. The earliest extant edition (Hanau 1622) mentions three earlier editions that are considered lost. See: Shmeruk 1981, 37–44, 147–164; Elbaum and Turniansky 2008: 1912f.

139 Neuberg 1999, 8–11, 109–115.

140 This book was adapted after the author's death, or rewritten by an anonymous author, and first printed in Lublin 1623–1627. See: Shmeruk 1981, 41–43; Turniansky 1988, 52–54; Turniansky 1985a: 174, n. 36; Liebermann 1980; Neuberg 1999, 8–11.

times, contains a song about the Prophetess Deborah and another concerning Yael and Sisera.[141] The songs were written in rhyming couplets and in free meter. In terms of content, there are similarities between these songs and the studied epics, although this can be explained by their reliance on the same sources.[142] In addition, three different Yiddish versions of the Hebrew *Sēfer hā-yāšār* exist.[143] Finally, *Qĕhillat Yaʿaqōv* offers a paraphrase of the Pentateuch, Joshua, and Judges, although mainly focusing on Genesis and Exodus.[144] The part retelling scenes from Joshua and Judges accounts for a fourth of this oeuvre, some 1,000 lines for Joshua and 1,800 lines for Judges.[145] Stylistically, this work claims to be written in the stanzaic form known as *niggūn Shmuel-bukh* (see below, p. LXXXIX), although Staerk and Leitzmann view the author's poetic achievement as somewhat lackluster and consider his work to be merely "rhymed prose."[146] Shmeruk mentions this book as an example of the "epigonic imitations" of the Yiddish epic on biblical themes that were common in the seventeenth century.[147] The author, Jacob ben Isaac Segal, mentions in the introduction (ibid., 2a–2b) that his sources included: the biblical text, Rashi's commentary, *Yalqūṭ Šimʿōnī*, *Sēfer hā-yāšār*, and passages from the Talmud and midrashic literature. The only poetic adaptations of the Bible that he mentions are *Shmuel-bukh* and *Melokhim-bukh*, even claiming that their authors started "in the middle," overlooking the Pentateuch and the Books of Joshua and Judges. In other words, it is probable that Jacob ben Isaac Segal was unaware of the existence of the four epics discussed herein. An initial comparison of the four epics with *Qĕhillat Yaʿaqōv* reveals no

141 Cambridge University Library, Manuscript. Add. 547, untitled. The second section (of three) in this manuscript, which portrays the lives of Jewish women, has been published with an English translation: Fox and Lewis 2011. The poems are found on pp. 196f and 196–199[!], respectively.

142 So, for example, the poem concerning Deborah mentions that she was Barak's wife, cf. *Šōfĕṭīm-Mantua* and my notes to the critical edition there (SM51a–52c); the poem regarding Yael notes that she refrained from killing Sisera with a weapon for religious reasons, cf. the two epics on Judges and my comments there (SP112 and SM61d).

143 Also known in English as the Book of Jasher. This is a Hebew 'rewritten Bible' encompassing the Pentateuch and parts of Joshua and Judges, mainly the conquest of the Land of Canaan (Dan 1986). It was first printed in Venice in 1625, but it was apparently composed in Renaissance Italy (ibid., 32). On the three Yiddish versions of this book see: Turniansky 1985b.

144 See footnote 58 above.

145 The adaptation of the Book of Joshua appears on pp. 87a–95a, and of the Book of Judges on pp. 95a–108b.

146 Staerk and Leitzmann 1923, 262.

147 Shmeruk 1978, 124.

significant connections. Considering their small size, and the later date of their composition, Segal's renditions of Joshua and Judges are not included in the core of this study.

Christian poems in German: Bibelepik,[148] epic poems on themes from the Christian Bible, were composed mainly on themes from the New Testament and a few sections of the Old Testament. I am unaware of Bibelepik works concerning Joshua or Judges. This German genre existed at least as early as the ninth century CE and blossomed until the end of the Middle Ages, when it was replaced by another genre, *Historienbibel*,[149] a prose paraphrase of biblical narratives encompassing either the entire Bible or parts thereof. Examples of *Historienbibel* have been preserved in many manuscripts, mostly from the late Middle Ages (fourteenth–fifteenth centuries). Dreeßen, who compared the retellings of the Books of Esther and Daniel in the German genres with the relevant Old Yiddish epics, discerned a significant difference between the two literatures, arguing that the comparison sharpens the uniqueness of each one, their divergent functions and intended contexts.[150] Future studies should compare the German *Historienbibel* concerning Joshua and Judges with the four epics studied here.

148 Masser 1976.
149 Gerhardt 1977–2004.
150 Dreeßen and Müller 1978, 10.

Composition and Transmission

Author and Narrator

Scholars commonly distinguish between the author of a text – the actual person who wrote it – and the narrator – a fictitious character created by the author, who is in fact part of the literary work.[151] There may be similarities between the biographies of the author and narrator, but every case must be considered individually.

Aside from the name of the author who composed *Šōfĕṭīm-Mantua*, Ya'akov zu der Kannen (see above, p. XIX), little is known about the authors of these epics. However, certain information about them can nevertheless be gleaned from the works themselves. Sara Zfatman's remarks on authors of Old Yiddish prose are fitting here:

> Although we do not possess the name and identity of even one writer in the field of original Yiddish fiction, we can still draw some conclusions about their cultural portraits and the nature of their education based on the texts themselves [...] the writers frequently exhibit an impressive command of various sources from particular and universal traditions, alongside great talent in bringing together episodes and developments from sources of different types, combining them into a consistent and fluent texture.[152]

In contrast to the paucity of information about the authors, the presence of the narrators is tangible in all four epics, especially the printed ones. Indeed, characteristically of epic poetry,[153] each of the four epics contains an *intrusive* narrator. In accordance with Even's definition, this narrator

> does not hide his identity and adds a personal touch to the phenomena and processes he relates. [...] At times he even reveals his positive or negative affinity to the various details, pertaining to plot or characters, which he reports, next to revealing his mental and moral inner world through his story telling. [...] This narrator professes his thoughts and analyzes his heroes directly, or even addresses his reader with a personal reference.[154]

151 Even 1974:156; Rimmon-Kenan 2002, 87f; Genette 1980, 212–262 (chapter 5, "Voice"). These scholars mention an additional function between the real author and the narrator, the *implied author*, although this is not relevant to the current discussion.
152 Zfatman 1983, 57.
153 Even 1974:143.
154 Ibid.: 147f.

Likewise, all the narrators are omniscient. This omniscience manifests on three axes: temporal – the narrator knows what will happen in the future; spatial – he is aware of developments in all possible locations; and psychological – he can describe the characters' thoughts and feelings.[155]

Furthermore, the narrators of all four epics are extradiegetic, i. e., external to the story they tell, creating a frame-story on a narrative level that is separate to the plot itself. This implies that the epics were intended to be recited at performances, with a lector telling the story to an audience. In addition, the narrators are all heterodiegetic: they do not participate in the stories they tell.[156] In all four epics the plot is based on the ancient biblical text, not on the narrator's own experience. The fact that the stories were rooted in the Holy Scriptures must have granted them credibility among their audiences,[157] and the narrators' frequent declarations regarding the veracity of their words indicate that such credibility was greatly coveted.[158]

With the exception of *Šōfĕṭīm-Mantua*, in which the narrator identifies himself as the author, none of the other three narrators is named. A nameless narrator (in addition to the author's anonymity) is a common characteristic of the Yiddish epic as well as many German epics.[159] Indeed, in the two Parma epics the only reflexive references made by the narrator are his use of first person pronouns, alternately and often inconsistently employing the singular איך and plural מיר or וויר forms (e. g., YP60b, YP175a, SP90b, SP206b).

Likewise, the narrator of *Yĕhōšua'-Cracow* also alternates between the singular and plural first person pronouns (e. g., YC1a, YC3d, YC24d, YC80a). He does not offer any details about himself, except for a single remark that implies a life of material need:

זיא הטן געלט אונ׳ גוט מענכֿי גילדני קיט. [...]
איך העט מיר גינוגן גילאן. אן הילצן שיסיל אונ׳ לעפֿיל.
אונ׳ אן טעפא אונ׳ אן טעלר. אן דיא הילצן שעפיל.
איך וואלט ויל געלט האבן דער פֿיר איין גינומן.

155 Levinson 2005, 153.
156 Rimmon-Kenan 2002, 95 – 104.
157 Ibid., 103f.
158 E. g., דש זאג איך אויך בֿור וואר (I tell you this in truth, YP108d, SP58c, SM2c, YC236c. cf. Piper 1890, 63f); איך ניט ליג (I am not lying, SM55b); איך לייג ניט אום איין האר (I am not lying even by a hair, YC236d). Even though these sayings are used repeatedly as rhyming devices, their overt meaning cannot be entirely disregarded.
159 Shmeruk 1986, 261; Piper 1890, 28.

> They had money and many gold chains [...]
> I would have been content with wooden bowls and spoons,
> with pots and plates, and the wooden bushels,
> I could have made a lot of money out of them (YC235b–236c).

Yet here too it is impossible to determine whether this description portrays the author's actual life or is literary fiction.

In *Šōfĕṭīm-Mantua*, similarly to the other three epics, the narrator speaks in the first person, mostly in singular but occasionally also using the plural form (e.g., SM2c, SM27d, SM176b). In addition, he refers to himself as טיכֿטר (poet, SM304b), ור טויטשר (translator, SM196b), and דער עש הוט בֿון נוייאם גימאכֿט (The [man] who rewrote this [story], SM395d). As mentioned above, he even reveals his own name (SM395d).

In fact, in *Šōfĕṭīm-Mantua* all references that are not a pronoun bind the literary character of the narrator with that of the actual author, implying that the voices of narrator and author are ostensibly one and the same. From a theoretical perspective, it is impossible to determine whether the revelation of the narrator's name is genuine or completely fictitious.[160] Even if this was indeed the author's true name, the narrator remains a literary character fashioned according to the author's will. The writer Christopher Isherwood summarized this matter, some four centuries later, on the basis of his own experience:

> Because I have given my own name to the "I" of this narrative, readers are certainly not entitled to assume that its pages are purely autobiographical [...]. "Christopher Isherwood" is a convenient ventriloquist's dummy, nothing more.[161]

Cultural-Historical Traits of the Epic Narrator

The intrusive narrators of Yiddish epics bear great resemblance to their counterparts in German literature. Thus, for example, Felix Falk discerned the great resemblance between the formulaic language employed by the narrators of *Shmuel-bukh* and *Heldenbuch*.[162] Indeed, he argued that Yiddish epic poetry borrowed from German literature the norm of an intrusive narrator and the corresponding specific style.[163]

160 Scholz 1980, 6f.
161 Isherwood 1977, 9.
162 A fifteenth century collection of popular German epics. See von der Hagen 1977; Heinzle 1999.
163 Falk 1961 (II), 114f.

In accordance with Falk's assumption, I have not been able to find a Hebrew genre in which the character of the narrator functions, or is evident, in a manner and extent similar to that common in Yiddish epic poetry.[164] Although some medieval Hebrew works contain a prominent narrator, such as *Sēfer taḥkĕmōnī*, *Sēfer šaʿašŭʿīm*, and *Sēfer ʾEldād ha-dānī*, these originated in the Arab-speaking realm and were influenced by Arabic literature.[165] Likewise, the thirteenth-century Hebrew prose rendering of the tale of King Arthur (which apparently originated from the Jewish-Italian cultural realm) includes an intrusive narrator, although the work uses few formulae.[166]

Despite its indisputable German background, the character of the narrator in Yiddish epic poems also possesses some particular Jewish traits. Firstly, in Yiddish narratives – including retellings of German secular epics[167] – the Christian elements have been neutralized and/or removed.[168] For example, while a German narrator may invoke the Virgin Mary and Jesus, the Yiddish narrator mentions only God. In biblical epics based on Jewish sources, however, such neutralization was unnecessary. Moreover, in Yiddish epics the narrator uses distinctly Jewish idiomatic expressions drawn from traditional Jewish life, learning, or prayer settings.[169] For example, the narrator of the Parma epics mentions the 613 commandments found in the Torah (YP188d). Similarly, when discussing Jewish religious matters, the narrator often explains that "God commanded" a certain matter or that "the Torah forbade" it.[170] In *Šōfĕṭīm-Mantua* the narrator uses terms derived from the traditional method of Talmud and Torah study, such as *qušyā* [question], *mĕtārēẓ zayn* [to give an answer], and *pērūš Rashi* [Rashi's commentary].[171] He also discusses the ritual prohibition forbidding Samson to be in the presence of dead bodies (SM252 – 254), or the legal validity of Samson's first marriage (SM254d).

164 Levinson (2005, 153) discusses various kinds of narrators within biblical stories; Dan (1974, especially 36 – 38, 47 – 50) reviews Hebrew prose from the early gaonic period until the late Renaissance, including a consideration of narrators.
165 See, respectively: Yahalom and Katsumata 2000, 16 – 19; Dishon 1985, 22 – 30, and especially 25f paragraph C; Dan 1974, 47 – 61.
166 Leviant 1969, 55, 108.
167 E.g., Frakes 2014, 159 – 237.
168 Perles 1876; Shmeruk 1978, 29 – 31.
169 On preachers (*daršānīm*) in early modern Ashkenazic society see Elbaum 1990, 242 – 247 and his references; Turniansky 1996 (especially p. 187).
170 YP161a, SP21c, SP112a – c, etc.
171 *Qušyā*: SM252a, SM294d; *mĕtārēẓ zayn*: SM253c; *pērūš Rashi*: SM330b.

The narrator of *Yĕhōšua'-Cracow* also exhibits Jewish traits. He repeatedly urges his audience to uphold the religious tenets of Judaism, e.g., "practice what the verse preaches" (YC197d), probably influenced by passages with a similar religious-philosophical message in the original Book of Joshua.[172] He also discusses halachic matters, such as the prohibition on using metal tools to build the altar (154c–d), and employs terms connected with traditional study, for example when explaining the Hebrew name of the town of Kirjath Sepher: "Here is the *pĕšāṭ* [literal interpretation]" (YC261a).

The *Shpilman* Theory in Yiddish Literature

The general tendency to accept at face value the first-person statements of the narrator in Old Yiddish epics led some scholars to conclude that these epics were composed by minstrels. This view, later termed the *Shpilman* Theory (the minstrels were referred to as *shpilmener*, sg. *shpilman*), was strongly influenced by a parallel theory that was popular among nineteenth-century scholars of German literature.[173] The German theory assumed the existence of wandering Christian minstrels (German *Spielmänner*, sg. *Spielmann*), who lived from the gifts of food, drink, and money that they received in return for their performance. The extant German corpus suggests that their repertory included epic and lyric poems. However, there is no independent historical documentation regarding the existence of such artists. During the twentieth century the prestige of this theory dwindled, among other reasons due to the discovery of a written literary tradition within works attributed to *Spielmänner* and the identification of presumed *Spielmann* authors as clergymen. Modern scholars of German literature tend to classify only five works as falling into the German genre of *Spielmannsepik*.[174]

With regard to the study of Yiddish literature, the foundations of the *Shpilman* Theory were laid by Elazar Shulman and Leo Landau,[175] and it was

172 For example: "Let not this book of the Law depart out of thy mouth, but meditate therein day and night, that thou mayest observe and do according to all that is written therein" (Josh. 1:8), "That ye might fear the Lord your God continually" (Josh. 4:24), "Be ye therefore of a valiant courage to observe and do all that is written in the book of the Law of Moses, that ye turn not there from to the right hand nor to the left" (Josh. 23:6).

173 Piper 1890, 3–74; Schröder 1967; Brandt 2005.

174 Schröder 1967; Brandt 2005.

175 Elazar Shulman (1913, viii–ix) spoke of "troupes of itinerant musicians, clowns, and merry makers, who wandered from place to place and joined in wherever there was a celebration. But not only poems, also entire books were composed to their unique melodies, books full of bravery and majesty, about the deeds of famed persons with great spirits. Such is the famous *Shmuel-bukh*, the tune of which served as a popular model, and many authors and poets used it in their books

advanced and expanded by Max Erik, becoming popular among Yiddish researchers and lay readers alike.[176] Prior to the Second World War, most prominent researchers of Yiddish literature, including Max Weinreich and Ignacy Shiper, accepted this theory.[177] Erik described the Jewish *Shpilman* similarly to his Christian counterpart: a wandering artist who entertained his audience in return for money or refreshments. He assumed the existence of a whole class of such professional poets, who at first retold works from the German epic repertoire in Yiddish but, as time passed, broadened their repertory to include retellings of classic biblical narratives in a similar style.[178] Indeed, the extant corpus of Yiddish epics supports this kind of distinction.[179]

Despite its popularity, not all researchers of Old Yiddish literature accepted the *Shpilman* Theory, and its popularity ultimately waned. Felix Falk dismissed the possibility that the author of *Shmuel-bukh* may have been a *shpilman*, citing, among other reasons, his extensive use of Jewish sources.[180] Sadly, however, Falk perished in the Holocaust and his edition of the text, which advanced this argument, was not published until 1961. Six years later, Chone Shmeruk also spoke out against the *Shpilman* Theory,[181] and in 1979 he published an extensive article in which he completely dismissed the assumption that Yiddish epics were composed by *shpilmener*.[182] Although Eliyohu Shulman responded to these arguments in an effort to contest them,[183] Shmeruk's approach was widely accepted. According to Shmeruk's stronger arguments, the assumption that the epics' authors did not stem from the learned (rabbinic) circle was erroneous, considering the extensive use of Jewish sources in these works. He also suggested that certain ideological implications of the *Shpilman* Theory, specifically that the roots of Yiddish

and poems. These books also appealed to renowned printers, who published them in their printing houses in pleasant formats and in their entirety, so that their exemplary qualities and style may still be admired today." Landau (1912, xliii – xliv) referred directly to Piper's theory: "From the style of the text we can only conclude that its author was a minstrel. The different expressions marking 'the wandering singer' (see Paul Piper, *Die Spielmannsdichtung*, I, pp. 28, 62ff.) are all to be found here."

176 Erik 1926, 15 – 28; Erik 1979, 67 – 129 (the book was first published in 1928). See also Stern [forthcoming].

177 Weinreich 1928, 56 – 61. For a listing of other prominent researchers who accepted the *Shpilman* Theory, see Eliyohu Shulman 1979, viii.

178 Turniansky 1987: 32.

179 Dreeßen 1977: 28; Frakes 2014, xxxi, xxxiii.

180 Falk 1964 (I), 6 – 4.

181 Shmeruk 1967b.

182 Shmeruk 1979b (in English translation: Shmeruk 1986). See also Shmeruk 1988, 97 – 120.

183 Eliyohu Shulman 1979, vii – viii.

literature were *avant la lettre* secular, appealed to the ideological inclinations of early twentieth century Jewish researchers and may have clouded their judgement.[184]

Among Shmeruk's weaker arguments is the laconic statement that no historical documentation has been found affirming the existence of even one *shpilman*, although it is doubtful whether he conducted an extensive search for such material. He also argued, somewhat pettily, that the word *shpilman* is rare in Yiddish literature, despite the fact that Erik specifically admits having borrowed this word from German.[185] Shmeruk similarly claimed offhandedly that the literary image of a recital found ubiquitously in Yiddish epics is "fictitious" and reflects literary conventions of contemporary European literatures.[186]

The argument of fictitious orality is a strong one, and some researchers of German literature also advance it.[187] However, Shmeruk applies it across the board, ruling out the existence of any genuine oral transmission that may have served, ostensibly, as a source for such imitation. In so doing, he contradicts an argument that he himself advances elsewhere: the genre began with short epic poems that were composed and transmitted orally.[188] In this case, the references to orality must be genuine. Moreover, Shmeruk ignores empirical evidence supporting the idea that epic recitals took place among Jews: for example, the instruction included in many Yiddish epics regarding the melody to which they should be sung,[189] or the common practice of reading written texts aloud in public settings.[190]

The Aural Aspect of Reading

Before the invention of movable type, manuscripts were quite rare, making public reading – the social practice of a lector reading a text aloud to a group of listeners – the main or only way via which many people encountered

184 Turniansky 1987: 33. Accordingly, Erik (1979, 85) described *Shmuel-bukh* as "a secular poem in which the Bible serves as a fabula, not as the purpose."

185 Shmeruk 1986, 3–5.

186 Ibid., 22f; Dreeßen 1971, 53f; Shmeruk 1967b: 210.

187 For example, M. G. Scholz (1980, 73, 89) speaks of the *Hörerfiktion* (listener's fiction) in literature, and likewise claims that the request for attention is a cliché from the distant past that became a literary norm and a trait of epic poetry in general. He highlights places in German literature wherein the request for attention (via listening) is clearly addressed to a reader, and speaks of "the reader's inner ear."

188 Shmeruk 1978, 118.

189 Roman 2015; Baumgarten 2005, 140–143. See below, pp. LXXXIX–XCIII.

190 Graham 1987, 31–39; Weinreich 1928, 58, n. 1.

the written word. Illiterate men, women, and children (also in Jewish society) certainly enjoyed this practice, as did literate persons who could not meet the practical requirements of reading, such as access to books, optical aids, or a well-lit (preferably quiet) environment. The invention of movable type was followed by a gradual shift from *public reading* to *private reading* – the solitary and often silent act of reading. This process became increasingly widespread as the price of books decreased and literacy rates rose. However, the shift was never total: printed books were also read publicly. Indeed, both forms of reading, private and public, continued to exist side by side, up to the present day.

In this respect, Dennis Howard Green stresses that medieval and early modern writers often *intended* their books to be read publicly, writing them accordingly, with direct references to their listening readership.[191] One example of this is the narrator's threat that he will stop singing if not served wine: such a threat can only be effective when performing to a live audience. Green prudently argues that verbal indications may carry various meanings, appreciating that such sayings may at times serve as a device. However, he does not completely rule out the possibility that their use can be genuine.[192]

Moreover, Green does not draw a strict dichotomy between oral and literary modes of transmission. Rather, he posits the existence of an *intermediate mode*, i. e., texts may have been read either privately or publicly according to the circumstances. He discerns evidence of this in the German corpus he studied, highlighting that some texts addressed both listeners and readers.[193]

Green's arguments also apply to Yiddish literature. While some supporters of the Yiddish *Shpilman* Theory argued that the long epic poems such as *Shmuel-bukh* were intended for public reading,[194] others proposed an "intermediate mode": public or private readings according to the particular circumstances.[195]

Thus, it seems that a thorough cultural-historical study of the composition and transmission of the Old Yiddish epic is still highly desirable. Such a study must search for information in historical sources but should not ignore or discredit the evidence found within the literary texts themselves regarding these matters.[196]

191 Green 1994, 15, 18; Graham 1987, 32.
192 Green 1994, 76–78.
193 Ibid., 172.
194 Erik 1979, 91, 123; Weinreich 1928, 106f; Zinberg 1943, 66; Fuks 1965 (I), 24.
195 Dreeßen 1977: 38.
196 Green 1994, 57.

The Composition and Transmission of the Four Epics

We possess very little contemporaneous information concerning the four epics. However, as a humble contribution to the scholarly lacuna mentioned above, this section presents the evidence that can be gleaned from the texts themselves regarding their composition and intended mode of transmission. It is important to stress once again that there is no direct correlation between oral or written composition and oral or written transmission. Indeed, the composition of a text in writing does not necessarily exclude the possibility that it was intended for public recital.

The source of the narrator's knowledge: All four narrators mention that their knowledge draws on both oral and written sources of information,[197] although there are more references to written sources. On the one hand, the narrators state that they *heard* or were *told* about the events they recount: "I heard this well" (YP25d), "I was told this well" (SP346d), "We heard" (SM212c), and "I heard it said" (YC106c). On the other hand, written sources are mentioned.[198] The Parma epics often mention געשריפֿט [Scriptures]: "As the scriptures tell us" (YP115d, SP40b), "As we read it" (YP127a, SP411b), or "So the book tells us" (SP214a). Some instances cite the Torah as a source (YP123d, SP112a), once even referring to "The book of Moses" (YP151c). *Šōfĕṭīm-Mantua* includes comments relating to written texts: "As we read" (SM213a), "The book lies in front of us" (SM77a), or "As the old men write" (SM303a). The narrator likewise mentions that he himself had read *Shmuel-bukh* and *Melokhim-bukh* (SM/intro12, SM1c). *Yĕhōšua'-Cracow* often refers to "the book" as his source, apparently meaning the Bible, particularly the Torah and the Book of Joshua. Oddly, the verb "to read" is not used in this work. Instead, we are told that "the book tells us" (YC89d) or "we find written" (YC24d), etc.

The narrators' actions: With regards to their own actions, the narrators again refer to both oral and literary acts, i.e., speaking and writing. The narrator of the Parma epics often uses the verb זאגין [to say/tell], e.g., "What more should I tell you?" (YP166a), "As I will tell you" (SP44d). He also uses ייעהין [to tell],[199] which is an archaic synonym of זאגין (YP1a), and דער צילן (to tell,

197 Landau 1912, xliv.
198 The mention of a book as the source of information is also typical of older German literature (Piper 1890, 62f; Shmeruk 1979a,16).
199 Cf. Grimm 2021, Jehen.

YP2d). It should be mentioned that *sagen* is also commonly used by narrators of German epics,[200] and scholars consider it an indication of oral as well as written transmission.[201]

In *Šōfĕṭīm-Mantua* the narrator likewise employs the verb זאגין, e.g., "So tells you the poet" (SM304b), "Now we will tell Micah's stories" (SM304a–b), as well as רידין [to speak]: "Let us speak a little about the concubine in Gibeah" (SM332d). By contrast, the narrator of *Yĕhōšuaʿ-Cracow* rarely utilizes זאגין or other speech verbs. The few extant examples include: "Now we will tell about Joshua" (YC3d), and "I will not chatter forever and will immediately be silent" (YC235d).

All four narrators describe their actions also using the verb שרייבן [to write], e.g., "As we have written" (YP173b), "This song is written in its entirety, not even one hair is lacking" (SP117c), "I am too tired to write" (SM74b), "If I were to write it [...] it would take up ten sheets" (YC263a–b).

Additional significant information includes the declaration made by the narrator of *Yĕhōšuaʿ-Parma* that recounting Joshua's triumphs constitutes a way to צייט בֿור טרייבן (pass time pleasantly, YP166a), implying that it offers entertainment. Indeed, this may support the assumption that the epics were publicly read for entertainment purposes. This view is echoed in the concluding remarks made by the narrator of *Šōfĕṭīm-Mantua*: "Dear friends, I gave you this book so that you may remember me when you are happy" (SM395a–b). The narrator of *Šōfĕṭīm-Mantua* also refers to his work as a ור טויטשן (translation, e.g., SM1b, SM198a), perhaps associating this epic with traditional translations in educational settings.

Addressing the readership: The narrators of the Parma epics as well as *Yĕhōšuaʿ-Cracow* address their audience using only the plural form of the pronoun *you* (איר, as well as עץ in *Yĕhōšuaʿ-Cracow*, see below pp. LXXXVIII – LXXXIX, and their conjugations). This seems to suggest a group of listeners attending a public reading. In *Šōfĕṭīm-Mantua* most references to the readership use the second person plural pronoun, although other terms are also found: "each Hebrew" (SM/intro10), "dear friends" (SM198a), and "each reader, either man or woman" (SM394a). While the last seems to refer to a solitary private

200 Cf. *Hildebrandslied*, the oldest extant German epic poem, begins as follows: *Ik gihorta ðat seggen* [I heard that they say]. See Erk and Böhme 1963 (I), 62. The earliest manuscript of this poem is dated to the ninth century CE.
201 Green 1994, 82f; Scholz 1980, 60.

reading, the first three suggest public settings. This is also echoed in the narrator's request, at the epic's close, that "all of you say Amen now" (SM396d) in response to his wish for the coming of the Messiah.[202]

Indications regarding the sensory reception of the text: In *Yĕhōšuaʿ-Parma* and the two printed epics, the narrators often ask the audience to listen. *Šōfĕṭīm-Parma* lacks such requests. However, because it appears in the manuscript immediately after *Yĕhōšuaʿ-Parma*, the request for attention made at the beginning of *Yĕhōšuaʿ-Parma* can be seen as applying also to this work (it should be noted that *Šōfĕṭīm-Parma* provides few reflexive details about its performative nature in general). These requests usually appear at the beginning of the line, making it less likely that they are used merely as a standard rhyme. Thus, for example, the beginning of *Yĕhōšuaʿ-Parma*: "If you will listen now, I will tell you wonders" (YP1a), or "Now, listen to an adventure" (SM99a), "Now, hear how it continued" (YC31b). The narrator also asks for the audience's attention: "Pay attention to me properly" (SM309b), "Now, pay attention" (YC112a).

Of the four epics, only *Šōfĕṭīm-Mantua* indicates, mainly in the introduction, that it was intended for reading: it uses the synonymous verbs לעזן and לייאן [to read]. However, in most cases it is not completely clear what kind of reading is intended, whether private or public, or indeed whether a solitary reader or a lector is addressed. For example, "One is much better off reading out of this book than going to a gambling house" (SM/intro35–36), or "I wish I could make women stop their useless games and read this book" (SM/intro40–41), or, at the end of the book, "Now, I ask each reader, be it a man or a woman, to start reading this book again" (SM394a–d). In one case, however, the setting of private reading is indisputable: "While one is reading from this [book], he does not come into contact with anyone else [and thus avoids possible sins]" (SM/intro33). Nevertheless, at the end of the same epic we also find an irrefutable indication of public-reading: "Well done, without any flaw, so that it may be sung with a high and clear voice" (SM/end1)! This is the only instance in the four epics in which the narrator uses the verb זינגן [to sing].[203] Considering the meticulous poetic and technical finesse of

202 This is similar to the conclusion of *Shmuel-bukh*: "May God send us the Messiah [...] say Amen now" (*Shmuel-bukh*, end, 2–4), a polite figure of speech that may have been used to end a social gathering.
203 Cf. *Shmuel-bukh* 4a, 304b, 371d.

Šōfĕṭīm-Mantua, there can be no doubt that it was meant to be sung.[204] In a similar manner, *Yĕhōšua'-Cracow* includes an indication that it was written according to the melody of *Shmuel-bukh* (YC5b), and despite its author's poor achievements in adhering to the norms of stanzaic writing (e. g., rhyming schemes and equal line lengths, see below, pp. LXXXIX – XCIII), this clearly suggests that the epic was meant to be sung.

Additional references to the intended mode of transmission suggest that parts of the epic may have been intended for some kind of liturgical, or para-liturgical, use. This may be inferred from the obscure writing in *Šōfĕṭīm-Parma* near the margins of SP62a: די הפטרה בֿון בשלח ודְבָרָה [(This is) the Haftarah for (the weekly portion) *bĕ-šallaḥ*, (which begins with) "And Deborah…"]. The Yiddish work is far from a complete or precise translation of the biblical text and thus ostensibly does not provide a translation of the Haftarah. However, the inscription clearly states that this is indeed the case. This unresolved mystery is yet more intriguing considering that this is the only reference to Haftarahs in all four epics, even though five more Haftarahs are found in the Books of Judges and Joshua.[205]

Finally, the two later epics reflect some of the technical and practical benefits of the print revolution, such as foliation and the addition of running titles to the text (in *Šōfĕṭīm-Mantua* the titles indicate the content of every page, in *Yĕhōšua'-Cracow* they merely state the book's title). Such information facilitates navigation within the book, e. g., reading a specific passage or continuing from where one had left off earlier. However, such benefits could be enjoyed by both private readers and lectors at public readings.

In conclusion, all four epics contain indications that they were composed in writing, and that their authors drew on both written and oral sources. All the narrators address their audience in the plural form. Likewise, they describe their own actions (of composing the text) using the verb "to write" as well as the verb "to say" and other parallels. Additionally, all narrators (except, perhaps, for *Šōfĕṭīm-Parma*) ask their audience to listen attentively. All four epics are written in the same stanzaic structure common to most Yiddish epics on biblical themes, which included a melody and was to be

204 Timm 1977b: 815.

205 Two other Yiddish epics make reference to a Haftarah: *Shmuel-bukh* (Cracow 1578) notes before David's song, "This is the Haftarah that is said on the seventh day of Passover," and the epic on Ezekiel (Prague 1602) states before the twenty-second stanza, "Haftarah for *pārāšat qĕdōšīm*" (according to the southern German rite).

sung (see below p. LXXXIX). The two printed epics clearly state that they should be sung.

Thus, while the four epics were composed in writing, their authors intended them for public readings. They contain conscious and deliberate references to a writing author and a listening recipient mediated by the literary figure of the narrator and the technical means of a lector. This complex situation is simply phrased in *Yĕhōšua'-Parma*: "You will now hear this well, as I will write for you here" (YP88d). Bearing in mind the historical-cultural context of public reading in the Early Modern Era, it appears that this evidence should be taken at face value.

The references that the narrators of the Parma epics make to listening at public readings reveal a reality in which information was commonly transmitted acoustically. By contrast, *Šōfĕṭīm-Mantua* was created during the early stages of the modern phenomenon of private reading. The narrator clearly reads from books, they are laid out in front of him, he searches (and finds) passages within them, closes them, etc. Private reading is evident in this work not only in the narrator's training but also in his references (at times) to a literate readership and mentions of the existence of print. Yet there are also clear references to a listening audience in *Šōfĕṭīm-Mantua*. Green's *intermediate mode* seems to be the only possible solution to this contradiction: the book addresses a private reader as well as a group of listeners, assuming that it would be transmitted in both ways.

An examination of *Yĕhōšua'-Cracow* indicates that it was meant for public reading. However, the fact that it was printed (and apparently composed) thirty years after *Šōfĕṭīm-Mantua* suggests that it too may have been transmitted by means of private reading. As such, Green's *intermediate mode* is also applicable here.

Methods of Translating and Retelling the Bible

Influence of the *Taytsh* Tradition

The four epics studied, rhymed retellings of the Books of Joshua or Judges, are belletristic works based on the plots of these biblical books. As such, they do not provide precise renderings of the sacred canonic text. While they relate most biblical episodes in the original order (apart from certain non-narrative passages, such as the listing of the lands given to the tribes, Josh. 12–21), they do not translate them completely and accurately. Moreover, the authors added midrashic elaborations and commentary, as well as formal elements of the epic, such as formulae, redundant repetitions, and the presence of an intrusive narrator.

However, the reader of the four epics will often discern distinct elements derived from the Ashkenazic tradition of translating the Bible and other religious texts (e.g., the prayer book or the Passover Haggadah) into Yiddish. This method of translation, known as the *taytsh* tradition,[206] constitutes a central phenomenon in Yiddish literature. Indeed, it may be as old as the Yiddish language itself, although the earliest extant records of *taytsh* translations date to the late fourteenth century.[207] Scholars believe that this tradition developed in the setting of the traditional *kheyder*, where it was used to teach the Bible to children, and it is still used even today in certain contemporary ultra-Orthodox settings.

Three stages of the *taytsh* translation tradition are known, although it is impossible to determine whether all three existed since the very beginning or developed over time. In the first stage, known as *taytsh*, the text is translated literally, word for word, i.e., reading a Hebrew lexeme aloud and translating it directly into Yiddish, usually without changing, adding, or omitting anything. This stage maintains the original Hebrew grammar and syntax, often making the Yiddish difficult to understand.[208] Older documentations of the *taytsh* translation reveal an effort to avoid lexemes from the Hebrew component of Yiddish as much as possible.[209] Following this crude

206 *Taytsh* is one of the names of the Yiddish language, meaning simply 'German' (cf. the name of the German language in German: *Deutsch*), indicating that initially there was no distinction between the two languages. The *taytsh* tradition thus implies that a Hebrew text was rendered in Yiddish, see: Weinreich 2008 (I), 316.

207 Timm 2005, 41f, 45–48, 698–707.

208 Turniansky 1988, 43.

209 Shmeruk 1978, 125.

translation, in the second stage, *khiber*, the translated words are repeated, now conjugated and rearranged according to Yiddish grammar and syntax. Finally, the stage of *oysredenish* (also called *tsuzats* and *oysreyd*) includes explanations and elaborations, and it is based on midrashic and commentary traditions, mainly Rashi's commentary.[210]

As mentioned above, the books of the Prophets were not read ritually in the synagogue (except for the sections read as Haftarahs), and in pre-modern times they seem to have been studied only in a very limited fashion. Likewise, there is no known complete translation of Joshua or Judges that could have served the authors of the epics.[211] As mentioned above, the first known complete and precise translations were printed by Yekutiel Blitz (Amsterdam 1678) and Joseph Witzenhausen (Amsterdam 1679).[212] Thus the elements of *taytsh* found within the four epics studied suggest that their authors themselves translated the Hebrew text into Yiddish and/or were acquainted with the *taytsh* for the Former Prophets, which possibly circulated orally. The narrator of *Šōfẹ̄ṭīm-Mantua* thus states: איך איין עברי בוך צו טוייטש מך (I am rendering a Hebrew book into *taytsh* [Yiddish], SM/intro9).

The four epics use the *taytsh* tradition to different extents. The *Parma epics* are distinguished by their epic texture, with an especially intrusive narrator, who expresses extensively his own thoughts and interpretation of the plot, and the presence of formulae known from German literature. Nevertheless in sections that directly translate the biblical text (as opposed to additions to it) the influence of the *taytsh* tradition is evident. The translation of biblical texts in the Parma epics uses fewer Hebrew words than the printed epics, and in general the manner in which the biblical text is retold in the Parma epics appears to reflect an older and more conservative *taytsh* method.

Šōfẹ̄ṭīm-Mantua exhibits more *taytsh* elements than the Parma epics and in general employs more Hebrew words. Likewise, the author impressively begins each of his nearly 400 stanzas with the language register of the *taytsh* tradition. Interestingly, in the introduction to this work, the author refers

210 Turniansky 1988, 48, 54; Turniansky 2010, 33.

211 Partial translations of these books include, for example, glosses in the dictionary *Mirkevet ha-mišneh* (Cracow 1534), or the translations of Haftarahs in the Pentateuchs printed in Augsburg and Konstanz in 1544.

212 Aptroot 1993; Turniansky 1982: 600, n. 5 there. *Sēfer ha-maggīd* offered Yiddish readers the first complex translation (*taytsh* with *khiber*) of most books of the Hebrew Bible, although it was not a simple translation offering an exact rendering of the text. See Turniansky 1988, 52.

to it as *khiber* (meaning either a text, or the second stage of translation according to the *taytsh* tradition): איך הב גילעזן אונ׳ אויף גיקלובט· צו זאמן גיקלמרט אונ׳ גישרויבט / איטלכֿן פסוק אונ׳ דבור· ביז איך הב דרויש גימכֿט דען חיבור (I gathered and collected, clamped and screwed, each verse and saying, until I prepared from them the *khiber*, SM/intro26).

In *Yĕhōšuaʿ-Cracow* the paraphrastic retelling (which is much less accurate than precise translations) is far more prominent than it is in the other three epics. Ostensibly these paraphrases may be seen as *khiber*. However, because this paraphrase does not accord with the rules of the *taytsh* tradition, it should be seen as merely a literary paraphrase, or retelling, of the biblical text.

Semantic calques: In the *taytsh* tradition, each word was translated separately. Therefore, the Yiddish text it created is replete with calques. People with a good command of both Hebrew and Yiddish may understand these. However, Yiddish speakers without knowledge of Hebrew may be unable to discern the meaning of some calques.

At times the calque is caused by the semantic gap between the two languages, for example when a Hebrew word has a range of different meanings but is systematically translated according to just one of its meanings. Thus, although the Hebrew verb י.ש.ב. can mean both 'to sit' and also 'to dwell,' the biblical term יוֹשְׁבֵי (referring to the inhabitants of a certain place, e.g., Josh. 15:63) is usually translated in the epics as זיצער – 'those who sit.'[213] In a similar manner, idiomatic and figurative expressions cannot always be transferred from one language to the other due to semantic gaps. Thus the Hebrew expression לָתֵת בְּיַד (literally: "To give into someone's hand"), which is used to indicate defeat in battle and occurs repeatedly in Joshua and Judges (e.g., Josh. 7:7), is often translated in the studied epics with the calque געבן אין הנט.[214]

A calque most typical of the *taytsh* tradition is the redundant translation of Hebrew *formative letters* (אוֹתִיּוֹת הַשִּׁמּוּשׁ) added to prepositions, e.g., מלפני/לפני or מאחרי/אחרי. This phenomenon occurs only rarely in the epics, mostly in the Parma epics, and at varying levels of accuracy: מֵאַחֲרֵי – בון נאך,[215] לִפְנֵי –

213 For example: YP140a, SP247b, SM382c, YC145c. See Timm 2005, 503f.
214 For example: YP40c, SP289b, SM30b, YC142a.
215 For example: YP193a, YP201a.

צו בֿור,[216] מִלִּפְנֵי – בֿון בֿור[217] and even בֿור אן גזיכֿט (YP8d). This gave rise to compound prepositions in Yiddish, which bear a distinctly biblical flair, as do most of the linguistic phenomena discussed in this section.

Further examples of calque translations in the four epics include: *Yĕhōšuaʿ-Parma*: וַיִּמַּס לְבַב הָעָם (lit. "And the hearts of the people melted," i.e., they were afraid, Josh. 7:5) – איר הערץ ווש גאנץ צו גאנגין (YP92a); פִּי הַמְּעָרָה (lit. "The mouth of the cave," i.e., the cave's entrance, Josh. 10:18) – מונד דער הולן (YP156b); אֲנִי זָקַנְתִּי בָּאתִי בַּיָּמִים (lit. "I am old and have come on in the days," i.e., I have accumulated many days and years of life, Josh. 23:2) – איך בין נון אלט גקומין אין דיא טעג (YP206a).

Šōfĕṭīm-Parma: וַתָּעָז יָדוֹ עַל כּוּשַׁן (lit. "And his hand was strong over Cushan," i.e., he prevailed against him, Judg. 3:10) – זיין הנט דיא וואש גשטירקט וואל אוייף דעם כושן (SP40c); חֶרֶב אִישׁ בְּרֵעֵהוּ (lit. "A man's sword [was] in his companion," i.e., every man's sword was turned against his fellow, Judg. 7:22) – שווערט דש מן אן זיין גזעלין (SP167b); רֹאשׁ הָהָר (lit. "The head of the mountain," i.e., the top of the mountain, Judg. 16:3) – הייבט דש בערג (SP365c).

Šōfĕṭīm-Mantua: כִּי כָאִישׁ גְּבוּרָתוֹ (lit. "For as a man – his strength," i.e., for as the man is, so is his strength, Judg. 8:21) – וועז אז איין מאן זיין שטערק (SM127d); וָאָשִׂימָה נַפְשִׁי בְכַפִּי (lit. "I put my life in my hand," i.e., I risked my life, Judg. 12:3) – דא הב איך מיין לייב אין טענר גיטון (SM209c); סְעָד לִבְּךָ (lit. "Support your heart," i.e., eat, Judg. 19:5) – אונטר לייז דיין הערץ (SM337c).

Yĕhōšuaʿ-Cracow: הָפַךְ יִשְׂרָאֵל עֹרֶף לִפְנֵי אֹיְבָיו (lit. "Israel has turned the back of their neck before their enemies," i.e., they ran away from them, Josh. 7:8) – מיר אונזרן ויינדן דען אקין קירן (YC119d); כִּי מֵאֵת ה׳ הָיְתָה (lit. "For it was from God," i.e., God caused it, Josh. 11:20) – וועז עז וואר פֿון גוט (YC228a); בֶּן מֵאָה וָעֶשֶׂר שָׁנִים (lit. "A son of a hundred and ten years," i.e., a hundred and ten years old, Josh. 24:29) – איין זון פֿון צעהן אונ׳ הונדרט יארן (YC341a).

Retention of the Hebrew word order (syntactical calques): The first stage of the *taytsh* translation – an individual rendering of each Hebrew word into Yiddish – retained the Hebrew word order. The epics contain syntactical calques that exhibit a word order typical of Hebrew but foreign to (modern) Yiddish, likely based on the *taytsh* tradition.

216 For example: YP46d, SP70c, SM18c.
217 For example: YP94b, SP88a.

A redundant translation of the syntactical subject: A *taytsh* translation of a conjugated verb that includes the appropriate pronoun, e.g., וַיֹּאמֶר [And he said] – אונ׳ ער זגט. As a result, when the syntactical subject follows the verb in the Hebrew original, the *taytsh* translation will contain a redundant duplication of the subject, and those unfamiliar with this phenomenon may mistake the second subject for an object, e.g., וַיֹּאמֶר יְהוֹשֻׁעַ [And Joshua said] translated as אונ׳ ער זגט יהושע (literally: "And he said Joshua"), may be understood by the reader as "He told Joshua," or: "He said: 'Joshua.'" There are many examples of this in the epics: וַיְצַו יְהוֹשֻׁעַ (Josh. 1:10) – אונ׳ ער גבוט יְהוֹשֻׁעַ (YP19a); וַיַּעֲלוּ [...] בְּנֵי יִשְׂרָאֵל (Judg. 4:5) – אונ׳ זיא גינגאן אוייף ישראל (SP63d); וַיָּהָם ה׳ (Judg. 4:15) – אונ׳ ער ור טומליט גאט (SM57a); כִּי יֵיטִיב ה׳ (Judg. 17:13) – ווען ער ווערט ביגוויטיגן גאט (SM311c); וַיָּמָת יְהוֹשֻׁעַ (Josh. 24:29) – [!]אונ׳ ער שטארב יהושיע (YC341a).

While in Yiddish the negation particle ניט follows the verb, in the studied epics it occasionally precedes it, similarly to the Hebrew particles לא and אל. Examples include אַל תָּסוּר (Josh. 1:7) – ניט דו זולשט אב קירן (YP17b); וְלֹא עֲבָדוּהוּ (Judg. 10:6) – אונ׳ ניט זיא דינטן אים (SP238d); לֹא תִנְחַל (Judg. 11:2) – ניט דו זולשט ערבן (SM175a); לְבִלְתִּי סוּר (Josh. 23:6) – ניט קערט אב (YC315a).

Placing the adjective following the noun is customary in Hebrew, while in Yiddish the most natural order should be the opposite. For example: עִיר גְּדוֹלָה (Josh. 10:2) – איין שטאט איין וועשט (YP142d); כֹּחֲךָ הַגָּדוֹל[218] – דיין קראפט די גרוש (SP369b); בַּיּוֹם הָרְבִיעִי (Judg. 19:5) – אם טאג דעם וויִרדן (SP442a); and אִישׁ בָּחוּר אִטֵּר יַד יְמִינוֹ (Judg. 20:16) – מן גילינק (SM362c).

Placing the adverb זיר [very] after the adjective (or infinitive) is customary in Hebrew, while in Yiddish the order should be the opposite. Examples include וַיִּצְמָא מְאֹד (Judg. 15:18) – בגאנד צו דורשטן זיר [...] שִׁמְשׁוֹן (SP357a); וַיִּדַּל יִשְׂרָאֵל מְאֹד (Judg. 6:6) – אונ׳ עש וור ארם ישראל זער (SM80a); הָאָרֶץ [...] טוֹבָה מְאֹד (Judg. 18:9) – דש לנט דש אישט גוט זער (SM317d). An interesting example is the phrase איין שלאק איין גרושן זיר (a very big [i.e., strong] stroke, SP42b), which ostensibly belongs to this current category, but in fact does not translate the biblical text. Indeed, here the author of *Šōfēṭīm-Mantua* uses pseudo-biblical diction as a stylistic literary tool.

218 It appears that the epic translates incorrectly כֹּחֲךָ גָדוֹל (Judg. 16:6). Indeed, in the original Hebrew the word *gādōl* is used as a verb (*beynōnī*), and thus it should have been דיין קראפט איז גרוש ('your strength *is* great,' not 'your great strength'). However, this is irrelevant to the current discussion.

Reflection of the construct state (*sĕmīkhūt*): *Taytsh* translations often reflect *sĕmīkhūt*, despite the fact that this construct does not exist in Yiddish. E. g., עֶבֶד ה׳ (Josh. 24: 29) – קנעכט גוט׳ (YP229a);[219] לֶחֶם שְׂעֹרִים (Judg. 7: 13) – ברויט גערשטן (SP159b); נְזִיר אֱלֹהִים (Judg. 16: 17) – אב גשיידר גוט (SP386c); בְּנֵי בְלִיַּעַל (Judg. 19: 22) – קינדר שלקהפּט (SM348b).

Echoes of Hebrew word roots: Echoing the Hebrew language, the *taytsh* tradition endeavored to provide Yiddish words that share a similar etymology when translating terms formed from the same Hebrew root. This principle at times led to the creation of new words in Yiddish that have no parallel in German.[220] Thus, for example, the verb קוניגין [to rule], which does not exist in German,[221] was created from the noun קוניג [king], reflecting the fact that in Hebrew noun and verb are derived from the same root (מ.ל.כ.). A further example is the verb גינעהן (parallel to the Hebrew roots ק.ר.ב. and נ.ג.ש.), created from the adjective נוהנט [close],[222] or the verb ביגלויקן (parallel to צ.ל.ח. and some meanings of ש.כ.ל.), from גלויק [happiness, luck].[223]

Echoes of the Hebrew root are particularly evident when a verb and a noun (usually the object) in the same sentence stem from the same root. This phenomenon occurs in all four epics, though not very frequently. For example: וַיִּמְעֲלוּ בְנֵי יִשְׂרָאֵל מַעַל (Josh. 7: 1) – דער וואַרד ווערשן איין ווערשונג (YP87b); וַיִּדַּר יִפְתָּח נֶדֶר לַה׳ (Judg. 11: 30) – דו וויש יִפְּתַח גלובן איין גלובניש צו גוט׳ (SP269a, see also SM190c); הַחִידָה חֲדְתָּ (Judg. 14: 16) – איין רעטניש הושטו גרוטן (SP332a);[224] וַיִּתְּנֵם בְּיַד שֹׁסִים וַיָּשֹׁסּוּ אוֹתָם (Judg. 2: 14) – ער גאב זיא אין הנט דער רויבער זי רויבטן אל איר גווין (SP29b). The words ער הוט אייך גישטראפֿט שטרופונג גרוש (He punished you with a big punishment, YC330b) also belong to this category, even though this sentence does not, in fact, translate the biblical text.

Calque translations of the tautological infinitive, which is typical of biblical Hebrew, likewise appear to reflect the retention of the Hebrew root, as well as the Hebrew word order. Such translations occur only in *Šōfĕṭīm-Mantua*: הָלוֹךְ הָלְכוּ הָעֵצִים (Judg. 9: 8) – גנגן זי זיין גנגן די בעם (SM140c); and אִם הַגֵּד תַּגִּידוּ (Judg. 14: 12) – אוב קוינדן זי ווערדן קוינדן (SM243b). A similar case,

219 For example: YP56b, SP20a, SM26d, YC343a.
220 Shmeruk 1978, 111; Timm 2005, 68.
221 Timm 2006, 354. This verb appears in two of the epics studied: SP199b and SM147c.
222 YP42c, SP46a, SM367a, YC60a. See: Timm 2006, 284.
223 YP18b, SP422d, SM98c, YC21d. See: Timm 2006, 163.
224 See also: SP326a, SP331b, SM244c.

although not a translation of a tautological infinitive in the biblical text, appears in *Yĕhōšua'-Parma*: גטווייט ער זול ווערדן גטווייט (YP23b, cf. Josh. 1:18). Again, as in the above-mentioned example from SP42b, here the author uses pseudo-biblical diction as a stylistic literary tool.

Words characteristic of the *taytsh* tradition – replacing Hebraisms with words from the German component of Yiddish: As was previously stated, especially in its early stages, the *taytsh* tradition endeavored to replace each word in the original Hebrew text with a non-Hebrew Yiddish one, even when the colloquial Yiddish form was a Hebrew lexeme (often the same word).[225]

To illustrate this phenomenon, a search was conducted for the following Hebraisms and their synonyms within the four epics: מלאך/ענגל/בוטן [angel], נביא/פרופֿיט [prophet], שופר/הורן [shofar], מזבח/אופֿפֿר שטול [altar], קורבן/אופֿפֿר [sacrifice], תורה/לערנונג [the Torah], ברית/זיכֿרהייט [covenant], שבט, משפחה/גשלעכֿט [tribe, clan, house], ארון/שריין [ark of the covenant], גורל/לוש [lot], מדבר/וואושטניא [desert].

	Yĕhōšua'-Parma	*Šōfĕṭīm-Parma*	*Šōfĕṭīm-Mantua*	*Yĕhōšua'-Cracow*
מלאך	–	–	10	1
ענגל	3	22	17	1
בוטן	1	2	2	–
Other (angel)	–	1 (נבֿיא)	1 (גייסט גוטש)	–
נביא	1	2	2	–
פרופיט	–	1		–
Other (prophet)	–	1 (ווארהייט זאגר)	1 (ווייז זאגר) 2 (וואר זאגר)	–
שופר	2	4	6	3
הורן	1	4	–	–
מזבח	11	8	7	14
אופפר שטול	–	–	1	–
קורבן	–	2	–	4
אופפר	4	9	14	–
תורה	9	7	1	11
לערנונג	1	–	–	–

225 Shmeruk 1978, 125.

שבט / משפחה	–	–	–	14 (שבט) 3 (משפחה)
גשלעכט	12	35	34	9
ברית	–	–	–	1
זיכרהייט	3	2	–	10
Other (covenant)	1 (זיכערונג)	–	–	–
ארון (הברית)	–	–	–	7
שריין	15	1	1	3
גורל	–	–	–	10
לוש	7	1	2	–
מדבר	–	–	–	10
וואושטניא	5	2	–	–

These findings indicate that none of the epics systematically and exclusively uses words from either the Hebrew or German components. Nevertheless, the epics differ significantly in this regard. Farthest from the *taytsh* tradition and closest to the Hebrew pole is *Yĕhōšua'-Cracow*, which in certain cases is the only one of the four epics to use a Hebrew word and/or not employ a certain German word at all. At the other extreme, closest to the older *taytsh* tradition and the German pole, are the Parma epics, which at times completely avoid certain Hebrew words that appear in the printed epics. In some cases the Parma epics are the only ones to use a certain German word. Straddling the middle ground is *Šōfĕṭīm-Mantua*, which displays on the one hand a close relationship to the *taytsh* tradition, and on the other hand uses Hebrew words quite extensively.

Words with Typical Endings: The *taytsh* tradition employs certain suffixes in order to create nouns that do not exist in German, primarily using the endings ־ניש, ־ונג, and ־קייט.[226] Such words, nouns distinctly typical of the *taytsh* tradition, appear in the four studied epics, although *Yĕhōšua'-Cracow* contains the least such words. So for instance: הַבְּרָכָה וְהַקְּלָלָה (Josh. 8:34) – די בענשונג אונ׳ דיא וולוכֿונג (YP127a); אֹהֶל מוֹעֵד (Josh. 18:1) – גצעלט דער טעדיגונג (YP186b);[227] מוֹקֵשׁ – שטרוכֿלונג;[228] עֵבֶר הַנָּהָר (Josh. 24:3) – איבר וארונג דער באך (YC319c). Also חָרָבָה (Josh. 3:17) – טרוקניש (YP51b); נֶדֶר (e.g., Judg. 11:30) –

226 Timm 2005, 82, 88, 91.
227 Ibid., 299.
228 YP210d, SP189d, SM131d.

גלוביניש;[229] חִידָה (Judg. 14:12) – רעטניש;[230] זִכָּרוֹן (Josh. 4:7) – גידעכֿטניש (YC72a). Similarly, although these are not precise translations: אכֿפּרקייט (YP44b) for גְּדוּלָּה [greatness]; and פּוילצילקייט for בְּתוּלִים [virginity].[231]

Words from the Romance Component: According to Erika Timm, words from the Romance component entered the Yiddish language via the medieval Judeo-French tradition of translation and are typical of an early stage of the *taytsh* tradition.[232] Timm's exhaustive research discerned a total of thirty words in this group,[233] out of which eleven appear in the four studied epics.[234] Below is a list of these eleven words, indicating in which epic(s) they are used, along with a reference to Timm's book (2005). In accordance with the other observations in this section, the Parma epics and *Šōfẹ̌ṭīm-Mantua* are close to the *taytsh* tradition, whereas *Yẹ̌hōšua'-Cracow* is distant from it, containing very few Romance words.

	Yẹ̌hōšua'-Parma	*Šōfẹ̌ṭīm-Parma*	*Šōfẹ̌ṭīm-Mantua*	*Yẹ̌hōšua'-Cracow*
בענשן (to bless, 186)	9	3	4	–
טוצין (to blow the shofar, 595)	2	3	–	–
טייטל (a date [fruit], 522)	–	2	1	–
יפטן (Egypt, 341)	–	3	–	–
לומיל (knife edge, 402)	–	–	1	–
לייאנן (to read, 378)	1	–	3	2
מילגרם (pomegranate, 417)	–	3	–	–
פושט (meal, 454)	–	–	2	–
פילצל (maid, 444)	–	4	10	–
פריזנט (offering, 458)	1	7	5	–
פרייאן (to invite, 456)	–	–	4	–

229 For example: SP269a, SM190c.
230 For example: SP326a, SM243a.
231 For example: SP276c, SM195d.
232 Timm 2005, 33–40.
233 Timm ibid., 34f.
234 The meaning of the word טורנן (SM/intro40) is obscure. In a private communication, Prof. Erika Timm pointed out that this word may stem from the Romance component of Yiddish (cf. Old French *torner*, Italian *tornire*) meaning 'to turn around,' perhaps referring to dancing. Alternatively, it may be a disapproving term used to describe people who cannot sit still.

Miscellenea: The four epics contain additional words typical of the *taytsh* tradition that do not fall into any of the categories mentioned above. These words have a clear *taytsh* texture easily recognized by Yiddish speakers, perhaps due to their original context in the translation of widely known passages of the sacred texts, such as מער רורעבֿט (the Sea of Reeds, YP62b, SP259d), or גמויט גוט [God's spirit].[235] Other words from this category survived mostly in *taytsh* learned in the *kheyder*. Although they may have previously been used in colloquial speech, they were replaced over time by other words. They include ענצליט (face, in modern Yiddish: פּנים);[236] טעניר (hands, in modern Yiddish: הענט);[237] and ורשטופּפֿט (uncircumcised, in modern Yiddish: ערל or גוי).[238]

Midrashic Sources and Biblical Commentary

Elaboration of the Biblical Story: In retelling the biblical stories from the Book of Joshua or the Book of Judges, the epics weave significant commentary and midrashic elaborations into the plot. For a number of reasons, it is often difficult to identify these additions: because they have been translated and their original phrasing edited; because their sources are rarely mentioned; and because similar, even identical, versions appear in different Hebrew midrashim. Some of the following sources are used by all four epics, while others are employed by some of them.

It is plausible that all the authors relied primarily on Rashi's commentary when elaborating on the biblical narrative. So too the *oysredenish* – the third stage of the *taytsh* translation, in which commentary and midrashic elements were added to the text – relies mainly on Rashi's commentary.[239] Furthermore, the only Jewish source mentioned by name (even then, just once) in any of the four epics is Rashi's commentary: נון וינדן מיר אים פּירוש רשי (Now, we find in Rashi's commentary, SM330b). This reflects the great significance accorded to Rashi's commentary in early modern Ashkenazic Jewish society.

In addition, all four epics contain elements from Targum Jonathan, an Aramaic translation that contains some midrashic elaborations.[240] Since

235 For example: SP143a, SM234d.
236 For example: YP70a, SM325c, YC97c. See Timm 2005, 213.
237 SP323a, SM209c. See Timm 2005, 525.
238 For example: SP358b, SM236b. See Timm 2005, 242.
239 Turniansky 1988, 54.
240 Erik 1979, 80.

Rashi quotes this translation in his commentary, it is unclear how well the epics' authors knew that source and whether they used it directly.

Another central Jewish source that all the epics employ is the commentary by Radak (David Kimchi, who likewise frequently quotes Targum Jonathan). They also utilize the commentary by Ralbag (Gersonides), although to a much lesser extent.

It is not clear whether the authors relied on written tradition when adding commentary and midrashic elements to the biblical text because in many cases it has not been possible to trace the source of their elaboration. While further research may succeed in identifying some of these sources, they may also be examples of lost midrashim that were not recorded elsewhere. One such instance is the reference to the seven walls surrounding Jericho, which appears in both epics on Joshua but contradicts the biblical mention of one wall.[241] When such obscure details appear in both epics on the same book, it is reasonable to assume that they repeat a popular narrative. Additional cases include the decision to begin both epics on Joshua with the story of Moses' death and the sin he committed by hitting the rock;[242] and both epics on Judges emphasize that Yael did not use a weapon to kill Sisera, for religious reasons.[243]

As was noted, in the fifteenth century, the invention of movable type revolutionized the Jewish world and the transmission of Hebrew texts. It is, however, impossible to determine whether the authors of the epics relied on printed versions of the above-mentioned commentaries because we do not know when the epics were composed – only when the extant versions were printed or copied. Nevertheless, the recorded bibliography of Hebrew books sheds some light on this question, drawing the chronological limit (*terminus a quo*) on when such a transmission may have been possible.[244] Indeed, two known editions of the Former Prophets were printed prior to 1511 – in Soncino in 1485, including Radak's commentary, and in Leiria in 1494, including Targum Jonathan and the commentaries by Radak and Ralbag.[245] However, the first edition of the Former Prophets with Rashi's commentary

241 YP72b, YC24c, and the notes there.
242 YP6–9, and the notes there.
243 SP112, SM61d, and the notes there.
244 Zafren's article (1982) was used in this survey, in addition to the National Library of Israel's database: The Bibliography of the Hebrew Book 1470–1960 (http://aleph. nli. org. il/F?func=find-b-0&local_base=mbi01 [30 October 2014]).
245 Zafren 1982: 243*, no. 17, 244*, no. 56.

was printed in Venice ca. 1525. Therefore, the author of the Parma epics must have used a manuscript version of Rashi's commentary, although he may have possessed a printed version of the biblical text with other commentaries. The authors of the printed epics could have relied on printed versions of the biblical text and all commentaries.

Below is a detailed list of additional Jewish sources used in specific scenes within each epic. An exact citation of the classical source used can be found in the relevant footnotes to the texts of the epics.

Yĕhōšua'-Parma: The song concerning Moses' death at the beginning of the epic (YP1 – 13) differs completely from the remainder of the text in terms of the variety of sources utilized therein. This text draws on Numbers and Deuteronomy, Rashi's commentary on Numbers and on Judges, *Deuteronomy Rabbah* and *Midraš pĕṭīrat Mōšeh Rabbenū.*

The retelling of Jacob's blessing to Joseph's sons (YP151c–154d) is based on Gen. 48 and touches upon a religious dilemma. Indeed, the description of Joseph crossing his hands (Gen. 48:14: שִׂכֵּל אֶת יָדָיו) may have Christian implications. Most *taytsh* translations offer two possibilities, either "He crossed his hands" or "He filled his hands with wisdom," e.g., Sertel 1605 (*pārāšat wa-yĕḥī*, no pagination): שכל – ער שלענקרט אדר ער קליגיט. However, Rashi and other commentators opt only for the interpretation that avoids any similarity to a cross.[246] The Yiddish epic writes ער שרענקלט זייני הענדי (He crossed his arms, YP152b), perhaps preserving an approach not concerned with possible Christian connotations.[247]

The story about Caleb, son of Jephunneh, and the spies (YP176a–179c) relies on Numbers and Rashi's commentary to it.

Šōfĕṭīm-Parma: In the extensive translation of the Song of Deborah (SP83 – 117), the author seems to have relied directly and principally on Targum Jonathan, which also provides commentary on the obscure text. The author also draws there on the above-mentioned commentaries by Rashi, Radak, and Ralbag.

246 Rashi on Gen. 48:14: "Placing his hands designedly— Understand this as the Targum [Onkelos] renders it: אחכמינון 'He put wisdom into them (viz., into his hands),' meaning designedly and wisely he moved his hands for this purpose, intelligently and with full knowledge, for he knew that Manasseh was the first-born and yet he did not place his right hand upon him."
247 Ge'alya 1969, 7f.

In the description of Manoah (SP308b), the use of the word 'stupid' echoes BT 'Erubin.[248]

Šōfĕṭīm-Mantua: The scene during which the angel visits Manoah's wife (SM218c) uses midrashic material found in *Yalqūṭ Šim'ōnī* as well as in *Midraš 'ēšet ḥayil.*

In the description of Manoah (SM229b), the use of the word 'stupid' echoes BT 'Erubin.

The song concerning Micah (SM294–301) differs stylistically to the rest of the epic, drawing on various sources. I have been able to trace elements from the *Mĕkhīltā'*, *Midraš Rabbah*, *Midraš Tanḥumā'*, BT Sotah, the Zohar, *Yalqūṭ Šim'ōnī*, and Rashi's commentaries on the Torah and on BT Sanhedrin.

Yĕhōšua'-Cracow: The source of the song about the kings of Canaan (YC238–246) remains a mystery. I have not been able to find a text that contains the depictions of the kings found in this epic.

The scene describing Moses' death draws on Numbers and *Deuteronomy Rabbah.*

The call of the Transjordanian tribes to war (YC16b–20d) draws on Numbers and Rashi's commentary on it.

The mention of the Golden Calf (YC91b) draws on Exodus.

The description of the Manna eaten by the Israelites during their wanderings in the desert (YC93b–c) draws on *Exodus Rabbah* and BT Yomah.

The sin of the spies (YC253–259) draws on Numbers, Rashi's commentary on it, and BT Sotah.

The description of the Levites' territories (YC267c–268d) relies on Genesis, Leviticus, Numbers, and Deuteronomy.

The description of the cities of refuge (YC269–273) relies on Numbers.

Joshua's speech (YC318–340) refers to many elements of popular religion.

Interpretational Tendencies in Translation

In certain cases, some of the epics systematically alter the biblical text, apparently reflecting an older ideological basis.[249]

248 See footnote to SP308b.
249 Harrington and Saldarini 1987, 4.

'Elōhīm (God/gods): The word אֱלִיל [idol] is completely absent from the Book of Joshua and the Book of Judges. Therein, Scripture uses the word אֱלֹהִים to indicate both God (singular) and idols (plural). Unlike the Bible, the epics tend to distinguish between these two meanings: the God of the Jewish religion is translated as גוט,[250] and when referring to idols this word is translated as אבגוט, e. g., אֱלֹהֵיהֶם (Josh. 23:7) – איר אב גוטר.[251] This phenomenon is found in the *taytsh* tradition[252] as well as earlier classical Jewish Bible translations.[253]

However, it is important to note that this distinction is not implemented consistently in the epics, which in some cases also use the word גוט to mean 'idol.' Thus, for example, וַיָּשִׂימוּ לָהֶם בַּעַל בְּרִית לֵאלֹהִים ([They] made Baal-berith their god, Judg. 8:33) – זיא דינטין איינם גוט דער היש זיך בַּעַל בְּרִית.[254]

God Speaking in the First Person: In the Book of Joshua and the Book of Judges, the prophets and God's messengers tend to speak on God's behalf in direct speech, using the first person singular. While the Parma epics tend to translate these words verbatim, retaining the first person, the printed epics systematically change this phrasing, reporting God's words in indirect speech using the third person singular. Thus, in Joshua's speech toward the end of his life (Josh. 24:2–13, except verse 7), *Yĕhōšua'-Cracow* reports all God's words in the third person. Indeed, וָאֶקַּח אֶת אֲבִיכֶם אֶת אַבְרָהָם [...] וָאוֹלֵךְ אוֹתוֹ (And I took your father Abraham [...] and brought him, Josh. 24:3) is translated: ער נאם אברהם [...] ער פֿירט אין [He took Abraham, He led him].[255] By contrast, *Yĕhōšua'-Parma* translates: איך אייר וואטר [...] הון גינומן [.] איך פֿורט אין [I took your father, I led him].[256] However, *Yĕhōšua'-Parma* does not implement this technique consistently. In one case the speaker is omitted from the translation: וָאָבִיא אֶתְכֶם [...] וָאֶתֵּן אוֹתָם בְּיֶדְכֶם (I brought you [...] but I gave them into your hand, Josh. 24:8) is translated as איר קאמט [...] זיא קומין אין אוייאר הנט (You arrived, they came into your hand, YP216a–b). In another case the

250 The *taytsh* tradition used the same translation for both of God's names (*'Elōhīm* and the Tetragrammaton): גוט (Timm 2005, 128–130).

251 YP208d as well as YP211c, YP213b, YP219c, YP225a, SP25d, SP28c, SP30d, SP32d, SP91a, SP123c, SP217c, SP243b, SP265c, SP395c, SP422b. SM26c, SM31c, SM168c, SM171a, SM172c, SM188a, SM308b, SM315c, YC331a, YC337d.

252 E. g., Konstanz Pentateuch 1544, 42b (translation of Exod. 23:24).

253 For example, Targum Jonathan translates אֱלֹהִים when meaning 'idols' as טָעֲוָת (e. g., Targum Jonathan for Josh. 23:7, Judg. 2:3, 2:12).

254 SP192c as well as YP220c, SP22b, SP37d, SP238c, SP245b, SP395d, SP396a, SP433b; SM67a, SM135b, SM152a, SM286c, SM326a.

255 YC319c–d. See also: YC320b, YC320c, YC325b, YC325c, YC329a.

256 YP213c–d. See also: YP214a, YP214c, YP214d, YP218a.

words are reported in the third person: וְלֹא אָבִיתִי לִשְׁמֹעַ (But I would not hear, Josh. 24:10) is translated as גוט׳ וואלט אים עש ניט [...] הורין (God did not want to hear him, YP217a).

All other cases of first person speech are found in the Book of Judges,[257] and there the distinction is sweeping – *Šōfĕṭīm-Parma* translates the words in the first person,[258] while *Šōfĕṭīm-Mantua* changes them to the third person.[259]

Similarly to the Parma epics, the practice of retaining God's first person speech is characteristic of the earlier *taytsh* tradition[260] as well as Targum Jonathan. It appears that changing the phrasing to the third person reflects a later development in the *taytsh* tradition.

Avoiding Anthropomorphic References to God: As Erika Timm notes, while replete with anthropomorphic references to God (mainly images of the human body: an eye, a hand, etc., and feelings such as regret, anger, etc.), the Hebrew Bible explicitly forbids such depictions (e.g., the prohibition on making a graven image, Exod. 20:3), and refers to God as an abstract being (e.g., Exod. 3:14).[261] She explains that Jewish translators, particularly since Onkelos, tended to diminish anthropomorphic references, although they were never able to avoid them altogether. Jewish Bible translations into Romance languages also followed this tendency. Thus, for example, Timm notes that the word אַף is translated in *Mirkevet ha-mišneh*[262] as נאז [nose] when pertaining to people (also metaphorically) and as צארן [anger] when referring to God's anger.[263]

In these four epics, God's anger (אַף) is always translated as צארן [anger] and never as נאז [nose], e.g., וַיָּשָׁב ה׳ מֵחֲרוֹן אַפּוֹ (And so the Lord turned from his fierce wrath, Josh. 7:26) is translated as דוא קארט גוט׳ ווידר בֿון זיינם גרים צורן (YP109d).[264]

257 God's angel reprimanding the Children of Israel (Judg. 2:1–3), Deborah's call to Barak to fight the Philistines (Judg. 4:6–7), and the prophet sent to reprimand the Children of Israel when they were ruled by Midianites (Judg. 6:8–10).
258 SP23c, SP24a, SP25a, SP65a, SP65c, SP122b–c, SP123a, SP123b.
259 SM25a, SM25c, SM53b. *Šōfĕṭīm-Mantua* refrains from translating the prophet's reprimand to the Children of Israel when they were ruled by Midianites (Judg. 6:8–10, SM80c–d).
260 See the translation of the Haftarah of *bĕ-šallaḥ* in Konstanz 1544 and Augsburg 1544.
261 Timm 2005, 70f, 312.
262 *Mirkevet ha-mišneh* (Cracow 1534) is a kind of concordance of the Hebrew Bible in which the Hebrew words are also translated into Yiddish. See Heide 2017.
263 I have noticed that when the word אַף refers to a person's anger (e.g., Gen. 27:45), it may be translated as צארן.
264 See also SP38a, SM305c. See: Timm 2005, 312.

Further anti-anthropomorphic translations occur in other places. For instance, when the Children of Israel inform the Transjordanian tribes הִצַּלְתֶּם אֶת בְּנֵי יִשְׂרָאֵל מִיַּד ה׳ (Ye have delivered the Children of Israel out of the hand of the Lord, Josh. 22:31), *Yĕhōšuaʿ-Parma* says: איר הט בֿור מיטן אונזר הענד בֿון צו גישין אוייאר בלויט (You prevented our hands from spilling your blood, YP203b). The two phrases are close in meaning, yet mention different actors. When describing Gideon's meeting with the angel, the Bible states: וַיִּפֶן אֵלָיו ה׳ וַיֹּאמֶר (And the Lord looked upon him and said, Judg. 6:14). Both epics on Judges translate this (according to Ralbag's commentary and contrary to Rashi's opinion) differently, noting that the angel in fact spoke to Gideon.[265] Likewise, when the Israelites made a covenant of peace with the Gibeonites, the Bible states that they אֶת פִּי ה׳ לֹא שָׁאָלוּ (And counseled not with the mouth of the Lord, Josh. 9:14) yet *Yĕhōšuaʿ-Cracow* reports [זיא] וראגטן גוט׳ ניט (They did not ask God, YC170c).

Nevertheless, we find some anthropomorphic references to God in the four studied epics. So, for instance, לֹא שְׁמַעְתֶּם בְּקוֹלִי (Ye have not obeyed [listened to] my voice, Judg. 2:2) – אין מיין שטים הט איר ניט גהורט (You did not listen to My voice, SP24b) as well as גיהורכֿט זיינר שטים [...] העט איר (If you had listened to His voice, SM25c);[266] וַיִּשְׁמַע הָאֱלֹהִים בְּקוֹל מָנוֹחַ (And God heard the voice of Manoah, Judg. 13:9) – גוט׳ דש גבעט בֿור נאם בון מָנוֹח (God heard Manoah's prayer, SM223a),[267] although it should be noted that in both epics God hears Manoah's prayer, not his voice. The epics on Joshua also describe God as able to physically hear: וְלֹא אָבִיתִי לִשְׁמֹעַ לְבִלְעָם (But I would not hear Balaam, Josh. 24:10) – גוט׳ וואלט אים עש ניט [...] הורין אין שטים (God did not want to hear his voice, YP217a) as well as גוט׳ וואלט אין ניט הירן (God did not want to hear him, YC325b).[268]

265 SP127c, SM85a.
266 Cf. Targum Jonathan: "And you did not accept my Memra" (Harrington and Saldarini 1987, 61).
267 Cf. Targum Jonathan: "And the Lord received the prayer of Manoah" (Harrington and Saldarini 1987, 85).
268 Cf. "And I was not willing to listen to Balaam" (Targum Jonathan, ibid. [Harrington and Saldarini 1987, 55]).

The Influence of the Chivalric Romance

The four studied epics contain elements of the European chivalric romance that add energy and majesty to the biblical descriptions. Such elements draw on the reality portrayed in European romance literature: a world full of battles, in which brave men rely on their swords. The background to these battles, long journeys, encounters with odd creatures, treasure hunts, and so forth is the royal court, where good manners reign supreme. There the powerful king resides with his beautiful daughter, who is courted by knights. Barbara Fuchs describes this atmosphere well:

> In the narrow literary sense, *romance* is the name given to a particular *genre*, the narrative poems that emerge in twelfth-century France and quickly make their way around Europe [...]. These poems are typically concerned with aristocratic characters such as kings and queens, knights and ladies, and their chivalric pursuits. They are often organized around a quest, whether for love or adventure, and involve a variety of marvelous elements.[269]

In an effort to distinguish between chivalric romance and epic, Atsuhiko Yoshida argues that an epic sets an example of courage on a national level, whereas romance lacks a noble cause. Indeed, the fiction recounted in a romance is merely for the sake of entertainment.[270] Likewise, Chris Baldick claims that the element of romantic love in chivalric romance distinguishes it from the epic.[271] By contrast, Fuchs argues that literature is hybrid, and thus the epic, as well as other genres, contains elements of romance.[272]

Two kinds of chivalric elements and scenes appear within the four studied epics. One is based on translations from the original biblical texts, which are replete with names of weapons, battle descriptions, etc. The other includes additions that can be attributed solely to the authors' imagination and artistic liberty. The use of the noble title בּוירשט [prince] is an example of both types: in the Bible translation printed in 1544 in Konstanz, the Hebrew noble title רֹזְנִים (Judg. 5:3) is translated as בּוירשטן, an appropriate translation of the biblical text. However, in *Šōf̌ēṭīm-Mantua*, in the scene depicting Yael and Sisera

269 Fuchs 2004, 4.
270 Yoshida 1992, 96.
271 Baldick 2008, 54.
272 Fuchs 2004, 8f.

in the tent, the words "And [she] covered him" (Judg. 4:19) are translated זיא דעקט אין צו וויא איין בֿורשט (She covered him like a prince, SM59d), revealing the influence of chivalric romance.

The following discussion demonstrates how the authors of the four epics elaborated on the existing chivalric elements of the biblical text, and how they added similar details elsewhere in the plot. The variable determining whether a chivalric element is a translation or an addition is context, although it appears that for the most part the result is the same, namely a story with a chivalric character that contributed to its popularity. The following necessarily relates to the translation of the Hebrew biblical text, although a full discussion of the technical and ideological aspects of Bible translation can be found in pp. LV–LXX above.

The Battlefield

Descriptions of War: The Parma epics refer to battle as שטרייט [battle], describing it using the adjectives שטארק [strong];[273] שווער [hard];[274] מורטליך [deadly];[275] גרוש [large];[276] פֿיינטליך (terrible, SP3c). In *Šōfĕṭīm-Mantua* שטרייט is accompanied by the adjectives שווער אונ׳ ארק (hard and severe, SM372b), and in *Yĕhōšua'-Cracow* it is described using the word גרוש [large],[277] as well as גישווינד (quick, YC185d). The adjective שטארק is also often applied to the enemy.[278]

The printed epics describe the manner of fighting: שטרייטן מיט שטערק [to fight with strength];[279] מיט זורגן (with worry, SM10a); מיט מכֿט (with strength, SM163a); מיט ראט (wisely, YC24d); and בידר (boldly, YC280a).

In addition to the verb שטרייטן, *Šōfĕṭīm-Mantua* also uses the terms אן גרייפֿן [to attack][280] and ליברן איין שלאכֿט [have a battle],[281] and it is the only epic to mention victory: זיג.[282]

The Parma epics also refer to battle as שלאק [a stroke], perhaps influenced by the Hebrew noun מַכָּה [a stroke] or verb לְהַכּוֹת [to strike], which

273 YP171a, SP3c, SP5a.
274 YP127d(?), SP72a, SP501a.
275 YP148a, SP4c, SP72a, SP317c.
276 YP127d(?), YP164b, SP3c.
277 YC4a, YC233b, YC302a.
278 YP32a, SP61a, SP334b, SM11c.
279 SM185d, YC10d.
280 SM5c, SM24c, SM48b, SM52c, SM82d, SM111d, SM112d, SM354a, SM359b, SM388b.
281 SM154d, SM367b.
282 SM6d, SM103d, SM186a, SM363d, SM381b.

are used in such contexts in the Bible. However, the adjectives accompanying שלאק are not common in the Bible, e.g., דו שלויג ער זיא איין שלאק דער וואש מורטליך אונ׳ גרויש [He struck them [with] one large, deadly stroke].[283]

The battles in the Parma epics can be heard from afar: מאן הורט דש הרניש קלינגאן זואווייט [The clinking of armor was heard from very far away].[284] Likewise, acts of war are compared to the elements of nature: וויא בליצאן מאן זיא זאךָ (They were visible like lightning, SP5a); אז ווער עש גוועזן איין דונער (As if it were thunder, SP487d); דש בלויט ראן אז איין באךָ (The blood ran like a river, SP5b). Both epics on Judges mention musical instruments employed by the military: זיא ב̃רויליך קאמן. מיט טרומן אונ׳ שלמיי (They arrived happily with drums and pipes, SM11a); דו וואור ער הין מיט שאלין [He went there with ringing bells];[285] מן הורט נוך פ̃פייף נוך טרום (Neither pipe nor drum was heard, SM114d); and לוש אום שלאגן מיט דער דרומן (Let it be [announced] with drum beats, SM103b).

The song about the kings of Canaan contains many descriptions of battle, including: גינג אין אלין שטרייטן פ̃אר (Was at the front in all battles, YC241d); איינר דער וואל מיט דער שטרייט קונט שטרייט אזו זיר (He fought so much, YC244b); (One who was very familiar with fighting, YC244d); אין אלין שטרייטן צוך (He went to all battles, YC245b), וואר דער אירשט. אן דען שטרייט (He was the first in the battlefield, YC245c). Similar remarks are found elsewhere in the printed epics: דוא מושט זעלברט מיט. אונ׳ ניט דא היימן בלייבן (You must come with us and not stay at home, YC140c); איר מושט אן דער שפיצן [You must go at the front].[286]

The epics use exclamations from the battlefield: היבא נון אן צו פֶ̃עכ̃טן (Start fighting! YP110b); שלאגט טוט שיסט אונ׳ טרעפ̃ט (Beat to death, shoot and hit!, SM375d), as well as war terms: דיא שאר ב̃ור מיגן (to control the camp, SP434d); וואגן בורג (wagon fort, a defensive formation of wagons, SM319d, see annotation in the text). Likewise they allude to the warriors' sense of solidarity via frequent use of the term מיט אנאנדר [with each other], e.g., וויר וואל מיט אנאנדר צו דעם שטרייט גון [We will surely go with each other to the battle],[287] as well as their oath of loyalty to their warlord: ב̃וינף ציהן טויזנט מאן די אין הטן גישווארן (15,000 men who made an oath to him, SM121a); זי מאכ̃טן זיך אלי איין בונט. אונ׳

283 SP347c as well as YP163b, SP42b, SP70b, SP271a, SP360c, SP439b.
284 SP3d as well as YP170c, SP4d, SP316c–d, SP317d, SP487d.
285 SP270c, SM364d, and perhaps also SP108d. According to Timm (2005, 600) knights used to decorate their clothes and armor with bells.
286 YC18d as well as SM116c.
287 SP2c as well as SP3a, SP490b, SM6c, YC160d, YC280a.

שווארן טרייא אונ׳ איר [They made a pact and made an oath of loyalty and honor].[288] The epics also resound with direct impressions from the battle field: הילטן אין גיפֿנגין (He was held captive, SP6c); אין דער שלאכֿט זיין בליבן אזו ויל לייב (So many bodies were left in the battlefield, SM378a), and the image of an enemy's decapitated head displayed on a stick (SM115d).

Various idiomatic expressions used in the epics also draw on battlefield imagery, for example (see also the notes to the texts of the epics): געבן שויך אונ׳ מַט (to give check and mate [using a chess analogy], YP112b and YP119d); דו שיסט ווייט דר נעבן (You shoot and miss, SM182d); איין טוטר מן מכֿט קיין קריג (A dead man does not fight, SM77b); אויש דען שטויב מכֿן (to flee from the battlefield, YC133d); געבן פֿערזן געלט (to flee from the battlefield, YC223c); דוא מושט די קוגיל צום ציל טרייבן (You must hit the target with the [canon] ball, YC141b).

The printed epics stress the centrality of secrecy and espionage in warfare: אונ׳ ער ורויאט ירובעל [...] אונ׳ דש ואלק אין איינם גרושן סוד [Jerubaal and the people rose early in great secrecy],[289] and both epics elaborate on the description of the twelve spies that is found in the Bible.[290] In *Yĕhōšuaʿ-Cracow* the warlords often write and send letters to each other,[291] and while correspondence via missives was common in the Bible (especially in war, e.g., Judg. 8:14), these added details may be seen as an indication of contemporary influence from the German realm.[292]

Alongside the depictions of war that draw on German literature, it is important to mention also the presence of the Jewish faith, for example the confidence that victory in the battlefield is subject to God's will: דש טעט דש שווערט בֿון גוט׳ (God's sword did that, SP167d); דיא הילף דיא שטיט צו גוט׳. / ניט מיינט אז איך שערץ. עש לייט ניט ויל דראן דער פֿיל ואלק הוט. (Help comes from God, do not think that I am joking, it does not matter who has more soldiers. YC128a–b); וען גוט׳ וואר מיט זיא. אונ׳ הילף זיא שטרייטן. / אונ׳ הוט זיא ער לאזן ניט. אין דען זעלבֿן צייטן (Because God was with them and helped them in the battle, and did not leave them at those times, YC247c–d); זיין הוילף וור מענבֿרלייא (His [God's] help was manifold, SM32b); גוט׳ גאב אים דיא גנאדי (God gave them grace, SP270d).

288 YC160a see also YC15d, YC160b(?), YC213d.
289 SM102a as well as SM93a, SM107a, SM154c, SM165b, YC25c, YC36c.
290 Josh. 2:1 and Judg. 18:2. Compare to: YP24a, YP85d as compared to YC24a, YC25a, YC32b, YC35d, YC36a, YC113b; SP420a as compared to SM19c (שפעהר is the translation for שׁוֹמְרִים), SM320a שפעהר אונ׳ יעגר.
291 YC78b, YC159b, YC160d, YC179c, YC184a, YC211d, YC307b.
292 Green 1994, 37.

Furthermore, some adjectives used primarily to describe battles are found also in other contexts, close in meaning. So מורטליך [deadly] is used to depict various calamities or a lion's roar.[293] Likewise, שטארק [strong], גרויש [big], מעכֿטיג [mighty] etc. are used to describe fortified cities and their gates.[294] Such descriptions also employ the adjective וועשט [firm], as well as the metals שטהל [steel] and אייזן [iron].[295] Likewise, a water moat (surrounding Jericho) is mentioned (YP72c).

Military Equipment: The original biblical texts of the Book of Joshua and the Book of Judges seldom mention weapons, and when they do so, the weapon is almost always a sword.[296] Additional arms mentioned in these books are: כִּידוֹן [javelin],[297] קֶשֶׁת [bow],[298] and רֹמַח [spear].[299] Surprisingly, the Bible is more specific when the instrument used for violence is not a proper weapon, e.g., an ox-goad[300] or a tent-pin.[301]

In contrast to this paucity, the authors of the epics mention weapons extensively. Below is a list of all the military equipment found in the epics, whether it appears as a translation of the biblical text or as the author's elaboration. It should be noted that, quite surprisingly, neither epic on the Book of Joshua mentions Joshua stretching out the javelin while conquering the Ai (Josh. 8:18, 26).

Weapons: שווערט [sword]. As stated above, the Bible mentions חֶרֶב [sword] relatively often, as both a weapon and as a metonymic reference to war itself. As a weapon, חֶרֶב is almost always translated in the four epics as שווערט, and on a few occasions as מעשר [knife].[302] Additionally, שווערט as a weapon is mentioned in further places in the epics that are not translations of the biblical text but rather elaborations on it.[303]

293 YP147b (אֲבָנִים גְּדוֹלוֹת), SP271a, SP316c, SP347c, SP487, YC187b.
294 SP234c–d, SP365a–b, SM162d, YC24c, YC52d, YC80b, YC170d.
295 שטהל: YP73b, SP234d; אייזן: SP365b.
296 For example: Josh. 5:13, 10:11, 11:10; Judg. 3:16, 7:14, 7:22.
297 Josh. 8:18, 26.
298 Josh. 24:12.
299 Judg. 5:8.
300 Judg. 3:31.
301 Judg. 4:21.
302 Josh. 5:13 YP68c, YC94c; Judg. 3:16 SP45b (מעשר), SM38a; Judg. 3:21 SP50c, SM41d; Judg. 3:22 SP51b (מעשר), SP51c, SM42b; Judg. 7:22 SP167b, SM114d; Judg. 8:20 SP184c; Judg. 9:54 SP236a, SM164b.
303 SP112a, SP319c, SM172a, SM253a, SM265b, SM267d, YC14c, YC100b, YC146b, YC154d, YC328c.

Alongside the sword, the epics mention also the sheath שייד (SP50c), and the word נִצָּב (haft, Judg. 3:22) is translated as שטיל (SP51a)[304] and העפֿט (SM42a).[305]

The word 'sword' is likewise employed metonymically in the epics, often as a translation of the Bible,[306] but sometimes also in elaborations.[307] A special case is the expression צו דעם שארפֿין שווערט [to the sharp sword], at times accompanied by the verb שלוגין [to strike] – this expression appears to be a translation of the Hebrew idiom וַיַּכּוּ לְפִי חָרֶב,[308] but this phrase in Yiddish often appears in the epics' elaborations on the biblical text.[309]

מעשר [knife]. This appears as a weapon in both epics on Judges. As stated above, this word is sometimes used to translate the Hebrew חֶרֶב and sometimes it appears in elaborations.[310]

גיוועך, וועך. This term, meaning 'weapons' in general, and specifically probably 'sword,' is found only in the printed epics. It is generally used in proximity to הרניש [armor] or גישיץ [armor].[311]

שפיז [speer]. In the Parma epics this word is mentioned only once (SP91d), as the translation of רֹמַח (Judg. 5:8; it is not translated in *Šōfėṭīm-Mantua*). However, in the printed epics this is mentioned as an unspecified weapon.[312]

הקן [axe]. This word is mentioned a few times in the printed epics, mostly together with the word שווערט.[313]

בוגן [bow]. This is used as a translation for Josh. 24:12 (YP218b) and also in an elaboration (SM160a).

פפייל [arrow]. This appears once in two epics.[314]

קויכֿר [quiver]. This word is used only once (SM78c).

Modern weapons: ביקס [gun]. *Yĕhōšua'-Cracow* frequently refers to guns,[315] and *Šōfėṭīm-Parma* also does so once (SP9c) – although in the latter case we cannot rule out the possibility that the copyist wrote this word instead of

304 Cf. Grimm 2021, Stiel, B: "Stiel als teil eines geräts und als gerät. [...] in überwiegendem gebrauch als griff, handhabe eines werkzeuges, so wohl schon ahd., [...] erst in neuerer zeit für den verhältnismäszig kurzen, dicken griff des messers, an stelle des häufigeren heft."
305 Cf. ibid., Heft, 2: "Im engern sinne ist heft der griff einer waffe, eines schwertes, dolches."
306 YP147c, SP160b, SP166c, SM110c, SM113d, YC203d, YC226a.
307 SP163c, SM187b, SM361b, SM391b, YC202d.
308 For example Josh. 8:24, Josh. 10:28, Judg. 1:8, Judg. 1:25, Judg. 18:27.
309 YP84c, SP499c, SP501d, SP504c, SP514a, SM328b, YC200c.
310 SP7a, SP45b – c, SP51b, SP319c, SM117d.
311 SM4b, SM251a, YC15a, YC28b, YC52d, YC74b, YC95d, YC186b.
312 SM73d, SM160a, SM172a, YC15a, YC100b.
313 SM265b, YC154d, YC271a.
314 SP9c, SM78c.
315 YC14c, YC52d, YC184d, YC328c, YC100b.

בוגן [bows]. Likewise, פולבר [gun powder][316] is mentioned in *Šōfĕṭīm-Mantua* as a flammable substance (SM162a). Concerning the aspect of anachronism see pp. XCIX – C below.

Armor and Uniforms: The biblical Book of Judges describes a warrior's gear: אִישׁ חָגוּר כְּלֵי מִלְחָמָה [Men girt with weapons of war].[317] *Šōfĕṭīm-Parma* translates this as אלזו וואל גיוואופֿנט [...] מנין (Well-armed men, SP427a–b) or די גוואופֿנטן (The armed [men], SP430a), whereas *Šōfĕṭīm-Mantua* translates this as גיגוירט גיפֿעש דעש שטרייט [...] וואל גרוישטר מאן (Men girt with weapons of war and well-armed, SM319a–b).

Specific items mentioned in the epics are:

הרניש [armor]. This word is mentioned in all four epics as the protective garment worn by warriors.[318] *Yĕhōšuaʿ-Parma* depicts the Israelites as גהארנישט נאך וועלשם זיטן (Wearing Italian-style armor, YP56d). In the same epic, הרניש is mentioned as a device that can also protect a city (YP72b), apparently referring to the city's fortification.

Only *Yĕhōšuaʿ-Cracow* mentions the word גישיץ [armor], often in proximity to גיווער [arms].[319]

שטעהלן רינגאן ("steel rings," i.e., chainmail armor).[320] This term is mentioned in *Šōfĕṭīm-Parma*, referring to a certain type of protective armor made up of metal rings.

The printed epics also mention פנציר [armor],[321] קרויטייז (armor? YC15a). Gideon and Purah (Judg. 7:11) are described as אן געטון וויא דיא יעגר (Dressed as soldiers, or hunters, see annotation in the edition, SM108a).

Horses and Chariots: Most mentions of horses and chariots are translations of the biblical text.

When it appears on its own, the word רֶכֶב[322] is usually translated as רייטר (horseman, and metonymically a chariot).[323] However *Šōfĕṭīm-Parma* also

316 Grimm 2021, Pulver, 2: "Seit der mitte des 14. jh. pulver zum schieszen, ein nach bestimmten verhältnissen zusammengesetztes, gekörntes gemenge von salpeter, schwefel und kohlen."

317 Judg. 18:11, 18:16, 18:17. Not all cases were translated in the epics.

318 YP56d, SP3d, SM4b, SM97c, SM269a, YC15a, YC98d, YC222b.

319 YC28b, YC74b, YC186b, SM242c, SM322c.

320 SP4d, SP5b.

321 SM172d?, YC15a.

322 Josh. 11:4, 24:6; Judg. 4:7, 4:13, 4:15, 4:16, 5:28. Not all cases were translated in the epics.

323 YP168d (ריטר), SP65b (רייטר), SP73a (רייטר), SP114d (ריטר), SP398c (ריטער), SM57a (רייטר). This appears to refer to *Reiter* [horseman], but it may also indicate *Ritter* [knight], although both words are etymologically linked and there is no sharp distinction between them in Middle High German (cf. *rîter* and *reiter*).

uses הער וואגין (chariot, SP114c), and *Šōfẹ̄ṭīm-Mantua* uses הויף (host, SM55d),[324] הער (host, SM58a), רייט וגן (chariots, SM75b).

רֶכֶב בַּרְזֶל[325] is usually translated as רייטער אייזן (a *taytsh* translation of each word separately).[326] Metonymically, *Šōfẹ̄ṭīm-Mantua* translated this word as קורסר (an armor-wearing knight, SM50c).[327]

The midrashic reference to רֶכֶב בָּחוּר (Exod. 14:7) is repeated in *Šōfẹ̄ṭīm-Mantua* (SM71d, see annotation there), and that vehicle is translated as רויטר (horseman, and metonymically a chariot).

מֶרְכָּבָה[328] is translated inconsistently: הער וואגין [chariot],[329] ריטר (horseman, and metonymically a chariot, SP114d), רייט וועגן (chariot, YC220a), וועגין (chariot, YC224a), הער (host of people or objects, SM75b).

סוּס[330] is translated as פֿערד (horse, YP170a), רוש (horse, SP108b), also metonymically as רייטר (horseman, YP168d), and erroneously as פֿערז [cow].[331]

It should be noted that פָּרָשׁ (Josh. 24:6) is not translated in either epic on Joshua, and אִישׁ רַגְלִי (Judg. 20:2) is simply translated as מן (man, SP467c). No translation of the latter is found n *Šōfẹ̄ṭīm-Mantua*.

The epics also refer to horses and chariots in contexts that are not translations of the Bible but rather elaborations, mainly in *Šōfẹ̄ṭīm-Mantua*.

There is a distinction between infantry and cavalry: צו פֿוס אונ׳ צו פֿערדן [by foot and on horseback];[332] צו בֿוס אונ׳ אך צו רוס (on foot and also on horseback, SM30b);[333] and a reference to cavalry only: און רוייטר אונ׳ און רוס (without horsemen and horses, SM142c).

Descriptions of riding on horses:[334] אֲדוֹנִי בֶזֶק בהענד אוייף איינם רוֹאש דו הין וולוך (Adoni Bezek quickly escaped on a horse, SP6a); אהוד זוימט זיך דא ניט לנג. אונ׳ ווידר אוף זיין רוס (Ehud did not linger long and got back on his horse, SM42c); and the description ער רייט אליין אום וויא איין יעגר (He rode alone like a soldier or a hunter, SM39, see the note there).

324 Grimm 2021, Haufe, I6: "Haufe von einer geschlossenen schaar bewaffneter, krieger."
325 Josh. 17:16, 17:18; Judg. 1:19, 4:3, 4:13. Not all cases were translated in the epics.
326 YP184c, SP15c, SP61b (אייזן ריטאר), SP69c, SM17a.
327 See: Grimm 2021, Kürisser.
328 Josh. 11:6, Josh. 11:9, Judg. 4:15, Judg. 5:28.
329 YP170a, SP74a, SM57d.
330 Josh. 11:4, Josh. 11:6, Josh. 11:9, Judg. 5:22. Not all cases were translated in the epics.
331 YC220a, YC224a. Grimm 2021, Färse: "Vacca" [cow]. These two cases are a direct translation of Hebrew סוס, and they may be attributed to the typesetter, who set a ז instead of ד, thus writing פערז [cow] instead of פערד [horse].
332 YC122b, YC190b.
333 This is a military term referring to all soldiers of the army, both cavalry and infantry. See Grimm 2021, Ross, 4cλ: "Ein kriegsvolck zu ross und zu fusz."
334 The verbs used in SM76d and in SM77a refer to the chariot mentioned in Judg. 5:28.

The following description apparently refers to some kind of custom, although I have not been able to discover its meaning: [אבימלך] ריף בלד זיינם קנבן. דער אים נוך בֿורט איין לידיג פּפֿערט (Abimelech quickly called his servant, who led at his side an unburdened horse, SM164a).

The epics do not translate the positions and ranks mentioned in the Bible accurately and systematically, making it difficult to distinguish translation of the Bible from the authors' own additions, which were often influenced by chivalric literature. Nevertheless, the following review demonstrates that the military descriptions in the epics rely on the biblical text, and in many cases even the military descriptions that are not translations of the biblical text use the same terminology.

אִישׁ שֹׁלֵף חָרֶב[335] is translated in *Šōfĕṭīm-Mantua* according to the *taytsh* tradition: אויש ציהר שווערט [sword-drawing man];[336] גרוישטר מאן (armed man, SM367d); גוואפּֿנטאר מן צום שווערט (sword-carrying armed men, SP478c); and simply מאן [man].[337]

קצין[338] is translated in the Parma epics as הער בֿון דער שאר (lord of the camp, YP158d) or simply הער (lord, SP252b), whereas *Yĕhōšua'-Cracow* translates it as גיבור (hero, YC195c).

גִּבּוֹרֵ(י) הַחַיִל[339] is translated mostly as העלד [hero], often accompanied by the adjective שטארק [strong],[340] but also as שטולצר דעגין (brave warrior, SP248b) and שטרקר מן (strong man, SM82c).

אִישׁ/אַנְשֵׁי חָיִל[341] is usually also translated as העלד [hero] and accompanied by various words: שטארקן הילדן (strong hero, SP57d); גוטי העלד (good hero, SP501c). Also מנן העלד (heroic men, SM46d), מן זו שטולץ (very brave men, SP503b).

אִישׁ/אֲנָשִׁים בְּנֵי חַיִל[342] is translated as קינדר העלד [children of heroes].[343]

אִישׁ בָּחוּר[344] is translated מאן אויז דר ווילט [chosen, exceptional man][345] and also simply מן (man, SP487d).

335 Judg. 8:10, 20:2, 20:15, 20:17, 20:25, 20:35, 20:46. Not all cases were translated in the epics.
336 SM354d, SM362a.
337 SP488b, SM363a, SM372c.
338 Josh. 10:24; Judg. 11:6, 11:11. Not all cases were translated in the epics.
339 Josh. 1:14, 6:2, 8:3, 10:7; Judg. 6:12, 11:1. Not all cases were translated in the epics.
340 YP21a שטארקן הילט, YP111c העלדא, YP146a העלדן, SP125c יונגר שטרקר העלט, SM174a שטרקר העלט.
341 Judg. 3:29, 20:44, 20:46. Not all cases were translated in the epics.
342 Judg. 18:2, 21:10. Not all cases were translated in the epics.
343 SP513b, SM313a (קנדר[!] שטרק העלדי), SM382b.
344 Judg. 20:15, 20:16. Not all cases were translated in the epics.
345 SP479a, SM362b.

אִישׁ / אַנְשֵׁי הַמִּלְחָמָה[346] is translated only a few times: אל דיא דוזיגן מאנן שטרייט (all these warriors, SM363b); כל ישראל (all Israel, YC99b); and possibly הערן בֿון דער שאר (lords of the camps, YP158d); גיבורים (heroes, YC195c).

עַם הַמִּלְחָמָה[347] is hardly translated, except for אל די לייט (all the people, YC141a).

חֲלוּצֵי הַצָּבָא (Josh. 4:13) is translated according to Rashi's commentary as גוואפֿנט מאן (armed men, YP56a) and אן גיוואפֿנט (armed men, YC74a).

הַחֲמֻשִׁים (Judg. 7:11) is translated as שטארקין רעקין (strong soldiers, SP157d) and is omitted from *Šōfĕṭīm-Mantua*.

The Bible describes warriors accompanying their military leader as וְהָעָם אֲשֶׁר אִתּוֹ [and the people that is with him],[348] as well as וְרִכְבּוֹ [and his chariots],[349] וְכָל-בְּנֵי יִשְׂרָאֵל (and all the Children of Israel, Josh. 3:1), הָאִישׁ אֲשֶׁר אִתּוֹ (The [...] men that were with him, Judg. 8:4). Such descriptions are most commonly rendered as the leader's name followed by "with his..."[350] or "and his..."[351] The word עָם [a people] is usually translated as ואלק, e.g., אֲבִימֶלֶךְ אונ׳ זיין ואלק [Abimelech and his people],[352] but also as שאר (camp, YP14a); העלדן (heroes, YP146a); אייד גינושן (his allies, SM155a); גיזעלן (companions, SM161c). Additional translations of the words indicating warriors include: ריטר [horsemen];[353] מן [men];[354] היר [host];[355] זיין לנט (his country[!], SM53a); גיוועלטיגר הויף (huge host, SM55d); גנצר שאר (the entire camp, YC54a).

The epics make further references to warriors in sections that are not translations of the biblical text. For the most part these too utilize the above-mentioned biblical form "(the leader's name) with/and his...": מאן/מאנן [men];[356] העלדן [heroes];[357] ואלק [people];[358] רוטן [soldiers];[359] and גנושן (companions, SP27b); קנאבן (lads, servants, SM106d); בֿוש גענגר (infantry, SM159a); שאר (camp, YC191d); לייטן (people, YC253b).

346 Josh. 5:4, 5:6, 6:3, 10:24, 17:1; Judg. 20:17. Not all cases were translated in the epics.
347 Josh. 8:1, 8:3, 8:11, 10:7, 11:7. Not all cases were translated in the epics.
348 Judg. 9:33. See also Josh. 1:2, 8:5, 8:11, 8:14, 10:7; Judg. 9:32, 9:34, 9:48, 12:2.
349 Judg. 4:7, 4:13, 4:15, 5:28.
350 YP146a, SP72b, SM118a, SP172b, SP221c, SM155a.
351 YP14a, SP65b–c, SP222c, SP223a, SP231a, SM53a, SM57a, SM154c, SM161c, SM209a.
352 SP223a as well as SP221c, SP222c, SP231a, SM154c (קריגש ואלק), SM209a.
353 SP65b, SM57a.
354 SP65b, SP172b.
355 SP65c, SP72b (גרושר היר).
356 SP72c, SP233d, SM149b, YC216d.
357 SP78d (וואלק די העלד לובזם), SP98d (שטארקן העלדין).
358 SP78d, SP264b.
359 Grimm 2021, Rotte, 1: "Rotte als abtheilung einer masse [...] militärische abtheilung." SM72b, SM115b, SM185b, SM381d.

In addition, further positions mentioned are:

הרצוג [a German title][360] appears only in *Šōfĕṭīm-Parma*,[361] both as a translation of שַׂר צָבָא and independently.

יעגר [a German title][362] appears only in *Šōfĕṭīm-Mantua*, within elaborations of the text.[363]

פֿוקט (a German title,[364] SM153c), the translation of שַׂר הָעִיר.

"In those days there was no king in Israel" (Judg. 21:25) is rendered in *Šōfĕṭīm-Mantua* as: זיא הטן אבר קיין גוט ריגימענט [...] / קיין קוניג קיין ריכֿטר קיין צענט (They did not have a good leadership,[365] no king, no judge, and no *Zent*,[366] SM393c–d).

הייבט מן/הייבט הער (a German title),[367] mainly used in the epics on Judges (and twice in *Yĕhōšua'-Cracow*).[368] These terms translate רֹאשׁ;[369] פִּנּוֹת כָּל הָעָם;[370] שַׂר צָבָא (SP60a); and at times are not translations.[371]

The term הער appears in a number of different contexts. It is used to translate various words from the Bible: נָשִׂיא;[372] שַׂר;[373] סֶרֶן;[374] בַּעַל;[375] רֹאשׁ;[376] מֶלֶךְ;[377] אָדוֹן[378] (the expression בִּי אֲדֹנִי [Oh, my lord] is translated גנאד מיין הער or in slight variations,[379] whereas אֲדֹנִי [my lord] is rendered ליבר הערי מיין

360 Ibid., Herzog: "Führer eines heeres."
361 SP196d, SP65b (for שר צבא), and also SP68d.
362 Grimm 2021, Jäger, 3: "Leichtbewaffnete soldaten in jägertracht und mit jägerbüchse."
363 SM39d, SM108b, SM320a.
364 Grimm 2021, Vogt, 4: "Schirmherr, heerführer."
365 Ibid., Regiment, 1: "Regiment, wie regierung [...] von fürsten und obrigkeiten, die leitung eines staates oder gemeinwesens."
366 Ibid., Zent, 1: "Die gesamtheit der zur hundertschaft gehörigen männer als heerbann, polizeitruppe und verwaltungskörper der allmende."
367 Ibid., Hauptmann, 3: "Der befehlshaber über eine kriegerschaar"; ibid., Hauptherr: "Der oberste herr."
368 YC116b, YC252c.
369 SP229a, SP229b, SP254b, SM173d, SM178d.
370 SM354d, SP468a. Rashi refers to Targum Jonathan on Judg. 20:2: "The heads of all the people."
371 SP165a, SP255a, SM136b, SM173b, SM177d, SM190a, SM381d.
372 YP134d, YP136c, YP137a, YP202a, YP204a, SP219b, YC293a, YC308a, YC309c.
373 SP60b, SP170a, SP171a, SP179c, SP179d, SP220a, SP246c, SM49d, SM68a, SM75c, SM115c, SM119a, SM123c, SM153c, SM173c.
374 SP36a, SP367a, SP371a, SP388a, SP389a, SP398d, SP400b, SP404a, SM271c, SM274a, SM282c, SM286c.
375 SP194d, SP196a, SP199a, SP200a, SP211c, SP214d, SP215a, SP216c, SP230c, SM137a, SM139a, SM140a, SM150a.
376 YP205c, SP247c.
377 YP142a, YP168b לנדיש הערן, SP242b אובר הערן (translation for יורש עצר, according to Rashi's commentary: "King").
378 SP4a, SP7d, SP53c, SP55a, SP219a, SP449c, SP462a, SM7a, SM8a, SM341c, SM342a, SM351b, SM351c.
379 SP126b, SP128a, SM83a, SM222a.

[my dear lord]).[380] It is also used in cases that occur only once: רֹזְנִים (SP85a); מְחֹקְקִים (SP99a); אָח (SP214c); קָצִין (SP252b); זְקֵנִים;[381] and various conjugations of the Hebrew verb מ.ש.ל. [to rule].[382] When employed in the author's elaborations on the biblical text, הער relates to a range of figures, for example, a rich man,[383] ruler,[384] or esteemed person.[385] Many more such uses are expressions of politeness in direct speech between the characters.[386]

קריגש ואלק [group of warriors], קריגש מן [warrior], קריגר [warrior] – these terms appear only in *Šōfĕṭīm-Mantua*, translating the word הָעָם,[387] and probably also כָּל בְּנֵי יִשְׂרָאֵל (SM354b). The passing of judgement, וויא זיך דש איינם קריגש מן גיבֿוירט (As befits a warrior, SM180a), is not based on the biblical text or other sources.

גינוש [companion] is mentioned a few times.[388]

The Royal Court

'Royal' scenes in the four epics studied primarily portray encounters with a king or kings. However, the same literary style is also used to describe tense encounters between a man and a woman, e.g., the spies and Rahab (Josh. 2:1–21), Yael and Sisera (Judg. 4:17–22, 5:24–27), Jephtah and his daughter (Judg. 11:30–40). Considering Baldick's argument that the element of romantic love between a man and a woman is essential to chivalric romance, it is no wonder that such scenes in Yiddish literature are phrased according to the standards of German chivalric literature.

Such scenes exhibit a higher and more gracious behavioral standard, in addition to an elevated language register. Indeed, Schiper highlights that formulae in such scenes in Old Yiddish literature draw on parallel scenes in German literature.[389] Likewise, Turniansky discussed this topic, demonstrating how a biblical scene (the attempts of Potiphar's wife to seduce Joseph) was transplanted into the reality of medieval Europe.[390]

380 SP75c, SM59a.
381 SM124a, SM179a.
382 SP186a, SP350c.
383 SP48c, SM265c, YC4d, YC30c, YC81a, YC204c, YC210d.
384 SP18d, SP216d, YC168b.
385 SP125d, SM146d.
386 YP145b, SP80c, YC96a, YC114b, YC253c.
387 SM154c, SM156a.
388 SP27b, SP99b, SP435b, SM155a.
389 Schiper 1927–1928 (III), 109f.
390 Turniansky 2007: 488–491.

The King: In addition to translating the many biblical occurrences of the Hebrew מֶלֶךְ, the Yiddish קוניג [king] is also used in the epics in elaborations added by the authors. Thus, the leaders of the Children of Israel, Moses[391] and Joshua,[392] are referred to as קוניג or קוניגרייך [king].[393] Indeed, earlier Jewish sources (see the notes to the critical editions of the epics) also accorded these figures royal status. It appears that this was motivated by the desire to aesthetically balance the plot by placing a Jewish king parallel to a non-Jewish king. In addition, it stresses that, in contrast to the contemporary reality, in the past Jews too had their own kings. The political aspect of this term should therefore not be overlooked.

Other references to Jewish kings in the four epics include: דער קוניג דוד (King David, SP52d); דו וואש אֲבִימֶלֶך קוניג (Then Abimelech was king, SP212d); בֿון איינם קוניג יודא היש מנשה[394] (One of Judea's kings named Manasseh, SM-331d);[395] and דער זול זיין אונזר קויניג (He is worthy to be our king, SM173d).[396] Likewise, the Almighty is referred to in the epics as king (a common metaphor in Jewish liturgy): ער אישט איין קוניג גוט׳ איין הייליגר (He, God, is a holy king, YP222c).

Furthermore, the descriptions pertaining to kings also reveal who else was present at court, זיין קנעכט אונ׳ זיין הערין (his slaves/soldiers and higher ranking noblemen, SP48c), and how the king should be addressed: גינעדיגר קיניג (gracious King, YC33b).[397]

The Parma epics use the titles הער and הַר [Sir] as an honorific preceding some characters (a practice known already from the Cambridge Codex):[398] Jacob;[399] Gideon;[400] Jephtah;[401] Phinehas (YP202a); Manoah;[402] Samson;[403] and Abdon son of Hillel (SP288b).

391 YP2a, YP2c, and insinuatingly YP9c.
392 YP10c, YP68a, and insinuatingly YC6c.
393 Grimm 2021, Königreich, 2c: "In redensarten, wie könig ähnlich."
394 Translation of וַיָּשַׂר אֲבִימֶלֶךְ (So Abimelech reigned, Judg. 9:22).
395 See annotation.
396 Translation of יִהְיֶה לְרֹאשׁ לְכֹל יֹשְׁבֵי גִלְעָד (The same shall be head over all the inhabitants of Gilead, Judg. 10:18).
397 Cf. ישראל די שיקטן איין פריזנט. עגלון ער זולט אין גינעדיג זיין (The Children of Israel sent them a present, so that Eglon may be gracious to them, SM38c).
398 In the Cambridge Manuscript it is written with the letter Heth, e.g., חר אדם (Fuks 1957, 8, line 130).
399 YP153d, YP230c.
400 SP155c, SP186c, SP210c.
401 SP256a, SP282a.
402 SP300a, SP305c.
403 SP311a, SP347a.

Another noble title mentioned in the epics (in *Šōfĕṭīm-Mantua* only), which is not a translation of the biblical text, is פֿוירשט [prince].[404] In this context the bramble's conceited remark in Jotham's parable should also be mentioned: איך בין יוא וואל גבורן (Indeed I am wellborn, SP206d).[405]

Polite Speech: The expression מיט צוכטן derives from the German standard of polite behavior,[406] and it appears in the epics mostly in proximity to the verbs ענטוורן [to answer] and זאגין [to say, tell], e. g., גִדְעוֹן ענטוורט אים מיט צוכֿטן אלזו זיר (Gideon answered him most politely, SP126a).[407] In a similar manner, the expression ענטוורן מיט זיטן [to answer politely] also appears.[408]

Šōfĕṭīm-Mantua utilizes further words of politeness: giving thanks: דאנק איך אין בֿרויינטליך (I thank them amicably, SM1d) and אבימלך דנקט אין הוך (Abimelech thanked them 'highly,' SM137c); the description זיא וועקט אין מיט גוטן ווארטן (She woke him with good words, SM270a); the statement [מיר] זיין ורא דש מיר דיך הבן גיבֿונדן (We are happy that we have found you, SM178b); the gesture of hand shaking as a greeting געבן דיא הנט (SM255c).[409] The adverb גערן [gladly, with pleasure] appears in the Parma epics in the context of polite speech: נון מוגיט איר גערן הורן (Now you may listen with pleasure, YP4a), דורך אייארביידר לאנט וואלט איך גערן דורך צוטן (I indeed wished to pass through both of your lands, SP261d).

The adjective ליב [beloved, dear] appears in all four epics, mostly in the context of addressing a person (vocative). Thus it occurs in formal encounters: ליבר הער [dear Sir][410] and ליבר הער(י) מיין [my dear Sir];[411] ליבי וורוא (dear Madam, SP115b); and the plural ליבי הערן [dear Sirs].[412] It is also used when addressing family members: ליביא מוטר (dear mother, SP406d); ליבר איידם (dear son-in-law, SM338b) etc.; when addressing a person with his given

404 SM59d, SM265c. Grimm 2021, Fürst, 2: "Der erste oder höchste eines staates oder volkes"; ibid., 5: "Ein kaisersohn, ein königssohn."
405 Grimm 2021, Wohlgeboren, 1: "Adelig."
406 Ibid., Zucht, III10: "Aus dem mhd. bewahrt sind auch die plural-formeln in züchten u. ä. für 'anständig' und 'sittsam' [...] bes. in den formeln er sprach mit züchten."
407 See also: SP140c, SP170c, SP351a, SM53c, SM83a, SM142c, SM156c, SM202a, YC300a.
408 SP129c, YC166a. Grimm 2021, Sitte, II9c: "Häufig begegnet in älterer sprache in prägnantem sinne die verbindung mit sitten. in der bedeutung sittig, höflich, freundlich."
409 There the context appears to be sexual, although nevertheless the initial meaning is a polite handshake. Cf. ibid., Handgeben: "Als grusz und ausdruck der freundlichkeit."
410 YP145b, SP80c, YC96a, YC114b, YC253c.
411 SP225b, YC166c.
412 YP31a, SP140d, SP335b, SM120a.

name: ליבר עכן (YP103a); ליבר יהושע (YC126a); and even when addressing the Almighty: ליבר הער גאט (dear Lord God, SM366b); ליבר גוט (SP358c), etc.

Likewise, the adverb שון [beautifully, nicely] imbues the actions it describes with a polite or noble aspect: ישראל דיא אנט פֿינגאן זיא גר שון (They received the Children of Israel very nicely, SP86d); ער ענטוורט אין זו שון (He answered them so nicely, SP170c); שִׁמְשוֹן דער ענטוורט אין מיט צוכטן אלזו שון (Samson answered them politely and so nicely, SP351a); אזו ענטוורט ער אים שון (He answered him nicely, SP299d). Similarly also: יָאָש[!]ווארד אין זאגין מיט הופשין צוכֿטן דא (Jehoash told them with fair manners, SP140c).

The suffix ־ליך occurs in scenes involving polite speech more frequently than it does in the remainder of the epics. This phenomenon may be merely coincidental,[413] although it also is discernible in other Old Yiddish epic poems.[414] Thus: הופֿשליך זאגאן (to recount nicely, YP7a); דאנק איך אין בֿרויינטליך (I thank them amicably, SM1d); זי טעט זיא ליפליך גרישן (She greeted them in a lovely manner, YC163d). This is evident in the words of the King of Ammon: דא שפרך קויניג קינדר עמון מונטליך [...] עש אישט ווישנליך אונ׳ קוינטליך (Then the King of the Children of Ammon opened his mouth and said: It is known and recognized, SM181a–b).

The suffix ־ליך is also typical of polite or noble behavior: הופשליך ער אין אנטפֿינג׳ (He received him nicely, SP299b); זייט איר נון רעדליך אום גאנגן (If you behaved properly, SM148a); דש נם זיא גויטליך אן (She accepted that [her fate] well, SM201d); מיר וואלן דיר ערליך לונן [...] וואלן מיר דיך רייכֿליך ביגובן (We want to remunerate you respectably and pay you generously, SM272c–d); זיא די געשט גאר ערליך אנטפֿינגן (She received the guests respectfully, YC31a). To these descriptions we should add the reception of Phinehas and the princes (Josh. 22:13–14): מן אנטפֿנג זיא גאר רעכֿט. מען טעט זיא גרושי איר (They were received most properly, great honor was shown to them, YC293b–c).

413 This is the opinion of Prof. Erika Timm, as expressed in a private communication.
414 Cf. the poem on Joseph the Righteous (Turniansky 2007:473 (l. 5), 474 (l. 11), 475 (l. 22), 476 (l. 35, 38–40, 45), 478 (l. 71)).

Linguistic and Poetic Aspects

The Language of the Epics[415]

The Hebrew-Aramaic Component: This component reflects elements stemming from the historic, cultural, literary, educational, and liturgical usages of Hebrew and Aramaic in Yiddish-speaking society. Learned Jews needed to learn both these languages, and little distinction was made between them.[416] However, for the purpose of brevity herein, the term 'Hebrew' is used to refer to 'Hebrew-Aramaic' or 'Hebrew and Aramaic.'

The following discussion concerns Hebrew words as well as phrases containing at least one Hebrew word. As in Niborski's dictionary (2012), the phrases are considered one independent grammatical unit, regardless of whether or not the words comprising them are used separately in Yiddish. Thus for example, כהן גדול [the high priest] will be considered separately from כהן [priest]. It is important to mention that the great majority of Hebrew elements within the epics are 'fused' elements, i. e., they were used in the spoken language. Indeed, most of them are still used in modern Yiddish and may be found in Niborski's dictionary (2012).

Three of the epics distinguish the Hebrew words (including Hebrew names) from the remainder the text: in the Parma epics the Hebrew words are usually vocalized (whereas the Yiddish words are given barely any vocalization), and in *Šōfĕṭīm-Mantua* they are set in square letters while the rest of the book is set in Mashket, the font typical of Old Yiddish printed books.[417] In *Yĕhōšua'-Cracow* no distinction is made between the Hebrew and other words of the epic. Consequently, and for the reader's benefit, the critical editions in this book use wide letter spacing for the Hebrew words. The vocalization in the Parma epics has been reproduced.

415 This section compares the linguistic components in each of the studied epics, in particular their Hebrew-Aramaic component. It does not provide a linguistic analysis of the epics' language (or of the shorter poems incorporated within them, which were possibly composed separately) because pure linguistic research exceeds the scope of this book. Such a study, which could also compare the language of the four epics with that of *Shmuel-bukh* and other works of the genre, is certainly desirable. The editions offered in this book should ease the work of any future researcher who embarks on such a course.

416 Aramaic appears already in the Bible, as well as other central Jewish texts, such as the Talmud, the Passover Haggadah, and the prayer book. The term *lĕšōn (ha-)qōdeš* [the sacred tongue] is generally understood to encompass both Hebrew and Aramaic, particularly when discussing borrowings in spoken and written Yiddish (e. g., Niborski 2012. See this dictionary's title, as well as the entry לשון־קודש, ibid., 243).

417 Weinreich 2008 (I), 275.

Hebrew words and names are often partially, and sometimes even erroneously, vocalized in the Parma epics.[418] Moreover, all four epics exhibit orthographic errors in the spelling of names as well as some Hebrew words: *Yĕhōšua'-Cracow* appears to contain the most mistakes.[419] The original spelling and vocalization has been meticulously maintained in the editions, at times followed by an exclamation mark in square brackets – [!]. The linguistic meaning of these errors (e.g., their reflection of the contemporary pronunciation) will not be discussed here because such questions exceed the scope of this present book.

The number of Hebrew words in the printed epics is significantly larger than the number in the Parma epics, although *Šōfĕṭīm-Parma* contains far fewer Hebrew words than *Yĕhōšua'-Parma*. It should be mentioned that the printed epics contain periphrastic verbs, made up of a conjugated verb and a Hebrew word (e.g., מקיים זיין), whereas the Parma epics do not include such verbs at all. In *Yĕhōšua'-Parma* I discerned 69 Hebrew words,[420] on average one word every three stanzas; while in *Šōfĕṭīm-Parma* I found only 56 Hebrew words,[421] on average one word every ten stanzas; in *Šōfĕṭīm-Mantua* there are 195 Hebrew words,[422] on average one word every two stanzas; and in *Yĕhōšua'-Cracow* I counted 282 Hebrew words,[423] on average one word in

418 For example נְבֿוֹאָה (s/b נְבוּאָה YP2b), יְרִיחוֹ (s/b יְרִיחוֹ YP24d), אֲדוֹנִי בֶּזֶק (s/b אֲדֹנִי בֶזֶק SP4a), אָמוֹרֵי (s/b אֱמֹרִי SP20d).

419 For example רְאוּבֵּין (s/b ראובן, YP20a), דורום (s/b דרום, YP167a), בֶּתְאֶל (s/b בית אל, SP17a), יודה (s/b יהודה, SM6a), סכל (s/b שכל, SM342a), יהושיע (s/b יהושע, YC14a), שופרת (s/b שופרות, YC103a).

420 Twenty-five types, divided as follows: Fifteen occurences: כהן(ים); 11 occurences: מזבח; 8 occurences: תורה; 7 occurences: משה רבינו; 2 occurences: דרום, זונה, כל ישראל, לויים, נבואה, צדיק(ים); 1 appearance: אבות, ארץ ישראל, דם, זיכרון, מילה, מן, מס, מצות, משכן, נביא, ניסן, פסח, שחטונג, שופר(ות), תורת משה.

421 Twenty-five types, divided as follows: Eight occurrences: מזבח; 6 occurrences: תורה; 4 occurrences: איפוד, כהן, שופר, תרפים; 3 occurrences: שחטן; 2 occurrences: כל ישראל, מצות, נביאה, סוד, קורבן; 1 appearance: בית מקדש, דרום, זונה, לוי, מכס, משה רבינו, נביא, פסח, צפון, קינות, שיבולת, תפילה, תשובה.

422 A total of 116 types, divided as follows: Eleven occurrences: כהן(ים); 10 occurrences: מלאך; 8 occurrences: לוי; 7 occurrences: מזבח(ות); 6 occurrences: שופר(ות); 5 occurrences: עבודה, מוחל זיין, זרה(-ות); 4 occurrences: תרפים; 3 occurrences: דרום, כהן גדול, מלך(ים) (both 'monarch' and Book of Kings), משה רבינו, נס(ים), ספר שמואל (Book of Samuel), פסל/פסילים; 2 occurrences: אפוד, בית המקדש, גט, גלות, זכות, יושר, משל, נבואה (including ניתנה הנבואה לשוטים), נביא(ים), נזיר, נשמה, סדר, פסל מיכה, פשט(ים), קשיא; 1 appearance: אוהל, אוצר, אונ׳ תומים, אורים, אמן, ארץ ישראל, בחורים, בעוונות, ברית מילות, בשרדה, גאוה, גואל, גוזר זיין, גויות, גיבור, גלילה, דבור, דם, דעה, דרכים, הזק, התרות, חדר, חיבור, חדושים, חכמות, יהושע (Book of Joshua), יוסף הצדיק, ים, ימין, כוח, כל ישראל, כשפים, כשר, לשון הרע, מה שמך, מורא, מטמא זיין זיך, מי שמך, מכות, מנוח (rest), בֿור מסר, משיח, מתרץ זיין, נדר, נערים, סוד, סימן, סעודה, עבירות, עברי, עד, עולם, עלה שור, עם הארץ, פירוש רשי, פלגש בגבעה, פנים, פסוק, פריץ, פרס, ציץ, צפון, צרה, הקדוש ברוך הוא, קדושין, קנס, ניכֿש קשה, ראש וראשון, רחמנות, שבועה, שבושים, שבת, שד, שוטים, שטות, שין, סכל[!], שֵׁם, שמועה, תורה, תם ונשלם, תהלה לאל, תפילה טאן, תקומה, תשובה.

423 A total of 108 types, divided as follows: Nineteen occurrences: כהן(ים); 17 occurrences: כל ישראל; 15 occurrences: מזבח; 13 occurrences: חרם; 12 occurrences: שבֿט(ים); 11 occurrences: ספר;

almost every stanza! The rise in the number of Hebrew words within the four studied epics can be seen as a chronological process, reflecting the historical shift from Old Yiddish to Middle Yiddish.[424]

Apart from the German and the Hebrew components, the language of the four studied epics displays the influence of further languages.

The Romance component: A few dozen words and names in Yiddish seem to be remnants of the language previously spoken by the Jews who arrived in Ashkenaz. Some words from this component entered the spoken language, although more were preserved in the *taytsh* tradition (see the discussion of this topic in p. LXIII above).

The Slavic component: A significant number of words from Slavic languages (e. g., Polish, Ukrainian, etc.) penetrated the eastern dialects of Yiddish in the Slavic-speaking realm.[425] This does not apply to western dialects of Yiddish, although even there some Slavic words entered the language, apparently as the result of encounters with Eastern European Jews.[426] Until the late eighteenth century it was common not to print Slavic words in Yiddish books, even those printed in Eastern Europe, in order to maintain a literary language that was comprehensible to the entire Yiddish readership.[427] The Parma epics as well as *Šōfĕṭīm-Mantua* contain no Slavic words. In *Yĕhōšuaʻ-Cracow* I did not find any Slavic words, although its relatively late printing date (1594) and the place of its printing, Cracow, left a certain mark on the epic's language. Apparently the printer sought to omit any sign of eastern Yiddish, yet the pronoun עץ [you (pl.)] and its declinations were used on a few occasions.[428] This pronoun (of German etymology, cf. Lexer 2021, *ë3*),

10 occurrences: מדבר; 9 occurrences: תורה, גורל; 8 appearance: ניסים; 7 occurrences: ארץ ישראל; 6 occurrences: ארון; 5 occurrences: מרגלים; 4 occurrences: אבֿות, מילות, מלך(ים), קרבנות; 3 occurrences: שופרות, ערי מקלט, משפחה, משה רבינו, מקיים זיין, (כל התורה כולה including) כל התורה, חלק(ים), דעה, מעשר(ים), מצריים, לוים, לבֿנה, זנאים, זונה, גוים, גיבורים, בית המקדש, ארץ כנען : 2 occurences ;שלום בפֿרט, בעל בית, בחור, אמת, אבלות :1 appearance ;תרומה(־ות), תורת משה, שעבֿטן, שלוחים, פסח, עברה(־ות), חוץ, חומש, חודש, זקינים[!], זכֿר, השגחה, הרוגים, הלכֿות, הגדה, דם המילה, דם הלידה, גדול, ברית, ברכֿת, להכֿעיס, כפליים, כזבנות, יצר הרע, יוצאי מצרים, ים, טועה זיין, טובֿת, חריפֿות, חרטה, חילוק, חזקה, לארץ, מצות (commandments), מצות (unleavened bread), מעריב, מסקנה, מס, מן, מלאך, מי שבירך, מזרח, מורא, מוהל, מדרשים, צוואה, צדיק, פשט, פסוק, עגל, סודות, סדר, נשיאים, נחלות, ניגן[!], משיח, מקבל אויף שבֿועה זיין, תפילה טאן, שפֿל, שעות, רוצחן, ראשי, קרית, קללה, קודש, קבֿרות הונט, צפֿון, צעקה.

424 Shmeruk 1978, 128 – 130; Dreeßen 1977: 37. For a linguistic periodization of the stages of the Yiddish language see: Weinreich 2008 (II), 733.

425 Shmeruk 1978, 80 – 82.

426 Timm 2006, סב.

427 Shmeruk 1978, 72f, 81.

428 עץ [you]: YC(tp)9, YC195d, YC124d, YC124b; ענקר [your]: YC16d, YC17a, YC20b, YC43d, YC70d, YC124a, YC303b, YC303d, YC305b.

used instead of איר, is typical of eastern Yiddish,[429] as well as some dialects of western Yiddish.[430] In addition, the phrase היינט מורגן [today or tomorrow, in the coming days], which appears in this epic (YC311c), is typical of eastern Yiddish.

Italian borrowings: Yiddish speaking Jews had immigrated to northern Italy since the beginning of the fifteenth century. They continued to speak and write Yiddish until the beginning of the seventeenth century,[431] and Italian borrowings are evident in their writings.[432] The Parma epics were copied in northern Italy. However, while the copyist's own words in the marginalia use Italianisms extensively,[433] in the texts of *Yĕhōšua'-Parma* and *Šōfĕṭīm-Parma* not one Italian word can be discerned. *Šōfĕṭīm-Mantua* contains the word עברעאר (Hebrew, SM/intro10), which seems to be of Italian origin.[434] In *Yĕhōšua'-Cracow* I did not find any Italian words.

The Stanzaic Structure

Niggūn Shmuel-bukh: Most Old Yiddish epics on biblical themes, including these four epics, are written in the same stanzaic structure: four long lines in the rhyming scheme aabb, ccdd, etc. Each line is divided into two parts by a strong caesura, with each hemistich containing three beats and a varying number of unstressed syllables. The last syllable of the word at the end of each line is usually stressed (מלרע), creating a 'masculine rhyme,' while the penultimate syllable of the (non-rhyming) word prior to the caesura is stressed (מלעיל). This method of accentuation creates a sense of rhythm and balance. Today this stanzaic structure is commonly referred to as *niggūn Shmuel-bukh*.[435] This nomenclature indicates that the melody was used for the public singing of epics and attests to the popularity of *Shmuel-bukh* (at

429 Weinreich explains that these forms are typical of the Central Yiddish dialect, which was spoken by Jews of Poland and influenced by the Polish language (Weinreich 2008 (II), 446 (7.28), 452 (7.31, 2), 577–579).
430 See, for example, Landau and Wachstein 1911, 9–13, nos. 5, 6a, 6b.
431 Shmeruk 1978, 72f.
432 Ibid., 76–78.
433 See above, pp. XV–XVI.
434 This origin is attributed to the word due to the lack of an initial letter Hē (cf. Italian *ebreo* [Jew]).
435 Roman 2015b; Shmeruk 1978, 131f. Earlier works in the genre of biblical epic use other metric structures, e.g., *Yudisher shtam* on the Binding of Isaac, which employs monorhymed quatraines common in Hebrew *pīyyūṭīm*, and the poems in the Cambridge Manuscript, which use various structures (Fuchs 1957 (I), xxxii–xxxiii – although some of his identifications are erroneous, he nevertheless reveals the metric diversity).

least at a certain time). Nevertheless, despite the great popularity of this stanza within the genre of Old Yiddish epics, we very rarely find its poetic conventions implemented perfectly.[436] Below is an example of a stanza that adheres to these rules (SP2):

גו׳ט׳ דער לי׳ש אין זא׳גין   יְהוֹ׳דָא דער זו׳ל עש זיי׳ן
דו זיי׳ט ער נא׳ך צו שִׁ׳מְעוֹן   וולאויי׳ף דו ברו׳דר מיי׳ן
וויר ווא׳ל מי׳ט אנא׳נדר   צו׳ דעם שטריי׳ט גו׳ן
דער כְּנַ׳עֲנִי צו׳ בֿור טריי׳בן   דש ע׳ר מוש גא׳נץ דער בֿו׳ן:

The stanzaic structure of *niggūn Shmuel-bukh* is unknown in Hebrew literature, and scholars have noted its similarity to the German *Jüngeres Hildebrandslied*[437] stanza. A notation of the *Hildebrandslied* has survived.[438]

The text of the *Hildebrandslied* was undoubtedly known in Jewish society.[439] However, I have not found any indication that a certain poem should be sung to that tune. Weinreich suggested that *niggūn Shmuel-bukh* was in fact the name Jews gave to the melody of the *Hildebrandslied*.[440] Erik, in opposition, suggested that *niggūn Shmuel-bukh* was similar, although not identical, to the German melody.[441] Since other Yiddish works do not avoid making reference to German tune names,[442] it appears that *niggūn Shmuel-bukh* must have had its own unique melody.

An Additional Rhyme near the Caesura: The printed epics add two pairs of rhymes near the caesuras to the stanzaic structure of *niggūn Shmuel-bukh*.

436 Shmeruk 1978, 132.
437 This should not be confused with the *Ältere Hildebrandslied* poem, written in Old High German, the earliest documentation of which dates to the ninth century CE. The older poem was not written in stanzas but rather in alliterative verse. The plots of the two poems are not identical. See Meier 1935 (I), 1–21; Düwel 1977–2004 (III), 1240–1256.
438 Erk and Böhme (1963 (I), 67f), on the problematic aspects of this notation and the authors' solution, see ibid., 68, 71. The melody of the *Hildebrandslied* is called *Hildebrandston* in German.
439 This song was copied in Hebrew letters in the seventeenth century, in the so-called Wallich Manuscript (Matut 2011 (I), 398–409 Song no. 58; Erik 1979, 104f). The first and third stanzas of this song were also copied in Hebrew letters in a sixteenth-century manuscript of the rabbinic work *'Ammūdey Šělōmōh* (Erik 1979, 105). In addition, Eliyahu Baḥur's *Bovo d'Antona* mentions Hildebrand as a widely known literary character (Rosenzweig 2016, 95f, 420). Finally a Yiddish epic entitled *Her Ditraykh*, in which Hildebrand plays a central role, was printed in Cracow in 1597 (see: Shmeruk 1978, 30; Schüler 1928, 98).
440 Weinreich 1928, 106, as well as a page added between 104–105. Also Falk (1961 (I), 11) and Dreeßen (1977:34) share this opinion.
441 Erik 1979, 93f.
442 Matut 2011, (I), 40–48.

This modified stanza is known in German literature as *Heunenweise*,[443] and it appears in other Old Yiddish epics.[444] It is not clear whether this modification developed spontaneously in Yiddish literature or was imported from German literature.

While in *Šōfĕṭīm-Mantua* the stanzaic rules are meticulously upheld throughout, in *Yĕhōšuaʿ-Cracow* about a third of all stanzas fail to comply with these rules.[445] This inconsistency is one of the factors that led to the decision to set also the two printed epics in stanzas of four long lines, similarly to the Parma epics, in this edition. This demonstrates the great formal similarity between the epics, facilitating an effective comparison (e. g., the length of each epic, or of individual lines).

The following stanza from *Šōfĕṭīm-Mantua* provides a good example of the modified *niggūn Shmuel-bukh*:

צו׳ דען זע׳לבן צײ׳טן· דש אי׳ר זולט ווי׳שן רע׳כֿט:
הטן זי׳א נוך וי׳ל צו שטרײ׳טן· עש ווא׳רן נויירט בֿוי׳נף גישלע׳כֿט:
דיא דא זא׳שן אין שטי׳טן אונ׳ דו׳רפֿן· אונ׳ ה׳טן איי׳ן גינומן איר טאיי׳ל:
דען אנדרן זי׳בן הט מן לו׳ז גיווא׳רפֿן· דיא וא׳לקר זוסן נוך דינן או׳נ׳ווארן גאיי׳ל:

Most Yiddish works that employ this modified structure claim they should be sung to the tune of *Shmuel-bukh*, implying that the change in the rhyming pattern did not alter the melody.[446] *Šōfĕṭīm-Mantua*, however, makes no reference to its intended melody – despite mentioning *Shmuel-bukh* in its introduction (SM/intro23, 31). The title page of *Šōfĕṭīm-Mantua* reads:

ספר שופטים דר נוייט אין טווייטשר שפרוך
וואל גריימט אין עכֿט גיזעץ

[The Book of Judges [printed] anew in *taytsh* [Yiddish],
Pleasantly rhymed in eight-line stanzas]

443 Timm 1977a: 511; Dreeßen 2012, 310.
444 E. g., David's song in *Shmuel-bukh* (1691 – 1738), the Hamburg Esther poem (See Shmeruk 1979a, 132, no. 4; Baum-Sheridan 1996, 63 – 65); occasionally in *Doniel-bukh* (stanzas 1 – 5, 8 in the introduction); occasionally in a song about Jonah (Batsch and Neuberg 2015).
445 Turniansky 1982: 611. On this matter see also my review of the rhyming of Hebrew words in *Yĕhōšuaʿ-Cracow*, pp. XCV – XCVII below.
446 Clearly *Shmuel-bukh* itself, as well as an Esther poem (the beginning of the manuscript [now lost] read אים ניגון אויף שמואל בוך ארט [in the melody of *Shmuel-bukh*'s style]. See Shulman 1913, 33; Shmeruk 1979a, 133; Baum-Sheridan 1996, 63 – 65); the title page of *Doniel-bukh* (Basel 1557) reads: וויא דער טויטש שמואל הוט עש ווייז אונ׳ דאן [It (this book) has the same melody and tune as the Yiddish *Shmuel-bukh*]; the beginning of *Yĕhōšuaʿ-Cracow* states דאז ספֿר [... איז] דען ניגן[!] פֿון שמואל בוך נאך (This book follows the melody of *Shmuel-bukh*, YC5b).

The title page of *Yĕhōšuaʿ-Cracow* is phrased in almost exactly the same way, apparently imitating *Šōfĕṭīm-Mantua*:

ספר יהושע
דער נייאט אין טייטשר שפּראך
וואול גיריימנט אין אכֿט גיזעץ

[The Book of Joshua
[Printed] anew in *taytsh* [Yiddish],
Pleasantly rhymed in eight lines][447]

The phrase אכט געזעץ [eight lines] is rare in Yiddish literature. Indeed, I have not found it anywhere beside these two cases. Erik understood this to be the name of an eight-line stanzaic structure,[448] while Steinschneider identified it as the Italian poetic form *ottava rima* [rhymed octave].[449] Considering that sixteenth-century Mantua was a center of Italian poetry,[450] and that additional Yiddish poems from that time were written in *ottava rima*,[451] it appears that Steinschneider's view is correct. The indication regarding *akht gezets* seems to entail a musical implication, namely that this epic should be sung to an *ottava rima* melody, not to the tune of *Shmuel-bukh*.[452]

In light of this, we encounter a paradox with regard to *Yĕhōšuaʿ-Cracow*: on the one hand, as stated above, its title page declares that the epic is written in *akht gezets*. On the other hand, the epic's text clearly states:

447 Turniansky (1982: 611) translated this (into Hebrew) as "Well rhymed in eight rhyming lines."
448 Erik 1979, 123. See also: Dreeßen 1977: 37; Shmeruk 1978, 132; Shmeruk 1980: 74; Shmeruk 1982: 146–148; Shmeruk 1988, 194f. Moreover, Shmeruk (1970: 352) suggested that following the development of the stanza, it may have been divided into two separate stanzas, each consisting of four short lines.
449 Steinschneider 1852–1860, 184, no. 1235. See also: Shulman 1913, 15, n. 1; Mark 1962–1972 (III), 1346.
450 The tonic-syllabic stanza *ottava rima* originated in Italian literature in the thirteenth century. Its stanzas consist of eight lines, each with eleven syllables, usually following the rhyming scheme abababcc. As a song, the *ottava rima* is a kind of *Frottola* – a secular song, usually in the vernacular, from Renaissance Italy. The *Frottola* thrived in Mantua (where *Šōfĕṭīm-Mantua* was printed), under the patronage of Isabella d'Este (1474–1539), particularly in 1470–1530, but also afterwards. See: Pagis 1976, 294–299, 334–337; Hrushovski 1964; Haran 2001a, b, c; Roman 2015.
451 In the early sixteenth century, some Yiddish poetry was composed in *ottava rima*, albeit not in complete compliance with the formal requirements customary in Italian literature. Thus Eliyahu Baḥur's novel *Bovo d'Antona* (Rosenzweig 2016, 71–80) as well as *Pariz un' Viene* (Timm 1996; Shmeruk and Timm 1996) utilize this meter, as does the seventeenth century *Kenig Artis Hof* (Landau 1912; Warnock 1986).
452 Unlike the strict contrafactum musical practice observed by Yiddish works written to the melody of *Shmuel-bukh*, Italian texts written as *ottava rima* were continually sung to new and varying melodies. See: Haran 2001a, idem 2001b, and idem 2001c.

נון וויל איך דאז ספֿר ווער קינדן. גאר אין טייטשר שפּראך.
מען זאל מיך אויף קיין אונרעכֿט גיפֿינדן. דען ניגן[!] פֿון שמואל בוך נאך.

Now I will introduce the book in *taytsh* [Yiddish].
I hope no one should find this improper. It is written according to
niggūn Shmuel-bukh. (YC5a–b)

Indeed, some Yiddish poems and literary works state that they may be sung to more than one melody.[453] However, such works usually reference both melodies in the same place, with the word 'or' between them. This is not the case in *Yěhōšua'-Cracow*. It appears that this epic was meant to be sung to the *niggūn Shmuel-bukh*, as its author clearly stated. The mention of *akht gezets* on the title page, however, was apparently inserted by the printer, who did not understand that *akht gezets* was the name of a melody.[454] The printer probably imitated the title page of *Šōfĕṭīm-Mantua*, whose author had promised to write an epic on the Book of Joshua in the future (SM/end2). The possible relationship between both printed epics is discussed in the summary below.

Rhyming Technique

Recurring Rhymes: In his study of rhymes in Yiddish biblical epics, Simon Neuberg discusses certain words that appear solely in the rhyming position, deducing that these are remnants of a more archaic version of the language. He argues that over time these specific words were replaced by newer lexemes, e. g., ייעהין [to speak] was replaced with שפּרעכן; בייטן [to wait] was replaced with ווארטן, etc. However, when these words occur in rhymes they were retained in order to avoid disrupting the rhyme.[455] Neuberg examined a vast corpus including *Shmuel-bukh* and *Melokhim-bukh*, as well as one of the epics discussed herein, *Yěhōšua'-Cracow*. Nevertheless, the phenomenon he discovered occurs also in the other three epics studied here. For example, the verb בייטן appears in the epics almost solely in the rhyming position,[456] and ייעהין tends to rhyme with גשעהן [to happen].[457]

453 E. g., *Eyn sheyn lid oyf shney kedoshim* [...] *be-niggūn 'aqēdāh oder be-niggūn brauneslid* (Steinschneider 1852–1860, 572, no. 3692). Likewise, in the introduction to *Bovo d'Antona*, Eliyahu Baḥur clearly states: "I sing it [*Bovo d'Antona*] in an Italian way of singing. If he [any reader] can do a better melody, he will have my thanks" (Rosenzweig 2016, 72).
454 Title pages were usually created by the printer, not the author (Turniansky 1982: 611).
455 Neuberg 2002, especially 389–399; idem 2008. Obviously, these words may also have been retained as literary devices reminiscent of well-known epic poems and inserted when needed for rhyming purposes (ibid.).
456 SP252b, SM1d, SM44a (not in the rhyming position), SM77b, SM158b, SM192b, SM208a, SM361c, SM364d.
457 YP1a, YP215d, YP221b, SP163c, SP308b, SP385c, SP465d.

A study of the recurring rhymes used in the four epics may highlight similarities or differences between the various oeuvres. Considering that the corpus of rhymes in the epics studied is extremely large (nearly 3,000 rhyming pairs in the printed epics,[458] and some 1,500 pairs in the Parma epics), it was necessary to process them using a computer program.[459] The non-uniform spelling, the tendency to write complemented verbs (קאָנוועּרבן) as two separate words (e.g., ור דרישן), and, as already mentioned, the great size of the corpus all made this task very complex, and, despite the significant efforts made, the conclusions may be imperfect. In any event, my intention here is to offer a general survey of recurring rhymes, not a linguistic or poetic study of the thousands of rhyming pairs.

The authors of the epics had a number of available options when building a rhyme for a certain word. Therefore, it is more practical to consider the individual rhyming words (as opposed to rhyming pairs) used in the rhyming technique of each epic. Consequently, any rhyming word that appears more than three times in a single epic has been collected. A list of all these words and the number of times they appear can be found in the Appendix (pp. CXXX – CXXXIII).

Comparing the recurring (those that appear at least four times) words used in rhyming position reveals an undeniable connection between *Yĕhōšua'-Parma* and *Šōfĕṭīm-Parma*: of the 58 recurring rhyming words in *Yĕhōšua'-Parma*, 51 (some 88%) also appear in recurring rhymes in *Šōfĕṭīm-Parma*. Five of the remaining seven words also appear in rhymes in *Šōfĕṭīm-Parma*, however less than four times: אל (all, three times), אלדו (then, three times), גרעכט (right, three times), טאג (day, three times), דו / דא (then [fill word], twice). This observation brings the matching rhyme statistics to 56 out of 58 – nearly 97%.

The comparison also revealed that the connection between *Šōfĕṭīm-Parma* and *Šōfĕṭīm-Mantua* is relatively weak. Of 192 recurring rhyming words in *Šōfĕṭīm-Mantua* and 117 recurring rhyming words in *Šōfĕṭīm-Parma*, only 55 are common to both – a mere 50% of the recurring rhyming words in *Šōfĕṭīm-Parma*.

The connection between *Yĕhōšua'-Parma* and *Yĕhōšua'-Cracow* is weak. Of 182 recurring rhyming words in *Yĕhōšua'-Cracow* and 58 recurring rhyming

458 At the end of *Šōfĕṭīm-Mantua* there are two rhyming tercets.

459 I thank my brother, Hillel Roman, who assisted me in collecting the rhymes and analyzing them.

words in *Yĕhōšua'-Parma* only 35 are common to both – some 60% of the recurring rhyming words in *Yĕhōšua'-Parma*, which is a comparatively short epic.

The connection between *Šōfĕṭīm-Mantua* and *Yĕhōšua'-Cracow* is also weak. Of 192 recurring rhyming words in *Šōfĕṭīm-Mantua* and 182 recurring rhyming words in *Yĕhōšua'-Cracow*, only 78 are common to both – merely 40% of the recurring rhyming words in *Yĕhōšua'-Cracow*.

On this note, with regard to comparing the epics, it should be mentioned that a thorough comparison of the proverbs, idioms, and similes contained in the four works discerned very few similarities between any two epics.[460]

Rhyming of Hebrew Words: As mentioned above, the older *taytsh* tradition avoided the use of Hebrew-Aramaic words. In a similar manner, early Yiddish texts did not employ Hebrew words in a rhyme, and this phenomenon occurred only in later stages of the language's development.[461]

In both of the Parma epics, only five Hebrew words (not proper names) are used in a rhyme – three of them rhyme with the name of a person or place, and the remaining two rhyme with a German word.[462] Moreover, in each of the Parma epics some ten additional Hebrew proper names (of people and places) occur in the rhyming position, always rhymed with a word from the German component of Yiddish.[463] At times it appears that the poet, or the copyist, may have made a mistake: words that should rhyme ostensibly do not, e.g., וורום/זִיכְּרוֹן (YP225c–d), אלדאר/אֶשְׁתָּאֵל (SP426a–b).

460 Idiomatic expressions bearing some similarity in *Šōfĕṭīm-Mantua* and *Yĕhōšua'-Cracow* include references to pious [ורום] people: SM379c, YC50b, YC174b (cf. SP33d); to 'sour' [זויאר] as representing anger: SM/intro11, YC65d (cf. SP229d); to the afterlife [איבג לעבן]: SM129c, YC1d; to a clear voice [שטים העל]: SM/ending1; YC118d; to 'being happy' [זיין גוטר דינג]: SM347d, YC183d; to speaking honestly [מיט טרויאן]: SM145c, YC109a, YC154b; to 'a weak man' [טרופפֿא]: SM281d, YC118d; as well as the cursing formula 'damned be…' [ור ולוכֿט]: SM387d, YC156d; the idiom 'to miss the chance' [איבר זעהן דיא שנץ]: SM214a, YC116c; and the idiom 'to win the game' [גיווינן דש שפיל]: SM282d, YC221a. Only three (somewhat) similar idiomatic expression were found in *Šōfĕṭīm-Parma* and *Yĕhōšua'-Parma*. They include the death warrant 'guilt on one's head' [שולט אן (אונזרם) הויבט]: YP36d, SP237b; references to the neck as symbolizing death [אום דיא העלז]: YP196d, SP350b); and the desire to live long [לאנג לעבן]: YP125d, SP327b. No other similar idioms were discerned in any two epics.

461 Shmeruk 1978, 125f; Dreeßen 1971, 7.

462 פְּרַתְ/מַס(YP15c–d), מֵירוֹם/דרום(YP169a–b), זִיכְּרוֹן/וורום(YP225c–d), בֵּיתְהַמִקְדַש/ווש(SP62c–d), דְבוֹרָה/תוֹרָה (SP100a–b). See: Shmeruk 1978,127 – 130.

463 טאל/עֵיבָל (YP124c–d), עַיי׳/מענכֿרלייא (YP129c–d), נון/עֶגְלוֹן (YP143a–b), לִיבְנָה/אלדו (YP164a–b), אובער אל/גִלְגַל (YP167c–d), שִׁילֹה/אלדו (YP186a–b), חֲמוֹר/בֿוֹר וואר (YP230c–d), קְנַז/דש (SP12c–d), עֲנַתְ/גאש (SP89a–b), אלזו זיר/אבי עֵזֶר (SP143a–b), בַּעַל בְּרִיתְ/גר נישט (SP192c–d), מן/גִדְעוֹן (SP195c–d), גִדְעוֹן/קליינלון(SP193a–b), חֲמָר/פֿאור(SP219a–b), גַעַל/וואל(SP220a–b), פְּלִישְׁתִים/דינטןאים(SP238c–d), אלדו/מִצְפָּה (SP246a–b), צִיפּוֹר/בֿוֹר וואר (SP266a–b).

Šōfĕṭīm-Mantua uses Hebrew words and names in the rhyming position extensively. Most of these rhymes are based on names mentioned in the biblical text, and they systematically rhyme with a Hebrew word, e.g., שמעון/סימן (SM16a–b), דבורה/מורא (SM56c–d), יודה/סעודה (SM333c–d). At times two Hebrew words (not proper names) are rhymed, e.g., יושר/כשר (SM199a–b), פרס/קנס (SM239c–d), סדר/חדר (SM314a–b), and in a few cases a Hebrew name rhymes with another Hebrew name, e.g., ענת/גת (SM48a–b), ישראל/יעל (SM65a–b). In addition to this tendency of rhyming Hebrew words with other Hebrew words, in some cases a Hebrew word rhymes with a German word, e.g., ורא/סיסרא (SM49c–d), עמלק/הייא שרעק (SM79a–b), שמשון/פרשון (SM274c–d).

In *Yĕhōšua'-Cracow* the rhyming norm of Hebrew words is unclear because the metric stanza and the rhyming pattern used by the author are inconsistent (see p. XCI above). Most stanzas in this epic are written in the developed form of *niggūn Shmuel-bukh*, with four pairs of rhymes per stanza, though a significant number employ the classic stanza that uses only two sets of rhyming pairs.

An examination of the rhyming norm in *Yĕhōšua'-Cracow* according to the classic *niggūn Shmuel-bukh* (i. e., two sets of rhyming pairs at the end of four long lines) reveals very few Hebrew words or names. In the entire epic only nine Hebrew words appear at the end of the long line: in four cases a Hebrew name rhymes with a German word,[464] in two cases the Hebrew word rhymes with another Hebrew word,[465] in one case a Hebrew word rhymes with a German word,[466] in one case a Hebrew word rhymes with a Hebrew name,[467] and in one case a Hebrew name rhymes with another Hebrew name.[468]

However, focusing on the rhymes at the caesuras, it is harder to draw conclusions: on many occasions there is no rhyme at all, regardless of the language component.[469] At times there is a borderline rhyme, which perhaps in a certain pronunciation produced a similar sound.[470] The lack of rhyming

464 פרת֗/דאז (YC10a–b), ירדן/ווארן (YC71a–b), פרעה/דוא (YC77a–b), עבל/טאל (YC156a – b).
465 זכ֗ר/בחור (YC88a – b), קרבנות/כזבנות֗ (YC287c–d).
466 הס/מס (YC264c–d).
467 לכ֗יש/להכ֗עיס (YC201a–b).
468 זב֗די/כרמי (YC129a–b).
469 For example: איינר/גיוואר (YC29c–d), בילד/דינן (YC30c–d), ווארן/איין (YC34a–b), יריחו/שראקן (YC51c–d), ואלק/ארון (YC60a–b), בלייבן/יהושע (YC82a–b).
470 For example: משה/יהושע (YC7a–b), יהושע/פריען (YC14a–b), לנד/גד (YC16a–b).

at the caesura is particularly obvious in the song concerning the kings of Canaan (YC238–246), in which many Hebrew names are set at the caesura yet are clearly not part of a rhyme. It is possible that *Yĕhōšua‘-Cracow* echoes (inconsistently) a poetic norm according to which Hebrew words, which were perceived as particularly prestigious and thus exempt from the rules of sound applied to other rhyming words, were not rhymed.[471] This assumption is empirically supported by the large number of such cases in *Yĕhōšua‘-Cracow*. Likewise, a similar phenomenon is evident in the vernacular epics of Kurdish Jews,[472] suggesting that this may be an ancient tradition. Nevertheless, as was demonstrated above, *Yĕhōšua‘-Cracow* also contains many German words in the caesura position that do not rhyme at all. Moreover, in *Šōfĕṭīm-Mantua*, the model according to which *Yĕhōšua‘-Cracow* was composed, there is not one word in the caesura position that does not rhyme, including Hebrew words. Perhaps the author of *Yĕhōšua‘-Cracow* adapted an older epic written in the classic *niggūn Shmuel-bukh*, and his attempt to add rhyming pairs at the caesuras was unsuccessful. Whatever the reason for this, when a Hebrew word is set in the caesura position in *Yĕhōšua‘-Cracow*, in most cases it does not rhyme.

Thus, a study of the rhyming of Hebrew words in the four epics reinforces the similarities between the four epics, as discussed above. There is a clear similarity between the two Parma epics, whereas the printed epics differ significantly to those of the Parma Manuscript and to one another.

471 This observation was first made by Simon Neuberg, in a private conversation in 2012.
472 Rivlin 1959, 95.

Cultural-Historical Traits

Certain details in these epics help to anchor them in the time and place of their composition. These are mainly descriptions of the daily life, customs, and thought of Ashkenazic Jews in the late Middle Ages and Early Modern Era. Such elements offer a valuable contribution to the study of Jewish cultural history, recording matters not documented elsewhere, particularly popular religious practices and idiomatic expressions.

The European Setting

Understandably, the texts studied include various descriptions of life under Christian rule. In *Šōfĕṭīm-Parma* such descriptions usually exhibit a negative overtone, implying that Christianity is idolatry. So, for example, the biblical verse, "Ye also shall make no covenant with the inhabitants of this land" (Judg. 2:2), is translated: ניט איר זולט בֿור שניידן נויך קריסטן נויך היידן (You should make [a covenant] with neither Christians nor heathens, SP24c), and Micah's "House of God" (Judg. 17:5), which was used for idolatry, is portrayed as a Christian house of worship – זיין הוייש ווארד צו איינר קירכֿאן (His house became a church, SP410b). In addition, in the description of Samson's battle with the lion I have identified Christian influences, although these appear to derive from visual depictions that the author encountered and he was perhaps unaware of their Christian significance.[473]

By contrast, the mentions of Christianity in *Šōfĕṭīm-Mantua* are neutral. The text seems to indicate a sense of calm amidst Christian society and acquaintance with elements of its culture. Thus, the time description עש ווש אין דער זעלביגן נאכֿט· אז דיא גלוק שלוג ויר (It was in that night, when the clock struck four, SM91a) reflects life in a Christian city, with the Church bell announcing the time. Similarly, the description of Jephtah's daughter, who "Had not known man" (Judg. 11:39) זי לעבט וויא דיא נונן (She lived like the nuns, SM203d), demonstrates acquaintance with Christian religious practice.

Certain references in the Parma epics suggest that they were not only copied but in fact composed in an Italian milieu. For example, *Yĕhōšua'*-

473 See SP318d and the note there, as well as Roman 2018.

Parma mentions Italian armor, גהארנישט נאך וועלשם זיטן (armed in the Italian way, YP56d),[474] while *Šōfĕṭīm-Parma* refers to the city of Florence (SP459b, SP469d).

Šōfĕṭīm-Mantua mentions French currency, זונן קרונן (sun crowns, in French: *Écu au Soleil*, SM272d). This currency was used in the sixteenth century, suggesting that the epic was composed close to the time of its printing (1564).

Another European trait evident in *Šōfĕṭīm-Mantua* is the mention of Europe's non-Christian enemies, the Turks and the Tatars. Thus, the men of Ofra ask Gideon's father whether his son is a Turk or a Tatar: איז דיין זון איין הייד אודר איין טטר (SM95b). Likewise, the narrator criticizes Abimelech's behavior using similar terms: ער הנדילט טיראניש דש טעט נוך טוירק נוך טטר (He acted cruelly, not even a Turk or a Tatar would behave this way, SM138b). These expressions may reflect an identification with Christian European battles against Islamic nations,[475] although alternatively they may simply echo the common fear of these nations' conquering armies.

Anachronistic Descriptions of Warfare

Two of the epics mention guns, a weapon that was invented in the Early Modern Period – its use on the battlefield became common from the mid-fifteenth century.[476] Indeed, *Šōfĕṭīm-Parma* mentions בוכשן (SP9c) and *Yĕhōšua'-Cracow* refers to ביקס.[477] Similarly, in *Yĕhōšua'-Parma* the city of Jericho (which is located in the desert) is described as surrounded by a water-filled moat (as was typical of European fortified cities, YP72c), whereas Jerusalem is surrounded by a wall already in the time of the Judges (which is not historically accurate, see SP9d and the note there). *Šōfĕṭīm-Mantua* mentions other innovations that did not exist in biblical times: gun powder, used in European

474 Turniansky (1982: 605) claims that this may indicate a perspective originating from outside Italy. However, one cannot rule out the possibility that the author of this epic lived in Italy and spoke (perhaps even approvingly) of the Italian armor with which he was well acquainted.

475 Frakes 2017, 191–228 (chapter 8 "The Other of Another Other: Yiddish Epic's Discarded Muslim Enemy").

476 Rice 1994, 10–18. It should be noted that this weapon is mentioned only once in both Parma epics, and thus, as was mentioned above, it may have been added by the copyist (perhaps instead of בוגן [bow]).

477 YC14c, YC52d, YC184d, YC328c, YC100b.

warfare from the fourteenth century (פולבר SM162a),[478] and קורסר (an armor wearing knight, SM50c).[479]

Anachronisms and similar inaccuracies are found also in other contemporary literatures that influenced the authors of Yiddish biblical epics, especially German literature. For example, in the genres of *Spielmannsepik* and *Heldensage*, the city of Jerualem is described as a port, and King Solomon is the ruler of Christendom.[480] Likewise, a twentieth century study of Balkan oral epics found that they used contemporary terms to depict battles that took place in the distant past.[481] It would thus appear that such anachronistic descriptions of battles do not necessarily reflect a poor sense of history. Rather, they make the works more relevant to their audience, ultimately increasing their entertainment value. Moreover, such popular battle descriptions may be the *raison d'être* of epic poetry.

Material Culture and Entertainment

The epics portray very few elements of material culture that are not a direct translation of the biblical text. Among these rare depictions are mentions of drink אויניק וואשר (mead, SP76d),[482] and sweet food מנדילרייז ('almond rice,' SM245b).[483] The biblical קֶמַח מַצּוֹת (flour, Judg. 6:19) is translated as זעמיל מעלווייסן (fine white flour, SM87b). The additional information, noting that the flour is white, may reflect the contemporaneous reality in Ashkenaz. Clothes are mentioned only in depictions of travel: undressing at the end of travelling (SM343c), the removal of shoes following a journey, and the torn clothes of contemporary rabbinic envoys (שלוחים דרבנן, YC162a–b). In addition, הערין העמדן (hair shirts, SM172d) are mentioned, garments worn by ascetists that caused their wearer physical pain.

The epics offer snippets of information about entertainment practices among Ashkenazic Jews. *Šōfĕṭīm-Mantua* refers (negatively) to the habit of playing games of fortune (SM/intro35–36) and describes dance as a popular

478 Rice 1994, 10–12. See also Grimm 2021, Pulver, 2: "Seit der mitte des 14. jh. pulver zum schieszen, ein nach bestimmten verhältnissen zusammengesetztes, gekörntes gemenge von salpeter, schwefel und kohlen."

479 This word reflects historical developments on fifteenth-century European battlefields. See Grimm 2021, Kürisser.

480 Schröder 1967, 13.

481 Lord 1960, 44.

482 Grimm 2021, Honigwasser: "Mischung von honig und wasser, zur bereitung von met."

483 Ibid., Mandelreis: "Reis mit mandeln oder mandelmilch gekocht, eine im mittelalter leckere speise." Rosenfeld 1984, 3b.

form of entertainment and enjoyment. Apart for translating biblical mentions of dance,[484] dance is mentioned in the context of a wedding (SM214b), and it is possible that the dances of the daughters of Shiloh (Judg. 21:21) are described as a couple's dance performed by a man and a woman (SM390b). Likewise, the epic mentions the evening dance, אובנט טנץ,[485] and the building in which the Philistines gather to watch the captured Samson is referred to as a טאנץ הויז (dance house, SP398a).[486]

Jewish Customs

Circumcision: The Book of Joshua describes the circumcision of the Children of Israel in the desert:

> That same time the Lord said unto Joshua, Make thee sharp knives, and return, and circumcise the sons of Israel the second time. Then Joshua made him sharp knives, and circumcised the sons of Israel in the hill of the foreskins. (Josh. 5:2–3)

This story is retold in both epics on Joshua,[487] which employ the colloquial Yiddish term יודיש מעסר (Judaizing knife) for the knives used in the circumcision ritual.[488] However, while in *Yĕhōšua'-Parma* the passage is translated almost entirely without midrashic materials, *Yĕhōšua'-Cracow* significantly elaborates on the story, mentioning several customs (*minhāgīm*) connected with the circumcision:

דער גיפֿאטר מושטן מן ויל האן (They needed many godfathers, YC87a). Apparently referring to the role played by what is known in modern Yiddish as the *kvater*, usually the person to hold the baby during the circumcision.[489]

מן מאכֿט פֿיל דער וואכֿין. אז דיא ווייבר ולעגן צו טאן (They performed many *vakhnakht* ceremonies, as women usually do, YC87b). Seemingly a reference to

484 "And [they] made merry" (Judg. 9:27): SP217b, SM152a; "Behold, there is the feast of the Lord" (Judg. 21:19): SP521c, SM388d.

485 Grimm 2021, Abendtanz: "Abendlicher [Tanz]." See: SM338b, SM388d.

486 Ibid., Tanzhaus: "Auch die gröszeren judengemeinden in den deutschen städten hatten im 14. und 15. jh. ihre tanzhäuser, auf denen Sie alle geselligen feste begingen." In the Jewish context see: Hamburger and Zimmer 1988–1992, 7f, n. 48.

487 YP64a–YP66d, YC82b–YC89d.

488 YP64b, YC82b, YC85a. See Turniansky 1982:600, n. 53.

489 Unna 1996, 89, no. 8; Turniansky 2006, 543, n. *312. Hamburger and Zimmer (1988–1992, 69f) mention a *sandeqet* [godmother] – the *sandāq*'s wife. She who carries the baby from his mother in the women's section and hands him over to her husband, the *sandāq*. The *sandeqet* offers the baby's mother a gift called *gefatershaft* in order to distract her from her son's pain.

the ceremony today called וואַכנאַכט. Surprisingly, most historical sources do not describe any female participation in this ceremony. Rather, it is depicted as a study session[490] or the recitation of the *Shemah* prayer by a group of men at the bedside of a new mother.[491] Abraham Tendlau describes some kind of feminine *vakhnakht* that no longer happened in his days (in the mid-nineteenth century). He quotes J. J. Schudt (1664 – 1722), explaining that in earlier times it was customary to wash the baby on the night prior to the circumcision, and part of the celebration involved the woman designated as godmother or *kvaterin* throwing coins into the bathing water.[492]

אין דער שולין דרפֿט מן זיא ניט צו טראגן (There was no need to carry them to the synagogue, YC87c) – this is a reference to the custom of bringing the newborn male baby into the synagogue for the circumcision.[493] It should not be confused with other rituals of bringing the baby to the synagogue at later stages.[494]

מן מבֿט אומש גאר קיין זכֿר (No *ben zākhar* ceremonies were held, YC88a) – this refers to the ceremony known today as *ben zākhar* or *shālōm zākhar*. During this celebration, which is held following the first Friday evening meal after the baby's birth, friends and relatives visit the parents' home and refreshments are served.[495]

עש אש דרויף קיין בעל בית נאך קיין בחור (No one ate there, neither married men nor bachelors, YC88b). The mention of eating (or not) teaches us that it was customary to serve food at circumcisions in the Early Modern Era.[496]

One further mention of circumcision is found in the introduction to *Šōfĕṭīm-Mantua*, wherein the author wishes his readership that they may דר לעבן ויל ברוילפֿטן אונ׳ ברית מילות (Live to see many weddings and circumcisions, SM/intro44).

490 Unna 1996, 88, no. 3.
491 See for example: Hamburger and Zimmer 1988 – 1992, 63, n. 12; Güdemann 1922, 75; Hovav 2009, 114.
492 Tendlau 1860, 296, no. 875, he refers to Schudt 1912, 36. This ritual washing is recorded also in the *minhāgīm* [customs] book of the Worms Jewish community (Hamburger and Zimmer 1988 – 1992, 61). However, there it states that the practice was carried out three days prior to the circumcision.
493 The *minhāgīm* book of the Jewish community of Worms describes bringing the baby to the synagogue for the circumcision as a feminine ceremony: "When *la-mĕnaẓẓēaḥ* is said, the *Sāndaq*'s wife, the *mōhēl*'s wife and a few other women leave the synagogue and go over to the mother's house and see to all of her newborn son's needs" (Ibid., 69f).
494 E. g., the bringing of the newborn baby to the synagogue on the שבת יציאת היולדת (Hamburger 1995 – 2004 (I), 402 – 404); שול-טראגן, a ceremony in which a one- or three-year-old child hands over his (or her) wimpel to the synagogue so that it may be used to bind the Torah scroll (Hamburger 1995 – 2004 (II), 507 – 511).
495 Hamburger and Zimmer 1988 – 1992, 61f.
496 Cf. Ibid., 75, and n. 118 there.

Marriage and Divorce: The Book of Judges describes the initial stages of Samson's first marriage:

> Now Samson went down to Timnah, and saw a woman in Timnah of the daughters of the Philistines, And he came up and told his father and his mother and said, I have seen a woman in Timnah of the daughters of the Philistines: now therefore give me her to wife. [...] And Samson said unto his father, Give me her, for she pleaseth me well. [...] And he went down, and talked with the woman which was beautiful in the eyes of Samson. And within a few days, when he returned to receive her [...] So his father went down unto the woman, and Samson made there a feast: for so used the young men to do. [...] seven days of the feast. (Judg. 14:1 – 12)

This story is retold in both epics on Judges,[497] and its version in *Šōfĕṭīm-Mantua* includes several contemporary marriage customs that are not mentioned in the biblical text.

איך מך דען וויין קאף מיט איר (I will make the 'wine purchase' with her, SM236d): the 'wine purchase' is a German custom of ceremonial wine drinking to ratify a deal.[498] In the given context, this may refer to the drinking of wine by the bride and groom at the Jewish marriage ceremony,[499] but I have not found any other Jewish source that mentions the custom of 'wine purchase.'

דא ליגט מן דש קנס (The fine was laid, SM239d): a metonymic reference to the engagement agreement, which includes a fine to be paid by any party who breaks it. This agreement is often followed by the ceremonial breaking of a dish.[500] This ceremony, as well as the betrothal party held following it, is known in modern Yiddish as *knas-mol* (literally: the fine's meal).[501]

שמשון ליש זיך אויך שויאן (Samson also let himself be seen, SM242b): this refers to the custom that the bridegroom was seen by the bride and her community prior to the wedding. It is also mentioned in Glikl's memoirs.[502]

Naturally, the engagement is followed by the wedding. The epics refer to the wedding by various names: ברוילפֿט,[503] הוכֿצייט (SM246a), אי,[504] and

497 SP311a – SP324d, SM235a – SM242d.
498 Grimm 2021, Weinkauf, B4b: "Aus der hauptbed. 'bestätigung eines vertrags durch trunk' verengt ist die bed. 'verlöbnisz.'"
499 Zimmer 1980: 41.
500 Hamburger and Zimmer 1988 – 1992, 1f and n. 1; Turniansky 2006, 109, n. *293.
501 Niborski 2012, 439 ,קנס.
502 Turniansky 2006, 336 incl. n. 542, 384 incl. n. 98.
503 SP324d, SM/intro44, SM214b, SM240a, SM248a, SM336d.
504 SM254d, SM260a.

קדושין (SM254d); as well as the verbs ברייטן (to marry someone, SP321a)[505] and בטרווייטן (to get married, SP321b).[506] The descriptions of weddings indicate that it was customary to eat and drink,[507] as well as to dance (SM214b), at such celebrations.[508]

The possibility of ending a marriage – divorce – is also mentioned in the epics. The narrator blesses his readership that they may not get divorced: דר קיין גט [...] לעבן (SM/intro44). The retelling of the story of the Levite's concubine is interesting: איין לוי אם בערג אפרים הט זיין ווייב געשלאגין· אונ׳ גאב איר דרנוך גט (A Levite on the hill-country of Ephraim hit his wife and divorced her afterwards, SM333b). My annotation in the edition points to the Jewish sources that the author may have used. It appears to reflect the Ashkenazic halachic ruling according to which a man who hits his wife must grant her a divorce and pay compensation.[509]

When Samson attributes the collapse of his first marriage to the Philistines, he says: מיר מיין אי צו ברעכֿן (Broke my marriage, SM260a). Interestingly, however, the narrator refers to Jewish marital law when retelling the verse "Then Samson's wife was given to his companion" (Judg. 14:20): זיין קדושין ווארן שון אויש· זיין ווייב נאם איין אנדרן מאן צו דער אי (His *qiddušīn* [betrothal] had expired, since another man married his wife, SM254d).

Passover: The biblical Book of Joshua relates how the Children of Israel celebrated Passover:

> So the children of Israel abode in Gilgal, and kept the feast of the Passover the fourteenth day of the month at even, in the plain of Jericho. And they did eat of the corn of the land, on the morrow after the Passover, unleavened bread, and parched corn in the same day. (Josh. 5:10–11).

When retelling this passage, both epics on Joshua draw a clear connection between the biblical holiday and the contemporary Passover known to their readership, in particular using the colloquial Yiddish words פסח [Passover] and מצות [*mazzōt*]: יִשְׂרָאֵל אם גִלְגַל דען פֶּסַח מכטין זיא דו [...] מַצוֹת אונ׳ זאנגין אושן זיא אזו זיר (Israel celebrated Passover at Gilgal, they ate many *mazzōt* and wheat

505 Grimm 2021, Brauten (Bräuten). Cf. ברייט הויז the traditional name of the house in which weddings were held (Hamburger and Zimmer 1988–1992, 23).
506 Cf. Grimm 2021, Trauung.
507 SP324d, SM214b. Cf. Hamburger and Zimmer 1988–1992, 41–43 and n. 121–140 there.
508 Ibid., 7f, n. 48.
509 Grosman 2003, 379, 390–392.

ears, YP67a–c); זי [...] מן אש מצות איבר אל / [זיא] מאכֿטן דען פסח אין רעכֿטר צייט. היו[ס]ן אין פסח פֿייארינג קודש (They celebrated Passover in its due time, ate *mazzōt* everywhere, they called it the holy day of Passover, YC92a–d).

The epics on Judges also mention Passover. According to Rashi's commentary, when the angel came to Gideon (Judg. 6:13), they discussed the Seder night and the Hallel prayer read during this domestic celebration: "It was Pesach, and he told him, 'Last night father recited the Hallel for me'" (Rashi, ibid.). *Šōfĕṭīm-Parma* echoes these words: וואו זיינא דיען די גרוש וואונדר / די מן הוט אונש דער צילט / נעכֿטין בייא דעם פסח (Where are the great wonders that were told to us yesterday at the Passover celebration? SP127a–b). By contrast, *Šōfĕṭīm-Mantua* implies that Gideon read the Passover Hagaddah himself: איך הב דיא לוז געלעזן. דיא נסים בֿון מצרים אונ׳ אויף דעם מער (I read in the Haggadah about the miracles that happened in Egypt and on the sea, SM84a). Gideon's individual reading appears to reflect the change that the print revolution initiated in Jewish practice.

Prayer Customs: The printed epics mention prayer customs reflecting Ashkenazic rites, some of which did not exist in biblical times. *Šōfĕṭīm-Mantua* describes walking to the synagogue in the morning: דש ואלק גינג ורויא אין דיא שול (The people went in the morning to the synagogue, SM379a); and Gideon prays(!) near the altar he had built: אונ׳ ער בויאט דא גדעון איין מזבח צו גאטש לוב· [...] ווען ער זיין תפילה צו טאן פֿפֿלאג (Gideon built an altar for God's praise, when he would pray, SM90a–c). At the end of the epic, the narrator addresses his readership, asking them to respond "Amen": זאגט אמן אל צו האנט (All of you say "Amen" right away, SM396d). This reflects the liturgical practice to respond "Amen" following a blessing or a prayer, also known today. Likewise, this epic mentions ascetic penitential practices, including fasting and wearing uncomfortable clothes: זיא גינגן אין פנצרן און הערין העמדן·ושטטן דרייא טאג אונ׳ דרייא נאכֿט (They walked around wearing armor and hair shirts, and fasted for three days and three nights, SM172d).

Šōfĕṭīm-Mantua also mentions the custom of allowing a non-Jewish person to perform actions prohibited by Jewish law on the Sabbath; such a person is known in modern Yiddish as a *shabes-goy*.[510] In the epic, this is referred to by a different name: הלט ער מיך בֿור איין שבת קנאבן. דש איך זול לויפֿן אויש (Does he take me for a 'Sabbath boy' that I should run around [for him]?! SM204d).

510 Niborski 2012, 460 ,שבת־גוי.

Yĕhōšua'-Cracow depicts Joshua kneeling in prayer near the altar he built on Mt. Ebal: לאג אויף זיין קניען. אונ׳ לובט גוט׳ מיט טרויאן ([He] got down on his knees and praised God sincerely, YC154b). Jewish liturgy mentions kneeling before God, for example "I will worship and bow down, I will bend the knee before the Lord my maker" (*mah ṭōvū* in the morning service),[511] but these words are symbolic and are not accompanied by actual kneeling. In current Ashkenazic practice, worshippers only physically bow during the High Holidays prayers.[512]

Another prayer mentioned in this epic is *mī še-bērakh*, which Joshua's children reportedly said for his sake every day after his death: זי גאבן אין אלי טאג מי שבירך (They offered him every day a *mī še-bērakh*, YC267b). In modern Yiddish this expression can mean praise and gratitude as well as an insult,[513] but it appears that the epic refers to a prayer of praise offered in memory of Joshua.

Vernacular Terms for Religious Concepts

The four epics use words from the German component of Yiddish to denote religious concepts (objects, places, texts, and ideas). These concepts are usually referred to in modern Yiddish by words from the Hebrew component. Although Weinreich discussed such "German-component words for Jewishness concepts,"[514] apart from the *vakhnakht* he did not mention any of the words listed below. These terms occur in the characters' direct speech, and some of them appear in other Yiddish texts, suggesting that the following examples reflect popular colloquial terms.

Sanctified texts: מוייזיש בוך (Moses' book, YP151c), בוך משה (Moses' book, YC19c) – the Torah. This term is used in other texts in Old Yiddish and German.[515] *Moizes* is ostensibly Moses' name in the Christian tradition (Moses). However, in Old Yiddish literature the name מוייזיש is also found, as well as משה and משה רבינו.[516]

דיא לוז (the redemption, SM84a) – the Passover Haggadah. This term derives from the German verb *lösen* [to redeem, to save].[517]

511 Cf. Ps. 5:8; ibid. 95:6.
512 Hamburger and Zimmer 1988 – 1992, 119, 161f.
513 Niborski 2012, 274 ,מי־שברך.
514 "דײַטש־קאָמפּאָנענטיקע ווערטער פֿאַר ייִדישקייט־באַגריפֿן„ (Weinreich 2008 (I), 197).
515 Hannover (1660, 3a) translates the Hebrew ספר תורה into Yiddish as בוך מויזיס. Grimm 2021, Buch, 4: "Es gibt fünf bücher Mose."
516 For example in the 1697 play *Eyn sheyn purim-shpil* (Shmeruk 1979a, 176, line 468).
517 Timm 2005, 403 – 405.

די טביל (the tablets, YP227b), דיא טאבֿלן (the tablets, SM300c) – the Tablets of the Law. This term is common in Old Yiddish and in German.[518]

די ציהן גיבוט (the ten commandments, SM/intro37) – the Ten Commandments. This term too is common in Old Yiddish and in German.[519]

Names of Objects (real or wondrous) and Places:[520] יודיש מעסר (Judaizing knife)[521] – circumcising knife, איזמל in Hebrew.[522] Also the verb יוצאן (to Judaize, YP65d) – to circumcise.[523]

הימלש ברוט (heaven's bread, YC39b) – Manna. The food eaten by the Children of Israel in the desert. This term is common in Old Yiddish literature as well as in German literature.[524]

דש הייליג לאנד (the holy land)[525] – the Land of Israel. Both a Jewish and Christian term. The term *Das heilige Land* is commonly used in German literature and clearly indicates the Land of Israel. The Grimm brothers' dictionary notes a biblical source for it: "And the Lord shall inherit Judah his portion in the holy land" (Zech. 2:16).[526]

דיא הויל בֿון אַבְרָהָם (Abraham's cave, SP11b) – the Cave of Machpelah. This term is known in Jewish sources, both Ashkenazic and non-Ashkenazic.[527]

Theological concepts: יִשְׂרָאֵל גלוייבן (Israel's faith, YP198b) – the Jewish religion.

אין ייוענר וועלט (in the world yonder [the afterlife], YP102d, YC139d) – the destination after ending life in *this world*. This Yiddish term is parallel to the Hebrew הָעוֹלָם הַבָּא (the next world. Cf. SM291a).

518 We find the Yiddish צווייא טאבֿיל מאזיז in the Passover song אייניש ווער וויש (Passover Haggadah, Amsterdam 1712); Hannover (1660, 3a) translates the Hebrew לוחות as טאוולין. In German, Grimm 2021, Tafel, 8aα: "Besonders die gesetztafeln."
519 We find the Yiddish דיא צעהן גיבאט in the above-mentioned Passover song; Hannover (1660, 3a) translates the Hebrew עשר דברות as צעהן גיבאט. In German: Ibid., Gebot, II5d: "Gebot gottes [...]. Im plur. sind vorzugsweise die zehn gebote."
520 The following objects join those already mentioned above: ברוילפֿט, גיפֿאטר, וואך. Regarding ברוילפֿט see Hamburger and Zimmer 1988–1992, 52, n. 20; Grimm 2021, Brautlauf; Brautlauft. The word appears here: SP324d, SM/intro44, SM214b, SM240a, SM248a, SM336d.
521 YP64b, YC82b, YC85a.
522 Hamburger and Zimmer 1988–1992, 80. See also: BenYehuda 1948–1959 (I), איזמל (ב), 127: "תער [...] למול בו„.
523 Turniansky 1982:600, n. 53; Hamburger and Zimmer 1988–1992, 61, n. 2.
524 *Melokhim-bukh* 5a; Grimm 2021, Himmelbrot, 1: "Vom himmel fallendes brot, manna."
525 YP4b, YP5c, YP21c, YP24c, SM183b, SM298c.
526 Grimm 2021, Heilig, 4.
527 Cf. "מערת אברהם„ (Maharsha on BT Sotah 10a [Eidels 1627, unique pagination: chapter 141, page 3b]); "מערת אברהם אבינו עליו השלום„ (Eliyahu Mizrachi's commentary on Gen. 38:14); חברון„ איז קרית ארבע דארטן איז דאש היכל דז אברהם אבינו ע"ה גבויאט האט מיט גרושי שטיין [...] דרונטר איז איין היל דאש זעלביג איז דיא מערת המכפלה" (Ben Eliezer-Segal 1953, 77).

איביג לעבן [eternal life] – mentioned as both a prize awarded only to those deemed worthy of it (YC1d) and a fate shared by all (SM129c). This term is common in Old Yiddish literature.[528]

הימלישר טראן (heavenly throne, YC335c) – the Throne of God. This term is common in German literature.[529]

Attaching the adjective הייליג [holy][530] to characters' names: Moses (YP2a), Phinehas (SM24d), and the priests.[531] This adjective is common in Old Yiddish literature, for example: איך [...] וויל זינגן בֿון דעמא הייליגן אברהמן (I will sing about holy Abraham, Fuks 1957, 15–16), דער הייליג משה (*Midraš wa-yōšaʿ*, 55a), דער הייליג אברהם (*Midraš wa-yōšaʿ*, 4b), דוד הע"ה דעם הייליגן מן (the holy King David, may peace be upon him, *Shmuel-bukh* [Basel 1612], title page); דעש הייליגש מנש דניאל (the holy man Daniel, *Doniel-bukh* 358d).

Erotica

Erotic scenes in the epics almost solely retell biblical events that originally contained such elements. Generally speaking, the Parma epics exhibit a more conservative outlook and translate the biblical text briefly, while the printed epics are bolder, tending to elaborate in such cases. Nevertheless, these tendencies are not fully consistent, reflecting the cultural tension between the author's desire to entertain his readership on the one hand and the constraints of social conventions and religious law on the other. This is also consistent with the above-mentioned theory regarding the incorporation of short, independently circulating narratives into the longer epics.

Interestingly, the epics depict forbidden sexual practices as phenomena that do not usually occur within contemporary Jewish society. This is evident, for example, in the reference to Samson's intercourse with a prostitute: בייא איר ער דו לאג אז מאן דען בֿור יוארן מיט דען וורואין פפלאג (He lay with her, as it was customary to sleep with women many years ago, SP361c–d); when the men of Gibeah wanted to rape the Levite man: זיא וואלטן יוא דען מן גין פֿיורנעץ פֿורן (They wanted to take that man to Florence [a city where homosexuality ostensibly prevails], SP459b, see the note there), and when Yael and Sisera are alone in the tent: זיא ליגט אין אין איר בעט. אונ׳ וויא וואל ער וור קיין יוד: ווש

528 דיזי וועלט אונ׳ אך דז איבגי לעבן [...] די ברענגט דען מענשין צוא איביגן לעבן (Altshuler 1610, title page); (Ben Elyakum 1620, title page); Hannover (1660, 2a) translates the Hebrew גן עדן as איבק לעבן.

529 Grimm 2021, Thron, 2: "Thron gottes oder des himmels thron bezeichnet dann auch den ort, wo der himmlische thron steht, den obersten himmel."

530 Frakes (2014, xvi) understands this word to mean 'pious.'

531 YC55c, YC64c.

עր נון מיט איר רעט. צו שרייבן בין איך מויד (She lay him in her bed, and because he was not a Jew… what he now 'spoke' with her – I am too tired to relate, SM74a–b), i.e., Sisera's sexual practice is attributed to the fact that he is not Jewish. A similar approach is found in *Shmuel-bukh* when describing Amnon's rape of Tamar (2 Sam. 13:1–37): דער ויל שוינן מאגט נם ער דא איר איר אלש דיא לוייט טון יענהאלב דעש מיר (He dishonored the most beautiful maid, as the people on the other side of the sea tend to do, *Shmuel-bukh* 1359c–d);[532] and likewise Glikl's version of the story locates it in the 'Arab lands.'[533]

Below are the sections depicting erotic scenes in the four epics. The retellings of each scene in both epics on the same biblical book are presented, thus providing a comparative view of this phenomenon.

Rahab (Josh. 2:1–21)

Yĕhōšua'-Parma

Rahab is referred to in the Bible using the word זונה (harlot, Josh. 2:1). In this epic, however, she is described as איין שוני פרוא (a beautiful woman, YP24d) and the scene takes place in a הערברויג (inn, YP25a). The rest of the biblical text is translated laconically, and there is no mention of sexual relations.

Yĕhōšua'-Cracow

Rahab is depicted using the term גסט געברן (inn keeper, YC29c), although the traditional epithet רחב הזונה is mentioned. The epic clearly states that דיא גסט געברן [...] הוררייא שטיפֿט (the inn keeper practiced prostitution, YC30b) and the description of her hanging a crimson thread includes Rashi's comment about her profession (YC48–49).

Yael and Sisera (Judg. 4:17–21)

Šōfĕṭīm-Parma

There is no sexual aspect, but there are elements of crude humor: Sisera is described as a drunk (SP76d) who snores in his sleep (SP78c), and he is compared to a cow (SP76b, SP77d).

Šōfĕṭīm-Mantua

Yael invites Sisera into the tent using sexual insinuations איך טייל מיט דיר גוט אונ' לייב (I will share with you everything [lit. 'goods and body'], SM58d), בלייב הינן ביש גין מורגן (Stay here until the morning, SM59b). However, what happens inside the tent lacks any sexual element: זיא אנטשלעפֿט אין אין אירן ארמן (She put him to sleep in her arms, SM61b). This is in fact different to the later biblical description, "He bowed him down at her feet" (Judg. 5:27) – see also the biblical description of Delilah and Samson, "And she made him sleep upon her knees" (Judg. 16:19). The epic's rendering of arms for legs could be attributed to modest tendencies or a desire to draw attention to Yael's hands, with which she later killed Sisera.

532 Cf. Erik 1979, 120.
533 Turniansky 2006, 504f.

Yael and Sisera – retold in the Song of Deborah: "He bowed him down at her feet, he fell down, and lay still: at her feet he bowed him down, and fell: and when he had sunk down, he lay there dead" (Judg. 5:27).

Šōfẹ̄ṭīm-Parma

A clear description of sexual relations: צווישן אירן בוייש הט ער זי איין גשטוכֿן / דש טעט זיא אלש דרום דש ער זולט ווערדן צו ברוכֿן / ער קניאט אונ׳ איש גלעגאן צווישן אירן בֿוייש / זובין׳ מאל נאך אנאדר דש ער זולט ווערדן בֿור וואֿושט (He 'pricked' [penetrated] her between her legs, she did that so that he may break, he kneeled and lay between her legs seven times repeatedly so that he may be ruined, SP113a–d).

Šōfẹ̄ṭīm-Mantua

The epic hints that some sexual interaction occurred: זיא ליגט אין אין איר בעט. אונ׳ וויא וואל ער וור קיין יוד: ווש ער נון מיט איר רעט. צו שרייבן בין איך מויד (She lay him in her bed, and as he was not a Jew… what he now 'spoke' with her – I am too tired to relate, SM74a–b).

Samson and his wives: Samson's wives refuse to have sexual relations with him in an effort to force him to reveal his secret (Judg. 14:17, 16:6–17):

Šōfẹ̄ṭīm-Parma

Clear and crude descriptions:זיא וואלט ניט בייא אים ליגאן אונ׳ ליש אין ניט אוייף שטייגין (She refused to lie with him and did not let him mount her, SP333c), בייא דיר וויל איך ניט ליגאן (I will not lie with you, SP378d), זיא וואלט זיך ניט לושן קושין (She refused to be kissed, SP383c),וואלט ער זי יוא דען העלזן[1] זיא פֿיל אים אוייש דען שטיך / נייאן דו, גרושר הורן זון איך וויל דיר שטיל הלטן ניכֿט (When he wanted to have intercourse with her, she refused him: "No, you big son of a whore, I will not pacify you!" SP384a–b). Delilah also tries to seduce Samson: זוא וויל איך דיר הולט זיין (This way I will love you, SP369d).

[1] העלזן ostensibly means 'to embrace' (Timm 2005, haldsn (sich), 318), but here it seems to have sexual connotations. See Grimm 2021, Halsen, 3: "Dasz halsen auch eine obscöne bedeutung erlangt, liegt nahe: halsen, mit einem weib gfätterlen, coire, fovere aliquam."

Šōfẹ̄ṭīm-Mantua

The epic alludes to sexual relations: דש העמד וואלט זיא ניט אויש ציהן. איר ורשטיט וואל מיין בטוייטן (She refused to take off her shirt, you understand well what I mean, SM248c), and [זיא] ור זאגט אים אויך היימליכֿי אורטן (She denied him [access to] 'hidden places' [in her body], SM280d).

"Then went Samson to Gaza and saw there an harlot and went in unto her" (Judg. 16:1).

Šōfẹ̄ṭīm-Parma

An exact and moralizing translation: ער זאך איין ברוייא׳ איין זוֹנָה די וואש און שאם / ער קאם צו איר גשליכֿן בייא איר ער דו לאג / אז מאן דען בֿור יוארן מיט דען ווראוין פפלאג (He saw a woman, a prostitute who was shameless, he came to her secretly and lay with her, as it was customary to sleep with women many years ago, SP361b–d).

Šōfẹ̄ṭīm-Mantua

An inexact translation, favoring sexual relations within wedlock, probably with a moralizing intention: ער זאך דא איין ווירטין ויין. ער נם זיא צו איינר ורויאן (He saw a beautiful innkeeper and married her, SM268b).

"And Samson slept till midnight" (Judg. 16:3).

Šōfĕṭīm-Parma	*Šōfĕṭīm-Mantua*
An allusion to erotica: ביז אום דיא מיטר נאכֿט ליש אים גר וואל זיין (He enjoyed himself until midnight, SP363d).	A non-sexual retelling: ער הט ביבֿולן זיינר פֿריידן. זיא זולט אין צו מיטר נאכֿט אויף וועקן (He asked his [female] friend to wake him at midnight, SM269d).

"Now Samson went down to Timnah, and saw a woman in Timnah of the daughters of the Philistines. And he came up and told his father and his mother and said [...] give me her to wife" (Judg. 14:1–2).

Šōfĕṭīm-Parma	*Šōfĕṭīm-Mantua*
An explicit explanation: ער זאך איין הופשי וורוא בֿון דעם פְּלִשְׁתִּים [...] צו איינם ווייפא וואלט ער זיא הון צו שלופין מיט איר גון (He saw a beautiful Philistine woman, he wanted to marry her so he could lie with her, SP311b–d).	Erotic allusions: ער זאך בֿון טויכֿטר דער פלשתים איין שויניא ורויא: / זי צו נעמן ער זיך ניט ווידרט· עש וור אים גוט הויא: / צו זיינם וטר אונ׳ מוטר טעט ער קוינדן· די יונק ורויא אישט בֿור מיין לייב (He saw a beautiful woman from the daughters of the Philistines, he did not oppose taking her, it was good for him. He announced to his father and mother: This young woman is for me [lit. 'for my body'], SM235a–c).

"I will go in to my wife into the chamber" (Judg. 15:1).

Šōfĕṭīm-Parma	*Šōfĕṭīm-Mantua*
An exact translation of the biblical text: ער קאם צו זיינם ווייפא אין דיא קאמר צו גון (He came to his wife, into the room, SP341a).	A slight sexual innuendo: איך וויל צו מיינם ווייב אין דיא קאמר קומן. אונ׳ וויל איר געבן דיא הנט (I want to come to my wife in the room and offer her my hand [i.e., greet her with a handshake – perhaps a euphemism for sex], SM255c).

The Woman at Gibeah (Judg. 19): The Levite man's feelings towards his concubine (this does not appear in the biblical text).

Šōfĕṭīm-Parma	*Šōfĕṭīm-Mantua*
No reference to this matter.	Description of deep attraction: דיא וייל וואר דעם לוי נוך איר לאנק: זיין לייב בראנט אים וויא איין קערץ (The time without her seemed long for the Levite [i.e., he was bored], his body burnt like a candle, SM334d–335a).

"Bring forth the man that came into thine house that we may know him" (Judg. 19:22).

Šōfĕṭīm-Parma

Expansive translation: וויר וואלן אין בשלופ̄ין אונ׳ וואלן ווילד מיט אים אום גין אונ׳ לעבן (We will have intercourse with him and will behave wildly and have sex with him, SP457b). Additionally, an idiomatic expression denoting homosexual behavior is used: זיא וואלטן יוא דען מן גין פ̄יורנעץ פ̄ורן (They wanted to take that man to Florence, SP459b, see note there).

Šōfĕṭīm-Mantua

An accurate translation: מיר ווען בישלופ̄ן אין (We will have intercourse with him, SM348d), followed by an idiomatic expression explaining that the men of Gibeah were drunk: זיא ווארן ב̄ וילר ווען דש ואס (They were fuller than the barrel, SM350a).

"Behold, here is my daughter, a virgin, and his concubine: them will I bring out now, and humble them, and do with them what seemeth you good" (Judg. 19:24).

Šōfĕṭīm-Parma

Inexact translation that avoids the aspect of rape: דיביידי זולטיר העלזין (You should 'hug' both of them, SP458d).

Šōfĕṭīm-Mantua

A partial yet exact translation: טוט צו אין וויש וואל טוט אוייערם לייב (Do to them whatever pleases your body, SM349d).

In addition to all the cases above, both epics retell extensively, far beyond the biblical description, the rape of the woman at Gibeah.[534] Also, while *Šōfĕṭīm-Parma* translates laconically the story about identifying the virgins at Jabesh Gilead,[535] *Šōfĕṭīm-Mantua* cites midrashic elaborations regarding virginity tests (see the notes to SM384–386) using moralizing terms, רייניא (clean, pure, SM384c) versus הט איין ועל (Had an imperfection, SM384c), claiming (apparently jokingly): מן קונט אינש אם פנים ניט זעהן אן (You could not see it on their faces, SM384b). This epic also states – although I have found no source for this elsewhere – that 200 women did not pass the test.[536]

534 SP460, SP469–470; SM350, SM356.
535 SP514–515.
536 SM384c as well as SM384d, SM385a.

Conclusion

Despite the differences among them, the location of the four studied epics on the axis between Jewish (Hebrew and Yiddish) and non-Jewish (mainly German, and to some extent Italian) literatures, is quite similar. The plots of all four draw on classical Jewish sources, primarily the Bible, elaborations in midrashic literature, and traditional commentary. By contrast, when depicting scenes typical of chivalric romance – mainly on the battlefield and in royal courts – the influence of German literary traditions is evident. Likewise, the epics' formal traits and the presence of an intrusive narrator are borrowed from German literature, while the indication that *Šōfĕṭīm-Mantua* should be sung as a work of *ottava rima* constitutes a reference to Italian literature.

Who composed the Parma epics and did he also compose the other works in that manuscript? As Turniansky already established, based on the great variety of genres, it is unlikely that one person (e.g., the copyist Moshe Hunt) composed all the works in the Parma Manuscript. Likewise, while the works themselves contain few Italian borrowings, many are to be found in the marginalia texts, which were undoubtedly written by the copyist.

Nevertheless, it appears that both the epics in that manuscript, *Yĕhōšua'-Parma* and *Šōfĕṭīm-Parma*, were composed by the same person. The great similarity between these epics is very clear. Apart from the obvious resemblances, such as the formal parallels and the fact that the biblical Book of Judges continues the Book of Joshua, it should be noted that almost all recurring rhymes and epic formulae in *Yĕhōšua'-Parma* also occur in *Šōfĕṭīm-Parma*. Likewise, the translations of the biblical text, in all aspects examined herein, employ similar techniques and parallel phrasings.

While there are also differences between the Parma epics – such as the fact that *Yĕhōšua'-Parma* contains over three times more Hebrew words than *Šōfĕṭīm-Parma* on average per stanza – these do not outweigh the significant similarities highlighted above.

Did the author of *Šōfĕṭīm-Mantua* also write *Yĕhōšua'-Cracow*? Likewise, is it possible that *Yĕhōšua'-Cracow* was first printed in Mantua but only its second printing from Cracow survived? Following a profound study of the two

printed epics, I believe that they were composed by two different authors. This assumption is based on the following:

Šōfẹ̌ṭīm-Mantua is of a far higher poetic quality than *Yẹ̌hōšua'-Cracow*, demonstrating a degree of finesse not evident in the latter. While *Šōfẹ̌ṭīm-Mantua* adheres diligently and fully to the stanzaic norm, in *Yẹ̌hōšua'-Cracow*, which ostensibly follows the same norm, one third of the stanzas are corrupt.

Šōfẹ̌ṭīm-Mantua offers a concise and poetically sensitive translation of the biblical text, often drawing on the classic *taytsh* tradition. By contrast, *Yẹ̌hōšua'-Cracow*'s style is much more paraphrastic and its linguistic style differs to that of the *taytsh* tradition.

Furthermore, the rhyming of Hebrew words is much more common in *Šōfẹ̌ṭīm-Mantua*, compared to the often poor quality or complete lack of such rhymes in *Yẹ̌hōšua'-Cracow*. Finally, only 40% of the recurring rhymes found in the shorter epic, *Yẹ̌hōšua'-Cracow*, are also evident in *Šōfẹ̌ṭīm-Mantua*.

Shmeruk already refuted the bibliographic hypothesis arguing that *Yẹ̌hōšua'-Cracow* was first printed in Mantua but only its second printing from Cracow survived, highlighting that there is no historical evidence for that idea.[537] Moreover, this argument is further weakened by the observations above, which rule out a common author for the two works.

Is *Šōfẹ̌ṭīm-Mantua* an adaptation of an older Yiddish epic on the Book of Judges? And is there a connection between the epics on Joshua and Judges in the Parma Manuscript and the printed editions? A comparison of both renditions of each biblical book reveals that the Parma epics exhibit a far more formulaic and indeed epic character than the printed versions. While the Parma epics are also more conservative in their translations of the biblical text, the printed epics are poetically more developed, offering freer translations and retellings of the text. In addition, the narrator is more distinct and intrusive in the printed epics.

Indeed it would be logical to assume that the author of *Šōfẹ̌ṭīm-Mantua*, which was printed in Mantua in 1564, was acquainted with *Šōfẹ̌ṭīm-Parma*, which was copied in the same city some fifty years earlier.[538] Nevertheless, I have found no empirical evidence to support a connection between the two

537 Shmeruk 1980: 74–78; Turniansky 1982: 597, 611–613.
538 Timm 1977a; Timm 1977b.

retellings – besides the fact that both plots retell the same Jewish sources.[539] Thus, for example, there is no parallel in *Šōfĕṭīm-Parma* to the song about Micah or the long discussion of the fate of Jephtah's daughter that appear in *Šōfĕṭīm-Mantua*. Likewise, *Šōfĕṭīm-Mantua* lacks the detailed description of Samson fighting the lion found in *Šōfĕṭīm-Parma*.[540]

Turniansky already demonstrated in detail that there is no connection between the two epics on the Book of Joshua aside from their similar plots.[541] Each of the epics on Joshua omits different parts of the biblical text. Particularly significant with regard to the question of common authorship is the absence of the song concerning the kings of Canaan from the manuscript version and the omission of the scene depicting Moses' death from the printed poem.

Linguistically, the Parma epics use words from the Hebrew component as well as the Romance component differently to the printed epics. Likewise, the presence of *taytsh* translations within the epics, or lack thereof, indicates a disparity between the Parma epics and the printed ones (especially *Yĕhōšua'-Cracow*).

Finally, there is a meaningful distinction between the Parma epics and the printed versions in stanzaic terms. While this argument could be refuted by claiming that the older epic was adapted to a newer form, it is supported by the appearance of the term דר נוייאט, which could be understood as 'made anew,' on the title pages of the printed editions (and on further occasions within *Šōfĕṭīm-Mantua*). Furthermore, *Yĕhōšua'-Cracow*'s tendency not to rhyme Hebrew words, even when they appear at the end of the line, also distinguishes it from the Parma epics. Indeed, I have found no evidence of any direct connection between the printed epics and those in the Parma Manuscript.

In which stanzaic structure was each of the epics written? All four epics were written in the stanzaic structure known in Yiddish literature as *niggūn Shmuel-bukh*. That is, they could be sung to the (now lost) melody used for many Yiddish epics throughout the Medieval and Early Modern Periods. This stanzaic structure is comprised of four long lines or eight short ones.

539 Shmeruk 1980: 77, n. 12.
540 Roman 2018.
541 Turniansky 1982: 631.

The printed epics added, with varying measures of success, another rhyme near the caesuras (or at the end of the odd-numbered lines, when considering the stanza as an octave).

While *Yĕhōšua'-Cracow* clearly states that it was to be performed to *niggūn Shmuel-bukh*, no such statement is made in the Parma epics (although it can be implied). *Šōfĕṭīm-Mantua* was printed in a time and place where *ottava rima* poetry was popular, and its author, Yaakov zu der Kannen, managed to combine the classic Yiddish structure with elements of this Italian form. It appears that he intended for his poem to be sung to an Italian *ottava rima* melody. However, this solely musical element does not detract from the fact that his poem is metrically based on the *niggūn Shmuel-bukh*, and if desired it too could be sung to this classic Yiddish melody.

How should the four epics be viewed in light of the *Shpilman* Theory? It appears that the epics studied do not meet the criteria of the *Shpilman* Theory, although they do preserve information that sheds light on the earlier, oral phenomenon of the Yiddish epic.

The authors of all four epics appear to have been learned Jews who were well-versed in rabbinic literature and acquainted with German epic poetry. None of the epics exhibits purely oral traits, and these works were clearly composed in writing. Nevertheless, all four incorporate shorter oral songs and use techniques (in terms of form and content) employed in purely oral works. Likewise, although these texts were composed in writing, they were largely intended for public reading.

Bibliography

Aarne, Antti, 1961: *The Types of the Folktale: A Classification and Bibliography*. Folklore Fellows Communications 3. Translated and Enlarged by Stith Thompson. Helsinki: Academia Scientiarum Fennica.

Abramson, Shraga, 1963 אברמסון, שרגא: בירורים. בתוך: **סיני** נב: קמז–קמח.

Alexander, Tamar and Galit Hasan-Rokem, 1990 אלכסנדר, תמר וגלית חזן־רוקם: יסודות של מקום בפתגמים של יהודי טורקיה: העולם והבית. בתוך: **פעמים** 41: 118–130.

Alexander, Tamar and Galit Hasan-Rokem, 1995 אלכסנדר, תמר וגלית חזן־רוקם: אלפא־ביתא דדודה: ריבוי משמעויות בהבניית אתוס באמצעות פתגמים אצל דוברת ספרדית־יהודית בירושלים. בתוך: **מחקרי ירושלים בפולקלור יהודי** יז: 63–87.

Aloni, Nehemia, 1973 אלוני, נחמיה: מקורות חדשים ל„שמואל בוך" ול„מלכים בוך." בתוך: **באר שבע** א: 90–113 [ועוד 22 עמודי צילומים].

Altshuler, Moshe ben Hanokh, 1610 אלטשולר, משה בן חנוך [ר׳ משה הענוכש]: **ספר ברנט שפיגל**. פראג: דפוס גרשם בן יוסף בצלאל כץ.

Aptroot, Marion, 1993: In *Galkhes* They Do Not Say So, but the *Taytsh* Is as It Stands Here: Notes on the Amsterdam Yiddish Bible Translations by Blitz and Witzenhausen. In: *Studia Rosenthaliana* 27 (1–2): 136–158.

Assaf, Simcha, 2002 אסף, שמחה: **מקורות לתולדות החינוך**. מהדורה חדשה בעריכת שמואל גליק. כרך 1. ניו יורק: בית המדרש לרבנים באמריקה.

Baldick, Chris, ed., 2008: *Oxford Dictionary of Literary Terms*. 3rd edition. Oxford: Oxford University Press.

Basin, Moshe, 1917 באַסין, משה: **אַנטאָלאָגיע פינף הונדערט יאָהר אידישע פּאָעזיע**. 2 בענד. ניו יאָרק: דאס בוך.

Bastomski, Shloyme, 1920 באַסטאָמסקי, שלמה: **ביים קוואל: יידישע שפריכווערטער, ווערטלאך, גלייכווערטלאך, רעדנסארטן, פארגלייכעניש, ברכות, ווינטשעניש, קללות, חרמות, סימנים, סגולות, זאבאבאנעס, א.א.** ווילנע: די נייע יידישע פאלקסשול.

Batsch, Sonja and Simon Neuberg, eds., 2015: Ein Jona-Lied. In: *Jiddistik Mitteilungen: Jiddistik in deutschsprachigen Ländern* 53–54: 1–37.

Baumgarten, Jean, 2005: *Introduction to Old Yiddish Literature*. Edited and translated by Jerold C. Frakes. Oxford: Oxford University Press.

Baum-Sheridan, Jutta, 1996: *Studien zu den westjiddischen Estherdichtungen*. Hamburg: Buske.

Beinfeld, Solon and Harry Bochner, eds., 2013: *Comprehensive Yiddish-English Dictionary*. Barry Goldstein and Yankl Salant, associate editors. Bloomington, Ind.: Indiana University Press.

Belkin, Ahuva, 1993 בלקין, אהובה: **הפורים שפיל: עיונים בתאטרון היהודי העממי**. ירושלים: מוסד ביאליק.

Ben Elyakum, Itzhak, 1620 יצחק בן אליקום מפוזנא: **ספר לב טוב**. פראג: בני יעקב ב״ק.

Ben Yehuda, Eli'ezer, 1980 [1948–1959] בן יהודה, אליעזר: **מלון הלשון העברית הישנה והחדשה**. 16 כרכים. ירושלים: מקור.

Berman, Samuel A., ed., 1996: *Midrash Tanhuma-Yelammedenu: An English Translation of Genesis and Exodus from the Printed Version of Tanhuma-Yelammedenu with an Introduction, Notes, and Indexes*. Trans. Samuel A. Berman. Hoboken, NJ: Ktav Pub. House.

Bernstein, Ignaz, 1908 בערנשטיין, איגנאַץ: **יודישע שפּריכווערטער און רעדענסאַרטען**. וואַרשוי: קויפפמאנן.

Bollag, Michy and Karl Weibel, 1995: *Endinger Jiddisch: Eine vergangene Sprache*. Baden: M. Bollag und K. Weibel.

Borokhov, Ber, 1913 באָראָכאָוו, בער: די ביבליאָטעק פֿונעם ייִדישן פֿילאָלאָג: פֿיר הונדערט יאָר ייִדישע שפּראַך־פֿאָרשונג. אין: שמואל ניגער, רעד., **דער פנקס: יאהרבוך פאר דער געשיכטע פון דער יודישער ליטעראטור און שפראך, פאר פאלקלאר, קריטיק און ביבליאגראפיע**. ווילנע: קלעצקין.

Brandt, Rüdiger, 2005: "Spielmannsepik:" Literaturwissenschaft zwischen Edition, Überlieferung und Literaturgeschichte. In: *Jahrbuch für Internationale Germanistik* 2: 9–49.

Breuer, Mordecai, 2004 ברויאר, מרדכי: **אוהלי תורה: הישיבה תבניתה ותולדותיה**. ירושלים: מרכז זלמן שזר לתולדות ישראל.

Briquet, Charles Moïse, 1923: *Les filigranes: Dictionnaire historique des marques du papier; Dès leur apparition vers 1282 jusqu'en 1600*. 4 vols. Leipzig: Karl W. Hiersemann.

Busi, Giulio, 1996: *Libri ebraici a Mantova*. Vol. 1: *Le edizioni del XVI secolo nella biblioteca della comunità ebraica*. Fiesole: Cadmo.

Cowley, Arthur Ernest, 1929: *A Concise Catalogue of the Hebrew Printed Books in the Bodleian Library*. Oxford: Clarendon Press.

Dan, Yosef, 1974 דן, יוסף: **הסיפור העברי בימי־הביניים: עיונים בתולדותיו**. ירושלים: כתר.

Dan, Yosef, ed., 1986 דן, יוסף, מהדיר: **ספר הישר**. ירושלים: מוסד ביאליק.

De Rossi, Giovanni Bernardo, 1803: *Mss. codices Hebraici biblioth. I.B. De-Rossi accurate ab eodem descripti et illustrati: Accedit appendix qua continentur manuscripti codices reliqui alinquae linguarum*. 3 vols. Parmae: Ex publico typographeo.

Dishon, Yehudit, 1985 דישון, יהודית: **ספר שעשועים ליוסף בן מאיר אבן זבארה**. ירושלים: ראובן מס.

Dreessen, Wulf-Otto, ed., 1971: *Akêdass Jizḥak: Ein altjiddisches Gedicht über die Opferung Isaaks*. Hamburg: Leibniz-Verlag.

Dreeßen, Wulf-Otto, 1977: Die altjiddischen Estherdichtungen: Überlegungen zur Rekonstruktion der Geschichte der älteren jiddischen Literatur. In: *Daphnis: Zeitschrift für Mittlere Deutsche Literatur* 6 (1–2): 27–39.

Dreessen, Wulf-Otto, 1977–2004: Joßef ha-zadik. In: Wolfgang Stammler, Karl Langosch, Kurt Illing, and Christine Stöllinger, eds., *Die deutsche Literatur des Mittelalters: Verfasserlexikon*. Vol. 4. Berlin: W. de Gruyter, 878–880.

Dreessen, Wulf-Otto, 1995: Zur Signifikanz des Sprichwörtlichen in Teilen der altjiddischen Literatur. In: *Proverbium* 12: 141 – 155.

Dreessen, Wulf-Otto, 2012: Dovid und Wolfdietrich. In: Marion Aptroot, Efrat Gal-Ed, Roland Gruschka, and Simon Neuberg, eds., *Leket: Jiddistik heute*. Düsseldorf: Düsseldorf University Press, 309 – 319.

Dreeßen, Wulf-Otto and Hermann-Josef Müller, eds., 1978: *Doniel: Das altjiddische Danielbuch nach dem Basler Druck von 1557*. 2 vols. Göppingen: Kümmerle.

Eidels, Shmuel Eliezer HaLevi, 1631 – 1632 אידלש, שמואל אליעזר בן יהודה [מהרש״א]: **ספר חדושי אגדות על כל שיטות התלמוד**. קראקא: דפוס מנחם נחום מיזלש.

Elbaum, Yaakov and Chava Turniansky, 2008: Tsene-rene. In: Gershon D. Hundert, ed., *YIVO Encyclopedia of Jews in Eastern Europe*. Vol. 2. New Haven: Yale University Press, 1912 – 1913.

Elbaum, Yaakov, 1990 אלבוים, יעקב: **פתיחות והסתגרות: היצירה הרוחנית־ספרותית בפולין ובארצות אשכנז בשלהי המאה השש־עשרה**. ירושלים: הוצאת ספרים ע״ש י״ל מאגנס.

Elzet, Yehuda, 1920: עלזעט, יהודה: **דער וואונדער־אוצר פון דער יודישער שפראַך**. וואַרשע: לעווין עפשטיין.

Erik, Max, 1926 עריק, מאַקס: **וועגן אַלטיִידישן ראָמאַן און נאָוועלע**. וואַרשע: מ. רייז.

Erik, Max, 1979 [1928]: עריק, מאַקס: **די געשיכטע פון דער ייִדישער ליטעראַטור פון די עלטסטע צייַטן ביז דער השכלה־תּקופה**. ניו יאָרק: אַלוועלטלעכער ייִדישער קולטור־קאָנגרעס.

Erk, Ludwig and Franz M. Böhme, 1963 [1893 – 1894]: *Deutscher Liederhort*. 3 vols. Wiesbaden: G. Olms.

Etkes, Immanuel and David Assaf, eds., 2010 אטקס, עמנואל ודוד אסף, עורכים: **החדר: מחקרים, תעודות, פרקי ספרות וזיכרונות**. רמת אביב: המכון לחקר תולדות יהדות פולין ויחסי ישראל־פולין.

Even, Yosef, 1974 אבן, יוסף: סופר, מספר ומחבר. בתוך: **הספרות** 18–19: 137–163.

Falk, Felix, 1908: Die Bücher Samuelis in deutschen Nibelungenstrophen des XV. Jahrhunderts. In: *Mitteilungen zur jüdischen Volkskunde* 11 (2): 79– 85, (3): 97 – 116, (4): 129 – 150.

Falk, Feliks, 1938 פֿאַלק, פֿעליקס: די תּלמודישע אַגדה פֿון שלמה־המלך מיטן אַשמדאַי און דעם שמיר אין צוויי אַלטיִידישע נוסחאות. אין: **ייִוואָ־בלעטער** 13: 246–274.

Falk, Felix, 1961: *Das Schemuelbuch des Mosche Esrim Wearba: Ein biblisches Epos aus dem 15. Jahrhundert*. Einleitung und textkritischer Apparat von Felix Falk, aus dem Nachlass hrsg. von L[ajb] Fuks. 2 vols. Assen: Van Gorcum.

Fox, Harry and Justin Jaron Lewis, eds., 2011: *Many Pious Women: Edition and Translation*. Berlin: De Gruyter.

Frakes, Jerold C., ed., 2014: *Early Yiddish Epic*. Trans. Jerold C. Frakes. Syracuse, NY: Syracuse University Press.

Frank, Jehuda Leopold, 1993: *Loschen Hakodesh: Jüdisch-deutsche Ausdrücke, Sprichwörter und Redensarten der Nassauischen Landsjuden*. Cholon: n. p.

Freedman, Harry, 1951: *Midrash Rabbah*. Translated into English with Notes, Glossary and Indices under the Editorship of H[arry] Freedman and Maurice Simon with a foreword by I. Epstein. Vols. 1 – 2: Genesis. Trans. Harrz Freedman. London: Soncino Press.

Freiman, Aaron, 1898: Miscellen. In: *Zeitschrift für Hebräische Bibliographie* 3: 62–63.

Fuchs, Barbara, 2004: *Romance*. New York: Routledge.

Fuks, Lajb, ed., 1957: *The Oldest Known Literary Documents of Yiddish Literature (c. 1382)*. 2 vols. Leiden: E. J. Brill.

Fuks, Lajb, ed., 1965: *Das altjiddische Epos Melokhîm-Bûkh*. 2 vols. Assen: Van Gorcum.

Ge'alya, Arye, 1969 גאליה, אריה: **מסורת הטייטש של החומש**. חיבור לשם קבלת תואר דוקטור לפילוסופיה, האוניברסיטה העברית בירושלים.

Genette, Gérard, 1980: *Narrative Discourse: An Essay in Method*. Trans. Jane E. Lewin. Ithaca, NY: Cornell University Press.

Gerhardt, Christoph, 1977–2004: Historienbibeln. In: Wolfgang Stammler, Karl Langosch, Kurt Illing, and Christine Stöllinger, eds., *Die deutsche Literatur des Mittelalters: Verfasserlexikon*. Vol. 4. Berlin: W. de Gruyter, 67–75.

Ginzberg, Louis, 2003: *Legends of the Jews*. Trans. Henrietta Szold and Paul Radin. 2nd edition. 2 vols. Philadelphia: Jewish Publication Society.

Goldenthal, Jakob, 1845 גאלדענטהאל, יעקב: **לוח הספרים הנרשמים חוץ מהנלוים**. לייפציג: מו״ל.

Graham, William A., 1987: *Beyond the Written Word: Oral Aspects of Scripture in the History of Religion*. Cambridge: Cambridge University Press.

Green, Dennis Howard, 1994: *Medieval Listening and Reading: The Primary Reception of German Literature, 800–1300*. Cambridge: Cambridge University Press.

Grimm, Jacob and Wilhelm Grimm, 2021 [1854–1961]: *Deutsches Wörterbuch*. 16 vols. Leipzig: S. Hirzel. Online version: http://woerterbuchnetz.de/DWB/ [11 June 2021].

Grossman, Avraham, 1989 גרוסמן, אברהם: **חכמי אשכנז הראשונים: קורותיהם, דרכם בהנהגת הציבור, יצירתם הרוחנית מראשית ישיבתם ועד לגזירות תתנ״ו (1096)**. ירושלים: הוצאת ספרים ע״ש י״ל מאגנס.

Grossman, Avraham, 2003 גרוסמן, אברהם: **חסידות ומורדות: נשים יהודיות באירופה בימי־הביניים**. ירושלים: מרכז זלמן שזר לתולדות ישראל.

Grünbaum, Max, 1882: *Jüdisch-deutsche Chrestomatie*. Leipzig: F. A. Brockhaus.

Güdemann, Moshe, 1922 גידעמאן, משה: אידישע קולטור־געשיכטע אין מיטלאלטער: אידן אין דייטשלאנד דאס XIV און XV יאהרהונדערט. איבערגעזעצט: נחום שטיף. בערלין: כלל.

Guez-Avigal, Miriam, 2009 גז־אביגל, מרים: **שירת הנביאים: ספר שירת הקודש של נשים מהאי ג׳רבא שבתוניסיה**. לוד: אורות יהדות המגרב.

Guggenheim-Grünberg, Florence, 1976: *Wörterbuch zu Surbtaler Jiddisch: Die Ausdrücke hebräisch-aramäischen und romanischen Ursprungs, Einige bemerkenswerte Ausdrücke deutschen Ursprungs*. Zürich: Juris.

Guri, Yosef, 1999 גורי, יוסף: **קלוג ווי שלמה המלך: 500 ייִדישע פֿאָלקספֿאַרגלייַכן פֿאַרטייַטשט אויף העברעיִש, ענגליש און רוסיש**. ירושלים: האוניברסיטה העברית.

Hamburger, Binyamin Shlomo and Yitzhak Eric Zimmer, eds., 1988–1992 המבורגר, בנימין שלמה ויצחק זימר, עורכים: **מנהגים דק״ק וורמיישא לרבי יוזפא שמש.** 2 כרכים. ירושלים: מכון ירושלים–מפעל תורת חכמי אשכנז.

Hamburger, Binyamin Shlomo, 1995–2004 המבורגר, בנימין שלמה: **שרשי מנהג אשכנז.** 5 כרכים. בני ברק: מכון מורשת אשכנז.

Hannover, Natan Neta, 1660 הנובר, נתן נטע: **ספר שפה ברורה.** פראג: בני יעקב ב״ק.

Haran, Don, 2001a: Frottola. In: Stanley Sadie, ed., *The New Grove Dictionary of Music and Musicians*. Vol. 6. New York: Grove, 867–873.

Haran, Don, 2001b: Ottava rima. In: Stanley Sadie, ed., *The New Grove Dictionary of Music and Musicians*. Vol. 14. New York: Grove, 24.

Haran, Don, 2001c: Strambotto. In: Stanley Sadie, ed., *The New Grove Dictionary of Music and Musicians*. Vol. 18. New York: Grove, 198.

Harrington, Daniel and Anthony J. Saldarini, 1987: *Targum Jonathan of the Former Prophets: Introduction, Translation and Notes*. Edinburgh: T. & T. Clark.

Hasan-Rokem, Galit, 1982: *Proverbs in Israeli Folk Narratives: A Structural Semantic Analysis*. Folklore Fellows Communications 232. Helsinki: Academia Scientiarum Fennica.

Heide, Gernot, ed., 2017: *Mircevess hamischne des Rabbi Anschel: Krakau um 1534*. Nach dem Tenakh geordnet mit deutschsprachigen Entsprechungen und einem Wörterverzeichnis herausgegeben. Hamburg: Buske.

Heusler, Andreas, 1905: *Lied und Epos in germanischer Sagendichtung*. Dortmund: F. W. Ruhfus.

Hovav, Yemima, 2009 חובב, ימימה: **עלמות אהבוך: חיי הדת והרוח של נשים בחברה האשכנזית בראשית העת החדשה.** ירושלים: מרכז דינור לחקר תולדות ישראל.

Hrushovski, Benjamin, 1964: The Creation of Accentual Iambs in European Poetry and Their First Employment in a Yiddish Romance in Italy (1508–09). In: Lucy S. Dawidowicz, Alexander Erlich, Rachel Erlich, and Joshua A. Fishman, eds., *For Max Weinreich on his Seventieth Birthday: Studies in Jewish Languages, Literature, and Society*. The Hague: Mouton: 108–146.

Isherwood, Christopher, 1977: *Goodbye to Berlin*. Frogmore, St. Albans [England]: Triad Panther.

Israelstam, J. and Judah J. Slotki, 1939: *Midrash Rabbah*. Translated into English with Notes, Glossary and Indices under the Editorship of H[arry] Freedman and Maurice Simon with a foreword by I. Epstein. Vol. 4: Leviticus. Trans. J. Israelstam and Judah J. Slotki. London: Soncino Press.

Jellinek, Adolph Yaakov, ed., 1938 יעללינעק, יעקב: **בית המדרש: בו נקהלו [...] מדרשים קטנים ישנים ומאמרים שונים [...].** מהדורה שניה. 6 כרכים. ירושלים: במברגר את וואהרמאן.

Joffe, Judah A. and Yudel Mark, 1961–1980 יאָפֿע, יהודה און יודל מאַרק, רעד.: **גרויסער ווערטערבוך פֿון דער ייִדישער שפּראַך.** 4 בענד. ניו־יאָרק: קאָמיטעט פֿאַרן גרויסן ווערטערבוך פֿון דער ייִדישער שפּראַך.

Kanarfogel, Ephraim, 1992: *Jewish Education and Society in the High Middle Ages*. Detroit: Wayne State University Press.

Karpeles, Gustav, 1903: Litte von Regensburg. In: Aron Freimann and Meier Hildesheimer, eds., *Festschrift zum Siebzigsten Geburtstage A. Berliners*. Frankfurt a.M.: J. Kauffmann, 190–194.

Katz, Eli, ed., 1994: *Book of Fables: The Yiddish Fable Collection of Reb Moshe Wallich, Frankfurt am Main, 1697*. Trans. Eli Katz. Detroit: Wayne State University Press.

Ker, William Paton, 1926: *Epic and Romance: Essays on Medieval Literature*. London: Macmillan.

Kushelevsky, Rella, 2010 קושלבסקי, רלה: **סיגופים ופיתויים: הסיפור העברי באשכנז על פי כתב יד פרמא 2295 (דה רוסי 563)**. ירושלים: הוצאת ספרים ע״ש י״ל מאגנס.

Landau, Alfred and Bernhard Wachstein, eds., 1911: *Jüdische Privatbriefe aus dem Jahre 1619*. Wien: W. Braumüller.

Landau, Leo, 1912: *Arthurian Legends: Or the Hebrew-German Rhymed Version of the Legend of King Arthur*. Leipzig: E. Uvenarins.

Landau, Leo, 1919: A Hebrew-German Paraphrase of the Book of Esther. In: *The Journal of English and Germanic Philology* 18: 497–555.

Lauterbach, Jacob Zallel, ed., 2004: *Mekhilta de-Rabbi Ishmael: A Critical Edition, Based on the Manuscripts and Early Editions*. Trans. Jacob Z. Lauterbach. 2 vols. Philadelphia: Jewish Publication Society.

Lehrman, S. M., 1951: *Midrash Rabbah*. Translated into English with Notes, Glossary and Indices under the Editorship of H[arry] Freedman and Maurice Simon with a foreword by I. Epstein. Vol. 3: Exodus. Trans. S. M. Lehrman. London: Soncino Press.

Leibowitz, Nehama, 1931: *Die Übersetzungstechnik der jüdisch-deutschen Bibelübersetzungen des 15. und 16. Jahrhunderts: dargestellt an den Psalmen*. Marburg: n. p.

Leviant, Curt, 1969: *King Artus: A Hebrew Arthurian Romance of 1279*. Assen: Van Gorcum.

Levinson, Yehoshua, 2005 לוינסון, יהושע: **הסיפור שלא סופר: אמנות הסיפור המורחב במדרשי חז״ל**. ירושלים: הוצאת ספרים ע״ש י״ל מאגנס.

Lexer, Matthias, 2021 [1872–78]: *Mittelhochdeutsches Handwörterbuch*. 3 vols. Stuttgart: S. Hirzel. Online version: http://woerterbuchnetz.de/Lexer/ [11 June 2021].

Liebermann, Haim, 1980 ליבערמאַן, חיים: ווען דעם ספּר המגיד און זיַין מחבר. אין: חיים ליברמן, רעד., **אהל רח״ל**. ב׳ 2. ניו יאָרק: ח. ליברמן, 231--247.

Lord, Albert Bates, 1960: *The Singer of Tales*. Cambridge, Mass.: Harvard University Press.

Masser, Achim, 1976: *Bibel- und Legendenepik des deutschen Mittelalters*. Berlin: E. Schmidt.

Matenko, Percy and Samuel Sloan, 1968: The Aqedath Jiṣḥaq: A Sixteenth Century Yiddish Epic with Introduction and Notes. In: idem, eds., *Two Studies in Yiddish Culture*. Leiden: E. J. Brill, 1–70.

Matut, Diana, ed., 2011: *Dichtung und Musik im frühneuzeitlichen Aschkenas: Mss. Opp. add. 4° 136 der Bodleian Library, Oxford (das so genannte Wallich-Manuskript) und Ms. hebr. oct. 219 der Stadt- und Universitätsbibliothek, Frankfurt a. M.* 2 vols. Leiden: Brill.

Meier, John, 1935: *Deutsche Volkslieder*. Vol. 1: Balladen. Berlin: W. de Gruyter.

Meitlis, Jakob, ed., 1979 מייטליס, יעקב, עורך: **מדרש לפרקי אבות ביידיש קמאית לאנשל לוי**. ירושלים: האקדמיה הלאומית הישראלית למדעים.

Melekh, Shelomo ibn, 1660 מלך, שלמה אבן: **מכלל יופי [...] והוא פירוש המלות והענינים הקשים אשר בכ״ד כתבי הקדש**. אמשטרדם: אורי בן אהרן הלוי.

Merchant, Paul, 1971: *The Epic*. London: Methuen.

Metz, Isaac, 1826 מעטץ, אייזק: **קהלת דוד: רשימת אוצר הספרים המפואר; אצרו ואספו הגאון המפורסם מהור״ר דוד אפפענהיים זצ״ל אב״ד דפראג [...]**. המבורג: שמואל ויהודה בון.

Mirĕkevet ha-mišneh, 1534 אשר אנשיל: **מרכבת המשנה אשר לקונקורדשיו [...]**. קראקא: דפוס שמואל אשר ואליקים בני חיים העליץ.

Natan ben Yehiel, 1955 [1937] נתן בן יחיאל הרומי: **ספר ערוך השלם [...] בו נקבצו [...] כל המלות החמורות בתלמוד ומדרשים ונסדרו עפ״י א״ב**. עורך ישראל קוהוט. 9 כרכים. ניו יורק: פרדס.

Neubauer, Adolf, 1892: Commentary on the Pentateuch Composed in Russia, before 1155 A.D. In: *Jewish Quarterly Review* 4 (4): 701 – 704.

Neuberg, Simon, 1999: *Pragmatische Aspekte der jiddischen Sprachgeschichte am Beispiel der "Zenerene."* Hamburg: H. Buske.

Neuberg, Simon, 2000: *Das Schwedesh lid*. Hamburg: H. Buske.

Neuberg, Simon, 2002: Reimstudien zur jiddischen Midrasch-Epik. In: Jürgen Jaehrling, Uwe Meves, and Erika Timm, eds., *Röllwagenbüchlein: Festschrift für Walter Röll zum 65. Geburtstag*. Tübingen: Niemeyer, 391 – 409.

Neuberg, Simon, 2008: Noch mehr Reime im Šmu'el-buch. In: *Jiddistik Mitteilungen* 39: 12 – 16

Niborski, Yitskhok, 2012 ניבאָרסקי, יצחק, רעד.: **ווערטערבוך פֿון לשון־קודש־שטאַמיקע ווערטער אין ייִדיש**. מיט דער מיטהילף פֿון שמעון נויבערג, אליעזר ניבאָרסקי און נאַטאַליאַ קריניצקאַ. פּאַריז: מעדעם ביבליאָטעק.

Noy, Dov, 1976 נוי, דב: **סיפורי בעלי־חיים בעדות ישראל**. חיפה: עירית חיפה – המוסיאון לאתנולוגיה ולפולקלור.

Pagis, Dan, 1976 פגיס, דן: **חידוש ומסורת בשירת החול העברית: ספרד ואיטליה**. ירושלים: כתר.

Perles, Joseph, 1876: Bibliographische Mittheilungen aus München. In: *Monatsschrift für Geschichte und Wissenschaft des Judentums* 25 (9): 351 – 361.

Piper, Paul, ed., 1890: *Die Spielmannsdichtung*, Berlin a. o.: Spemann.

Pirozhnikov, Yitskhok, 1908 פּיראזשניקאוו, יצחק: **אידישע שפּריכווערטער: געזאַמעלט און נאָכֿן ענין נאָךְ געטיילט אין בעזונדערע אָבטיילונגען**. ווילנא: דפוס המחבר.

Rabbinowitz, Joseph, 1951: *Midrash Rabbah*. Translated into English with Notes, Glossary and Indices under the Editorship of H[arry] Freedman and Maurice Simon with a foreword by I. Epstein. Vol. 7: Deuteronomy . Trans. J. Rabbinowitz. London: Soncino Press.

Regensburg, Yehudah b. Yisrael, 1657 רגנשבורג, יהודה בן ישראל: **ספר משלי חכמים: מחובר בלשון עברי [...] ואשכנזי [...]**. אמשטרדם: דפוס ע. בנבנשתי.

Reichl, Karl, ed., 2012: *Medieval Oral Literature*, Berlin a. o.: De Gruyter.

Rice, Eugene Franklin, Jr., with Anthony Grafton, 1994: *The Foundations of Early Modern Europe: 1460–1559*. Second edition. New York a. o.: W. W. Norton & Company.

Richler, Benjamin, ed., 2011 בנימין ריצ׳לר, עורך: **כתבי היד העבריים בספרית הפאלאטינה בפרמה: קטלוג**. ירושלים: בית הספרים הלאומי והאוניברסיטאי.

Riegler, Michael, 2017: Die Schlussformel "bis der Esel auf die Leiter klettert" im Kolophon der mittelalterlichen hebräischen Handschriften in Aschkenas. In: *Aschkenas: Zeitschrift für Geschichte und Kultur der Juden* 27 (2): 371–397.

Rimmon-Kenan, Shlomith, 2002: *Narrative Fiction: Contemporary Poetics*. London: Routledge.

Rivlin, Yosef Yoel, 1959 ריבלין, יוסף יואל: **שירת יהודי התרגום: פרקי עלילה וגבורה בפי יהודי כורדיסתן**. ירושלים: מוסד ביאליק.

Rocke, Michael, 1996: *Forbidden Friendships: Homosexuality and Male Culture in Renaissance Florence*. Oxford: Oxford University Press.

Röhrich, Lutz, 1973: *Lexikon der sprichwörterlichen Redensarten*. 2 vols. Freiburg a. o.: Herder.

Roman, Oren 2008 רומן, אורן: **עיונים ביצירתו של יעקב צו דער קאנן: ספר שופטים (מנטואה שכ״ד)**. עבודת גמר לתואר מ״א, האוניברסיטה העברית בירושלים.

Roman, Oren, 2009: The Song of Deborah in Sefer Shoftim (Mantua 1564). In: *Amsterdam Yiddish Symposium* 3: 27–44.

Roman, Oren, 2015a רומן, אורן: **השירות האפיות ביידיש-ישנה על ספר יהושע ועל ספר שופטים**. 2 כרכים. חיבור לשם קבלת תואר דוקטור לפילוסופיה, האוניברסיטה העברית בירושלים.

Roman, Oren, 2015b: *Be-nign Shmuel-bukh*: On the Melody or Melodies Mentioned in Old-Yiddish Epics. In: *Aschkenas: Zeitschrift für Geschichte und Kultur der Juden* 25 (1): 145–160.

Roman, Oren, 2016: Early Ashkenazic Poems about the Binding of Isaac. In: *Naharaim: Journal of German-Jewish Literature and Culture History* 10 (2): 175–194.

Roman, Oren, 2018: A Man Fighting a Lion: A Christian 'Theme' in Yiddish Epics. In: *Interfaces. A Journal of Medieval European Literatures* 5: 90–110.

Romer-Segal, Agnes, 1978 רומר־סגל, אגנס: ספרות יידיש וקהל קוראיה במאה הט״ז: יצירות יידיש ברשימות ה„זיקוק" ממנטובה, 1595. בתוך: **קרית ספר** נג (ד): 779–790.

Rosenfeld, Moshe N., ed., 1984: *The Book of Cows: A Facsimile Edition of the Famed Kuhbuch, Verona 1595, from a Unique Copy in a Private Collection*. London: Hebraica Books.

Rosenzweig, Claudia, ed. 2016: *Bovo d'Antona by Elye Bokher: A Yiddish Romance. A Critical Edition with Commentary*. Leiden a. o.: Brill.

Samet, Haim Shlomo, 1935 סאמעט, חיים שלמה: **השפעת ספרותנו העתיקה על פתגמי העם**. ורשה: Poṡpiech.

Saperstein, Marc, 1989: *Jewish Preaching 1200 – 1800: An Anthology*. New Haven: Yale University Press.

Saranga, Carmela, 2000 סרנגה, כרמלה: **ספר הישר ביצירה ספרותית־היסטוריוגרפית**. חיבור לשם קבלת תואר דוקטור לפילוסופיה, אוניברסיטת בר־אילן, רמת גן.

Schaeper, Silke, 1995 שפר, זילקה: **תולדות אוסף הספרים של זלמן שוקן (1877–1959): תוך שימת דגש על התפתחות אוסף הספרים העבריים**. עבודת גמר לתואר מ״א, האוניברסיטה העברית בירושלים.

Schiper, Yitskhok (Ignacy), 1927 – 1928 שיפּער, יצחק: **געשיכטע פֿון ייִדישער טעאַטער־קונסט און דראַמע: פֿון די עלטסטע צייַטן ביז 1750**. 3 בענד. וואַרשע: קולטור־ליגע.

Scholz, Manfred Günter, 1980: *Hören und lesen: Studien zur primären Rezeption der Literatur im 12. und 13. Jahrhundert*. Wiesbaden: Steiner.

Schröder, Walter Johannes, 1967: *Spielmannsepik*. Stuttgart: J. B. Metzler.

Schrötter, Friedrich von, 1930: *Wörterbuch der Münzkunde*. Berlin: W. De Gruyter.

Schudt, Johann Jacob, 1912: *Neue Frankfurter jüdische Kleider-Ordnung*. Berlin: L. Lamm.

Schüler, Meier, 1928: Beiträge zur Kenntnis der alten jüdisch-deutschen Profanliteratur. In: *Festschrift zum 75 jährigen Bestehen der Realschule mit Lyzeum der Isr. Religionsgesellschaft*. Frankfurt am Main: n. p., 79 – 132.

Schumacher, Jutta, ed., 2006: *Ŝefer Mišle Šuolim (›Buch der Fuchsfabeln‹) von Jakob Koppelmann*. In Originalschrift und Transkription h[e]r[au]sg[egeben] und kommentiert. Hamburg: H. Buske.

Segal, Gershon ben Eliezer, 1953 סגל, גרשון בן אליעזר: **גלילות ארץ ישראל: עם תרגום לעברית בשם אגרת הקודש**. יוצא לאור בצירוף מבוא והערות על ידי יצחק בן צבי. ירושלים: מוסד הרב קוק.

Sertel, Moshe, 1605 שרטל, משה: **ספר באר: באר המלות על החומש וחמש מגילות** [...]. פראג: משה בן בצלאל כץ.

Shinan, Avigdor, 1977 שנאן, אביגדור: דברי הימים של משה רבינו: לשאלת זמנו, מקורותיו וטיבו של סיפור עברי מימי־הביניים. בתוך: **הספרות** 24: 100–116.

Shmeruk, Chone, 1964 שמערוק, חנא: די משה רבינו בשרייבונג: אן אומבאַוווסטע דראַמע פֿון 18טן יאָרהונדערט. אין: **די גאָלדענע קייט** 50: 296–320.

Shmeruk, Chone, 1967a: שמרוק, חנא: ראשיתה של הפרוזה הסיפורית ביידיש ומרכזה באיטליה. בתוך: איתאל מילאנו, דניאל קארפי ואלכסנדר רופא, עורכים, **ספר זכרון לאריה ליאונה קארפי: קובץ מחקרים לתולדות היהודים באיטליה**. מילאנו ועוד: מוסד שלמה מאיר – המכון למדעי היהדות, 119–140.

Shmeruk, Chone, 1967b: שמערוק, חנא: די נייַע עדיציע פֿונעם אַלטייִדישן מלכים־בוך. אין: **די גאָלדענע קייט** 59: 208–215.

Shmeruk, Chone, 1970 שמרוק, חנא: „מדרש איציק" ובעית מסורותיו הספרותיות. בתוך: **הספרות** ב (3): 347–354.

Shmeruk, Chone, 1977: The Hebrew Acrostic in the Yosef Hatsadik Poem of the Cambridge Yiddish Codex. In: *Michigan Germanic Studies* 3 (2): 67 – 81.

Shmeruk, Chone, 1978 שמרוק, חנא: **ספרות יידיש: פרקים לתולדותיה**. תל־אביב: מפעלים אוניברסיטאיים להוצאה לאור.

Shmeruk, Chone, ed. 1979 שמרוק, חנא, מהדיר: **מחזות מקראיים ביידיש 1750–1697**. ירושלים: האקדמיה הלאומית הישראלית למדעים.

Shmeruk, Chone, 1980 שמרוק, חנא: ששה דפוסי מנטובה ביידיש שלא היו ולא נבראו. בתוך: **עלי ספר** ח: 78–74.

Shmeruk, Chone, 1981 שמרוק, חנא: **ספרות יידיש בפולין: מחקרים ועיונים היסטוריים**. ירושלים: הוצאת ספרים ע״ש י״ל מאגנס.

Shmeruk, Chone, 1982 שמרוק, חנא: דפוסי יידיש באיטליה. בתוך: **איטליה** ג (2–1): קיב–קעה.

Shmeruk, Chone, 1986: Can the Cambridge Manuscript Support the "Spielmann" Theory in Yiddish Literature? In: *Studies in Yiddish Literature and Folklore*. Jerusalem: Hebrew University of Jerusalem: 1–36.

Shmeruk, Chone, 1988 שמערוק, חנא: **פּרקים פֿון דער ייִדישער ליטעראַטור־געשיכטע**. תל אביב: פֿאַרלאַג י. ל. פּרץ.

Shulman, Elazar, 1913 שולמאן, אלעזר: **שפת יהודית־אשכנזית וספרותה**. ריגא: לעווין.

Shulman, Eliyohu, 1979: שולמאַן, אליהו: אַרייַנפֿיר. אין: מאַקס עריק, **די געשיכטע פֿון דער ייִדישער ליטעראַטור פֿון די עלטסטע צײַטן ביז דער השכּלה־תּקופֿה**. ניו יאָרק: אַלוועלטלעכן ייִדישן קולטור־קאָנגרעס, א–יג.

Simonsohn, Shlomo, 1977: *History of the Jews in the Duchy of Mantua*. Jerusalem: Kiryath Sepher.

Simrock, Karl, 1988: *Die deutschen Sprichwoerter*. Stuttgart: Philipp Reclam Jun.

Sperling, Maurice, Harry Simon, and Paul Levertoff, eds., 1933: *The Zohar*. Translated by Harry Sperling and Maurice Simon with an introduction by J. Abelson. 5 Vols. Soncino Press, London.

Staerk, Willy and Albert Leitzmann, 1923: *Die Jüdisch-deutschen Bibelübersetzungen: von den Anfängen bis zum Ausgang des 18. Jahrhunderts*. Frankfurt a. M.: J. Kauffmann.

Stein Kokin, Daniel, 2012: The Jericho Labyrinth: The Rise and Fall of a Jewish Visual Trope. In: *Juden und Geheimnis: Verborgenes Wissen und Verschwörungstheorien*. St. Pölten: Institut für jüdische Geschichte Österreichs, 52–59.

Steinschneider, Moritz, 1852–1860: *Catalogus librorum hebraeorum in bibliotheca Bodleiana*. Berlin: n. p.

Steinschneider, Moritz, 1869: Jüdisch-deutsche Literatur nach einem Handschriftlichen Katalog der Oppenheimschen Bibliothek (in Oxford), mit Zusätzen und Berichtigungen. In: *Serapeum: Zeitschrift für Bibliothekswissenschaft, Handschriften-kunde und ältere Litteratur* 30 (10): 145–159.

Stern, Moritz, 1922: *Lieder des venezianischen Lehrers Gumprecht von Szczebrszyn (um 1555)*. Berlin: Verlag Hausfreund.

Stutchkoff, Nokhem. 1991 [1950] סטוטשקאָוו, נחום: **דער אוצר פֿון דער ייִדישער שפּראַך**. אונטער דער רעדאַקציע פֿון מאַקס ווײַנרײַך. ניו־יאָרק: ייִדישער וויסנשאַפֿטלעכער אינסטיטוט ייִוו״אָ.

Taviov, Yisrael Haim, 1919 טביוב, ישראל חיים: **אוצר המשלים והפתגמים: כולל כל המשלים והדבורים המשליים והמליצות וההלצות השגורים בפי הבריות ושהתאזרחו בספרות (או שהם ראויים לכך) ושמקורם בתנ״ך, בתלמודים ובמדרשים, ובספרות שלאחרי התלמוד או שאין להם שום מקור ספרותי**. אודיסה: מוריה.

Tendlau, Abraham, 1860: *Sprichwörter und Redensarten deutsch-jüdischer Vorzeit: Als Beitrag zur Volks-, Sprach- und Sprichwörter-Kunde: Aufgezeichnet aus dem Munde des Volkes und nach Wort und Sinn erläutert*. Frankfurt a. M.: Verlag von Heinrich Keller.

Teplitsky, Joshua, 2019: *Prince of the Press: How One Collector Built History's Most Enduring and Remarkable Jewish Library*. New Haven: Yale University Press.

Timm, Erika, 1977 – 2004a: Jehoschua. In: Wolfgang Stammler, Karl Langosch, Kurt Illing, and Christine Stöllinger, eds., *Die deutsche Literatur des Mittelalters: Verfasserlexikon*. Vol. 4. Berlin: W. de Gruyter, 511.

Timm, Erika, 1977 – 2004b: Schoftim. In: Wolfgang Stammler, Karl Langosch, Kurt Illing, and Christine Stöllinger, eds., *Die deutsche Literatur des Mittelalters: Verfasserlexikon*. Vol. 8. Berlin: W. de Gruyter, 814 – 815.

Timm, Erika, 1988: *Yiddish Literature in a Franconian Genizah: A Contribution to the Printing and Social History of the Seventeenth and Eighteenth Centuries*. Jerusalem: Akademon Press.

Timm, Erika, 1991: Das ältere Jiddisch als Gegenstand sprachpragmatischer Forschung. In: *Akten des VIII Internationalen Germanisten-Kongresses Tokyo 1990*. Vol. 11. München: Iudicium-Verlag: 500 – 513.

Timm, Erika, ed., 1996: *Paris un Wiene: Ein jiddischer Stanzenroman des 16. Jahrhunderts von (oder aus dem Umkreis von) Elia Levita*. Tübingen: M. Niemeyer.

Timm, Erika, 2005: *Historische jiddische Semantik: Die Bibelübersetzungssprache als Faktor der Auseinanderentwicklung des jiddischen und des deutschen Wortschatzes*. Tübingen: M. Niemeyer Verlag.

Timm, Erika, 2006 טים, אריקה: לשונה של גליקל. בתוך: חוה טורניאנסקי, מהדירה, **גליקל: זיכרונות 1691–1719**. ירושלים: מרכז שזר לתולדות ישראל, סא–פו.

Todeschini, Giacomo and Pier Cesare Ioly Zorattini, eds., 1991: *Il Mondo ebraico: Gli ebrei tra Italia nord-orientale e Impero asburgico dal medioevo all'età contemporanea*. Pordenone: Studio Tesi.

Tsuzmir, Yaakov ben Shmulel, 1696 יעקב בן שמואל מצויזמר: **ספר בית יעקב**. דיהרנ־פורט[?]: חמו״ל.

Turniansky, Chava, 1982 טורניאנסקי, חוה: שתי שירות אפיות על ספר יהושע. בתוך: **תרביץ** נא (ד): 589–632.

Turniansky, Chava, 1985a טורניאנסקי, חוה: על ספרות דידאקטית ביידיש באמסטרדם (1699–1749). בתוך: **מחקרים על תולדות יהדות הולנד** ד: 163–177.

Turniansky, Chava, 1985b טורניאנסקי, חוה: התרגומים הראשונים לספר הישר ביידיש. בתוך: **תרביץ** נד (ד): 567–620.

Turniansky, Chava, 1987 טורניאנסקי, חוה: מחקר השירה האפית ביידיש על המקרא. בתוך: **ידיעון האיגוד העולמי למדעי היהדות** 27: 27–39.

Turniansky, Chava, 1988 טורניאנסקי, חוה: לתולדות ה„טייטש־חומש" – „חומש מיט חיבור.'" בתוך: **עיונים בספרות: דברים שנאמרו בערב לכבוד דב סדן במלאת לו שמונים וחמשה שנה**. ירושלים: האקדמיה הלאומית הישראלית למדעים, 21–58.

Turniansky, Chava, 1991: On Old-Yiddish Biblical Epics. In: *International Folklore Review* 8: 26 – 33.

Turniansky, Chava, 1996 טורניאנסקי, חוה: הדרשה והדרשה בכתב כמתווכות בין התרבות הקאנונית לבין הקהל הרחב. בתוך: בנימין זאב קדר, עורך, **התרבות העממית: קובץ מחקרים**. ירושלים: מרכז זלמן שזר לתולדות ישראל, 183–195.

Turniansky, Chava, 1999: *Meydlekh in der altyidisher literatur*. In: Walter Röll and Simon Neuberg, eds., *Jiddische Philologie: Festschrift für Erika Timm*. Tübingen: M. Niemeyer, 7 – 20.

Turniansky, Chava, ed., 2006 טורניאנסקי, חוה, מהדירה: **גליקל: זיכרונות 1691–1719**. תרגום: חוה טורניאנסקי. ירושלים: מרכז שזר לתולדות ישראל.

Turniansky, Chava, 2007 טורניאנסקי, חוה: עיניו ככוכבים, שערו כזהב: יוסף הצדיק בשיר קדום ביידיש. בתוך: **תרביץ** עו (ג–ד): 471–500.

Turniansky, Chava, 2010 טורניאנסקי, חוה: הלימוד בחדר בעת החדשה המוקדמת. בתוך: עמנואל אטקס ודוד אסף, עורכים, **החדר: מחקרים, תעודות, פרקי ספרות וזיכרונות**. רמת אביב: מכון לחקר תולדות יהדות פולין ויחסי ישראל-פולין, 3–36.

Turniansky, Chava and Erika Timm, 2003: *Yiddish in Italia: Yiddish Manuscripts and Printed Books from the 15th to the 17th Century*. With the collaboration of Claudia Rosenzweig. Milano: Associazione italiana amici dell'Università di Gerusalemme.

Ulma-Ginzburger, Yehuda Seligman, 1614 אולמא־גינצבורג, יהודה זליגמן בן משה שמעון: **ספר מראה מוסר: דער צוכט שפיגל**. פראג: משה בן בצלאל כץ.

Unna, Avigdor, 1996 אונא, אביגדור: ממנהגיהם של יהודי אשכנז. בתוך: אשר וסרטיל, עורך, **ילקוט מנהגים: ממנהגיהם של שבטי ישראל**. ירושלים: משרד החינוך, התרבות והספורט – מחלקת הפרסומים, 63–96.

Vevyorka, Avrom, 1926 וועוויאָרקאַ, אַבֿרהם: אַ בוך פֿון גרויסן ווערט. אין: **צײַטשריפֿט** [מינסק] 1: 253–254.

Wander, Karl Friedrich Wilhelm, 1867 – 1880: *Deutsches Sprichwörter-Lexikon: Ein Hausschatz für das deutsche Volk*. 5 vols. Leipzig: Brockhaus.

Warnock, Robert G., 1986: Frühneuzeitliche Fassungen des altjiddischen "Artushofs." In: *Akten des VII. Internationalen Germanisten-Kongresses. Göttingen 1985*. Vol. 5. Tübingen: M. Niemeyer, 13 – 19.

Weinreich, Max, 1928 ווײַנרײַך, מאַקס: **בילדער פֿון דער יידישער ליטעראַטורגעשיכטע: פֿון די אָנהייבן ביז מענדעלע מוכר־ספרים**. ווילנע: טאָמאָר.

Weinreich, Max, 2008: *History of the Yiddish Language*. Edited by Paul Glasser; translated by Shlomo Noble, with the assistance of Joshua A. Fishman. 2 vols. New Haven: Yale University Press.

Wolf, Johann Christoph, 1715 – 1733: *Bibliotheca Hebraea*. 4 vols. Hamburg: C. Liebezeit.

Ya'ari, Avraham, 1942 יערי, אברהם: לקוטים ביבליוגרפיים. בתוך: **קרית ספר** יח: 179–181.

Ya'ari, Avraham, 1944 יערי, אברהם: **דגלי המדפיסים העבריים: מראשית הדפוס העברי ועד סוף המאה התשע־עשרה**. ירושלים: חברה להוצאת ספרים על יד האוניברסיטה העברית.

Yaari, Avraham, 1997 יערי, אברהם: **שלוחי ארץ ישראל: תולדות השליחות מהארץ לגולה, מחורבן בית שני עד המאה התשע עשרה**. 2 כרכים. ירושלים: מוסד הרב קוק.

Yahalom, Yosef and Naoya Katsumata, eds., 2010 יהלום, יוסף ונאויה קצומטה, מהדירים: **תחכמוני: או מחברות הימן האזרחי מאת יהודה אלחריזי**. ירושלים: מכון בן־צבי לחקר קהילות ישראל במזרח.

Yahalom, Yosef and Michael Sokoloff, eds., 1999 יהלום, יוסף ומיכאל סוקולוף, עורכים: **שירת בני מערבא: שירים ארמיים של יהודי ארץ־ישראל בתקופה הביזנטית**. ירושלים: האקדמיה הלאומית הישראלית למדעים.

Yasif, Eli, 1994 יסיף, עלי: **סיפור העם העברי: תולדותיו סוגיו ומשמעותו**. ירושלים: מוסד ביאליק.

Yoshida, Atsuhiko, 1992: Epic. In: Robert McHenry, ed., *The New Encyclopædia Britannica*. 15th edition. Vol. 23. Chicago: Encyclopaedia Britannica, 96–100.

Yudelov, Itzhak, 1974 יודלוב, יצחק: לתולדות הדפוס העברי במנטובה במאה הט"ז. בתוך: **קרית ספר** מט: 236–241, 636–642.

Zafren, Herbert C., 1982: Bible Editions, Bible Study and the Early History of Hebrew Printing. In: *Eretz-Israel: Archaeological, Historical and Geographical Studies* 16: 240*–251*.

Zfatman, Sarah, 1983 צפתמן, שרה: **הסיפורת ביידיש מראשיתה עד „שבחי הבעש"ט": 1504–1814**. חיבור לשם קבלת תואר דוקטור לפילוסופיה, האוניברסיטה העברית בירושלים

Zimmer, Itzhak, 1980 זימר, יצחק: מנהגי נישואין בוורמיישא. בתוך: המבורגר, בנימין שלמה ויצחק זימר, עורכים, מנהגים דק"ק וורמיישא לרבי יוזפא שמש. 2 כרכים. ירושלים: מכון ירושלים – מפעל תורת חכמי אשכנז, 14–54.

Zinberg, Israel, 1943 צינבערג, ישראל: **די געשיכטע פון דער ליטעראטור ביי יידן**. ב׳ 6. ניו יאָרק: פארלאג משה שמואל שקלארסקי.

Zunz, Leopold, 1845: *Zur Geschichte und Literatur*. Berlin: Verlag von Veit und Comp.

Appendix: Recurring Rhymes

Rhyming words appearing more than three times in *Yĕhōšuaʿ-Parma*

4 times: אין, אלזו, אן, בלייבן, גווערט/גוורט׳, גרעבט/גרעבֿט, וועלט/וועלדא, קומן, שטין

5 times: דו/דוא, הון, וויל, זאגין/זאגאן, זאך/זאךֿ, טאל, ליידא/לייט, נון, שטון, אלדאר, באלד, גוואר

6 times: אויך, אל, גין, דיר, וואל, זייט, טאג, טראגין/טראגאן, מער, צוואר

7 times: געבן, דאן, דאר, טרייבן, מיר, שיר, שפוט/שפוט׳, שריין/שריינא

8 times: אלדו, גשלעבט/גשלעבֿט, וואר, זיין, רעבט/רעבֿט

9 times: בֿון, הנט

10 times: גטון/גיטון, טון

11 times: גון, לעבן

12 times: מאן/מן

13 times: היר/הער

14 times: גרוש/גרויש/גרוייש

15 times: גר, זיר/זער

16 times: שאר

17 times: גוט׳

18 times: לאנט

Rhyming words appearing more than three times in *Šōfĕṭīm-Parma*

4 times: אייד/איידי/אייט, אלדאר, בויז, בינדן/בינדין, בערג/בערגא, גווערד/גווערדא/גווערט, גוך/גוךֿ, גימאבֿט/גימבֿט, גין, גינג/גינגא, גנעזן, דובֿט, דינאן, דרוט, דרוש, וורישט, זאך, טאל, לעזן, נאך, פֿינדן, ציל, שווערט, שטונד/שטונט

5 times: בגאן, ברייט, גוועזן, דש, הורן/הורין, הערן/הערין, הראוייש, ווער, זאש, זייט, טרויג, לאנג, קירן, שווער/שוועכהר, שטין, שטרייט, שלעבט

6 times: גיזייט, ווארן/ווארין, מויט, מויש/מוש, ניבֿט/נישט

7 times: אין, באלד, גשעהן, ווין/וויינ׳, וועלד/וועלדא, וורומן/וורומין, זיטן, ייעהן/יעהן, קאם, שטאט

8 times: איין, אלזו, וואל, וועלט, נוט/נואט, נומן, פֿיין

9 times: אים, אן, גווין, גצעלט, וואנט, טרייבן, שטרייטן/שטריטן

10 times: בלייבן/בליבן, דאר, הון, העלד/העלט/העלדי, שון, שפוט/שפויט, נון

11 times: שטון, לעבן, טוט/טויט, געבן, גוואר, אוייש/אויש

12 times: ברוט/ברויט, גשלעבט/גשלעבֿט, דאן, הער, טראגין, זון

13 times: גטון, דיר, וויל, לייד/לייט, רעבֿט/רעבט, שאר

14 times: וואש/ווש

15 times: גרוייש/גרויש/גרוש, הויז/הוייש, לון

17 times: וואר, יאר/יואר

18 times: שלאגין

19 times: גיטון, גר, זאגין, טון, קומין/קומן, שיר

20 times or more: צוואר (21), זיין/זיינ׳ (24), מיר (24), בֿון/בון/פון (26), הנט (26), לאנד/לאנט (26), היר/הער (28), גוט׳ (29), זיר/זער (29), מאן/מן (32), גון (38)

Rhyming words appearing more than three times in *Šōfěṭīm-Mantua*

4 times: אום, אל, בויזן, בורגן, ביגלויקן, ביגער, ביגערט, ביהענדן, ביי/בייא, בירייט, גאנגן, גיוועזן, גיזעהן, גימיין, גינוג/גינויק, דבורה, דינגן, דן, דראן, דרום, דרשלגן, הויף, הולן, הונדרט, העט, ווידר, וויזן, וויל, וועלן, וערן, ורוינט, ורייא, זיא, טאל, טעניג, טרעג, לאג, לון, מיטן, מייט, מיין, נוט, נוייא, נוך, נידר, ענדן, עשן, צאל, צייט, קאם/קם, קוינדן, קויניג/קוניג, קינד/קינט, קנאב/קנב, קענן, קריגן, שטערבן, שלאכט/שלכט

5 times: אובנטוייאר, אלטן, באלט/בלד, בוטן, בידוכט, בייטן, ביקומן, גיוואונן, גיוואלט, גיזינד/גיזינט, גישוויגן, דרבון, הב/האב, הויט/הוייט, ואר, וואנן, וואר, ווילד/ווילט, וויניג, ווער, ויינט/ויינד, וריד, ורצגט, זגט, טור, מוחל, ערבן, פוייאר, צוואר, צויכטן/מוכטן, רוקן, ריף, שטויקן, שלאגן/שלגן

6 times: ביהענד, בישייד/בישייט, ברוט, ברוכט, ברינגן, גוט, גיזאגט/גיזגט, גיזעלן, גיצעלט, גירוכן, גישעהן, דרוש/דרוס, וואל, זיג, טראגן/טרגן, טרייבן, לוייט, מול/מולט, נאם/נם, ער, צייטן, קינדר, רוטן, שטרייט

7 times: אגן, איר, אליין, הענד/הענט, וויין, וועלד/וועלט, וליהן, ורומן/ברומן, זורגן, נאמן/נמן, צורן, קריג, שויאן, שטערק

8 times: גיטון, גרוש, וועג/וועק, ור געשן/ורגעסן, ורויא/ברויא, ישראל, לאנק/לנג, קאמן/קמן, שטרייטן

9 times: בלייבן, דנן/דאנן, הענדן, ורואין, זאך/זך, נאכט/נכט, ציהן, קנאבן/קנבן, רו/רוא, שווערט, שטאט/שטט, שטין/שטיין

10 times: איין, גין, טאג, לעבן, מורגן, מער

11 times: האבן/הבן, רוט, שאנד/שנד

12 times: בערק/בערג, געבן, דיר, ווערק, ועלט/ועלד

13 times: הערן, זון, זער, טאגן/טגן

14 times: העלד/העלט, מאנן/מנן

15 times: גינומן, טוט

16 times: גישלעכט, טון, מיר

17 times: הער, לייב, רעכט

19 times: ווייב, יאר

20 times or more: זיין (20), שפוט (20), גאט (21), קומן (21), אויז/אויש (22), הויז/הויש (27), האנד/האנט/הנד/הנט (29), זאגן/זגן (29), לאנד/לאנט/לנד/לנט (32), אן (47), מן/מאן (49)

Rhyming words appearing more than three times in *Yěhōšua'-Cracow*

4 times: אויף, אורט, איינן, אים, אירן, אכט, אלטן, ארויש, בישניידן, ברידר, ברעכן, גאלד, גיזעהן, גינאדן, גישווארן, גישפלטן, גישריפט, געשן, דא/דוא, דיר, דערבן, דראן, הין, הערצן/הערצין, וואלד/וואלט, ווישן, זאכן/זכן, טאל, טור, טרויאן, לאנגן/לנגן, לייד, ליידן, מכט, ניין, נעמן, נענן, פאר, פארן, פלאן, צייטן, צייכן, קאמן, שרעקן/שרעקין

5 times: אלט, אננדר, ביצוואונגן, ברענן, גיוועזן, גיזאגט, גינג, גערן, הערן, הערץ, ואר, ווייזן, ורומן, יאגן, מאכן/מכן, מי/מיא, מערקן, משה, פיין, צאגט, קיין, רייך, שערץ, שפראך, שראקן

6 times: אין, בישטין/בשטין, גיבליבן, גידענקן, גישטלט/גישטעלט, גישריבן, געלט, גרוש, הייט, ווידדר, וועג, ווערט, טרעג, מורגין/מורגן, נון, נכט/נאכט, פון, קענן, שענקן

7 times: גימכט, גין, גישלעכט, האן, זייט, זעהן, טאגן, מאסן/מאסין/מאשן, מיאן/מידהן, מיט, נוט, עבן, שווערט, שטיט, שטערבן

8 times: גישעהן, הובן/האבן, ווערבן, זי/זיא, ירדן, לובן, קערן, רוא

9 times: ביזונדר, מין, ניט

10 times: אניין, בויאן, גיבוט/גיבויט, גימיין, גיקומן, האר, ווערן, טוט, יאר, מיר, צו, ציל, קיניגרייך, שטרייטן

11 times: אן, וואונדר, זארגן/זורגין/זורגן, זייטן, טאג, טאן, לייט, מער, נאך, נאמן/נומן, פיל/ויל, צייט, שאר

12 times: איר, בלייבן, ווארן, וועלט, ישראל, שטרייט, שרייבן

13 times: אויש, ראט

14 times: הנד/הנט, זיר/זער, שלאגן

15 times: גיוואר, לעבן, שפאט/שפוט

16 times: אייך, הויז / הויש, לאן

17 times: אליין, געבן

18 times: גינומן, טון, שטיין/שטין

19 times: הער, ציהן

20 times or more: לנד (20), קנעכט (20), שטאט (20), זאגן (21), גלייך (22), הוט/האט/הט (22), יהושע (22), רעכט (22), וואר (23), זיין (23), מאן/מן (23), קומן (24), גוט (26), איין (27), גאר (27), גיטאן/גיטון (28)

Words from the above lists appearing in both *Šōfĕṭīm-Parma* and *Yĕhōšua‘-Parma*

אין, אלדאר, אלזו, אן, באלד, בלייבן, בֿון/ בון/פון, גוואר, גוט׳, גון, גטון/גיטון, גין, געבן, גר, גרוש/גרויש/גרווייש, גשלעכט/גשלעכֿט, דאן, דאר, דיר, הון, היר/הער, הנט, וואל, וואר, וויל, וועלט/וועלדא, זאגין/זאגאן, זייט, זיין, זיר/זער, טאג, טאל, טון, טראגין/ טראגאן, טרייבן, לאנט, ליידא/לייט, לעבן, מאן/מן, מיר/מער, נון, צוואר, קומן, רעכט/רעכֿט, שאר, שטון, שטין, שיר, שפוט/שפוט׳

Words from the above lists appearing in both *Šōfĕṭīm-Parma* and *Šōfĕṭīm-Mantua*

אויז/אויש, איין, אן, באלט/בלד, ברוט, גאט, גוט, גיטון, גין, גיצעלט, גישלעכט, גי־שעהן, געבן, גרוש, דיר, דרוש/דרוס, האנד/האנט/הנד/הנט, העלד/העלט, הערן, וואל, וואר, וויין, וויל, וועלד/וועלט, ועלט/ועלד, ורומן/ברומן, זאגן/זגן, זון, זיין, זער, טאל, טוט, טון, טראגן/טרגן, טרייבן, יאר, לאנד/לאנט/לנד/לנט, לאנק/לנג, לוייט, לון, לעבן, מיר, מן/מאן, מער, נאמן/נמן, נוט, נוך, צוואר, קאם/קם, קאמן/קמן, שווע־רט, שטין/שטיין, שטרייטן, שלאגן/שלגן, שפוט

Words from the above lists appearing in both *Šōfĕṭīm-Mantua* and *Yĕhōšua'-Cracow*

אויש, איין, איר, אלטן, אליין, אן, בלייבן, גוט, גיוועזן, גיזאגט, גיזעהן, גיטאן/גי־טון, גימיין, גין, גינומן, גישלעכט, גישעהן, געבן, געשן, גרוש, דא/דוא, דיר, דראן, הובן/האבן, הויז/הויש, הנד/הנט, הער, הערן, ואר, וואר, ווידר, ווייזן, וועג, וועלט, ורומן, זאגן, זארגן/זורגין/זורגן, זי/זיא, זיין, זיר/זער, טאג, טאגן, טאל, טוט, טון, טור, טרעג, יאר, ישראל, לאן, לעבן, מאן/מן, מורגין/מורגן, מין, מיר, מער, נאך, נאמן/נומן, נוט, נכט/נאכט, צאגט, ציהן, צייט, צייטן, קאמן, קומן, קענן, ראט, רוא, רעכט, שווע־רט, שטאט, שטיין/שטין, שטערבן, שטרייט, שטרייטן, שלאגן, שפאט/שפוט

Words from the above lists appearing in both *Yĕhōšua'-Parma* and *Yĕhōšua'-Cracow*

בֿון, גוואר, גוט׳, גטון/גיטון, גין, געבן, גר,גרוש/גרויש/גרוייש, גשלעכט, דו/דוא, דיר, הון, היר/הער, הנט, וואר, וועלט/וועלדא, זאגין/זאגאן, זייט, זיין, זיר/זער, טאג, טאל, טון, לאנט, ליידא/לייט, לעבן, מאן/מן, מיר/מער, נון, קומן, רעכט, שאר, שטין, שפוט